UTB **2040**

W0064595

Eine Arbeitsgemeinschaft der Verlage

Wilhelm Fink Verlag München
A. Francke Verlag Tübingen und Basel
Paul Haupt Verlag Bern · Stuttgart · Wien
Hüthig Fachverlage Heidelberg
Verlag Leske + Budrich GmbH Opladen
Lucius & Lucius Verlagsgesellschaft Stuttgart
Mohr Siebeck Tübingen
Quelle & Meyer Verlag Wiebelsheim
Ernst Reinhardt Verlag München und Basel
Ferdinand Schöningh Verlag Paderborn · München · Wien · Zürich
Eugen Ulmer Verlag Stuttgart
Vandenhoeck & Ruprecht Göttingen und Zürich
WUV Wien

Joachim Hentze
Albert Heinecke
Andreas Kammel

Allgemeine Betriebswirtschaftslehre

aus Sicht des Managements

Verlag Paul Haupt
Bern · Stuttgart · Wien

Joachim Hentze, Dr. Dr. h.c. Seit 1974 Professor an der Technischen Universität Braunschweig für das Fachgebiet Betriebswirtschaftslehre. Leiter der Abteilung Unternehmensführung am Institut für Wirtschaftswissenschaften. Arbeitsschwerpunkte: Unternehmensführung, Personalmanagement und Innovationsmanagement.

Albert Heinecke, Dipl.-Wirtsch.-Inform., Dr. rer. pol., Professor für Betriebswirtschaftslehre an der Fachhochschule Braunschweig/Wolfenbüttel. Arbeitsschwerpunkte: strategische Planungsinstrumente, Methoden der Entscheidungsunterstützung in der Personalwirtschaft, Entwicklung DV-gestützter Unternehmenssimulationen.

Andreas Kammel, Dipl.-Ök., Dr. rer. pol., Privatdozent. Oberassistent an der Abteilung Unternehmensführung des Instituts für Wirtschaftswissenschaften der Technischen Universität Braunschweig. Arbeitsschwerpunkte: Management Development, Personalwirtschaft und strategisches Management.

Die Deutsche Bibliothek – CIP-Einheitsaufnahme

Hentze, Joachim:
Allgemeine Betriebswirtschaftslehre aus Sicht des Managements /
Joachim Hentze ; Albert Heinecke ; Andreas Kammel. –
Bern ; Stuttgart ; Wien : Haupt, 2001
(UTB für Wissenschaft : Uni-Taschenbücher ; 2040 : Mittlere Reihe)
ISBN 3-258-05865-2 (Haupt)
ISBN 3-8252-2040-0 (UTB)

ISBN 3-8252-2040-0 (UTB-Bestellnummer)

www.haupt.ch

Vorwort

Dieses Lehrbuch ist für Studierende an Universitäten, Fachhochschulen, Wirtschafts-, Verwaltungs- und Berufsakademien konzipiert, die eine Einführung in das Fach Betriebswirtschaftslehre erwarten und einen grundlegenden Überblick gewinnen wollen. Leitlinie und wesentliches Unterscheidungsmerkmal im Hinblick auf traditionelle Werke ist der Umstand, daß es nicht allein ausreicht, herkömmliche Grundlagen und etablierte Konzepte der Allgemeinen Betriebswirtschaftslehre zu vermitteln, sondern daß es darüber hinaus erforderlich ist, wichtige neuere Ansätze und Instrumente zu behandeln. Dazu wird im Kern eine managementorientierte Perspektive eingenommen. Das bedeutet, Ausgangspunkt ist der idealtypische Entscheidungsprozeß mit seinen grundlegenden Komponenten der Zielsetzung, der Planung, der Entscheidungsrealisation und der Kontrolle (Controlling).

Das Buch besitzt eine "traditionelle" Struktur insofern, als es aufbauend auf begrifflichen und theoretischen Grundlagen sowie konstitutiven Entscheidungen die zentralen betrieblichen Funktionen Beschaffung, Produktion, Absatz, Finanzierung behandelt. Breiteren Raum als üblich erhalten die einzelnen Managementfunktionen. "Klassische" Themen wie beispielsweise Rechtsformen, Produktionsfunktionen, Finanzierungsarten, Marketing-Mix usw. werden ergänzt durch neuere Entwicklungen: unter anderem Internationalisierung von Wirtschaft und Unternehmen, Umweltschutz und Ressourcenschonung, Informationswirtschaft, moderne Produktions- und Controlling-Konzepte.

Unser besonderer Dank gilt Frau Ingrid Birker für die wie immer professionelle Textverarbeitung. Darüber hinaus haben unsere studentischen Hilfskräfte Meike Drosdatis, Bettina Hohlweg, Till Kolbe und Tristan Pfurr wesentlich zum Gelingen des Buches beigetragen. Herzlichen Dank aber auch an Men Haupt, bei dem - wie stets - das Projekt verlegerisch in besten Händen lag.

Braunschweig, im Mai 2000   J. Hentze   A. Heinecke   A. Kammel

Inhaltsübersicht

Inhaltsverzeichnis

Abbildungsverzeichnis

8 Marketing

9 Investition und Finanzierung

13 Internationales Management

14 Umweltmanagement

Abkürzungsverzeichnis

AG	Aktiengesellschaft
AktG	Aktiengesetz
BDA	Bundesverband der Arbeitgeberverbände
BDI	Bundesverband der Deutschen Industrie
BGB	Bürgerliches Gesetzbuch
DBA	Doppelbesteuerungsabkommen
DIHT	Deutscher Industrie- und Handelstag
eG	Eingetragene Genossenschaft
GbR	Gesellschaft bürgerlichen Rechts
GenG	Gesetz betreffend die Erwerbs- und Wirtschaftsgenossen-schaften
GmbH	Gesellschaft mit beschränkter Haftung
GmbHG	Gesetz betreffend die Gesellschaften mit beschränkter Haftung
GWB	Gesetz gegen Wettbewerbsbeschränkungen
HGB	Handelsgesetzbuch
HR	Handelsregister
IHK	Industrie- und Handelskammer
KG	Kommanditgesellschaft
KGaA	Kommanditgesellschaft auf Aktien
KWF	Kapitalwiedergewinnungsfaktor
LAN	Local-Area-Network
OE	Organisationsentwicklung
OHG	Offene Handelsgesellschaft
OLAP	Online Analytical Processing
PPS	Produktionsplanung und -steuerung
PublG	Publizitätsgesetz
RBF	Rentenbarwertfaktor
StG	Stille Gesellschaft
WG	Wechselgesetz

1 GRUNDLAGEN

1.1 Grundlagen der Betriebswirtschaftslehre in der Marktwirtschaft

Haushalte und Betriebe planen in der Marktwirtschaft selbständig Konsum und Produktion und lassen sich dabei von ihrem Eigeninteresse leiten. In Betrieben und Haushalten werden individuelle Entscheidungen dezentral, eigenverantwortlich aufgrund von Plänen im Rahmen von Angebot und/oder Nachfrage an knappen Gütern gefällt. Anbieter und Nachfrager treffen sich auf Märkten, wo im Wettbewerb ihre Pläne zusammengeführt und insbesondere hinsichtlich Preis, Mengen und Qualität abgestimmt werden. Diesen Abstimmungen liegen Entscheidungen über **knappe Güter** in den Betrieben zugrunde, die den Inhalt des Wirtschaftens in Marktwirtschaften darstellen. Die Marktwirtschaft ist durch die **dezentrale** Lenkung charakterisiert: Der Markt koordiniert die Pläne der Betriebe, und es gibt keine zentrale Planung des Wirtschaftsprozesses. Ein wesentliches Merkmal der Marktwirtschaft ist das **Privateigentum**. Der Staat beschränkt sich vorwiegend darauf, den Ordnungsrahmen zu setzen.

Wirtschaften kann also verstanden werden als "Disponieren über knappe Güter". Gegenstand der wirtschaftlichen Entscheidungen sind nicht nur **materielle**, sondern auch **immaterielle Güter** (z.B. Beratungsleistungen von Unternehmensberatungen gegen Entgelt, Dienstleistungen der Universitäten oder Schulen ohne Entgelt).

Das dargestellte Lenkungssystem tritt als reale Wirtschaftsordnung nicht in reiner Form in Erscheinung. Das Verhältnis von Staat und Wirtschaft bestimmt die **Wirtschaftsordnung**. Über die in einer Marktwirtschaft vom Staat angebotenen kollektiven Güter (Landesverteidigung, Gesundheitsfürsorge usw.) übernimmt dieser in der **sozialen Marktwirtschaft** zusätzlich eine Verteilungsaufgabe, beispielsweise für Bevölkerungsgruppen, die kein Einkommen über den Markt beziehen. Aber auch Individuen, die ein Markteinkommen erzielen, können Einkommen erhalten, die nicht vom Markt honoriert werden (z.B. Kindergeld).

Außer dem Terminus Wirtschaften ist der Begriff **Betrieb** zu definieren, um den Gegenstand der Betriebswirtschaftslehre abgrenzen zu können. Hier sind zwei Versionen zu unterscheiden:

(1) Betriebe können sowohl Haushalte als auch Unternehmen sein, also Wirtschaftseinheiten bzw. soziale Systeme, die Güter entweder produzieren und/oder konsumieren. Demnach sind private Haushalte ebenso Betriebe wie Unternehmen und damit Gegenstand der Betriebswirtschaftslehre.

(2) Betriebe werden als spezifische Wirtschaftseinheiten aufgefaßt, deren Primärzweck die Gütererstellung ist. Betriebe sind dann im Gegensatz zu Haushalten produktionsorientierte Wirtschaftseinheiten, die vorrangig der Fremdbedarfsdeckung dienen und deshalb auch Produktionswirtschaften genannt werden. Private Haushalte werden bei dieser Definition ausgeklammert und in einer speziellen Betriebswirtschaftslehre privater Haushalte behandelt.

Es ist zweckmäßig, den ersten Begriff zugrunde zu legen und Betriebe als komplexe wirtschaftliche, offene, soziotechnische, umweltbezogene Systeme zu verstehen, in denen über die Verwendung knapper Güter disponiert wird.

Die **Aufgabe der Betriebswirtschaftslehre** besteht darin, den Betriebsangehörigen bei der Gestaltung und Erfüllung ihrer wirtschaftlichen Aufgabenstellungen durch Zurverfügungstellung von Wissen und Methoden zu helfen. Sie untersucht die wirtschaftlichen Aktivitäten und versucht, Erkenntnisse über reale Wirtschaftseinheiten zu generieren und diese im Lernfeld zu vermitteln. Die Aufgabe der Entscheidungsträger besteht im Transfer des erlernten Wissens vom Lernfeld ins Handlungs- bzw. Entscheidungsfeld. Hierbei werden die aufgabenspezifischen Kenntnisse umgesetzt. Betriebswirtschaftslehre erfaßt also das wirtschaftliche Handeln von Individuen in Betrieben, wobei auch die Erkenntnisse anderer Wissenschaften zum menschlichen Verhalten in die Betrachtung einbezogen werden (z.B. Sozialwissenschaften, Psychologie, Arbeitswissenschaft, Kommunikationswissenschaft). Auch die Forschungsergebnisse der Mathematik, Informatik und Rechtswissenschaft tragen wesentlich zur Erfüllung betrieblicher Aufgaben bei. Die Betriebswirtschaftslehre weist somit einen **interdisziplinären Charakter** auf und stellt die umfassende Problemlösung ins Zentrum ihrer Betrachtung.

Betriebswirtschaftliche Forschung soll einzelwirtschaftliche Phänomene beschreiben, erklären, prognostizieren und Konsequenzen für das praktische Handeln in der Einzelwirtschaft aufzeigen.

Bei der Betriebswirtschaftslehre handelt es sich somit um eine **Realwissenschaft**, da sie sich mit realen Erscheinungen, nämlich Betrieben, und den Handlungen in den Betrieben beschäftigt. Damit ist allerdings nicht ausgeschlossen, daß auch Kenntnisse der **Formalwissenschaften**, insbesondere der Mathematik, angewendet werden. Die formalwissenschaftlichen Methoden haben nur Hilfsfunktionen bei der Lösung realwissenschaftlicher betriebswirtschaftlicher Probleme.

Die Frage der zweckmäßigen Differenzierung der betriebswirtschaftlichen Untersuchungsgegenstände führt zu der Unterscheidung zwischen Erfahrungsobjekt und Erkenntnisobjekt. **Erfahrungsobjekt** der Betriebswirtschaftslehre sind die realen Betriebe mit all ihren vorkommenden Erscheinungen. Durch eine gedankliche Isolierung wird das interessierende **Erkenntnisobjekt** der Betriebswirtschaftslehre gewonnen, bei dem die wirtschaftliche Dimension des Betriebes betrachtet wird. Die Abstraktion wird anhand bestimmter Abgrenzungskriterien durchgeführt, die es erlauben, den Untersuchungsbereich der Betriebswirtschaftslehre zu definieren. Ein solches Abgrenzungskriterium kann zum Beispiel die **Gewinnmaximierung** sein.

1.2 Gliederung der Betriebswirtschaftslehre

Die Betriebswirtschaftslehre wird verschiedenartig gegliedert. Weit verbreitet ist die Differenzierung in Allgemeine Betriebswirtschaftslehre und Spezielle (Besondere) Betriebswirtschaftslehre. Die **Allgemeine Betriebswirtschaftslehre** befaßt sich mit der Untersuchung der Fragestellungen, die für alle Betriebe gültig sind, während die **Speziellen Betriebswirtschaftslehren** sich mit den gleichen Tatbeständen auf der Basis der Erkenntnisse der Allgemeinen Betriebswirtschaftslehre unter Berücksichtigung der Besonderheiten und der Zusatzprobleme spezieller Wirtschaftseinheiten beschäftigen. Spezielle Betriebswirtschaftslehren werden mit Hilfe zweier Kriterien gebildet:

- In der **institutionellen Gliederung** der besonderen Betriebswirtschafstlehren werden die Betriebe nach bestimmten Wirtschaftszweigen und Sektoren differenziert (z.b. Industriebetriebslehre, Handelsbetriebslehre, Bankbetriebslehre, Versicherungsbetriebslehre, Betriebswirtschaftslehre öffentlicher Betriebe, Baubetriebslehre).

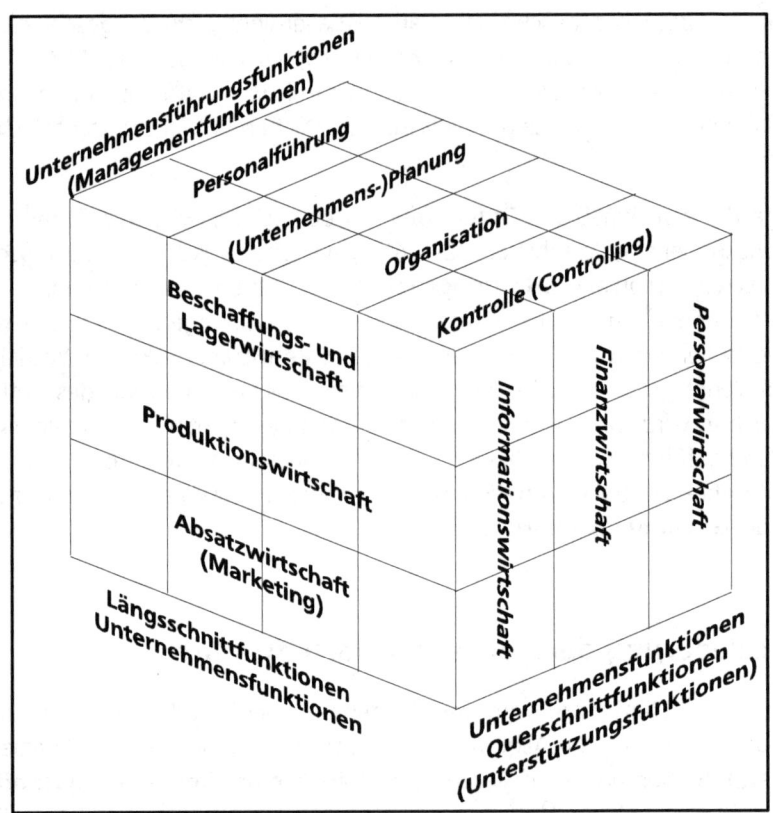

Abbildung 1-1 Grundlegende Unternehmens-, Unternehmensführungs- und Unterstützungsfunktionen

- Die Konzipierung der **Betriebswirtschaftslehren als Funktionslehren** kann sowohl in der Allgemeinen Betriebswirtschaftslehre als auch in den Speziellen Betriebswirtschaftslehren vorgenommen werden. Bei den Funktionen kann unterschieden werden nach **Unternehmensfunktionen**, die sich wiederum in **Längsschnittfunktionen** (z.B. Beschaffung, Produktion, Absatz) und **Querschnittsfunktionen** (Unterstützungsfunktionen, z.b. Finanzwirtschaft, Personalwirtschaft) differenzieren und die **Unternehmensführungsfunktionen** (Unternehmungsplanung, Organisation, Personalführung und Kontrolle). Den Unternehmensführungsfunktionen ist zu eigen, daß sie sich mit den Problemen der Unternehmung als Ganzes befassen. Im Mittelpunkt stehen vor allem die Tatbestände der Unternehmung, bei denen die Führung von Organisationen von Bedeutung ist (vgl. Abbildung 1-1).

Eine weitere Möglichkeit, die Betriebswirtschaftslehre zu gliedern, ist die Unterscheidung in Betriebswirtschaftstheorie und Betriebswirtschaftspolitik. Die **Betriebswirtschaftstheorie** verfolgt ein mehr theoretisches Wissenschaftsziel, indem Aussagen zur Erklärung und Prognose wirtschaftlicher Sachverhalte gemacht werden. In der **Betriebswirtschaftspolitik** dominiert die anwendungsorientierte Sichtweise. Hier stehen Aussagen über Entscheidungen und Gestaltungen im Mittelpunkt, und es werden vorrangig pragmatische Wissenschaftsziele betrachtet. Die Betriebswirtschaftstheorie und die Betriebswirtschaftspolitik weisen große Schnittmengen auf und sind daher in bestimmten Bereichen schwierig abzugrenzen.

1.3 Managementansätze und zur Konzeption des Buches

1.3.1 Zum Begriff Management

Die in der Literatur aufgeführten Definitionen des Begriffes Management divergieren zum Teil sehr. Schierenbeck (1995: 81) verwendet die Begriffe Management und Unternehmensführung synonym und stellt die durch die Gestaltungskräfte gegebenen Impulse und Steuerungsmaßnahmen als Kern des Managements heraus. Weihrich/Koontz (1994: 4) definieren Management als den Prozeß der Gestaltung und Erhaltung einer Umwelt, in der Individuen, die in Gruppen zusammenarbeiten, effizient das gewählte Ziel erreichen. Sie ergänzen diese Basisdefinition durch folgende weitere Merkmale:

(1) Manager erfüllen die Managementfunktionen Planung (Planning), Organisation (Organizing), Personaleinsatz (Staffing), Personalführung (Leading) und Controlling.
(2) Management betrifft alle Arten von Organisationen.
(3) Es bezieht Manager auf allen organisationalen Ebenen ein.
(4) Management hängt mit Produktivität zusammen, das schließt Effektivität und Effizienz ein.

Hellriegel/Slocum (1989: 6f.) beschreiben Management als die Kunst, Leistungen zu erhalten, die von anderen Personen erbracht werden. Dabei erreichen Manager ihre Ziele, indem sie für andere die Leistungsvoraussetzungen schaffen und nicht alle Aufgaben selbst erledigen.

Management ist ein fortschreitender, dynamischer Prozeß, der durch die Aufgabenplanung (Planning), Organisation [Organizing, Controlling und Directing (Führung)] realisiert wird. Dabei geben die organisationalen Ziele die Richtung für die Aktivitäten und die Aufgabenerfüllung vor. Manager sind demnach die Personen, die diese Funktionen wahrnehmen und durch eine besondere Verantwortung ausgezeichnet sind.

Management wird oft in zwei Bedeutungsvarianten verwendet:

- **Management als Funktion** umfaßt alle zur Steuerung der Organisation notwendigen Prozesse und Funktionen, die zur Aufgabenerfüllung erforderlich sind. In der Literatur besteht keine Einigkeit darüber, welche Funktionen konkret dem Management zuzuordnen sind. Zwei Gliederungsmöglichkeiten sind oben bereits zitiert worden. Hier sollen folgende Unternehmensführungs-(Management-)Funktionen zugrunde gelegt werden:
  (Unternehmens-)Planung, Organisation, Personalführung und Kontrolle (Controlling).
- **Management als Institution** beinhaltet alle leitenden Instanzen, d.h. Personen, die Managementaufgaben wahrnehmen. Im allgemeinen werden folgende drei Managementebenen unterschieden:

- Top-Management (oberste Unternehmensleitung, wie Vorstand, Geschäftsführer),
- Middle-Management (mittlere Führungsebene: Hauptabteilungsleiter, Abteilungsleiter),
- Lower Management (unterste Führungskräfte: Unterabteilungsleiter, Meister).

Wie in der Definition von Weihrich/Koontz zum Ausdruck kommt, ist der Begriff Management auf keinen spezifischen Organisationstyp festgelegt.

1.3.2 Managementansätze in der amerikanischen Literatur

Die Literatur bietet eine Reihe von Ansätzen an, wie Managementaufgaben analysiert werden (vgl. z.B. Staehle 1999: 81ff.). In der amerikanischen Literatur ist folgende Dreiteilung häufig vorzufinden (Rue, Byars 1997: 5ff.; Hellriegel/ Slocum 1989: 12ff.; Schermerhorn 1996: 10ff.):

(1) Managementfunktionen,

(2) Managementrollen,

(3) Managementfähigkeiten.

Zu (1) **Managementfunktionen**

Die Managementfunktionen beziehen sich darauf, was der Manager "zu tun hat", während die Managementrollen beinhalten, wie der Manager seine Aufgaben erfüllt. Da Rollen und Funktionen oft schwer abzugrenzen sind, werden sie in der Literatur zum Teil auch zusammengefaßt.

Beispiele für die Gliederung der Managementaufgabe in Funktionen sind bereits oben gegeben worden. Diese Funktionen sind vom Manager simultan im Hinblick auf ein erfolgreiches Management zu erfüllen. Sie dienen analytischen Zwecken und der Klassifizierung von Managementwissen. Da sie je nach Begriffsdefinition Schnittmengen aufweisen, ist es gelegentlich schwierig, Methoden, Techniken und Instrumente, die zur Erfüllung dieser Funktionen eingesetzt werden, eindeutig abzugrenzen. Die Funktionen sind interdependent und untrennbar miteinander verbunden.

7

Eine Erweiterung der funktionalen Ansätze sind **Prozeßansätze**, bei denen die Funktionen zeitabhängig als Phasen des Managementprozesses betrachtet werden. Als Hauptphasen des Managementprozesses werden dann die Planung, die Durchführung und die Kontrolle angesehen, wobei Organisation und Personalführung und der Personaleinsatz dann der Durchführung zugeordnet werden und Kontrolle zu Controlling erweitert wird.

Zu (2) **Managementrollen**

Mintzberg (1975: 49ff.) untersucht die Aufgaben des Managers anhand des Konzepts von Managementrollen. Sie stellen **Verhaltenserwartungen** dar, die von der Organisation an die Position (Stelle) eines unbenannten Stelleninhabers geknüpft sind und die von dem Organisationsmitglied (Manager) internalisiert werden sollten. Auch die Rollen sind wie die Funktionen im wesentlichen als Gliederungskonzept zu verstehen, so daß sie in der Praxis nicht isoliert nebeneinander auftreten. Mintzberg beschreibt die Arbeit eines effektiven Managers anhand von zehn Rollen, die er in folgende drei Gruppen unterteilt:

I. Beziehungsrollen:
   1. Repräsentant (Figurehead)
   2. Koordinator (Liaison)
   3. Führer (Leader)

II. Informationsrollen:
   1. Informationssammler (Monitor)
   2. Informationsverteiler (Disseminator)
   3. Informant für externe Gruppen (Spokesperson)

III. Entscheidungsrollen:
   1. Unternehmer (Entrepreneur)
   2. Krisenmanager (Disturbance handler)
   3. Ressourcenzuteiler (Resource allocator)
   4. Verhandlungsführer (Negotiator)

Die Verteilung der Rollen ist auf den Hierarchieebenen unterschiedlich und hängt von der spezifischen Situation des Managers ab.

Zu (3) **Managementfähigkeiten**

Im dritten Ansatz zur Analyse des Managementprozesses werden die Fähigkeiten betrachtet, die zur Erfüllung der Aufgaben notwendig sind. Fähigkeiten spiegeln dabei das Leistungsvermögen eines Individuums wider, das bei der Handlung im Hinblick auf die gewünschte Leistung eingesetzt wird. Katz (1955: 33ff.) stellt folgende drei Fähigkeiten heraus:

(1) technische Fähigkeiten (technical skills),
(2) soziale Fähigkeiten (human skills),
(3) analytische Fähigkeiten (conceptual skills).

Zu (1) **Technische Fähigkeiten**

Technische Fähigkeiten betreffen die Anwendung von Methoden und Verfahren (z.B. Kostenrechnung, Investitionsrechnung). Diese Fähigkeiten werden durch die Ausbildung und durch das spätere Training sowie die Erfahrung erlernt. Es handelt sich also um die Sachkompetenz des Managers.

Zu (2) **Soziale Fähigkeiten**

Sie betreffen die personenbezogene Kompetenz und betreffen zum Beispiel Führung, Konflikthandhabung und Motivation.

Zu (3) **Analytische Fähigkeiten**

Hierunter fallen beispielsweise die Problemlösungsfähigkeit, die ganzheitliche Sicht des Unternehmensgeschehens sowie das Erkennen von Interdependenzen.

Die Bedeutung der Fähigkeiten ist auf den Managementebenen unterschiedlich (vgl. Abbildung 1-2). Technische Fähigkeiten sind demnach von größter Bedeutung auf der untersten Managementebene. Sie nehmen entsprechend auf den höheren Hierarchieebenen ab. Die analytischen Fähigkeiten nehmen hingegen mit steigender Managementebene zu, während die sozialen Fähigkeiten auf allen Ebenen gleich bedeutsam und zirka konstant sind.

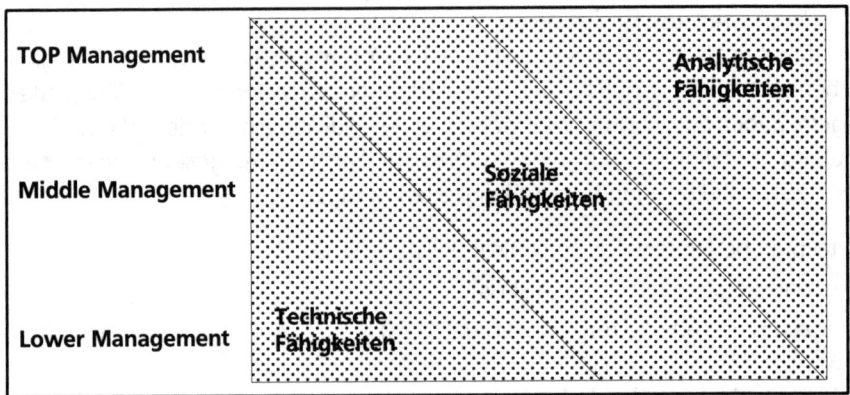

TOP Management		Analytische Fähigkeiten
Middle Management	Soziale Fähigkeiten	
Lower Management	Technische Fähigkeiten	

Abbildung 1-2 Bedeutung der Managementfähigkeiten auf den verschiedenen Managementebenen

1.3.3 Die Beziehung von Betriebswirtschaftslehre und Management in der deutschsprachigen Literatur

In den 60er Jahren öffnet sich die Betriebswirtschaftslehre zu den integrierten verhaltenswissenschaftlichen Erkenntnissen, die ein wesentliches Merkmal der amerikanischen Managementlehre darstellen. Bis dahin hatte sich die deutschsprachige Betriebswirtschaftslehre einseitig auf wirtschaftliche Fragestellungen ausgerichtet. Wunderer (1995: Vlf.) klassifiziert vier Denkrichtungen:

(1) weitgehend ökonomieunabhängige, sozialwissenschaftlich orientierte Managementansätze,

(2) integrative Auffassungen, die ökonomische und sozialwissenschaftliche Ansätze verbinden wollen,

(3) Beschränkung der Betriebswirtschaftslehre auf ökonomische Erkenntnisse und kritisch-rationale Methoden und

(4) eine sozialwissenschaftlich fundierte personale Führungslehre als Teilgebiet der Betriebswirtschaftslehre.

Ein wesentliches Verdienst kommt Heinen (1962) zu, der verhaltenswissenschaftliche Erkenntnisse in die Betriebswirtschaftslehre integriert und die Betriebswirtschaftslehre als Entscheidungslehre konzipiert. Die Neuartigkeit dieses Ansatzes sieht Heinen in der systematischen Einbeziehung der Erkenntnisse der Nachbardisziplinen (Psychologie, Soziologie) der Betriebswirtschaftslehre. Er versucht, durch die Wissenschaft Gestaltungshilfen für die betriebliche Praxis zur bestmöglichen Erreichung gegebener Ziele zu leisten. Diese Auffassung macht eine Integration sozialwissenschaftlicher Erkenntnisse in die Betriebswirtschaftslehre notwendig, wobei die prozeßorientierte dynamische Betrachtungsweise von Entscheidungen in die Betriebswirtschaftslehre Eingang findet. Führungsentscheidungen durch das Management als Institution treten in den Mittelpunkt.

Neben Heinen mit dem Entscheidungsansatz hat Ulrich (1970) mit der Konzeption der systemorientierten Betriebswirtschaftslehre, die durch die ganzheitliche, interdisziplinäre Ausrichtung und eine stärkere Integration von verhaltenswissenschaftlichem Managementwissen in die Betriebswirtschaftslehre gekennzeichnet ist, wesentlich zur Entwicklung der Managementlehre im deutschsprachigen Raum beigetragen. Er versteht die Betriebswirtschaftslehre als Unternehmungsführungslehre, die den Führungskräften in den Unternehmungen das Wissen zur Verfügung stellt.

Bleicher (1995: 98ff.) stellt drei Grundmodelle der Entwicklung der Betriebswirtschaftslehre zu einer interdisziplinären Managementwissenschaft dar:

(1) **Die ökonomisch orientierte Betriebswirtschaftslehre mit erweiterter Erkenntnisperspektive**
   Die Betriebswirtschaftslehre konzentriert sich hierbei im wesentlichen am ökonomischen Handeln des Menschen. Die Erkenntnisperspektive wird jedoch durch die Aufnahme fachübergreifender Fragestellungen und die Einbeziehung interdisziplinärer Forschungsergebnisse erweitert.

(2) **Abspaltung einer interdisziplinären Managementwissenschaft aus der Betriebswirtschaftslehre**
   Der Ausdruck Managementlehre wird hier weitgehend synonym mit Führungslehre verwendet. Bleicher weist darauf hin, daß der Begriff Führung zumeist personenorientiert verwendet wird und sich damit stark an verhaltenswissenschaftliche Ansätze anlehnt, während die Managementlehre institutionenorientiert gesehen wird. Durch den inhaltlichen Wandel dieses

11

Faches bildelt sich ein Dreiecksverhältnis von ökonomischen, entscheidungs-/verhaltenswissenschaftlich orientierten und systemorientierten Erkenntnisinteressen heraus. Vereinfachend sieht er eine Bipolarität des Faches - einerseits einer ökonomischen Betrachtungsweise, andererseits einer verhaltenswissenschaftlich orientierten Führungslehre und einer systemorientierten Wissenschaft vom Management.

(3) **Die Betriebswirtschaftslehre als Führungslehre oder Wissenschaft vom Management**

Bleicher bezweifelt, daß sich in der bipolaren Übergangsphase die gesamte Betriebswirtschaftslehre zu einer Führungslehre oder einer Wissenschaft vom Management weiterentwickeln wird. Ein Vertreter, der die Betriebswirtschaftslehre auf dem Weg zur Führungslehre sieht, ist Kirsch (1995). Er spricht von einer angewandten Führungslehre, die er als Lehre für die Führung sieht und die Erkenntnisse für die Führung von Organisationen beiträgt. Das relevante Forschungsfeld versteht er als eine Lehre für die Führung, die aus einer prinzipiell offenen Menge miteinander nicht vergleichbarer Forschungstraditionen besteht, also multidisziplinär ist.

Betriebswirtschaftslehre als umfassende Managementlehre wirft eine Reihe von Problemen auf, die bislang nicht ausgiebig diskutiert wurden. Management- und Betriebswirtschaftslehre dürfen nicht isoliert betrachtet werden. Zur Lösung der Aufgabenstellungen in der Unternehmung ist das gesamte verfügbare Wissen auszuschöpfen, gleichgültig aus welchen wissenschaftlichen Disziplinen es stammt. Die Aufgabe der Managementlehre und der Betriebswirtschaftslehre besteht nicht darin, das Bestehende zu konservieren, sondern Änderungen und Wandel zu initiieren und somit Entwürfe für die Zukunft zu entwickeln.

1.3.4 Zur Konzeption des Buches

Aus der Sicht einer managementorientierten Betriebswirtschaftslehre sind jene Merkmale der Organisation von Interesse, die für die Führung von Organisationen (im Sinne von Unternehmens-/Verwaltungsführung) von Bedeutung sind. Die Instrumente zur Analyse dieser Merkmale können mit Hilfe der Funktionen analysiert und beschrieben werden, wobei hier von dem umfassenden System einer Industrieunternehmung ausgegangen wird. Kennzeichnende Merkmale der Industrieunternehmung sind unter anderem erheblicher Kapitaleinsatz, Anlagenintensität, weitgehende Arbeitsteilung, Produktion für oftmals anonyme Märkte, starke Fixkostenbelastung sowie Rationalisierung der Massenfertigung und des Produktionsprogramms. In einer managementorientierten Betriebswirtschaftslehre sind die Funktionen in ein ganzheitliches System zu integrieren, wobei die Beziehungen zur Umwelt (Zwischen-/Umsystem) in die Betrachtungsweise mit einzubeziehen sind. Ausgangspunkt ist der **Entscheidungsprozeß** mit den grundlegenden Phasen **Planung**, **Durchführung** und **Kontrolle** sowie der **Zielsetzungsprozeß**. Entscheidungs- und Zielsetzungsprozeß stehen im Zusammenhang mit der Erfüllung der Funktionen. Zur managementorientierten Sichtweise ist eine Integration der drei in Abbildung 1-1 dargestellten Funktionsebenen notwendig.

Management als Institution hat die Aufgabe, die in den Funktionen zur Verfügung stehenden Instrumente in einer bestmöglichen Gestaltung zu kombinieren. Hier soll der Versuch gemacht werden, dem Leser die ganzheitliche Sichtweise aus der Managementperspektive vertraut zu machen.

Nun ist es schwer möglich, die betriebliche Komplexität in integrierten Modellen darzustellen und zu beschreiben. Aus diesem Grunde - aber auch aus didaktischen Überlegungen - werden die Methoden, Instrumente und Techniken, die zur Handhabung von Entscheidungsprozessen notwendig sind, im Lernfeld separat unter den Funktionen behandelt. Die Integration dieser Tools muß dann in Abhängigkeit der spezifischen Problemstellung im Entscheidungsfeld vollzogen werden. Die Abbildung 1-3 stellt den Aufbau des Buches dar.

In diesem Lehrbuch wird für die Betrachtung - wie bereits betont - die Industrieunternehmung zugrunde gelegt, da bei ihr alle zu untersuchenden Tatbestände in hohem Maße ausgeprägt sind und sie sich von daher besonders für Aussagesysteme eignet. Viele dargestellte Erkenntnisse sind auch auf andere Organisationsformen übertragbar, ohne daß darauf gesondert hingewiesen wird. Im Rahmen der Allgemeinen Betriebswirtschaftslehre wird in diesem Lehrbuch insbesondere der Aspekt des Managements betrachtet, um den Studierenden bereits in den Anfangssemestern die **vernetzte, ganzheitliche Betrachtungsweise** sowie die dafür erforderlichen Kenntnisse zu vermitteln.

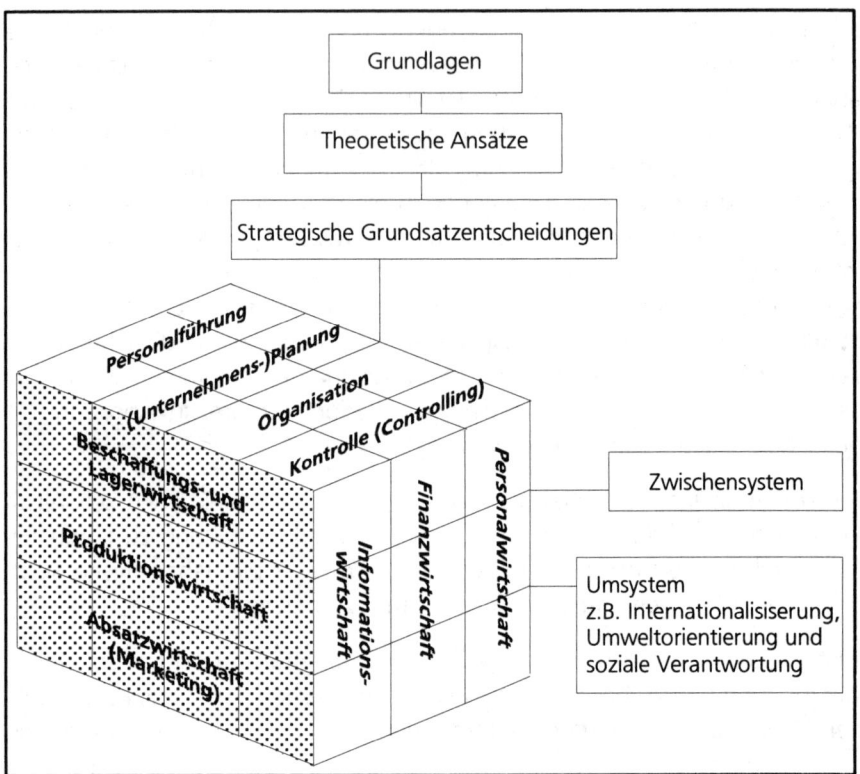

Abbildung 1-3   Der Aufbau des Buches im Überblick

Die im Lernfeld erworbenen Kenntnisse sollen den Leser befähigen, Analysen konkreter Aufgabenstellungen im **Entscheidungs-** und **Handlungsfeld** zu erstellen. Er soll in der Lage sein, planvoll zu handeln und die zahllosen innerbetrieblichen und außerbetrieblichen Entscheidungsinterdependenzen zu erkennen und die Daten und Variablen entsprechend ihrer Gewichtung in das Entscheidungsfeld einzubeziehen. Dazu ist ein Selektionsprozeß notwendig, in dem herausgearbeitet wird, welche Faktoren als Daten und Variablen in einer Entscheidungssituation relevant sind. Da in der betrieblichen Realität eine vollständige Planung, Durchführung und Kontrolle komplexer Entscheidungen nicht möglich ist, wird das Gesamtproblem häufig in Teilprobleme differenziert.

14

Diese Teilprobleme werden dann vielfach zunächst sukzessiv isoliert gelöst und durch entsprechende Rückkopplungen aufeinander abgestimmt. Es kann nicht behauptet werden, daß ein bestimmter Lösungsvorschlag der einzig zweckmäßige ist. Vielfach sind auch andere Lösungsalternativen geeignet, die betrieblichen Aufgaben zielführend zu erfüllen.

1.4 Unternehmensziele

Unter **Ziel** wird ein zukünftiger Zustand einer Situation verstanden, der vom **Träger** des Ziels angestrebt wird. Träger von Zielen in der Unternehmung sind einzelne Personen oder Gruppen. Ein Ziel wird vollständig festgelegt durch seinen **Inhalt**, d.h. die sachliche Festlegung dessen, was angestrebt wird (z.B. Gewinn, Umsatz, Rentabilität), durch sein **angestrebtes Ausmaß** in quantitativer und qualitativer Hinsicht (z.B. Gewinnmaximierung, Kostenminimierung, Umsatzsteigerung um 10%, Qualifikationsverbesserung der Mitarbeiter) sowie durch seinen **zeitlichen Bezug** (zeitlicher Geltungsbereich des Zielinhaltes).

Zur Konkretisierung komplexer Aufgabenbereiche, Maßnahmen (Instrumente, Methoden) und organisatorischer Gestaltungsmöglichkeiten ist eine Festlegung des Zielsystems des Betriebes erforderlich. Es ist Aufgabe der Unternehmensleitung, die Entscheidung über die Zielfunktion bzw. das Zielsystem zu treffen. Unter einem **Zielsystem** wird ein geordnetes Bündel von Zielen verstanden, in dem diese durch verschiedene Beziehungen in einem Netz miteinander verbunden sind. Mit dem Zielsystem sollen die Leistungen bestimmt werden, die die Unternehmung erbringen soll. Zugleich werden Beurteilungskriterien bei alternativen Lösungsmöglichkeiten und Kriterien zur Koordinierung und Kontrolle der durchgeführten Maßnahmen festgelegt. Das Zielsystem dient somit der Steuerung und Regelung der Unternehmung.

Zielbestimmungen sind Gegenstand von **Wahlhandlungen** oder **Entscheidungen (Ziel- oder Zielsetzungsentscheidungen)**, ebenso wie die Wahl der Mittel (Maßnahmen), die zur Erreichung dieser Ziele eingesetzt werden sollen **(Zielerreichungs- oder Mittelentscheidungen)** (Heinen 1976: 18). Es handelt sich hierbei um eine **Mittel-Ziel-Beziehung**. Ziele sind Voraussetzung und wichtige Bestimmungsgrößen für das Verhalten, das auf die Erreichung dieser

Ziele ausgerichtet ist (**zielgerichtetes Verhalten**). Ein solches Verhalten hat hinsichtlich der Ziele Mittelcharakter und kann als Ergebnis von Mittelentscheidungen angesehen werden.

Das Zielsystem eines Betriebes weist einen **hierarchischen Aufbau** auf (Abbildung 1-4). Man kann daher zwischen Zielen verschiedener Zielebenen nach **Ober-** und **Unterzielen** unterscheiden. Zielen unterer Zielebenen kommt gegenüber höheren Zielen Mittelcharakter zu. Die Unterscheidung von Ober- und Unterzielen bzw. von Ziel- und Mittelentscheidung hat dabei je nach Betrachtungsebene relativen Charakter.

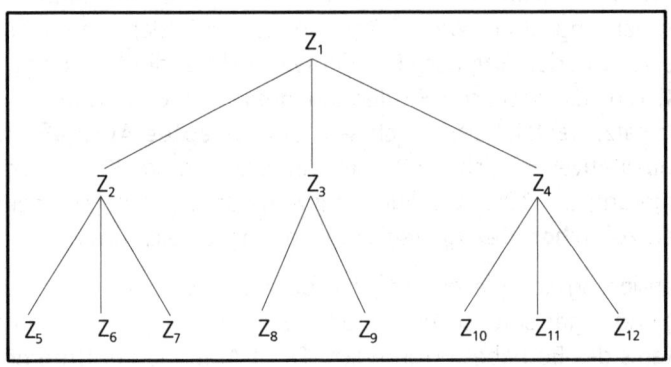

Abbildung 1-4   Zielhierarchie

Oberziele zeichnen sich oft durch einen hohen Abstraktionsgrad aus, sie sind dann wenig operational und haben mehr den Charakter von **Richtzielen**. Erst die hieraus abgeleiteten Feinziele haben einen hohen Grad an Operationalität. Ein Ziel ist **operational**, wenn der Zielinhalt eindeutig beschrieben ist, so daß die Zielerreichung quantitativ, qualitativ und zeitlich überprüft werden kann.

Auf jeder Zielebene lassen sich wiederum je nach dem relativen Gewicht der Ziele **Haupt-** und **Nebenziele** unterscheiden. Wichtig für eine Ordnung von Zielen nach Ober- und Unterzielen sowie nach Haupt- und Nebenzielen ist die Unterscheidung in komplementäre, indifferente und konkurrierende Ziele.

Ziele sind **komplementär**, wenn durch die zunehmende Erfüllung eines Ziels (oder mehrerer) zugleich auch die Erfüllung des anderen Zieles (oder anderer) gesteigert wird. Ziele verhalten sich zueinander **indifferent** oder **neutral**, wenn die Erfüllung eines Zieles oder mehrerer Ziele auf die Erfüllung des anderen oder (mehrerer anderer) keinen Einfluß ausübt. Ziele **konkurrieren**, wenn die zunehmende Erfüllung eines Ziels (oder mehrerer Ziele) die Erfüllung des anderen Ziels (oder mehrerer) mindert. Zielkonkurrenz begründet in Unternehmungen die Entstehung von **Zielkonflikten**. Der Gegenstand des Konflikts ist die gegenseitige Blockierung oder Beeinträchtigung der angestrebten Zielerreichung. Das Konfliktpotential einer Unternehmung ist um so größer je unvereinbarer die Ziele der Unternehmungsmitglieder sind (vgl. Hentze/Kammel/Lindert 1997: 426ff.).

Interne und externe Interessenten bzw. Interessentengruppen formulieren Ansprüche und Erwartungen an die Betriebe, die durch die nachgefragten Leistungen der Wirtschaftseinheiten erfüllt werden. Das Ziel, bestimmte Sachgüter bzw. Dienstleistungen nach Art, Menge und Zeitpunkt zu erstellen und an "Dritte" (in einer marktwirtschaftlichen Ordnung für den Markt bzw. den Kunden) zu verwerten, wird in der Betriebswirtschaftslehre als **Sachziel** eines Betriebes bezeichnet. Gesamtwirtschaftlich gesehen stellt die Erreichung des Sachziels den Beitrag des Betriebes zur gesellschaftlichen Bedarfsdeckung dar. Die durch das Sachziel bestimmten Funktionen verleihen aus der Sicht der Gesamtgesellschaft dem Betrieb seine Existenzberechtigung und stellen somit den **Hauptzweck** des Betriebes dar.

Mit Bezug auf das betriebsspezifisch formulierte oberste Sachziel sind für abgrenzbare betriebliche Aufgabenkomplexe Unterziele zu formulieren. **Konkrete Handlungsziele** dienen der Erfüllung des obersten Sachziels. Einen solchen Aufgabenkomplex stellen beispielsweise die Unternehmens- und Unternehmensführungsfunktionen dar.

Das oberste Sachziel eines Betriebes ist - zumindest im marktwirtschaftlichen Unternehmen - nicht zugleich oberstes Betriebsziel. Es hat nur Mittelcharakter zur Erfüllung sogenannter oberster **Formalziele**, in denen die hinter den Sachzielen stehenden Interessen direkt oder auch indirekt ihren organisationsspezifischen Ausdruck finden, und die dann die obersten Ziele betrieblicher Betätigung darstellen. Formalziele der Organisation beziehen sich somit auf die Art und Weise betrieblichen Handelns und dienen der Ableitung von Verhaltensmaximen. Beispiele betrieblicher Formalziele sind:

- das Gewinn- oder Umsatzstreben,
- die Sicherung der Liquidität.

Die Vielzahl empirisch feststellbarer formaler Einzelziele wirtschaftlicher Organisationen kann nach sachlicher Zugehörigkeit in drei Gruppen unterteilt werden in:

- **wirtschaftliche Ziele,**
- **soziale Ziele** und
- **sonstige Ziele.**

Wirtschaftliche Ziele sind solche, die von dem Betrieb primär in ihrer technisch-ökonomischen Dimension angestrebt werden, wie Gewinnmaximierung oder Kostenminimierung. Ökonomische Ziele dienen in marktwirtschaftlichen Wirtschaftsordnungen den Einkommensinteressen der Eigentümer der Betriebe oder auch den davon kaum abweichenden individuellen Zielen der von den Eigentümern mit der Unternehmensleitung beauftragten Manager. Sind die Eigentümer öffentlich-rechtliche Institutionen, z.B. die Gebietskörperschaften Bund, Länder und Gemeinden, oder sind die Betriebe Gemeineigentum, so kann durch die Verfolgung ökonomischer Ziele auch eine bestmögliche Erreichung des Sachziels im Sinne einer den Ansprüchen der Bevölkerung genügenden Versorgung angestrebt werden.

Unter **sozialen Zielen** (sozialer Effizienz) werden aus einzelwirtschaftlicher Sicht die Erwartungen, Bedürfnisse, Interessen und Forderungen der Organisationsmitglieder, d.h. die **individuellen Ziele**, verstanden, die an den Betrieb gestellt werden.

Unter die **sonstigen Ziele** fallen insbesondere die ethischen und ökologischen Orientierungen des Betriebes. Bei den ethischen Zielen geht es um die Legitimation der handlungsleitenden Zielsetzungs- und Zielerreichungsentscheidungen. Die autonomen Entscheidungs- und Aktionsfelder unterliegen dabei institutionellen Rahmenbedingungen und stellen den Kernbereich **ethischer Verantwortung** dar. **Ökologische Ziele** werden zum Schutz der natürlichen Umwelt und zur Sicherung eines gesunden Daseins sowie einer lebenswerten Zukunft verfolgt. Sie haben eine besondere Bedeutung hinsichtlich der strategischen Orientierungen und möglicher strategischer Erfolgspotentiale des Betriebes. In den ökologischen Zielen zeigen sich das unternehmerische Selbstverständnis, die Verantwortung für den Schutz der natürlichen Umwelt und die gesellschaftliche Verpflichtung zum Umweltschutz.

Es stellt sich die Frage, wie Zielbildungsprozesse in Unternehmungen ablaufen und welche Zielkategorien in Unternehmungen grundsätzlich handlungbestimmend sind.

In der Literatur werden für die oberste Zielbildung verschiedene Ansätze beschrieben. Die traditionelle Betriebswirtschaftslehre geht von der Vorstellung aus, daß die Zielbildung bei einem einzigen **Willensbildungszentrum** liegt. Die Ziele der Unternehmung werden monolitisch entweder vom Unternehmer oder von einer Person, die als Manager an der Spitze einer Personengruppe autoritär agiert, festgelegt. Die Zielbildung wird als **intrapersoneller Vorgang** verstanden, für den sich die Betriebswirtschaftslehre nicht unmittelbar interessiert.

In der neueren Betriebswirtschaftslehre wird die Zielbildung nicht mehr als unipersonale Willensbildung betrachtet, sondern als **vielschichtiger, multipersoneller Prozeß**, auf den zahlreiche Entscheidungsträger einwirken. Zielbildung wird infolgedessen als **interpersoneller Entscheidungsprozeß** verstanden, dem die Betriebswirtschaftslehre zentrale Bedeutung beimißt. Neben den internen Unternehmungsmitgliedern verfolgen auch externe Unternehmungsteilnehmer (z.B. Banken, Lieferanten, Aktionäre) bestimmte Ziele. Der Zielbildungsprozeß kann als Verhandlungsprozeß aufgefaßt werden, in dem die Konflikte zum Ausgleich gebracht werden. Das Zielsystem der Unternehmung ist somit oftmals das Ergebnis eines Kompromisses. Nicht alle Individuen werden an den fortlaufenden Verhandlungsprozessen direkt teilnehmen, sondern nur legitimierte Personen oder Gruppen.

Die für Ziel- und bedeutende Maßnahmenentscheidungen autorisierten Gruppen des Insystems sind die **Kerngruppen**. Es handelt sich im einzelnen meist um die Leitungsorgane, die die Eigentümer und die Arbeitnehmer (z.B. Betriebsrat) repräsentieren. Die Gruppen des Zwischen- und Umsystems, die nicht autorisiert sind, betriebliche Entscheidungen zu treffen, dennoch aber Einfluß auf die Zielbildung nehmen, werden als **Bezugsgruppen** (**Satellitengruppen**) bezeichnet.

Kern- und Bezugsgruppen versuchen, in der Unternehmung und durch die Unternehmung ihre eigenen Interessen zu befriedigen und streben an, ihre Individual- oder Gruppenziele zu Zielen der Unternehmung zu machen. Die Machtverteilung zwischen den Gruppen entscheidet wesentlich darüber, inwieweit diese ihre Ziele über Verhandlungs- und Beeinflussungsprozesse zu Zielen der Unternehmung machen können.

1.5 Kennziffern als Grundlage zielorientierten Handelns

Wirtschaften steht im Spannungsfeld zwischen Bedarf an knappen Gütern und seiner Deckungsmöglichkeit. Aber erst zielorientiertes Handeln, d.h. planvolles Disponieren in bezug auf knappe Güter, macht Wirtschaften aus. Somit stellt sich immer wieder die Frage nach dem optimalen Einsatz bzw. nach der optimalen Verwendung von Wirtschaftsgütern. Bei Güterknappheit ist es rational, stets nach dem **Wirtschaftlichkeitsprinzip (ökonomisches Prinzip)** zu handeln. Dieses verlangt ein optimales Verhältnis aus Nutzen (Ertrag, Output) und Opfer (Aufwand, Input).

$$W = \frac{Nutzen}{Opfer} \Rightarrow Max!$$

Herkömmlich werden folgende drei Formen des Wirtschaftlichkeitsprinzips unterschieden:

(1) **Maximumprinzip**

Mit gegebenem Opfer soll ein möglichst hoher Nutzen erreicht werden, d.h., mit gegebenem Input soll ein möglichst hoher Output erreicht werden.

(2) **Minimumprinzip**

Ein bestimmter Nutzen soll mit möglichst geringem Opfer erreicht werden, d.h., der nötige Input soll im Hinblick auf einen bestimmten Output gering gehalten werden.

(3) **Generelles Extremum-Prinzip**

Die Differenz zwischen Nutzen und Opfer soll maximiert werden.

Das ökonomische Prinzip ist ein **normatives Prinzip**, das fordert, daß bei Güterknappheit nach diesem Prinzip vorzugehen ist. Diese Aufforderung bedeutet noch nicht, daß die Menschen in den Betrieben generell hiernach handeln. Ein weiterer Einwand ist, daß diese Kennziffer nicht operational ist. Sie kann lediglich als generelle Leitlinie für wirtschaftliches Handeln angesehen werden.

Wird die Relation aus mengenmäßigem Ertrag und mengenmäßigem Einsatz an Produktionsfaktoren gebildet, so erhält man die Kennzahl der **Produktivität**:

$$\text{Produktivität} = \frac{\text{Mengenmäßiger Ertrag}}{\text{Mengenmäßiger Einsatz an Produktionsfaktoren}} \Rightarrow \text{Max!}$$

Die Erfassung der betrieblichen Produktivität nach dieser Kennziffer bereitet große Schwierigkeiten, da sowohl die Produktionsleistungen als auch die Faktoreinsatzmengen durch verschiedene Dimensionen (gemessen in Tonnen, Stück, Arbeitsstunden usw.) nicht addierbar sind. Gegebenenfalls gibt es bei verwandten Erzeugnissen die Möglichkeit, mit Hilfe von Äquivalenzziffern die Rechnung auszuführen.

Um die aufgezeigten Schwierigkeiten bei der Ermittlung der betrieblichen Gesamtproduktivität zu beheben, werden oft **Teilproduktivitäten** ermittelt. Folgende Produktivitätskennzahlen sind üblich:

$$\text{Arbeitsproduktivität} = \frac{\text{Anzahl der produzierten Einheiten}}{\text{Anzahl der eingesetzten Arbeitsstunden}} \Rightarrow \text{Max!}$$

$$\text{Maschinenproduktivität} = \frac{\text{Anzahl der produzierten Einheiten}}{\text{Anzahl der eingesetzten Maschinenstunden}} \Rightarrow \text{Max!}$$

Werden Zähler und Nenner der Kennzahl Produktivität mit Geldeinheiten bewertet, dann ergibt sich für den Zähler der wertmäßige Ertrag und für den Nenner der wertmäßige Aufwand. Werden diese beiden Größen in Beziehung gesetzt, dann erhält man die **Wirtschaftlichkeit**.

$$\text{Wirtschaftlichkeit} = \frac{\text{Wertmäßiger Ertrag}}{\text{Wertmäßiger Aufwand}} \Rightarrow \text{Max!}$$

Häufig werden auch statt Ertrag und Aufwand die Begriffe Leistung und Kosten in Relation gesetzt, die aus der Kostenrechnung stammen. Der Begriff der Wirtschaftlichkeit darf nicht mit dem ökonomischen Prinzip (Wirtschaftlich-keitsprinzip) verwechselt werden. Die absolute Wirtschaftlichkeit macht keine Aussage im Sinne des ökonomischen Prinzips, ob das Verhältnis optimal ist. Gebräuchlich sind auch Differenzierungen der Kennzahl, indem beispielsweise Ist- den Sollgrößen gegenübergestellt werden. Eine spezielle Ausprägung ist zum Beispiel folgende Kennziffer der Kostenwirtschaftlichkeit:

$$\text{Kostenwirtschaftlichkeit} = \frac{\text{Sollkosten}}{\text{Istkosten}} \Rightarrow \text{Max!}$$

Sollkosten haben Vorgabecharakter, während die Istkosten nachträglich fest-gestellt werden. Je geringer die Istkosten in Relation zu den Sollkosten sind, desto höher ist die Wirtschaftlichkeit.

Die Differenz aus wertmäßigem Ertrag und wertmäßigem Aufwand ergibt das **Ergebnis** (den **Erfolg**):

Ergebnis = Ertrag - Aufwand

Ist das Ergebnis positiv (Ertrag - Aufwand > 0), so ergibt sich ein **Gewinn**. Bei einem negativen Ergebnis (Ertrag - Aufwand < 0) tritt ein **Verlust** ein. Das Er-gebnis einer betrieblichen Tätigkeit ergibt sich aus dem **Betriebsergebnis** und dem **neutralen Ergebnis**.

Ergebnis = Betriebsergebnis + neutrales Ergebnis

Das Betriebsergebnis resultiert aus der Erfüllung des Sachzieles, während das neutrale Ergebnis nicht sachzielbezogen ist.

Das Betriebsergebnis ergibt sich als Differenz zwischen Leistung und Kosten.

Betriebsergebnis = Leistung - Kosten

Erfolg (Ergebnis), Ertrag und Aufwand sind periodenbezogene Größen. Sie sind zentrale Begriffe in der Finanzbuchhaltung und im Jahresabschluß.

Als **Ertrag** wird der in Geld bewertete Wertzugang einer Abrechnungsperiode verstanden. Sofern der Ertrag aus den eigentlichen Prozessen der betrieblichen Leistungserstellung und -verwertung stammt, wird dieser als **Zweckertrag** oder **Betriebsertrag** bezeichnet. Andernfalls handelt es sich um einen **neutra-len Ertrag** (z.B. Erträge aus Beteiligungen und Finanzanlagen oder Verkauf eines Vermögensgutes, dessen Preis über dem Buchwert liegt). Als **Aufwand** wird der wertmäßige Verbrauch des Betriebes an Gütern und Dienstleistungen in einer Periode bezeichnet. Typische Aufwandsarten sind zum Beispiel Löhne und Gehälter. Die Aufwandsarten können danach gegliedert werden, ob sie im Rahmen des eigentlichen Betriebszweckes anfallen oder nicht. Im ersten Fall spricht man von **Zweckaufwand** (z.B. Löhne und Gehälter), im zweiten Fall handelt es sich um **neutralen Aufwand**, der alle darüber hinausgehenden Aufwandsteile erfaßt. Dazu gehören **betriebsfremde Aufwendungen**, die vorliegen, wenn ein Werteverzehr überhaupt keine Beziehung zur eigentlichen betrieblichen Leistungserstellung hat (z.B. Spende für das Rote Kreuz) sowie **außerordentliche Aufwendungen**, die zwar betrieblich bedingt sind, aber entweder außergewöhnlich sind (z.B. Aufwand für Feuerschäden) oder eigentlich gar nicht in der laufenden Abrechnungsperiode verursacht worden sind. Im letzteren Fall spricht man auch von **periodenfremden Aufwendungen**.

Aufwand und Ertrag sind zu unterscheiden von den Begriffen Kosten und Leistung. Als **Kosten** wird der bewertete Verzehr an Gütern und Dienstleistungen (Produktionsfaktoren) bezeichnet, der bei der Erstellung und Verwertung der Betriebsleistung anfällt. Man könnte zunächst meinen, Kosten wären identisch mit dem Zweckaufwand. Es gibt jedoch Kostenarten, die in der Finanzbuchhaltung nicht oder nicht in voller Höhe angesetzt werden dürfen. Diese Kostenarten heißen **Zusatzkosten** oder **kalkulatorische Kostenarten**. Der größte Teil der Kosten entspricht jedoch dem Zweckaufwand. Diese Kostenarten heißen **Grundkosten** und können direkt aus der Finanzbuchhaltung übernommen werden. Der neutrale Aufwand muß dagegen von diesen Kostenarten abgegrenzt werden.

Die (Betriebs-)**Leistung** ist das wertmäßige Ergebnis der eigentlichen betrieblichen Tätigkeit. Dem **neutralen Ertrag** steht keine Betriebsleistung gegenüber.

Aufwand und Ertrag dürfen auch nicht mit den Begriffen Auszahlung/Einzahlung oder Ausgabe/Einnahme verwechselt werden. Den Abfluß von liquiden Mitteln bezeichnet man als **Auszahlung**. Zu den liquiden Mitteln eines Betriebes zählen die Kassenbestände sowie die jederzeit verfügbaren Guthaben bei Kreditinstituten. Eine **Einzahlung** liegt vor, wenn der Bestand an liquiden Mitteln erhöht wird. Durch die Einzahlung werden also die in der Kasse ruhenden Geldbeträge und/oder die Buchgeldbestände vermehrt.

Ausgaben umfassen alle Auszahlungen und auch Kreditvorgänge. Diejenigen Kreditvorgänge, die buchhaltungstechnisch (Haben-Buchungen) mit den Auszahlungen korrespondieren, heißen Forderungsabgang und Schuldenzugang, so daß sich für die Ausgabe folgende Relation ergibt:

Ausgabe = Auszahlung + Forderungsabgang + Schuldenzugang

Die **Einnahmen** umfassen sowohl die Einzahlungen als auch Kreditvorgänge. Kreditvorgänge, die buchtechnisch mit den Einzahlungen gleichgeordnet sind (Soll-Buchungen), sind Forderungszugänge und Schuldenabgänge, so daß sich für die Einnahme folgende Beziehung ergibt:

Einnahme = Einzahlung + Forderungszugang + Schuldenabgang

Oberstes Ziel wirtschaftlichen Handelns ist die Erreichung eines möglichst großen Gewinns oder einer möglichst großen Rentabilität. Unter **Rentabilität** versteht man die Verzinsung des eingesetzten Kapitals in einer bestimmten Zeitspanne. Sie ergibt sich als Quotient aus Erfolg und eingesetztem Kapital. Wählt man als Bezugsgröße die Umsatzerlöse, so erhält man die **Umsatzrentabilität** (Umsatzgewinnrate). Man unterscheidet

$$\text{Eigenkapitalrentabilität} = \frac{\text{Gewinn}}{\text{Eigenkapital}} \times 100$$

und

$$\text{Gesamtkapitalrentabilität} = \frac{\text{Gewinn} + \text{Fremdkapitalzinsen}}{\text{Eigenkapital} + \text{Fremdkapital}} \times 100$$

wobei

Eigen- + Fremdkapital = Gesamtkapital

ist.

Das Eigenkapital wird von den Eigentümern zur Verfügung gestellt, während das Fremdkapital von Gläubigern dem Betrieb überlassen wird. Weiterhin gilt

$$\text{Umsatzrentabilität} = \frac{\text{Gewinn}}{\text{Umsatz}} \times 100$$

In der Rentabilitätsanalyse wird häufig auch folgende Kennziffer verwendet:

$$\text{Return on Investment} = \frac{\text{Gewinn}}{\text{Umsatz}} \times \frac{\text{Umsatz}}{\text{Kapital}} \times 100$$

Wie oben ausgeführt, wird der erste Ausdruck als **Umsatzrentabilität** bezeichnet, und der zweite Teil der Relation stellt die **Kapitalumlaufgeschwindigkeit** bzw. **Kapitalumschlaggeschwindigkeit** oder kurz den **Kapitalumschlag** dar. Der Quotient aus Umsatz und Kapital gibt an, wie häufig das gebundene Kapital durch den Umsatz in einer Periode umgeschlagen wird. Der Return on Investment macht deutlich, daß die Kapitalrentabilität beispielsweise konstant bleiben kann, wenn die Abnahme der Umsatzrentabilität durch eine entsprechende Steigerung des Kapitalumschlags ausgeglichen wird. Die Kapitalrentabilität kann sogar bei sinkender Umsatzrentabilität steigen, wenn es dem Betrieb gelingt, die Kapitalumlaufgeschwindigkeit des betrieblichen Umsatzprozesses so zu steigern, daß die negative Wirkung der abnehmenden Umsatzrentabilität durch die steigende Kapitalrentabilität mehr als ausgeglichen wird. Diese Handlungsmaxime wird oft im Handel verfolgt.

Als **Liquidität** wird das finanzielle Gleichgewicht aus Zahlungsmittelbestand und Zahlungsmittelbedarf verstanden, so daß der Betrieb zu jedem Zeitpunkt seinen Zahlungsverpflichtungen nachkommen kann.

$$\text{Liquidität} = \frac{\text{Zahlungsmittelbestand}}{\text{Zahlunsmittelbedarf}} \geq 1!$$

Liquidität ist also gegeben, wenn diese Kennziffer den Wert 1 aufweist bzw. größer als 1 ist. Sofern der Wert größer als 1 ist, verfügt der Betrieb über flüssige Mittel, die momentan nicht benötigt werden und somit alternativ gewinnbringend angelegt werden sollten. Ideal wäre also der Zustand 1. An eine Liquiditätsreserve muß jedoch in der Regel gedacht werden.

Liquiditätskennzahlen werden häufig im Zusammenhang mit der Analyse des Jahresabschlusses verwendet. Dabei werden drei **Liquiditätsgrade** unterschieden:

$$\text{Liquidität 1. Grades} = \frac{\text{Liquide Mittel}}{\text{Kurzfristiges Fremdkapital}}$$

$$\text{Liquidität 2. Grades} = \frac{\text{Monetäres Umlaufvermögen}}{\text{Kurzfristiges Fremdkapital}}$$

$$\text{Liquidität 3. Grades} = \frac{\text{Umlaufvermögen}}{\text{Kurzfristiges Fremdkapital}}$$

Das monetäre Umlaufvermögen umfaßt die liquiden Mittel und die kurzfristigen Forderungen. Zum (gesamten) Umlaufvermögen gehören außer dem monetären Umlaufvermögen zusätzlich die Warenbestände.

Die sowohl in den Zähler als auch in den Nenner einbezogenen Bilanzpositionen bzw. Werte, d.h. die wertmäßige Zusammensetzung der beiden Größen, sind in der Literatur keineswegs gleich. Auch die Nenner werden nicht immer einheitlich benannt. So werden bei einigen Autoren statt des kurzfristigen Kapitals die kurzfristigen Verbindlichkeiten eingesetzt. Grundsätzlich gilt für alle Liquiditätsgrade: Je höher der Wert der jeweiligen Kennzahl ist, desto günstiger ist die Liquidität des Betriebes.

Bei Verlust des finanziellen Gleichgewichts tritt **Illiquidität** ein, die, sofern keine Unterstützung von dritter Seite (z.B. Staat, Banken, Konzernmutter) gewährt wird, in der Regel zum **Vergleich** oder **Konkurs** führt.

1.6 Betrachtungsebenen

1.6.1 Betrieb und Wirtschaftssystem

Die Tatbestände, die Betriebe und Unternehmen in einer freien Marktwirtschaft und einer zentral geführten Planwirtschaft determinieren, sind von Gutenberg (1976: 457ff.) differenziert worden. Merkmale, die von dem gegebenen Wirtschaftssystem unabhängig sind, werden von ihm als **systemindifferente Faktoren** bezeichnet, während die **systembezogenen Bestimmungsgrößen** abhängig von dem jeweils historisch gegebenen Wirtschaftssystem sind. Gutenberg nennt folgende **systemindifferente Tatbestände**:

(1) **Die Produktionsfaktoren**
   Unabhängig von der herrschenden Wirtschaftsordnung sind die vorhandenen Elementarfaktoren Arbeit, Betriebsmittel und Werkstoffe im Betrieb zu kombinieren.

(2) **Prinzip der Wirtschaftlichkeit**
Der Kombinationsprozeß ist aufgrund der Knappheit der Güter nach dem rein formalen Wirtschaftlichkeitsprinzip, unabhängig von den Zielsetzungen der Betriebe in den unterschiedlichen Wirtschaftssystemen, zu vollziehen.

(3) **Prinzip des finanziellen Gleichgewichts**
Jeder Betrieb muß jederzeit in der Lage sein, seinen fälligen Zahlungsverpflichtungen nachzukommen.

Nach Gutenberg ist die Unternehmung ein spezieller Betriebstyp im **marktwirtschaftlichen** System. (In der Literatur und in der Wirtschaftspraxis werden die Begriffe Unternehmung und Unternehmen vielfach synonym verwendet.)

Die **Unternehmung** ist im marktwirtschaftlichen System durch folgende Tatbestände charakterisiert:

(1) **Autonomieprinzip**
Dieses besagt, daß die Unternehmung über die Freiheit verfügt, den Wirtschaftsplan, d.h. beispielsweise die Produktions- und Absatzpläne, ohne staatliche Regelungen selbst zu bestimmen. Der Unternehmer kann also - in Abhängigkeit der Marktverhältnisse - die Preise der produzierten Güter frei festlegen. Dieses Prinzip birgt Chancen und Risiken in sich, die wesentliche Merkmale des freien Unternehmertums sind.

(2) **Das erwerbswirtschaftliche Prinzip**
Dieses Prinzip beinhaltet das Streben nach einem hohen Gewinn. Es stellt die wesentliche Triebfeder unternehmerischer Handlungen dar.

(3) **Prinzip des Privateigentums**
Dieses Prinzip bedeutet, daß den Eigenkapitalgebern das Eigentum an den Produktionsmitteln zukommt. Daraus wird der Anspruch auf Alleinbestimmung hinsichtlich der Unternehmensführung abgeleitet. Diese Grundaussage kollidiert nicht mit der Tatsache, daß Führungsentscheidungen nicht in jedem Falle vom Eigentümer selbst getroffen werden, sondern auch von den von diesem beauftragten Führungsorganen wahrgenommen werden können, die entweder gesetzlich oder vertraglich entsprechend legitimiert sind (z.B. Geschäftsführer einer Gesellschaft mit beschränkter Haftung, Vorstand einer Aktiengesellschaft). Während es sich bei dem Autonomieprinzip um eine äußere Autonomie handelt, die den Markt be-

27

trifft, ist bei dem Prinzip des Privateigentums eine innere Autonomie gegeben, die sich auf die Innenverhältnisse der Unternehmung bezieht.

In **Zentral- oder Planwirtschaften** sind Betriebe nach Gutenberg durch folgende systembezogene Merkmale charakterisiert:

(1) **Organprinzip**
   Dieses Prinzip ersetzt das Autonomieprinzip in der Marktwirtschaft und bedeutet, daß die Vorgaben des zentralen Volkswirtschaftsplans hinsichtlich Menge, Art und zeitlicher Erfüllung von Planungsgremien festgelegt werden. Damit ist die Selbständigkeit der Betriebe erheblich eingeschränkt. Der einzelne Betrieb kann sich somit nicht auf den Markt ausrichten.

(2) **Prinzip der Planerfüllung**
   Das Handeln der Betriebe ist auf die Erfüllung des staatlich vorgegebenen Planes (plandeterminierte Leistungserstellung) ausgerichtet.

(3) **Prinzip des Gemeineigentums**
   Das Privateigentum wird durch das Gemeineigentum ersetzt. Es besteht ein gesellschaftlicher Anspruch auf Mitbestimmung.

Systemindifferente Tatbestände			Systembezogene Tatbestände	
Produktions-faktoren			Marktwirtschaft-licher Betrieb = Unternehmung	Autonomieprinzip
				erwerbswirtschaft-liches Prinzip
		Betrieb		Prinzip des Privateigentums
Prinzip der Wirt-schaftlichkeit			Planwirtschaft-licher Betrieb	Organprinzip
Prinzip des finanziellen Gleichgewichts				Prinzip der Plan-erfüllung
				Prinzip des Gemeineigentums

Abbildung 1-5   Systemindifferente und systembezogene Tatbestände des Betriebes

Ausführungen zu den systemindifferenten und systembezogenen Tatbeständen werden in der Abbildung 1-5 zusammengefaßt. Die Aussagen beziehen sich auf idealtypische Systeme. In marktwirtschaftlichen Systemen existieren auch staatliche Betriebe, die ähnliche Merkmale wie die planwirtschaftlichen Betriebe aufweisen. Auch bei den ehemals zentral geführten Ländern Osteuropas gab es Betriebe, die Gemeinsamkeiten mit Marktwirtschaftsunternehmen zeigten.

Die marktwirtschaftliche Wirtschaftsordnung weist sowohl Vor- als auch Nachteile auf (vgl. Wöhe 1996: 6ff.). Als **Vorteil** gilt das Höchstmaß an persönlicher Freiheit, das die Autonomie unternehmerischer Entscheidungen einschließt und durch das Recht auf Privateigentum und das Privaterbrecht gekennzeichnet ist. Der Wettbewerb erzwingt die Umsetzung des technischen Fortschritts. Insbesondere die Nachkriegsgeschichte hat gezeigt, daß in keiner anderen existierenden Wirtschaftsordnung ein derartig hohes Wohlstandsniveau erreicht wird wie in der Marktwirtschaft. Als **Nachteile** führt Wöhe drei Schwerpunkte auf. Die Unternehmen in der Marktwirtschaft weisen Tendenzen auf, daß sie durch Konzentration den Wettbewerb einschränken und gegebenenfalls sogar völlig beseitigen. Ein zweiter Nachteil sind die großen Einkommensunterschiede, die zu einer ungleichen Vermögensverteilung führen und den Auslöser für soziale Spannungen bilden können. Ein dritter Nachteil ist, daß konjunkturelle Schwankungen in Zeiten der Hochkonjunktur zu Preissteigerungen, Überbeschäftigung, Geldentwertung führen und eine Rezession Massenarbeitslosigkeit zur Folge haben kann.

In Deutschland ist aus diesem Grunde nicht die freie Marktwirtschaft, sondern die sogenannte "**soziale Marktwirtschaft**" nach der Währungsreform (1949) eingeführt worden, die es erlaubt, durch staatliche Maßnahmen bei den genannten Schwächen regelnd einzugreifen. Vereinfacht kann die soziale Marktwirtschaft durch die folgenden fünf Elemente beschrieben werden:

(1) **Wettbewerbsordnung**
Der funktionierende Wettbewerb stellt sicher, daß der Verbraucher gute Qualitäten zu günstigen Preisen kaufen kann. Damit der Wettbewerb gesichert ist, hat der Staat Spielregeln aufgestellt und sorgt für deren Einhaltung. Beispielsweise werden Konzentrationsprozesse, die auf die Beseitigung des Wettbewerbs zielen, durch das Gesetz gegen Wettbewerbsbeschränkungen eingeschränkt.

(2) **Eigentumsordnung**
Die Gewinnerzielung ist der Motor für das wirtschaftliche Handeln. Das Risiko, durch Verluste das eingesetzte Kapital zu verlieren, vermeidet Verschwendung. Daher ist das Privateigentum an Produktionsmitteln eine wichtige Voraussetzung, das in bestimmten Bereichen eingeschränkt ist. Die Einkommens- und Vermögensverteilung wird beispielsweise durch die Einkommensteuerprogression, Vermögensbildungsgesetze gesetzlich beeinflußt. Auch durch die betriebliche (freiwillige) Erfolgsbeteiligung der Arbeitnehmer werden Unternehmergewinne umverteilt.

(3) **Sozialordnung**
Der Markt würde nur leistungsgerechte Einkommen zulassen. Nicht alle Marktteilnehmer können am Leistungswettbewerb teilnehmen. Damit diese Personen nicht ins soziale Abseits geraten, wird die Marktwirtschaft durch eine Sozialordnung ergänzt (beispielsweise Unterstützung der Arbeitslosen und Sozialhilfeempfänger).

(4) **Geld- und Währungsordnung**
Voraussetzung für das Funktionieren einer Volkswirtschaft ist stabiles Geld. In Deutschland ist eine von der Regierung unabhängige, autonome Zentralbank geschaffen worden, die unter anderem die Aufgabe hat, die Geldwertstabilität zu sichern.
Im Rahmen der europäischen Währungsunion hat die Europäische Zentralbank (EZB) am 01.01.1999 einen Großteil der Aufgaben der Deutschen Bundesbank übernommen. Die Rolle der Bundesbank ist in diesem Zusammenhang mit der der früheren Landeszentralbanken vergleichbar.

(5) **Tarifautonomie**
Der Staat hält sich aus Verteilungskonflikten zwischen Arbeit und Kapital heraus. Die Regelungen der Arbeitsbedingungen und der Entlohnung vereinbaren die Tarifpartner. Arbeitgeberverbänden und Gewerkschaften wird aufgrund ihrer Sachnähe die Kompetenz des fairen Interessenausgleichs zugesprochen.

1.6.2   Unternehmung und Unternehmungsordnung

Unternehmungen sind äußerst komplexe Gebilde, die in Theorien nur unzureichend erfaßt werden können. Es ist immer der Wunsch der Wissenschaftler gewesen, eine umfassende, integrierte Theorie der Unternehmung zu entwickeln, was bisher nicht gelungen und wohl auch nicht möglich ist. Daher wird versucht, durch die Fokussierung bestimmter Variablen Erklärungsansätze zu entwickeln, in denen Teilkomplexitäten und bestimmte herausgelöste Interdependenzen betrachtet werden.

Die Abbildung 1-6 stellt einen derartigen Ansatz dar, in dem vier wesentliche Determinanten zur Beschreibung des Ordnungsgefüges der Unternehmung ausgewählt werden. Es handelt sich hierbei um das Grundmodell, das die Unternehmung als sogenanntes **sozio-technisches System** (Abbilung 1-6) darstellt. Dabei ist das System als Menge von geordneten Elementen mit bestimmten Eigenschaften definiert, die durch Relationen verknüpft sind. Ein Element ist ein Bestandteil eines Systems innerhalb der Gesamtheit Unternehmung, das nicht weiter zerlegt werden kann. Die Ordnung der Elemente eines Systems stellt im Sinne der Systemtheorie die Unternehmung dar. In dem gewählten Ansatz ist die Unternehmung durch die Aufgabe, die Struktur, die Person und die Technologie abgebildet. Dieses sozio-technische (sozio-mechanische) System, Mensch-Maschine-System, dient mittels zwischenmenschlicher Koordination und Kooperation von Personen und Sachen der **Leistungserstellung**.

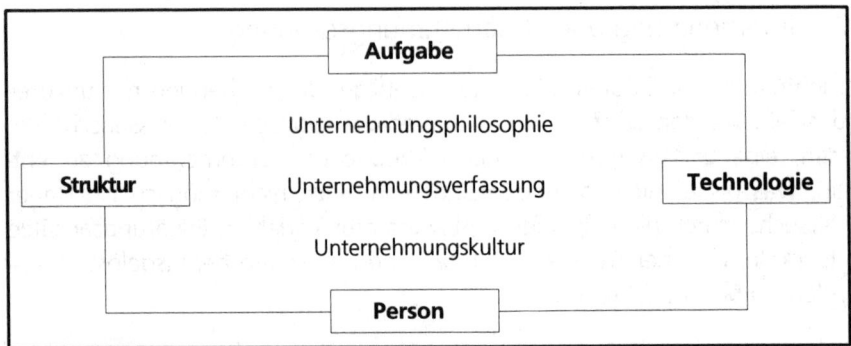

Abbildung 1-6 Grundmodell des sozio-technischen Systems

Die Aufgaben leiten sich aus dem Sachziel der Unternehmung ab und werden durch die Funktionen erfüllt. Eine Aufgabe beinhaltet die Verpflichtung zur Durchführung einer Handlung. Die Bildung von Aufgaben geschieht im Rahmen der sogenannten **Aufgabenanalyse**, für die der Ausgangspunkt die Unternehmungsaufgabe (Sachziel) ist. Diese wird soweit in Teilaufgaben zerlegt, bis sie den Aufgabenträgern als **Stellenaufgaben** zugewiesen werden können. Als Aufgabe wird eine Solleistung verstanden, die durch den Einsatz von Personal im Hinblick auf die Gesamt-(unternehmungs-)aufgabe zu erfüllen ist. Die Aufgabe ist das zentrale Element jeder Unternehmungsordnung.

Die Ordnung wird in der formalen Organisationsstruktur abgebildet, die in der Betriebswirtschaftslehre in die Aufbau- und Ablauforganisation gegliedert wird.

Bei der **Aufbauorganisation** (Gebildestrukturierung) geht es um die Gliederung der Unternehmung in arbeitsteilige, funktionsfähige Elemente (Stellen, Instanzen, Abteilungen) und deren Koordination. Die **Ablauforganisation** (Prozeßstrukturierung) erstreckt sich hingegen auf die Arbeits- und Bewegungsvorgänge der Aktivitäten der Unternehmungsmitglieder. Die Trennung der Strukturierung in diese beiden Bereiche ist in der Praxis für die durchzuführenden Organisationstätigkeiten nicht immer aufrechtzuerhalten, da Aufbau und Ablauf sich gegenseitig bedingen. Die Dominanz des Aufgabenbegriffs führt zusammen mit der Trennung von Aufbau- und Ablauforganisation zu einem organisatorischen Dilemma. Diesem wird entgegengewirkt, indem der Arbeitsfluß betrachtet wird und die Unternehmungsstrukturen nur noch als ein

Komplex von Entscheidungsprozessen behandelt werden. In diesem Sinne wird von einer **Prozeßorganisation** gesprochen, in der die Aufgabenbildung unter Berücksichtigung der spezifischen Erfordernisse des Ablaufs betrieblicher Prozesse konzipiert wird, d.h. die prozeßorientierte Gestaltung der Unternehmung in den Mittelpunkt tritt.

Personen sind die Träger der Aufgaben. Sie bringen als Input ihre Qualifikationen und Leistungsbereitschaft ein und erstellen einen **Output**, eine **Leistung**. Die Unternehmung bietet dem Individuum materielle und immaterielle (monetäre und nichtmonetäre) Anreize an und deren Entscheidungsträger verhängen gegebenenfalls auch Strafen (z.B. Abmahnungen), damit die Unternehmensziele erreicht werden.

Zur Aufgabenerfüllung setzt der Mensch **Technologien** ein, die in Fertigungs- und Informationstechnologien differenziert werden. Unter **Fertigungstechnologie** sollen hier die in einer Unternehmung realisierten Fertigungsverfahren verstanden werden, während die **Informationstechnologie** alle Verfahren der Informationsverarbeitung umfaßt.

Die Unternehmungsordnung wird wesentlich von den gelebten **Wertvorstellungen** der Unternehmungsmitglieder und den **zwischenmenschlichen Beziehungen** innerhalb der Unternehmung und gegenüber den Trägern der Umwelt (z.B. Staat, Lieferanten, Kunden) bestimmt. Diese Wertvorstellungen werden vom Management in einem bewußten Prozeß gestaltet und in bestimmten Konzepten formalisiert. Sie beschreiben die grundsätzlichen Einstellungen und das grundsätzliche Verhalten des Unternehmens gegenüber den Mitarbeitern und der Umwelt und werden beispielsweise in der Unternehmensphilosophie, Unternehmensverfassung und Unternehmenskultur fixiert.

Die **Unternehmungsphilosophie** umfaßt die allgemeinen Zielvorstellungen der Unternehmungsmitglieder unter Berücksichtigung der ethischen und moralischen Wertvorstellungen. In der Unternehmungsphilosophie manifestiert sich zum einen die **unternehmerische Vision**, die impulsgebende Kraft besitzt, indem sie vor allem Chancen (z.B. attraktive Märkte, innovative Lösungen) aufzeigt. Die Vision weist eine ordnende Funktion auf, da sie grundlegende Klarstellungen, Prioritäten, Zusammenhänge aufzeigt und integrative, konfliktlösende Wirkungen entfaltet. Zum anderen kommt die Unternehmungsphilosophie in der **Unternehmungsethik** zum Tragen, die ebenfalls eine ordnende Funktion aufweist, indem sie die normativen Orientierungen beinhaltet, die sich mit den Fragen nach dem Sinn unternehmerischen Handelns befassen. In diesem Sinne ist die Unternehmungsethik eine prozessuale Orientierungshilfe für die Steuerung der konkreten Unternehmungsaktivitäten nach den Regeln der sozialen Marktwirtschaft und des geltenden Rechts sowie den Wertvorstellungen und Bekenntnissen der Unternehmungsmitglieder. Wesentliche Aspekte der Wirtschaftsethik sind die Verantwortung der Unternehmung gegenüber der ökologischen Umwelt sowie die soziale Verantwortung - beispielsweise als Arbeitgeber - gegenüber dem einzelnen Mitarbeiter und der Region. Unternehmungsethische Fragestellungen werden in unternehmungspolitischen Grundsätzen fixiert und formuliert. Verantwortungsvolles, ethisch vertretbares Handeln wird in der Unternehmungspolitik beispielsweise mit dem Bemühen festgehalten, dem Menschen (der Menschheit) zu dienen.

In der **Unternehmungsverfassung** wird die gestaltete Ordnung festgehalten. Sie ist quasi das "Grundgesetz" der Unternehmung, in der die Rechtsnormen mit ihren konstitutiven Rahmenregelungen, Gestaltungsräumen und Grenzen definiert werden. Sie legt den generell zu respektierenden Verhaltensrahmen im externen und internen Umgang fest. Beispielsweise enthält sie die Grundrechte der Unternehmungsmitglieder und ihrer Organe, das Zusammenwirken und die Kompetenzverteilung, die Machtverteilung und die Machtbeziehungen. Die Unternehmungsverfassung ist nur zum Teil **gesetzlich geregelt**. Zusätzlich liegen vertragliche Vereinbarungen zugrunde: überbetrieblich zum Beispiel die **Tarifverträge** und auf einzelbetrieblicher Ebene zum Beispiel **Betriebsvereinbarungen**. Schließlich bestehen faktische Regelungen, beispielsweise durch Trennung von Eigentum und Leitung.

Die Unternehmungsverfassung regelt ganz zentral die Macht- und Kompetenzverteilung der Unternehmung. Die für die Bundesrepublik Deutschland geltenden Gesetze zur Mitbestimmung stellen eine fundamentale Basis für die Unternehmensverfassung dar.

Unter **Unternehmungskultur** werden die von den Unternehmungsmitgliedern internalisierten und vertretenen Werte und Normen verstanden, die gleichzeitig das Verhalten entscheidend determinieren. **Werte** liefern den Individuen Beurteilungsmaßstäbe für Elemente, Zustände, Vorgänge und Zusammenhänge der materiellen und immateriellen Unternehmungsrealität. **Normen** sind hingegen Gebräuche, Regeln und Vorschriften, die in bestimmten Situationen zu standardisierten Verhaltensweisen führen und deren Nichtbefolgen negative Sanktionen nach sich ziehen kann. Die Werthaltungen und Normen, insbesondere der Führungskräfte, regeln in starkem Maße die persönlichen und generalisierten Einstellungen gegenüber den Unternehmungsmitgliedern, die sich in bestimmten Menschenbildern widerspiegeln. Auch im Führungsverhalten zeigen sich die unterschiedlichen Werthaltungen.

Außer den in der Abbildung 1-6 aufgeführten Begriffen, die sich auf Wertvorstellungen beziehen, werden in diesem Zusammenhang in der Literatur und Praxis weitere Begriffe verwendet, die hier nicht ausgeführt werden sollen. Im einzelnen handelt es sich um folgende Termini: **Unternehmensleitbild, Unternehmensgrundsätze, Corporate Identity, Mission**.

Die Unternehmung ist durch vielfältige wechselseitige Beziehungen zur Umwelt (Umsystem) gekennzeichnet. Systemtheoretisch wird von einem offenen System gesprochen, wobei unter der Einbeziehung dieser Wechselwirkungen der Komplexitätsgrad der Unternehmung im Vergleich zur isolierten Betrachtung der Beziehungen im Insystem noch steigt.

In der Betriebswirtschafts- und Managementlehre sind verschiedene Ansätze zur Erfassung dieser Interaktionen entwickelt worden. Stärkere Beachtung hat in den letzten Jahren in der Managementliteratur der sogenannte Stakeholderansatz gefunden (Freeman 1983; Hinterhuber 1996: 2ff.). **Stakeholder** sind am Unternehmensgeschehen beteiligte Individuen und Gruppen, die in internen oder externen Beziehungsverhältnissen zur Unternehmung stehen. Interne Stakeholder sind insbesondere die Mitarbeiter, das Management und die Eigentümer, während externe Stakeholder vor allem die Kunden, die Kapitalgeber, die Lieferanten und die Konkurrenten sind. Als externe Stakeholder treten zusätzlich beispielsweise noch die Gewerkschaften beziehungsweise die Arbeitgeberorganisationen auf. In einer dynamischen Umwelt geht es für die Unternehmensführung insbesondere darum, rechtzeitig möglichst proaktiv die Ansprüche der wesentlichen Stakeholder zu erkennen und die Stakeholderbeziehungen in ihre Handlungen einzubeziehen. Dabei sind nicht nur die nationalen, sondern insbesondere auch die internationalen Herausforderungen von Bedeutung und in einem integrativen Konzept zu berücksichtigen.

1.6.3 Menschenbilder

Als dritte Ebene der Betrachtung der komplexen Entscheidungen und Handlungen in Unternehmen bietet sich die Ebene der im Unternehmen tätigen Menschen an. Ihnen obliegt vorrangig, die Kooperations- und Koordinationsbedingungen zu schaffen, um die angestrebte Effizienz und einen gewissen Arbeitszufriedenheitsgrad zu erreichen.

Im Rahmen eines umfassenden Führungsansatzes ist die Schaffung optimaler Kooperations- und Koordinationsbedingungen nur eine verkürzte Sichtweise, die durch Ziele und weitere Instrumente zu erweitern ist.

Bedeutend für die Gestaltung des Entscheidungs- und Handlungsfeldes ist das zugrunde gelegte Menschenbild, das Grundannahmen, Einstellungen gegenüber anderen Menschen über deren Ziele, Werte, Motive, Bedürfnisse, Wahrnehmungen und Fähigkeiten widerspiegelt. Menschenbilder dienen der Orientierung und Rechtfertigung des Handelns. Führende mit positiven Einstellungen gegenüber ihren Mitarbeitern hinsichtlich ihrer Kompetenzen, Motivation, Loyalität, Entwicklungsfähigkeiten etc. werden eher Freiräume für selbständiges Arbeiten gewähren und Partizipation zulassen als Führungskräfte mit wenig positiven Einstellungen (vgl. Hentze/Kammel/ Lindert 1997: 54ff.).

In der Betriebswirtschaftslehre ist man lange von dem mit einer Realwissenschaft kaum zu vereinbarenden Menschenbild des **homo oeconomicus** ausgegangen, der ausschließlich ökonomische Ziele verfolgt, der der wirtschaftlichen Rationalität (Nutzenmaximierung) verpflichtet ist und der vollkommene Markttransparenz besitzt.

Anhand der Theorie X und der Theorie Y von McGregor (1960) werden hier zunächst zwei konträre Menschenbilder dargestellt, bevor die Klassifizierung von Schein (1980) vorgestellt wird.

In der **Theorie X** wird ein vollkommen einseitiges Bild des Menschen beschrieben. Die wichtigsten Annahmen lauten (vgl. McGregor 1960: 33ff.):

(1) Der durchschnittliche Mensch hat eine angeborene Abscheu vor der Arbeit und wird, soweit es möglich ist, die Arbeit meiden.

(2) Daher müssen die meisten Menschen unter Strafandrohung zur Arbeit gezwungen, kontrolliert und geführt werden, damit sie einen angemessenen
Beitrag zur Zielerreichung leisten.

(3) Der durchschnittliche Mitarbeiter möchte gern gelenkt werden, er meidet
die Verantwortung, hat wenig Ehrgeiz und wünscht die Sicherheit über
alles.

Die **Theorie Y** beschreibt ein "neues Menschenbild", das von der Integration
individueller und betrieblicher Zielsetzungen ausgeht. Seitens des Managements sind daher Bedingungen zu gestalten, daß auch persönliche Ziele erreicht werden können, indem der Mensch sein Arbeitsverhalten auf die Ziele
der Unternehmung ausrichtet. Die Annahmen der Theorie Y lauten (vgl.
McGregor 1960: 47f.):

(1) Der Mensch hat keine angeborene Abneigung gegenüber der Arbeit.
Arbeit ist so natürlich wie Spiel und Ruhe. Sie kann eine Quelle der Zufriedenheit sein.

(2) Wenn der Mensch sich mit den Zielen der Unternehmung identifiziert, übt
er Selbstdisziplin und Selbstkontrolle. Fremdkontrolle und Strafandrohung
sind keine geeigneten Mittel.

(3) Die Verpflichtung gegenüber den Zielsetzungen ist eine Funktion der Belohnungen.

(4) Unter entsprechenden Bedingungen lernt der Mensch nicht nur, Verantwortung zu akzeptieren, sondern auch, sie anzustreben.

(5) Einfallsreichtum und Kreativität sind in der Bevölkerung weit verbreitet.

(6) Das geistige Potential wird im industriellen Leben kaum aktiviert.

Bei beiden Betrachtungsweisen handelt es sich um stark vereinfachende Be-
schreibungen grundsätzlicher Menschenbilder. Schein (1980: 50ff.) legt in seiner Typologie vier historische Persönlichkeitsbilder zugrunde (vgl. Abb. 1-7).

Im Menschenbild der **complex person** ist nach Schein der heutige Mensch
charakterisiert. Jedoch sind in bestimmten Situationen auch bei bestimmten
Mitarbeitern die Annahmen der anderen Menschenbilder nicht auszuschließen.
Für die Führung bedeutet dies, daß im Einzelfall dem Unternehmungsmitglied
menschlich entgegengekommen und seine Weiterentwicklung gefördert wird.

	rational-economic person	social person	self-actualizing person	complex person
Annahme über den Menschen	Motivation durch monetäre Anreize und langfristige wirtschaftliche Sicherheit. Arbeitsbedingungen spielen ebenfalls eine Rolle.	Positive soziale Beziehungen und Interaktionen sind in erster Linie von Bedeutung. Es besteht eine Korrelation zwischen der Gruppenkohäsion und der Gruppenleistung. Gruppenzugehörigkeit und Achtung in der Gruppe sind wichtige Faktoren	Streben nach Selbstverwirklichung durch Leistung und anspruchsvolle Aufgaben. Einsatz der vorhandenen Fähigkeiten und Neigungen. Streben nach Autonomie im Sinne von Selbstmotivation und Selbstkontrolle	Ist flexibel und lernfähig. Paßt sich neuen Situationen an.
Führungskonsequenzen	Die Aufgabe der Führung besteht in der Entwicklung und Anwendung von monetären Anreizen sowie der Plazierung von geeigneten Mitarbeitern zu den vorhandenen Stellen, um eine hohe Effizienz zu erreichen. Es handelt sich um einen mechanistischen Ansatz und die Annahmen der Theorie X.	Die Aufgabe der Führung besteht in der Schaffung eines freundlichen, familiären Klimas ohne interpersonale Konflikte. Annahme der Human-Relations-Bewegung.	Die Aufgabe der Führung besteht in der Gestaltung der Tätigkeiten, die für den Mitarbeiter interessant sind, Verantwortung verlangen und eine Herausforderung darstellen. Der Vorgesetzte unterstützt den Mitarbeiter. Annahme der Theorie Y.	Der Führer muß die Situation erkennen und den Mitarbeiter in seiner Komplexität sehen. Annahme der Situationstheorie.

Abbildung 1-7 Konzepte von Menschenbildern und Konsequenzen für die Führung (Schein 1980: 47ff.)

Zweifelsohne prägen Menschenbilder - obwohl oft nicht explizit - die Wirklichkeit von Unternehmungen maßgeblich. Die dargestellten begrenzten Ausschnitte des Menschen repräsentieren **Orientierungswerte** und lassen sich schwer widerlegen. Sicherlich bestehen zwischen dem Führungsverhalten und den von den Führungskräften vertretenen Menschenbildern Beziehungen. Für eine Betrachtung der komplexen Realität der Unternehmung reichen sie allerdings nicht aus. Für die Analyse der Wertorientierungen, insbesondere der Führungskräfte, können sie eine Hilfestellung bieten.

1.6.4 Betriebswirtschaftliche Modelle

Die Betriebswirtschaftslehre verwendet oft zur Abbildung der komplexen Realität und ihrer Zusammenhänge Modelle, die durch Abstraktion und Vereinfachung aus dem realen Sachverhalt (Original) abgeleitet werden. In der Literatur finden sich verschiedene Klassifikationen von Modellen (vgl. Wöhe 1996: 35ff.; Corsten/Reiß 1996: 51ff.). Häufig wird nach dem Aussagetypus des Modells folgendermaßen gegliedert:

(1) Beschreibungsmodelle,
(2) Erklärungsmodelle,
(3) Entscheidungsmodelle.

In **Beschreibungsmodellen** wird der reale Sachverhalt abgebildet. Ein Beispiel zeigt die Abbildung 1-8, in der das Prinzip der doppelten Buchführung verdeutlicht wird. Die Abbildung zeigt lediglich die beiden entgegengesetzten Ströme, deren Fluß durch den Betrieb auf den Konten der Buchführung doppelt erfaßt wird.

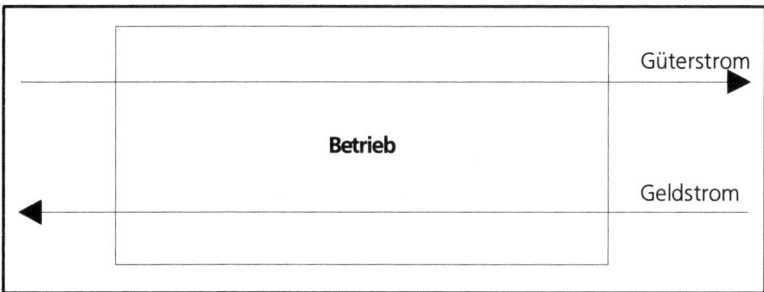

Abbildung 1-8   Beschreibungsmodell Prinzip der Doppelten Buchführung

Das **Erklärungsmodell** zeigt Beziehungen zwischen abhängigen und unabhängigen Variablen und dient der Gewinnung von Aussagen. Abbildung 1-9

gibt ein Beispiel, in dem verdeutlicht wird, daß mit zunehmender Produktionsmenge die Stückkosten sinken. Zu den Erklärungsmodellen werden vielfach
auch die **Prognosemodelle** gezählt. Dabei bezieht sich die Erklärung auf die
Umschreibung zukünftigen Geschehens. Hinsichtlich der Prognosemodelle sind
quantitative und qualitative Modelle zu unterscheiden. Bei den ersteren werden Methoden angewendet, die vorrangig auf mathematische Ansätze zurückgreifen und durch Zählen, Messen, Berechnen etc. zum Ergebnis führen.
Die graphische und numerische Darstellung des abgebildeten Sachverhalts, der
Einflußgrößen usw. läßt eine Nachprüfbarkeit zu. Qualitative Modelle liefern
dagegen zum überwiegenden Teil verbale Umschreibungen zukünftigen Geschehens. Angesichts ungenügender quantitativer Bestimmungsmöglichkeiten
bauen derartige Modelle auf Urteilen, Erfahrungen, Expertenmeinungen, Fachkenntnissen usw. auf, um daraus relevante Tendenzen und Entwicklungen abzuleiten.

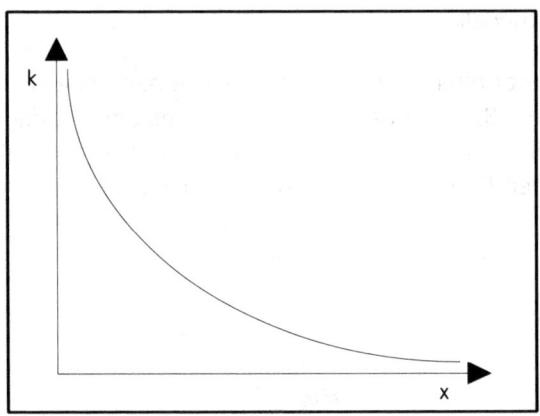

Abbildung 1-9   Erklärungsmodell: Sinkende Stückkosten in Abhängigkeit der
Produktionsmenge

Entscheidungsmodelle bauen auf einem Erklärungsmodell auf, das zusätzlich
durch eine Zielfunktion erweitert wird, die innerhalb bestimmter Nebenbedin-
gungen je nach Zielinhalt maximiert oder minimiert wird. Im Rahmen der Betriebswirtschaftslehre befaßt sich das **Operations Research** mit der Entwicklung und Lösung von Entscheidungsmodellen.

Entscheidungsmodelle bauen auf Informationen auf, die entweder vollkommen oder unvollkommen sind. Die Informationssituation kann durch Sicherheit oder durch Ungewißheit gekennzeichnet sein, wobei sichere Informationen in der Realität kaum gegeben sind. Ungewißheit differenziert sich zum einen in die Informationssituation, in der Wahrscheinlichkeiten für das Eintreten der Situation bekannt sind (Entscheidungen unter Risiko) und zum anderen in Situationen, in denen Wahrscheinlichkeiten nicht bekannt sind (Entscheidungen unter Unsicherheit). Nach dem Sicherheitsgrad des Eintretens der Modellgrößen werden folgende Modelle unterschieden:

(1) deterministische Modelle,
(2) stochastische Modelle,
(3) spieltheoretische Modelle.

Deterministische Modelle sind durch völlige Sicherheit gekennzeichnet (Wahrscheinlichkeit = 1,0). **Stochastische Modelle** werden bei Risikosituationen gebildet, wobei angenommen wird, daß die Eintrittswahrscheinlichkeit der verwendeten Variablen bekannt ist. **Spieltheoretische Modelle** werden entwickelt, wenn eine Entscheidung bei Unsicherheit vorliegt, d.h., es liegen keine Wahrscheinlichkeiten vor. Es wird von der Annahme ausgegangen, daß die spielenden Gegner sich rational verhalten.

1.7 Produktionsfaktoren

1.7.1 Überblick

Als Produktionsfaktoren (Einsatzgüter) werden Sachgüter verstanden, die in die Produktion eingehen und der Herstellung anderer Güter (Sachgüter und Dienstleistungen) dienen. Produktion wird dabei als **Transformationsprozeß** verstanden, in dem die Produktionsfaktoren in Produkte mit einem höheren Wert umgewandelt werden.

In der Volkswirtschafts- und Betriebswirtschaftslehre existiert eine Reihe verschiedener **Produktionsfaktorensysteme**, von denen insbesondere in der Betriebswirtschaftslehre das System von Gutenberg weit verbreitet ist (Kilger

1975; Bohr 1979; Bloech 1993; Beuermann 1996). Ausgangspunkt für die Entwicklung der betriebswirtschaftlichen Produktionsfaktorsysteme bildet das volkswirtschaftliche Produktionsfaktorsystem mit den Faktoren **Boden, Arbeit** und **Kapital**, aus deren Kombination ein Ertrag erzielt wird, der auf die beteiligten Produktionsfaktoren verteilt wird, so daß die Entlohnungsformen Rente, Lohn und Zins entstehen.

Gutenberg (1951, 1983: 3) differenziert zwischen den **Elementarfaktoren** und dem **dispositiven Faktor** (vgl. Abb. 1-10). Die drei Elementarfaktoren sind die **objektbezogenen Arbeitsleistungen**, die **Betriebsmittel** und die **Werkstoffe**. Als menschliche Arbeit wird in der Betriebswirtschaftslehre der Einsatz der physischen und psychischen Kräfte mit dem Ziel der maximalen Ergiebigkeit verstanden (Hentze 1994: 394ff.). Gutenberg differenziert die menschliche Arbeit in die sogenannten objektbezogenen und dispositiven menschlichen Arbeitsleistungen, wobei er unter **objektbezogenen Arbeitsleistungen** alle diejenigen Tätigkeiten versteht, die unmittelbar mit der Leistungserstellung, der Leistungsverwertung und mit finanziellen Aufgaben in Zusammenhang stehen, ohne daß sie dispositiv-anordnender Natur sind. Bei **dispositiven Arbeitsleistungen** handelt es sich um die Leitung und Lenkung der betrieblichen Vorgänge.

Unter dem zweiten Elementarfaktor (**Arbeits- und Betriebsmittel**) werden die Einrichtungen und Anlagen verstanden, die die technische Voraussetzung für die betriebliche Leistungserstellung und Leistungsverwertung bilden. Darunter fallen sehr heterogene Güter, wie beispielsweise Grundstücke, Gebäude, Aggregate, Einrichtungen, Maschinen, Werkzeuge.

Betriebs- und Geschäftsleitung		objektbezo- gene Arbeits- leistungen	Betriebsmittel	Werkstoffe
Planung	Organi- sation			
Derivative Faktoren		Originäre Faktoren		
Dispositiver Faktor		Elementarfaktoren		
Potentialfaktoren				Reptierfaktoren (Verbrauchs- faktoren)
Planung	Organi- sation	Personal- führung	Kon- trolle	objektbezo- gene Arbeits- leistungen	Betriebsmittel	Werkstoffe

Abbildung 1-10   Produktionsfaktorensystem

Unter dem Begriff **Werkstoffe** faßt Gutenberg alle Rohstoffe, Halb- und Fertig-erzeugnisse zusammen, die als Ausgangs- und Grundstoffe der Herstellung der Erzeugnisse dienen. Werkstoffe sind **Repetierfaktoren** (Verbrauchsfaktoren). Sie werden im Produktionsprozeß verbraucht (z.B. Energie) oder sie gehen un-mittelbar in die Produkte ein.

Die **Potentialfaktoren** stellen Leistungspotentiale zur Verfügung, die Leistun-gen in den Produktionsprozeß abgeben und deren Bestand durch den Produk-tionsprozeß innerhalb abgegrenzter Perioden nicht vermindert wird. Dazu zählen die Elementarfaktoren objektbezogene Arbeitsleistungen und Betriebs-mittel sowie die Betriebs- und Geschäftsleitung. Der Begriff Produktionsprozeß ist hier im weiteren Sinne zu verstehen und schließt alle Geschäftsprozesse, also auch die Erstellung von Dienstleistungen, ein.

Der **Betriebs-** und **Geschäftsleitung** obliegt die dispositive Aufgabe, die Ele-mentarfaktoren durch bewußtes menschliches Handeln produktiv zu kombinie-ren. Gutenberg (1983: 8) differenziert drei verschiedene Schichten des disposi-tiven Faktors. Die erste, die **irrationale Schicht**, wird durch das personale Ele-ment dargestellt, womit insbesondere die **Dynamik des Unternehmertums** gemeint ist. In der zweiten Schicht ordnet Gutenberg die **Planung** ein, der er die **Rationalität** zuschreibt. In der dritten Schicht sieht er die **organisierende Instanz** der Geschäfts- und Betriebsleitung, die hier vornehmlich gestaltend-vollziehend tätig ist. Planung und Organisation sind **derivative Faktoren**, die aus dem vierten Elementarfaktor Betriebs- und Geschäftsleitung abgeleitet werden.

Dispositive Arbeitsleistungen sind nach Gutenberg (1983: 3) gegeben, wenn Leitungs- und Lenkungsaufgaben im Betrieb wahrgenommen werden. Leitung und Lenkung schließen nicht nur die Managementfunktionen Planung und Organisation ein, sondern beinhalten auch die **Personalführung** sowie die **Kontrolle**, so daß hier vier dispositive Produktionsfaktoren und drei Elementarfaktoren unterschieden werden.

Die Entscheidung über die Kombination des Einsatzes der Produktionsfaktoren im Rahmen der Produktivitätsbeziehung ist von jeher ein zentrales Erkenntnisobjekt der Betriebswirtschaftslehre (Gutenberg 1958: 23ff.). Träger der Entscheidungen ist der dispositive Faktor, d.h. der Mensch mit seinen Fähigkeiten und Eignungen. Dispositive und objektbezogene Tätigkeiten sind oft in einer Person vereint, so daß diese Träger beider Komponenten ist. Die erbrachten Arbeitsleistungen werden in der Regel entlohnt.

Aus dem Verbrauch des Repetierfaktors und dem Gebrauch bzw. Einsatz der Potentialfaktoren leitet sich das **Mengengerüst der Kosten** ab.

In den nachfolgenden Abschnitten werden die drei Elementarfaktoren Werkstoffe, Betriebsmittel und objektbezogene Arbeitsleistungen näher betrachtet und Überlegungen zur Kostenverursachung angestellt.

Aus dem Einsatz des Produktionsfaktors Arbeit resultieren **Personal-** bzw. **Arbeitskosten**, die zum größten Teil für das Unternehmensmitglied ein **Arbeitsentgelt** darstellen. Betriebsmittel unterliegen in der Regel einem Werteverzehr oder einem Werteverlust (ausgenommen Grundstücke). Einen **Werteverlust** verzeichnen Gebäude, während Maschinen, Werkzeuge und Einrichtungen einem **Werteverzehr** unterliegen. Die in diesen beiden Fällen entstehenden Kosten werden als **Abschreibungen** bezeichnet. Werkstoffe schlagen sich in der Kostenrechnung als **Materialkosten** nieder, wobei bei einer kreislaufwirtschaftlichen Betrachtung für den Abfall zusätzlich Kosten für die Entsorgung bzw. das Recycling anfallen können.

Die aus der Betriebs- und Geschäftsleitung abgeleiteten Produktionsfaktoren Planung, Organisation, Personalführung und Kontrolle (Managementfunktionen) werden in späteren Abschnitten wieder aufgegriffen und ausführlicher behandelt.

1.7.2 Werkstoffe

Der Produktionsfaktor Werkstoffe umfaßt die Gesamtheit der Roh-, Hilfs- und Betriebsstoffe sowie Halbfabrikate, die einmalig im Produktionsprozeß eingesetzt werden und durch ihren Einsatz sogleich verbraucht werden. Die wesentliche Eigenschaft der Werkstoffe bzw. Verbrauchsgüter besteht darin, daß sie umgeformt, miteinander vermischt oder zusammengebaut werden. Es ist Aufgabe der Beschaffungslogistik, den Betrieb mit diesen Gütern zu versorgen. Der Bedarf an Werkstoffen entsteht aus dem Sachziel des Betriebes, Kunden Produkte zur Verfügung zu stellen. Das Formalziel des Werkstoffeinsatzes ist die Minimierung der Werkstoffkosten.

Rohstoffe sind die Hauptbestandteile, die in die Halb- und Fertigprodukte eingehen. Der Rohstoff bestimmt den Grundcharakter des Produkts. So ist beispielsweise im Maschinenbau Stahl ein wesentlicher Rohstoff.

Hilfsstoffe gehen nur in kleineren Mengen in die Fertigprodukte ein. Dabei handelt es sich um einen Nebenbestandteil des Produkts, der nicht dessen Grundcharakter bestimmt. Sie haben nur ergänzende Funktionen. Im Maschinenbau sind z.B. Hilfsstoffe Farben.

Betriebsstoffe werden ebenfalls zur Herstellung des Produkts benötigt, ohne dessen Bestandteil zu werden. Sie werden bei der Produktion vollständig verbraucht. Beispiele für Betriebsstoffe sind z.B. Energie und Schmierstoffe.

Halbfabrikate sind Werkstücke, die den Produktionsprozeß noch nicht ganz durchlaufen haben, also noch nicht zu Fertigerzeugnissen geworden sind. Der Betrieb kann sie entweder selbst herstellen oder von anderen Betrieben beziehen. Beispiele für Halbfabrikate sind im Maschinenbau die Antriebsmotoren.

Für industrielle Produktionsbetriebe ist charakteristisch, daß der Anteil der Werkstoffe an den eingesetzten Produktionsfaktoren groß ist, wodurch sich diese unter anderem von den Dienstleistungsbetrieben unterscheiden, bei denen sich der Werkstoffeinsatz auf Betriebsstoffe, z.B. Büromaterial, Energie, beschränkt.

Im Mittelpunkt der Beschaffung von Werkstoffen steht die Feststellung des Bedarfs. Hierbei handelt es sich um einen vielschichtigen Prozeß.

1.7.3 Betriebsmittel

1.7.3.1 Begriff und Wesen

Betriebsmittel werden im Produktionsprozeß nicht einmalig eingesetzt, sondern für längere Zeiträume genutzt. Sie weisen Leistungspotentiale auf, die im Rahmen der Wertschöpfung genutzt werden. Im Verbund mit personellen und immateriellen Leistungspotentialen resultiert aus der Nutzung des Potentials eine Wertschöpfung. Die Betriebsmittel werden gegebenenfalls so lange genutzt, bis sie verschlissen sind und ihre Funktion nicht mehr erfüllen können. Die **Lebensdauer** eines Betriebsmittels ist der Zeitraum, in dem es genutzt werden kann. Sie ist begrenzt und hängt einerseits von der Art des Betriebsmittels und andererseits von der Nutzungsintensität ab. Keiner Abnutzung unterliegen normalerweise Grundstücke, so daß ihre Lebensdauer unbegrenzt ist. Nach der Art der Betriebsmittel lassen sich grob neben Grundstücken, Gebäude, Maschinen bzw. maschinelle Anlagen, Werkzeuge (Vorrichtungen), Transport- und Fördermittel, Meß- und Prüfgeräte, Lagereinrichtungen sowie Büro- und Geschäftsausstattung unterscheiden.

Betriebsmittel werden nicht immer während ihrer gesamten Lebensdauer, der **technischen Nutzungsdauer**, eingesetzt. Es kann beispielsweise wirtschaftlicher sein, eine Maschine durch eine neue zu ersetzen, obwohl die alte noch funktionsfähig ist. Die Überlegung zu der Neuanschaffung kann sein, daß die neue Maschine technisch und wirtschaftlich leistungsfähiger ist als die alte oder die hergestellten Produkte qualitativ nicht mehr den Anforderungen des Absatzmarktes entsprechen. Von der technischen Nutzungsdauer ist daher die **wirtschaftliche Nutzungsdauer** zu unterscheiden, die den Zeitraum umfaßt, in dem das Betriebsmittel tatsächlich genutzt wird. Sie ist im allgemeinen kürzer als die technische Lebensdauer.

Das dem Betriebsmittel innewohnende Leistungspotential (Leistungsvermögen in einem bestimmten Zeitabschnitt) wird als **Kapazität** bezeichnet. Das Leistungsvermögen während der gesamten Verfügbarkeitsdauer stellt die **Totalkapazität** (das mengenmäßige Leistungsvermögen) dar, während als **Periodenkapazität** das mengenmäßige Leistungsvolumen während einer Planperiode bezeichnet wird.

Das Leistungsvermögens eines Betriebsmittels drückt sich auch in der **qualitativen** und **quantitativen Kapazität** aus. Die qualitative Kapazität wird durch die festgelegten Eigenschaften des Produktes definiert. Die quantitative Kapazität ist durch das Leistungsvermögen bestimmt, eine geplante Menge von Produkten mit festgelegten Eigenschaften zu erstellen. Die quantitative Kapazität wird unter anderem durch die **Intensität** der Leistungserstellung bestimmt, die durch den Leistungsgrad der Maschine determiniert wird. Sie ist durch die Leistungseinheiten bestimmt, die der Potentialfaktor je Zeiteinheit in der Lage ist zu erbringen. Neben der Kapazität sind die **Elastizität** (Flexibilität) und die **Substitution** weitere wesentliche Merkmale von Betriebsmitteln. Zum einen ist hiermit die Anpassungsfähigkeit an Änderungen in der Fertigung gemeint und zum anderen der zweckmäßige Austausch von Betriebsmitteln (oder weitergehend von Produktionsfaktoren, z.B. Maschinen anstelle von menschlicher Arbeitskraft) unter dem Aspekt der Kostenminimierung.

Die Nutzung der Betriebsmittel führt zu einer Wertminderung, die die wirtschaftliche Konsequenz der Abnutzung ist. Sie ist ein technischer Vorgang. Die Abnutzung ist allerdings nicht die einzige Ursache der Wertminderung von Betriebsmitteln. Dies kann man unter anderem daran erkennen, daß beim Wiederverkauf von Potentialfaktoren (z.B. Autos), auch wenn sie nicht genutzt worden sind, der Anschaffungspreis nicht erzielt wird. Die Entwertung ist in der Regel um so größer, je mehr Zeit zwischen Anschaffung und Wiederverkauf vergangen ist (Ausnahme: Oldtimer). Dieser Teil der Wertminderung ist offenbar nicht nutzungs-, sondern zeitabhängig und beruht vornehmlich auf dem technischen Fortschritt. Eine Maschine verliert unabhängig von ihrer Nutzung auch dann an Wert, wenn ein leistungsfähigeres äquivalentes Produkt am Markt angeboten wird und somit die alte Maschine technisch überholt ist (Beispiel: Personalcomputer).

Die zeitabhängige Wertminderung, die vornehmlich auf dem technischen Fortschritt beruht, wird als **Zeitverschleiß** bezeichnet, während die Entwertung, die infolge der Nutzung eintritt, **Gebrauchsverschleiß** genannt wird. Gebrauchs- und Zeitverschleiß sind nur gedanklich zu trennen, denn in der betrieblichen Praxis treten beide immer zugleich auf, es sei denn, die Betriebsmittel werden nicht genutzt und unterliegen daher nur dem Zeitverschleiß. Da die Wertminderung sowohl auf dem Gebrauchs- als auch auf dem Zeitverschleiß beruht, läßt sich in der Regel nicht feststellen, welcher Anteil der Entwertung nutzungs- und welcher zeitbedingt ist.

Die Wertminderungen, die sich an den Betriebsmitteln durch Verschleiß ergeben, werden - wie bereits erwähnt - als **Abschreibungen** bezeichnet. Abschreibung ist die eingetretene Wertminderung eines Betriebsmittels oder anderer Vermögensteile, um die der Wertansatz des Betriebsmittels herabgesetzt wird. Bei Abschreibungen aus Gebrauchsverschleiß handelt es sich um **Gebrauchsabschreibungen**, während Abschreibungen, die den Zeitverschleiß erfassen, **Zeitabschreibungen** genannt werden. Die Erfassung der Wertminderung durch Abschreibung ist eine zentrale Aufgabe des Rechnungswesens. Der Wert der Nutzungsabgabe entspricht bei verursachungsgemäßer Bemessung den Gebrauchsabschreibungen.

Es ist zwischen **bilanziellen** und **kalkulatorischen Abschreibungen** zu unterscheiden. Bilanzielle Abschreibungen sind Aufwendungen und mindern den Periodenerfolg. Daher hat der Steuergesetzgeber bzw. die Finanzverwaltung die sogenannte betriebsgewöhnliche Nutzungsdauer in AfA-Tabellen (**Absetzung für Abnutzung**) festgelegt. Die **kalkulatorischen Abschreibungen** spiegeln den verursachungsgerechten Werteverzehr der für den betrieblichen Leistungsprozeß notwendigen Betriebsmittel wider. Bei den bilanziellen Abschreibungen wird zwischen **planmäßigen Abschreibungen** und den **außerplanmäßigen Abschreibungen** unterschieden. Planmäßige Abschreibungen verteilen die Anschaffungs- und Herstellungskosten über die Nutzungsperioden, außerplanmäßige Abschreibungen berücksichtigen Wertminderungen, die durch unvorhergesehene Ereignisse auftreten. Abschreibungen für außerordentliche Wertminderungen werden in der Finanzbuchführung vorgenommen und werden nicht in der Kostenrechnung erfaßt.

1.7.3.2 Methoden der Abschreibung

Für die Bemessung der **Höhe der Abschreibungen** sind

- die Abschreibungssumme,
- der Abschreibungszeitraum (Nutzungsdauer),
- die Abschreibungsmethode

von Bedeutung.

Die **Abschreibungssumme** ist der über den Abschreibungszeitraum zu verteilende geldliche Gesamtbetrag, der für das Betriebsmittel aufgewendet wird. Er setzt sich aus den **Anschaffungs-** bzw. **Herstellungskosten** und den **Anschaffungsnebenkosten** abzüglich eines eventuell am Ende der Nutzungsdauer erzielbaren **Restwerterlöses** zusammen. Der **Abschreibungszeitraum** eines Betriebsmittels wird durch die Nutzungsdauer oder durch eine zeitlich begrenzte Nutzungsmöglichkeit festgelegt. Die Bestimmung der "richtigen" Nutzungsdauer ist häufig sehr schwierig, da eine Voraussetzung hierfür eine entsprechende Kenntnis der technischen Lebensdauer der Anlage ist. Hinzu kommt, daß die technische von der wirtschaftlich zweckmäßigen Lebensdauer abweichen kann. Die wirtschaftliche Nutzungsdauer wird in bestimmten Fällen nicht in Zeit, sondern in Mengeneinheiten gemessen, wobei von der mengenmäßigen Gesamtkapazität ausgegangen wird.

Danach lassen sich bei den **Abschreibungsmethoden**(-verfahren) **zeitabhängige** und **leistungsabhängige Methoden** unterscheiden. Bei den zeitabhängigen Methoden werden die Abschreibungen als fixe Kosten angesetzt, während bei der leistungsabhängigen (nutzungs- oder mengenabhängigen) Abschreibung die Wertminderungen als variable Kosten verrechnet werden.

Mit Hilfe der Abschreibungsmethoden werden anhand der Abschreibungssumme und der vermuteten Wertminderung die **Abschreibungsbeträge** (Abschreibungsquoten) für die einzelnen Rechnungsperioden festgelegt. Allen Abschreibungsmethoden ist gemeinsam, daß sie auf eine Schätzung der Nutzungsdauer angewiesen sind. Wie nun die Abschreibungsbeträge auf die Teilperioden aufgeteilt werden, hängt von den Abschreibungsursachen ab und ergibt sich dann aus der danach zu wählenden Abschreibungsmethode. Bei den zeitabhängigen Abschreibungsmethoden unterscheidet man, je nachdem, ob die Abschreibungsquoten während der Abschreibungsdauer gleichbleiben, abnehmen oder steigen

- die konstante (lineare, gleichbleibende) Abschreibung,
- die degressive Abschreibung und
- die progressive Abschreibung.

Die Unternehmen versuchen die verrechneten Abschreibungen in ihre Preiskalkulation einzubeziehen. Es hängt von der Preisbereitschaft der Käufer ab, ob diese als Preisbestandteil am Markt realisiert werden können.

(a) **Lineare Abschreibungsmethode**
Bei der linearen Abschreibungsmethode wird der Anschaffungswert (A) einer Anlage in gleichhohen Teilbeträgen (a) während der Nutzungsdauer (n) bis auf den Liquidationswert bzw. Restwert (L) abgeschrieben.

$$a = \frac{A-L}{n}$$

Wird der gesamte Anschaffungsbetrag, ohne daß ein Liquidationswert zurückbleibt, abgeschrieben, so ist L = 0 zu setzen.

Beispiel:

n	a	Restwert
1	1'600	8'400
2	1'600	6'800
3	1'600	5'200
4	1'600	3'600
5	1'600	2'000

Abbildung 1-11   Beispiel lineare Abschreibungsmethode

A = 10'000,- DM
L = 2'000,- DM
n = 5 Jahre
$$a = \frac{10'000-2'000}{5} = 1'600$$

In der Praxis wird häufig der Liquidationswert = 0 gesetzt, da dieser nur schwer schätzbar ist.

(b) Degressive Abschreibungsmethode

Bei der degressiven Abschreibungsmethode nehmen die Abschreibungsbeträge im Zeitablauf ab. Nach der Art der Verteilung der Abschreibungsbeträge über die Nutzungszeit unterscheidet man die **arithmetisch-degressive Abschreibung** und die **geometrisch-degressive Abschreibung (Buchwertabschreibung)**.

Bei der **arithmetisch-degressiven Abschreibung** sinkt der Abschreibungsbetrag in jeder Rechnungsperiode um den gleichen Betrag (Degressionsbetrag). Der Degressionsbetrag (D) ergibt sich, wenn der Anschaffungswert durch die Summe der Jahresziffern der Nutzungsdauer dividiert wird.

$$D = \frac{\text{Anschaffungswert}}{\text{Summer der Jahresziffern der Nutzungsdauer}}$$

Die Abschreibungsbeträge für die einzelnen Rechnungsperioden erhält man, wenn die Degressionsbeträge mit der Jahresziffer in umgekehrter Folge multipliziert werden.

a = D x Jahresziffer in umgekehrter Reihenfolge

Beispiel:

n	a	Restwert
1	1'000 x 4 = 4'000	6'000
2	1'000 x 3 = 3'000	3'000
3	1'000 x 2 = 2'000	1'000
4	1'000 x 1 = 1'000	0

Abbildung 1-12   Beispiel degressive Abschreibungsmethode

A = 10'000,-
n = 4 Jahre
$$D = \frac{10'000}{1+2+3+4} = 1'000,-$$

Bei dem Beispiel handelt es sich strenggenommen um eine Sonderform der arithmetisch-degressiven Abschreibung, die **digitale Abschreibung**. Sie ist dadurch gekennzeichnet, daß die Abschreibungsquote des letzten Jahres gleich dem Betrag ist, um den die jährliche Abschreibungsquote abnimmt. Bei der arithmetisch-degressiven Abschreibung weisen die jährlichen Abschreibungsquoten stets den gleichen Betrag auf, wobei die Abschreibungsquote des letzten Jahres davon differieren kann.

Bei der **geometrisch-degressiven Abschreibung** sind die Differenzen der jährlichen Abschreibungsbeträge nicht konstant wie bei der digitalen Abschreibung, sondern werden stets kleiner. Die Abschreibungsbeträge werden bei dieser Methode ermittelt, indem von dem Restwert der Vorperiode stets ein gleicher Prozentsatz abgeschrieben wird. Man erreicht auf diese Weise nie einen Restwert von 0, so daß man sie infolgedessen auch als **unendliche Abschreibung** bezeichnet.

Die **progressive Abschreibung** geht davon aus, daß im Laufe der Nutzungsdauer der Wertverzehr ansteigt. Sie kann ebenfalls, wie die degressive Abschreibung, in einer arithmetischen und einer geometrischen Variante ermittelt werden. Der progressiven Abschreibung kommt im Grunde nur theoretische Bedeutung zu. Sie wird wegen ihrer geringen Bedeutung in der Praxis hier nicht weiter erörtert.

Die **Abschreibung nach der Leistungsinanspruchnahme** basiert auf der Konzeption der Leistungspotentiale. Der Abschreibungsbetrag je Leistungseinheit wird ermittelt, indem der Anschaffungswert durch die in Potentialeinheiten gemessene Totalkapazität geteilt wird. Die Abschreibungsbeträge je Rechnungsperiode werden dann durch die Multiplikation des Abschreibungsbetrages je Potentialeinheit mit der Anzahl der in der Periode genutzten Leistungseinheiten ermittelt. Die leistungsabhängige Abschreibung hat dann praktische Bedeutung, wenn das Nutzungspotential ausschließlich oder überwiegend durch Gebrauchsverschleiß entwertet wird, die Totalkapazität feststellbar ist und die einzelne Potentialeinheit quantifizierbar ist.

Die **lineare Abschreibung** ist rechnerisch einfach und hat den Vorteil, daß die Abschreibungsbeträge sich gleichmäßig über die Nutzungsperioden verteilen. Ihr Nachteil liegt vor allem darin, daß der Gebrauchsverschleiß nicht in Abhängigkeit von der Beschäftigung berücksichtigt wird und die Restbuchwerte in den meisten Fällen über den potentiellen Verkaufspreisen des Anlagegutes liegen.

Die Abschreibungen sollen den Wertminderungsverlauf, der aus den Abschreibungsursachen resultiert, verursachungsgerecht wiedergeben. Bei der degressiven Abschreibung wird überwiegend der Zeitverschleiß berücksichtigt, sofern er sich in den ersten Jahren besonders stark auswirkt. Als Vorteil der degressiven Methode wird vielfach angesehen, daß zusammen mit den im Laufe der Zeit steigenden Reparatur- und Instandhaltungskosten die Betriebsmittelkosten gleichmäßig anfallen.

Die **progressive Abschreibung** dürfte wohl relativ selten eine verursachungsgerechte Entwertung von Anlagegütern widerspiegeln. Sie hat ihre Berechtigung nur in den Fällen, in denen der Wertminderungsverlauf tatsächlich progressiv ist, was jedoch nicht häufig vorkommen dürfte.

Von dem Anspruch der verursachungsgerechten Ermittlung der Kosten scheint die **leistungsabhängige Abschreibung** geradezu ideal zu sein, da sie die Abschreibungen als variable Kosten, die meistens auch Einzelkosten sind, erfaßt. Leider sind nur selten die genannten Voraussetzungen, insbesondere der Gebrauchsverschleiß als alleinige Abschreibungsursache, sowie die Quantifizierung der Totalkapazität erfüllt.

Handelsrechtlich sind grundsätzlich alle Methoden zulässig, sofern sie den Grundsätzen ordnungsmäßiger Buchführung entsprechen.

Steuerrechtlich gibt es allerdings einige Einschränkungen. Die steuerliche Regelabschreibungsmethode ist die lineare Abschreibung. Bei wirtschaftlicher Begründung und bei Nachweis des jährlichen Umfangs der Leistung wird bei beweglichen Anlagegütern die Leistungsabschreibung anerkannt. Die geometrisch-degressive Abschreibung ist nur bei beweglichen Wirtschaftsgütern des Anlagevermögens zugelassen. Der Gesetzgeber hat für die Höhe der möglichen Abschreibung Grenzen gesetzt, so daß der Anwendungsbereich eingeschränkt ist.

Bei der geometrisch-degressiven Abschreibung darf der Abschreibungssatz höchsten das Dreifache des entsprechenden linearen Abschreibungssatzes sein und maximal 30 % nicht übersteigen. Ein Wechsel von der degressiven zur linearen Abschreibung ist möglich, während der Übergang von der linearen zur degressiven Abschreibung unzulässig ist.

1.7.4   Menschliche Arbeit

1.7.4.1   Begriff und Wesen

Gutenberg differenziert den Faktor menschliche Arbeit in **objektbezogene ausführende Arbeit** und in **dispositive Arbeit**.

Die Betriebswirtschaftslehre steht vor dem Problem, daß die physikalische Definition von Arbeit (Kraft x Weg) nicht übernommen werden kann, da damit nur Bewegungsvorgänge (dynamische Arbeit) und nicht die Haltearbeit (**statische Arbeit**), bei der keine Wege zurückgelegt werden, und vor allem die **geistige Arbeit**, wie Denkvorgänge und aufmerksames Beobachten, erfaßt werden können.

Arbeit ist sehr schwer zu definieren, insbesondere die Abgrenzung zu Hobby, Spiel und Sport ist nicht einfach. In verschiedenen Disziplinen ist versucht worden, den Begriff Arbeit zu definieren (Hentze 1994: 394ff.).

Arbeit soll hier als eine zielgerichtete Tätigkeit verstanden werden, die auf ein materielles oder immaterielles Arbeitsergebnis ausgerichtet ist. Sie dient der Befriedigung der individuellen Bedürfnisse und erfolgt unter Einsatz der körperlichen, geistigen und seelischen Kräfte des Menschen. Das Arbeitsergebnis eines Unternehmungsmitglieds hängt von seiner **Leistungsfähigkeit** (z.B. körperliche Konstitution, Erfahrung, Ausbildung) und der **physischen** und **psychischen Leistungsbereitschaft** (z.B. Tageszeit, Motivation) ab. Der dispositive Faktor kann insbesondere den motivationalen Aspekt der Leistungsbereitschaft beeinflussen, indem Anreizsysteme (Hentze/Lindert 1998) eingesetzt werden. Die **Leistungsvoraussetzungen** liegen sowohl in der Umwelt des Menschen (z.B. Sachmitteleinsatz, Organisation, Ergonomie) als auch in ihm selbst. Demzufolge werden die **Bedingungen der Arbeitsleistung** in **objektive** und **subjektive** gegliedert. Außer den Arbeitsbedingungen wird die Arbeitsleistung durch die **Arbeitsbeanspruchung** beeinflußt. Diese ist eine Folge der **Belastung**. Unterschiedliche Beanspruchungen bei zum Beispiel gleicher Belastung haben ihre Ursachen in den unterschiedlichen Fähigkeiten, Fertigkeiten und Eigenschaften.

Der Einsatz des Produktionsfaktors menschliche Arbeit wird unter anderem in der Arbeitswissenschaft und der Personalwirtschaftslehre betrachtet. Im Rahmen dieses Lehrbuches wird an dieser Stelle nur der **Aspekt des Arbeitsentgelts** behandelt. Der dispositive Faktor wird später unter den Managementfunktionen abgehandelt.

1.7.4.2 Arbeitsentgelt

1.7.4.2.2 Arten und Bestandteile des Entgelts

Durch den Einsatz des Produktionsfaktors Arbeit entstehen Kosten, die sogenannten **Lohn- bzw. Personalkosten.** Für den geleisteten Beitrag erhält das Unternehmensmitglied ein Arbeitsentgelt, das die Gegenleistung für die erbrachte Arbeit darstellt. Es wird zwischen **Lohn** (für Arbeiter) und **Gehalt** (für Angestellte) unterschieden. Hinzu kommen gesetzliche, tarifliche und freiwillige Nebenleistungen, die für den Arbeitgeber **Lohnnebenkosten** oder **Lohnzusatzkosten** sind. **Gesetzliche Nebenleistungen** sind insbesondere die Arbeitgeberbeiträge zur Sozialversicherung, Entgeltfortzahlung im Krankheitsfall und bezahlte Feiertage. Als **tarifliche Nebenleistungen** gelten vor allem Urlaubsgeld, Sonderzahlungen, wie das 13. Monatsgehalt, und die betriebliche Altersversorgung. **Freiwillige Nebenleistungen** werden entweder in Betriebsvereinbarungen oder im Arbeitsvertrag festgelegt. Hierzu zählen beispielsweise die private Nutzung von Firmenfahrzeugen und Essenszuschüsse.

Bestandteile des Entgelts sind auch die **Zuschläge** tariflicher, gesetzlicher oder freiwilliger Art. Diese werden beispielsweise für Mehrarbeit, Nacht- und Schichtarbeit sowie Arbeiten an staatlich anerkannten Feiertagen gewährt.

Statt von Entgelt wird auch von **Entlohnung** gesprochen. Bei der Entlohnung sind vor allem zwei Hauptprobleme, die Bestimmung der **absoluten** und **relativen Lohnhöhe**, bedeutend. Als dominierendes Prinzip bei der Entgeltpolitik gilt die **Lohngerechtigkeit**. Dieses Problem ist weder von der Betriebswirtschaftslehre noch von anderen wissenschaftlichen Disziplinen zu lösen. Lohngerechtigkeit ist ein **ethisches Problem**.

Die Betriebswirtschaftslehre befaßt sich im Rahmen der Entlohnung vorwiegend mit der Bemessung der **relativen Lohnhöhe** in der Form der Einstufung der Tätigkeiten. Dabei erscheint es wichtig, daß der einzelne Arbeitnehmer das Gefühl hat, daß der Lohn für seine Tätigkeit in einem angemessenen Verhältnis zu den Löhnen seiner Arbeitskollegen und im Vergleich zu ähnlichen Tätigkeiten anderer Betriebe steht.

Als Kriterien für die Bestimmung der Verhältnisse der Einzellöhne untereinander werden unter anderem der **Schwierigkeitsgrad der Arbeit (Anforderungen)** und die **Arbeitsleistung** verwendet. Die Ermittlung der Anforderungen ist eine Aufgabe der Arbeitsbewertung, die zu einer **Lohnsatzdifferenzierung** führt. Sofern die Verrichtung unterschiedliche Leistungen des Arbeitnehmers zuläßt, kann die Arbeitsleistung als weiteres Kriterium für die Bestimmung der Entgelthöhe herangezogen werden.

Außer dem Schwierigkeitsgrad und der Arbeitsintensität wird auch das **persönliche Verhalten** der Arbeitenden im Betrieb und gegenüber den Kollegen und Vorgesetzten bei der Festlegung der Lohnhöhe berücksichtigt. Hiernach werden insbesondere Pflichtbewußtsein, Solidarität, Hilfsbereitschaft und Verbundenheit mit dem Betrieb (Betriebstreue) in den Lohn einbezogen.

Bei der Bestimmung des Arbeitsentgelts spielen auch **soziale Überlegungen** eine Rolle. Sie schlagen sich in Tarifverträgen, Gesetzen, Betriebsvereinbarungen und in Einzelarbeitsverträgen nieder. In den Bereich dieser sozial orientierten Entlohnung fallen insbesondere:

- Anspruch auf bezahlten Urlaub,
- Lohnfortzahlung im Krankheitsfall,
- 13. Monatsgehalt.

Die Einbeziehung der sozialen Komponenten in die Entlohnung führt zum **Soziallohn**. Der Grundsatz "gleicher Lohn für gleiche Leistung" wird dabei verlassen.

Ein weiteres Kriterium für die Lohnhöhe ist das **Angebot auf dem Arbeitsbe-schaffungsmarkt**, d.h. zu welchem Preis der Bewerber bereit ist, ein Arbeits-verhältnis einzugehen. Das Entgelt ergibt sich in diesem Fall aus Angebot und Nachfrage.

In den letzten Jahren ist die **qualifikationsorientierte Entlohnung** in den Vordergrund getreten, d.h., das Unternehmensmitglied wird nach den einge-brachten Qualifikationen entlohnt. Diese Bezugsgröße für die Bestimmung der Lohnhöhe wird insbesondere in der Teamarbeit praktiziert.

Die üblichen Lohnformen werden in der Abbildung 1-13 dargestellt. In der Pra-xis sind darüber hinaus verschiedene Mischformen von Zeit- und Leistungslohn vorzufinden, wie sie in Abschnitt 1.7.5 beschrieben werden.

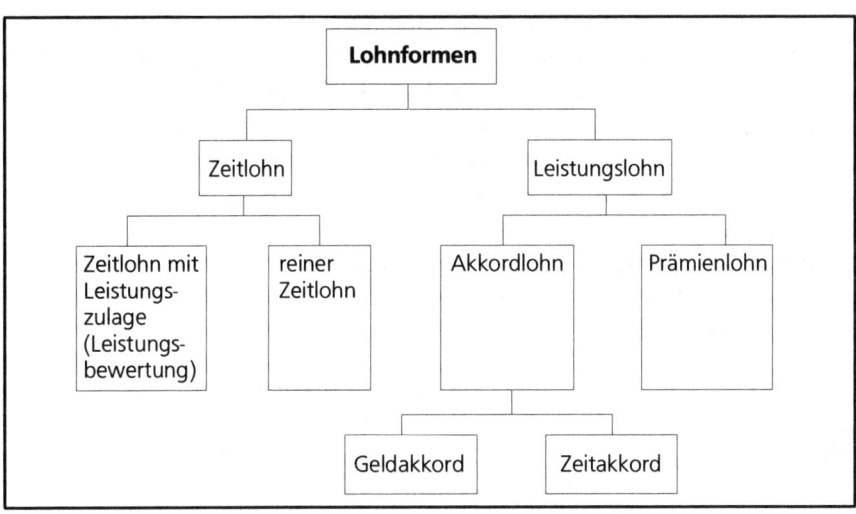

Abbildung 1-13   Lohnformen

1.7.4.2.2 Arbeitsbewertung

Mit Hilfe der Arbeitsbewertung werden die Anforderungen einer Arbeit oder eines Arbeitsplatzes an Personen im Verhältnis zu anderen Arbeiten oder Arbeitsplätzen nach einem einheitlichen Maßstab bestimmt (Hentze 1980: 1).

Die **Anforderungen** ergeben sich aus den Normen der Aufgabenstellung einer Tätigkeit. Die Anforderungsermittlung dient unter anderem der Bestimmung der anforderungsabhängigen Lohn- und Gehaltsdifferenzierung. Die Arbeitsbewertung dient somit dem Bemühen nach einer anforderungsgerechten Entlohnung. Die Arbeitsbewertung bedient sich summarischer und analytischer Methoden.

(1) Mit den **summarischen Methoden** werden die Arbeitsschwierigkeiten der Arbeitsplätze global erfaßt. Die einzelnen Anforderungsarten werden summarisch berücksichtigt.

(2) Mit den **analytischen Verfahren** werden die Anforderungsarten der Arbeit bzw. des Arbeitsplatzes einzeln bewertet.

Die Quantifizierung der Anforderungen kann durch **Reihung** oder **Stufung** erreicht werden. Im ersten Fall werden die einzustufenden Arbeiten nach dem Schwierigkeitsgrad geordnet, d.h., die Arbeit mit den höchsten Anforderungen wird an die Spitze der Reihe gestellt, während diejenige mit den niedrigsten Anforderungen am Ende plaziert wird. Bei der Stufung werden Merkmalsstufen festgelegt, in die die Arbeiten eingeordnet werden. Diese Merkmalsstufen können sowohl verbal beschrieben als auch durch Meßzahlen festgelegt werden. Aus der Kombination der summarischen und analytischen Methoden und den Prinzipien der Reihung und Stufung ergeben sich vier Gruppen möglicher Arbeitsbewertungsverfahren (vgl. Abb. 1-14):

Methode der Quantifizierung	Methode der qualitativen Analyse	
	summarisch	*analytisch*
Reihung	Rangfolgenmethode	Rangreihenmethode
Stufung	Lohngruppenmethode Gehaltsgruppenmethode	Stufenwertzahlmethode

Abbildung 1-14   Methoden der Arbeitsbewertung (Hentze 1995: 77)

(a) Rangfolgemethode
Anhand der Arbeitsbeschreibungen wird jede einzelne Arbeit mit den anderen Arbeiten verglichen. Dann wird eine Rangfolge nach dem Schwierigkeitsgrad der Arbeiten zunächst für die Abteilungen und später für den gesamten Be-

trieb erstellt. Die Rangfolge bildet die Grundlage für die Lohn- und Gehaltsdifferenzierung.

(b) **Lohngruppenmethode**

Mit dieser Methode wird eine bestimmte Anzahl von Lohn- und Gehaltsgruppen gebildet, in denen die unterschiedlichen Schwierigkeitsgrade der Arbeiten zum Ausdruck kommen. Die einzelnen Stufen werden inhaltlich beschrieben und durch Richtbeispiele ergänzt, die die Einstufung erleichtern. Die Anforderungsarten und Anforderungshöhen der Arbeitsplätze eines Betriebes werden bestimmt und danach in die Lohn- oder Gehaltsgruppen eingeordnet.

Als Beispiele seien hier einige Lohn- und Gehaltsgruppen aus dem Lohn- und Gehalts-Rahmentarifvertrag für die Beschäftigten in der niedersächsische Metallindustrie, gültig ab 01.01.1997, genannt.

Lohngruppen

Lohngruppe 1
Arbeiten, die nach kurzfristiger Einarbeitungszeit und Unterweisung ausgeführt werden.
85,0 % des Ecklohnes

Lohngruppe 2
Arbeiten, die nach nicht nur kurzfristiger Einarbeitungszeit und eingehender Unterweisung ausgeführt werden und über die Anforderungen der vorhergehenden Lohngruppe hinausgehen.
85,0 % des Ecklohnes
.

Lohngruppe 4
Arbeiten, die Sach- und Arbeitskenntnis und Fertigkeiten mit zusätzlicher Erfahrung voraussetzen, die über die Anforderungen der vorhergehenden Lohngruppe hinausgehen.
88,6 % des Ecklohnes
.
.

Lohngruppe 7

Facharbeiten, die ein Können voraussetzen, das durch eine fachentsprechende, ordnungsgemäß abgeschlossene Ausbildung erreicht wird, oder Arbeiten, deren Ausführung gleichwertige Spezialfähigkeiten und Spezialkenntnisse erfordern, auch wenn sie nicht durch eine fachentsprechende, ordnungsgemäß abgeschlossene Ausbildung erworben sind.
100 % (Ecklohn)

.
.
.

Lohngruppe 10

Hochwertigste Facharbeiten, die überragendes Können, völlige Selbständigkeit, Dispositionsvermögen, umfassendes Verantwortungsbewußtsein und entsprechende theoretische Kenntnisse voraussetzen.
133 % des Ecklohnes

Der **Ecklohn** ist der festgesetzte Stundenlohn in der Facharbeitergruppe, aus dem sich in der prozentualen Relation die Tariflöhne der übrigen Gruppen errechnen lassen. In Lohnverhandlungen wird vielfach nur der Ecklohn ausgehandelt, während die weiteren Löhne sich aus den prozentualen Zu- oder Abschlägen ergeben.

Gehaltsgruppen

Gruppe 1
Tätigkeitsmerkmale

Einfache Tätigkeiten mit wechselnden Anforderungen, für die Ablauf und Ausführung festgelegt sind. Sie erfordern Kenntnisse, die in der Regel nach einer Einarbeitungszeit von einem Monat erworben werden.

.
.
.

Gruppe 4
Tätigkeitsmerkmale

Tätigkeiten mit erhöhten Anforderungen, die nach allgemeinen Anweisungen selbständig ausgeführt werden.
Diese Tätigkeiten erfordern zusätzlich Kenntnisse und Fähigkeiten, die durch Berufstätigkeit oder berufliche Fortbildung erworben werden.

.
.
.
.

Gruppe 6
Tätigkeitsmerkmale

Schwierige Tätigkeiten, die nach allgemeinen Richtlinien selbständig und verantwortlich ausgeführt werden und die im eigenen Aufgabenbereich Entscheidungen erfordern.
Diese Tätigkeiten erfordern umfassende Kenntnisse und Fähigkeiten, die durch längere Berufstätigkeit oder durch gleichwertige berufliche Fortbildung erworben werden. (Diesen Kenntnissen und Fähigkeiten kann eine abgeschlossene Ausbildung an einer Hochschule gleichgestellt werden.)

Gruppe 7
Tätigkeitsmerkmale

Sehr schwierige Tätigkeiten, die nach allgemeinen Richtlinien selbständig ausgeführt werden und Entscheidungen von erheblicher Bedeutung einschließen.

In einigen Tarifverträgen existieren bereits einheitliche **Entgeltgruppenkataloge**, in denen die getrennten Lohn- und Gehaltsgruppen für gewerbliche Arbeitnehmer und Angestellte in einem Einheits-Tarifvertrag zusammengefaßt werden. Ein Beispiel hierfür ist die Chemische Industrie (vgl. Hentze 1995: 81ff.).

(c) Rangreihenmethode

Mit den analytischen Methoden sollen die Nachteile der summarischen überwunden werden. Dazu wird die einzelne Arbeit in **charakteristische Anforderungsarten** unterteilt, die einzeln beurteilt werden. Der Arbeitswert einer Arbeit ergibt sich aus der Summe der Einzelbewertungen. Das Wort "analytisch" bedeutet hier die Aufgliederung in einzelne Anforderungsarten. Anforderungsklassifizierungen, die in der Praxis verwendet werden, lassen sich auf das sogenannte **Genfer Schema** zurückführen. Es wurde auf einer internationalen Tagung für Arbeitsbewertung 1950 entwickelt (vgl. Abb. 1-15).

	Fachkönnen	Belastung
1. Geistiges Können	x	x
2. Körperliche Anforderungen	x	x
3. Verantwortung		x
4. Arbeitsbedingungen		x

Abbildung 1-15 Genfer Schema

Der Ablauf der Bewertung vollzieht sich in folgenden Schritten:

1. Schritt:
Beschreiben des Arbeitsplatzes
Die Arbeitsplatzbeschreibung umfaßt die Arbeitsbeschreibung und die charakteristischen Angaben zur Platznummernbestimmung.

2. Schritt:
Bestimmung der Anforderungen nach Art und Höhe
Für die Höhe der Anforderungen werden Platznummern vergeben, die für jede Anforderungsart zwischen 0 und 100 liegen können. Um die Bestimmung der Platznummern zu erleichtern, werden in der Praxis Vergleichsreihen herangezogen.

3. Schritt:
Ermittlung des Gesamtarbeitswertes
Zur Ermittlung des Gesamtarbeitswertes werden zunächst die Platznummern mit einem Wichte-Faktor multipliziert. Das Ergebnis sind die sogenannten Wertzahlen, die die gewichteten Arbeitswerte der einzelnen Anforderungsarten darstellen.

4. Schritt:
Zuordnung der Arbeitswertlöhne zu Gesamtwerten

Den Gesamtarbeitswerten entsprechen bestimmte Arbeitswertlöhne. Dabei wird der niedrigste Gesamtarbeitswert dem vorgesehenen minimalen Arbeitswertlohn und der höchste Gesamtarbeitswert dem vorgesehenen maximalen Arbeitswertlohn zugeordnet. Damit sind der Ausgangs- und der Endpunkt der Arbeitswertlöhne bestimmt.

(d) Stufenmethode

Die Stufenmethode wird in zwei Formen, der **Punktbewertungsmethode** und der **Stufen-Wertzahl-Methode**, angewendet. Bei der Punktbewertungsmethode wird jeder Stufe ein Punktwert zugeordnet.

Die Stufen-Wertzahl-Methode wurde von Euler und Stevens für die Eisen- und Stahlindustrie entwickelt (Euler/Stevens 1965). Grundsätzlich ist sie wie die Punktbewertungsmethode aufgebaut. Die Stufendefinitionen werden teilweise dahingehend ergänzt, daß in einem getrennten Bewertungsvorgang **Art, Dauer** und **Höhe der Belastung** berücksichtigt werden.

Ein Vorteil der Stufenmethode liegt in der leichten Verständlichkeit für den Bewerter und den Mitarbeiter, dessen Arbeitsplatz bewertet wird. Der Geldwert wird aus den Wertzahlen ermittelt, indem der Gesamtarbeitswert durch Addition der Punktzahlen gebildet und dieser mit einem Geldfaktor multipliziert wird.

Die Anwendung des Stufenwertzahlverfahrens soll folgendes Beispiel verdeutlichen. Es handelt sich hierbei um vier Stellen (A, B, C, D), deren Anforderungen ermittelt werden sollen. Zu diesem Zweck werden vier einzelne Anforderungsarten definiert, deren Ausprägungen durch die Anforderungsstufen festgelegt werden. Jeder Anforderungsstufe wird eine spezielle Wertzahl zugeordnet.

Im ersten Schritt werden die unterschiedlichen Tätigkeiten für jede Anforderungsart in eine Reihenfolge gebracht und die Anforderungshöhe in der Anforderungsart durch die Multiplikation der Wertzahl mit dem Gewichtungsfaktor der Anforderungsart ermittelt (Abb. 1-16):

Grundlagen

Anforderungsart	Gewich-tungsfaktor	Stelle	Anforde-rungsstufe	Wertzahl	Anforde-rungshöhe
(1)	(2)	(3)	(4)	(5)	(2) x (5)
1. Geistige An-forderungen	0,20	A	gering	1	0,2
		C	mittel	2	0,4
		B	groß	3	0,6
		D	sehr groß	4	0,9
2. Köperliche An-forderungen	0,1	C	gering	1	0,1
		B	mittel	2	0,2
		D	groß	3	0,3
		A	sehr groß	4	0,4
3. Verantwortung	0,3	C	gering	1	0,3
		D	mittel	2	0,6
		A	groß	3	0,9
		B	sehr groß	4	1,2
4. Arbeitsbedin-gungen	0,1	B	gering	1	0,1
		A	mittel	2	0,2
		C	groß	3	0,3
		D	sehr groß	4	0,4

Abbildung 1-16 Beispiel Stufenmethode, 1.Schritt

Der zweite Schritt besteht in der Summierung der einzelnen Anforderungs-werte der Anforderungsarten für jede Stelle (Abb. 1-17):

Stelle	Rechnung	Summe = Gesamtarbeitswert
A	0,2 + 0,4 + 0,9 + 0,2	1,7
B	0,6 + 0,2 + 1,2 + 0,1	2,1
C	0,4 + 0,1 + 0,3 + 0,3	1,1
D	0,9 + 0,3 + 0,6 + 0,4	2,2

Abbildung 1-17 Beispiel Stufenmethode, 2.Schritt

Im dritten Schritt wird eine Reihenfolge der Tätigkeiten anhand der Gesamt-arbeitswerte aufgestellt, wobei über die prozentuale Abstufung zum Maximum bei einem linearen Zusammenhang zwischen Lohnhöhe und Gesamtarbeits-wert später die Lohnhöhe für eine Tätigkeit ermittelt werden kann (Abb. 1-18).

Tätigkeit	Gesamtarbeitswert	prozentuale Abstufung (2,2 = 100%)
C	1,1	50%
A	1,7	77,27%
B	2,1	95,45%
D	2,2	100%

Abbildung 1-18 Beispiel Stufenmethode, 3.Schritt

1.7.5 Lohnformen

1.7.5.1 Zeitlohnformen

1.7.5.1.1 Reiner Zeitlohn

Beim Zeitlohn wird für eine Zeiteinheit ein bestimmter Lohnsatz festgelegt. Für die Tätigkeiten von Arbeitern wird als Bezugseinheit in der Regel die Stunde oder der Monat genommen, wobei zunehmend der **Monatslohn** gezahlt wird, wodurch eine Gleichbehandlung von Arbeitern und Angestellten erreicht werden soll. Er ist ein fixes Entgelt, das für die Normalarbeitszeit gezahlt wird. Das **Gehalt** oder die **Vergütung** sind ebenfalls Zeitlöhne, die als Monatsentgelte gewährt werden.

Bei der Festlegung des periodenbezogenen Lohnsatzes wird eine Durchschnittsleistung angenommen, die in der Regel der **Normalleistung** entspricht.

Der im Tarifvertrag festgelegte Lohn ist ein **Mindestlohn**, der rechtlich gesehen nicht unterschritten werden darf. Die in den Unternehmungen gezahlten **Effektivlöhne** können darüber liegen. Es gibt auch Unternehmen, die den Tarifvertrag nicht einhalten und den Tariflohn unerlaubterweise unterschreiten.

1.7.5.1.2 Zeitlohn mit Leistungszulage (Leistungsbewertung)

Beim reinen Zeitlohn besteht für den Mitarbeiter ein Leistungsanreiz lediglich durch die **Lohnsatzdifferenzierung**, die sich aus den Anforderungen ergibt. Um darüber hinaus einen direkten Lohnanreiz zu schaffen, werden oft Entgelte für persönliche Leistungen in Form von Leistungszulagen zum Grundlohn gezahlt. Der Zweck der Leistungsbewertung wird durch die Forderung nach **leistungsgerechter Entlohnung** bestimmt. Dazu wurden Methoden entwickelt, die es zulassen, übertarifliche Zulagen leistungsbezogen verteilen zu können. Sofern die Leistungszulage sich auch wirklich auf die Leistung bezieht, kann im weitesten Sinne von einer Leistungslohnform gesprochen werden. Leistungszulagen sollen kein Ersatz für Leistungslöhne sein und sollen nur verwendet werden, wenn die Voraussetzungen für Akkord- oder Prämienlohn nicht gegeben sind. Bei der Bewertung der Leistung kann summarisch oder analytisch vorgegangen werden.

Mit Hilfe der **summarischen Leistungsbewertung** wird versucht, die Leistung gesamthaft zu erfassen. Dazu bietet sich beispielsweise die Bildung einer Rangreihe an, was nur in kleinen Gruppen und nicht in größeren Betrieben möglich ist.

Bei der **analytischen Leistungsbewertung** werden einzelne Leistungsmerkmale für die Urteilsfindung verwendet. Dabei wird das Gesamturteil durch die Zusammenfassung der Einzelurteile über die Teilkriterien der Leistung gebildet. Für die Zulagenfindung werden grundsätzlich zwei Gruppen von Beurteilungsmerkmalen unterschieden:

- sachliche Leistungsmerkmale, die mit dem Leistungsergebnis in unmittelbarem Zusammenhang stehen,
- persönliche Leistungsmerkmale, die mit dem Leistungsergebnis in unmittelbarer Beziehung stehen (leistungsbezogene Verhaltensmerkmale).

Sachliche Leistungsmerkmale sind z.B. Arbeitsquantität und Arbeitsqualität. **Persönliche Leistungsmerkmale** sind z.B. Beachten von Vorschriften und Anordnungen, Ordnung am Arbeitsplatz, Bereitschaft zum vielseitigen Einsatz, Verhalten gegenüber anderen, Bereitschaft zur Teamarbeit.

Für jedes Merkmal werden Bewertungsstufen festgelegt, mit deren Hilfe der Grad der Leistung innerhalb des jeweiligen Merkmals bestimmt wird. Die einzelnen Merkmale werden gewichtet. Das Merkmalsgewicht drückt den relativen Wert eines Merkmals zum anderen Merkmal aus. Bei der Gewichtung werden in der Regel die Merkmale stärker berücksichtigt, die wesentlich den Betriebserfolg beeinflussen.

Das Zeitlohnsystem eignet sich besonders für die Entlohnung von Arbeiten, die einen hohen Qualitätsstandard, Sorgfalt oder Gewissenhaftigkeit erfordern. Auch bei Arbeiten mit großer Unfallgefahr erweist sich der Zeitlohn als vorteilhaft. Sofern die Leistung nicht meßbar oder nur unter sehr großem Aufwand feststellbar ist, wie bei geistig-schöpferischen, dispositiven Arbeiten oder Büroarbeiten, wird der Zeitlohn angewendet.

1.7.5.2 Leistungslohnformen

1.7.5.2.1 Akkordlohn

Der **Akkordlohn** ist eine **anforderungs-** und **leistungsabhängige** Lohnform. Er wird für eine vorgegebene Zeit oder als fester Geldwert für eine Produkteinheit gezahlt, ohne daß die tatsächlich verbrauchte Arbeitszeit berücksichtigt wird. Der Lohn entwickelt sich proportional zu den hergestellten Mengeneinheiten. Es wird zwischen **Geldakkordlohn** und **Zeitakkordlohn** unterschieden.

Geldakkord:
Lohn je Woche = Menge je Woche x Geldsatz je Mengeneinheit

Zeitakkord:
Lohn je Woche = Menge je Woche x Vorgabezeit je Mengeneinheit x Geldfaktor je Vorgabezeit

Beim Geldakkord wird ein fester Geldsatz je Mengeneinheit bestimmt, während beim Zeitakkord eine bestimmte Zeit für die Herstellung einer Mengeneinheit bzw. für die Ausführung eines Auftrags vorgesehen wird. Das Entgelt des Arbeiters erhöht sich, wenn diese Vorgabezeit unterschritten wird.

Der Geldakkord hat gegenüber dem Zeitakkord den Nachteil, daß bei Lohnänderungen alle Geldsätze je Mengeneinheit neu berechnet werden müssen, während beim Zeitakkord die **Vorgabezeiten** gleichbleiben und nur der Geldfaktor je Vorgabezeit verändert wird. Die Vorgabezeit wird in der Regel mit Hilfe von **Zeitstudien** ermittelt.

Grundlagen

Überschreitet der Akkordarbeiter die Vorgabezeit und liegt der Grund nicht in einer persönlich zu vertretenden "Bummelei", so ist für diesen Fall in den Tarifverträgen ein **Mindestlohn** garantiert, der in der Regel dem Zeitlohn entspricht.

Die Akkordberechnung geht von dem **Grundlohn (Akkordrichtsatz)** aus, der sich aus dem **Mindestlohn** und dem **Akkordzuschlag** zusammensetzt. Der Akkordzuschlag beträgt etwa 15 bis 20 % des Mindestlohnes. Er wird für die Bereitschaft des Arbeiters gezahlt, im Akkord zu arbeiten.

Der Grundlohn entspricht der Entlohnung des Akkordarbeiters bei Normalleistung. Dieser liegt höher als der tarifliche Grundlohn, da die Bereitschaft zum Akkord honoriert wird und davon ausgegangen wird, daß der Akkordlohnarbeiter gegenüber dem Zeitlohnarbeiter eine höhere Arbeitsintensität aufweist. Wird der Akkordrichtsatz durch 60 dividiert, so erhält man den Geldfaktor je Vorgabezeit **(Minutenfaktor)**.

Voraussetzung für die Einführung der Akkordentlohnung ist, daß die Arbeiten akkordfähig und akkordreif sind. Arbeiten sind **akkordfähig**, wenn die Arbeitsmethode vorher bekannt ist, und das Arbeitsergebnis mengenmäßig erfaßt werden kann. **Akkordreif** ist eine Arbeit, wenn der Arbeitsplatz, der Arbeitsvorgang und der Arbeitsablauf so gestaltet sind, daß ein ausreichend geeigneter, eingearbeiteter und geübter Mitarbeiter die Arbeit störungsfrei durchführen kann.

Bei der Akkordentlohnung wird zwischen **Einzelakkord** und **Gruppenakkord** unterschieden. Der Gruppenakkord wird wie der Einzelakkord errechnet, d.h., er wird der Gruppe insgesamt zugewiesen. Schwierigkeiten können bei der Akkordverteilung auf die Gruppenmitglieder auftreten, da eine Verteilung des erzielten Akkordverdienstes nach der anteiligen Arbeitsleistung oft nicht möglich ist.

Die Vorteile der Akkordentlohnung liegen im Leistungsanreiz, da sich die tatsächliche Leistung im Lohn niederschlägt, d.h., die Mehrleistung kommt in voller Höhe der Arbeitskraft zugute. Die Nachteile liegen bei völlig ungebundener Arbeit darin, daß die in den Vorgabezeiten enthaltenen Erholungspausen zur Steigerung des Verdienstes nicht eingehalten werden und damit ein schnellerer Kräfteverzehr eintritt.

1.7.5.2.2 Prämienlohn

Der Prämienlohn ist eine anforderungs- und leistungsabhängige Lohnform. Zum Grundlohn, der ein Tariflohn, ein Arbeitswertlohn oder ein anderer vereinbarter Lohn sein kann, kommt eine **Prämie** hinzu, die von einer vom Menschen beeinflußbaren Mehrleistung oder einer anderen objektiv bestimmbaren Einflußgröße abhängt.

Prämienlohn:
Lohn je Woche bzw. Monat = (Grundlohn + Prämie) x Stunden je Woche bzw. Monat

Während bei der Akkordentlohnung der gesamte Lohn leistungsbezogen ist, wird beim Prämienlohn nur die **Prämie** durch die Mehrleistung bestimmt. Die Prämie unterscheidet sich von der **Leistungszulage** dadurch, daß das Arbeitsergebnis in jeder Periode objektiv und materiell neu festgestellt werden muß, während die Leistungszulage von den Vorgesetzten von Zeit zu Zeit geändert wird und damit subjektiven Einflüssen unterliegt.

Der Verlauf der Prämie in Abhängigkeit von der Bezugsgröße wird als **Prämienlohnlinie** bezeichnet, der eine **Prämienfunktion** zugrunde liegt. Die ausgewählten **Bezugsgrößen** (Bemessungsmaßstab) sollten direkt beeinflußbar sein. Der **Prämienanfangspunkt** kann ohne besondere Anstrengung realisiert werden. Der Prämienendpunkt ist durch die maximal erreichbare Leistung bestimmt. Die **Prämienspannbreite** bezeichnet das prozentuale Verhältnis der höchstmöglichen Prämie zum Grundlohn. Sie nimmt in der Praxis die verschiedensten Formen an. So sind proportionale (lineare), progressive, degressive, S-förmige und treppenförmige Verläufe bekannt. Die Abb. 1-19 zeigt das Beispiel einer degressiven Lohnlinie und verdeutlicht die Grundbegriffe der Prämienentlohnung.

Während beim Akkordlohn die Mehrleistung dem Mitarbeiter voll vergütet wird, wird sie beim Prämienlohn bei einigen Systemen zwischen Betrieb und Arbeiter geteilt. Der betriebswirtschaftliche Vorteil wird zu 20 bis 50 % als Prämienzahlung zur Verfügung gestellt (Teilung des Vorteils = Teilungslohn), wobei der Stundenverdienst steigt und die Lohnkosten pro Stück sinken.

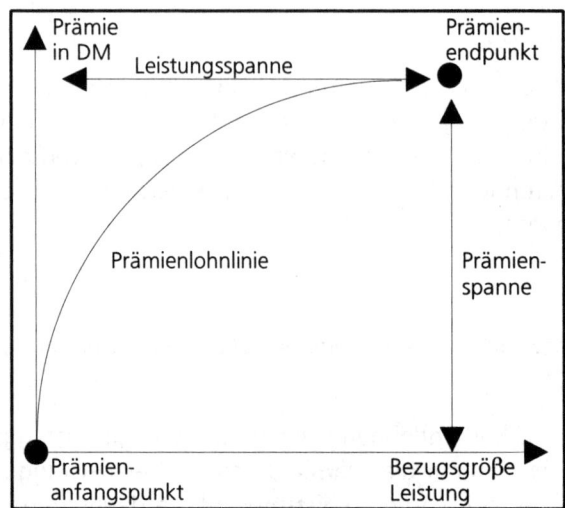

Abbildung 1-19 Grundbegriffe der Prämienentlohnung, dargestellt an einer
degressiven Lohnlinie

Die Prämienart hängt von der Arbeitsmethode bzw. dem Fertigungsverfahren
ab. Nach der Anzahl der Beteiligten an der Prämie unterscheidet man die **Ein-
zelprämie** und die **Gruppenprämie**.

Welche Prämienart den größeren Anreiz ausübt, hängt von vielen Voraussetzungen ab, z.b. der Arbeitsaufgabe, der Betriebsorganisation, dem Arbeitsplatz,
der Gruppengröße und -zusammensetzung. Die Prämienarten lassen sich nach
den Bezugsgrößen und der Prämienermittlung in folgende Gruppen einteilen:

(1) Mengenleistungsprämie,
(2) Qualitätsprämie,
(3) Ersparnisprämie,
(4) Nutzungsgradprämie und
(5) Terminprämie.

Die fünf aufgeführten Bezugsgrößen werden in der Praxis oft in Kombinationen angewendet. Man spricht dann vom **kombinierten Prämien, Verbund-**
oder **Mehrfaktorenprämien**.

Bei hohem Technisierungsgrad kommt es auf eine intensive Nutzung der Anlagen an. Das setzt eine zweckentsprechende und sorgfältige Bedienung der Maschinen voraus. Damit bei der immer kapitalintensiveren Produktion die Ausfallzeiten möglichst gering gehalten werden, hat der Prämienlohn einen Anwendungsschwerpunkt bei Anlagendiensten. Der Prämienlohn findet auch bei der Entlohnung von unteren und mittleren Führungskräften Anwendung (z.B. Meister).

Im Handel spielen **umsatzbezogene Prämien**, wie Umsatzprämien für Verkaufsfahrer, Filialleiter und Verkäufer, eine große Rolle.

1.7.5.2.3 Leistungsentlohnung bei neuen Technologien

Eine leistungsorientierte Entgeltgestaltung durch Akkord- und Prämienlohn soll die Mitarbeiter zu wirtschaftlichem Handeln anregen. Aktuelle Herausforderungen bei der Entgeltfindung sind die Automatisierung in der Produktion und die Informationstechnologie in der Verwaltung.

Neue Techniken (Automatisierung der Produktion) sind kapitalintensiv. Der wachsende Kapitaleinsatz verändert die Kostenstruktur, wobei die Kapitalintensität in den Vordergrund der Wirtschaftlichkeitsbetrachtung rückt. Eine verbesserte zeitliche Nutzung der installierten Kapazitäten reduziert im wesentlichen die Maschinenstundensätze. Die Voraussetzung für Akkordlohn - die individuelle Beeinflußbarkeit der Arbeitsmenge pro Zeiteinheit - wird im Rahmen der Automatisierung zunehmend nicht mehr erfüllt. Daher sind in der Praxis die reinen Lohnformen seltener vorzufinden. Unter anderem werden dann Prämienlohnsysteme angewendet, die Elemente der Akkordentlohnung aufweisen. Sie werden daher auch **Akkordlohnkombinationen** genannt, in denen die Elemente des Prämienlohns überwiegen. Es lassen sich der Pensumlohn, der Kontraktlohn und der Programmlohn unterscheiden.

Periodenkonstante Löhne sind Pensum- und Kontraktlöhne. Der Leistungslohnbestandteil wird für eine bestimmte Zeit vereinbart, z.B. wenn eine konstante Leistung im Fertigungsablauf erforderlich ist (insbesondere im Automobil- und Elektrogerätebau). **Pensumlohn** sieht eine bestimmte Soll-Leistung vor, die mit Hilfe von Zeitstudien ermittelt wird. Die motivationalen Aspekte sind mit dem

Zeitlohn vergleichbar. Die Vorgesetzten müssen die Leistungserstellung kontrollieren. Beim Pensumlohn wird zwischen Arbeitgeber und Arbeitnehmer ein Festlohn (Zeitlohn) ausgehandelt, der dem Arbeiter für einen Zeitraum einen bestimmten Lohnstatus garantiert. Der Beitrag des Arbeitnehmers besteht in der vereinbarten Arbeitsleistung (Pensum). Wird das Pensum nicht ereicht, so wird der Lohn mit einer gewissen zeitlichen Verzögerung der geringeren Leistung angepaßt, während eine höhere Leistung sich unmittelbar auf den Lohn auswirkt. Das Pensum kann sich z.B. auf Menge, Qualität, Ersparnis, Betriebsmittelnutzung oder Einhaltung des Kostenbudgets beziehen. Auf der Basis der Vorgaben kann der Mitarbeiter seine Leistung frei bestimmen, und er wird dementsprechend eingestuft.

Eine besondere Form des Pensumlohns ist der **Programmlohn**, der in der Einzelfertigung anzutreffen ist. Dabei werden den Arbeitsgruppen für Teilfertigungen (Programme) Zeiten vorgegeben, für deren Einhaltung sie eine Gruppenprämie erhalten. Eine Zeitunterschreitung wird nicht gesondert vergütet, da dadurch der gesamte Arbeitsablauf nicht beschleunigt werden kann.

Der **Kontraktlohn** beruht auf einem zeitlichen Kontrakt (ein bis drei Monate) über eine mittlere Kontrakthöhe (Leistungsergebnisgrad, Zeitgrad). Der Kontraktlohn erlaubt also die individuelle Leistungsanpassung. Nach Ablauf der Kontraktzeit kann auf der Basis des mittleren Zeitgrades aus diesem Kontrakt (Ist-Leistung) eine neue Kontrakthöhe vereinbart werden.

Besonders unter dem Einfluß neuer Technologien basieren die neueren Lohnformen auf zukünftig erwarteten Leistungen. Eine Anpassung von Entlohnungssystemem an veränderte Arbeitsorganisationen (z.B. Teamarbeit) stellt der **Qualifikationslohn** dar. Im Qualifikationslohn werden neben den durch die Tätigkeit erforderlichen auch "überschüssig angebotenen" Qualifikationselemente lohnwirksam. Diese zusätzlichen Qualifikationselemente fließen über individuelle Leistungszulagen und qualifikationsabhängige Differenzierungen des Grundlohns in den Lohn ein.

Im allgemeinen ist in den Produktionsbetrieben der Trend zum Leistungslohn bzw. zum Zeitlohn mit Leistungszulage zu erkennen.

2 THEORETISCHE ANSÄTZE (AUSGEWÄHLTE WISSENSCHAFTS-PROGRAMME)

2.1 Mikroökonomisch fundierter Ansatz der Betriebswirtschaftslehre von E. Gutenberg

Gutenberg legte das erste umfassende und geschlossene Grundkonzept der Betriebswirtschaftslehre vor. Der erste Band seines in drei Teilen veröffentlichten Werkes Grundlagen der Betriebswirtschaftslehre, "Die Produktion", erschien 1951, Band 2, "Der Absatz", folgte 1955 und wesentlich später, 1968, erschien "Die Finanzen".

Neu ist für die Betriebswirtschaftslehre die Übertragung mikroökonomischer Erkenntnisse aus der Volkswirtschaftslehre der neoklassischen Richtung. Die eindeutige Dominanz, die Gutenberg in den 50er und 60er Jahren in der Lehre hatte, ist sicherlich heute nicht mehr gegeben, aber wesentliche Erkenntnisse sind herrschende Lehre und fester Bestandteil der Allgemeinen Betriebswirtschaftslehre. Bea et al. (1997: 112f.) heben hervor, daß es sich bei der Arbeit von Gutenberg um einen theoretisch hochgradig geschlossenen Ansatz von beträchtlicher intellektueller Anziehungskraft handelt.

Gutenberg faßt Betriebe als Gebilde auf, die Sachgüter produzieren bzw. Dienstleistungen bereitstellen. Für die Leistungserstellung werden **Produktionsfaktoren** miteinander kombiniert. Die produktiven Faktoren sind:

- menschliche Arbeitsleistung,
- Arbeits- und Betriebsmittel und
- Werkstoffe.

Der Faktor "menschliche Arbeitsleistung" spaltet sich in die objektbezogenen und dispositiven Arbeitsleistungen auf. Der Einsatz der Produktionsfaktoren verursacht Kosten.

Der dispositive Faktor bietet noch keinen tragfähigen Ansatz für eine Managementlehre. Der Mensch tritt in Gutenbergs System der produktiven Faktoren zum einen als Entscheidungsträger (dispositiver Faktor) und zum anderen als

73

ausführendes Objekt auf, das mit den Elementarfaktoren Arbeits- und Betriebsmittel und Werkstoffe auf die gleiche Ebene gestellt wird. Ziel des Kombinationsprozesses ist das optimale Verhältnis von Faktoreinsatz und Faktorertrag. Die **Produktivität** stellt bei Gutenberg (1958: 23) die allgemeine Grundbeziehung betrieblicher Tätigkeit dar.

Mit dem Kombinationsprozeß verbunden ist die Produktions- und Kostentheorie, die Gutenberg vor allem durch die **Theorie der Verbrauchsfunktionen** und die **Anpassungsformen** ergänzt. Letztere bilden kostentheoretisch Entwicklungen von Beschäftigungsschwankungen ab. Die Verbrauchsfunktion beschreibt den gesetzmäßigen Zusammenhang zwischen Faktoreinsatz und Faktorertrag.

Im zweiten Band - Der Absatz - stellt Gutenberg das absatzpolitische Instrumentarium in den Mittelpunkt. Es besteht aus:

- den Absatzmethoden,
- der Preispolitik,
- der Produktgestaltung,
- der Werbung.

Insbesondere in der Preistheorie greift Gutenberg die theoretischen Erkenntnisse der Mikroökonomie auf und bereichert die Betriebswirtschaftslehre um die polypolistische Absatzkurve (geknickte Preis-Absatz-Funktion - Gutenberg 1963: 242).

Auch in seinem dritten Band bleibt Gutenberg seiner Konzeption, daß der Betriebsprozeß eine Kombination von Produktionsfaktoren ist, treu und setzt diese konsequent fort.

Gutenberg hat mit seinem Gesamtwerk eine Epoche geprägt. In den Folgejahren ist die Betriebswirtschaftslehre allerdings weiterentwickelt worden.

2.2 Entscheidungsorientierter Ansatz

Vom entscheidungsorientierten Ansatz existieren zwei Varianten: eine mathematische und eine verhaltenswissenschaftliche (Hill, Fehlbaum, Ulrich 1992: 428ff.).

Das Anliegen der **mathematischen, normativen Entscheidungstheorie** ist die Entwicklung formaler Entscheidungsmethoden und Entscheidungsmodelle, mit denen Optimierungen für bestimmte Problemstellungen ermittelt werden können. Wesentliche Grundlagen für die mathematische Entscheidungstheorie sind die Wahrscheinlichkeitsrechnung und die Statistik. Es entwickelte sich eine betriebswirtschaftliche Methodenlehre, das **Operations Research** (Unternehmensforschung), mit dessen Hilfe sich verschiedene Entscheidungsprobleme lösen lassen, z.B. Optimierung von Produktionsprogrammen, Lösung von Kapazitätszuteilungs- und Reihenfolgeproblemen, optimale Lagerhaltung, Warteschlangenprobleme, Transportprobleme.

Die **verhaltenswissenschaftliche Richtung** stellt das menschliche Verhalten, insbesondere die **menschlichen Entscheidungen**, auf allen betrieblichen Ebenen und in allen Teilbereichen in den Mittelpunkt wissenschaftlichen Bemühens. Gegenstand des Entscheidungsprozesses ist der Kombinationsprozeß der elementaren produktiven Faktoren Arbeit, Betriebsmittel und Werkstoffe (Heinen 1969: 208). Im Mittelpunkt des **entscheidungsorientierten Wissenschaftsprogramms** steht der wirtschaftende Mensch als Entscheidungssubjekt, also nach Gutenberg der dispositive Faktor.

In dem folgenden Zitat werden die wesentlichen Merkmale der verhaltenswissenschaftlichen Richtung deutlich: "Aus dem Spektrum möglicher Erkenntnisobjekte hebt der entscheidungsorientierte Ansatz die vielfältigen Entscheidungsprozesse in einer Betriebswirtschaft hervor [...]. Bedingt durch die Arbeitsteiligkeit bestehen sowohl innerhalb der Betriebswirtschaft selbst als auch zwischen ihr und der Umwelt zahlreiche und vielfältige Teilaufgaben und Beziehungen, die von diversen sachlichen Hilfsmitteln (Produktions-, Transport-, Informations-, Kommunikationstechnik) unterstützt werden. Dies erfordert ein begriffliches Instrumentarium, das auf Erkenntnisse aus anderen wissenschaftlichen Disziplinen, wie z.B. der Mathematik, Volkswirtschaftslehre, Ingenieurwissenschaft, Informatik, Rechtswissenschaft, Soziologie oder Psychologie, zurückgreifen muß" (Heinen 1991: 12).

Ein besonderer Schwerpunkt der entscheidungsorientierten Betriebswirtschaftslehre ist der **Zielbildungsprozeß der Unternehmung**. Als wesentliche Träger dieses Zielbildungsprozesses werden die Kerngruppen und Satellitengruppen angesehen (Heinen 1985: XI). Zur letzteren gehören zum Beispiel Aufsichtsrat, Betriebsrat, interne Abteilungen, so daß nach dieser Differenzierung auch Arbeitnehmervertreter am Zielbildungsprozeß beteiligt werden.

Neben der Erklärung realer wirtschaftlicher Zusammenhänge (Erklärungsaufgaben) sieht Heinen die Formulierung von Aussage-Systemen (Entscheidungsmodellen) zur Gestaltung der betrieblichen Wirklichkeit (Gestaltungsaufgaben) als Zielsetzung der Betriebswirtschaftslehre an (Heinen 1985: 28).

Eine Aufgabe der Betriebswirtschaftslehre liegt nach Heinen in der **Beratungsfunktion**, sowohl für die Entscheidungsträger in der Unternehmung als auch für den Gesetzgeber.

2.3 Systemtheoretischer Ansatz

Im Mittelpunkt des systemtheoretischen Forschungsparadigmas steht das Konzept des **umweltoffenen Systems** (Beer 1964). Die Systemtheorie versucht, allgemeingültige Gesetze über das Verhalten von Systemen zu formulieren. Im allgemeinen wird unter System eine geordnete Gesamtheit von nicht weiter zerlegbaren Elementen mit Beziehungen zwischen diesen Elementen verstanden. In systemorientierter Perspektive wird die Unternehmung als offenes soziales, zielorientiertes und strukturiertes System gesehen (Katz/Kahn 1978: 16ff.). Das Unternehmensgeschehen wird als sich laufend wiederholender Transformationsprozeß aufgefaßt, durch den "Input" in "Output" umgewandelt wird.

Die wesentlichen Merkmale des Systemansatzes sind (Ulrich 1970):

- Es wird eine **ganzheitliche Betrachtung** der Unternehmung vorgenommen. Das Gesamtsystem gliedert sich in mehrere Subsysteme, die relativ autonom sind bzw. sein sollten. Innerhalb des Teilsystems lassen sich Elemente als letzte Einheit unterscheiden. Das Gesamtsystem wird von einer Systemgrenze umschlossen, die das "Insystem" vom Umsystem trennt.
- Der innere Zustand eines Systems wird als relativ direkte Reaktion der **Austauschbeziehungen** mit anderen Systemen angesehen, die im Zwischensystem stattfinden.
- Durch eine **dynamische Betrachtungsweise** werden Wandel und Innovation explizit berücksichtigt.

- Im Mittelpunkt der Betrachtung stehen primär die funktionalen Beziehungen und weniger die Elemente selbst. Die Systemelemente beeinflussen sich wechselseitig.

- Das **System Unternehmung** konstituiert sich durch seine Ziele, Strukturen und Prozesse. Beziehungen bezeichnen insbesondere Kommunikations-, Weisungs-, Aufgaben- und Interessenrelationen.

- Die alleinige Prämisse objektiver Rationalität (homo oeconomicus) wird zugunsten einer realistischeren Berücksichtigung von (nach strengen Maßstäben) irrationalen Bestandteilen des Verhaltens aufgegeben (subjektive Rationalität bzw. **Systemrationalität**).

- Die Komplexität der Problemstellungen wird akzeptiert, hervorgehoben und antizipiert. Bei zunehmender Differenzierung werden Koordinations- und Integrationsprozesse nötig.

- Das zentrale Systemproblem besteht in der **Gleichgewichtssicherung**. Im Sinne des obersten Systemzieles, der "Überlebenssicherung" (z.B. Gewinnerzielung in Unternehmungen), ist es unabdingbar - vorbeugend oder rückwirkend -, Störungen abzuwehren.

- Es gilt das Prinzip der **Äquifinalität**: Ein System kann denselben finalen Status aus verschiedenen Ausgangssituationen heraus mit unterschiedlichen Lösungsansätzen erreichen.

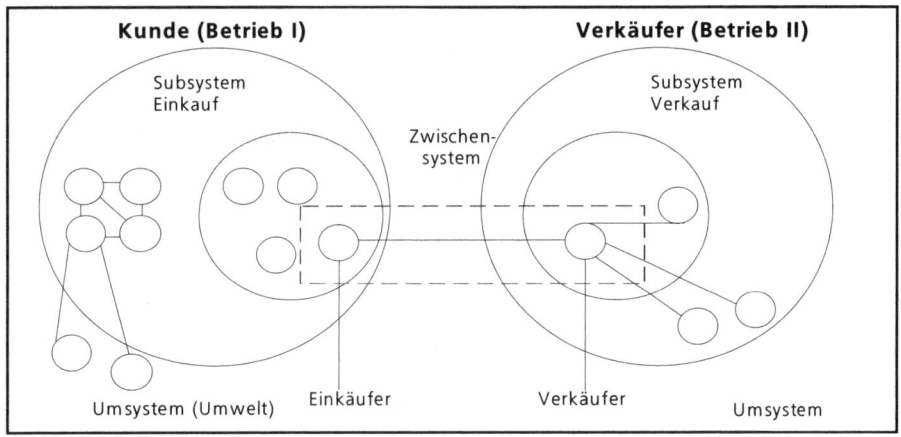

Abbildung 2-1   Systembeziehungen

In der Abbildung 2-1 werden die formalen Systembeziehungen aufgezeigt.

In der Systembetrachtung werden insbesondere Prozesse der Regelung (Rück-kopplungsprozesse) und Steuerung analysiert. Mit Hilfe der Rückkopplungen wird im System ein Gleichgewichtszustand (Homöostasie) angestrebt. Systeme werden als Regelkreise angesehen, die ein geschlossenes Rückkopplungssystem aufweisen. Abbildung 2-2 zeigt einen Regelkreis.

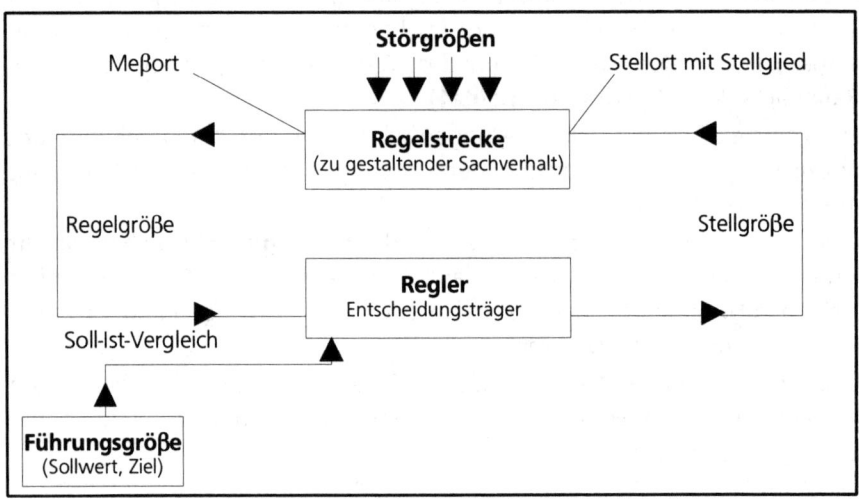

Abbildung 2-2   Schema eines Regelkreises

Die Komponenten eines Regelkreises sind der Regler (der Entscheidungsträger) und die Regelstrecke (der zu gestaltende Sachverhalt). Der Regler hat die Auf-gabe, aus der Regelgröße (Istwert) und der Führungsgröße (Sollwert, Ziel), ggf. durch einen Soll-/Ist-Vergleich, Störungen entgegenzuwirken. Die Entscheidung wird in Form der Stellgröße der Regelstrecke zugeführt, die durch Störgrößen (z.B. Marktveränderungen) beeinflußt wird. Während die Regelung auf dem Rückkopplungsprinzip beruht, fehlt bei der Steuerung die Rückkopplung. Stö-rungen lösen also keinen Korrekturprozeß auf das vorgegebene Ziel aus. Bei der Steuerung wird vom **offenen Wirkungsablauf** (im Unterschied zu einem geschlossenen Wirkungsablauf des Regelkreises) gesprochen. Der offene Wir-kungsablauf läßt sich in einer Steuerkette darstellen (Raffée 1974: 85).

Eine wesentliche Aufgabe der Systemtheorie liegt in der **Analyse- und Erklärungsfunktion**. Betrachtet man die interne Untergliederung oder Differenzierung eines sozialen Systems im Hinblick auf einzelne Teileinheiten, so wird - wie bereits dargelegt - von **Subsystemen** gesprochen. In der Unternehmung existieren funktionsbezogen beispielsweise Planungs- und Kontrollsysteme, Informationssysteme, Entgeltsysteme und Personalführungssysteme.

Der systemtheoretische Ansatz wird in der deutschsprachigen Betriebswirtschaftslehre insbesondere von Ulrich (1970) und seinen Schülern vertreten. Ulrich stellt heraus, daß die Betriebswirtschaftslehre der Praxis Lösungen zur Verfügung stellen muß (Ulrich 1970: 160). Der systemorientierte Ansatz sieht demnach in der Betriebswirtschaftslehre eine Gestaltungslehre, die auf die Zukunft ausgerichtet ist. Im Mittelpunkt des unternehmerischen Handelns steht das Problem, das nach dem systemtheoretischen Ansatz interdisziplinär gelöst wird.

Ulrich hat den systemtheoretischen Ansatz ständig weiterentwickelt. Auf der Basis der Systemtheorie konzipiert Ulrich (1995) eine systemorientierte Unternehmungsführungslehre, die er als anwendungsorientierte Wissenschaft definiert.

Da die Systemtheorie einerseits eine **wertvolle Strukturierungshilfe** darstellt und insofern einen allgemeinen formalen Bezugsrahmen bietet, andererseits aber zu Generalisierungen in ihren Aussagen (auf hohem Abstraktionsniveau) neigt und keinen empirischen Informationsgehalt aufweist, ist, wenn man situationsadäquate Gestaltungsvorschläge praktischer Unternehmensführung erarbeiten will, die zusätzliche Einbeziehung von Einflußgrößen notwendig, die ganz konkret in bestimmten Situationen auf das System wirken. Die Systemtheorie bedarf daher einer verhaltenswissenschaftlichen Ergänzung.

2.4 Kontingenzansatz

Der Kontingenzansatz, auch situativer Ansatz (Contingency or Situational Approach - Luthans 1976; Carlisle 1976; Hellriegel/Slocum 1989) genannt, ist in den späten 60er und 70er Jahren in den USA entwickelt worden und hat die Unternehmensführungslehre stark beeinflußt. Es wird dabei von dem bereits dargestellten Systemansatz ausgegangen, in dem das System Unternehmung als ein offenes und ständig in Beziehungen mit dem Zwischen- und Umsystem stehendes System gesehen wird. Weitere bestehende Ansätze und die Interdisziplinarität der Managementproblematik werden in ein Konstrukt integriert, um die Komplexität multivariater Zusammenhänge in verschiedenen Situationen erklären und analysieren zu können und darauf aufbauend gegebenenfalls Gestaltungshilfen zu geben.

Mit Hilfe des Kontingenzansatzes werden verschiedene "If-Then"-Beziehungen aufgezeigt, so daß deutlich wird, daß es aufgrund der Komplexität menschlichen Verhaltens keine allgemeingültigen Aussagen mit dem Anspruch absoluter Gültigkeit gibt. Er besagt, daß es nicht einen besten Weg der Gestaltung für alle Situationen gibt, sondern nur situationsadäquat Empfehlungen gegeben werden können.

Als **externe Umwelt** kann die Gesamtheit physischer und sozialer Faktoren aufgefaßt werden, die das Entscheidungsverhalten von Individuen in Unternehmungen beeinflussen und die außerhalb der Unternehmungsgrenzen liegen (vgl. Duncan 1979). Als die wesentlichen Meßdimensionen lassen sich Zahl, Verschiedenartigkeit und Verteilung zu berücksichtigender Umweltfaktoren in unterschiedlichen Umweltsegmenten (einfach/komplex) und Anzahl/ Ausprägung der Faktoren pro Zeiteinheit (statisch/dynamisch) unterscheiden. Mit zunehmendem Wandel und zunehmender Komplexität steigt die Umweltunsicherheit mit der Konsequenz, daß aufgrund erschwerter Analysebedingungen die zur Gewährleistung hoher organisationaler Effizienz notwendige Übereinstimmung zwischen Umwelterfordernissen und organisationalen Subsystemen (Insystem) immer schwieriger herzustellen ist. Exogene Bedingungskonstellationen sind nur in sehr geringem Maße gestalt- und bzw. direkt beeinflußbar, so daß der Varietät von betriebswirtschaftlicher Gestaltung enge Grenzen gesetzt sein können und systematisch situationsadäquate Anpassungen an Veränderungen vorgenommen werden müssen.

Zur Darstellung der komplexen kontingenten Beziehungen werden hier die drei Ebenen des In-, Zwischen- und Umsystems unterschieden, die in ständiger Wechselbeziehung miteinander stehen und durch eine große Dynamik der Veränderung gekennzeichnet sind, so daß von den Entscheidungsträgern ein hoher Grad an Flexibilität gefordert wird. Das **Insystem** ist durch die Funktionen (vgl. Abb. 1-1) sowie durch weitere Merkmale wie Zielsystem, Struktur, Personen, Technologie, Unternehmenskultur gekennzeichnet.

Im **Zwischensystem** (spezielle Aufgabenumwelt) finden sich die externen Unternehmungsteilnehmer, die Ansprüche an die Unternehmung erheben. Zu nennen sind insbesondere die Kunden, Lieferanten, Banken, Wettbewerber, Gläubiger usw.

Bei den **Umsystemen** handelt es sich um generelle Elemente, die nicht direkt, aber indirekt auf die Aktivitäten in der Unternehmung Einfluß nehmen (vgl. Abb. 2-3).

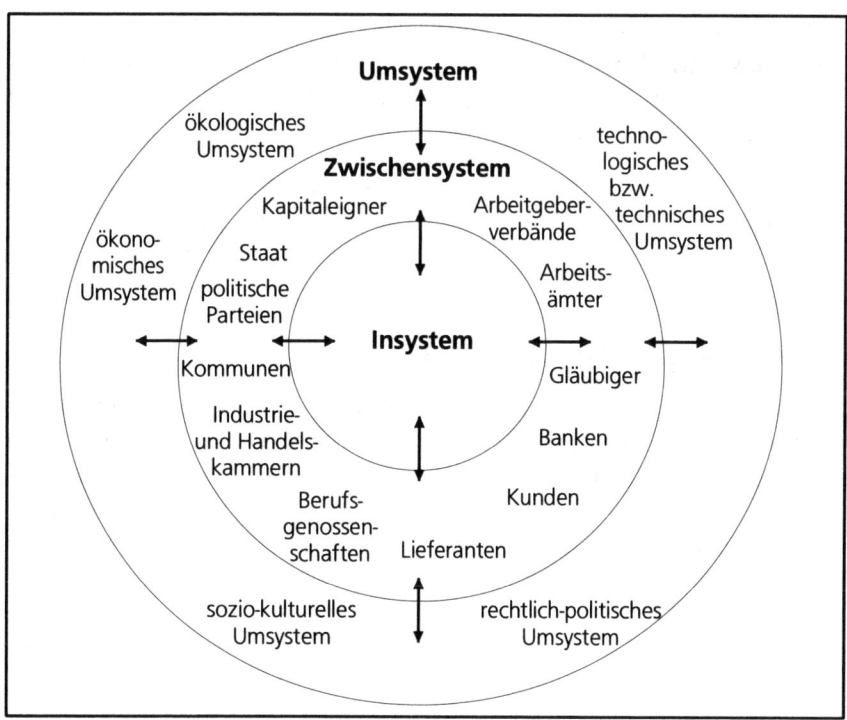

Abbildung 2-3   Systemebenen im Kontingenzansatz

- Das **ökonomische Umsystem** erfaßt alle Faktoren des wirtschaftlichen Rahmens, in dem die Unternehmung agiert. Diese Faktoren sind insbesondere das Wirtschaftssystem, die allgemeine Wirtschaftssituation (Konjunktur), die zunehmende Internationalisierung.

- Das **sozio-kulturelle Umsystem** wird durch die gesellschaftlichen Faktoren bestimmt, die die individuellen Einstellungen, Verhaltensweisen und Werte beeinflussen. Sie wirken zum Beispiel auf die individuelle und soziale Leistungsbereitschaft, die Einstellung zur Autorität und zum Status.
- Das **technologische Umsystem** beinhaltet insbesondere die beiden Teilkomplexe Produktions- und Informationstechnologie.
- Das **rechtlich-politische Umsystem** wird durch die gesamten, für eine Organisation bedeutenden rechtlichen Regelungen sowie durch ihre Anwendung durch Organe der Exekutive und der Jurisdiktion bestimmt.
- Das **ökologische Umsystem** umfaßt die physischen Bedingungen der Umwelt, die das Handeln der Unternehmensmitglieder beeinflussen, zum Beispiel geographische und klimatische Bedingungen, Infrastruktur.

Nach der Euphorie der 70er und 80er Jahre wird der Kontingenzansatz inzwischen wesentlich skeptischer gesehen. Hauptkritikpunkt ist, daß der Kontingenzansatz nicht in der Lage ist, Handlungsempfehlungen zu geben.

2.5 Verhaltensorientierter Ansatz

Einen weiteren wichtigen Ansatz stellt die Anwendung allgemeiner Verhaltenstheorien auf betriebswirtschaftlich relevante Fragestellungen dar. Zwar spielen verhaltenswissenschaftliche Dimensionen auch im entscheidungsorientierten und systemorientierten Ansatz eine wichtige Rolle, doch werden beim verhaltensorientierten Ansatz betriebswirtschaftliche Fragestellungen als Probleme von Menschen aufgefaßt und in den Mittelpunkt der Betrachtung gerückt. Die inhaltliche Leitidee besteht in der Herausstellung des individuellen Strebens nach Bedürfnisbefriedigung. Allgemeine verhaltenstheoretische Erkenntnisse werden auf die besonderen Verhältnisse in Organisationen und Märkten angewandt und zur Erklärung der sich dort abspielenden Vorgänge herangezogen mit dem Ziel, auch hier Gestaltungsbeiträge zu leisten (vgl. Schanz 1977). Verhaltenstheoretische Erkenntnisse im Objektbereich der Unternehmung können dazu dienen, zu ändernde oder neu zu implementierende Strukturen (wie z.B. Planungs- und Controllingsysteme) den Bedürfnissen und Erwartungen der Unternehmensmitglieder anzupassen, was gleichzeitig positive Effekte für die Zielrealisierung mit sich bringt.

Menschliches Verhalten wird durch persönliche Bestimmungsgrößen (individuelles Können und Wollen) einerseits und situative Umstände andererseits determiniert. Auf der Basis verhaltenswissenschaftlicher Erklärungen ergeben sich Gestaltungsmöglichkeiten institutioneller Arrangements, die Erwartungen und gegebenenfalls Verhaltensmuster der Organisationsteilnehmer in die gewünschte Richtung lenken.

Der verhaltensbeeinflussende Organisations- und Arbeitskontext wird gebildet durch die Technologie (z.B. Maschinen, "Work Flow Designs", Informationsinfrastrukturen), durch physische Arrangements (z.B. Gebäude, räumliche Anordnungen), durch Organisationsgestaltung (z.B. Strategien, Organisationsstrukturen, administrative Prozesse) und soziale Einflußgrößen (z.B. Werte und Normen, Führungsstil, Interaktionsprozesse). Von betriebswirtschaftlichem Gestaltungsinteresse sind in einem engeren Sinne unter anderem die Bestimmung von Aufgaben- und Tätigkeitsmerkmalen, Anreiz- und Entgeltsystemen, Arbeitszeitregelungen, Personalbeschaffung und -entwicklung sowie Vorgesetzten-Mitarbeiter-Beziehungen.

Die Einbeziehung verhaltenswissenschaftlicher Theorien und Modelle zeigt der betriebswirtschaftlich-instrumentellen Rationalität, Kontrolle und "Berechenbarkeit" deutliche Grenzen auf. Das Erfahrungsobjekt, die Unternehmung, wird dabei nicht nur als produktives System, sondern auch als kulturelle Lebenswelt und politische Arena betrachtet. Der Anspruch traditionellen betriebswirtschaftlichen Denkens in Kategorien von weitgehend dekontextualen "Best Practices" läßt sich nur schwer bzw. sehr partiell in die hiervon stark abweichende Realität unternehmensspezifischer sozio-kultureller Verhältnisse, Erfahrungen und gewachsener Interaktionsroutinen transformieren. Schon früh haben Cyert/ March (1963) darauf hingewiesen, daß Organisationsmitglieder zu unterschiedlich in ihren Interessen, begrenzt in ihrer Wahrnehmungs- und Informationsverarbeitungsfähigkeit und zu wenig diszipliniert in ihren Handlungen sind, als daß gemeinsam anspruchsvolle, betriebswirtschaftlich-kalkulierte Konzeptionen und entsprechende Handlungsweisen sich herausbilden könnten. Entscheidungsträger mit ihren jeweiligen Sozialisationen weichen oftmals sogar bewußt von der postulierten prioritären Gewinnerzielungsmaxime ab, nicht, weil sie unfähig wären, betriebswirtschaftlich "vernünftiges" Vorgehen zu verstehen, sondern weil die Werte und Normen der Arbeitswelt ganz andere Regeln vorschreiben, z.B. die

Betonung von Macht und "mikropolitischen" Prozessen zwischen Entscheidungsträgern im Unternehmen und relevanten externen Bezugsgruppen.

2.6 Unternehmerisch fundierter Ansatz (Corporate Entrepreneurship)

Der anglo-amerikanische Begriff **Entrepreneurship** ist von dem französischen
Verb entreprendre abgeleitet und bedeutet "(etwas) unternehmen". In der
amerikanischen Literatur wird zum Teil differenziert zwischen dem Small Business Owner und dem Entrepreneur (Donnelly et al. 1995: 623). Der **Small
Business Owner** gründet und betreibt ein Unternehmen, um persönliche Ziele
zu erreichen. Die geschäftliche Tätigkeit dient der Befriedigung der Bedürfnisse
und Ziele des Eigentümers und der Entfaltung der Persönlichkeit. Das Wachstum steht dabei nicht primär im Mittelpunkt. Im Gegensatz dazu gründet der
Entrepreneur das Unternehmen, um Wachstum und Gewinne zu erzielen. Er
geht rational und planerisch vor und wendet strategische Konzepte und Techniken an. Der Entrepreneur zeichnet sich durch eine hohe Innovationsfähigkeit
aus, indem er neue Produkte entwickelt, neue Märkte erschließt und kreative
Strategien und Mittel zur Erreichung seiner Ziele einsetzt. Er ist durch persönliche Aktivitäten und die daraus resultierenden Ergebnisse gekennzeichnet und
nicht begrenzt durch einen besonderen organisationalen Kontext (Schollhammer 1982: 211). Entrepreneurship soll hier präzisiert werden, indem auch die
Aktivitäten in bestehenden erwerbswirtschaftlichen Unternehmen einbezogen
werden. Dann bezieht sich die Definition auf das internal or intra-corporate
Entrepreneurship (**Intrapreneurship** bzw. **Corporate Entrepreneurship**). Der
Intrapreneur ist also der Entrepreneur in bestehenden Unternehmen.

In Großunternehmen wird zunehmend mehr Unternehmergeist und unternehmerisches Handeln gefordert, um die vielfältigen Innovations- und strategischen Wandlungsherausforderungen bewältigen zu können. Corporate Entrepreneurship ist aus der Sicht des strategischen Managements als wichtige Ergänzung von betriebswirtschaftlich-rationalen, analytisch-methodischen Ansätzen zu interpretieren. Durch Kreativität, Intuition, Erfahrung, unternehmerische
Initiative, Risikobereitschaft und Motivierungsfähigkeit können Schwachpunkte

wissenschaftlich aufbereiteter strategischer Konzepte bei der Implementierung kompensiert werden.

Grundlegendes Ziel ist die Steigerung von **Innovationskraft** (Fähigkeit und Motivation zur Innovation) von Unternehmungen, die in der Vergangenheit allzusehr von innovationshemmenden (bürokratisch-hierarchischen und stark formalisierten) Strukturen bestimmt waren. Unter diesen Bedingungen sind die Manager in Großunternehmen oft keine Unternehmer, sondern Administratoren. Die ursprüngliche Grundidee des Intrapreneurship besteht in der Verknüpfung von Innovationspotentialen in Großunternehmen und unternehmerischen Fähigkeiten der Mitglieder in den Organisationseinheiten. Auf diese Weise sollen die vorhandenen Ressourcen mit der notwendigen Flexibilität zur Wahrnehmung von Marktchancen und der schnellen Umsetzung von Ideen in marktreife Produkte kombiniert werden.

Corporate Entrepreneurship umfaßt nicht nur Prozesse der Schaffung und Entwicklung neuer Geschäftsfelder in Unternehmen, der Produkt- und/oder Verfahrensinnovationen im Rahmen bestehender Organisationsformen, sondern zusätzlich die laufende strategische Gesamterneuerung der Organisation. Entrepreneurship initiiert damit Wandel.

Die Grundidee des Entrepreneurship ist in den Arbeiten von Schumpeter verankert. Danach ist der Unternehmer das aktive Element, das die Funktion hat, neue Kombinationen (= Innovationen) voranzutreiben. Schumpeter schreibt dem Unternehmer die Merkmale Initiative, Autorität, Voraussicht zu (Schumpeter 1926: 111f.). Inzwischen werden in der sich in vielen Fällen auf Schumpeter berufenden Literatur präzisere Merkmale zur Beschreibung des Entrepreneurship herausgearbeitet. Stopford/Baden-Fuller (1994: 523f.) unterscheiden fünf zentrale Kategorien, die auf sämtliche Konzepte des Entrepreneurship zutreffen (sollen):

(1) **Proaktivität**

Proaktivität ist ein Verhalten, das durch eine frühzeitige und handlungsbezogene Vorbereitung auf die Zukunft gekennzeichnet ist. Vorausgesetzt werden muß dabei individuelle und organisationale Innovationsfähigkeit, wobei die Marktgegebenheiten berücksichtigt werden müssen.

(2) **Ehrgeizige Bestrebungen, die über die bisherigen Möglichkeiten und Fähigkeiten hinausgehen**
Diese Kategorie beschreibt den uneingeschränkten Willen zu laufender Weiterentwicklung bzw. kontinuierlicher Verbesserung (Innovationsbereitschaft). Intrapreneure begnügen sich nicht mit dem Status quo, sondern ihre strategischen Erwartungen sind höhergesteckt.

(3) **Teamorientierung**
Bei der Durchsetzung von Entscheidungen, bei der Unterstützung innovativer Ideen und bei der Förderung kreativer Persönlichkeiten spielen Koalitionen und Teams von Top-Managern und mittleren Führungskräften eine wichtige Rolle. Teamorientierung auf unteren hierarchischen Ebenen fördert das für flexibles Handeln notwendige Schnittstellenmanagement. Unternehmerisches Handeln läßt sich als eine kontinuierliche Gemeinschaftsleistung kennzeichnen.

(4) **Kreative Fähigkeiten**
Im Rahmen einer erforderlichen Erneuerung von Organisationen stehen Führungskräfte vor der Aufgabe, zum Teil völlig unerwartete, bislang unbekannte Herausforderungen zu bewältigen, die nur mittels kreativer Prozesse gelöst werden können.

(5) **Lernfähigkeit**
Organisationales Lernen und speziell Lernen im Team werden als essentiell für die strategische Erneuerung bzw. den Wandel angesehen und von Corporate Entrepreneurship forcierenden Unternehmen entsprechend umfassend gefördert. Die Schaffung von Voraussetzungen erfolgreichen Lernens beinhaltet z.B. Maßnahmen der Personalentwicklung, Verbesserung von Kommunikationsstrukturen und Lernklima und zielt auf diese Weise auf eine Verbesserung der Bedingungen erfolgreichen Wissenstransfers.

Wird Corporate Entrepreneurship nicht unter dem Aspekt des strategischen, sondern mehr im Rahmen des operativen Managements betrachtet, stehen insbesondere die mittleren Führungskräfte im Mittelpunkt, die als **Change Agents** das Innovationsmanagement betreiben. Zunächst kommt es durch eine organisationale Segmentierung und Dezentralisierung, Reduzierung bürokratischer Strukturen zu einer Abflachung von Hierarchien, was oft zu einer Ausdünnung des mittleren Managements führt. In der Praxis wird versucht, durch die Implementierung von **Profit Centern** (Quasi-Unternehmung in der Unternehmung) dem internen Unternehmertum näherzukommen. Auf dem Weg zu mehr Unternehmertum in Großunternehmen sind dabei zahlreiche Hürden zu beseitigen (z.B. Bürokratisierung der Entscheidungswege). Ein wichtiger Bestandteil der Arbeit des Intrapreneurs ist dann die **Personalführung**.

Das Handeln des Intrapreneurs ist durch Risiko gekennzeichnet. Bei Mißerfolgen ist das Risiko hoch, den Arbeitsplatz zu verlieren, so daß auch die Karriere auf dem Spiel steht. Intrapreneurship kann aber auch Chancen bieten, wenn damit Anreizsysteme verbunden sind. Neben den Stärken weist das Konzept ebenfalls Schwächen auf (vgl. Hentze/Kammel/Lindert 1997: 569ff.).

Zusammenfassend kann festgestellt werden, daß der unternehmerisch fundierte Ansatz für die Weiterentwicklung einer managementorientierten Betriebswirtschaftslehre wichtige Impulse geben kann.

3 KONSTITUTIVE ENTSCHEIDUNGEN UND UNTERNEHMENS-GENESE

3.1 Rechtsformen der Unternehmen

3.1.1 Überblick

Konstitutive Entscheidungen beinhalten Probleme der Gründung von Unternehmungen und grundlegende Entscheidungen im Rahmen der Unternehmensgenese. Zentrale Gegenstandsbereiche sind neben der (Aufbau-)Organisation (Abschnitt 4) die Wahl der Rechtsform, des Standortes sowie Entscheidungen über Zusammenschlüsse mit anderen Unternehmungen.

Die Rechtsformen der Unternehmen lassen sich grob in zwei Kategorien unterteilen, die in bezug auf die Rechtspersönlichkeit des Unternehmens eine große Bedeutung haben. Dies sind zum einen die **Personengesellschaften ohne eigene Rechtspersönlichkeit** der Gesellschaft und zum andern die **Kapitalgesellschaften mit eigener Rechtspersönlichkeit** als sogenannte "juristische Person". Die Abbildung 3-1 soll zunächst einen Eindruck vermitteln, wie sich die unterschiedlichen Gesellschaftsformen diesen Bereichen zuordnen lassen. Dabei sind die unter den Mischformen genannten "...& Co. KG" streng genommen reine Kommanditgesellschaften und damit auch Personengesellschaften. Von den in der Rubrik "sonstige" aufgelisteten Rechtsformen wird im weiteren Verlauf nur noch die Genossenschaft explizit behandelt. Im Vorfeld lassen sich einige relevante Faktoren nennen, anhand derer sich die Rechtsformen voneinander unterscheiden und die als Entscheidungskriterium herangezogen werden. Es sind dies insbesondere:

- die Haftung,
- die Leitungsbefugnisse,
- die Gewinn- und Verlustbeteiligungen,
- die Finanzierungsmöglichkeiten,
- die steuerliche Belastung (gerade für Kapitalgesellschaften),

- der Publizitätszwang und
- die Aufwendungen für die Rechtsform.

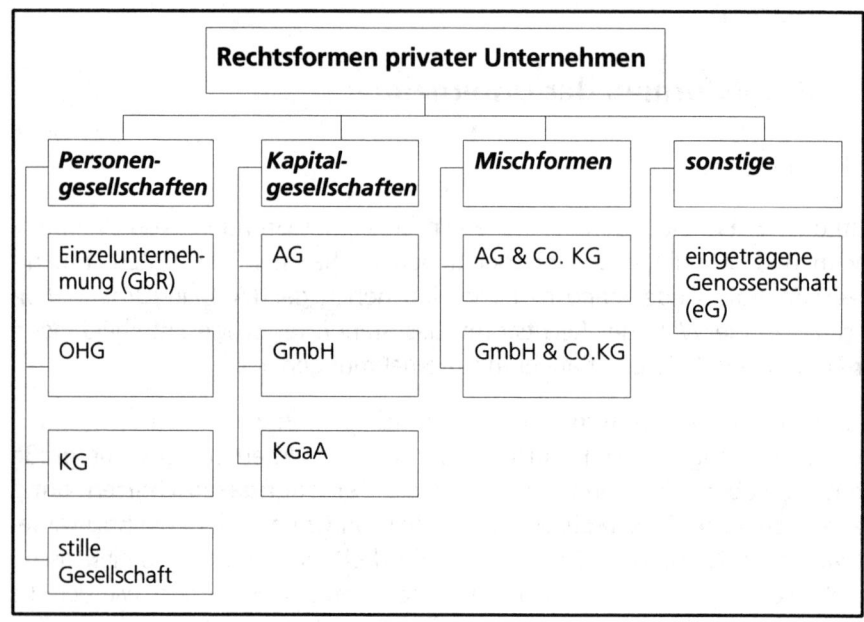

Abbildung 3-1   Rechtsformen der Unternehmen

Im einzelnen ergeben sich für die Rechtsformen folgende Merkmale, die hier kurz zusammengestellt werden.

3.1.2 Die Einzelunternehmung (Gesellschaft bürgerlichen Rechts)

Die BGB-Gesellschaft (§§ 705ff. BGB) ist eine auf Vertretung beruhende Personenvereinigung zur Förderung eines von den Gesellschaftern gemeinsam verfolgten beliebigen Zwecks. Sie ist der Grundtyp der Personengesellschaft. In dieser Rechtsform kann kein Vollkaufmann in das Handelsregister eingetragen werden. Folgende Aspekte sind von Bedeutung:

Gründung:
Die BGB-Gesellschaft entsteht durch einen Gesellschaftsvertrag von mindestens zwei Personen (natürliche/juristische Personen).

Gesellschaftsvertrag:
Ein Gesellschaftsvertrag wird schriftlich, mündlich oder stillschweigend (konkludentes Handeln) geschlossen. Es besteht Form- und Inhaltsfreiheit (im Außenverhältnis eingeschränkt). Änderung des Gesellschaftsvertrags durch Zustimmung aller Gesellschafter.

Gesellschafter:
Als Gesellschafter fungieren mindestens zwei Personen (natürliche/juristische Personen). Ein Gesellschafterwechsel erfolgt mit Zustimmung aller Gesellschafter bzw. gemäß Regelung im Gesellschaftsvertrag.

Einlagen:
Die Einlagen bestehen aus Geld-, Sach oder Dienstleistungen.

Kapitalgrundlagen:
Es bestehen keine gesetzlichen Regelungen über Mindestkapital, Mindesteinlage und Mindesteinzahlung.

Vermögensverhältnisse:
Die Beiträge der Gesellschafter und das für die Gesellschaft erworbene Vermögen werden gemeinschaftliches Vermögen der Gesellschaft mit gesamthänderischer Bindung.

Haftung:
Es gilt eine unbeschränkte, gesamtschuldnerische Haftung der Gesellschafter mit ihrem Gesellschafts- und Privatvermögen. Durch Vereinbarung mit Gläubigern kann die Haftung auf das Gesellschaftsvermögen beschränkt werden.

Geschäftsführung:
Grundsätzlich erfolgt die Gesamtgeschäftsführung durch alle Gesellschafter gemeinsam. Es ist aber eine Beschränkung der Geschäftsführung auf einen oder mehrere Gesellschafter im Gesellschaftsvertrag möglich.

Gewinn- und Verlustverteilung:
Die Gesellschafter sind paritätisch an Gewinn und Verlust ohne Rücksicht auf Art und Größe der Gesellschafterbeiträge (Verteilung nach Köpfen) beteiligt, sofern der Gesellschaftsvertrag keine anderslautende Regelung enthält.

Stimmrecht/Kontrollrecht:
Es gilt das Stimmrecht nach Köpfen. Im Zweifel ist Einstimmigkeit erforderlich, bei Mehrheiten wird im Zweifel nach Köpfen abgestimmt. Umfassende Kontrollrechte bei Ausschluß von der Geschäftsführung können durch Gesellschaftsvertrag ausgeschlossen werden.

Auflösung:
Die Auflösung regeln die §§ 723ff. BGB: Kündigung durch Gesellschafter, Kündigung durch Pfändungspfandgläubiger, Zweckerreichung, Unmöglichwerden des Zwecks, Tod eines Gesellschafters (vorbehaltlich Gesellschaftsvertrag), Konkurs eines Gesellschafters.

3.1.3 Die Offene Handelsgesellschaft (OHG)

Die OHG (§§ 105 - 160 HGB, ergänzend §§ 705 - 740 BGB) ist ein Zusammenschluß mehrerer Personen zu einer Gesellschaft, deren Zweck auf den Betrieb eines (vollkaufmännischen) Handelsgewerbes unter gemeinschaftlicher Firma gerichtet ist und deren Gesellschafter den Gesellschaftsgläubigern gegenüber unbeschränkt haften (§ 105 Abs. 1 HGB). Die OHG ist besonders geeignet für gleichberechtigte und gleichverpflichtete Partner, die in der Regel in der Gesellschaft tätig sind. Sie gilt als gute Kombination von Arbeitseinsatz, Kapitaleinsatz und Kreditwürdigkeit. Außerdem fördert sie individuelle Initiativen, fordert aber ein hohes Maß an gegenseitigem Vertrauen sowie Verantwortungsbewußtsein der Gesellschafter. Die OHG ist als Rechtsform für kleinere und mittlere Betriebe aller Branchen prädestiniert. Es sind folgende Merkmale von Bedeutung:

Gründung:
Mindestens zwei Personen (natürliche/juristische Personen) schließen einen (formfreien) Gesellschaftsvertrag ab, der in das Handelsregister eingetragen wird.

Gesellschaftsvertrag:

Es besteht Form- und Inhaltsfreiheit (im Außenverhältnis eingeschränkt). Änderung des schriftlichen Gesellschaftsvertrags ist nur durch Zustimmung aller Gesellschafter möglich.

Firma:

Es handelt sich um eine Personenfirma, d.h., der Familienname mindestens eines Gesellschafters mit einem das Gesellschaftsverhältnis andeutenden Zusatz (z.B. "OHG", "& Co") oder die Namen aller Gesellschafter sind anzugeben. Zusätze, die der Unterscheidung der Person oder des Geschäfts dienen, sind zulässig. Bei übernommenen Unternehmen ist die Firmenfortführung möglich.

Registereintrag:

Wird ein Grundhandelsgewerbe betrieben, wirkt die Eintragung deklaratorisch, in den übrigen Fällen wirkt sie konstitutiv.

Gesellschafter:

Es sind mindestens zwei Personen (natürliche/juristische Personen) erforderlich. Ein Gesellschafterwechsel darf nur mit Zustimmung aller Gesellschafter bzw. gemäß Regelung im Gesellschaftsvertrag erfolgen.

Einlagen:

Die Einlagen bestehen aus Geld-, Sach- oder Dienstleistungen.

Kapitalgrundlagen:

Gesetzliche Regelungen über Mindestkapital, Mindesteinlage und Mindesteinzahlung existieren nicht.

Vermögensverhältnisse:

Wie bei der Gesellschaft bürgerlichen Rechts ist das Gesamthandsvermögen der Gesellschafter konstitutiv.

Haftung:

Es wird das schuldnerische Gesellschafts- und Privatvermögen einbezogen; eintretende Gesellschafter haften in gleicher Weise für die früher begründeten Verbindlichkeiten der Gesellschaft; bei Ausscheiden oder Auflösung haften die Gesellschafter in der Regel noch fünf Jahre.

Geschäftsführung:

Die Geschäftsführung obliegt allen Gesellschaftern, es sei denn, der Gesellschaftsvertrag schließt einzelne Personen von der Geschäftsführung aus.

Vertretung:

Es gilt grundsätzlich das Einzelvertretungsrecht sämtlicher Gesellschafter. Durch entsprechende Regelungen ist eine Gesamtvertretung durch mehrere oder alle Gesellschafter im Gesellschaftsvertrag möglich.

Gewinn- und Verlustverteilung:

Falls nicht anders geregelt, erfolgt die Verzinsung der Kapitalanteile mit 4 %, die Verteilung des Restgewinns nach Köpfen und die Verlustverteilung nach Köpfen.

Entnahmen:

Jeder Gesellschafter kann bis zu 4 % seines (für das letzte Geschäftsjahr festgestellten) Kapitalanteils entnehmen. Darüber hinaus kann eine Auszahlung eines diesen Betrag übersteigenden Gewinnanteils gewährt werden, wenn "es nicht zum offenbaren Schaden der Gesellschaft gereicht". Die Regelungen sind aber durch Gesellschaftsvertrag abdingbar.

Stimmrecht/Kontrollrecht:

Das Stimmrecht ist verteilt nach Köpfen. Im Zweifelsfall ist Einstimmigkeit erforderlich, bei Mehrheiten wird im Zweifel nach Köpfen abgestimmt. Umfassende Kontrollrechte bei Ausschluß von der Geschäftsführung können durch Gesellschaftsvertrag ausgeschlossen werden.

Auflösung:
Folgende Aspekte regeln die §§ 131ff. HGB: Zeitablauf, Beschluß der Gesellschafter, Konkurs der Gesellschaft, Konkurs eines Gesellschafters, Tod eines Gesellschafters (vorbehaltlich Gesellschaftsvertrag), Kündigung durch einen Gesellschafter, Kündigung durch einen Privatgläubiger, gerichtliche Entscheidung, anderweitige Auflösungsgründe durch Gesellschaftsvertrag.

3.1.4 Die Kommanditgesellschaft (KG)

Die KG (§§ 161 - 177a HGB, ergänzend §§ 105 - 160 HGB, §§ 705 - 740 BGB) ist ein Zusammenschluß mehrerer Gesellschafter zu einer Gesellschaft, deren Zweck auf den Betrieb eines Handelsgewerbes unter einer gemeinschaftlichen Firma gerichtet ist, wenn bei einem oder bei einigen der Gesellschafter die Haftung gegenüber den Gesellschaftsgläubigern auf den Betrag einer bestimmten Vermögenseinlage beschränkt ist (Kommanditisten), während bei dem anderen Teil der Gesellschafter eine Beschränkung der Haftung nicht stattfindet (persönlich haftender Gesellschafter = Komplementär; § 161 Abs. 1 HGB). Sie kommt in Betracht, wenn einzelne Gesellschafter nicht unbeschränkt haften und/oder nicht in der Gesellschaft tätig sein sollen, aber sich kapitalmäßig beteiligen wollen. Die KG als Rechtsform ist geeignet für kleinere und mittlere Betriebe, insbesondere im mittelständischen Bereich und bei Familiengesellschaften. Es gelten folgende Bedingungen:

Gründung:
Mindestens zwei Personen, davon mindestens ein Komplementär und ein Kommanditist (natürliche/juristische Personen) schließen einen (formfreien) Gesellschaftsvertrag ab. Die Eintragung in das Handelsregister ist Pflicht.

Gesellschaftsvertrag:
Es besteht Form- und Inhaltsfreiheit (im Außenverhältnis eingeschränkt). Eine Änderung des Gesellschaftsvertrages erfordert die Zustimmung aller Gesellschafter.

Firma:

Bei dieser Form der Personenfirma wird der Familienname mindestens eines Komplementärs mit einem das Gesellschaftsverhältnis andeutenden Zusatz ("Kommanditgesellschaft" bzw. "KG") geführt. Namen von Kommanditisten dürfen nicht aufgenommen werden. Zusätze, die zur Unterscheidung der Person oder des Geschäfts dienen, sind zulässig. Bei übernommenen Unternehmen ist die Firmenfortführung möglich.

Register:

Wie bei der OHG ist die Eintragung in das Handelsregister (Abteilung A) obligatorisch. Das Handelsregister enthält auch die Namen und den Betrag der Einlage jedes Kommanditisten; bekanntzumachen ist jedoch nur die Zahl der Kommanditisten. Haftungsbeschränkung der Kommanditisten tritt erst mit Eintragung in das HR ein.

Gesellschafter:

Die Gruppe der Gesellschafter umfaßt mindestens zwei Personen, davon mindestens ein Komplementär und ein Kommanditist. Ein Gesellschafterwechsel ist nur mit bzw. gemäß Regelung im Gesellschaftervertrag möglich.

Einlagen:

Die Einlagen beinhalten Geld-, Sach- oder Dienstleistungen. Bei nicht-monetären Einlagen der Kommanditisten ist eine Bezifferung in Geldeinheiten erforderlich.

Kapitalgrundlagen:

Für Kommanditisten ist eine feste, aber beliebig hohe Kommanditeinlage notwendig. Ansonsten bestehen keine gesetzlichen Regelungen über Mindestkapital, Mindesteinlage und Mindesteinzahlung.

Vermögensverhältnisse:

Basis ist das Gesamthandsvermögen der Gesellschafter.

Haftung:
Die Komplementäre haften unbeschränkt und unmittelbar (persönlich) gesamtschuldnerisch mit ihrem Gesellschafts- und Privatvermögen.
Für die Kommanditisten gilt demgegenüber: (1) vor Eintrag in das Handelsregister wie Komplementäre, (2) nach Eintrag bis zur Höhe der Einlagen, (3) nach
Eintragung und Leistung der vollen Einlage keine Haftung mehr, (4) bei Rück-
zahlung der Einlage Wiederaufleben der Haftung.

Geschäftsführung:
Die Einzelgeschäftsführung (bzw. die im Gesellschaftsvertrag bestimmte Gesamtgeschäftsführung) ist Aufgabe der Komplementäre; die Kommanditisten
sind von der Geschäftsführung ausgeschlossen, was durch den Gesellschaftsvertrag allerdings abdingbar ist.

Vertretung:
Die Einzelvertretung (bzw. die im Gesellschaftsvertrag bestimmte Gesamtvertretung) obliegt den Komplementären; die Kommanditisten sind von der Vertretung ausgeschlossen (nicht abdingbar).

Gewinn und Verlustverteilung:
Die Verzinsung der Kapitalanteile ist mit 4 % vorzunehmen. Die Verteilung des
Restgewinns und die Verlustverteilung erfolgen in einem "angemessenen Ver-
hältnis". Die Regelungen sind durch den Gesellschaftsvertrag abänderbar.

Entnahmen:
Der Komplementär kann wie bei der OHG bis zu 4 % des Kapitalanteiles entnehmen. Außerdem ist die Auszahlung eines diesen Betrag übersteigenden
Gewinnanteils möglich, wenn "es nicht zum offenbaren Schaden der Gesellschaft gereicht". Kommanditisten haben kein gesetzliches Entnahmerecht, sondern nur einen Anspruch auf Gewinnauszahlung, solange der Kapitalanteil
nicht unter die bedungene Einlage sinkt.

Stimmrecht/Kontrollrecht:
Das Stimmrecht ist nach Köpfen verteilt (im Zweifel Einstimmigkeit, bei Mehrheiten im Zweifel nach Köpfen). Den nicht an der Geschäftsführung beteiligten Komplementären werden umfassende Kontrollrechte zugebilligt. Kommanditisten können die Vorlage des Jahresabschlusses verlangen und dessen Richtigkeit unter Einsicht der Bücher und Papiere prüfen.

Auflösung:
Hier gelten Regelungen wie bei der OHG (Ausnahme: Der Tod eines Kommanditisten ist kein Auflösungsgrund).

3.1.5   GmbH & Co. KG

Die GmbH & Co. KG stellt eine Spezialform der KG dar, deren (in der Praxis meist einziger) Komplementär eine GmbH ist. Die unbeschränkte Haftung des Komplementärs kann in der Wirkung zu einer beschränkten Haftung umgestaltet werden. In der Regel sind die GmbH-Gesellschafter identisch mit den Kommanditisten der KG. Die GmbH & Co. KG ist eine rechtliche Mischform ("Grundtypenvermischung") mit großer praktischer Bedeutung; ihre handels- und steuerrechtliche Zulässigkeit ist heute unbestritten. Hauptgründungsmotive sind Haftungsbeschränkung, steuerliche Gründe, Möglichkeit der Drittorganschaft, bessere Möglichkeiten der Kapitalbeschaffung und Nachfolgeregelungen. Eine nähere Kennzeichnung kann durch folgende Einzelmerkmale erfolgen:

Gründung:
Die Gründung verläuft in zwei Stufen, da GmbH und KG selbständige Gesellschaften sind. Zwei Gründungsfälle werden unterschieden: (1) vollständige Neugründung beider Gesellschaften, (2) Eintritt einer Komplementär-GmbH, die bereits besteht oder noch zu gründen ist, in eine bestehende KG.

Gesellschaftsvertrag:
Die Modalitäten des Gesellschaftsvertrags entsprechen denen der KG.

Firma:
Es ist der Name der Komplementär-GmbH bzw. der Komplementäre mit Zusatz ("... & Co.") zu wählen.

Register:
Eine Eintragung in das Handelsregister (Abteilung A) ist Pflicht.

Gesellschafter:
Die Gruppe der Gesellschafter setzt sich zusammen wie bei der KG; mindestens ein Komplementär ist eine GmbH.

Einlagen:
Einlagen umfassen Geld-, Sach- oder Dienstleistungen; bei nicht-monetären Einlagen der Kommanditisten ist eine Bezifferung in Geldeinheiten erforderlich.

Kapitalgrundlagen:
Für Kommanditisten gilt die Regelung einer festen, aber beliebig hohen Kommanditeinlage; für die Komplementär-GmbH sind die Regelungen nach dem GmbHG maßgeblich. Darüber hinaus gibt es für die KG keine gesetzlichen Regelungen über Mindestkapital, Mindesteinlage und Mindesteinzahlung.

Vermögensverhältnisse:
Basis ist auch hier das Gesamthandsvermögen der Gesellschafter.

Haftung:
Die Komplementär-GmbH haftet unbeschränkt mit ihrem Gesellschaftsvermögen.

Geschäftsführung:
Die Geschäftsführung erfolgt durch die Komplementär-GmbH, handelnd durch deren Geschäftsführer.

Vertretung:
Mit der Vertretung ist die Komplementär-GmbH betraut, handelnd durch deren Geschäftsführer.
Die Bedingungen bei Gewinn- und Verlustverteilung, Entnahmen, Stimm-/Kontrollrecht und Auflösung gleichen denen der KG.

3.1.6 Stille Gesellschaft (StG)

Bei der Stillen Gesellschaft (§§ 230 - 237 HGB, ergänzend §§ 705-740 BGB, aber nur soweit dort das Innenverhältnis geregelt wird) handelt es sich um eine Rechtsform mit großer praktischer Bedeutung, bei der sich jemand an dem Handelsgewerbe, das ein anderer betreibt, mit einer in dessen Vermögen übergehenden Einlage beteiligt (§ 230 Abs. 1 HGB). Sie ist eine reine Innengesellschaft; nach außen tritt nur der Inhaber des Handelsgeschäfts in Erscheinung. Gründungsmotive sind unter anderem Stärkung der Kapitalbasis, steuerliche, wettbewerbsrechtliche und familienrechtliche Gründe. Zu unterscheiden ist zwischen der typischen und der atypischen (zusätzliche Beteiligung des stillen Gesellschafters an den stillen Reserven) Stillen Gesellschaft. Die Stille Gesellschaft läßt sich folgendermaßen charakterisieren:

Gründung:
Die Gründung basiert auf dem Abschluß eines (formfreien) Gesellschaftsvertrages durch zwei Personen (Inhaber des Handelsgeschäfts und stiller Gesellschafter); bei Beteiligung mehrerer Personen entstehen mehrere Stille Gesellschaften.

Gesellschaftsvertrag:
Ein Gesellschaftsvertrag wird schriftlich, mündlich oder durch konkludentes Handeln geschlossen, wobei Form- und Inhaltsfreiheit gilt. Eine Änderung kann nur durch Zustimmung beider Gesellschafter vorgenommen werden.

Firma:
Es erscheint allein die Firma des Inhabers.

Register:
Ein Eintrag ist nicht vorgesehen.

Gesellschafter:
Gesellschafter sind zwei Personen (Inhaber und ein stiller Gesellschafter; beide können natürliche/juristische Personen sein); der Gesellschafterwechsel kann mit Zustimmung des Inhabers bzw. gemäß Regelung im Gesellschaftsvertrag erfolgen.

Einlagen:
Sie umfassen Geld-, Sach- oder Dienstleistungen.

Kapitalgrundlagen:
Vorgesehen ist für den stillen Gesellschafter eine feste, aber beliebig hohe Einlage; ansonsten gibt es keine gesetzlichen Regelungen über Mindestkapital, Mindesteinlage und Mindesteinzahlung.

Vermögensverhältnisse:
Ein Gesellschaftsvermögen existiert nicht. Die Einlage des stillen Gesellschafters geht in das Vermögen des Inhabers des Handelsgeschäfts über. Bei atypischer Stiller Gesellschaft besteht ein schuldrechtlicher Anspruch des stillen Gesellschafters am Vermögen (stille Reserven) bei Auflösung der Stillen Gesellschaft.

Haftung:
Nur der Inhaber haftet entsprechend seiner Rechtsform; der stille Gesellschafter haftet gegenüber den Gläubigern nicht. Der stille Gesellschafter nimmt am Verlust nur bis zum Betrag seiner Einlage teil; eine Verlustbeteiligung kann ausgeschlossen werden.

Geschäftsführung und Vertretung:
Sie sind Aufgaben der Inhaber.

Gewinn- und Verlustverteilung:
Vorgesehen ist ein "angemessener Anteil" des stillen Gesellschafters am Gewinn und am Verlust, sofern der Gesellschaftsvertrag keine andere Regelung vorsieht. Der Ausschluß der Verlustbeteiligung ist möglich, nicht jedoch der Gewinnbeteiligung.

Entnahmen:
Ein Entnahmerecht des stillen Gesellschafters besteht nicht.

Stimmrecht/Kontrollrecht:
Es ist die Zustimmung des stillen Gesellschafters bei Angelegenheiten erforderlich, die nicht dem Inhaber vorbehalten sind. Der stille Gesellschafter ist berechtigt, den Jahresabschluß zu verlangen und dessen Richtigkeit unter Einsicht in die Bücher und Papiere zu prüfen.

Auflösung:
Es erfolgt entsprechende Anwendung der Vorschriften über OHG und GbR bezüglich der Kündigung; der Tod des stillen Gesellschafters ist kein Auflösungsgrund.

3.1.7 Gesellschaft mit beschränkter Haftung (GmbH)

Die Gesellschaft mit beschränkter Haftung (GmbH) ist eine Rechtspersönlichkeit, die zu jedem gesetzlich zulässigen Zweck errichtet werden kann und für deren Verbindlichkeiten den Gläubigern nur das Gesellschaftsvermögen zur Verfügung steht (§§ 1, 13 GmbHG). Die GmbH ist eine Kapitalgesellschaft und Formkaufmann gemäß § 6 HGB, d.h., es findet das Handelsrecht Anwendung. Eine GmbH ist eine relativ einfach zu gründende und wenig aufwendige Form einer Kapitalgesellschaft; das GmbHG bietet viel Gestaltungsspielraum. Sie eignet sich für kleine und mittlere Unternehmen, wenn die Haftung auf das Gesellschaftsvermögen beschränkt werden soll. Besonders beliebt ist sie als Komplementärin einer KG (GmbH & Co. KG). Auch Groß- und Familienunternehmen bedienen sich dieser Rechtsform.

Im Gegensatz zu Personengesellschaften ist die GmbH als juristische Person rechtsfähig. Im einzelnen gilt folgendes:

Gründung:
Die GmbH wird durch einen oder mehrere Gesellschafter (natürliche/ juristische Personen) gegründet, wobei der Abschluß eines Gesellschaftsvertrags in notarieller Form mit obligatorischem Mindestinhalt notwendig ist. Das Stammkapital beträgt mindestens 25'000 Euro, jede Stammeinlage mindestens 100 Euro.

Gesellschaftsvertrag:

Beim Gesellschaftsvertrag (oder Statut oder Satzung) ist die notarielle Form und ein bestimmter Mindestinhalt notwendig: (1) Firma und Sitz der Gesellschaft, (2) Gegenstand des Unternehmens, (3) Betrag des Stammkapitals, (4) Betrag der von jedem Gesellschafter auf das Stammkapital zu leistenden Stammeinlage. Eine Änderung des Gesellschaftsvertrages ist nur durch eine 3/4-Mehrheit der abgegebenen Stimmen möglich, soweit nicht der ursprüngliche Vertrag weitere Erfordernisse vorsieht. Zusätzliche Leistungen können nur mit Zustimmung sämtlicher beteiligter Gesellschafter beschlossen werden. Änderungen des Gesellschaftsvertrags sind erst nach Eintragung in das Handelsregister wirksam.

Firma:

Die Sach- oder Personenfirma ist mit dem Zusatz "mit beschränkter Haftung" bzw. "GmbH" zu versehen. Die Sachfirma muß dem Gesellschaftszweck entnommen sein. Die Personenfirma muß die Namen der Gesellschafter oder den Namen wenigstens eines Gesellschafters enthalten.

Register:

Die Eintragung in das Handelsregister (Abteilung B) wirkt konstitutiv (GmbH entsteht als juristische Person).

Gesellschafter:

Mindestens eine natürliche oder juristische Person fungiert als Gesellschafter. Bei Gesellschafterwechsel sind die Geschäftsanteile veräußerlich und vererblich; die Abtretung von Anteilen bedarf der notariellen Form. Der Gesellschaftsvertrag kann eine Abtretung an weitere Voraussetzungen knüpfen, insbesondere von der Genehmigung der Gesellschaft abhängig machen. Eine Teilung von Anteilen ist in der Regel nur mit Zustimmung der Gesellschaft möglich.

Einlagen:

Die Einlagen bestehen aus Geld- oder Sachleistungen. Bei Sachleistungen müssen der Gegenstand der Sacheinlage und der Betrag der Stammeinlage, auf die sich die Sacheinlage bezieht, im Gesellschaftsvertrag festgesetzt werden. In einem Sachgründungsbericht müssen die Gesellschafter die Angemessenheit der Sachleistungen darlegen.

Kapitalgrundlagen:

Das Stammkapital der Gesellschaft muß mindestens 25.000 Euro, die Stammeinlage jedes Gesellschafters mindestens 100 Euro betragen. Stammeinlagen können für die einzelnen Gesellschafter verschieden hoch sein. Bei der Gründung der GmbH kann jeder Gesellschafter nur eine Stammeinlage übernehmen; spätere Übertragungen sind zulässig. Die Höhe der übernommenen Stammeinlage bestimmt den Geschäftsanteil jedes Gesellschafters.

Vermögensverhältnisse:

Die GmbH als juristische Person hält eigenes Vermögen; eine direkte Beteiligung der Gesellschafter am Gesellschaftsvermögen ist nicht vorgesehen, es besteht lediglich Anspruch auf den Liquidationserlös.

Haftung:

Die GmbH haftet als juristische Person in voller Höhe des Gesellschaftsvermögens. Die Gesellschafter haften vor Eintragung in das HR unbeschränkt und solidarisch (sogenannte kollektive Deckungspflicht). Nach der Eintragung entfällt die Haftung der Gesellschafter; sie schulden der Gesellschaft nur ihre rückständige Einlage. Beiträge, die von einzelnen Gesellschaftern nicht zu erlangen sind, werden nach dem Verhältnis der Geschäftsanteile auf die übrigen Gesellschafter verteilt (kollektive Deckungspflicht). Der Gesellschaftsvertrag kann über den Betrag der Stammeinlage hinaus eine beschränkte oder unbeschränkte Nachschußpflicht für Gesellschafter festlegen (Beträge werden ggf. der Gesellschaft geschuldet, kein zusätzliches Gläubigerhaftungskapital).

Organe:

Als Organe der GmbH fungieren der Geschäftsführer (gesetzlicher Vertreter), die Gesellschafterversammlung und der Aufsichtsrat fakultativ, sofern nicht wegen mitbestimmungsrechtlicher Regelungen zwingend.

Geschäftsführung:

Sie erfolgt durch einen oder mehrere Geschäftsführer, die Gesellschafter oder andere Personen sein können. Ihre Bestellung erfolgt durch die Gesellschafterversammlung (bzw. durch den Aufsichtsrat bei obligatorischem Aufsichtsrat nach den Mitbestimmungsgesetzen). Bei mehreren Geschäftsführern gilt Gesamtgeschäftsführung, sofern der Gesellschaftsvertrag keine Einzelgeschäftsführung vorsieht. Geschäftsführer sind der Gesellschaft gegenüber zur Einhaltung der ihnen auferlegten Beschränkungen durch den Gesellschaftsvertrag oder Beschlüsse der Gesellschafter verpflichtet.

Vertretung:
Die Vertretung der Gesellschaft übernehmen die Geschäftsführer (Gesamtvertretung, sofern der Gesellschaftsvertrag keine Einzelvertretung vorsieht); Beschränkungen der Vertretungsmacht im Gesellschaftsvertrag sind Dritten gegenüber unwirksam.

Gewinn- und Verlustverteilung:
Die Gewinnverteilung (es gibt keine Verlustverteilung) bemißt sich nach der Höhe der Geschäftsanteile, wenn der Gesellschaftsvertrag keine andere Regelung enthält.

Entnahmen:
Es ist kein Entnahmerecht vorgesehen (nur Gewinnverwendungsregelungen).

Stimmrecht/Kontrollrecht:
Das Stimmrecht ist nach Geschäftsanteilen verteilt, wobei abweichende Regelungen im Gesellschaftsvertrag möglich sind. Die Geschäftsführer haben jedem Gesellschafter auf Verlangen Auskunft über die Angelegenheiten der Gesellschaft zu geben und die Einsicht der Bücher und Schriften zu gestatten (Kontrollrecht).

Auflösungsgründe:
Auflösungsgründe umfassen im wesentlichen Zeitablauf, Gesellschafterbeschluß (3/4-Mehrheit), gerichtliches Urteil, Eröffnung des Konkursverfahrens und rechtskräftige Verfügung des Registergerichts; weitere Gründe können im Gesellschaftsvertrag verankert sein.

3.1.8   Die Aktiengesellschaft (AG)

Die Aktiengesellschaft (siehe insbesondere §§ 1 - 277 AktG) ist eine Gesellschaft mit eigener Rechtspersönlichkeit. Sie besitzt ein in Aktien zerlegtes Grundkapital; für die Verbindlichkeiten haftet den Gläubigern nur das Gesellschaftsvermögen (§ 1 AktG). Die AG ist stets eine Handelsgesellschaft, auch wenn der Gegenstand des Unternehmens nicht im Betrieb eines Handelsgewerbes besteht (§ 3 AktG). Die AG ist ferner eine Kapitalgesellschaft und Formkaufmann gemäß § 6 HGB, d.h., es findet das Handelsrecht Anwendung. Die AG ist die Rechtsform für Großunternehmen, insbesondere wenn Kapital am Kapitalmarkt aufgenommen werden soll ("Kapitalansammlungsfunktion"). Sie weist große Fungibilität der Anteile sowie Anonymität der Gesellschafter auf und besitzt einen großen wirtschaftlichen Einfluß. Als juristische Person ist sie voll rechtsfähig. Im einzelnen ist zu beachten:

Gründung:
Die AG wird durch eine oder mehrere natürliche/juristische Personen gegründet. Die Feststellung einer Satzung erfolgt in notarieller Form mit obligatorischem Mindestinhalt. Zu unterscheiden ist zwischen der einfachen (Regelfall, keine Besonderheiten, z.B. nur Geldeinlagen) und der qualifizierten Gründung (z.B. bei Gewährung von Sondervorteilen an einzelne Aktionäre, Tätigung von Sacheinlagen). Der Gründungsverlauf besteht aus Vorgründungsvertrag (fakultativ), Satzungsfeststellung, Übernahme des Grundkapitals (nur Einheits- = Simultangründung: Gesellschaft ist "errichtet"), Bestellung der Organe, Mindesteinzahlung des Kapitals (Sacheinlagen müssen vollständig geleistet werden), Gründungsbericht, Gründungsprüfung, HR-Anmeldung, HR-Eintragung (AG ist als juristische Person entstanden) und Bekanntmachung der Eintragung.

Gesellschaftsvertrag:
Die Satzung (nicht der Gesellschaftsvertrag) muß durch notarielle Beurkundung festgestellt werden. Die Urkunde muß die Gründer, den Nennbetrag, den Ausgabebetrag, ggf. die Aktiengattung, die jeder Gründer übernimmt, sowie den eingezahlten Betrag des Grundkapitals angeben. Der obligatorische Mindestinhalt der Satzung umfaßt: (1) Firma und Sitz der Gesellschaft, (2) Gegenstand des Unternehmens, (3) Höhe des Grundkapitals, (4) Nennbeträge, Zahl und

ggf. Gattung sowie Zahl jeder Gattung der Aktien, (5) Angaben über Inhaber-
bzw. Namensaktien, (6) Angaben über die Mitgliederzahl des Vorstands, (7)
Form der Bekanntmachungen der Gesellschaft. Eine Änderung der Satzung
kann nur durch eine 3/4-Mehrheit des bei der Beschlußfassung vertretenen
Grundkapitals erfolgen, soweit die Satzung nicht eine höhere Kapitalmehrheit
vorsieht. Nebenverpflichtungen können nur mit Zustimmung der betroffenen
Aktionäre auferlegt werden. Satzungsänderungen sind erst nach Eintragung in
das Handelsregister wirksam.

Firma:
Hierbei handelt es sich in der Regel um eine dem Gegenstand des Unternehmens entnommene Sachfirma mit dem Zusatz "Aktiengesellschaft" bzw. "AG".

Register:
Die Eintragung in das Handelsregister (Abteilung B) besitzt konstitutive Wirkung (die AG entsteht als juristische Person).

Gesellschafter:
Die Gruppe der Gesellschafter umfaßt eine oder mehrere natürliche/juristische
Person(en). Bei Gesellschafterwechsel ist nach dem Wertpapierrecht grundsätzlich freie Übertragbarkeit bei Inhaberaktien durch Einigung und Übergabe
möglich, bei Namensaktien durch Einigung, Übergabe und Indossament.

Einlagen:
Die Einlagen bestehen aus Geld- und Sachleistungen. Bei Sacheinlagen müssen
der Gegenstand der Sacheinlagen, die Person, von der der Gegenstand erworben wird und der Nennbetrag der bei der Sacheinlage zu gewährenden Aktien
in der Satzung festgesetzt werden.

Kapitalgrundlagen:
Das feste Grundkapital beträgt mindestens 50.000 Euro, der Mindestnennbe-
trag der Aktien einen Euro. Aktien sind unteilbar, sie können auf den Inhaber
oder auf Namen lauten, und sie können verschiedene Rechte gewähren (Aktien
mit gleichen Rechten bilden eine Gattung).

Vermögensverhältnisse:

Die AG als juristische Person hält eigenes Vermögen. Es besteht keine direkte Beteiligung der Gesellschafter am Gesellschaftsvermögen; diese haben lediglich einen Anspruch auf Liquidationserlöse.

Haftung:

Die AG als juristische Person haftet in voller Höhe mit ihrem Gesellschaftsvermögen. Vor Eintrag in das Handelsregister haften alle Handelnden persönlich und gesamtschuldnerisch. Nach der Eintragung besteht keine persönliche Haftung der Gesellschafter; sie schulden der Gesellschaft lediglich noch ausstehende Einlagen. Eine Nachschußpflicht für Aktionäre ist nicht gegeben.

Organe:

Zu den Organen der AG zählen (1) der Vorstand (Geschäftsführung), (2) der Aufsichtsrat (Bestellung/Entlassung des Vorstandes, Mitwirkung am Jahresabschluß, Beratungs-/Überwachungsfunktion), (3) die Hauptversammlung (Aktionärsversammlung mit Entscheidungsrechten bei der Wahl von Aufsichtsratsmitgliedern, bei der Entlastung von Vorstand und Aufsichtsrat, bei der Bestellung der Abschlußprüfer, bei Kapitalerhöhungen, Fusion, Verwendung von 50 % des Jahresüberschusses etc.).

Geschäftsführung:

Der Vorstand (mindestens eine Person) handelt in eigener Verantwortung. Er wird durch den Aufsichtsrat für maximal fünf Jahre bestellt (Wiederwahl möglich). Bei mehreren Vorstandsmitgliedern ist eine Gesamtgeschäftsführung vorgesehen. Die Satzung kann aber Einzelgeschäftsführungsbefugnis festlegen.

Vertretung:

Es gilt das Gesamtvertretungsrecht des Vorstands, die Satzung kann aber Einzelvertretungsbefugnis festlegen. Beschränkungen Dritten gegenüber sind unwirksam. Bei "Vorstandsgeschäften" wird die AG durch den Aufsichtsrat vertreten.

Gewinn- und Verlustverteilung:

Gewinne (es gibt keine Verlustverteilung) werden nach dem Verhältnis der Aktiennennbeträge verteilt; abweichende Regelungen in der Satzung sind zulässig.

Entnahmen:
Die Satzung kann den Vorstand ermächtigen, nach Ablauf des Geschäftsjahres auf den voraussichtlichen Gewinn einen Abschlag an die Aktionäre zu zahlen (hierzu ist die Zustimmung des Aufsichtsrats notwendig).

Stimmrecht/Kontrollrecht:
Das Stimmrecht wird je nach Aktiennennbeträgen gewährt. Eine Stimmrechtsbeschränkung ist in der Satzung möglich. Der Aufsichtsrat besitzt ein umfassendes Kontrollrecht gegenüber dem Vorstand. Die Aktionäre haben gegenüber dem Vorstand in der Hauptversammlung ein Recht auf Auskunft.

Auflösungsgründe:
Auflösungsgründe sind Zeitablauf, Beschluß der Hauptversammlung (3/4-Mehrheit), Eröffnung des Konkursverfahrens über das Vermögen der Gesellschaft, rechtskräftiger Beschluß über die Ablehnung des Konkursverfahrens mangels Masse, rechtskräftige Löschungsverfügung.

3.1.9 Die Kommanditgesellschaft auf Aktien (KGaA)

Die KGaA verkörpert (§§ 278 - 290 AktG, zum großen Teil Anwendung der übrigen Vorschriften des AktG, zum Teil Anwendung der Vorschriften über die KG) eine Gesellschaft mit eigener Rechtspersönlichkeit, bei der mindestens ein Gesellschafter den Gesellschaftsgläubigern unbeschränkt haftet (Komplementär) und die übrigen an dem in Aktien zerlegten Grundkapital beteiligt sind, ohne persönlich für die Verbindlichkeiten der Gesellschaft zu haften (Kommanditaktionäre - § 278 Abs. 1 AktG). Die KGaA ist eine Kapitalgesellschaft, Handelsgesellschaft und Formkaufmann gemäß § 6 HGB, d.h., es findet das Handelsrecht Anwendung. Als Kombination von AG und KG stellt sie eine juristische Person mit voller Rechtsfähigkeit dar. Die KGaA ist allerdings eine selten gewählte Rechtsform. Folgende Merkmale sind kennzeichnend:

Gründung:
Die Gründung erfolgt durch mindestens fünf Personen, davon mindestens ein persönlich haftender Gesellschafter (natürliche/juristische Person). Die Komplementäre müssen bei der Feststellung der Satzung beteiligt sein und in das

Handelsregister eingetragen werden. Ansonsten gelten die gleichen Anforderungen wie bei der AG.

Gesellschaftsvertrag:
Die Satzung (nicht: Gesellschaftsvertrag) entspricht im wesentlichen jener der AG mit folgenden Besonderheiten: Komplementäre müssen bei der Satzungsfeststellung beteiligt sein. Die Satzung muß Angaben zur Person der Komplementäre sowie über Höhe und Art der Vermögenseinlagen, wenn sie nicht auf das Grundkapital geleistet werden, enthalten. Beschlüsse der Hauptversammlung bedürfen der Zustimmung der Komplementäre, also auch Satzungsänderungen.

Firma:
Angegeben wird die dem Gegenstand der Unternehmung entnommene Sachfirma mit dem Zusatz "Kommanditgesellschaft auf Aktien" bzw. "KGaA".

Register:
Die Eintragung in das Handelsregister (Abteilung B) wirkt konstitutiv (KGaA entsteht als juristische Person).

Gesellschafter:
Die Gruppe der Gesellschafter vereinigt mindestens fünf Personen, davon mindestens einen Komplementär (natürliche/juristische Personen). Bei Gesellschafterwechsel gelten für die Komplementäre die gleichen Regeln wie bei der KG. Komplementäre können nur ausscheiden, wenn es die Satzung für zulässig erklärt; für Kommanditaktionäre gelten die gleichen Anforderungen wie bei der AG.

Einlagen:
Geld- oder Sacheinlagen entsprechen denen der AG; für Komplementäre werden die außerhalb des Grundkapitals zu leistenden Vermögenseinlagen nach Art und Höhe in der Satzung festgelegt.

Kapitalgrundlagen:
Hier ist analog zur AG zu verfahren; für Komplementäre gibt es keine gesetzlichen Regelungen. Die Komplementäre können Vermögenseinlagen außerhalb des Grundkapitals leisten.

Vermögensverhältnisse:
Die KGaA als juristische Person hält (wie bei der AG) eigenes Vermögen.

Haftung:
Die Komplementäre haften wie die Komplementäre der KG unbeschränkt; die Haftung der Kommanditaktionäre entspricht der der Aktionäre der AG.

Organe:
Es gibt keinen ausdrücklichen Vorstand: Die Vorstandsfunktionen werden von den Komplementären wahrgenommen. Ferner sind Aufsichtsrat und Hauptversammlung vorgesehen.

Geschäftsführung:
Die Geschäftsführung übernehmen wie bei der KG ausschließlich die Komplementäre (Einzelgeschäftsführung). Eine Bestellung durch den Aufsichtsrat ist nicht üblich.

Vertretung:
Die Einzelvertretung obliegt den Komplementären.

Gewinn- und Verlustverteilung:
Die Anteile der Kommanditaktionäre am Gewinn bestimmen sich nach dem Verhältnis der Aktiennennbeträge, wenn die Satzung keine andere Regelung vorsieht. Entfällt auf einen Komplementär ein Verlust, der seinen Kapitalanteil übersteigt, so darf er keinen Gewinn auf seinen Kapitalanteil entnehmen.

Entnahmen:
Für Kommanditaktionäre gelten die gleichen Regelungen wie bei der AG. Dem Komplementär ist die Gewinnentnahme verboten, wenn auf ihn ein seinen Kapitalanteil übersteigender Verlust entfällt.

Stimmrecht/Kontrollrecht:
Das Stimmrecht der Kommanditaktionäre verteilt sich nach den einzelnen Aktiennennbeträgen. Die Komplementäre sind nur (zum Teil eingeschränkt) stimmbe-

rechtigt, wenn sie zugleich die Rolle von Kommanditaktionären innehaben. Hauptversammlungsbeschlüsse sind (durch Komplementäre) zustimmungspflichtig. Kontrollrechte ergeben sich gemäß den Vorschriften über die KG und AG.

Auflösung:
Grundsätzlich finden die Vorschriften über die KG Anwendung; darüber hinaus gilt § 289 AktG.

3.1.10 Die Eingetragene Genossenschaft (eG)

Die Eingetragene Genossenschaft (Gesetz betreffend die Erwerbs- und Wirtschaftsgenossenschaften - GenG) verkörpert eine Gesellschaft mit offener Mitgliederzahl, welche die Förderung des Erwerbes oder der Wirtschaft ihrer Mitglieder mittels gemeinschaftlichen Geschäftsbetriebes bezweckt (§ 1 Abs. 1 GenG). Sie ist rechtsfähige juristische Person und Formkaufmann im Sinne des HGB, soweit das GenG keine abweichenden Vorschriften enthält (§ 17 GenG). Sie stellt aber keine Handelsgesellschaft dar, weil der Geschäftsbetrieb nicht auf Erwerb, sondern auf Förderung wirtschaftlicher Ziele der Genossen ausgerichtet ist ("Organisation zur gemeinsamen Selbsthilfe"). Besondere Bedeutung erlangt diese Rechtsform bei den Konsumvereinen (z.B. coop) und bei den Kreditgenossenschaften (z.B. Volksbanken). Das GenG (§ 1) unterscheidet folgende Genossenschaftsarten: Vorschuß- und Kreditvereine, Rohstoffvereine, Absatzgenossenschaften und Magazinvereine, Produktivgenossenschaften, Konsumgenossenschaften, Werkgenossenschaften, Baugenossenschaften. Im einzelnen läßt sich die eingetragene Genossenschaft folgendermaßen beschreiben:

Gründung:
Ihre Gründung erfordert mindestens sieben Personen. Diesen obliegt die Feststellung eines Statuts in schriftlicher Form mit obligatorischem Mindestinhalt einschließlich der Bestellung der Organe. Außerdem ist die Eintragung in das Genossenschaftsregister unabdingbar.

Gesellschaftsvertrag:
Das Statut (seltener Satzung) besitzt folgenden obligatorischen Mindestinhalt: (1) Firma und Sitz, (2) Gegenstand des Unternehmens, (3) Bestimmungen dar-

über, ob Genossen Nachschüsse zur Konkursmasse unbeschränkt, beschränkt auf eine bestimmte Haftsumme oder überhaupt nicht zu leisten haben, (4) Bestimmungen über die Form für die Berufung der Generalversammlung sowie die Beurkundung ihrer Beschlüsse und über den Vorsitz in der Versammlung, (5) Bestimmungen über Form und Art der Bekanntmachungen, (6) Betrag des Geschäftsanteils, (7) Höhe der Mindesteinzahlungen auf den Geschäftsanteil, (8) Bildung einer gesetzlichen Rücklage.

Firma:
Sie beinhaltet die dem Gegenstand der Genossenschaft entnommene Sachfirma mit Zusatz "eingetragene Genossenschaft" bzw. "eG".

Register:
Die Eintragung in das Genossenschaftsregister ist konstitutiv, d.h., die eG entsteht als juristische Person.

Gesellschafter:
Offene Mitgliederzahl, mindestens sieben Personen sind vorgesehen. Durch Beitrittserklärung können weitere Genossen in die Gesellschaft eintreten.

Einlagen:
Nur Geldeinlagen sind zulässig. Das Statut muß den Betrag angeben, bis zu dem sich die einzelnen Genossen mit Einlagen beteiligen können sowie die Höhe der Mindesteinzahlung auf den Geschäftsanteil.

Kapitalgrundlagen:
Wegen der offenen Mitgliederzahl ist bei dieser Rechtsform kein fester Betrag vorgesehen. Der Geschäftsanteil ist der Höchstbetrag, bis zu dem sich die Genossen maximal beteiligen können (jeder Genosse kann sich mit mehr als einem Geschäftsanteil beteiligen). Die Höhe des Geschäftsanteils (Höchstbetrag der Kapitalbeteiligung pro Anteil) und die der Mindesteinlage (Untergrenze) sind gesetzlich nicht geregelt, jedoch muß auf jeden Geschäftsanteil mindestens 1/10 eingezahlt werden. Das Geschäftsguthaben besteht aus den tatsächlichen Guthaben des einzelnen Genossen (Mindesteinzahlung + Gewinn -

Verlust <= Geschäftsanteil). Die Summe der Geschäftsguthaben umfaßt das (variable) Kapital der eG.

Vermögensverhältnisse:

Die eG besitzt als juristische Person eigenes Vermögen. Eine direkte Beteiligung der Genossen am Gesellschaftsvermögen ist nicht vorgesehen. Bei Ausscheiden besteht ein Anspruch auf Auszahlung des Geschäftsguthabens und außerdem ein Anspruch auf Liquidationserlöse.

Haftung:

Für die Verbindlichkeiten der eG haftet den Gläubigern nur das Vermögen der Genossenschaft. Die Genossen haften gemäß den Regelungen im Statut. Das Statut muß Bestimmungen darüber enthalten, ob die Genossen - falls die Gläubiger der Genossenschaft nicht befriedigt werden - Nachschüsse zur Konkursmasse unbeschränkt, beschränkt auf eine bestimmte Haftsumme oder überhaupt nicht zu leisten haben. Bei beschränkter Nachschußpflicht darf die Haftsumme nicht niedriger als der Geschäftsanteil festgesetzt werden.

Organe:

Die Organe umfassen Vorstand, Aufsichtsrat, Generalversammlung (Mitgliederversammlung, Vertreterversammlung).

Geschäftsführung:

Die Geschäftsführung obliegt dem Vorstand (mindestens zwei Personen), der durch die Generalversammlung bestellt wird.

Vertretung:

Es besteht Gesamtvertretung durch den Vorstand (Statut kann Abweichendes bestimmen).

Gewinn und Verlustverteilung:

Falls das Statut keine abweichende Regelung enthält, erfolgt die Verteilung von Gewinn und Verlust nach dem Verhältnis der Geschäftsguthaben der Genossen.

Entnahmen:
Es sind statutarische Regelungen möglich.

Stimmrecht/Kontrollrecht:
Das Stimmrecht verteilt sich nach Zahl der Genossen, wenn nicht Mehrstimmrechte laut Statut vorgesehen sind. Der Aufsichtsrat hat ein umfassendes Kontrollrecht gegenüber dem Vorstand.

Auflösung:
Gründe für die Auflösung sind nach §§ 78ff. GenG: Beschluß der Generalversammlung (3/4-Mehrheit), Zeitablauf, Auflösung durch Gericht (Genossenzahl unter 7), behördliche Auflösung wegen Gesetzwidrigkeit und Eröffnung des Konkursverfahrens.

3.1.11 Die Besteuerung von Unternehmen mit differenten Rechtsformen

Hinsichtlich der Besteuerung von Unternehmen gibt es je nach Rechtsform unterschiedliche Regelungen, vor allem hinsichtlich

(1) der Besteuerung der Gewinne,
(2) der Gewerbesteuer als abzugsfähige Betriebsausgabe.

Zu (1) Besteuerung der Gewinne
Die Besteuerung des Gewinnes steht im Zusammenhang mit der Frage, ob ein Unternehmen eine eigene Rechtsfähigkeit aufweist. Dies bedeutet, daß Personen- und Kapitalgesellschaften eine unterschiedliche Besteuerung ihrer Gewinne erfahren. Bei Personengesellschaften erfolgt keine Besteuerung der Gesellschaft. Die Gesellschafter bzw. der Einzelunternehmer werden unabhängig von der Gewinnverwendung mit dem Gewinnanteil besteuert. Im Falle der Kapitalgesellschaften wird die Gesellschaft besteuert. Dabei gilt ein gespaltener Tarif (seit 1999: für einbehaltene Gewinne 40 %, für ausgeschüttete Gewinne 30 % Körperschaftssteuer). Betrachtet man Aktionäre bzw. Gesellschafter, so unterliegt der ausgeschüttete Gewinn bei natürlichen Personen zusammen mit den

übrigen Einkunftsarten dem Einkommensteuergesetz. Bei der Steuerschuld wird die auf die Ausschüttung gezahlte Körperschaftssteuer angerechnet.

Zu (2) Gewerbesteuer (Gemeindesteuer) als abzugsfähige Betriebsausgabe

Im Rahmen der Gewerbeertragssteuer wird der Gewerbeertrag besteuert, der als Ertrag des dauernd im Unternehmen gebundenen Kapitals aufgefaßt wird. Zu diesem Betrag sind unter anderem 50 % der Zinsen für Dauerschulden hinzuzurechnen, während unter anderem 1,2 % des Einheitswertes der zum Betriebsvermögen gehörenden Grundstücke als Minderung angesetzt werden können.

Der zu versteuernde Betrag wird nach folgender Formel ermittelt:

Steuermeßbetrag = Steuermeßzahl x Gewerbeertrag (Hebesatz)

Die hier verwendete Steuermeßzahl beträgt 5 %. Als Besonderheit für Kapitalgesellschaften gilt die Abzugsfähigkeit der Vergütungen für Gesellschafterleistungen und der Hälfte der Vergütungen an die Mitglieder des Aufsichtsrates. Die Gewerbesteuer ist sehr umstritten, da sie unabhängig von einem erzielten Gewinn fällig ist und somit an der Substanz eines Unternehmens ansetzen kann.

3.1.12   Der Publizitätszwang

Der Publizitätszwang ist abhängig von der Rechtsform: Kapitalgesellschaften unterliegen im allgemeinen einem schärferen Publizitätszwang als Personengesellschaften, wobei eine größenabhängige Erleichterung von kleinen und mittelgroßen Aktiengesellschaften, Gesellschaften mit beschränkter Haftung und Kommanditgesellschaften auf Aktien gilt. Unabhängig von der Rechtsform gilt das Publizitätsgesetz vom 15.8.69: Danach besteht ein Publizitätszwang, wenn für einen Abschlußstichtag und in der Regel für die zwei darauf folgenden Abschlußstichtage mindestens zwei der folgenden drei Merkmale zutreffen:

(1) Bilanzsumme übersteigt 125 Mio. DM,

(2) Umsatzerlöse übersteigen 250 Mio. DM,

(3) es werden mehr als 5000 Arbeitskräfte beschäftigt.

Da die Euro-Einführung keine Währungsreform, sondern lediglich eine Währungsumstellung ist, können sämtliche in DM ausgeschriebene Geldbeträge in bestehenden Gesetzen, Verordnungen, Verwaltungsakten, Verwaltungsvorschriften, gerichtlichen Entscheidungen oder Verträgen zu dem fixierten Umrechnungskurs von 1,95583 in Euro umgerechnet werden und gelten daher auch nach Einführung des Euro unverändert fort. Ein grundsätzlicher Anlaß zu gesetzgeberischen Neuregelungen ist nicht gegeben: Die Zahlen ändern sich, der Wert bleibt gleich. (Vgl. hierzu auch den 4. Bericht des Arbeitsstabes Europäische Wirtschafts- und Währungsunion des Bundesministeriums der Finanzen und der Bundesministerien (AS WWU) vom 5. Juli 2000: Die Einführung des Euro in Gesetzgebung und öffentlicher Verwaltung). Daher finden sich in den relevanten Gesetzen sowohl Regelungen, die DM-Beträge beinhalten, als auch zunehmend Gesetze, in denen Beträge in der neuen Währungseinheit Euro ausgewiesen werden.

Einzelkaufleute und Personengesellschaften müssen einen Jahresabschluß (Bilanz und Gewinn- und Verlustrechnung) anfertigen. Die Prüfungs- und Offenlegungspflicht richtet sich dann aber nach der Größe des Unternehmens, wobei die allgemeinen Kriterien des Publizitätsgesetzes (§ 1 PublG) auch für die Personengesellschaften gelten. Bei kleineren Personengesellschaften gilt keine Prüfungs- und Offenlegungspflicht (§ 242 ff. HGB). Große Unternehmen müssen hingegen ihren Jahresabschluß prüfen lassen und im Bundesanzeiger sowie im Handelsregister veröffentlichen. Statt einer Gewinn- und Verlustrechnung kann bei Personengesellschaften auch eine Reihe von anderen Informationen als Substitut genutzt werden. Dazu zählen Erträge aus Beteiligungen, Umsatzerlöse, Löhne und Gehälter, Bewertungs- und Abschreibungsmethoden und die Zahl der Beschäftigten (§§ 5 u. 9 PublG) (vgl. Schmalen 1996).

Für Kapitalgesellschaften besteht generell eine Offenlegungspflicht, deren Ausmaß allerdings von der Größe des Unternehmens abhängt (§ 267 HGB):

- Erfüllt eine Kapitalgesellschaft in zwei aufeinanderfolgenden Jahren mindestens zwei der drei nachfolgenden Kriterien, dann wird sie als klein bezeichnet:
  - bis 6,72 Mio. DM Bilanzsumme,
  - bis 13,44 Mio. DM Umsatz,
  - bis 50 Beschäftigte.

Eine Prüfungspflicht besteht in diesen Fällen nicht. Die Offenlegungspflicht beschränkt sich darauf, daß Bilanz und Anhang zum Handelsregister eingereicht werden und ein Hinweis darauf im Bundesanzeiger veröffentlicht wird (§§ 325,1 und 326 HGB).

- Erfüllt eine Kapitalgesellschaft in zwei aufeinanderfolgenden Jahren mindestens zwei der drei Kriterien:
  - 6,72 Mio. DM < Bilanzsumme < 26,89 Mio. DM,
  - 13,44 Mio. DM < Umsatz < 53,78 Mio. DM,
  - 50 < Beschäftigte < 250,

  dann gilt sie als mittelgroß. Bei diesen Unternehmen müssen Jahresabschluß, Anhang und Lagebericht geprüft werden (§ 316 HGB) und verkürzt (§ 327 HGB) zum Handelsregister eingereicht werden mit einem Hinweis darauf im Bundesanzeiger (§ 325,1 HGB).

- Erfüllt eine Kapitalgesellschaft in zwei aufeinanderfolgenden Jahren mindestens zwei der drei nachfolgenden Kriterien
  - über 26,89 Mio. DM Bilanzsumme,
  - über 53,78 Mio. DM Umsatz,
  - über 250 Beschäftigte,

  dann gilt sie als groß. Der Jahresabschluß, Anhang und Lagebericht müssen geprüft (§ 316 HGB), im Bundesanzeiger veröffentlicht und zum Handelsregister eingereicht werden (§ 325,1 und 2 HGB). Bei Aktiengesellschaften, die an der Börse notiert sind, gilt diese Regelung grundsätzlich und unabhängig von der Größe.

Prüfungsberechtigt sind bei großen Gesellschaften allein Wirtschaftsprüfer, bei mittelgroßen Kapitalgesellschaften auch vereidigte Buchprüfer.

3.2 Die Standortwahl

3.2.1 Überblick

Der Standort eines Betriebes bezeichnet den geographischen Ort, an dem dieser die Produktionsfaktoren zur Leistungserstellung einsetzt, wenn es sich hierbei um die Erzeugung von Sachgütern handelt, bzw. den Ort, an dem Räumlichkeiten eines Betriebes plaziert sind, um Dienstleistungen anbieten zu können.

Nach dieser Auffassung zählen auch weitere Niederlassungen eines Betriebes zu den Standorten, d.h., in diesem Fall besitzt ein Betrieb mehrere Standorte. Insbesondere für größere erwerbswirtschaftliche Betriebe bzw. Unternehmen, die international tätig sind, rückt das Problem einer sogenannten **Standortspaltung**, die mehrere Standorte beinhaltet, sehr stark in den Vordergrund. So zeichnet sich bei diesen Unternehmen häufig eine räumliche Differenzierung zwischen der Verwaltung und den Leistungsbereichen ab, die sich mit dem Ziel einer Senkung der Herstellkosten begründen läßt.

Die Wahl des Standortes zählt zu den konstitutiven Entscheidungen eines Unternehmens. Standortentscheidungen sind nicht nur bei Neugründungen, sondern auch dann zu treffen, wenn ein Unternehmen expandiert und vor die Frage der geographischen Plazierung von Tochtergesellschaften gestellt ist oder aus wirtschaftlichen Gründen eine Verlagerung des bisherigen Standortes in Erwägung zieht.

Generell muß bei der Standortwahl eine Vielzahl von Faktoren berücksichtigt werden, die miteinander in Konkurrenz stehen können. Wie bei allen Entscheidungen ist das Ziel, die Differenz zwischen standortbedingten Erträgen und standortabhängigen Aufwendungen, d.h. den Nettogewinn (Gewinn nach Abzug der Steuern), auf lange Sicht zu maximieren.

Nicht alle Betriebe sind in der Wahl ihres Standortes frei. Der Standort kann z.B. geographisch vorgegeben sein. Dies trifft unter anderem für Bergwerke, Wasserwerke oder Werften zu. Aber auch rechtliche, wirtschaftliche oder andere Umstände können die Standortwahl eines Betriebes erheblich einschränken. In diesen Fällen spricht man von einem **gebundenen Standort**. Von **ungebundenen** bzw. **freien Standorten** spricht man, wenn Betriebe frei in der Wahl ihres Standorts sind.

Für bereits bestehende Betriebe ergeben sich wirtschaftliche Restriktionen, wenn infolge veränderter wirtschaftlicher Verhältnisse ein anderer Standort optimal wäre, die Kosten der Verlegung des Betriebes aber höher wären als die am neuen Standort erwarteten Zusatzgewinne.

Sollten solche Beschränkungen nicht gegeben sein, wird die Standortentscheidung meist in drei Stufen getroffen:

(1) **Internationale Standortwahl**: in welchem Staat?
(2) **Interlokale Standortwahl**: in welcher Stadt oder Region?
(3) **Lokale Standortwahl**: wo innerhalb der Stadt oder Region?

Als vierte Stufe würde dann die **innerbetriebliche Standortwahl** anstehen, d.h., wie sollen die Gebäude und Anlagen innerhalb eines Geländes positioniert werden? Allerdings korrespondieren diese Entscheidungstatbestände sehr stark mit der Wahl des Verfahrens zur Leistungserstellung und besitzen nicht zwingend einen konstitutiven Charakter.

3.2.2 Standortfaktoren

Die Standortwahl eines Unternehmens hängt insbesondere vom Leistungsprogramm, der Wettbewerbssituation, den anfallenden Abgaben und der politischen Sicherheit ab. Diese Bereiche beinhalten eine Reihe weiterer Einflußfaktoren der eigentlichen Entscheidung, die sowohl bei der internationalen als auch nationalen Standortwahl eine Rolle spielen.

Ein wichtiger Einflußfaktor bei der internationalen Standortwahl ist die Höhe der zu entrichtenden Abgaben in dem jeweiligen Land, die aus Steuern, Gebühren und sonstigen Beiträgen resultieren. Insbesondere die Höhe der Körperschaftssteuer, die zur Versteuerung erzielter Gewinne anfällt, wird häufig im Zusammenhang mit ergebnisunabhängigen Steuerarten, wie der Gewerbesteuer, die in vielen Ländern nicht anfällt, als negatives Argument für den Standort Deutschland im internationalen Vergleich in die Diskussion eingebracht. Dies könnte bei einer Wirksamkeit des sogenannten **Doppelbesteuerungsabkommens**, nach dem die Besteuerung der Einkünfte aus Gewerbebetrieben in dem Land erfolgt, in dem sie auch entstanden sind, dazu führen, daß Unternehmen Gesellschaften in diesen Ländern gründen, um so eine Anrechnung der ausländischen Besteuerung zu bewirken. Allerdings kann dies nur ein Faktor sein, der eine Standortentscheidung ausmacht, wenn andere Kriterien in diesen Ländern nicht die für den Betriebszweck notwendige Ausprägung haben.

Insgesamt lassen sich folgende Standortfaktoren aufführen:

(1) Materialversorgung,

(2) Arbeitsmarkt,

(3) Besteuerung,

(4) Energieversorgung,

(5) Verkehrsanbindung,

(6) Marktanbindung,

(7) sonstige Standortfaktoren.

Zu (1) **Materialversorgung**

Die besondere Berücksichtigung der Materialversorgung ist dann gegeben, wenn sich die Wahl des Standortes nach den niedrigsten Beschaffungskosten (insbesondere Transportkosten) für die Beschaffung der für die Produktion erforderlichen Roh-, Hilfs- und Betriebsstoffe richtet.

Den Transportkosten kommt besondere Bedeutung zu, falls zur Produktion mehr Rohstoffe benötigt werden als im Produkt enthalten sind. Man bezeichnet solche Stoffe als **Gewichtsverlustmaterial**. Im Gegensatz dazu steht das **Reingewichtsmaterial**, das zu 100 % in das Produkt eingeht.

Gerade Unternehmen, die sehr viel Gewichtsverlustmaterial für ihre Leistungsprozesse benötigen, stehen vor dem Problem, daß im Vergleich zu den Materialkosten die Transportkosten sehr stark mit der zu überbrückenden Entfernung steigen.

Zu (2) **Arbeitsmarkt**

Für Betriebe, deren Leistungsprozesse sehr arbeitsintensiv sind, besitzen die **Arbeitskosten** und die Verfügbarkeit der Arbeitskräfte mit den erforderlichen **Qualifikationen** eine entscheidende Bedeutung. Insofern erfolgt die Standortwahl bei arbeitsintensiven Betrieben nach den niedrigsten Arbeitslöhnen und nach dem Angebot an Arbeitskräften bzw. Spezialarbeitskräften.

Entscheidende Größen sind hierbei die Stundenlöhne, die Lohnnebenkosten und das Ausbildungs- und Qualifikationsniveau der Arbeitnehmer im nationalen wie auch internationalen Vergleich.

Auch hierbei ist in der Praxis eine Tendenz zu verzeichnen, die eine starke Verlagerung der Produktionsstätten in das Ausland beinhaltet, da entweder durch modifizierte Produktionsverfahren das Qualifikationsniveau nicht mehr so hoch sein muß und damit auch sogenannte "Billiglohnländer" wie z.b. China oder Brasilien an Bedeutung gewinnen. Auch Länder der "Zweiten" bzw. "Dritten" Welt" verfügen teilweise über einen Arbeitsmarkt mit hochqualifizierten Arbeitskräften, die einem internationalen Vergleich standhalten. Beispielsweise zeichnet sich diese Entwicklung in der Softwarebranche ab, wo ein nicht unerheblicher Teil der Softwareentwicklung mittlerwiele in Ländern wie Indien oder den Transformationsländern vorgenommen wird.

Neben den zwei Einflußgrößen "Qualifikation der Arbeitnehmer" und "Arbeitskosten" muß auch die durchschnittliche **Jahresarbeitszeit** in die Entscheidung einbezogen werden, die zwischen einzelnen Ländern mit mehreren hundert Stunden differieren kann.

Zu (3) **Besteuerung**
Die Besteuerung kann sowohl zwischenstaatlich als auch innerstaatlich unterschiedlichen Regelungen unterliegen. Auf der internationalen Betrachtungsebene ist das sogenannte zwischenstaatliche Steuergefälle von Bedeutung, das aus den unterschiedlichen Steuersystemen in den verschiedenen Staaten resultiert.

Grundsätzlich gilt das **Welteinkommensprinzip**, d.h., Gesellschaften (oder Personen) müssen ihr gesamtes, auch das im Ausland erwirtschaftete, Einkommen in dem Land versteuern, in dem sich ihr Hauptsitz (bzw. Wohnsitz) befindet.

Es besteht jedoch mit den meisten Industrieländern das schon erwähnte **Doppelbesteuerungsabkommen** (DBA), nach dem Einkünfte aus Gewerbebetrieben nur in dem Land zu besteuern sind, in dessen Gebiet das Unternehmen seine Betriebsstätte unterhält. Das hat zur Folge, daß ein Unternehmen, das eine Zweigniederlassung in einem niedrig besteuernden DBA-Land, einem sogenannten "Steuerparadies" (wie z.B. Monaco, Irland oder Hongkong), besitzt, mit den dort erzielten Gewinnen nur der niedrigen Auslandssteuer unterliegt und somit die Differenz zur höheren Inlandssteuer einspart.

Aber auch innerstaatlich kann sich ein Steuergefälle, bedingt durch das Steuersystem, ergeben, indem unterschiedliche Kommunalsteuerbedingungen bestehen. Dies gründet sich auf die Möglichkeit der Kommunen, einen eigenen Gewerbesteuerhebesatz festzulegen.

Besteuert wird der Gewerbeertrag, der als Ertrag des dauernd im Unternehmen gebundenen Kapitals aufgefaßt wird.

Der zu versteuernde Betrag wird nach folgender Formel ermittelt:

Steuermeßbetrag = Steuermeßzahl x Gewerbeertrag (Hebesatz)

Die hier verwendete Steuermeßzahl beträgt 5 %, während der Hebesatz mit dem zur Berechnung der Gewerbekapitalsteuer identisch ist.

Eine Steuerdifferenzierung kann durch die dezentrale Finanzverwaltung entstehen, indem die Finanzämter ihre Ermessensspielräume (z.B. bei der Anerkennung von Abschreibungssätzen, der Steuerstundung und einem Steuererlaß) nutzen oder durch eine gezielte Steuerpolitik, bei der Steuervergünstigungen durch den Bund für bestimmte wirtschaftlich schwach entwickelte Gebiete gewährt werden.

Zu (4) **Energieversorgung**
Für einige Betriebe können regional unterschiedliche Energietarife von Bedeutung bei der Standortwahl sein. Die Frage der Energieversorgung ist nicht mehr primär an einen bestimmten Standort gekoppelt, da im liberalisierten Energiemarkt an einem Ort verschiedene Energieversorger ihre Leistungen anbieten können.

Zu (5) **Verkehrsanbindung**
Eine gute Verkehrsanbindung stellt für viele Betriebe ein wichtiges Kriterium für die Standortwahl dar, um primär die Transportkosten zu minimieren, aber auch einen schnellen und flexiblen Transport von Gütern zu erreichen, der bei einer praktizierten fertigungssynchronen Bereitstellung von Werkstoffen notwendig ist. Dies gilt gleichermaßen für Zulieferbetriebe wie auch für Betriebe mit einer Fertigung von Endprodukten, die ebenfalls in eine gute verkehrstechnische Infrastruktur eingebettet sein sollten.

Die Verkehrsanbindung besitzt insofern auch eine große Bedeutung für die Zulieferbetriebe, wenn neben den Transportkosten auch die Termintreue eine Rolle spielt.

Zu (6) **Marktanbindung**

An den optimalen Absatzmöglichkeiten orientieren sich vor allem der Groß- und Einzelhandel und bestimmte Wirtschaftszweige, die einen engen Kontakt mit den Absatzgebieten (Marktnähe) haben müssen. Dazu gehören Nahrungsmittelbetriebe, Brauereien und das Baugewerbe, die mit einem Güter- und Dienstleistungsangebot operieren, welches nur durch kurze Transportwege zum Nachfrager wettbewerbsfähig bleibt oder überhaupt realisiert werden kann.

Zu (7) **Sonstige Standortfaktoren**

Neben den bisher aufgezählten Faktoren können auch Kriterien wie **Immobilienpreise** oder **Mieten** die Wahl des Standortes beeinflussen. Bestimmte Unternehmen müssen sich z.B. bei der Wahl ihres Standortes auch nach den Kosten für Immobilien (Grundstückspreise, Mieten) richten, da sie einen erheblichen Teil als fixe Kosten der Gesamtkosten darstellen. Dies gilt besonders für den Einzelhandel.

Für andere Branchen sind wiederum die Bedingungen bezüglich der **Umweltauflagen** und der **Entsorgung** entscheidend für die Standortwahl, da in einigen Fällen, wie für die Chemische Industrie, bestimmte dichtbesiedelte Regionen als potentieller Standort ausgeschlossen sind.

3.2.3 Standortbestimmung mit dem Steiner-Weber-Modell

Um den mit der Wahl des Standortes verbundenen Entscheidungsprozeß systematisch zu durchlaufen, benutzt man Entscheidungsinstrumente, die entweder eher die qualitative oder die ausschließlich quantitative Betrachtung unterstützen.

So ist z.B. bei einigen Standortfaktoren deutlich geworden, daß die Minimierung der Transportkosten eine entscheidende Rolle spielt. Dieses Problem kann rein quantitativ gesehen auch auf die Minimierung der Transportwege zurückgeführt werden. In diesem Fall ließe sich ein optimaler Standort, z.B. bei einer Präferenz der Materialversorgung oder Marktanbindung, d.h. Nähe zu den Kunden, durch ein mathematisches Verfahren wie das Steiner-Weber-Verfahren bestimmen.

Bei dem Steiner-Weber-Modell (vgl. Steiner 1989: 123ff.) wird ein transport-kostenoptimaler Standort ermittelt. Einsetzbar ist das Steiner-Weber-Modell zur Bestimmung

- des optimalen Rohstoffbezugs von mehreren Lieferanten und
- des Verkaufs von Fertigprodukten bei mehreren Standorten.

Bei dem Steiner-Weber-Modell wird von einem **einheitlichen Frachtkostensatz** und der Luftlinienentfernung ausgegangen. Danach ergibt sich für die Ermittlung des optimalen Standortes folgende Zielfunktion, die zu minimieren ist.

$$K_{Tr} = \sum_{i=1}^{n} (k * m_i) \sqrt{(x_i - x)^2 + (y_i - y)^2} \rightarrow Minimum$$

K_{tr}	=	Transportkosten (insgesamt)
k	=	Frachtkostensatz
m_i	=	Transportmenge zum Absatzort (z. B. in Tonnen)
n	=	Anzahl der Absatzgebiete (bzw. Kunden)
$x_i; y_i$	=	Koordinaten der Kundenstandorte (Luftlinie)
$x; y$	=	gesuchte optimale Koordinaten für den eigenen Standort

Es wird eine partielle Ableitung nach x und y durchgeführt:

$$\frac{dKtr}{dx} = k\sum \frac{2((x - x_i) \cdot m_i)}{2\sqrt{(x_i - x)^2 + (y_i - y)^2}} = 0$$

$$\Rightarrow \sum \frac{(x - x_i) \cdot m_i}{2\sqrt{(x_i - x)^2 + (y_i - y)^2}} = 0$$

$$\Rightarrow \sum x \cdot m_i - \sum x_i \cdot m_i = 0$$

$$\Rightarrow \sum x_i \cdot m_i = \sum x \cdot m_i = 0$$

$$\Rightarrow x = \frac{\sum x_i \cdot m_i}{\sum m_i}$$

und

$$\frac{dKtr}{dy} = k\sum \frac{2((y - y_i) \cdot m_i)}{2\sqrt{(y_i - y)^2 + (x_i - x)^2}} = 0$$

$$\Rightarrow \sum \frac{(y_i - y) \cdot m_i}{2\sqrt{(y_i - y)^2 + (x_i - x)^2}} = 0$$

$$\Rightarrow \sum y \cdot m_i - \sum y_i \cdot m_i = 0$$

$$\Rightarrow \sum y_i \cdot m_i = \sum y \cdot m_i = 0$$

$$\Rightarrow y = \frac{\sum y_i \cdot m_i}{\sum m_i}$$

Die Berechnung der Koordinaten x und y beschreibt sozusagen den Standort, bei dem im Mittel die kürzeste Verbindung zu allen Standorten y_i und x_i der Kunden bzw. Lieferanten besteht. Graphisch läßt sich dieses Denkmodell als ein zweidimensionales Koordinatensystem vorstellen, in das verschiedene Koordinaten y_i und x_i eingetragen sind und nun ein Punkt (x,y) gesucht wird, der die kürzeste direkte Verbindung zu allen Standorten aufweist (siehe Abb. 3-2).

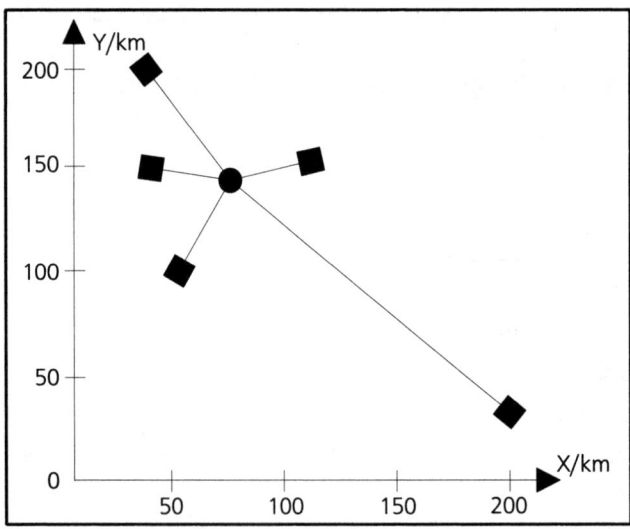

Abbildung 3-2   Die Bestimmung des optimalen Standortes

Dazu ein Beispiel mit sechs Koordinaten für die jeweiligen Kundenstandorte bzw. Zulieferer (vgl. Abb. 3-3):

Kunden n = 6	Koordinaten		Menge		
	y_i (km) y_i (km)		m_i (t)	$x_i \bullet m_i$	yi $\bullet$ m_i
A	50	100	100	5000	10000
B	100	150	150	15000	22500
C	35	200	200	7000	40000
D	200	50	50	10000	2500
E	50	150	100	5000	15000
F	80	80	100	8000	8000
Gesamt			$\sum$ = 700	$\sum$ = 50000	$\sum$ = 98000

Abbildung 3-3 Ein Beispiel zur Bestimmung des optimalen Standortes

Daraus ergeben sich nach der ermittelten Formel für die Koordinatenbestimmung:

$$x = \frac{\sum\limits_{i=1}^{n}(x_i * m_i)}{\sum\limits_{i=1}^{n} m_i} \quad und \quad y = \frac{\sum\limits_{i=1}^{n}(y_i * m_i)}{\sum\limits_{i=1}^{n} m_i}$$

die folgenden Werte für die Koordinaten (x,y) als optimalen Standort:

$$x = \frac{50000}{700} = 71,428.. \quad y = \frac{98000}{700} = 140$$

Bei diesem rein quantitativen Modell zur Standortbestimmung werden allerdings weder die tatsächlichen Verkehrswege berücksichtigt noch die Bedeutung einzelner Standorte zum Ausdruck gebracht, d.h., alle dargelegten Kunden in dem Beispiel werden ohne Präferenzen behandelt.

3.2.4 Standortbestimmung mit Scoring-Modellen

Standortbestimmungen sind ferner mit **Scoring-Modellen** möglich. Hierbei erfolgt eine rein subjektive Bewertung unterschiedlicher Standortfaktoren. Dieses Modell dient dazu, eine multidimensionale Zielsetzung zu optimieren.

Für die Standortwahl werden zunächst die unterschiedlichen Standortfaktoren in einer Liste aufgeführt und entsprechend ihrer subjektiven Bedeutung gewichtet.

Für die in Frage kommenden Standorte werden dann die Standortfaktoren jeweils mit Punkten bewertet und anschließend (ähnlich wie bei der analytischen Arbeitsbewertung) durch die Multiplikation mit dem Gewichtungsfaktor ein faktorbezogener Wert ermittelt. Der Gesamtwert ergibt sich aus der jeweiligen Summe der Einzelwerte.

Folgendes Beispiel soll die Standortbestimmung mit einem Scoring-Modell veranschaulichen: Ein Unternehmen möchte expandieren und einen neuen Standort auswählen. Damit die Standortwahl nicht intuitiv abläuft, hat die Unternehmensleitung einen Stabsstelleninhaber damit beauftragt, eine Vorstufe der Nutzwertanalyse durchzuführen. Als Standortkriterien werden von der Unternehmensleitung folgende relevante Standortfaktoren mit folgender Gewichtung aufgeführt (vgl. Abb. 3-4):

Standort-faktor	Arbeits-markt	Gelände	Materialbe-schaffung	Verkehrs-lage	Absatz-markt	Abgaben
Gewichtungs-faktor	15	12	18	20	25	10

Abbildung 3-4 Beispiel zur Standortbestimmung mittels Scoring-Modell

Dem Stabsstelleninhaber stand für die Standortbewertung eine Bewertungsskala von 6 (sehr gut) bis 1 (ungenügend) zur Verfügung. Das Ergebnis seiner Bewertung für die Standorte "ABC" und "EFG" stellt sich folgendermaßen dar (vgl. Abb. 3-5):

Standort-faktor	Arbeits-markt	Gelände	Materialbe-schaffung	Verkehrs-lage	Absatz-markt	Abgaben
ABC	3	5	3	5	4	2
EFG	4	4	2	5	5	3

Abbildung 3-5   Beispiel zur Standortbewertung

Nach diesem Modell (s. Abb. 3-6) wäre der Standort "EFG" besser als "ABC" für das Unternehmen geeignet.

Standort-faktor	Gewichtungs-faktor	Standort	Bewertung	Standort	Bewertung
		ABC		EFG	
Arbeitsmarkt	15	3	45	4	60
Gelände	12	5	60	4	48
Materialbe-schaffung	18	3	54	2	36
Verkehrslage	20	5	100	5	100
Absatzmarkt	25	4	100	5	125
Abgaben	10	2	20	3	30
			Σ = 379		Σ = 399

Abbildung 3-6   Beispiel zur Standortbestimmung mittels Standortbewertung und Scoring-Modell

Die Verwendung von Scoring-Modellen besitzt damit den Vorteil, daß verschiedene Kriterien bzw. Standortfaktoren berücksichtigt werden können und deren Bedeutung für das Unternehmen durch einen Gewichtungsfaktor zum Ausdruck gebracht werden kann. Allerdings vermittelt dieses Modell dabei nur eine scheinbare Objektivität.

3.3   Unternehmenszusammenschlüsse

3.3.1 Überblick

Unternehmenszusammenschlüsse entstehen durch die Verbindung von bisher rechtlich selbständigen Unternehmen zu größeren Wirtschaftseinheiten, ohne daß die bisherige Autonomie in wirtschaftlichen Entscheidungen zwingend dabei aufgehoben werden muß.

Insofern wird unter dem Begriff "Unternehmenszusammenschluß" ein Spektrum von möglichen Formen einer Zusammenarbeit verschiedener Unternehmen verstanden, das von einer gemeinsamen projektbezogenen Aktivität bis hin zur Aufgabe der **rechtlichen** und **wirtschaftlichen Selbständigkeit** eines Teiles der beteiligten Unternehmen reicht. Dies stellt den Verlust der bisherigen eigenen Rechtsform eines Unternehmens bzw. die Unabhängigkeit bei wirtschaftlichen Entscheidungen dar.

Aufgrund dieser breiten Interpretationsmöglichkeiten wird deshalb das Gebiet der Unternehmenszusammenschlüsse in zwei Gruppen differenziert:

(1) **Kooperationen**, deren signifikantes Merkmal darin besteht, daß die rechtliche und wirtschaftliche Selbständigkeit der an einem "Zusammenschluß" beteiligten Unternehmen erhalten bleibt.

Hierbei handelt es sich eher um eine Zusammenarbeit der Unternehmen auf Kooperationsbasis, die durch Abstimmung (Koordination) von Funktionen oder Ausgliederung von Funktionen und Übertragung auf gemeinschaftliche Einrichtungen entsteht. Es wird eine freiwillige, vertraglich geregelte Zusammenarbeit durchgeführt.

(2) **Konzentrationen**, bei denen die wirtschaftliche Selbständigkeit eines Teils der teilnehmenden Unternehmen zumindest verlorengeht. Im Extremfall wird auch die rechtliche Selbständigkeit aufgegeben. Ein Zusammenschluß auf Konzentrationsbasis ergibt sich, wenn sich die beteiligten Unternehmen einer einheitlichen wirtschaftlichen Leitung unterordnen.

Die Formen und Intensitäten der Unternehmenszusammenschlüsse reichen folglich von der losen, begrenzten Absprache über die wirtschaftliche Unterordnung bis zur Aufgabe der rechtlichen Selbständigkeit.

Zusammenschlüsse können grundsätzlich horizontal, vertikal oder diagonal erfolgen. Sie sind **horizontal**, wenn sich mehrere Unternehmen der gleichen Produktions- oder Handelsstufe zusammenschließen. Dies trifft beispielsweise zu, wenn mehrere Automobilhersteller eine Kooperation oder Konzentration eingehen. Sie sind **vertikal**, wenn die Vereinigung von Unternehmen mit aufeinanderfolgenden Produktions- und Handelsstufen erfolgt. Dies träfe bei einem Zusammenschluß eines Automobilherstellers mit einem Zulieferer zu.

Die dritte Form ist der sogenannte **diagonale Zusammenschluß** von Unternehmen unterschiedlicher Branchen, z.B. ein Zusammenschluß in der Automobil- und Luftfahrtbranche.

Damit bei Unternehmenszusammenschlüssen keine Einschränkung des Wettbewerbs erfolgt, sind von seiten des Gesetzgebers Regelungen für die Bildung von Unternehmenskooperationen und -konzentrationen geschaffen worden. Die entsprechenden rechtlichen Normen finden sich im **Gesetz gegen Wettbewerbsbeschränkungen** (GWB).

3.3.2 Zielsetzungen von Unternehmenszusammenschlüssen

Die wirtschaftliche oder gar rechtliche Aufgabe der Selbständigkeit ist ein massiver Einschnitt, aber auch die Kooperation verschiedener Unternehmen ist ein Schritt, der nur dann vorgenommen wird, wenn sich die darin involvierten Unternehmen Vorteile versprechen. Die Zielsetzungen bei Unternehmenszusammenschlüssen können eine unterschiedliche Intention aufweisen. Ihnen ist jedoch in der Regel gemein, daß sie ökonomisch begründet sind.

So könnte unter Umständen die **Erhöhung der Wirtschaftlichkeit** der Unternehmen durch eine bessere Nutzung von Rationalisierungsmöglichkeiten, die zu einer massiven Kostensenkung bei größeren Wirtschaftseinheiten führt, eine Begründung für einen Zusammenschluß liefern. Ein Subziel, das sich daran anknüpft, wäre die **Verbesserung der Produktionssituation** durch eine gemeinsame Forschung, Entwicklung und Einsatz moderner Produktionsverfahren, die von einem einzelnen Unternehmen nicht finanzierbar sind.

Eine weiteres Motiv für einen Unternehmenszusammenschluß ist die **Stärkung der Wettbewerbsfähigkeit** der beteiligten Unternehmen, indem eine stärkere Position gegenüber Lieferanten, Kunden und Kreditgebern erreicht wird.

Unternehmenszusammenschlüsse können jedoch auch ein Mittel darstellen, eine **Risikoverteilung oder -minderung** durch die Möglichkeit einer stärkeren Produktdiversifikation zu bewirken.

Bei der Realisierung dieser Ziele ist der Staat aufgefordert, auf der einen Seite keine massive Beschränkung der Wettbewerbssituation zuzulassen und auf der anderen Seite die Wettbewerbsfähigkeit der Unternehmen zu fördern. Dies kommt unter anderem dadurch zum Ausdruck, daß der Staat insbesondere ein Interesse daran hat, kleinere und mittlere Unternehmen durch Mittelstandskooperationen zu fördern, um so den Wettbewerbsnachteil dieser Unternehmen zu reduzieren.

3.3.3 Kooperationsformen

3.3.3.1 Kammern und Wirtschaftsverbände

Kammern und Verbände stellen in der Regel eine Interessenvertretung von Unternehmen gegenüber der Öffentlichkeit, d.h. den staatlichen Institutionen, den Arbeitnehmerverbänden und anderen gesellschaftlichen Gruppen, dar.

Der signifikante Unterschied zwischen diesen Kooperationsformen liegt in der Rechtsform dieser Institutionen. Während Kammern als öffentlich-rechtliche Körperschaften fungieren, für die eine Zwangsmitgliedschaft besteht, sind Verbände eingetragene Vereine ohne Mitgliedspflicht.

Zu den wichtigsten Kammern zählen:

- die **Industrie- und Handelskammern** (IHK) als regionale Organisationen mit dem **Deutschen Industrie- und Handelstag** (DIHT) als übergeordnetem Dachverband und
- die regionalen **Handwerkskammern** für Handwerksbetriebe mit dem **Deutschen Handwerkskammertag** als Zentralverband.

Die vorwiegenden Aufgaben dieser Kammern auf regionaler Ebene liegen in der Beratung der zugehörigen Betriebe, der Sicherstellung der Berufsausbildung durch Festlegung der Bildungsinhalte und Abnahme von Prüfungen und Vertretung der Interessen der Mitglieder im jeweiligen Kammerbezirk.

Demgegenüber gliedern sich die Wirtschaftsverbände in sogenannte Fachverbände, die wiederum in Spitzenverbände, wie beispielsweise den **Bundesver-**

band der Deutschen Industrie (BDI) oder den **Gesamtverband des Deutschen Groß- und Einzelhandels** etc., zusammengefaßt sind und die Arbeitgeberverbände mit dem **Bundesvereinigung der Deutschen Arbeitgeberverbände e.V.** (BDA) als Dachverband.

Letztere vertreten die Interessen ihrer Mitglieder gegenüber den Arbeitnehmerverbänden und üben über ihren Dachverband (BDA) Einfluß auf die Arbeitsmarkt-, Bildungs- und Tarifpolitik aus.

3.3.3.2 Gelegenheitsgesellschaften

Gelegenheitsgesellschaften werden nur zur Erfüllung einer bestimmten Aufgabe gebildet und lösen sich nach dieser Zweckerreichung wieder auf. Die Intention für die Gründung einer Gelegenheitsgesellschaft liegt in der gemeinsamen Realisierung eines Projekts, wobei sich die vereinbarte Zusammenarbeit häufig nur auf wenige Unternehmensbereiche beschränkt.

Als Rechtsform für eine Gelegenheitsgesellschaft bietet sich die GbR (Gesellschaft bürgerlichen Rechts) an, zumal der Gründungsakt relativ einfach vorgenommen werden kann. Die Mitglieder bleiben jedoch weiterhin rechtlich selbständig und schränken nur die wirtschaftliche Selbständigkeit, möglicherweise in Abhängigkeit von der gemeinsamen Zielsetzung, ein.

Die wichtigsten Formen der Gelegenheitsgesellschaften sind Arbeitsgemeinschaften und Konsortien. **Arbeitsgemeinschaften** finden sich vorwiegend im Baugewerbe, wenn es darum geht, einen größeren Auftrag, den ein einzelnes Unternehmen nicht realisieren kann, umzusetzen oder das damit verbundene Risiko zu verteilen. In der Praxis wird dabei zwischen sogenannten "echten" und "unechten" Arbeitsgemeinschaften differenziert. Das Kriterium für diese Unterscheidung liegt in der Klärung der Frage, ob durch die Arbeitsgemeinschaft eine Außengesellschaft entstanden ist oder nur die Bildung einer Arbeitsgemeinschaft im Innenverhältnis vorgenommen worden ist.

Die Entstehung einer Außengesellschaft und damit auch einer "echten" Arbeitsgemeinschaft hängt davon ab, ob ein potentieller Auftraggeber direkt mit der GbR einen Vertrag über eine Leistung abschließt. Andernfalls tritt die Arbeitsgemeinschaft nach außen nicht in Erscheinung, es besteht nur ein

Rechtsverhältnis zwischen einem an der Arbeitsgemeinschaft beteiligten Unternehmen (Hauptunternehmer) und dem Auftraggeber. Die anderen, in der "unechten" Arbeitsgemeinschaft vertretenen Unternehmen wären nun entweder **Nebenunternehmer**, was durch eine vertragliche Regelung zwischen Hauptunternehmer und Auftraggeber fixiert werden kann, oder **Subunternehmer**, wenn zur Erfüllung des Vertrages keine weiteren Unternehmen explizit zwischen Hauptunternehmer und Auftraggeber vereinbart werden. In beiden Fällen besteht jedoch nur eine unmittelbare Rechtsbeziehung zwischen dem Auftraggeber und dem Hauptunternehmen.

Im Gegensatz zu den Arbeitsgemeinschaften sind **Konsortien** immer Unternehmensverbindungen auf vertraglicher Basis, die fast immer mit eigener Rechtsform (z.B. GbR) nach außen in Erscheinung treten. Die Vertretung des Konsortiums gegenüber Dritten obliegt dem Konsortialführer, der von den beteiligten Unternehmen bestellt wird.

Die häufigsten Formen von Konsortien sind Bankenkonsortien, die sich je nach der als Motiv vorliegenden Aufgabencharakteristik für die Gründung der Interessengemeinschaft in drei typische Formen unterteilen:

(1) das **Emissionskonsortium**, bei dem sich verschiedene Banken zusammenschließen und die Summe der zu emittierenden Aktien oder Schuldverschreibungen einer Gesellschaft zu einem fixierten Preis übernehmen und erst später einem breiteren Publikum zugänglich machen.

(2) das **Kreditkonsortium**, dessen Bildung darin begründet liegt, einen Großkredit, der von einzelnen Bankinstituten nicht gewährt werden kann, über mehrere Banken mit entsprechenden geregelten Anteilen zu verteilen.

(3) das **Garantiekonsortium** zur Vorfinanzierung größerer Exportaufträge, bei dem sich die beteiligten Banken zur Garantieübernahme zusammenschließen.

3.3.3.3   Gemeinschaftsunternehmen

Wird nun nicht mehr nur zum Zwecke der Erfüllung einer Aufgabe ein gemeinsames Unternehmen gegründet, wie es bei Gelegenheitsgesellschaften der Fall sein kann, sondern von mehreren unabhängigen Gesellschaften ein rechtlich selbständiges Unternehmen gegründet bzw. gekauft, das die Interessen der beteiligten Unternehmen berücksichtigt, dann entsteht ein Gemeinschaftsunternehmen, das als **Dauergesellschaft** installiert wird.

Wichtigster Aspekt ist die gemeinsame Leitung des neuen Unternehmens durch die Gesellschafterunternehmen, die sowohl rechtlich als auch wirtschaftlich unabhängig bleiben. Diese Situation stellt ein wichtiges Abgrenzungskriterium gegenüber den Konzernen dar.

Zu den Gemeinschaftsunternehmen zählt damit auch die Bildung von **Joint Ventures** im Ausland, um so mit einem ausländischen Partner sich international etablieren zu können.

3.3.3.4 Kartelle

Kartelle sind kooperative Zusammenschlüsse von Unternehmen auf einem gleichen Markt, die auf Marktbeherrschung durch eine Beschränkung des Wettbewerbs zielen. Die rechtliche und organisatorische Selbständigkeit der Kartellmitglieder bleibt zwar erhalten, nicht aber die jeweilige wirtschaftliche Handlungsfreiheit. Die Wahrscheinlichkeit, daß es zu Kartellbildungen kommt, wird um so größer, je geringer die Zahl der Anbieter in einem Marktsegment, je homogener das Produktionsprogramm, je elastischer das Angebot und je ähnlicher die Kostenverläufe potentieller Teilnehmer sind. Verstärkt wird die Neigung der in einem Markt etablierten Unternehmen, einen Kartellvertrag zu schließen, durch hohe Markteintrittsbarrieren für Außenseiter. Kartelle können differenziert werden nach Zielsetzung und Aktionsparametern, deren Einsatz Gegenstand der getroffenen Vereinbarung darstellt. Darüber hinaus können nach Zulässigkeit drei Kartelltypen unterschieden werden:

- verbotene Kartelle,
- anmeldepflichtige Kartelle,
- Erlaubniskartelle.

Verbotene Kartelle sind gesetzeswidrig und daher rechtlich unwirksam (vgl. Abb. 3-7).

verbotene Kartellformen	Zweck und Zielsetzung
Einheitspreiskartell	Vornahme einer Preisabsprache der beteiligten Unternehmen und einheitliche Preisgestaltung, die jede Preiskonkurrenz aufhebt. Benachteiligte Teilnehmer am Kartell können sogar einen Verlustausgleich erhalten.
Mindestpreiskartell	Ermittlung eines Mindestpreises, der von den beteiligten Unternehmen nicht unterschritten werden darf. Dieser liegt in der Regel über den Selbstkosten. Ziel ist die Ausschaltung einer ruinösen Preiskonkurrenz, wobei die Präferenzbildung der Kunden nicht zwingend unterbunden wird.
Submissionskartell	Absprachen der konkurrierenden Unternehmen bei öffentlichen Ausschreibungen, mit dem Ziel, über eine transparente Angebotspolitik der beteiligten Unternehmen die Konkurrenzsituation zu relativieren.
Gewinnverteilungskartell	Über das Einheitspreis-Kartell hinaus wird hier der Gewinn zentral erfaßt und über einen Verteilungsschlüssel auf die Mitgliedsunternehmen verteilt.
Gebietskartell	Absprachen der beteiligten Unternehmen über die räumliche Aufteilung des Absatzmarktes, um regionale Monopolstellungen zu erreichen.
Marktenschutzkartell	Absprache von Markenartikelherstellern, um einen möglichst hohen Endpreis für ihre Produkte durchzusetzen. Dazu werden Großhändler vertraglich gezwungen, die Markenartikel zu einer bestimmten Endverkaufspreishöhe abzugeben. Geschieht dies nicht, besteht die Gefahr, daß alle Mitglieder des Kartells die Belieferung des Großhändlers als Sanktionsmaßnahme einstellen.
Syndikate	Nutzung gemeinsamer Beschaffungs- und Verkaufseinrichtungen. Die Mitglieder treten quasi nur noch gemeinsam auf dem Markt als Ein- und Verkäufer auf. Zwischen den Unternehmen besteht kein Wettbewerb, sie könnten durch ihre Marktmachtposition Konkurrenten aus ihren Vertriebsorganisationen verdrängen (z.B. wenn der Einzelhandel unter Druck gerät und nur ein spezielles Sortiment in den Regalen anbieten darf).

Abbildung 3-7   Verbotene Kartelle

Im Gegensatz zu den verbotenen Kartellen sind **anmeldepflichtige Kartelle** (vgl. Abb. 3-8) nicht grundsätzlich untersagt, sie müssen jedoch beim Bundeskartellamt angezeigt werden. Erfolgt nach dieser Anmeldung innerhalb der nächsten drei Monate kein Widerspruch, gilt das Kartell als rechtskräftig.

Anmeldepflichtige Kartelle	Zweck und Zielsetzung
Konditionenkartell	Das Kartell regelt die allgemeinen Zahlungs-, Geschäfts-, und Lieferbedingungen. Damit wird aus der Sicht der Nachfrage die Markttransparenz erhöht. Die Preiskonkurrenz der beteiligten Unternehmen bleibt bestehen.
Rabattkartell	Vertragliche Absprachen über Funktions-, Umsatz- und Mengenrabatte, die zu einer besseren Markttransparenz beitragen. Die wettbewerbsrelevanten Größen wie die Qualität und die Preisgestaltung bleiben bei den beteiligten Unternehmen unberührt.
Normen- und Typenkartell	Absprachen bzw. Kartellvertrag über die Standardisierung von Einzelteilen. Damit kann die Produktpalette reduziert werden zum Vorteil größerer Produktionsmengen mit entsprechenden Kostendegressionspotentialen.
Einkaufskartell	Gemeinsamer Einkauf der im Kartell vertretenen Unternehmen, um die Stellung gegenüber den Lieferanten zu verbessern.
Exportkartell	Zusammenschluß von Unternehmen zur Verbesserung der Position auf den Auslandsmärkten. (Falls sie eine Inlandswirkung entstehen läßt, zählt diese Kartellform zu den Erlaubnis-Kartellen.)
Spezialisierungs-kartell	Beim Spezialisierungskartell wird das gesamte Güter- und Leistungsangebot auf die Mitglieder aufgeteilt. Jeder ist für einen bestimmten Bereich zuständig. Damit wird vorwiegend eine massive Arbeitsteilung im Produktionsbereich erzielt.
Kooperationskartell	Diese Kartellform dient der zwischenbetrieblichen Zusammenarbeit bei der Rationalisierung wirtschaftlicher Vorgänge. Damit sollen insbesondere die Wettbewerbsnachteile kleinerer und mittlerer Unternehmen gegenüber großen Unternehmen aufgehoben werden.

Abbildung 3-8   Anmeldepflichtige Kartelle

Der dritte Kartelltyp, die **Erlaubnis-Kartelle** (vgl. Abb. 3-9), liegt bezüglich seines Einflusses auf den Wettbewerb zwischen den anmeldepflichtigen und den verbotenen Kartellen. Ein Erlaubnis-Kartell kann nur rechtswirksam werden, wenn dem Kartellvertrag durch das Bundeskartellamt ausdrücklich zugestimmt wird, d.h., der Anmeldung muß eine explizite Zustimmung folgen, die nicht durch eine einzuhaltende Frist von drei Monaten geheilt ist.

Erlaubniskartelle	Zweck und Zielsetzung
Rationalisierungs-kartell	Ähnlich wie ein Normungs- und Typenkartell, allerdings werden hier auch Absprachen über die innere Organisation der Mitgliedsfirmen getroffen sowie über Einkauf, Produktion und Absatzgebiete.
Importkartell	Das Kartell beinhaltet Absprachen über den Import ausländischer Güter, wobei der Wettbewerb im Inland davon unberührt bleiben soll.
Strukturkrisen-kartell	Absprachen bei massiven Änderungen der wirtschaftlichen Bedingungen, um einen ruinösen Wettbewerb zu beenden. Dazu zählen Vereinbarungen über die Herabsetzung der Produktionsmenge und den Abbau von Überkapazitäten.

Abbildung 3-9   Erlaubniskartelle

3.3.3.5   Die Interessengemeinschaften

Interessengemeinschaften stellen eine Zusammenarbeit von Unternehmen dar, bei denen die rechtliche und wirtschaftliche Selbständigkeit weitgehend erhalten bleibt. Das Ziel einer Interessengemeinschaft ist die Erhöhung der Rentabilität der beteiligten Unternehmen durch die gemeinsame Wahrnehmung von Aufgaben im Innenverhältnis, wie z.B. eine gemeinsame Forschung, Rationalisierung in der Produktion.

Man unterscheidet Interessengemeinschaften im weiteren und engeren Sinn. Zu den **Interessengemeinschaften im weiteren Sinn** zählen solche, bei denen gemeinsame Interessen vertraglich durch selbständig bleibende Unternehmen geregelt werden. Im engeren Sinn dienen die Interessengemeinschaften der langfristigen Gewinnmaximierung und regeln darüber hinaus eine Vergemeinschaftung von Gewinnen und Verlusten.

Bei **Interessengemeinschaften im engeren Sinn** wird eine Gewinnpoolung betrieben, bei der der Gewinn aller beteiligten Unternehmen nach einem Verteilungsschlüssel ausgeschüttet wird. Das Problem ist die Festlegung eines ausgleichspflichtigen Gewinns, der von der Gestaltung des Verteilungsschlüssels abhängt, wobei dieser sich durch die zukünftigen, prognostizierten Gewinne definiert. Diese Gewinngemeinschaften können von Unternehmen aller Rechtsformen gebildet werden, allerdings muß laut Aktiengesetz ein Unternehmen eine AG oder KGaA sein, die ihren Gewinn zusammenlegt und nach einem

Schlüssel mit anderen Unternehmen im In- oder Ausland aufteilt. Der Übergang einer Interessengemeinschaft zu einem Kartell, wie auch zu einem Konzern, ist fließend. Werden z.b. gemeinsam Aufgaben wahrgenommen, die letztlich auch den Wettbewerb beschränken, nähert man sich dem Kartell an. Weiterhin kann bei einer Interessengemeinschaft langfristig die Zusammenarbeit so intensiv werden, daß ein gemeinsames Führungsgremium erforderlich wird. Damit entsteht faktisch eine einheitliche wirtschaftliche Leitung und somit auch ohne Kapitalbeteiligung ein Konzern.

3.3.4   Konzentrationen

3.3.4.1 Überblick

Bei einem Zusammenschluß von Unternehmen geht zumindest bei einem Teil der beteiligten Unternehmen die wirtschaftliche Selbständigkeit verloren. Unter Umständen verliert ein beteiligtes Unternehmen sogar die rechtliche Selbständigkeit durch das Aufgehen in einer andere Gesellschaft mit eigener Rechtsform.

Dementsprechend ist bei den Konzentrationsformen zwischen den verbundenen Unternehmen, bei denen die Rechtsformen unangetastet bleiben, und der Fusion mit Verlust der Rechtsform bei einem Teil der beteiligten Unternehmen zu unterscheiden.

3.3.4.2 Verbundene Unternehmen

Eine wichtige Voraussetzung für die Einflußnahme auf die wirtschaftliche Leitung eines Unternehmens ist eine finanzielle Beteiligung an diesem. Über finanzielle Beteiligungen werden die Verbindungen zwischen den einzelnen Unternehmen unter Beibehalt der jeweiligen rechtlichen Selbständigkeit hergestellt. Der Begriff der "verbundenen Unternehmen" wird vom Gesetzgeber in § 271 Abs. 2 HGB als ergänzende Vorschrift für Kapitalgesellschaften und in § 15 AktG definiert.

Unternehmen gelten dann als verbunden, wenn Mutter- und Tochtergesellschaft eine einheitliche wirtschaftliche Leitung aufweisen und die Muttergesellschaft zum einen eine Beteiligung im Sinne des § 271 Abs.1 HGB an der Tochter innehat und ihr zum anderen in der Tochtergesellschaft

- die Mehrheit der Stimmrechte der Gesellschafter zusteht,
- das Recht zusteht, die Mehrheit der Mitglieder der Verwaltungs-, Leitungsoder Aufsichtsorgane zu bestellen oder abzuberufen, und die Kapitalgesellschaft gleichzeitig Gesellschafter ist oder
- das Recht zusteht, einen beherrschenden Einfluß auf der Grundlage eines mit der Tochtergesellschaft abgeschlossenen Beherrschungsvertrages oder einer Satzungsbestimmung dieses Unternehmens auszuüben (§ 290 HGB).

Nach dieser Definition trifft der Begriff "verbundene Unternehmen" dann zu, wenn eine Beteiligung unter einheitlicher Leitung vorliegt, wobei eine Beteiligung dann vorliegt, wenn mehr als 20 % des Nennkapitals einer Kapitalgesellschaft gehalten werden oder die nach § 290 Abs. 2 HGB vorliegenden Konzernmerkmale vorliegen.

Im Gegensatz dazu deckt der Terminus "Verbundene Unternehmen" im Aktiengesetz (AktG) folgende vier unterschiedliche Ausprägungen ab.

(1) **In Mehrheitsbesitz stehende Unternehmen und mit Mehrheit beteiligte Unternehmen (§ 16 AktG)**
Ein Unternehmen befindet sich im **Mehrheitsbesitz** eines anderen Unternehmens, wenn dieses die Mehrheit der Kapitalanteile oder die Mehrheit der Stimmrechte in der Hauptversammlung besitzt. In der Regel differieren die Anteile nur dann, wenn neben den Stammaktien eines Unternehmens auch stimmrechtslose Vorzugsaktien existieren, deren Erwerb zwar zu einer Erhöhung der Kapitalanteile beiträgt, aber keinen Einfluß auf die Stimmrechtsverhältnisse in der Hauptversammlung nimmt.

Im Gegensatz dazu trifft der Begriff "**Mehrheitsbeteiligung**" dann zu, wenn sowohl die Kapitalmehrheit als auch die Mehrheit der Stimmrechte vorliegt.

Der Mehrheitsbesitz bzw. die Mehrheitsbeteiligung wird nach dem Aktiengesetz auch indirekt ausgelegt, d.h., es werden auch indirekte Beteiligungen eines Unternehmens über eine Beteiligung an einem dritten Unternehmen anteilsmäßig dem ersten Unternehmen zugerechnet, um so eine Verschleierung der tatsächlichen Mehrheitsbeteiligung über ein beherrschtes Unternehmen auszuschließen. Näheres ist im § 16 AktG geregelt.

(2) **Abhängige und herrschende Unternehmen (§ 17 AktG)**

Das abhängige Unternehmen ist zwar rechtlich selbständig, es unterliegt aber einem sogenannten beherrschenden Einfluß, z.B. durch die Mehrheitsbeteiligung oder größere Kreditgewährung eines anderen Unternehmens. Durch diese Einschränkung der Leitung des abhängigen Unternehmens liegt eine Konzernvermutung vor, die über die Abhängigkeitsvermutung, hervorgerufen durch die Mehrheitsbeteiligung (§ 17 Abs. 2 AktG) in die Annahme eines Unterordnungskonzern (§ 18 Abs. 1 AktG) überführt wird. Läßt sich die Konzernvermutung nicht entkräften, gelten die gesetzlichen Regelungen für Konzernunternehmen. Eine Widerlegung ist jedoch bei einem fehlenden Beherrschungsvertrag durch eine nach außen bestehende eigene Leitung des abhängigen Unternehmens möglich. Der beherrschende Einfluß auf die Leitungsmacht des abhängigen Unternehmens kann durch § 311 AktG eingeschränkt werden.

(3) **Konzernunternehmen (§ 18 AktG)**

Konzerne sind Zusammenfassungen rechtlich selbständiger Unternehmen unter einer einheitlicher Leitung. Ein Konzern besitzt daher auch keine eigene Rechtspersönlichkeit. Dabei sind folgende Typen zu unterscheiden:

- der **Unterordnungskonzern**, d.h. die Zusammenfassung als herrschendes und abhängiges Unternehmen (§ 18 Abs. 1 AktG). Dabei kann die einheitliche Leitung beruhen:
  - auf einem Beherrschungsvertrag (§ 291 AktG), in dem die Leitung auf das herrschende Unternehmen übertragen wird (Vertragskonzern);
  - auf der Eingliederung eines Unternehmens (eingegliederte Gesellschaft - § 319 AktG);
  - auf einer tatsächlichen Beherrschungsmacht durch eine Mehrheitsbeteiligung (faktischer Konzern). Sie wird vermutet, wenn ein Abhängigkeitsverhältnis nach § 17 AktG besteht (§ 18 Abs. 1 Satz 3 AktG).

Die einheitliche Leitung kann dabei durch eine Gesellschaft (beherrschendes Unternehmen) oder durch eine Holding-Gesellschaft ausgeübt werden. Die Kriterien einer Holding-Gesellschaft werden in den folgenden Erläuterungen zur Konzernbildung aufgeführt.

- Der **Gleichordnungskonzern** (§ 18 Abs. 2 AktG), bei dem kein Unternehmen von einem anderen abhängig ist. Hierbei wird die Schaffung eines gemeinsamen Führungsorgans als vertragliches Gemeinschaftsorgan notwendig.

Die Konzernbildung kann folgendermaßen erfolgen:

- nach dem **Verschachtelungsprinzip**, d.h. z.B. Unternehmen A beherrscht Unternehmen B durch eine Mehrheitsbeteiligung. Unternehmen B besitzt eine Mehrheitsbeteiligung an Unternehmen C. Damit beherrscht Unternehmen A auch Unternehmen C. Durch das Verschachtelungsprinzip kann mit einem relativ geringen Kapitaleinsatz ein relativ großer Einfluß ausgeübt werden;
- durch **Gründung eines zweiten Unternehmens**: Ein Unternehmen gründet ein zweites Unternehmen, an dem es mit 100 % beteiligt ist;
- durch **Gründung einer Holding-Gesellschaft,** d.h., mehrere Gesellschaften bringen ihre Aktien in eine neu gegründete Gesellschaft ein, die selbst keine Produktions- und Handelsaufgaben, sondern nur Verwaltungsaufgaben wahrnimmt. Die Holding wird von den angeschlossenen Gesellschaften beherrscht. Auch hier sind die Gesellschaften weiterhin rechtlich selbständig.

Bei einer sehr engen Bindung der beteiligten Unternehmen, wenn das abhängige Unternehmen finanziell, wirtschaftlich und organisatorisch in das herrschende Unternehmen eingegliedert ist, entsteht eine steuerliche **Organschaft**.

Diese Organschaft bietet eine Reihe von Vorteilen: Erstens werden bei der Ermittlung der Körperschaftssteuer die Gewinne aller Gesellschaften der Organschaft zusammengerechnet, so daß ein Verlustausgleich zwischen den Gesellschaften zur Senkung der Körperschaftsteuer möglich ist. Zweitens kann eine Zusammenfassung der Gewerbeerträge und -kapitalien bei der Gewerbesteuer erfolgen und drittens entfällt die Umsatzsteuer bei Innenumsätzen.

Konzerne unterliegen ebenso wie auch Kartelle dem Gesetz gegen Wettbewerbsbeschränkungen (GWB). Dabei zielt der Gesetzgeber darauf ab, daß eine mißbräuchliche Ausnutzung einer marktbeherrschenden Stellung unterbleibt. Konzerne sind zwar grundsätzlich zulässig, aber sie unterliegen der Mißbrauchsaufsicht der Kartellbehörde. Nach § 35 Abs. 1 GWB finden die Vorschriften über die Zusammenschlußkontrolle Anwendung, wenn im letzten Geschäftsjahr vor dem Zusammenschluß

- die beteiligten Unternehmen insgesamt weltweit Umsatzerlöse von mehr als einer Milliarde DM und
- mindestens ein beteiligtes Unternehmen im Inland Umsatzerlöse von mehr als 50 Millionen DM

erzielt haben.

Nach § 19 GWB ist ein Zusammenschluß dann zu untersagen, wenn eine marktbeherrschende Stellung erreicht wird, die durch vielfaltige Kriterien in § 19 GWB definiert ist:

Ein Unternehmen ist marktbeherrschend, soweit es als Anbieter oder Nachfrager einer bestimmten Art von Waren oder gewerblichen Leistungen

- ohne Wettbewerber ist oder keinem wesentlichen Wettbewerb ausgesetzt ist oder
- eine im Verhältnis zu seinen Wettbewerbern überragende Marktstellung hat; hierbei sind insbesondere sein Marktanteil, seine Finanzkraft, sein Zugang zu den Beschaffungs- oder Absatzmärkten, Verflechtungen mit anderen Unternehmen, rechtliche oder tatsächliche Schranken für den Marktzutritt anderer Unternehmen, der tatsächliche oder potentielle Wettbewerb durch innerhalb oder außerhalb des Geltungsbereichs dieses Gesetzes ansässige Unternehmen, die Fähigkeit, sein Angebot oder seine Nachfrage auf andere Waren oder gewerbliche Leistungen umzustellen, sowie die Möglichkeit der Marktgegenseite, auf andere Unternehmen auszuweichen, zu berücksichtigen.

Es wird vermutet, daß ein Unternehmen marktbeherrschend ist, wenn es einen Marktanteil von mindestens einem Drittel hat. Eine Gesamtheit von Unternehmen gilt als marktbeherrschend, wenn sie

- aus drei oder weniger Unternehmen besteht, die zusammen einen Marktanteil von 50 vom Hundert erreichen oder

- aus fünf oder weniger Unternehmen besteht, die zusammen einen Marktanteil von zwei Dritteln erreichen,

es sei denn, die Unternehmen weisen nach, daß die Wettbewerbsbedingungen zwischen ihnen wesentlichen Wettbewerb erwarten lassen oder die Gesamtheit der Unternehmen im Verhältnis zu den übrigen Wettbewerbern keine überragende Marktstellung hat.

Gegen ein Zusammenschlußverbot kann jedoch eine Rechtsbeschwerde eingelegt werden. Hinzu kommt die Option des Bundesministers der Wirtschaft, einen Zusammenschluß dann zu erlauben, wenn im Einzelfall die Beschränkung des Wettbewerbs durch die gesamtwirtschaftlichen Vorteile durch einen Zusammenschluß aufgewogen wird.

(4) Wechselseitige Beteiligungen

Wechselseitig beteiligte Unternehmen sind Unternehmen in der Rechtsform der Kapitalgesellschaft, die dadurch verbunden sind, daß jedem Unternehmen mehr als 25 % der Anteile des anderen Unternehmens gehören. Hierbei sind nicht die Stimmrechtsverhältnisse, sondern die tatsächlichen Kapitalbeteiligungen maßgebend (§ 19 Abs. 1 AktG). Dabei sind drei Fälle zu unterscheiden:

- Es besteht kein Abhängigkeitsverhältnis, d.h., keines der wechselseitig beteiligten Unternehmen kann auf das andere einen beherrschenden Einfluß ausüben (§ 19 Abs. 1 AktG).

- Ein wechselseitig beteiligtes Unternehmen besitzt eine Mehrheitsbeteiligung an dem anderen Unternehmen oder kann mittelbar oder unmittelbar einen beherrschenden Einfluß ausüben (§ 19 Abs. 2 AktG).

- Jedes der wechselseitig beteiligten Unternehmen besitzt eine Mehrheitsbeteiligung an dem anderen Unternehmen oder jedes kann auf das andere unmittelbar oder mittelbar einen beherrschenden Einfluß ausüben. In diesem Falle gelten beide Unternehmen als abhängige und herrschende Unternehmen (§ 19 Abs. 2 AktG).

Problematisch ist bei den wechselseitigen Beteiligungen die korrekte Ausweisung des jeweiligen Grundkapitals der beteiligten Unternehmen sowie die Möglichkeit, durch die Beteiligung massiv Einfluß auf die Hauptversammlung des anderen Unternehmens auszuüben und so die Unternehmen der Kontrolle der tatsächlichen Anteilseigner zu entziehen. Diese Einflußnahmemöglichkeit wird durch § 328 AktG dadurch eingeschränkt, daß nur jeweils 1/4 des tatsächlichen Anteils als Basis für die Stimmanteile in der Hauptversammlung gewertet wird.

(5) Unternehmensverträge

Im Sinne des § 15 AktG gelten Unternehmen als "Verbundene Unternehmen", die als Vertragspartner folgende der in den §§ 291 und 292 AktG aufgeführten Verträge abgeschlossen haben:

- einen **Beherrschungsvertrag**. Er liegt vor, wenn eine AG oder KGaA die Leitung ihrer Gesellschaft einem anderen Unternehmen unterstellt (§ 291 Abs. 1 AktG). Durch einen solchen Vertrag wird stets ein Konzernverhältnis in der Form eines Unterordnungskonzerns geschaffen, da eine einheitliche Leitung gegeben ist;

- einen **Gewinnabführungsvertrag**, durch den sich eine AG oder KGaA verpflichtet, ihren gesamten Gewinn an ein anderes Unternehmen abzuführen (§ 291 Abs. 1 AktG);

- die **Gewinngemeinschaft**, die dann gegeben ist, wenn eine AG oder KGaA sich verpflichtet, ihren Gewinn oder den Gewinn einzelner ihrer Betriebe ganz oder zum Teil mit dem Gewinn anderer Unternehmen oder einzelner Betriebe anderer Unternehmen zur Aufteilung eines gemeinschaftlichen Gewinns zusammenzulegen (§ 292 Abs. 1 Nr. 1 AktG);

- einen **Teilgewinnabführungsvertrag**, durch den sich eine AG oder KGaA verpflichtet, einen Teil ihres Gewinns oder den Gewinn einzelner ihrer Betriebe ganz oder zum Teil an einen anderen abzuführen (§ 292 Abs. 1 Nr. 2 AktG);

- den **Betriebspacht- oder Betriebsüberlassungsvertrag**, durch den eine AG oder KGaA den Betrieb ihres Unternehmens einem anderen verpachtet oder sonst überläßt (§ 292 Abs. 1 Nr. 3 AktG).

3.3.4.3 Die Fusion

Eine Fusion ist ein vollständiger Zusammenschluß mehrerer Unternehmen mit dem Verlust der wirtschaftlichen und rechtlichen Selbständigkeit. Alle beteiligten Unternehmen bilden nach der Fusion eine rechtliche Einheit. Grundsätzlich bestehen zwei Möglichkeiten zur Fusionsbildung:

*   **Fusion durch Neubildung**: Dabei wird ein neues Unternehmen (AG) gegründet. Das Vermögen der beteiligten Gesellschaften wird als Ganzes übertragen. Die bisherigen Aktionäre tauschen ihre Aktien gegen Aktien der neuen Gesellschaft. Zulässig ist diese Fusion nur, wenn jede beteiligte Gesellschaft mindestens 2 Jahre im Handelsregister eingetragen war. Es ist dabei ein Beschluß der Hauptversammlung der beteiligten Gesellschaften mit einer 3/4-Mehrheit notwendig.

*   **Fusion durch Aufnahme**: Das Gesellschaftsvermögen eines Unternehmens wird vollständig übertragen, und als Gegenleistung werden Aktien gewährt.

*   Ähnlich wie bei einer Konzernbildung kann auch die Fusion zu einer marktbeherrschenden Stellung führen, die vom Bundeskartellamt zu prüfen ist. Die de facto damit einhergehende Unternehmenskonzentration ist jedoch nicht nur ein staatliches Problem, sondern vielmehr in einem internationalen Kontext zu sehen. So gilt seit 1990 auf der europäischen Ebene die sogenannte **Fusionskontrollverordnung**, in der Kriterien für die vorherige Anmeldung einer Fusion definiert werden.

4 ORGANISATION

4.1 Begriff und Aufgaben

In der Organisationslehre stehen diejenigen Betrachtungen im Mittelpunkt, bei denen die unternehmerischen Geschehnisse mittels genereller, allgemeine Gültigkeit besitzender Regelungen in eine **Ordnung** gebracht werden sollen. Diese Regelungen oder **Strukturierungen** betreffen alle in der Unternehmung anfallenden Aufgaben und Arbeitsabläufe, mit denen angestrebt wird, eine zielorientierte, gewollte Ordnung (sogenannte "Soll-Struktur") zu schaffen bzw. zu erhalten. In ihrem Kern handelt es sich dabei um die Verteilung von Aufgaben, Tätigkeiten bzw. Funktionen. Anleitungen und Hinweise zur Konstruktion effizienter Organisationsstrukturen werden überwiegend als (Organisations-)Prinzipien formuliert.

Das Strukturieren befaßt sich mit der Verknüpfung und Differenzierung von Aufgaben, Aufgabenträgern (Menschen, Sachmittel) und Tätigkeitsbereichen bzw. Arbeitsprozessen. Durch die Integration unterschiedlichster Relationen zur Soll-Organisation entsteht ein strukturiertes Unternehmungsgebilde. Dieses Ergebnis ist die Organisation, genauer die **Organisationsstruktur**. Sie beinhaltet die Gesamtheit bzw. das System der dauerhaften, generellen Regelungen. Hierbei handelt es sich um eine konstitutive Entscheidung, d.h. eine echte Führungsentscheidung.

Die betriebswirtschaftliche Organisationslehre ist an ökonomischen Prinzipien orientiert. Sie löst Teilaspekte aus dem Gesamtkomplex der Wirtschaftswissenschaften und angrenzender Wissenschaftsbereiche heraus. Dabei ist sie sowohl **disziplinär** auf die wirtschaftlich-organisatorischen Aspekte des menschlichen Handelns in Unternehmungen als auch **interdisziplinär** auf andere organisatorisch relevante Unternehmensaspekte ausgerichtet.

Der **Organisationsbegriff** wird in der Alltagssprache und in der Wissenschaftssprache inhaltlich unterschiedlich verwendet.

(1) Organisation als **institutionaler** Begriff wird als zielgerichtetes, offenes sozio-technisches System aufgefaßt. Organisation ist der Oberbegriff für Institutionen aller Art, die sowohl Menschen als auch Maschinen als Elemente umfassen, wie dies z.B. bei Unternehmungen, Behörden, Krankenhäusern, Schulen der Fall ist. Eine Organisation wird als ein soziales Gebilde gesehen. Demnach ist jede Unternehmung eine Organisation.

(2) Der **strukturale** oder **instrumentale** Organisationsbegriff setzt die Struktur als ein System formaler Regeln mit der Organisation gleich. Diese Auffassung kann auf die kurze Formel gebracht werden: Die Unternehmung hat eine Organisation. Als Zustandsstrukturen sind hier die Aufbau- und Ablauforganisationen gemeint. Bei der ersteren stehen die Teilaufgaben der Aufgabenträger und die zwischen ihnen existierende Beziehung im Mittelpunkt, während bei der letzteren die sachlichen, räumlichen und zeitlichen Aspekte der ablaufenden Geschäftsprozesse im Vordergrund stehen, die sich bei und zwischen den Aufgabenträgern vollziehen. Organisation ist ein Instrument zur Zielerreichung sozio-technischer Systeme und das Ergebnis einer Tätigkeit. Auch Gutenberg (1976: 236) stellt den instrumentalen Aspekt heraus, wenn er unter Organisation nur diejenige "Apparatur" versteht, die die Aufgabe hat, eine durch Planung vorgegebene betriebliche Ordnung zu realisieren. Organisation ist hier die Tätigkeit der Betriebs- und Geschäftsleitung. Die in der Planung entworfene Ordnung wird durch ein System **genereller** und **fallweiser Regelungen** sichergestellt, in dem der Ermessens- oder Entscheidungsspielraum der Aufgabenträger eingeschränkt wird. Organisation beschränkt sich dabei auf die Phase der Willensdurchsetzung.

(3) Der **funktionale** Organisationsbegriff beinhaltet das Organisieren. Er umfaßt die Strukturierung als Tätigkeit. Im Unterschied zum strukturalen Begriff, der den statischen Aspekt beinhaltet, bezieht sich dieser Ausdruck auf den prozessualen, dynamischen Aspekt, d.h. die Gestaltungsfunktion der Unternehmensführung steht im Mittelpunkt. Diese organisatorische Gestaltung umfaßt alle Handlungen, die das Verhalten der Menschen steuern und dem Funktionieren der Maschinen dienen. Der Organisationsprozeß bezieht sich nicht nur wie der strukturale Begriff auf die Phase der Willensdurchsetzung, sondern auch auf die Phase der Willensbildung. Es

besteht also ein enger Zusammenhang zwischen dem strukturalen und dem funktionalen Organisationsbegriff.

Der instrumentale und funktionale Organisationsbegriff soll hier im Mittelpunkt stehen; Organisation ist somit gewissermaßen als Mittel zu verstehen, das zur Zielerreichung eingesetzt wird.

Die **Verhaltenssteuerung** vollzieht sich im Unternehmen außer durch strukturell-institutionelle Regelungen durch **personale Führungsbeziehungen (Interaktion)** (vgl. Abb. 4-1). Letztere werden im Kapitel Personalführung abgehandelt. Die strukturale Führung bietet die **"situative Ermöglichung"** von Leistungsprozessen. Hierbei wird die direkte Mitarbeiterführung durch strukturale Maßnahmen und Koordinationsmechanismen substituiert.

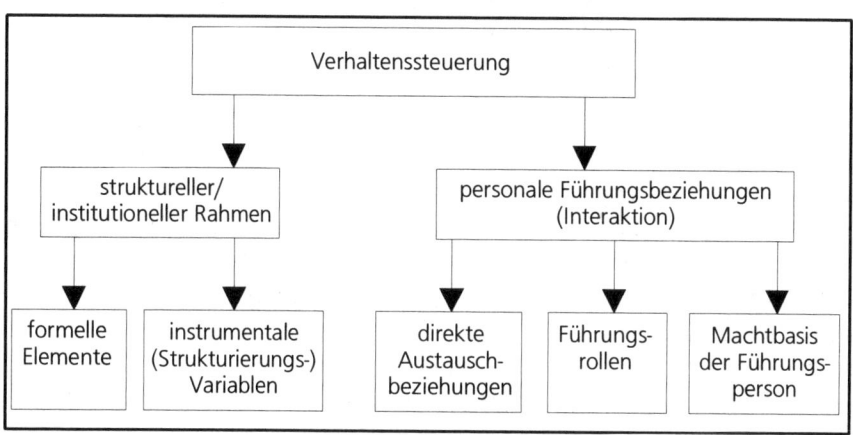

Abbildung 4-1   Strukturelle und personale Verhaltenssteuerung

Die **institutionelle Führung** beinhaltet das **"soziale Dürfen"** und basiert auf Regelungen und legt wechselseitige Verhaltenserwartungen zugrunde. Das Beziehungsgefüge der langfristigen Regelungen in einer Organisation manifestiert sich in der **Organisationsstruktur**. Wesentliche Gestaltungsprinzipien von Organisationsstrukturen beinhalten die **formalen Elemente** sowie **Instrumental-(Strukturierungs-)**Variablen.

Die direkten Austauschbeziehungen sind Gegenstand der austauschtheoretischen Ansätze der Führung, mit denen der Interaktionsbereich auf den wechselseitigen Austauschprozeß zwischen Führer und Geführten reduziert wird. Im Mittelpunkt steht besonders die gegenseitige Einflußnahme der Akteure.

Führen, geführt werden, sich führen lassen und sich selbst führen läßt sich als Produkt der Arbeitsteilung und der **Rollendifferenzierung** beschreiben. Verschiedene Führungsrollen entstehen durch Interaktion der Unternehmens- und Gruppenmitglieder. Je nach Aufgabe, Situation, Fähigkeiten und Motivation der Mitglieder entwickeln sich unterschiedliche Rollen, die hinsichtlich der Zielerreichung komplementär sind bzw. sein sollen. **Macht** ist ein zentrales Definitionsmerkmal der Führung. Macht bedeutet, Einflußmöglichkeiten in der Unternehmung zu besitzen. Die Berücksichtigung der Machtverteilung ist eine notwendige Voraussetzung für das Verständnis menschlicher Interaktionen, insbesondere im Bereich der Mitarbeiterführung.

Die Organisation ist durch eine Struktur gekennzeichnet, mit deren Hilfe die Ziele der Unternehmung und der Unternehmungsmitglieder erreicht werden sollen. Unter einer Organisationsstruktur (= formale Organisation) wird ein System von Regelungen verstanden, das als konzeptioneller Ordnungsrahmen für die in Organisationen stattfindenden Prozesse und Aktivitäten angesehen wird und Rechte und Pflichten von Organisationsmitgliedern grob regelt. Die Struktur einer Organisation ist nicht unveränderlich. Sie ist das Resultat einer Gestaltungshandlung, in der unterschiedliche Elemente verknüpft werden. Für die (Aus-)Gestaltung von Strukturen und Abläufen von Organisationen gibt es keine allgemeingültigen, auf jede Unternehmungslage anwendbaren Zweckmäßigkeitsregeln.

Im allgemeinen wird zwischen einer **formellen (formalen)** und einer **informellen (informalen)** Organisation unterschieden. Die formelle Organisation wird durch ein System von Regelungen bestimmt, die durch die Kerngruppe aufgestellt werden. Wichtigster Bestandteil dieser Regelung ist die Festlegung der Aufgabe und des Status der einzelnen Stellen sowie der Kommunikationsbeziehungen, die zur Aufgabenerfüllung notwendig sind. Somit werden die Verhaltenserwartungen der einzelnen Stelleninhaber formalisiert und die betriebsmittelbezogenen Leistungserwartungen festgelegt. Die organisatorischen Regelungen werden häufig schriftlich, z.B. im **Organisationshandbuch**, fixiert und sind infolgedessen Bestandteil der Unternehmungsverfassung. Die informale Organisation wird durch ein Netzwerk sozialer Beziehungen von Unternehmungsmitgliedern repräsentiert, die nicht durch die formale Organisation geschaffen sind, sondern sich spontan bilden. Diese informalen organisationalen Beziehungen erscheinen nicht in den Organisationsdarstellungen. Informale soziale Strukturen können zur effizienten Aufgabenerfüllung beitragen.

4.2 Merkmale der Organisation

4.2.1 Aufbau- und Ablauforganisation

Die durch die Organisation geschaffene Struktur der Unternehmung kann gedanklich in eine Aufbau- und Ablauforganisation gegliedert werden (vgl. Abb. 4-2). Bei der **Aufbauorganisation** (Gebildestrukturierung) geht es um die Gliederung des Betriebes in arbeitsteilige, funktionsfähige Elemente (Stellen, Instanzen, Abteilungen) und deren Koordination. Die **Ablauforganisation** (Prozeßstrukturierung) erstreckt sich hingegen auf die Arbeits- und Bewegungsvorgänge der Aktivitäten der Unternehmungsmitglieder. Gegenstand der Ablauforganisation sind Geschäftsprozesse. Die Trennung der Strukturierung in diese beiden Bereiche ist in der Praxis für die durchzuführenden Organisationstätigkeiten nicht immer aufrechtzuerhalten, da Aufbau und Ablauf sich gegenseitig bedingen. Aufbau- und Ablauforganisation bilden das **Organisationssystem** einer Unternehmung. Es kann zu Widersprüchen kommen, wenn Aufbau- und die Ablaufgestaltung einer Organisation für sich aus dem Unternehmungszweck abgeleitet und erst nachträglich zu einem Kompromiß zusammengefaßt werden. Gegenstand der Organisation sind Systemstrukturen, die in einem Entscheidungskomplex zu behandeln sind, wobei unter dem Gesichtspunkt der Prozeßorganisation die prozeßorientierte Gestaltung auch der Stellen- und Abteilungsbildung unter Berücksichtigung der spezifischen Erfordernisse des Ablaufs betrieblicher Prozesse konzipiert werden muß.

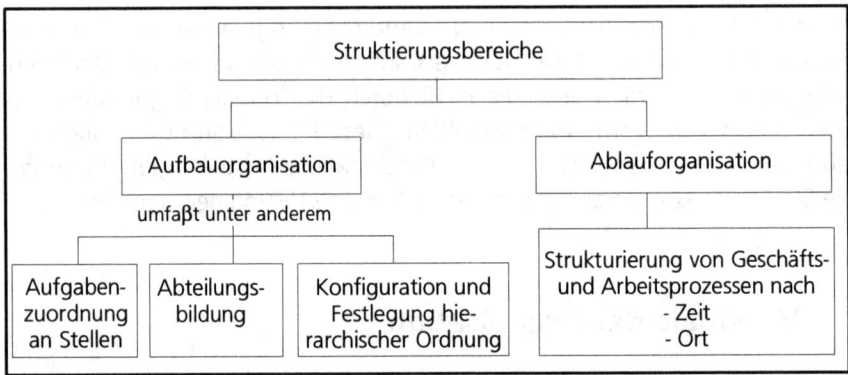

Abbildung 4-2 Organisationsstruktur der Unternehmung

4.2.2 Gestaltung der Organisationsstruktur

Bei der Gestaltung der Organisationsstrukturen richtet sich das Hauptinteresse der Unternehmensführung auf die **organisatorische Effizienz**, die grundsätzlich durch das Niveau der Aufgabenerfüllung bestimmt wird. Sie zeigt sich im Ergebnis der Bewertung und Beurteilung organisatorischer Gestaltungsprozesse bzw. deren Leistung. Die Effizienz oder Leistungsfähigkeit einer Organisation hängt wesentlich von der vorhandenen Organisationsstruktur ab.

Es werden die bereits genannten zwei Gruppen von Bausteinen der Organisation unterschieden: die **formalen Elemente** und die **Instrumentalvariablen (Strukturierungsvariablen).** Die folgende getrennte Behandlung ist nur unter didaktischen Gesichtspunkten zu vertreten.

Zu den formalen Elementen zählen **Aufgaben** und **Aktivitäten, Kompetenzen** und **Verantwortlichkeiten, Stellen** und **Stellengruppen** sowie **Verbindungswege zwischen den Stellen** (Schwarz 1977: 32ff.). Die formalen Elemente bilden den institutionellen Rahmen, in dem Arbeitsaufgaben entstehen, und sind damit Voraussetzung für menschliche Arbeit in Unternehmungen. Formal sind Tatbestände, wenn sie durch Regelungen in einem bewußten Gestaltungsakt geschaffen werden und als verbindlich erklärt werden.

Die Instrumentalvariablen sind die eigentlichen Mittel, die mit Hilfe der formalen Elemente die Gestaltung der Gebilde- und Prozeßstruktur ermöglichen. Die hier zu behandelnden **formalen Elemente** bzw. **Führungselemente** der Organisation sind:

(1) Aufgaben und Aufgabenträger,

(2) Stelle und Stellenbildung,

(3) Kompetenz und Verantwortung,

(4) Instanz und Instanzenbildung,

(5) Leitungshilfsstellen,

(6) Abteilung und Abteilungsbildung,

(7) Verkehrswege.

Die hier dargestellten **Strukturierungsprinzipien** der Organisation sind:

(1) Zentralisation, Dezentralisation,

(2) Spezialisierung, Generalisierung,

(3) Koordination,

(4) Konfiguration,

(5) Formalisierung,

(6) Flexibilität.

Strukturierungsprinzipien werden insbesondere von der empirischen bzw. vergleichenden Organisationsforschung als Variablen zur Beschreibung von unterschiedlichen Organisationsstrukturen herangezogen (vgl. Hentze/Brose 1985: 24). Die in der Literatur vorzufindenden Gliederungen sind zum Teil sehr unterschiedlich.

4.2.3 Führungselemente

4.2.3.1 Aufgabe und Aufgabenträger

Als **Aufgabe** wird in der betriebswirtschaftlichen Organisationslehre eine Soll-Leistung verstanden, die durch den Einsatz von Personal im Hinblick auf die

Gesamt-(Unternehmungs-)Aufgabe zu erfüllen ist. Die Aufgabe ist das zentrale Element jeder anwendungsbezogenen Organisationskonzeption. Die Bildung von Aufgaben geschieht im Rahmen der sogenannten **Aufgabenanalyse**, für die der Ausgangspunkt die Unternehmensaufgabe ist. Diese wird so weit in Teil- bzw. Elementaufgaben zerlegt, bis sie Aufgabenträgern als **stellenbezogene Tätigkeiten** zugewiesen werden können. Dieser Strukturierungsvorgang wird als **Differenzierung** bezeichnet und dient im wesentlichen der **Arbeitsteilung** bzw. **Spezialisierung**. Ihr folgt später die **Aufgabensynthese**.

4.2.3.2 Stelle und Stellenbildung

Das zweite Element zur Kennzeichnung der Unternehmungsorganisation ist die **Stelle** oder **Position**. In der Stelle werden die in der Aufgabenanalyse gewonnenen Teilaufgaben auf unbenannte Aufgabenträger verteilt. Der Begriff der Stelle ist von dem des Arbeitsplatzes abzugrenzen. Während die Stelle nicht ortsgebunden zu sein braucht (z.B. die Stelle eines Monteurs), wird unter dem **Arbeitsplatz** der Ort der Aufgabenerfüllung verstanden. Stellen bilden zusammen mit ihren Verknüpfungen die organisatorische Struktur der Unternehmung und stellen die Basiselemente der Aufbauorganisation dar. Die Stellenbildung wird im Rahmen der Aufgabensynthese vollzogen. Dabei ist darauf zu achten, daß die zusammengefaßten Aufgaben von den Anforderungen und von der zeitlichen Belastung her quantitativ und qualitativ von einem Aufgabenträger erfüllt werden können.

Als **Aufgabenträger** können sowohl Menschen als auch Maschinen auftreten. So kann man von Mensch-Stellen und von Stellen, die eine Mensch-Maschine-Kombination darstellen, sprechen.

Eine Möglichkeit der Typenbildung von Stellen ist die Einteilung in **ausführende (operative) Stellen** und **Leitungsstellen**, die sich im Grad der Kompetenz und Verantwortung unterscheiden. Leitungsstellen sind dadurch gekennzeichnet, daß sie die Leitung wahrnehmen, d.h. die Funktion der Unternehmensführung praktizieren.

Die Teilaufgaben einer Stelle werden in der **Stellenbeschreibung** niedergelegt, die Ergebnisse von Stellenbildung und hierarchischer Zuordnung werden im Stellenplan aufgezeigt. Werden mehrere gleichgeordnete Stellen, die gemeinsame oder direkt zusammenhängende Aufgaben erfüllen, einer **Leitungs-stelle** unterstellt, so bilden sie eine Abteilung. Diese Leitungsstellen werden als **Instanzen** bezeichnet.

4.2.3.3 Kompetenz und Verantwortung

Als **Kompetenzen** werden die übertragenen formalen Rechte und Befugnisse eines Stelleninhabers bezeichnet, die ihn im Hinblick auf die zielbezogene Auf-gabenerfüllung zu den erforderlichen Handlungen legitimieren. Mit der Zuwei-sung der Kompetenzen übernimmt der Aufgabenträger die Verpflichtung und Verantwortung, die Aufgaben zielentsprechend zu erfüllen. Die Übertragung von Aufgaben, Kompetenzen und Verantwortung auf nachgeordnete Lei-tungsstufen und Mitarbeiter nennt man **Delegation**.

Einer der bekanntesten Grundsätze der Organisation besagt, daß sich Aufgabe, Kompetenz und Verantwortung immer entsprechen müssen (**Kongruenz von Aufgabe, Kompetenz und Verantwortung**). Aus der Verantwortung resul-tiert die **Verantwortlichkeit**, die den Aspekt der persönlichen Rechenschaft für Erfolg und Mißerfolg umfaßt. Die Zuweisung von Kompetenzen wird in der Regel im Rahmen des **Direktionsrechts** von den berechtigten Leitungsstellen vorgenommen.

4.2.3.4 Instanz und Instanzenbildung

Instanzen sind Stellen mit besonderer Kompetenz oder Entscheidungsbefugnis und Verantwortung für den ihnen unterstellten Leitungsbereich. Instanzen sind **Leitungsstellen**, die die eigentlichen Führungsaufgaben wahrnehmen. Zu den Leitungsstellen werden auch oft die **Leitungshilfsstellen**, z.B. Stabsstellen oder Assistentenstellen, gezählt. Sie nehmen Hilfs- und Entlastungsfunktionen, wie z.B. Beratung und Information, wahr und haben grundsätzlich keine Ent-scheidungs- und Anordnungsbefugnisse außerhalb ihres Bereichs. Infolgedessen sind nicht alle Leitungsstellen Instanzen, während jede Instanz mit einer Lei-tungsstelle gleichzusetzen ist. Instanzen sind mit einer **Fach-** und **Personal-kompetenz** ausgestattet. Im Rahmen der Personalkompetenz wird der Instanz die **Disziplinargewalt** übertragen.

Nach den verschiedenen Leitungsstufen werden in der Praxis folgende Instanzen unterschieden: Unternehmungsleitung, Bereichsleitung, Hauptabteilungsleitung, Abteilungsleitung, Gruppenleitung.

4.2.3.5 Leitungshilfsstellen

Leitungshilfsstellen sind im Entscheidungsprozeß entweder in der Planungsphase oder in der Kontrollphase und eingeschränkt auch in der Entscheidungsphase beteiligt. Die Entscheidung bleibt in der Regel den Instanzen und die Realisation grundsätzlich den Ausführungsstellen überlassen.

Nach der Art ihrer typischen Aufgabenstellung werden vier Gruppen von Leitungshilfsstellen unterschieden (Schwarz 1977: 40ff.):

(1) Stäbe (Stabsstellen und Stabsabteilungen),
(2) Assistenten,
(3) Stellen mit begrenzter funktionaler Autorität und
(4) Ausschüsse.

Stabsstellen können spezielle oder generalisierende Tätigkeiten ausüben. Sie können auf allen Instanzenebenen eingerichtet werden. Besondere Bedeutung besitzen sie als Spezialstäbe auf den obersten Leitungsstufen, weil dort die Entlastung der Instanzen besonders vordringlich ist.

Der **Assistent** verrichtet dagegen Tätigkeiten aus verschiedenen Aufgabenbereichen. Vielfach handelt es sich um wechselnde Detailfragen, die eine mengenmäßige Entlastung für eine oder mehrere Instanzen bringen.

Den **Stellen mit begrenzter funktionaler Autorität** werden wie den Stäben bestimmte Spezialaufgaben übertragen. Im Unterschied zur reinen Stabsstelle werden diesen Stellen gewisse eng begrenzte Kompetenzen zugewiesen, die sie in die Lage versetzen, in einem bestimmten Teilbereich Entscheidungen zu treffen und entsprechende Weisungsbefugnisse gegenüber anderen Stellen und Abteilungen auszuüben. Die Stellen mit begrenzter funktionaler Autorität werden auch als (zentrale) **Dienst-** bzw. **Dienstleistungsstellen** bezeichnet (z.B. Rechtsabteilung, Personalabteilung).

Ausschüsse (Kollegien) sind im Gegensatz zu den vorgenannten Stellen keine Dauereinrichtungen. Ihnen werden im allgemeinen Sonderaufgaben übertragen, die nicht Hauptaufgabe der Stelleninhaber sind. Ausschüsse werden vor allem gebildet, wenn der Arbeitsgegenstand in die Zuständigkeit mehrerer organisatorischer Bereiche fällt. Ausschüsse nehmen somit vor allem die **Koordinationsfunktion** wahr.

4.2.3.6   Abteilung und Abteilungsbildung

Eine Zusammenfassung mehrerer Stellen unter einer verantwortlichen Instanz (Leitungsstelle) wird als **Abteilung** bezeichnet. Der Leiter der ersten Instanz wird **Abteilungsleiter** genannt. Einerseits ist zu klären, welche Stellen bzw. Teilfunktionsbereiche zu einer Abteilung zusammengefaßt werden sollen. Andererseits muß bestimmt werden, wieviel Stellen bzw. Teilaufgaben zu einer Abteilung zu rechnen sind. Drittens sind die Relationen zwischen den einzelnen Stellen bzw. Teilaufgaben zu regeln.

4.2.3.7   Verkehrswege

Die von den Stellen zu entwickelnden Aktivitäten sind nicht unabhängig voneinander. Daher sind innerbetriebliche Verkehrswege einzurichten, die erst die Erfüllung der Gesamtaufgabe der Unternehmung ermöglichen. Auf diesen Verkehrswegen werden entweder körperliche Gegenstände oder Informationen übermittelt. Entsprechend dieser Gliederung werden **Transportwege** und **Informationswege** (Kommunikationswege) unterschieden.

Die strukturierte Verknüpfung der Einzelelemente zu einem organisatorischen Ganzen bildet das bereits erwähnte Organisationssystem. Es entsteht durch eine dauerhafte Regelung der Prozeß- und Systemstruktur.

4.2.4 Strukturierungsvariablen

4.2.4.1 Zentralisation und Dezentralisation

Im Rahmen des organisatorischen Gestaltens sind die einzelnen Teilaufgaben zu Aufgabenkomplexen zu kombinieren, die den Aufgabenträgern zuzuordnen sind. Bei der Aufgabenverteilung ist stets nach den Prinzipien der **Zentralisation** und der **Dezentralisation** vorzugehen, die somit Grundprinzipien zur Bildung von Organisationsstrukturen der Unternehmung sind. Zentralisation bedeutet, daß gleichgeartete Aufgabenelemente oder Teilaufgaben im Hinblick auf ein bestimmtes Kriterium bzw. bestimmte Kriterien zu einer Stelle oder Abteilung zusammengefaßt werden und diese für die gleichgearteten Aufgaben verantwortlich sind. Bei der Dezentralisation der Aufgabenverteilung werden hingegen gleichartige Aufgaben verschiedenen Stellen oder Abteilungen in der Unternehmung zur Erfüllung übertragen. In der Organisationspraxis finden beide Prinzipien nebeneinander Verwendung.

Dezentralisation wird häufig mit **Delegation** gleichgesetzt. Die beiden Termini liegen nicht immer auf gleicher logischer Begriffsebene. Dezentralisation beinhaltet die Aufgabenverteilung und die daraus resultierende Autonomie nachgeordneter Stellen (Subsysteme). Delegation bedeutet hingegen Kompetenzabtretung und fällt in den Bereich der Koordination. Hierbei geht es weniger um Verteilung bzw. Abtretung bestimmter Aufgaben, sondern um die generelle Zuordnung von Entscheidungsbefugnissen an nachgeordnete Stellen. Als wichtige Merkmale für die Gliederung der Zentralisation bzw. Dezentralisation können unterschieden werden:

(1) Phasen des Entscheidungsprozesses,

(2) Verrichtungen,

(3) Objekte und

(4) Regionen.

Als Phasen des Entscheidungsprozesses werden im allgemeinen die Planung mit der **Planaufstellung** (Entscheidungsvorbereitung) und der **Planverabschiedung** (Entschluß, Entscheidung im engerem Sinne), die **Realisierung** (Durchsetzung, Ausführung) sowie die **Kontrolle** unterschieden.

Die Zusammenfassung gleichartiger Verrichtungen (z.B. Verkaufen) in Stellen bzw. Abteilungen wird als **Verrichtungszentralisation** bezeichnet. Da bei der Verrichtungszentralisation in der Regel unterschiedliche Objekte kombiniert werden, handelt es sich dabei gleichzeitig um eine **Objektdezentralisation**. Werden unterschiedliche Verrichtungen in Stellen bzw. Abteilungen zusammengefaßt, so spricht man von **Verrichtungsdezentralisation**, die im allgemeinen zugleich eine Objektzentralisation bedeutet. Beide Prinzipien werden häufig bei der organisatorischen Gestaltung kombiniert.

Bei der **Objektzentralisation** werden unterschiedliche Verrichtungen am gleichen Objekt zusammengefaßt. Als **Objektdezentralisation** wird demgegenüber die Verteilung gleichartiger Verrichtungen auf unterschiedliche Objekte bezeichnet. Als Objekte kommen z.B. Werkstücke, Produkte, Informationen aber auch Regionen (In- und Ausland), Kundenzielgruppen in Frage.

Bei der räumlichen Dezentralisation und Zentralisation erfolgt die Aufgabenbildung nach lokalen Gesichtspunkten. **Räumliche Zentralisation** bedeutet eine Zusammenfassung unterschiedlicher Teilaufgaben an einem Ort, während bei der räumlichen Dezentralisation die Aufgabenelemente an getrennten Orten zusammengefaßt werden. Dies kann sowohl innerhalb eines Betriebes als auch nach regionalen Raumeinheiten im In- und Ausland geschehen.

4.2.4.2   Spezialisierung und Generalisierung

Die Unterteilung der Unternehmungsaufgaben in Teilaufgaben macht eine **Arbeitsteilung** notwendig, die eine Verteilung eines Aufgabenkomplexes nach Art und Menge auf verschiedene Aufgabenträger beinhaltet. Demnach ist also eine Mengen- von einer Artenteilung zu unterscheiden. Eine **Mengenteilung** (segmentierende Arbeitsteilung) liegt vor, wenn jedem einzelnen Aufgabenträger die Erfüllung aller Teilaufgaben des gesamten Arbeitsablaufs übertragen wird. **Artenteilung** (funktionale Arbeitsteilung) ist die Verteilung der Teilaufgaben unterschiedlicher Arten auf spezialisierte Aufgabenträger, so daß jeder einen Teil des Arbeitsablaufs ausführt. Diese zweite Form der Arbeitsteilung wird als **Spezialisierung** bezeichnet. Die Spezialisierung kann sowohl die Form der vertikalen als auch die der horizontalen Arbeitsteilung annehmen. Wird die Spezialisierung im operativen Bereich weitergeführt, in dem die Prozesse in einfache, interdependente Teilaufgaben aufgelöst werden und ihre Zuordnung auf einzelne Aufgabenträger erfolgt, so spricht man von **Arbeitszerlegung**.

Der Stellenspezialisierung als einer extremen Ausprägung der Aufgabengestaltung steht die **Generalisierung** gegenüber. Die Methoden der Aufgabengestaltung, die eine Generalisierung fördern, werden unter dem Begriff der **Arbeitsstrukturierung (Aufgabenstrukturierung)** zusammengefaßt. Bei der Generalisierung wird der Arbeitsinhalt vielfältiger, der Arbeitsumfang vergrößert, indem mehrere verschiedene Arbeitsvorgänge für einen Stelleninhaber zusammengefaßt und die Anforderungen dadurch in der Regel angehoben werden. Die Überlegungen zur Arbeitsstrukturierung gehen von der Frage aus, wie die Tätigkeiten abwechslungsreicher und damit interessanter zu gestalten sind. Dabei geht es darum, die Arbeit selbst umzugestalten und nicht lediglich die Umgebung des Arbeitsplatzes. Das Ziel ist die Erhöhung der **Arbeitszufriedenheit** durch Abbau monotoner Tätigkeiten und durch die Einführung neuer Management-, Führungs- und Organisationskonzepte, die mehr **Autonomie** erlauben. Die Erweiterung des Handlungsspielraums soll durch die Aufhebung der Trennung von Denken und Tun bei der Arbeit erreicht werden, wodurch die Möglichkeiten zur Persönlichkeitsentfaltung und zur Selbstverwirklichung verbessert werden sollen. Die Aufgabengestaltung bedeutet nicht nur eine Änderung der Aufbau- und Prozeßorganisation, sondern auch die Interaktion der Unternehmensmitglieder wird intensiviert.

4.2.4.3 Koordination

Unter Koordination wird im allgemeinen die Abstimmung der durch die Arbeitsteilung gebildeten interdependenten Teilaufgaben im Hinblick auf die Zielerfüllung der Unternehmung bzw. einzelner unternehmungsbezogener oder individueller Ziele verstanden. Die Träger der Koordination sind die Instanzen, die zur Wahrnehmung dieser Aufgabe mit Kompetenzen ausgestattet sind. Bedeutende Aufgaben der Instanzen im Rahmen der Koordination sind die Abgrenzung der Aufgabenbereiche und die Gestaltung der Kommunikationsbeziehungen. Es werden folgende vier Koordinationsinstrumente unterschieden (Kieser/Kubicek 1992: 103):

- Koordination durch persönliche Weisungen,
- Koordination durch Selbstabstimmung,
- Koordination durch Programme,
- Koordination durch Pläne.

Ausgangspunkt für diese Systematisierung sind die Medien aus der Sicht der von den Koordinationsentscheidungen betroffenen Unternehmungsmitglieder.

Bei **persönlichen Weisungen** handelt es sich um vorwiegend vertikale, bei der **Selbstabstimmung** um eine vorwiegend horizontale, mittelbare persönliche Kommunikation. Diese beiden Koordinationsinstrumente sind personenorientiert, während die beiden anderen unpersönlich sind. Persönliche Weisungen und Selbstabstimmung dienen sowohl der **Voraus-Koordination** als auch der **Feedback-Koordination**, während **Programme** und **Pläne** ausschließlich bei der Voraus-Koordination angewendet werden. Da Weisungen von oben nach unten in der Hierarchie gegeben werden, handelt es sich bei der Koordination durch Weisungen um einen **vertikalen Kommunikationsfluß**. Dieses Koordinationsinstrument führt zu einer starken Belastung der Instanzen. Bei der Koordination durch **Selbstabstimmung** werden die Abstimmungsaufgaben nicht von der Instanz, sondern von der Gesamtheit der nachgeordneten Stellen wahrgenommen. Durch die Koordination durch Selbstabstimmung wird die hierarchische Kommunikation entlastet und die Motivation der Betroffenen erhöht.

Die Koordination durch **Programme** wird meistens schriftlich in Verfahrensrichtlinien oder Handbüchern (z.B. Organisationshandbuch) festgelegt. Sie entlasten die Instanzen erheblich. Bei der Koordination durch Pläne werden den einzelnen organisatorischen Einheiten Plan- oder Soll-Vorgaben für eine bestimmte Periode oder für eine bestimmte, einmalige Aufgabe vorgegeben. Insofern unterscheiden sich Pläne von Progammen, die den Ablauf von Handlungen auf Dauer festlegen.

4.2.4.4 Konfiguration (Leitungssystem)

4.2.4.4.1 Grundbegriffe zur Konfiguration

Mit den Strukturierungsdimensionen Zentralisation/Dezentralisation, Spezialisierung/Generalisierung und Koordinierung sind formale Organisationsstrukturen noch nicht hinreichend zu beschreiben. Hinzuzufügen ist unter anderem das äußere Bild des Stellen- bzw. Kompetenzgefüges, die **Konfiguration**. Sie wird durch folgende Merkmale beschrieben: die Zahl der hierarchischen Ebenen, die Leitungsspannen, die Verhältnisgrößen zwischen verschiedenen Stellenarten und die Relationen zwischen den Stellen der verschiedenen Unternehmungsbereiche.

Die Abbildung der Konfiguration erfolgt im **Organisationsschaubild** bzw. **Organigramm** oder **Organisationsplan**. Da den Leitungsstellen und ihren strukturellen Beziehungen zueinander besondere Bedeutung zukommt, wird anstelle von Konfiguration auch der Begriff **Leitungssystem** verwendet.

Die Zahl der hierarchischen Ebenen drückt die vertikale Gliederungstiefe der Leitungsstufen aus, die pyramidenförmig im Organisationsschaubild ausgewiesen werden. Diese Anordnung drückt die **Stellenhierarchie** aus, zeigt den jeweiligen Status der Stelleninhaber und macht die unterschiedlichen Weisungs- und Entscheidungsbefugnisse deutlich. Es besteht eine direkte Beziehung zwischen den Leitungsstufen und den Leitungsspannen. Die **Leitungsspanne** gibt an, wie viele Unternehmungsmitglieder einem Leiter direkt unterstellt werden können. Die Verhältnisgrößen zwischen verschiedenen Stellenarten drücken beispielsweise die Relation zwischen Instanzen, Stäben und Ausführungsstellen aus und sind ein wichtiges Hilfsmittel für die Beurteilung einer Organisationsstruktur. Die Relation zwischen den Stellen der verschiedenen Unternehmensbereiche macht u.a. Aussagen über die Bedeutung dieser Bereiche.

4.2.4.4.2 Einliniensystem

Die Leitungs- und Weisungsbeziehungen werden im Organisationsschaubild durch Linien dargestellt, die die gebildeten Stellen miteinander verbinden. Ist eine hierarchisch höhere mit einer hierarchisch niedrigeren Stelle mit nur einer Linie verbunden, so spricht man vom **Einliniensystem**. Alle Stellen sind in einen einheitlichen Instanzenweg (**Dienstweg**) eingegliedert, so daß für die Leitungs- und Weisungsbeziehungen eine eindeutige Zuordnung besteht (vgl. Abbildung 4-3).

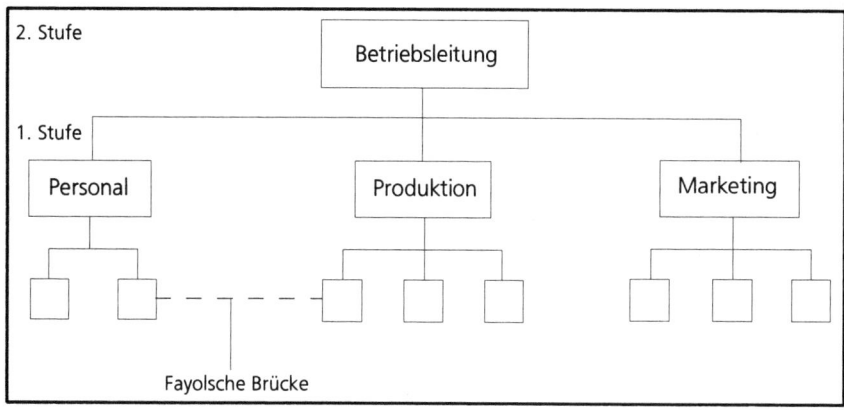

Abbildung 4-3   Grundformen des Einliniensystems

Das Einliniensystem basiert auf dem von Fayol formulierten **Prinzip der Einheit der Auftragserteilung** (Fayol 1916) bzw. der **Einheit des Auftragsempfangs** (Ulrich 1949: 125). Es besagt, daß jeder Mitarbeiter von nur einem Vorgesetzten Weisungen erhalten darf und daß eine Instanz weder "von oben" noch "von unten" übersprungen werden darf, d.h., daß der Dienstweg einzuhalten ist. Zusammen mit den von oben nach unten auf dem Entscheidungsweg weitergeleiteten Anordnungen werden die notwendigen Kompetenzen delegiert, d.h., daß der Entscheidungsprozeß auch immer einen Anordnungs- und Delegationsprozeß bildet, dem umgekehrt, von unten nach oben, Rückfragen, Vorschläge, Beschwerden nachfolgen können. Durch die Weisungsbeziehungen entstehen Über- und Unterordnungsverhältnisse, die im Organisationsschaubild durch die vertikale Anordnung verdeutlicht werden.

Die wesentlichen Vorteile des Einliniensystems liegen in der Übersichtlichkeit des Leitungsgefüges, der Eindeutigkeit und der Einfachheit der Weisungsbeziehungen, dem Fehlen von Kompetenzüberschneidungen und den Kontrollmöglichkeiten. Nachteile sind vor allem, wenn die Gesamtheit der Kommunikation an den Dienstweg gebunden ist, in den geringen Spezialisierungsmöglichkeiten, in Informationsverlusten und -verzögerungen und in der Schwerfälligkeit zu sehen. Um diese Nachteile zumindest teilweise zu beheben, sieht Fayol in manchen Fällen eine direkte Verbindung zwischen den Stellen vor, die sogenannte **Fayolsche Brücke** ("Passerelle"). Diese direkten Wege, die nicht über die Instanzen laufen, sind reine Informations- bzw. Mitteilungswege.

4.2.4.4.3 Mehrliniensystem

Im Mehrliniensystem ist jede Stelle mehreren hierarchisch höheren Stellen unterstellt (Mehrfachunterstellung). Dies kommt im Organisationsschaubild durch mehrere Linien zwischen den Instanzen und den hierarchisch niedrigeren Stellen zum Ausdruck. Das Mehrliniensystem bedeutet einen Verzicht auf das Prinzip der Einheit der Auftragserteilung. An seine Stelle tritt das "Funktionsprinzip", das eine Spezialisierung des Vorgesetzten auf bestimmte Funktionen und die Mehrfachunterstellung umfaßt. Die Instanz erteilt nur Weisungen aus ihrem Kompetenzbereich. Dies erfolgt auf kürzestem Wege (vgl. Abb. 4-4).

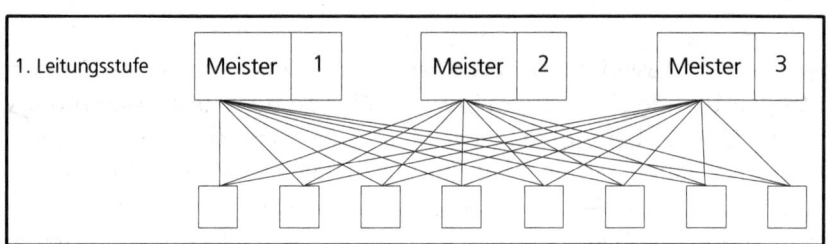

Abbildung 4-4   Mehrliniensystem

Das Mehrliniensystem geht auf das von Taylor im Rahmen der **wissenschaftlichen Betriebsführung** entwickelte "Funktionsmeistersystem" zurück (Taylor 1919: 132ff; Taylor/Wallichs 1917: 48ff.). Taylor wendet das Prinzip der Spezialisierung auf die Leitung an und verteilt die Grundfunktionen des Meisters auf acht Funktionsmeisterstellen, d.h., jeder Arbeiter erhält gleichzeitig von mehreren Vorgesetzten Weisungen.

Taylors Funktionsmeistersystem ist in der reinen Form heute nur noch ein Schulbeispiel. Die nachhaltigste Wirkung ging von seiner Idee, der Trennung in die **Fertigungsvorbereitung** und die **Ausführung**, aus. Der erste Bereich ist heute unter der Bezeichnung **Arbeitsvorbereitung**, **Fertigungsplanung** oder **Fertigungssteuerung** in Industriebetrieben zu finden.

Im Mehrliniensystem werden die schwerfälligen Instanzenwege ausgeschaltet, es kommt zu höherer Entscheidungsqualität und zu schnellerer Entscheidungsfindung, zu Arbeits- und Kostenersparnis durch Spezialisierung der Leitungsinstanzen. Die Kritik an diesem System ist meistens auf die Mehrfachunterstellung gerichtet. Sie kann zu widersprüchlichen Weisungen führen, da eine scharfe Abgrenzung der Kompetenzen in der Praxis nicht möglich ist und es zu Überschneidungen kommen kann.

4.2.4.4.4 Stabliniensystem

Im Stabliniensystem sollen die Vorteile des Einliniensystems und des Mehrliniensystems verbunden und die Nachteile vermieden werden. Dies geschieht zum einen, indem wie im Einliniensystem das **Prinzip der Einheit der Auftragserteilung** erhalten bleibt und zum anderen durch Spezialisierung, wodurch die Qualität der Entscheidung und Ausführung wie im Mehrliniensystem gesteigert werden soll. Zu diesem Zweck werden **Stabsstellen** eingerichtet und mit Spezialisten besetzt, die den Linienstellen zugeordnet werden. Während die Linienstellen anordnende und entscheidende Instanzen sind, bereiten die Stabsstellen lediglich die Entscheidung vor, planen, koordinieren, informieren und organisieren. Sie unterstützen und entlasten als **Leitungshilfsstellen** die Instanzen (s. Abbildung 4-5).

Den Vorteilen stehen auch Nachteile gegenüber. So kann es aufgrund eventueller unklarer Kompetenzabgrenzung zu Konflikten zwischen Linien- und Stabsstellen kommen.

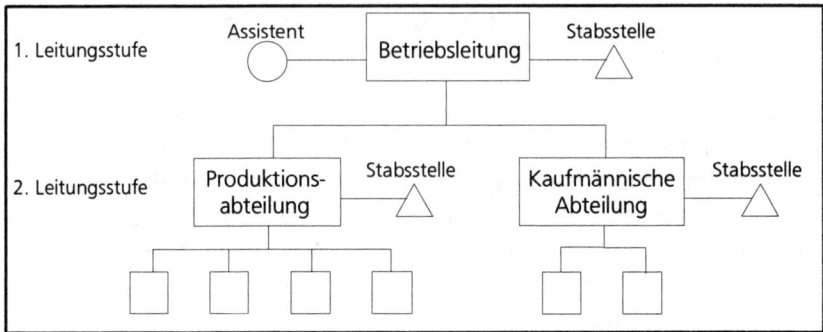

Abbildung 4-5   Stablinienorganisation

4.2.4.4.5 Matrixorganisation

Aufgrund der Schwächen der bisher beschriebenen Systeme sind Konfigurationen entwickelt worden, denen Taylors Grundgedanke der Spezialisierung der Instanzen im Mehrliniensystem zugrunde liegt. Bei diesen Organisationssystemen wird die verrichtungsbezogene Organisationsstruktur durch Hinwendung zur objektorientierten Struktur aufgegliedert. Diese Objekte können z.B. **Projekte** sein, die als zeitlich begrenzte, innovative, komplexe Sonderaufgaben verstanden werden.

Der Aufbau der Organisationsstruktur erfolgt bei der Matrixorganisation nach zwei Dimensionen. In der **Matrix- Projektorganisation** wird die vertikal (z.B. nach Funktionen) gegliederte Organisationsstruktur von einer horizontal strukturierten, z.B. projektorientierten Organisation überlagert (vgl. Abbildung 4-6). Die Entscheidungs- und Weisungsbefugnisse werden bei dieser Organisationsform zwischen Projekt- und Funktionsleiter geteilt. Der Projektleiter erhält nur projektbezogene Kompetenzen für die mit dem Projekt betrauten Stellen für die Zeit der Projektdauer, während die Instanzen der Funktionsbereiche funktionsbezogene Anweisungen geben. Ihnen sind die Mitarbeiter in der Regel auch fachlich unterstellt. Dem Projektmanager obliegt die Koordination des Projektes. Bei der Matrixorganisation vollzieht sich die Strukturierung nach dem Verrichtungs- und Objektprinzip.

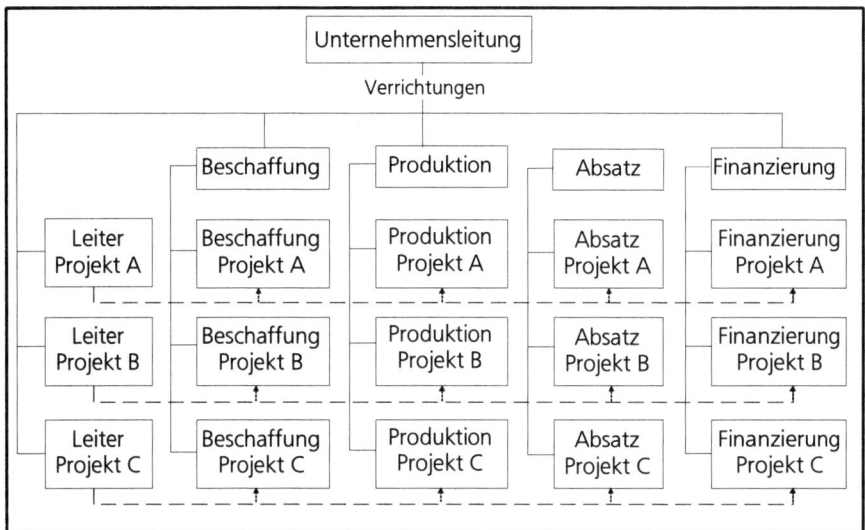

Abbildung 4-6   Matrix-Organisation

Handelt es sich bei der Objektstelle anstelle eines Projektes um ein Produkt, so spricht man von einer **Produkt-Matrixorganisation** (Produktmanagement) (vgl. Abbildung 4-7), die sich von der Projekt-Matrixorganisation auch in der zeitlichen Fixierung unterscheidet. Diese Organisationsform ist nicht wie das Projektmanagement zeitlich begrenzt.

Die Idee des Produktmanagements resultiert aus dem Marketing-Gedanken, die von der Produktentwicklung bis zur Distribution verbundenen Maßnahmen zu koordinieren. Die verrichtungsorientierten Stellen werden mit der Ausführung betraut.

Die Leistungsfähigkeit der Matrixorganisation zeigt sich insbesondere bei überschaubaren Organisationseinheiten.

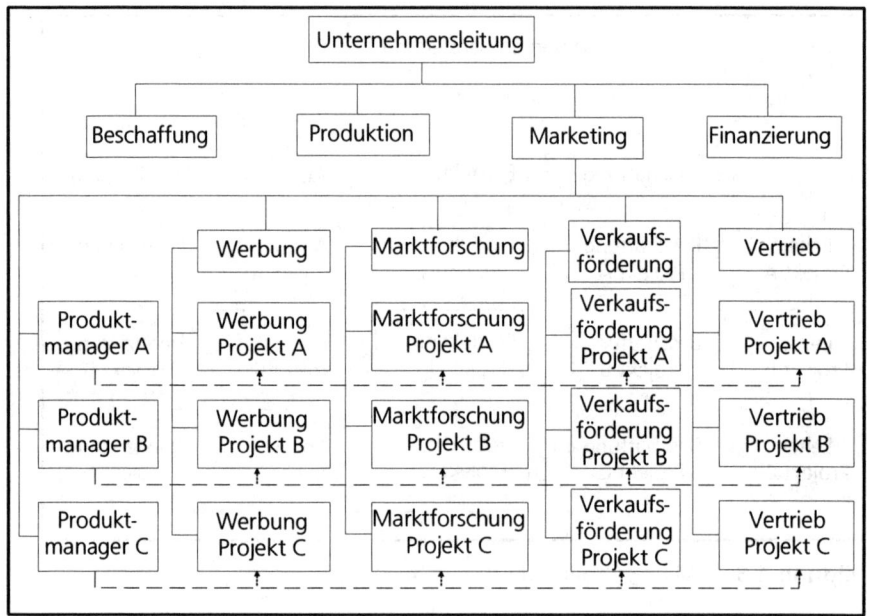

Abbildung 4-7   Produkt-Matrix-Organisation

4.2.4.4.6 Divisionale Organisation

Die divisionale Organisation (**Geschäftsbereichs- oder Spartenorganisation**) ist eine objektbezogene Organisationsstruktur, die primär nach Produkten, Produktgruppen, Abnehmergruppen, Herstellungsprozessen oder Regionen gebildet wird. Sie ist grundsätzlich ein Einliniensystem mit Stäben (Zentralbereichen). Bei einer an Produkten orientierten Spartenorganisation werden die leistungsbezogenen Funktionsbereiche (zumindest Produktion und Absatz) in homogenen Geschäftsbereichen zusammengefaßt, die weitgehend autonom geleitet werden. Die Spartenleiter handeln im Rahmen der in der Unternehmungspolitik und der Unternehmungsplanung festgelegten Zielvorgaben. Das Objektprinzip wird durch die Bildung verrichtungsorientierter **Zentralabteilungen** (Zentralbereiche, Funktionsbereiche) durchbrochen, die der Unternehmungsleitung und den Spartenleitungen beratend zur Verfügung stehen. Beispiele dafür sind: Forschung und Entwicklung, Beschaffung, Finanzen, Rechnungswesen, Recht, Planung, Personal, EDV (vgl. Abb. 4-8).

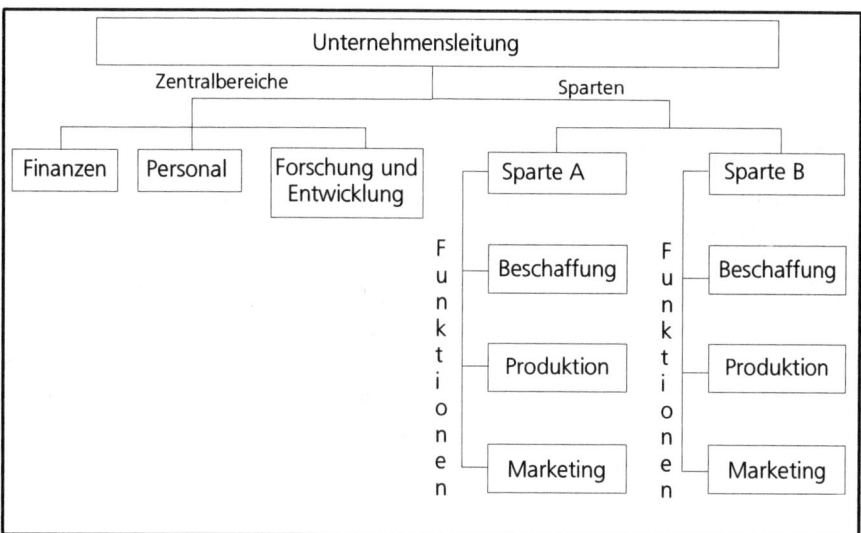

Abbildung 4-8   Divisionale Organisation

Die Zusammenarbeit zwischen Sparten und Zentralbereichen kann unterschiedlich geregelt werden. So können die Divisionen berechtigt sein, sich beraten zu lassen oder die Dienste der Zentralabteilungen in Anspruch zu nehmen. Dies bedeutet, daß die Zentralbereiche erst auf Initiativen der Sparten tätig werden. In anderen Fällen kann ein Konsultationszwang oder eine Beratungspflicht der Zentraleinheiten seitens der Sparten bestehen.

Die Unternehmungsleitung bestimmt die Unternehmungspolitik, indem sie Ziele und Strategien festlegt, und sie ist zuständig für die Steuerung und Kontrolle der Geschäfts- und Funktionsbereiche sowie für die Verteilung der Ressourcen für die Sparten. Nach dieser Konzeption hat die Unternehmungsleitung keine direkte operative Verantwortung für einzelne Geschäftsbereiche.

Häufig werden verwandte Geschäftsbereiche oder Zentralbereiche unter einer Person der Unternehmensleitung zusammengefaßt. Zur Lösung der **Koordina-**

tions- und Kontrollprobleme sind vor allem folgende Konzepte für die Geschäftsbereiche entwickelt worden:

(1) Budgetansatz (Finanzbereich),
(2) Profit Center (Erfolgsbereich),
(3) Investmentcenter (Kapitalbereich),
(4) Cost Center (Kostenbereich).

Im **Budgetansatz** wird dem Geschäftsbereich ein bestimmter finanzieller Rahmen im Finanzbudget vorgegeben.

Der **Erfolgsbereich** (Profit Center-Konzeption) ist ein Geschäftsbereich, der durch zwei Merkmale charakterisiert ist: Erstens ist er für die Produktion und den Vertrieb eines Produktes oder einer Produktgruppe zuständig und zweitens trägt er die Gewinnverantwortlichkeit. Innerhalb der im Rahmen der Unternehmungspolitik und der Unternehmungsplanung vorgegebenen Bedingungen entscheidet der Erfolgsbereich über seine Mittel selbst und erstellt auch eine eigene Ergebnisrechnung. Da der Gewinn stark von den eingesetzten Investitionsmitteln abhängig ist, kann es einen ständigen Kampf zwischen den Sparten um die zur Verfügung stehenden Mittel geben.

Im **Investment Center-Konzept** erhalten die Spartenleiter weitergehende Kompetenzen hinsichtlich der Investitionen ihres Geschäftsbereichs. Allerdings wird sich die Unternehmungsleitung gewisse Mitspracherechte einräumen, die die Koordination der Investitionen der einzelnen Sparten betreffen.

Nach dem **Cost Center-Konzept** ist die Sparte für die Einhaltung eines bestimmten Kostenbudgets oder (bei einem gegebenen mengenmäßigen Umsatz) die Minimierung der Kosten verantwortlich. Das Budget ist mit einem Budget-Kontrollsystem gekoppelt, zu dem in der Regel das Umsatzbudget, das Produktions- und das Finanzbudget gehören. Somit ist das Budget zugleich ein Ziel-, ein Plan- und ein Kontrollinstrument. Ein Beispiel für eine Geschäftsbereichsorganisation zeigt die Abbildung 4-9.

Vorstand	Vorstands-Vorsitz/ Hotelbeteiligungen	Veranstalter Europa Mitte	Veranstalter Europa West	Zielgebitsservices/ Hoteleinkauf	Personal/ Finanzen/IT
	Konzern-funktionen				**Konzern-funktionen**
	-Konzernentwicklung/Marketing Koordination/ Konzernrevision -Mergers & Acquisitions -Konzernkommunikation -Umwelt -Internationale Be ziehungen -Leitende Führungskräfte				-Finanz- und Rechnungswesen -Konzerncontrollerdienst -Personal Konzern -Recht
	Geschäftsbereich Hotelbeteiligungen	Geschäftsbereich Veranstalter Euopa Mitte	Geschäftsbereich Veranstalter Euopa West	Geschäftsbereich ZGB-Services/ Hoteleinkauf	Geschäftsbereich Informationstechnologie

-Stäbe* -Stäbe* -Stab -Stab -Stäbe*
-Produktma- -Vertrieb -Veran- -Rechnungs- -Hoteleinkauf
nagement -Marke- stalter wesen -Reiseleitung
-Beförde- ting -Personal -Retail
rung/Yield -IT

* Die Stäbe beinhalten u.a.
 - Personal (operatives)
 - Controllerdienst

Abbildung 4-9   Beispiel für eine divisionale Organisationsstruktur

4.2.4.4.7 Die Holding-Organisation

Eine Holding-Gesellschaft besteht aus mehreren organisatorisch selbständigen Tochtergesellschaften, an denen die Holding-Gesellschaft kapitalmäßig beteiligt ist. Den rechtlichen Rahmen stellt der **Konzern** dar (Bühner 1992: 326). Nach § 18 Aktiengesetz wird der Konzern als eine Zusammenfassung von mehreren rechtlich selbständigen Unternehmen unter einheitlicher Leitung definiert.

Es ist die Management-Holding von der (internationalen) Finanzholding zu unterscheiden.

In der **Management-Holding** besteht Führungsanspruch gegenüber den Tochtergesellschaften. Sie ist eine Geschäftsbereichsorganisation und weist dementsprechend Geschäftsbereiche, Zentralbereiche und eine Unternehmensleitung auf. Die operativen Aufgaben und die Gewinnverantwortung obliegen den rechtlich selbständigen Geschäftsbereichen. Bühner (1992: 396) stellt folgende wesentliche Kennzeichen der Management-Holding heraus:

- "die Trennung strategischer Aufgaben der Unternehmensleitung (Muttergesellschaft) von operativen Aufgaben der geschäftsführenden Bereiche (Tochtergesellschaften) und
- die Identität von Rechts- und Organisationsstruktur".

Die Abbildung 4-10 zeigt ein Beispiel für eine Management-Holding.

1998		
IVG Holding AG Bonn		
IVG Immobilien GmbH	**IVG Investmentservice GmbH**	**IVG Logistik GmbH**
Projektentwicklung	**Strukturierte Finanzierung**	**Lagerung**
TERCON Immobilien Projektentwicklungs- GmbH, 80%	Internationale Finanzierung Hanover HL Leasing GmbH & Co. KG, 25%	Kavernen Tanklager Chemielogistik
BOTAG Bodentreuhand- und Verwaltungs- Aktiengesellschaft, 49%	**Informationstechnik** IVG InfoTec GmbH	Technische Dienstleistungen **Schiene**
Portfoliomanagement	IABG Holding GmbH, 20%	Schienenwagen
60 Objektgesellschaften Niederlassungen und Zweigstellen in Berlin, Hamburg, Kassel, Liebenau, Düsseldorf, Dresden, Nürnberg, München		Reparaturwerk Kesselwagenreingung **Straße** Tankstellenspedition Fahrzeugtechnik **Luft** Cargo Handling Flugzeugreinigung Bodenverkehrsdienste Flugzeugwartung Kabelfertigung

Abbildung 4-10   Organisationsstruktur (IVG Holding AG)

Die **Finanz-Holding** übernimmt ausschließlich Aufgaben, die Beteiligungen zu halten und zu verwalten. Dies bedeutet, daß durch die Obergesellschaft der Holding keine Führungsfunktionen gegenüber den Tochter-Unternehmen wahrgenommen werden. Diese nehmen die operativen Angelegenheiten selbständig wahr und haben auch bei den strategischen Entscheidungen in der Regel eine hohe Verantwortung (Picot et al. 1997: 260). Zu den Aufgaben der Beteiligungsverwaltung zählen die Planung, Steuerung und Kontrolle der Finanzströme des Beteiligungs-Portfolios. Da die Finanz-Holding die Investitionsmittel verteilt, nimmt sie indirekt Einfluß auf die strategischen Entscheidungen der einzelnen Geschäftsfelder und somit auch auf die Führung der Geschäftsfelder. Hiermit ist die Möglichkeit der Überschneidungen der Finanz-Holding und der Management-Holding gegeben.

Kieser/Kubicek (1992: 246) weisen darauf hin, daß in der Zentrale bei der Holding-Struktur nach einiger Zeit das Bedürfnis entsteht, Rationalisierungsmöglichkeiten zu nutzen und Synergien zu realisieren, indem beispielsweise Produktgruppen zusammengelegt werden oder z.B. EDV-Abteilungen zentralisiert werden, was bei den selbständigen Tochtergesellschaften auf Widerstand stoßen dürfte. In diesem Fall bietet sich an, die Holding-Organisation zu einer divisionalen Struktur zu verändern.

4.2.4.4.8 Hybride und virtuelle Organisation

Die Analyse der Strukturen großer Unternehmungen zeigt, daß die reinen Formen der Strukturierung nach Funktionen, Produkten oder Regionen in der Praxis nicht existieren. Meistens sind Kombinationen anzutreffen. Dabei steht die Instrumentalvariable **Flexibilität** im Mittelpunkt, die sich in der Fähigkeit einer Unternehmung zeigt, sich Veränderungen der dynamischen Umwelt anpassen zu können.

Zwei Formen sollen hier beispielhaft beschrieben werden, die die Anpassung an die Umwelt- und Situationsdynamik berücksichtigen. Die **hybride Organisationsstruktur** kombiniert die Merkmale Verrichtungs-, Produkt-(Linien-) und/oder Länder-(gruppen-)Orientierung. Diese Organisationsform ist häufig bei komplexen, global tätigen Unternehmungen anzutreffen, die somit den speziellen Erfordernissen der verschiedenen Geschäftsfelder und Marktbedingungen Rechnung tragen können (Abb. 4-11).

Der Hauptvorteil der hybriden Struktur ist, daß die Unternehmung befähigt wird, simultan die Anpassungsfähigkeit der Produktorientierung in den Ländern und die Funktionsorientierung effizient zu verfolgen. Als Schwäche dieser Struktur gilt der administrative Overhead. Es besteht dann die Gefahr, daß die Entscheidungen mehr und mehr zentralisiert werden und die Produktsparten ihre Fähigkeit verlieren, schnell am Markt zu reagieren (Daft 1995: 211).

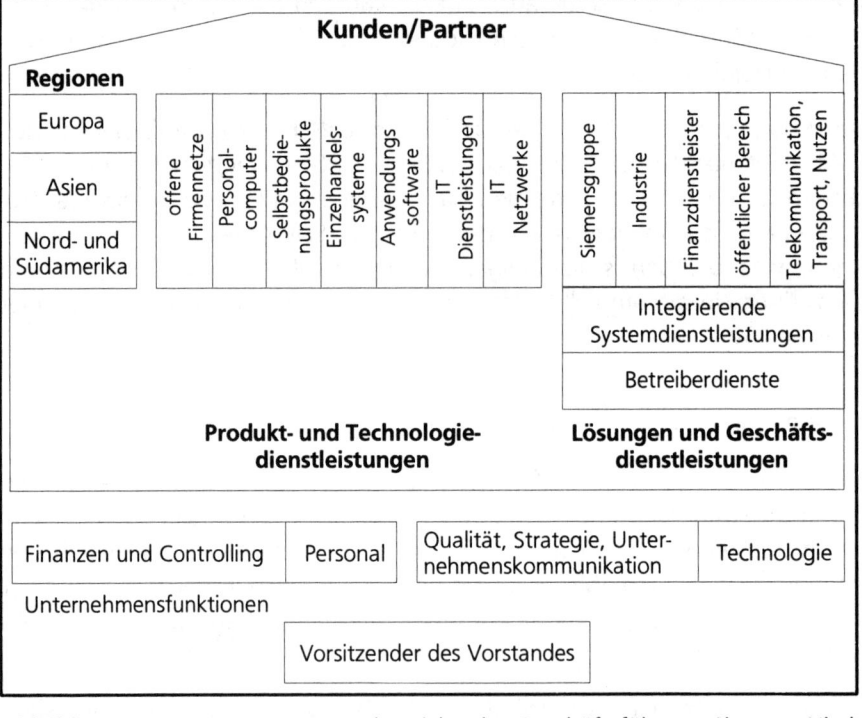

Abbildung 4-11 Verantwortungsbereiche der Geschäftsführung Siemens Nixdorf (Quelle: Siemens Nixdorf)

Der Flexibilitätsansatz der **virtuellen Organisation** ist anders gelagert. Hier wird die Organisationsstruktur in Frage gestellt, indem die Konfiguration aufgabenbezogen gestaltet wird. Das Flexibilitätspotential wird wesentlich durch die Informations- und Kommunikationstechnik bestimmt (Picot et al. 1998: 99f.). Die virtuelle Organisation ist flexibel, um sich den schnell verändernden Kundenerwartungen anzupassen. Dabei werden die Grenzen zwischen dem Anbieter und dem Kunden durchlässig. In diesem Falle kann es sein, daß der Kunde mit in den Leistungserstellungsprozeß einbezogen wird und beim Hersteller mitarbeitet. Hodge et al. (1996: 202) bringen die virtuelle Organisation in Zusammenhang mit dem "Mantel" einer Organisation, der übrigbleibt, wenn die Leistungserstellung und Leistungsverwertung in hohem Maße ausgegliedert werden. Die Unternehmen nutzen dabei die Vorteile der kleinen Unternehmen und insbesondere ihre Flexibilität und konzentrieren sich selbst nur auf die Geschäftsfelder, die sie sehr gut beherrschen.

Im deutschsprachigen Raum hat sich Scholz (1997: 320ff.) intensiv mit der virtuellen Organisation befaßt. Er definiert **Virtualität** als Eigenschaft eines Objektes, die nicht physisch gegeben, aber trotzdem leistungswirksam vorhanden ist. Es handelt sich um ein generelles Konzept, das auch auf die Organisationsstruktur übertragen werden kann (vgl. Abb. 4-12). Im Zusammenhang mit der Organisationsstruktur soll hier nur kurz auf die intraorganisatorischen Objekte eingegangen werden, nämlich auf das virtuelle Büro und die virtuelle Abteilung. Ein Büro ist gekennzeichnet durch eine räumliche Verbundenheit der Arbeitsplätze. Es stellt ein sozio-technisches System dar. Bei dem virtuellen Büro wird die räumliche Verbundenheit der Mitarbeiter aufgelöst. Die positiven Effekte bleiben erhalten. Dies macht erforderlich, daß sowohl die formelle als auch die informelle Kommunikation durch Kommunikationstechnologien unterstützt werden.

Bei der virtuellen Abteilung geht es weniger um die Bewältigung einer räumlich-strukturierenden Aufgabenstellung als um die sachliche Frage. Im Mittelpunkt steht die effiziente und flexible Abteilungsbildung, bei der Dysfunktionalitäten abgebaut werden, ohne daß die Grundfunktion beseitigt wird.

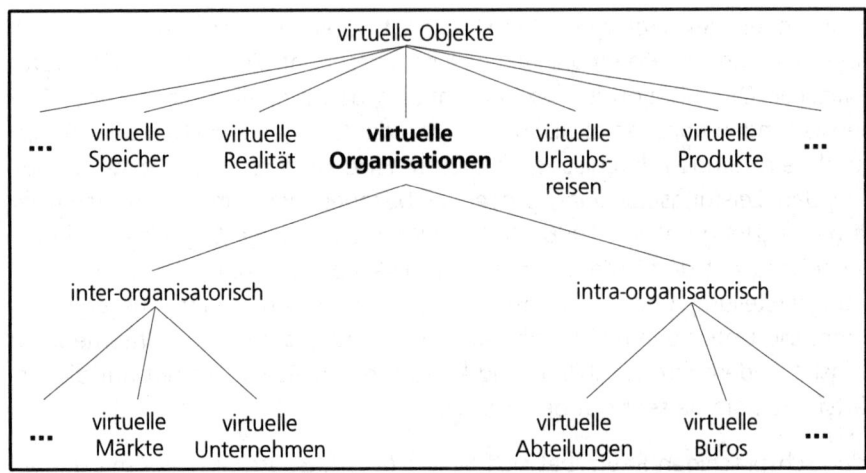

Abbildung 4-12   Beispiele für virtuelle Objekte (Scholz 1997: 321)

4.2.4.4.9 Formalisierung

Werden organisatorische Regelungen schriftlich fixiert (z.B. in Organisations-schaubildern, Organisationshandbüchern, Stellenbeschreibungen), so wird von **Formalisierung** gesprochen. Kieser/Kubicek (1992: 160ff.) unterscheiden folgende drei Teildimensionen:

(1) schriftliche Fixierung organisatorischer Regeln (Strukturformalisierung, z.B. Organisationsschaubild und Stellenbeschreibungen),

(2) Formalisierung des Informationsflusses (Aktenmäßigkeit, z.B. Dienstanweisung und Mitteilungen),

(3) Leistungsdokumentation (Arbeitszeiterfassung, Arbeitsbewertung und Personalbeurteilung).

Zahlreiche Organisationstechniken dienen der Darstellung und Dokumentation struktureller Sachverhalte. Nach ihrem Objektbereich lassen sie sich in aufbau-organisatorische (z.B. Stellenbeschreibung) und ablauforganisatorische Techniken (z.B. Flußdiagramm) einteilen. Nach der Art der Darstellung werden graphische und verbale Techniken unterschieden. Dabei gibt es Techniken, die

Kombinationen mehrerer Merkmale aufweisen, also gleichermaßen graphische wie verbale Elemente enthalten, wie dies bei tabellarischen Darstellungen der Fall ist. Desgleichen wird die Trennung von Aufbau- und Ablauforganisation gelegentlich durchbrochen, so z.B. bei Geschäftsordnungen, die auch Abläufe regeln können.

4.2.4.5 Flexibilität

Der Begriff Flexibilität wird im Schrifttum meist gleichbedeutend mit **Anpassungsfähigkeit der Organisation** verwendet. Dabei handelt es sich um die durch eine bestimmte Organisationsform gegebene Fähigkeit einer Unternehmung, auf qualitative und quantitative Änderungen externer und interner Ursachen ohne grundlegende Reorganisation so reagieren zu können, daß die Aufgabenerfüllung stets im erforderlichen Mindestmaß gewährleistet ist. Beispiele hierfür sind das Anpassungsvermögen an ein gestiegenes Absatzvolumen oder an eine geänderte Nachfragesituation.

Der Wunsch nach struktureller Flexibilität der Organisation basiert vornehmlich auf der Tatsache, daß dadurch erforderliche Anpassungsvorgänge ohne Änderung der Organisation praktiziert werden können. Dabei geht es nicht nur um Volumen und Art der Organisationsprozesse, sondern auch um die eigene innere Ordnung der Unternehmung. Diese strukturelle Flexibilität ist daher so bedeutsam bei internen und/oder externen Veränderungen.

4.3 Ablauforganisation als Prozeßstrukturierung

4.3.1 Begriff und Gegenstand der Ablauf- und Prozeßorganisation

Die Ablauforganisation (Prozeßstrukturierung) erstreckt sich auf die Arbeits- und Bewegungsvorgänge der Aktivitäten der Unternehmungsmitglieder.

Gedanklich kann zwischen der Ablauforganisation des direkten und des indirekten Bereichs differenziert werden (vgl. z.B. Bühner 1992: 225ff. und 316ff.). Für den direkten Bereich führt Bühner (1992: 225) folgende Ziele auf:

- hohe Auslastung der Kapazitäten,
- Minderung von Lagerbeständen,
- kurze Durchlaufzeiten,
- hohe Termintreue,
- kundengerechte Problemlösungen.

Für den indirekten Bereich greift Bühner auf Arbeiten von Picot/Reichwald (1985: 5) zurück, die insbesondere Ziele herausstellen, die durch die Installation von neuen Informations- und Kommunikationstechniken verfolgt werden:

- beschleunigter Informationstransport,
- bessere Erreichbarkeit,
- Entlastung von aufwendigen Routinetätigkeiten,
- Erleichterung der Dokumentation,
- verbesserte Kommunikationsqualität und Kommunikationsergebnisse,
- Integration mit vor- und nachgelagerten Stufen der Informationsverarbeitung,
- Erleichterung des vertraulichen Informationsaustausches.

Insbesondere durch die zunehmende Datenverarbeitung in der Organisation wird in der Praxis primär der Arbeitsfluß betrachtet und nicht mehr vorrangig die Systemstruktur in den Mittelpunkt gestellt. In diesem Sinne wird auch von einer **Prozeßorganisation** als von einer prozeßorientierten Gestaltung einer Organisation gesprochen (Gaitanides 1983), in der die Stellen- und Abteilungsbildung unter Berücksichtigung der spezifischen Erfordernisse des Ablaufes betrieblicher Prozesse konzipiert wird. Bei der Ablauforganisation stehen die sachlichen, in Raum und Zeit ablaufenden Leistungsprozesse im Vordergrund, die von den Aufgabenträgern erfüllt werden.

Die stärkere Ausrichtung auf den Kunden erfordert eine schnelle und kostengünstige Abwicklung der Geschäftsprozesse. Hieraus resultiert unter anderem die zunehmende Bedeutung der Prozeßorientierung. In jüngeren Ansätzen zur Prozeßorganisation (Hammer/Champy 1996) werden Strukturen und Prozesse nicht mehr getrennt, sondern es wird von einem strukturierten Arbeitsfluß ausgegangen, bei dem praktisch Prozeß und Struktur als Ganzes gesehen werden. Hierbei wird die Gesamtaufgabe in Prozesse zerlegt, indem ganzheitliche Tätigkeitsfolgen mit klaren Anfangs- und Endpunkten identifiziert werden.

Werden diese organisatorischen Maßnahmen von den Entscheidungsträgern umgesetzt, spricht man von **Prozeßmanagement**. Für diesen Sachverhalt existiert eine Vielzahl weiterer Begriffe, wie z.B. Business Process Reengineering, Process Redesign, Process Innovation, Geschäftsprozeßmanagement oder Wertkettenansatz.

Prozeßmanagement wird als ein Gesamtkonzept der organisatorischen Entwicklung des Unternehmens mit den Prozeßparametern **Qualität**, **Zeit** und **Kosten** sowie dem Ergebnisparameter **Kundenzufriedenheit** gesehen. Diese ganzheitliche Steuerung der Unternehmensprozesse erfüllt die wesentliche Voraussetzung zur Erlangung von Wettbewerbsvorteilen (Gaitanides et al. 1994: 12f.). Das Konzept **Qualität** ist letztlich als Total Quality Management zu verstehen, in dem eine hervorragende Produkt-(Dienstleistungs-) und Prozeßqualität für das gesamte Unternehmen angestrebt wird. Hierbei soll die Kontrolle als Selbstkontrolle organisiert werden. Im Konzept **Zeitmanagement** wird die Reduzierung der Durchlaufzeiten angestrebt, die den Zeitraum vom Auslösen des Prozesses bis zur Verfügbarkeit des Produktes bzw. der Dienstleistung umfaßt. Das Konzept **Prozeßkosten** beinhaltet den kostenrechnerischen Aspekt der Steuerung und Kontrolle der Prozesse und ist das dritte Standbein des Prozeßmanagements. Das Konzept **Kundenzufriedenheit** differenziert sich in zwei Komponenten:

- die Bedürfnisse und Wünsche der Kunden identifizieren,
- die identifizierten Wünsche und Belange befriedigen (Gaitanides 1994: 14).

In diesem Sinne ist Prozeßmanagement als Instrument der kundenorientierten Unternehmensführung zu verstehen.

Da, wie bereits oben ausgeführt wird, im Rahmen einer Reorganisation die Prozeßgestaltung im Mittelpunkt steht, wird im folgenden die Aufbauorganisation im Sinne der Prozeßstrukturierung dargestellt.

4.3.2 Arten und Merkmale von Prozessen

Die Prozeßorganisation ist sowohl für den direkten als auch den indirekten Bereich von gleich großer Bedeutung. Im Vergleich zur funktionsorientierten

Sichtweise der Ablauforganisation ist in der Prozeßorganisation - wie bereits erwähnt - eine ganzheitliche Betrachtung notwendig. In der funktionsorientierten Sichtweise wird nach spezifisch funktionalen Zielsetzungen optimiert. Die unternehmensweiten Verkettungen werden dabei vernachlässigt. So werden unter Einbeziehung der vor- und nachgelagerten Bereiche Abläufe optimiert; eine Betrachtung des übergeordneten Gesamtprozesses erfolgt nicht. Eine derartige funktionsorientierte Betrachtung mag zweckmäßig sein, wenn sich die Wertschöpfungskette entlang einer festgeschriebenen Abfolge der Arbeitsvorgänge orientiert. Sind die **Wertschöpfungsketten** und die **Schnittstellen** nicht mehr so transparent und übersichtlich, empfiehlt sich der Übergang zu einer prozeßorientierten Betrachtungsweise. Vor diesem Hintergrund müssen Verbesserungskonzepte vor allem im indirekten Bereich (Beispiel Auftragsbearbeitungsprozeß) eine prozeßorientierte Vorgehensweise leisten (Abb. 4-13).

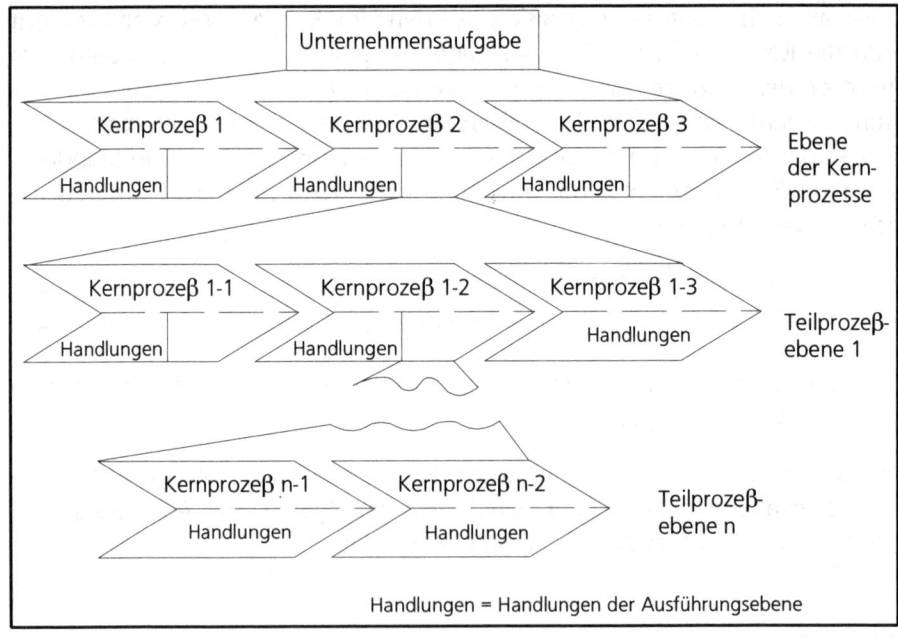

Abbildung 4-13   Zerlegung von Prozessen

In Unternehmen existieren stets unterschiedliche Prozesse auf verschiedenen Ebenen. Allen Prozessen übergeordnet ist der **Kernprozeß**, der auch als **Geschäftsprozeß** bezeichnet wird (Scholz et al. 1994: 44) (vgl. Abb. 4-14). Drei Kernprozesse lassen sich identifizieren (vgl. Abb. 4-15). Zur direkten Umsatzerzielung benötigt jedes Unternehmen einen **Auftrags-** und **Lieferprozeß**. Außerdem sind zur Zukunftssicherung ein **Strategieprozeß**, um mittel- und langfristige Unternehmensziele festzulegen, sowie ein **Produktentstehungsprozeß** notwendig. Die Hauptaufgabe der letzten beiden Prozesse ist es, mit neuen Produkten und Leistungen die Marktpositionen zu sichern bzw. auszubauen. Kernprozesse sind für ein Unternehmen von größter Bedeutung und konsequent auf die strategischen Faktoren ausgerichtet (Osterloh/Frost 1997: 34). Alle erfolgskritischen Prozesse werden als **Kernprozesse** bezeichnet, die bei Restrukturierungen ein Potential zur Kostensenkung aufweisen. Es handelt sich also insbesondere um kostenintensive Prozesse, in denen die Unternehmung Schwächen aufweist (Krüger/Homp 1997: 154). Die Entwicklung der Kernprozesse beinhaltet auch die Integration und Nutzung von **Kernkompetenzen**. Sie basieren auf personenbezogenen Fertigkeiten und Fähigkeiten sowie technologischem Know-how, das also firmenspezifisch ist und der Unternehmung Erfolgspotentiale und Wettbewerbsvorteile sichert (Zahn 1996).

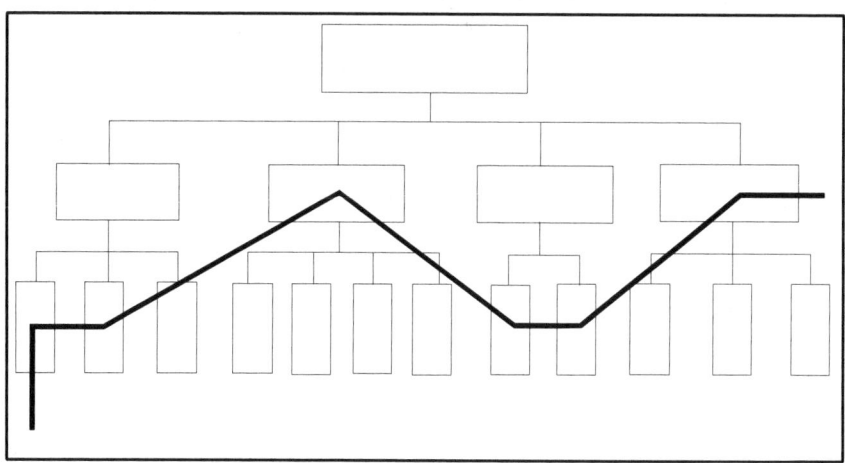

Abbildung 4-14   Beispiel eines Geschäftsprozesses

Die Kernprozesse bestehen aus einzelnen Prozeßschritten, die sich aus zielgerichteten Handlungen, die nicht weiter aufgeteilt werden können, sowie aus
Kombinationen von Teilprozessen zusammensetzen. Ausgehend von diesen
Bestandteilen kann eine Zerlegung der Prozesse vorgenommen werden. Diese
kann bis zur Ausführungsebene fortgesetzt werden. In der Abbildung 4-15
werden diese Zusammenhänge verdeutlicht. Entscheidend für die Ausrichtung
der Prozesse als Kern- oder Teilprozeß ist das **Lieferanten-Kunden-Prinzip**.
Das bedeutet, daß vorgelagerte Prozesse stets auf den Lieferanten und
nachgelagerte Prozesse auf den Kunden ausgerichtet sind (Baumgarten 1996:
Sp. 1670).

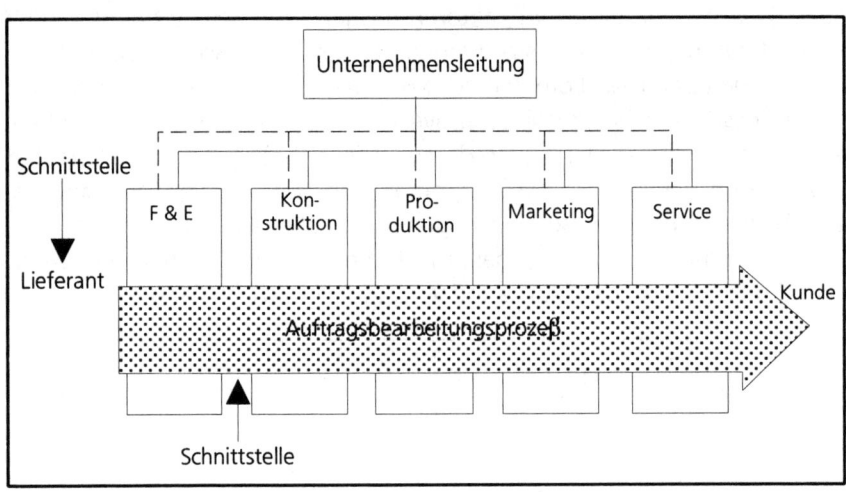

Abbildung 4-15   Abteilungsübergreifender Auftragsbearbeitungsprozeß

Wie bereits vorher erwähnt wurde, müssen Unternehmen sich und damit ihre
Prozesse ständig an die sich wandelnden Umsystembedingungen anpassen.
Dazu müssen sie die externen und internen Einflußgrößen kennen, damit die
Prozesse möglichst proaktiv restrukturiert werden können. Unternehmens-
externe Faktoren resultieren aus den Veränderungen des Umsystems. Unter-
nehmensinterne Faktoren wirken direkt auf die Wertschöpfungskette und die
Zielerreichung des Unternehmens. Jeder Teilprozeß ist daher daraufhin zu
untersuchen, welchen Beitrag er zur Zielerreichung leistet. Stärken und Schwä-

chen sind zu identifizieren und entsprechend aus- bzw. abzubauen. Dazu müssen die Einflußgrößen identifiziert werden, die sich auf die Prozesse positiv oder negativ auswirken. Als wesentliche Einflußfaktoren lassen sich folgende drei Hauptgruppen differenzieren:

- technische Determinanten,
- strukturale Determinanten,
- personalwirtschaftliche Determinanten.

Zwischen diesen Einflußfaktoren bestehen starke Interdependenzen und Überschneidungen. Die Dreiteilung wird hier insbesondere zur didaktischen Veranschaulichung gewählt.

Die **technischen Determinanten** werden durch das Niveau der Produktions-, Informations- und Kommunikationstechnologie des Unternehmens bestimmt, wobei in der Prozeßorganisation der Information eine entscheidende Bedeutung zukommt. Informationsprozesse sind unterstützende Prozesse. **Strukturale Determinanten** leiten sich aus der Organisations- und Führungsstruktur der Unternehmung ab. Besondere Aufmerksamkeit im Rahmen der strukturalen Determinanten ist den Schnittstellen zu externen Lieferanten, aber auch entlang der Prozeßkette zu widmen. Führungsstrukturen werden durch Managementkonzepte gestaltet, wie beispielsweise Total Quality Management, Lean Management oder Controlling-Konzepte. **Personalwirtschaftliche Determinanten** betreffen die Fähigkeiten, Fertigkeiten und Einstellungen der Unternehmensmitglieder. Die Prozeßorganisation schließt Prozeßteams ein. Die Teamfähigkeit erfordert eine individuelle Qualifizierung hinsichtlich Einstellungen und Verhaltensweisen und Internalisierung sozialer Kompetenzen sowie oft auch die Veränderung von Fertigkeiten (Hentze/Kammel/Lindert 1997: 464ff.). Herausragende Qualifikationen im Rahmen des Prozeßmanagements sind die Fähigkeiten zur Konflikthandhabung und die Kommunikationsbereitschaft. Eine veränderte Konfiguration mit flachen Hierarchien fördert den Austausch von Informationen an den Schnittstellen.

4.3.3 Gestaltung von Geschäftsprozessen

Wird die Prozeßorganisation als Ablaufplanung gesehen, so dient die existierende Aufbauorganisation als Grundlage. Bei der Prozeßorganisation als Organisation von Geschäftsprozessen hingegen, folgt die Aufbauorganisation der Prozeßstrukturierung, d.h., die Entscheidungen über die Struktur und Anordnung von Stellen, Abteilungen, Maschinen usw. erfolgt erst auf der Grundlage der gewählten Prozeßstruktur (Gaitanides 1996: Sp. 1689). In Anlehnung an den Entscheidungsprozeß vollzieht sich die Prozeßgestaltung in folgenden vier Phasen (vgl. Scholz/Vrohlings 1994: 117):

(1) Prozeßdefinition,

(2) Prozeßstrukturierung,

(3) Prozeßrealisation und

(4) Prozeßkontrolle.

Zu (1) **Prozeßdefinition**
Die Prozeßdefinition beginnt mit der Identifikation des organisatorischen Gestaltungsfeldes. Gaitanides et. al. (1994: Sp. 1690) differenzieren zwischen

• der Identifizierung auf Basis idealtypischer Geschäftsprozesse und

• der situativen Prozeßidentifikation.

Bei der ersteren Vorgehensweise wird ein Idealkonzept entwickelt, das von den bestehenden Strukturen abstrahiert und unter den gegebenen Restriktionen nach neuen Gestaltungsmöglichkeiten sucht. Die zweite Vorgehensweise beginnt nicht auf der Null-Basis, sondern bewertet Stärken und Schwächen der vorhandenen Prozesse parallel mit der Identifikation des Geschäftsfeldes. Es wird versucht, die Prozesse zielgerichtet als Kunden-Lieferanten-Beziehungen zu gestalten.

Die erste Phase umfaßt bei der erstmaligen Implementierung von Prozessen die **Festlegung der Prozeßaufgabe**, des **Prozeßumfanges**, der **Verantwortlichkeiten** und der **Anforderungen** der externen und internen Kunden (Scholz/Vrohlings 1994: 117).

Zu (2) **Prozeßstrukturierung**

Im Rahmen der Prozeßstrukturierung wird die Prozeßstruktur in **Teilprozesse** zerlegt, die inhaltlich abgeschlossene und logisch zusammenhängende Vorgänge darstellen. Diese Prozeßzerlegung beinhaltet auch die Verteilung der Teilprozesse auf Stellen und die Festlegung der zeitlichen Reihenfolge in den einzelnen Teilprozessen. Sofern der Arbeitsumfang eines Prozesses nicht von einer Person bewältigt werden kann, wird ein Prozeßteam eingesetzt, das über alle Entscheidungsbefugnisse verfügt. Herauszuarbeiten sind die Schnittstellen, in denen der Output der vorhergehenden Stelle auf die nachfolgende Stelle übergeht. Für den Output sind Normen (Leistungsanforderungen) zu definieren, die Leistungsinhalte, -umfänge, Zeiten und die Verantwortungszuordnung beinhalten (Becker 1996). Durch die Abstimmung an den Schnittstellen entsteht ein Koordinationsbedarf, der durch den Einsatz verschiedener (Koordinations-)Instrumente befriedigt werden muß. Dem **Schnittstellenmanagement** ist eine besondere Beachtung beizumessen, um Mängel von vornherein auszuschließen. Inhalt dieser Phase ist auch die Festlegung von Erfolgsindikatoren, die eine Prozeßkontrolle bzw. ein Prozeßcontrolling im Hinblick auf die Zielsetzungen ermöglichen. Für den gesamten Prozeß gibt es einen Prozeßverantwortlichen, so daß in der Prozeßorganisation ein Über- und Unterordnungsverhältnis gegeben ist, das die Merkmale Delegation, Partizipation und Standardisierung aufweist (Osterloh/Frost 1997: 135, 160ff.).

Zu (3) **Prozeßrealisation**

In der Phase der Prozeßrealisation übernehmen die Prozeßbeteiligten die Verantwortung für die Umsetzung bzw. Anwendung des Prozesses. Dazu setzen sie ihre Fähigkeiten und Fertigkeiten ein.

Zu (4) **Prozeßkontrolle**

Die Prozeßkontrolle erfolgt anhand der Output-Normen bzw. der Zielvorgaben als Soll-/Ist-Vergleich, wobei die kontinuierliche Prozeßverbesserung im Mittelpunkt steht. Werden die Proaktivität und die kontinuierliche Prozeßverbesserung in den Mittelpunkt gestellt, so ist die Prozeßkontrolle zu einem **Prozeß-Controlling** weiterzuentwickeln. Dabei werden die Leistungsergebnisse qualitativ und quantitativ mit Kennzahlen, z.B. in den Bereichen Kosten, Qualität, Durchlaufzeiten und Kundenzufriedenheit, dokumentiert und analysiert. Weiterhin werden durch **Benchmarking**, das im internen und externen Vergleich erstellt wird, eigene Defizite erkannt, und es wird versucht, diese zu beseitigen. Es kann der Fall eintreten, daß eine kontinuierliche Prozeßverbesserung in kleinen Schritten nicht ausreicht und der betreffende Prozeß im Rahmen des **Prozeß-Redesigns** neu zu gestalten ist.

Durch die Prozeßorganisation wird die integrationshemmende Funktionsoptimierung durch eine ganzheitlich ausgerichtete Gestaltung ergänzt bzw. abgelöst. Die Abteilungs- und Funktionsgrenzen werden durch das prozessuale Denken überwunden, was auch zu einer größeren Autonomie der Mitarbeiter führt.

4.4 Organisationsentwicklung

Die sich permanent wandelnden Variablen der Unternehmungsumwelt und in der Unternehmung selbst verlangen eine stetige Veränderung und Veränderungsbereitschaft. Diese Bemühungen, die sowohl an den formal-strukturellen Bedingungen als auch an den Einstellungen und Verhaltensweisen der Unternehmensmitglieder ansetzen, werden durch die **Organisationsentwicklung** (OE) in einem geplanten Transformationsprozeß realisiert.

Unter dem Begriff Organisationsentwicklung läßt sich eine Vielzahl unterschiedlicher Ansätze der angewandten Sozialwissenschaften subsumieren. Diese Vielschichtigkeit der Vorstellungen und Maßnahmen der Organisationsentwicklung kommt auch in den in der Literatur geprägten Definitionen zum Ausdruck (vgl. Thom 1992: Sp. 1478f.). Zur Bewältigung der **Wandlungs-** bzw. **Veränderungsprozesse** sind Programme zu entwickeln, die sowohl die Veränderung der Organisationsstruktur als auch das Verhalten beeinflussen. Organisationsentwicklung ist eine Form des geplanten organisatorischen Wandels (Planned Organizational Change), die insbesondere durch die **Mitwirkung** und **Mitgestaltung** der Betroffenen gekennzeichnet ist. Der Erfolg der Organisationsentwicklung hängt wesentlich davon ab, ob und in welchem Umfang die Maßnahme von den Betroffenen mitgetragen wird, d.h. wie stark sie sich damit identifizieren und die Veränderung mittragen.

Bei der Organisationsentwicklung handelt es sich um ein geplantes Programm, das von einer dualen Zielsetzung bestimmt wird. Im allgemeinen werden als gleichrangige Hauptziele die Effizienz der Unternehmung und die Humanisierung der Arbeitswelt genannt. Die **Steigerung der Leistungsfähigkeit** bedeutet vor allem eine Verbesserung der Flexibilität der Veränderungs- sowie Innovationsbereitschaft. Die **Forderung nach Humanisierung** kommt unter anderem in dem Bedürfnis der Organisationsmitglieder nach mehr Autonomie, Partizipationsmöglichkeiten bei Entscheidungen, Selbständigkeit, Individualität, Eigenverantwortlichkeit und Persönlichkeitsentfaltung zum Ausdruck.

Die Organisationsentwicklung geht von der Vorstellung eines schrittweisen Entwicklungsprozesses aus. Der Wandlungsprozeß vollzieht sich grundsätzlich als Entscheidungsprozeß (vgl. Abb. 4-16). In der **Anregungsphase** wird das Problem erkannt bzw. durch interne oder externe Anlässe ausgelöst. In der **Suchphase** folgt die Diagnose der Organisation bzw. des Problems. Es werden Veränderungsstrategien und Maßnahmen entwickelt, die nach den erarbeiteten Zielkriterien in eine Rangordnung gebracht werden. In der **Entscheidungsphase** wird die Auswahl der Strategie und der Maßnahmen vorgenommen, die in der **Durchführungsphase** als Intervention implementiert werden. In der letzten Phase, der **Kontrolle**, folgt die Evaluation der Intervention. Die einzelnen Phasen sind durch Rückkopplungen gekennzeichnet. Insbesondere im Vergleich mit der Anregungsphase wird in diesem Feedback-Prozeß festzustellen sein, ob das Problem behoben ist.

An der Organisationsentwicklung sind externe und interne Personen beteiligt, die den Reorganisationsprozeß in Gang setzen. Sie werden als **Organisationsentwicklungsberater** (Change Agents) bezeichnet. Sie handeln im Auftrag des Klientensystems und tragen zur Zielerreichung der Organisationsentwicklung bei. Mit dem Klientensystem ist die Unternehmung gemeint, in der die Organisationsentwicklung geplant wird. Der Berater stellt sein Wissen und die Methoden zur Verfügung und entwickelt Änderungsstrategien, so daß die Unternehmensmitglieder in die Lage versetzt werden, weitgehend selbst Organisationsdiagnosen und Veränderungsprogramme zu konzipieren und zu realisieren. Er unterstützt somit das Klientensystem bei der Bewältigung der organisatorischen Probleme, und er schafft die Voraussetzungen für die Veränderungsbereitschaft und die Kooperationsmöglichkeiten.

Organisation

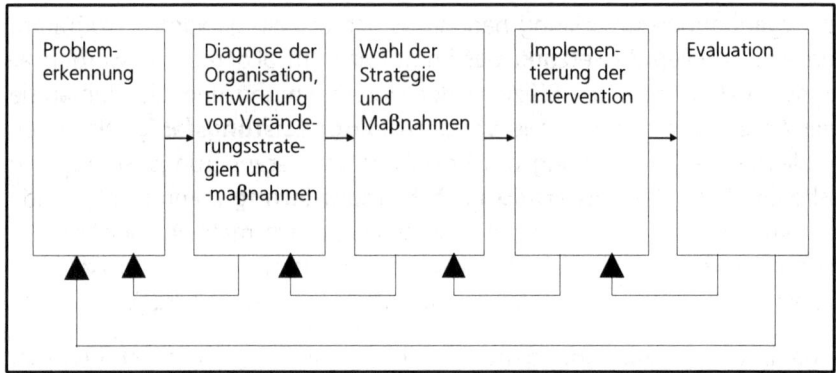

Abbildung 4-16   Organisationsentwicklungs-Prozeß

4.5   Organisationales Lernen

Vermehrte Wissensproduktion, Innovationsdruck und die Erkenntnis, daß das Humankapital in der Unternehmung einen zentralen **Erfolgsfaktor** verkörpert, haben dazu geführt, daß sich Wissenschaft und Managementpraxis zunehmend mit Konzepten des organisationalen Lernens (**Organizational Learning**) und der **intelligenten Wissensnutzung** in der Unternehmung zur Bewältigung des notwendigen raschen, permanenten Wandels auseinandersetzen. Probst/Büchel (1998: 17) definieren organisationales Lernen folgendermaßen: "Unter organisationalem Lernen ist der Prozeß der Veränderung der organisationalen Wissensbasis, die Verbesserung der Problemlösungs- und Handlungskompetenz sowie die Veränderung des gemeinsamen Bezugsrahmens von und für Mitglieder der Organisation zu verstehen." Damit avancieren die Förderung und die Koordination von Lernaktivitäten und des intraorganisatorischen Transfers von Wissen zu einer Schlüsselaufgabe der Organisation. Mit anderen Worten werden Veränderung und Lernen zu einem konstitutiven Merkmal von Organisationen und werden nicht etwa lediglich als zeitlich befristetes Projekt - herausgelöst aus den täglichen Abläufen - betrachtet.

Gemeinschaftliches Lernen kann als innovativ-kreativer Prozeß aufgefaßt werden: unsicher hinsichtlich des Ergebnisses, aufbauend auf einer "reichen" Wis-

188

sensbasis als Voraussetzung anspruchsvoller kreativer Leistungen, gekennzeichnet durch kritisch-konstruktive Auseinandersetzung mit einfließenden Ideen und möglichst interdisziplinär (Boundary Crossing) angelegt, weil Ideen und Methoden, die sich auf einem Gebiet bewährt haben, für die Lösung von Problemstellungen auf anderen thematischen Feldern produktiv nutzbar gemacht werden sollten (vgl. Kanter 1988).

Organizational Learning wird allgemein zumeist ergebnis- und prozeßorientiert als kontinuierlicher Verbesserungsansatz, bezogen zumeist auf Unternehmungen, verstanden. Es bezieht sich auf den **Aufbau**, auf die **Nutzung**, **Veränderung** und **Weiterentwicklung** des in einer Organisation verfügbaren kollektiven Wissens mit dem Ziel der Erhöhung der **organisationalen Effizienz**. Als **lernende Organisation** kann allgemein eine Organisation gelten, die das Lernen all ihrer Mitglieder ermöglicht und sich kontinuierlich von Grund auf an neue Gegebenheiten flexibel anpaßt. Sie muß in der Lage sein, Wissen zu erzeugen und zu erwerben, zu transferieren und so zu modifizieren, daß sie das neue Wissen und die neuen Einsichten reflektiert und umsetzt. Zur Schaffung einer derartigen Organisation sollten im Anschluß an Garvin (1993: 81ff.) folgende schwerpunktmäßige **Basiskomponenten** dauerhafter Bestandteil des Handelns und Entscheidens sein:

- die systematische Problemsondierung und -lösung,
- das Experiment (systematische Suche und "Praxistauglichkeitstest" von Ideen und neuem Wissen; als dauerhafter Prozeß sowie gezielt problembezogen; "Trial and Error"),
- Lernen aus der Vergangenheit (Analyse der Erfolge und Mißerfolge),
- Lernen von anderen (z.B. Lernen von Kunden, von den "klassenbesten" Unternehmen der eigenen Branche und von branchenfremden, aber auch Lehren ziehen aus den Mißerfolgen anderer),
- Wissenstransfer (das lokal generierte Wissen muß rasch an andere Stellen in der Organisation gelangen können).

Zur Unterstützung der Lernprozesse ist die Implementierung einer **Informationsmanagement-Infrastruktur** notwendig, die die Informations- bzw. Wissensbeschaffung, die Distribution der Information, ihre Interpretation und die

Speicherung und Reaktivierung des vorhandenen Wissens für die künftige Nutzung in lernenden Organisationen gewährleistet.

Als (bereits seit langem bekannte) **Aktionsfelder** und **Gestaltungsinstrumente** organisationalen Lernens kommen unter anderem Konzentration auf kundenorientierte Geschäftsprozesse unter besonderer Berücksichtigung von Schnittstellen, Gestaltung von Koordinations- und Netzwerkbeziehungen, Verstärkung von Gruppenarbeit, Personalentwicklung und spezifische Maßnahmen der Qualifizierung in Betracht. Es ist nicht ausreichend, Fachwissen anzuhäufen und zu vermitteln; darüber hinaus ist es notwendig, Regeln für die richtige Verarbeitung von verschiedenartigem Wissen, Verfahren zur Prüfung dieses Wissens und zur Erzeugung von neuem Wissen zu lehren.

Lernergebnisse von Organisationen lassen sich kaum direkt messen, Verhaltensänderungen zumindest aber beobachten und Ergebnisverbesserungen anhand betriebswirtschaftlicher Kennzahlen feststellen. Für eine praktische Umsetzung sind die Gestaltungshinweise bislang noch zu vage.

5 GRUNDLAGEN DER PLANUNG

5.1 Begriff und Elemente der Planung

Planung als zentrale Management-Funktion bedeutet vorausschauendes, systematisches Durchdenken und Formulieren von Zielen, Handlungsalterativen und Verhaltensweisen, deren optimale Auswahl sowie die Festlegung von Anweisungen zur rationellen Realisierung der ausgewählten Alternative.

In der Planung wird, wenn man Management als einen Entscheidungsprozeß auffaßt, eine systematische Entscheidungsvorbereitung betrieben. Die Ergebnisse dieser Entscheidungsvorbereitung werden dann in Plänen, d.h. in der schriftlichen Ausarbeitung festgehalten, um so ein stringentes Handlungsprogramm für den Managementprozeß zu erhalten.

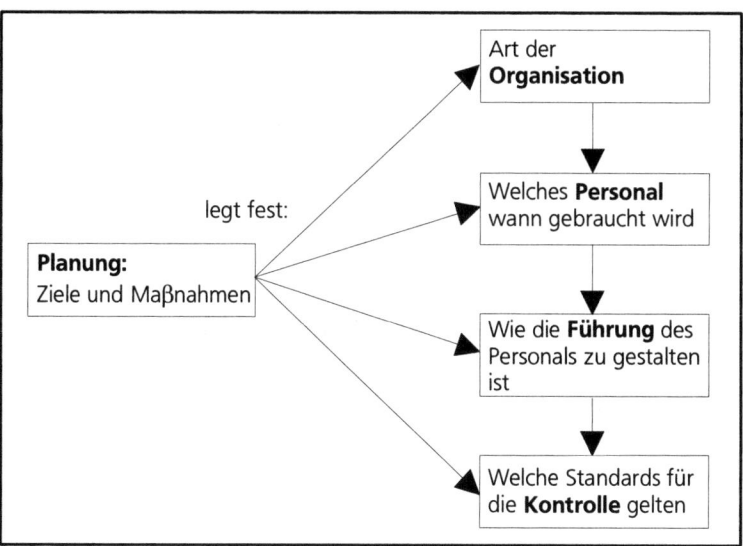

Abbildung 5-1   Die Planung im Kontext der Managementfunktionen

Die Planung steht am Anfang des Managementprozesses. Den Zusammenhang zwischen der Planung und den anderen Managementfunktionen verdeutlicht Abbildung 5-1.

In der Betriebswirtschaftslehre existieren sich teilweise widersprechende **Planungsdefinitionen** (vgl. Hentze/Brose/Kammel 1992: 19f.; Mag 1995: 4; Schweitzer 1997: 23; Pfohl/Stölzle 1997: 5ff.). Es werden im wesentlichen folgende Merkmale des Planungsbegriffs genannt:

(1) **Zukunftsbezogenheit**
Die Planung erfolgt in der Gegenwart, während die auszuführenden Handlungen in der Zukunft liegen. Aus dieser zeitlichen Diskrepanz ergibt sich das Problem der Ungewißheit bzw. der unvollkommenen Information.

(2) **Abstraktion und Rationalität**
Planung vollzieht sich abstrakt und zielgerichtet als sachlogische, systematisch-methodische Aufeinanderfolge bestimmter Denkschritte. Durch diese rationale Vorgehensweise ist eine Abgrenzung gegenüber Intuition und Improvisation gegeben.

(3) **Prozeßcharakter**
Der mehrstufige Planungsprozeß besteht aus einer Abfolge von Phasen, die je nach Weite des Planungsbegriffs von der Zielbildung/Problemanalyse bis zur Entscheidung reichen. Der Zielbezug betrifft nicht nur die Planungs-, sondern auch die Kontrollaktivitäten, die weitgehend identisch sein sollten.

(4) **Gestaltungscharakter**
Hierbei werden die erkannten Probleme und Veränderungsnotwendigkeiten in eine zielgerichtete, aktive Gestaltung zukünftiger Entwicklungen umgesetzt. Planung dient somit der Steuerung zum Erreichen von Zielen.

(5) **Informationscharakter**
Wesentliche Aufgabe der Planung ist die Versorgung der Entscheidungsträger mit Informationen im Sinne entscheidungsorientierten Wissens durch Gewinnung, Aufnahme, Speicherung, Verarbeitung und Übertragung von Informationen. Im Rahmen von Planung und Entscheidung werden sozusagen Informationen in Aktionen umgewandelt. Die Gesamtheit der im Planungs- und Entscheidungsprozeß zu verwertenden Informationen, d.h. "das zweckorientierte Wissen" (Wittmann 1959: 14), beinhaltet eine hohe Anzahl von Teilinformationen.

Bei der hier darzustellenden Planung handelt es sich um die **Unternehmungsplanung**, die auf Entscheidungen und Handlungen in Unternehmungen begrenzt ist. Dabei dient die Unternehmungsplanung der konkreten Festlegung zukünftiger Ziele und der Generierung derjenigen Handlungsalternativen, die im Hinblick auf das Unternehmensziel effizient sind. Anhand der vorgenannten Merkmale läßt sich folgende Definition der Planung formulieren: Planung ist ein auf die Zukunft ausgerichteter zielorientierter, informationsverarbeitender Prozeß zur Erstellung eines antizipierten Entwurfs möglicher Handlungsalternativen zur Gestaltung von Unternehmungen bzw. Teilen von Unternehmungen.

Im Gegensatz zur Planung versteht man unter **Improvisation** ein Reagieren bzw. ein Anpassen an eine bereits eingetretene, unvorhergesehene Situation.

Planung heißt aber auch die Abschätzung oder Einschätzung der Zukunft und benötigt deshalb auch Prognosen. Unter einer **Prognose** werden möglichst objektive, systematische und logisch begründete Aussagen über wahrscheinliche zukünftige Entwicklungen, Ereignisse, Tatbestände, Zustände sowie Verhaltensweisen verstanden.

Diese allgemeinen Aussagen lassen sich exemplarisch in folgende Tätigkeiten für einen Planungsträger bzw. eine Führungskraft umsetzen:

- Aufzeigen von Zielprioritäten und Zielkonflikten (was ist wichtiger?);
- Normierung von Subzielvorgaben;
- Abschätzung von Zeit- und Kostenaufwand einzelner Planungsprobleme (wann ist das Problem gelöst und wieviel kostet es?);
- Abgrenzung des Planungsinhaltes (welche Bereiche des Unternehmens sind betroffen?);
- Terminierung (einschließlich Terminüberwachung) von Planungsarbeiten;
- Sammlung und Kommentierung von Planungsentwürfen;
- Ermittlung von Handlungsalternativen und deren problemspezifische Aufarbeitung/Formulierung;
- Koordinierung und Integration von Teilplänen;
- Abschätzen und Aufzeigen von finanziellen Auswirkungen von Planalternativen (lassen sich technische Neuerungen bzw. Entwicklungen aus der Forschung und Entwicklung überhaupt noch kostengünstig produzieren?);

- Formelle Prüfung der Pläne (besondere Konsistenz- und Kompatibilitätsprüfungen);
- Motivieren und Anregen zum Planen;
- Überwachung und Kontrolle der Planerstellung und -realisierung.

5.2 Die Funktionen der Planung

Die Unternehmensplanung erfüllt verschiedene Funktionen:

- **Sicherungsfunktion**
  Die Planung dient der **Absicherung des Unternehmensbestands** durch das Erkennen von mittel- und langfristigen Risiken und Chancen und der Entwicklung von adäquaten Maßnahmen und Handlungen.

- **Optimierungsfunktion**
  Die Planung dient der Optimierung des Ressourceneinsatzes und der Aufstellung von Beurteilungskriterien für die Gestaltung von einmaligen Unternehmensentscheidungen (z.B. optimale Standortwahl) und der Realisierung eines effizienten Wertschöpfungsprozesses.

- **Koordinations- und Integrationsfunktion**
  Im Unternehmen laufen unterschiedliche interdependente Partialprozesse ab, an denen verschiedene Mitarbeitergruppen (z. B. in Form von Abteilungen, Bereichen usw.) beteiligt sind. Über die Planung sollen diese Prozesse koordiniert werden, da sie einer unternehmensweiten Zielerreichung dienen. Dies impliziert die Verknüpfung unterschiedlicher Abläufe im Unternehmen.

  Ganz allgemein geht es bei Koordinationsbestrebungen um die harmonisierende Abstimmung von Strukturen, Prozessen, Terminen, Strategien, Zielen, Maßnahmen, Ressourcen, Regelungen, Interessenlagen usw. untereinander unter Berücksichtigung von Umsystemkonstellationen. Im allgemeinen wird unter **Koordination** die Abstimmung der durch die Arbeitsteilung gebildeten interdependenten Teilaufgaben im Hinblick auf das Zielsystem der Unternehmung bzw. einzelner unternehmensbezogener oder individueller Ziele verstanden. Die **Integration** umfaßt die Verknüpfung von Elementen zum Ganzen eines Systems. Mit anderen Worten handelt es sich hierbei um eine antizipative, systembildende Harmonisierung.

- **Anpassungs- und Flexibilitätsfunktion**
  Unternehmen sind gezwungen, sich den Determinanten des Umwelt-systems anzupassen, um ihre Überlebensfähigkeit zu sichern. Dies impliziert eine gewisse Dynamik, die durch ein zu starres Planungssystem einge-schränkt oder gar unterbunden werden kann. Ein zweckmäßig gestaltetes Planungssystem kann jedoch auch zu einer Verbesserung dieser Anpas-sungsprozesse beitragen, wenn entsprechende Prognoseelemente für die Zukunftsentwicklung in das System aufgenommen worden sind, d.h. Pro-gnosen erstellt werden können und Maßnahmen anschließend projektierbar sind. Dies ist nur dann erfolgsversprechend, wenn Handlungsspielräume existieren, eine Handlungsschnelligkeit gegeben ist und eine Handlungsbe-reitschaft existiert. In diesem Falle spricht man auch von einer Flexibilität des Planungssystems, die eine wichtige Voraussetzung für eine Umweltanpas-sung darstellt.

- **Innovations- und Kreativitätsfunktion**
  Innovationen sollten integraler Bestandteil von Unternehmensstrategien sein. Der Terminus **Innovation** wird in der Betriebswirtschaftslehre unter-schiedlich verwandt. Gemeinsam ist den Definitionen, daß Innovationen im Ergebnis qualitativ neuartige Produkte oder Verfahren darstellen, die sich gegenüber dem vorangegangenen Zustand merklich unterscheiden (vgl. Hauschildt 1997: 6).

  Mit Kreativität soll ermöglicht werden, ungewohnte Wege der Zielerrei-chung bei Vorliegen neuartiger, schlecht-strukturierter Problemstellungen zu gehen. Dabei kann es nicht darum gehen, alles Althergebrachte zu ver-ändern und durch eine Fülle von Innovationen zu ersetzen. Erst das Zu-sammenspiel von Althergebrachtem und Bewährtem einerseits und die Kreativität in der Umsetzung von Innovationen andererseits kann zu einer Verbesserung der Zielerreichung führen.

- **Leistungs- und Motivationsfunktion**
  Durch Planung soll das Verhalten von Individuen bzw. Gruppen in einer Unternehmung so beeinflußt und gesteuert werden, daß es zur Erreichung der vorgegebenen Ziele beiträgt. Je stärker die gesetzten unternehmeri-schen Ziele mit denen der Mitarbeiter übereinstimmen und je mehr motivie-rende Wirkungen von diesen ausgehen, desto eher erfüllt die Planung eine Leistungs- und Motivationsfunktion. Die Pläne und die immanenten Zielvor-

gaben sollen sich motivierend auf die Planerfüllungsträger auswirken, so daß sie zu einer Leistungssteigerung führen.

Um Dysfunktionalitäten bei der Implementierung von Planung im Unternehmen zu vermeiden, muß die Akzeptanz insbesondere durch die Partizipation der Beteiligung am Planungsprozeß gesichert werden.

5.3 Die Ebenen der Unternehmensplanung

In der Planung existieren mehrere Ebenen, in denen unterschiedliche Aufgaben wahrgenommen werden, die nicht unabhängig voneinander sind, sondern ein logisch-systematisches Konzept beinhalten, das der konkreten Umsetzung einer übergeordneten unternehmensweiten Zielsetzung dient. Ausgangspunkt ist die Unternehmenspolitik, deren Inhalte über die strategische Planungsebene konkretisiert und über die weiteren Ebenen der Planung in detailliertere Teilschritte zerlegt werden. Abbildung 5-2 vermittelt zunächst eine grobe Klassifikation der Planung in drei Ebenen, die in der Literatur noch weiter spezifiziert vorzufinden sind.

Nach Ulrich (1990: 18f.) läßt sich die **Unternehmenspolitik** anhand folgender Merkmale definieren:

(1) **Die Unternehmenspolitik umfaßt die originären Entscheidungen in der Unternehmung**
Originäre Entscheidungen werden von der obersten Führungsebene getroffen und stellen keine Derivate übergeordneter Entscheidungen dar; in ihnen manifestiert sich jedoch die vorherrschende Unternehmensphilosophie.

(2) **Die Unternehmenspolitik ist allgemein formuliert**
Entscheidungsobjekt unternehmenspolitischer Entscheidungen ist die Unternehmung als Ganzes, d.h., die Entscheidungsinhalte sind nicht operational und damit nicht unmittelbar in Handlungen transferierbar, sondern zeichnen sich durch einen hohen Abstraktionsgrad aus, der eine Konkretisierung für spezifische Handlungsbereiche und Problemsituationen erforderlich werden läßt.

196

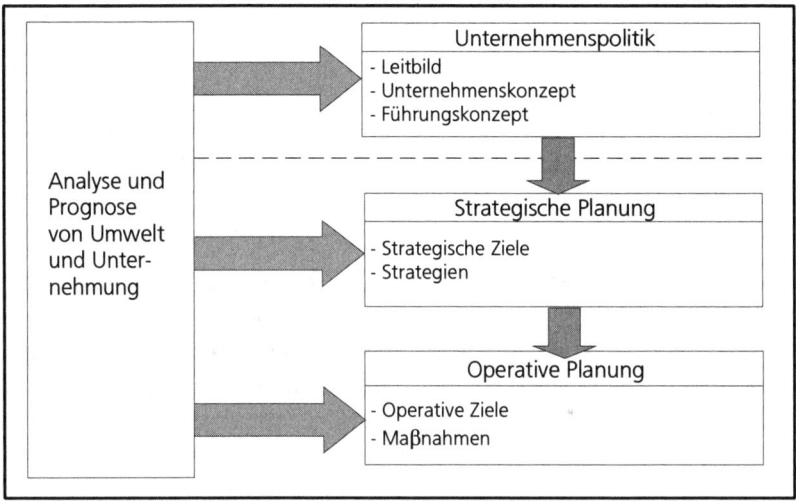

Abbildung 5-2   Ebenen der Unternehmensplanung

(3) **Die Unternehmenspolitik ist langfristig orientiert**
Über die Unternehmenspolitik wird die Grundkonzeption der zukünftigen Unternehmenspolitik auf lange Sicht festgelegt.

(4) **Die Unternehmenspolitik impliziert die Kontrolle von Zielvorstellungen, Richtlinien und Verhaltensnormen**
Das Treffen unternehmenspolitischer Entscheidungen bedingt auch deren Umsetzung und die Kontrolle der erzielten Ergebnisse. Die Messung der Zielerreichung unternehmenspolitischer Ziele stellt jedoch eine Problematik dar. Hinzu kommen die Schwierigkeiten einzelner Mitarbeiter, die Richtlinien und Normen auf konkrete Verhaltensweisen zu übertragen.

(5) **Unternehmenspolitik muß eine gewisse Flexibilität aufweisen**
Durch die langfristige Ausrichtung der Unternehmenspolitik basieren unternehmenspolitische Entscheidungen zwangsläufig auf unvollständigen Informationen aus der Umwelt, deren Dynamik zu berücksichtigen ist. Insofern sind Änderungs- und Revisionsprozesse erforderlich.

Eine Abgrenzung zwischen der Unternehmensphilosophie und der Unternehmenspolitik wird im Schrifttum ebensowenig eindeutig vorgenommen wie eine begriffliche Fixierung der Unternehmenspolitik. Aus der hierarchischen Perspektive und den vorangestellten Merkmalen der Unternehmenspolitik läßt sich jedoch folgern, daß die Unternehmensphilosophie den Rahmen für die Unternehmenspolitik absteckt und die Unternehmensplanung einen Bestandteil der Unternehmenspolitik verkörpert. Dies führt dazu, daß die Planung ein durch Werthaltungen vorgeprägtes Element der Unternehmung repräsentiert (Picot 1989: Sp. 2090).

Die strategische Planung läßt sich allgemein charakterisieren als eine von den oberen Hierarchieebenen im Unternehmen durchgeführte längerfristige Planung mit Leit- und Lenkungsfunktions-Charakter. Die **taktische Planung** kann demgegenüber allgemein als mittelfristig orientierte Umsetzung von Unternehmensstrategien auf konkrete Problem- und Handlungskomplexe verstanden werden (Programmplanung), die sich auf einzelne betriebliche Funktionen bezieht. Es werden im Rahmen dieser Planungskategorie die Konsequenzen für die Teilbereiche des Unternehmens ausgearbeitet.

Beispiele hierfür sind etwa in der **Produktion**:

- Die Verfeinerung von Innovations- und Produktstrategien;
- Wie muß die Produktion für ein neues Produkt organisiert sein?
- Ermittlung der Kapazitätsbedarfe für Produktinnovationen;
- Welche Investitionen fallen im Produktionsbereich an?
- Fertigungsziele sind für die kommenden Jahre zu bestimmen;
- Wie stellt sich der mittelfristige Personalbedarf dar?
- "Make or buy"-Planung.

Die taktische Planung stellt insofern ein Bindeglied zwischen der strategischen und der operativen Planung dar. Sie kann in unterschiedlichen Planperioden durchgeführt werden, wobei rein theoretisch unterschiedliche Varianten möglich wären (vgl. Abbildung 5-3).

Die **operative Planung** ist als kurzfristige, ablauforientierte Planung primär handlungsbezogen auf Einzelziele ausgerichtet. In der operativen Planung werden die in der taktischen Planung erarbeiteten Vorgaben weiter für maximal ein Geschäftsjahr konkretisiert. Es werden operative Ziele festgelegt, beispielsweise in Form:

- eines Personalplans für das laufende Geschäftsjahr,
- von Plänen für die Beschaffung von Betriebsmitteln (Gebäuden, Maschinen und Werkzeuge),
- einer Public-Relation-Kampagne zur Aufbesserung des Images,
- einer detaillierten Prozeßplanung im Produktionsbereich (welche Mengen, welche Reihenfolge),
- einer kurzfristigen Finanzplanung (dazu ist unter anderem die Erfassung der Einnahmen aus den Umsatzerlösen und der Zinserträge notwendig).

---

1. Rollende Planung

Planungsjahr	Planungshorizont
1996	97 → 98 → 99 → 00 → 01
1997	98 → 99 → 00 → 01 → 02
1998	99 → 00 → 01 → 02 → 03

Das aktuelle Jahr wird jeweils im Detail geplant

2. Blockplanung

Planungsjahr	Planungshorizont
1996	97 → 98 → 99
1999	00 → 01 → 02
2002	03 → 04 → 05

Es werden jeweils drei Jahre grob geplant

3. Gemischtes Planungssystem

Planungsjahr	Planungshorizont
1996	97 → 98 → 99
1999	00 → 01 → 02 → 03 → 04
2003	03 → 04 → 05

Abbildung 5-3   Unterschiedliche Planungssysteme der taktischen Planung

Insbesondere lassen sich die einzelnen operativen Teilpläne aus dem Produktionsbereich als Beispiele für die klassischen Aufgaben in der operativen Planung anführen wie die Abbildung 5-4 zeigt.

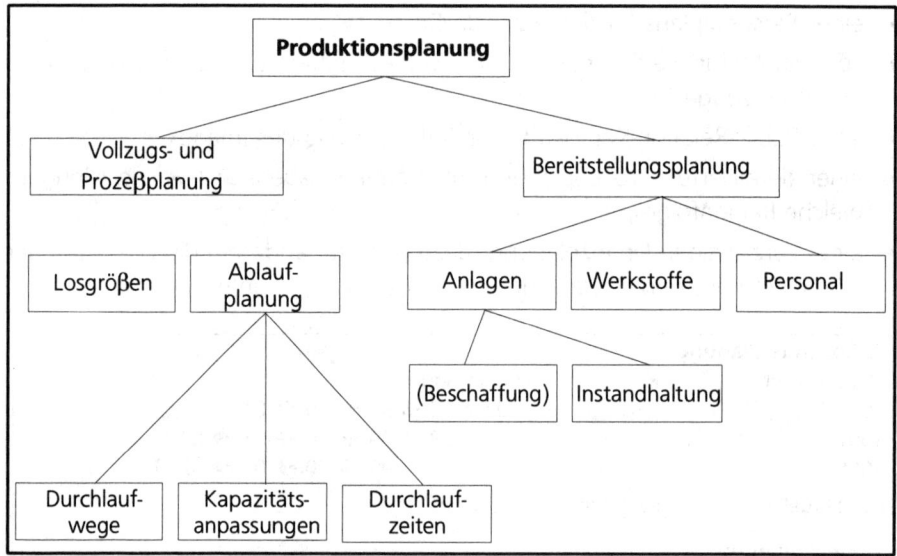

Abbildung 5-4   Operative Teilpläne im Produktionsbereich

Zusammengefaßt existieren drei Planungsdimensionen, die sich auf alle be- trieblichen Bereiche mit einem unterschiedlichen Detaillierungsgrad und Pla- nungshorizont erstrecken. Planungsgegenstände sind jedoch jeweils die Ziele, Maßnahmen und Ressourcen (bzw. Potentiale). Eine Dimension der Planung re- präsentieren die betrieblichen Funktionen (z.B. Beschaffung, Produktion, Mar- keting). Eine weitere Dimension stellen die drei Planungsebenen (strategisch, taktisch, operativ) dar. Als dritte Dimension fungieren die Planungsobjekte:

- Potentiale (Analyse und Ausrichtung auf die Erfolgspotentiale des Unterneh- mens),
- Maßnahmen (Festlegung der grundsätzlichen Vorgehensweise),
- Ressourcen (Bestimmung der für die Maßnahmenplanung notwendigen Mittel, z.B. Finanzvolumen, Mitarbeiter und Sachmittel).

Durch Abbildung 5-5 wird der Zusammenhang dieser drei Dimensionen der Planung deutlich, wobei der Detailliertheitsgrad durch die jeweiligen Flächen in ihrer Kombination zum Ausdruck kommen soll.

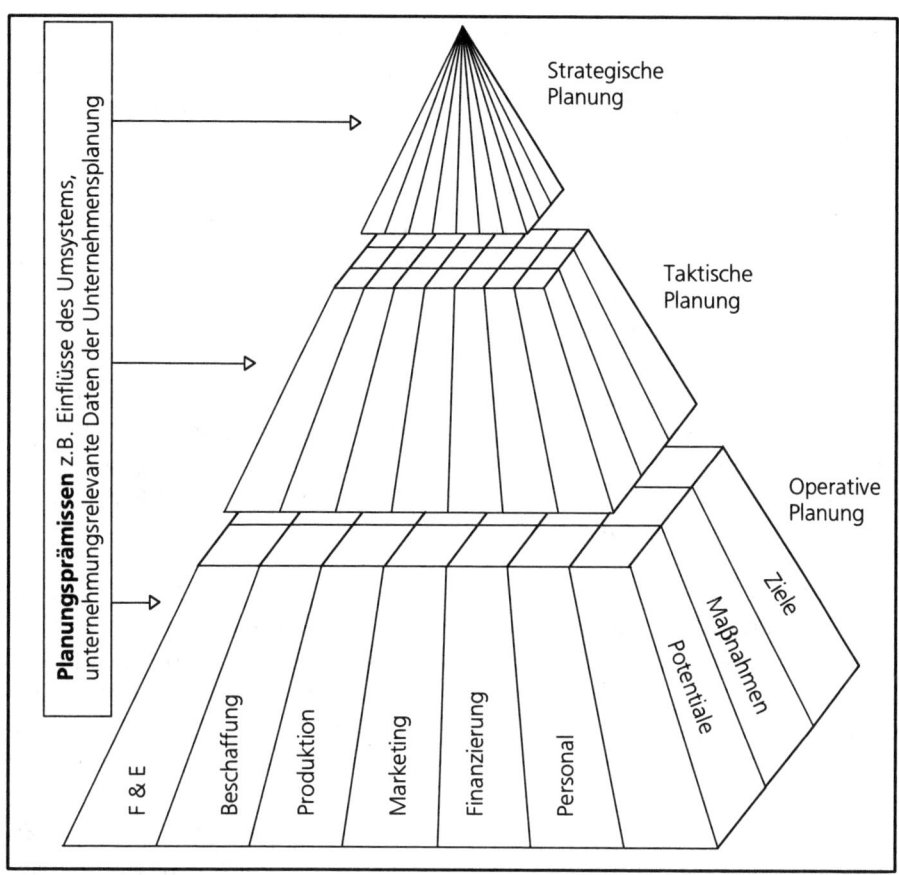

Abbildung 5-5 Dimensionen der Planung

5.4 Der strategische Planungsprozeß

5.4.1 Der Begriff Strategie in der Planung

Es ist deutlich geworden, daß die strategische Planung aus der Sicht der Unternehmensführung bzw. des Managements die größte Bedeutung aufweist. Sie besitzt den höchsten Ungewißheitsgrad, beinhaltet das größte Risiko und verlangt ihren Planungsträgern die größte Verantwortung ab. Die strategische Planung besitzt daher in der Unternehmensführung eine so bedeutende Rolle, daß eine detaillierte Behandlung der Charakteristika dieser Planungskategorie unbedingt notwendig ist.

Im ursprünglichen (militärischen) Sinne werden unter Strategien Handlungsanweisungen, Verfahren oder Alternativen verstanden, die Möglichkeiten zur Lösung von Problemen darstellen. Unternehmungsstrategien legen grundsätzlich die Art der Verwendung der Leistungspotentiale (Mittel) bzw. Ressourcen zum Zweck des langfristigen Überlebens und Wachsens der Unternehmung fest. Indem sie somit Grundorientierungen für die Unternehmungsentwicklung vorgeben, können sie auch die Voraussetzung für die Initiierung detaillierter Zielbildungsprozesse darstellen, denn die erfolgreiche Realisierung einer Unternehmungsstrategie verlangt unmittelbar nach einer gewissen Präzisierung und Spezifizierung, da ein zu großer Abstraktionsgrad eine Strategiedefinition bedeutungslos machen würde.

Die strategische Planung erstreckt sich im Kern auf und über die gesamte Unternehmung. Die strategische Planung der Gesamtunternehmung fällt primär in den Aufgaben- und Verantwortungsbereich der Unternehmungsleitung. Darüber hinaus bestehen in vielen Unternehmen Geschäftsfeldstrategien ("Business Strategies") auf der Ebene strategischer Geschäftseinheiten sowie funktionale Strategien in einzelnen betrieblichen Aufgabenkomplexen wie etwa Beschaffung, Produktion und Marketing. Die strategische Planung dient der frühzeitigen Sicherung und dem Ausbau bisheriger und zukünftiger **Erfolgspotentiale**. Sie beinhaltet demzufolge die Identifikation von Erfolgspotentialen sowie von Möglichkeiten und deren Schaffung, Nutzung und Erhaltung bei gleichzeitiger Abwehr von Gefahren- und Verlustpotentialen. Die **Kontrolle** der Gültigkeit der den postulierten Erfolgswirkungen zugrundeliegenden Prämissen sowie Planumsetzungs- und -ergebniskontrollen sind weitere Bestandteile.

Wesentlicher Gegenstand der strategischen Planung ist das (strategische) **Leistungsprogramm**, dessen Einzelkomponenten diejenigen Teilstrategien bilden, die jeweils eine Produktgruppe oder -linie und/oder deren demographischen bzw. geographischen Absatzmarkt festlegen. Der Fixierung von Produkt-/ Marktkombinationen geht die Analyse der Unternehmungssituation (Umweltanalyse, Unternehmungsanalyse, Konkurrenzanalyse, Stärken/Schwächen-Analyse usw.) voraus. Auf der Basis der Entwicklungsmöglichkeiten von Produkten und Märkten, die mit den Unternehmungszielen, dem Wertsystem und der sozialen Orientierung der Unternehmung vereinbar sein müssen, lassen sich operationale Strategien entwickeln. Die Auswertung der Umwelt- und Unternehmungsanalyse liefert ein erstes Bild für die zukünftige Entwicklung der Unternehmung auf der Grundlage der bisher verfolgten Ziele und Strategien.

Inhaltlich beziehen sich die Aktionsprogramme auf die Festlegung der grundsätzlichen Verwendung der Leistungspotentiale und Ressourcen des Unternehmens zum Zwecke der Unternehmenssicherung und des Unternehmenswachstums und stellen in der Form die Rahmenbedingungen für detailliertere Handlungsaktivitäten, die nicht mehr Teil der Strategieentwicklung sein können, dar. Die Unternehmensstrategie wird demnach determiniert durch (vgl. Hammer 1992: 51):

- die Festlegung der zukünftigen Position der Unternehmung in der Umwelt,
- die Selektion der Technologie und die Entwicklung der Ressourcen, mit denen die Unternehmung die geplante Stellung in der Umwelt erreichen kann,
- die Resourcenallokation im Hinblick auf die Schaffung von Wettbewerbsvorteilen und
- die Bestimmung von Kriterien und Standards, an denen der Erfolg der Strategie meßbar erscheint.

In diesem Zusammenhang muß auch der Dynamik der Umwelt entsprochen werden, d.h., Strategien sollten, wenn deren Erfolg sehr stark mit der Umwelt korreliert, auch zumindest im gleichen Maße an eine sich ändernde Umwelt adaptierbar sein.

Abbildung 5-6 faßt die wesentlichen Elemente unterschiedlicher Strategiebegriffe zusammen.

Strategien und deren ...	
Gegenstand	Erfolgspotentiale und deren Erfolgsfaktoren
Ziele	Handlungsmöglichkeiten zur "Erfolgspotentialmehrung". Oberziele vorgeben.
Charakter	Politisch, abstrakt, schlecht definierbar und strukturierbar, komplex, intuitiv, kreativ, innovativ, individuell-wertmäßig vs. analytisch-rational, ganzheitlich.
Hilfsmittel	Strategische Planungsinstrumente und Heuristiken.
Ergebnis	Ressourceneinsatz- und Handlungsmöglichkeiten.
Ablauf	Prozedural; Systemdarstellung.
Geltungsbereich	Gesamte Unternehmung, Geschäftsfelder, Funktionsbereiche.
Zeit	Eher langfristig; antizipativ.

Abbildung 5-6 Wesensmerkmale von Strategien und strategischer Planung (Dannenberg 1990: 23)

5.4.2 Der Ablauf des strategischen Planungsprozesses

Im Prinzip ist der Prozeß der strategischen Planung durch die bisherigen Ausführungen bereits bekannt. Er entspricht formal dem gezeigten Schema der Systemanalyse und erstreckt sich von der Analyse der Ist-Situation des Unternehmens bis hin zur Kontrolle umgesetzter Maßnahmen. Im Detail sind jedoch einige Besonderheiten zu berücksichtigen, die erst eine operationale Vorgehensweise ermöglichen. Dazu gehört unter anderem die Kenntnis, in welchen Phasen der strategischen Planung welche Planungsinstrumente einen Sinn ergeben und welche Teilstrategie im Rahmen des Prozesses zu entwickeln ist.

Der Ablauf der strategischen Planung unterteilt sich in folgende Phasen:

- die Formulierung von Zielen,
- die Bestimmung von Maßnahmen, Mitteln und Verfahren,
- die Auswahlentscheidungen,
- Anweisungen zur Realisierung der gewählten Alternative,
- die Kontrolle der Zielerreichung.

5.4.2.1 Ist-Analyse

Beginnend mit der **Ist-Analyse** erfolgt im Rahmen der strategischen Planung zunächst eine kontextabhängige Positionsbestimmung des Unternehmens (Welches sind meine Erfolgsprodukte, wo sind meine "Flops"?). Insofern konzentrieren sich die mit dieser Phase verbundenen Aktivitäten auf

- die Analyse des Systems Unternehmung und
- die potentiellen Einflußfaktoren der Umwelt (z.b.: Wer sind meine Konkurrenten, wie stark sind sie? Welche künftigen Wettbewerbsstrategien verfolgen die Konkurrenten? Welche wirtschaftlichen Entwicklungen sind zu erwarten?).

Dies betrifft zum Teil Gegebenheiten und Tatbestände, die nicht unmittelbar durch die Kompetenzausstattung der Unternehmensleitung veränderbar sind, aber ihre Planungsrelevanz aus dem Potential an künftigen Einflußnahmemöglichkeiten auf das Unternehmensgeschehen beziehen (Voigt 1992: 319). Die Planungsrelevanz stellt auch ein entscheidendes Kriterium für die mit dieser Planungsphase verbundene Informationsgewinnung und -verarbeitung dar. So sind in Abhängigkeit von der Art der Unternehmung (Branche, Größe, Rechtsform, Organisation usw.) und vom Aktionsradius (regional, national, international), den ein Unternehmen hat, aufwendige Erhebungen und Recherchen notwendig, bei denen die Konzentration auf das Wesentliche in hohem Ausmaß die Kosten-Nutzen-Rechnung beeinflußt (Hammer 1992: 131).

Im einzelnen gliedert sich die **Umweltanalyse** in eine Branchen- und Wettbewerberanalyse, die Beurteilung der technologischen Entwicklung, die Einschätzung der zukünftigen konjunkturellen Situation etc. Schreyögg (1984: 101) differenziert zur Strukturierung der Informationsgewinnung zwei Analyseebenen: zum einen die globalen Umweltbedingungen mit den politischen, sozio-kulturellen, technologischen und gesamtwirtschaftlichen Dimensionen und eine zweite Analyseebene, in der die spezifischen ökonomischen Bedingungen von Branchen und Märkten untersucht werden.

Innerhalb der **Unternehmensanalyse** sollten die Stärken und Schwächen der Unternehmung erkannt werden, d.h., es gilt, das Produktprogramm und die Produktionsprozesse, die Wertkette insgesamt, das Finanzierungspotential und die Marktanteile zu sondieren, um die bisherigen und zukünftigen Erfolgsträger auszumachen und Schwächen im Leistungsprogramm zu eliminieren. Die Ergebnisse der Umweltanalyse dienen primär dazu, Chancen und Gefahren für die Unternehmung relativ früh abzuschätzen und eine Informationsbasis für eine realistische Strategie zu schaffen.

Das Ziel innerhalb der Ist-Analyse besteht damit aus einer möglichst genauen Einschätzung der gegenwärtigen Position des Unternehmens und der nicht primär der betrieblichen Institution zuzurechnenden und damit externen Faktoren, die Restriktionen für einen unternehmerisch realistischen Handlungsrahmen abstecken. Darauf aufbauend erfolgt die Prognose zukünftiger Entwicklungen in externen relevanten Segmenten der Umwelt und die Ermittlung zukünftiger Tätigkeitsfelder und Handlungsspielräume des Unternehmens. Damit liefern die Ergebnisse der Ist-Analyse die Ausgangsdaten für die Formulierung von Zielen und die Entwicklung von Zielerreichungsstrategien (Welge 1985: 51).

5.4.2.2   Die Zielformulierung

Die Phase der Zielformulierung und Strategieentwicklung ist nicht unmittelbar voneinander zu trennen, obwohl die endgültige Strategieformulierung erst dann stattfinden kann, wenn der Zielbildungsprozeß abgeschlossen ist. Prinzipiell wird im Rahmen der Zielformulierung auf der Grundlage der Ist-Analyse und im Einklang mit der Unternehmenspolitik ein Soll-Konzept für die ausgemachten Leistungspotentiale und den Ressourceneinsatz entwickelt oder anders formuliert, die strategische Stoßrichtung bestimmt, d.h. Entscheidungen über die Entwicklung neuer Produkte, das Besetzen von Marktnischen usw. getroffen (Zahn 1989: Sp. 1913). Sukzessiv erfolgt dabei die Definition von Subzielen und konkreten Meßgrößen für geringere zukünftige Planungsintervalle und die damit verbundene Involvierung weiterer Entscheidungsträger auf untergeordnete Planungsebenen. Die Fixierung der Ziele kann nicht unabhängig von der Strategie der Zielerreichung vorgenommen werden, sondern geht einher mit der Frage der realen Umsetzung. Insofern ist die Festlegung eines strategischen Ziels mit der Existenz einer Strategie verbunden, die die Maßnahmen zur Zielerreichung beinhaltet.

Die Phase der Strategieentwicklung beschreibt nicht nur die Erarbeitung einer Unternehmensgesamtstrategie, sondern stellt einen Prozeß dar, in dem eine Vielzahl von deduzierten Substrategien im Sinne von Handlungen und Aktionen mit einer strategischen Bedeutung für Partialbereiche des Unternehmens festgelegt wird. Gegenstand der Strategiebildung sind daher, neben der Erarbeitung einer Gesamtstrategie des Unternehmens, auch die daraus resultierenden strategischen Handlungsaktionen in den betrieblichen Funktionen und den Produkt-/Markt-Kombinationen. Die Strategieentwicklung und die Zielfestlegung besitzen dabei eine so starke Interdependenz, daß sie eigentlich nicht temporal differenzierbar sind. Dies ist erst dann der Fall, wenn die Ziel- und Strategiefixierung schon abgeschlossen, d.h. die Strategieauswahl vorgenommen wurde und weitere Konkretisierungsschritte für eine erfolgreiche Zielerreichung notwendig werden.

Unterscheidungs-kriterium/Gegenstand	Bezeichnung
Organisatorischer Geltungsbereich	- Unternehmensgesamtstrategien (corporate strategies) - Geschäftsbereichsstrategien (business strategies) - Funktionsbereichsstrategien (functional area strategies)
Funktion	- Absatzstrategien - Produktionsstrategien - Forschungs- und Entwicklungsstrategien - Investitionsstrategien - Finanzierungsstrategien - Personalstrategien
Marktsegment	- Geographische Segmentierungsstrategie - Demographische Segmentierungsstrategie - Psychographische Segmentierungsstrategie
Sortiment	- Produktstrategie - Produktlinienstrategie - Produktprogrammstrategie
Entwicklungsrichtung	- Wachstumsstrategie - Stabilisierungsstrategie - Schrumpfungsstrategie
Marktverhalten	- Angriffsstrategien (z.B. Promotionsstrategien) - Verteidigungsstrategien (z.B. Imitationsstrategien)

Abbildung 5-7   Strategieformen und Teilstrategien

Die Formulierung der Gesamtunternehmensstrategie beinhaltet primär die Be-stimmung der grundsätzlichen Tätigkeitsbereiche einer Unternehmung durch die Festlegung ihrer Geschäftsbereiche. Sie dient damit in bezug auf die fest-zulegende Entwicklungsrichtung (Wachstum, Stabilisierung, Schrumpfung - Wheelen/Hunger 1989: 205) sowie den Finanzmittelbedarf und die Finanzmit-telerzeugung dazu, ein ausgewogenes Verhältnis zwischen den strategischen Geschäftseinheiten zu schaffen, aber auch Synergiepotentiale zwischen Funk-tions- und Geschäftsbereichen zu nutzen. Die Geschäftsbereichsstrategie be-zieht sich auf einzelne Geschäftsfelder und -einheiten. Auf der Geschäftsbe-reichsebene werden somit vor allem Strategien für die Kriterien Sortiment, Marktsegment und Marktverhalten zur Erreichung von Wettbewerbsvorteilen konzipiert, die in Abstimmung oder auch in teilweise deduzierter Form die Ausprägung innovativer Funktionsbereichsstrategien erfordern. Dies gilt insbe-sondere dann, wenn Möglichkeiten wahrgenommen werden sollen, die sich kritisch auf den Erfolgszuwachs des Unternehmens auswirken können. Generell stellen Funktionsbereichsstrategien die grundsätzliche Vorgehensweise inner-halb einzelner Funktionsbereiche der Unternehmung dar. Insgesamt besitzen die unterschiedlichen Strategietypen mit differentem organisatorischem Gel-tungsbereich in bezug auf die Inhalte unterschiedliche Konkretisierungsgrade und im Hinblick auf die Gesamtunternehmensentwicklung eine differenzierte Wirkungsintensität. Insofern bleibt die hierarchische Vorgehensweise in der Phase der Strategieformulierung konsistent. Abbildung 5-7 zeigt die unter-schiedlichen Strategievarianten mit ihrem jeweiligen Geltungsbereich.

5.4.2.3 Die Auswahlentscheidung (strategische Wahl)

Das mit dieser Planungssituation verbundene hohe Risiko und die subjektive Selektion der Informationsbasen verstärkt die Gefahr einer vordeterminierten Entscheidung, die nur durch eine fundierte Informationssuche über den gesam-ten Prozeß der Entwicklung konkurrierender Alternativen und eine möglichst späte Finalentscheidung gemindert werden kann. Letzteres erfordert eine grundlegende Beurteilung aller bestehenden Strategien und eine darauf auf-bauende Selektion der vermeintlich durch den Beurteilungsprozeß optimalen Unternehmensstrategie, bevor die Realisierung initiiert werden kann. Insbeson-dere der Beurteilungsprozeß als Vorstufe der Strategieauswahlentscheidung impliziert eine sehr starke Verantwortung für die Planungsträger.

Planungen unterliegen oft schlecht strukturierten Entscheidungssituationen, geringer langfristiger Prognosesicherheit und - damit verbunden - einem hohen Entscheidungsrisiko. Die Verantwortlichen suchen daher nach formalisierten Lösungswegen, die zumindest eine subjektive Risikoreduktion bei den Entscheidern bewirken oder objektiv die Wahrscheinlichkeit einer Fehlevaluation verringern. Eine erste Stufe des Beurteilungsprozesses ist die Entwicklung von allgemeinen Beurteilungskriterien, die auf die Verträglichkeit mit der Unternehmensumwelt und die interne Durchführbarkeit abzielen. In diesem Zusammenhang existiert eine Reihe von Fragenkatalogen, die eine Beurteilung und Einschätzung unterstützen sollen (vgl. Steiner/ Miner 1977: 219ff.; Hinterhuber 1996: 207ff.) und zu weiteren analytischen und vor allem auch quantitativen Methoden führen, wie beispielsweise Kosten-Nutzen-Analysen oder Verfahren der Investitionsrechnung. Letztlich basiert der Evaluierungs- und Entscheidungsprozeß auf einem Mix aus den Ergebnissen der eingesetzten analytischen Methoden und weiterer **strategischer Planungsinstrumente**, der Intuition und der persönlichen Einschätzung des Entscheidungsträgers (Steiner 1979: 193). Die Begründung für diese These resultiert aus dem immer präsenten Problem bei der Strategieauswahl, einen Kompromiß zwischen der Maximierung der Möglichkeiten und der Minimierung der Risiken zu finden, der sich einer logischen Analyse entzieht (Hinterhuber 1996: 208).

5.4.2.4 Die Realisierung

Das Planungsergebnis als solches kann jedoch nur dann als erfolgreich erachtet werden, wenn die Möglichkeit der Planungsdurchsetzung existiert, die in der Regel weiterer Schritte bedarf, da aus der formulierten Strategie noch keine konkreten Handlungsaktionen deduziert werden können. Es sind weitere Planungsaktivitäten erforderlich, die sich auf die Vorgehensweise der Implementierung konzentrieren und in dieser Form eher den Charakter einer Programmplanung aufweisen. Vor der Teilphase der Realisierung einer Unternehmensstrategie müssen daher detaillierte Aktionen (Programme) konzipiert, Budgets bestimmt und Handlungen (procedures) definiert werden, die eine Strategieumsetzung unterstützen (Wheelen/Hunger 1989: 246).

5.4.2.5 Die Kontrolle

Die Realisierung geplanter Aktionen und Maßnahmen erfordert generell während und nach Abschluß der Implementierung eine Kontrolle, die auch im Rahmen des strategischen Planungsprozesses unerläßlich ist. Die Besonderheit der strategischen Planung erfordert jedoch nicht nur die Durchführung simpler **Soll-/Ist-Vergleiche**, sondern die Anwendung weiterer Methoden, um nicht nur ex post Abweichungen in der Zielerreichung zu registrieren, die in der Regel nur noch eine fehlgeschlagene und nicht mehr modifizierbare Strategie dokumentieren, sondern mögliche Abweichungen sind im Vorfeld proaktiv zu korrigieren.

Um nicht nur auf vergangenheitsbezogene Größen reagieren zu müssen (was meistens schon zu spät ist, da größere Schäden sich eingestellt haben), bedient man sich deshalb im Rahmen der strategischen Planung sogenannter "**Schlüsselfaktoren**", die über sogenannte "**Frühwarnindikatoren**" gemessen werden und Auskunft über die zukünftige Entwicklung der Rahmenbedingungen liefern sollen. Die Indikatoren werden in einem System zusammengefaßt. Als Schlüsselfaktoren könnten z. B. folgende Größen herangezogen werden:

- **unternehmensintern**
  - die Qualität der Führungskräfte,
  - die Motivation der Mitarbeiter,
  - die Qualität der Produkte und Dienstleistungen;
- **unternehmensextern**
  - konjunkturelle Entwicklung (Marktentwicklung),
  - die zukünftige Lohn- und Gehaltsentwicklung.

Diese Schlüsselfaktoren lassen sich in dieser Form nicht messen, sondern nur indirekt über die Bestimmung von Indikatorausprägungen. So werden die aufgezählten Schlüsselfaktoren folgendermaßen gemessen:

- die Qualität der Führungskräfte: durch Potentialbeurteilung;
- die Motivation der Mitarbeiter: durch die Absentismusrate;
- die Qualität der Produkte und Dienstleistungen: durch Kundenbefragung;
- konjunkturelle Entwicklung: durch den Investitionsgütermarkt;

210

- die zukünftige Lohn- und Gehaltsentwicklung: durch gewerkschaftliche Aktivitäten bzw. durch die Anzahl der Streiks.

Das Ergebnis eines Kontrollprozesses kann nach erfolgter Abweichungsanalyse somit die Bestätigung des eingeschlagenen Weges sein, aber auch die Einleitung von Korrekturmaßnahmen bis hin zu einer Neuformulierung des strategischen Plans bedeuten, was die Gefahr in sich birgt, permanent zu revidieren, wenn Schwierigkeiten in der Realisierung auftreten.

5.4.3 Die Planungsinstrumente im Prozeß der strategischen Planung

Der Prozeß der strategischen Planung ist nur erfolgreich mit einer vorhandenen Informationsbasis in den einzelnen Phasen des Planungsprozesses zu bewältigen. In diesem Zusammenhang existiert eine Reihe von Planungsinstrumenten, die die Entwicklung einer ausreichenden Informationsbasis unterstützen sollen. Abbildung 5-8 vermittelt einen Überblick über die verschiedenen, im Planungsprozeß eingesetzten Instrumente. Einige dieser Planungsinstrumente, die zum überwiegenden Teil von amerikanischen Unternehmensberatungen entwickelt worden sind, haben eine besondere Bedeutung erlangt und sollen deshalb im einzelnen diskutiert werden.

Analytische Instrumente	Heuristische Verfahren	- mathematische Programmierung	- Nutzwertanalyse
- Systemanalyse	- Brainstroming	- Warteschlangen-	- Break-even-Analyse
- Kennzahlen-	- Methode 635	modelle	- Risikoanalyse
systeme	- Morphologische	- Delphi-Verfahren/	- Entscheidungs-
- Budgetierung	Methoden	Expertenbefragung	baumverfahren
- Ist- und Plan-	- Synektik	- S-Kurven	- Entscheidungs-
kostenrechnung		- Marktforschung	tabellen
- Prozeßkosten-	**Prognostische Instrumente**	- Cross-impact-Analyse	- Erfahrungskurve
rechnung		- Szenario-Technik	- mathematische Optimierung
- Korrelations-	- gleitende Mittelwerte	**Bewertungs- und**	- Sensitivätsanalyse
analyse	- exponentielle	**Entscheidungs-**	- Portfolio-Methoden
- Wertanalyse	Glättung	**techniken**	- Expertensysteme
- Befragung und	- Trendextrapolation	- Kompatibilitätsmatrix	- Decision-Support-
Beobachtung	- Zeitreihenanalyse	- Lebenszyklusanalyse	Systeme
- Strategic Issue	- Filtermethoden	- Gap-Analyse	- Investitionsrech-
Analysis	- Regressionsverfahren	- Bewertungsprofile	nungsverfahren
- Kepner-Tregoe-	- Simulationsmodelle	- ABC-Analyse	- Target costing
Methode	- Indikator-Modelle	- Relevanzbäume	
- Netzplantechnik	- Input-Output-Analyse	- Kosten-Nutzen-	
	- Historische Analogien	Analysen	

Abbildung 5-8   Planungsinstrumente im Überblick

5.4.3.1   Das Lebenszykluskonzept

Kern des Konzepts ist die Darstellung des Ertrags oder Umsatzes eines Produktes über die Zeit. Dabei werden fünf unterschiedliche Produktlebensphasen definiert (vgl. Abb. 5-9). Dieses Konzept muß, um zieldienliche Aussagekraft und Information für die strategische Planung liefern zu können, um zwei Aspekte erweitert werden.

(1) Zunächst läßt sich als Vorstufe der Produkteinführung auch die Kostenentwicklung für die Forschung und Entwicklung des Produktes über die Zeitachse darstellen und somit ein "Bild" über die Kapitalbindung und den Ressourcenverbrauch dieses Produktes zeichnen.

(2) Es ist notwendig, die momentane Lebensphase aller Produkte bzw. Dienstleistungen eines Unternehmens über die Lebenszykluskurve zu be-

stimmen, um so in kumulierter Form den Gesamtumsatz und die zukünftige Umsatzentwicklung bestimmen zu können.

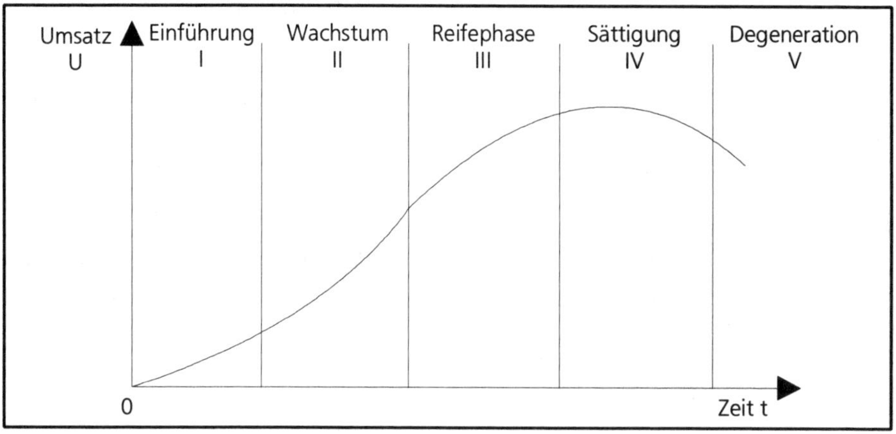

Abbildung 5-9   Der idealtypische Lebenszyklus eines Produktes

Bei einem intakten Unternehmen mit einem gesunden Potential zeigt sich dann
eine ansteigende Gesamtumsatzkurve.

Im operativen Bereich der Planung lassen sich die einzelnen Produktzyklen nicht
durch Maßnahmen wie Produktvariation (optische Veränderungen des Produktes) bzw. eine Modifikation der Werbequote verändern. Allerdings kann das
Produktlebenszykluskonzept im strategischen Bereich (Planungsprozeß) in der
Phase der Unternehmensanalyse (Ist-Analyse) zur Abbildung der Ist-Situation
eingesetzt werden, um die Stärken und Schwächen einzelner Produkte (bzw.
Geschäftsfelder) zu ermitteln, aber auch in der **Kontrollphase** durch die Festlegung geplanter Umsatzkurven über die Zeit, die einen Vergleich mit dem Erreichten ermöglichen. In diesem Zusammenhang würde man diese Vorgehensweise auch als **GAP-Analyse** bezeichnen.

5.4.3.2   Das Erfahrungskurvenkonzept

Das Erfahrungskurvenkonzept ist ein methodischer Ansatz zur langfristigen
strategischen Kostenplanung und -kontrolle, der eine weitreichende Resonanz

in der praktischen Anwendung gefunden hat (Kloock 1989: 431). Ursprünglich wurde ein Zusammenhang zwischen der kumulierten Produktionsmenge und den Stückkosten in der Form vermutet, daß sich mit zunehmender Produktionsmenge die Stückkosten reduzieren.

Diese Hypothese ist in den sechziger Jahren durch eine empirische Studie der Boston Consulting Group, einer amerikanischen Unternehmensberatung, bestätigt worden, wobei folgende Kernaussage abgeleitet werden konnte:

Bei einer Verdopplung der Produktionsmenge entsteht ca. ein Kostensenkungspotential der produktspezifischen Gesamtkosten von ca. 20-30 %, und zwar unabhängig vom jeweiligen Industriezweig. Die Realisierung und Nutzung dieses Kostensenkungspotentials hängt jedoch von den Fähigkeiten der betreffenden Unternehmensleitung ab, inwieweit die Möglichkeiten zur Kostensenkung erkannt werden (Henderson 1974: 19).

Durch den direkten proportionalen angenommenen Zusammenhang zwischen der Produktionsmenge und dem Marktanteil lassen sich entsprechende Aussagen über den Marktanteil und das damit verbundene Kostendegressionspotential des eigenen Produkts und der Mitbewerber treffen, die als Erkenntnisse sowohl in die strategische Ziel- als auch Strategiebestimmung einfließen (s. Abb. 5-10).

In der Abbildung sind ein einheitlicher Marktpreis und die Stückkosten der Unternehmen A bis C in Abhängigkeit von dem jeweiligen Marktanteil aufgetragen, deren Differenz die Ertragspotentiale in Relation zum Marktanteil zum Ausdruck bringt.

Daraus läßt sich zunächst einmal ableiten, daß das Erfolgspotential des Marktführers bei realisierten Kostendegressionsmaßnahmen sehr hoch ist. Allerdings kann in der Praxis bei einer **idealtypischen stabilen Marktkondition** nicht davon ausgegangen werden, einen einheitlichen Preis unabhängig vom Stückkostenverlauf anzunehmen (Henderson 1974: 28f.). In der Regel zeigt die Preisentwicklung eine ähnliche Tendenz wie die Stückkostenentwicklung, d.h. eine gewisse Parallelität, die von der Marktkonstellation abhängt (vgl. Abb. 5-11).

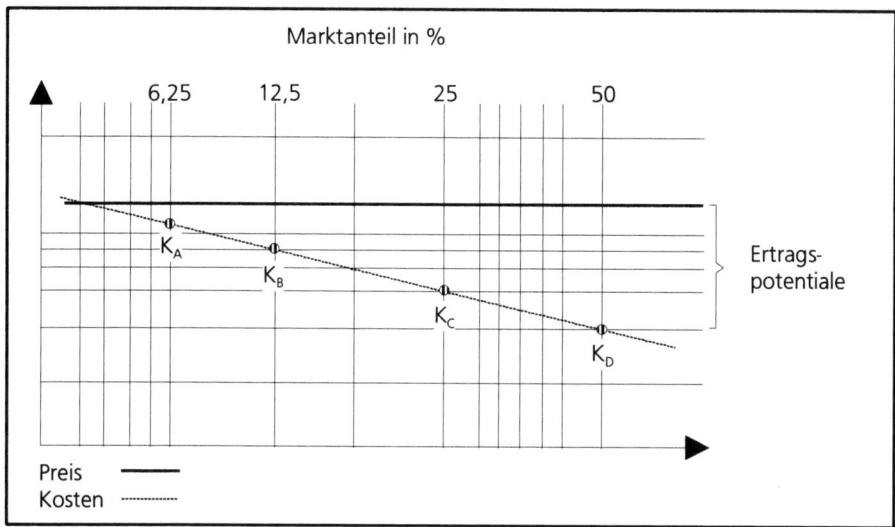

Abbildung 5-10   Die Beziehung zwischen dem Marktanteil und den Ertragspotentialen

Der Verlauf der Preisentwicklung bei **instabilem Wettbewerb** zeigt nach der Einführungsphase des Produkts eine Abschöpfungsstrategie, bei der der Preis über einen gewissen Zeitraum aufrechterhalten wird, um so größere kurzfristige Gewinne realisieren zu können. Eine Konsequenz dieses Marktverhaltens ist eine zunehmende Instabilität des Wettbewerbs, bei der die Erfolgspotentiale der beteiligten Anbieter nicht mehr prognostiziert werden können, zumal durch die scheinbar höheren Gewinne falsche Erwartungen dazu führen, daß die bisherigen Konkurrenten ihre Kapazitäten erweitern und zusätzliche Anbieter ohne spezifische Erfahrungen und mit einem hohen Kosten-Niveau und der Aussicht auf eine hohe Gewinnrealisierung keine Markteintrittsbarrieren mehr wahrnehmen (Gälweiler 1987: 260). Die Präsenz weiterer Anbieter führt zu Marktanteilsverlusten der bisherigen Wettbewerber und somit zu einem Verlust künftiger Marktanteile und Erfolgspotentiale. In der Regel kann der Preis nur bis zu einem zufällig eintretenden Ereignis aufrechterhalten werden, das dann einen Preiseinbruch auslöst.

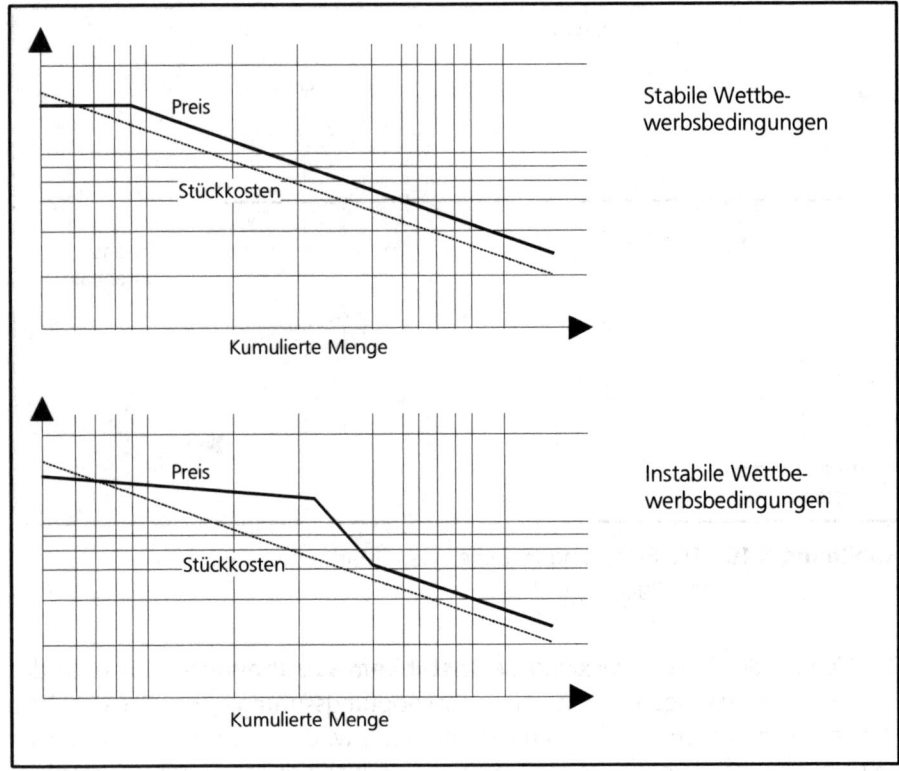

Abbildung 5-11 Der Preis-/Kostenverlauf bei unterschiedlichen Wettbewerbs-bedingungen (Henderson 1974: 28f.)

Die instabile Wettbewerbssituation betrachtet Henderson (1974: 32) als den Normalfall, wobei die Preisentwicklung insbesondere bei Produkten mit starken Wachstumsraten feststellbar ist, sofern nicht etwaige inflationäre Tendenzen diesen Prozeß überlagern.

Eine unmittelbare Erkenntnis, die sich aus diesen Zusammenhängen ableitet, ist die Präferenz für Märkte mit hohen Wachstumsraten bzw. das Erreichen eines hohen Marktanteils, um möglichst schnell zu einer Kostendegression und einem günstigen Erfolgspotential zu gelangen. Die eruierte Interdependenz zwischen kumulierter Produktionsmenge, den Stückkosten und der Preisentwicklung läßt jedoch zunächst weitere detailliertere Schlußfolgerungen zu (Henderson 1974: 42f.):

- Anbieter, die nicht in der Lage sind, die Kostendegression nachzuvollziehen, werden die Wettbewerbsfähigkeit in bezug auf das Produkt teilweise bzw. völlig verlieren.
- Der Anbieter mit dem größten produktspezifischen Marktanteil hat das Potential, die niedrigsten Kosten zu realisieren.
- Bei einer Produkteinführung empfiehlt sich als Preisstrategie so lange eine nicht kostendeckende Preisgestaltung, bis eine größere Produktmenge erreicht ist.
- Solange eine entscheidende Konkurrenzsituation auf dem Markt existiert, verhalten sich die Preise analog zu den Kosten.
- Der erzielte Marktanteil ist solange instabil, bis ein Anbieter den Markt eindeutig beherrscht und damit eine Preispolitik betreiben kann, die jeden Wettbewerber daran hindert, den eigenen Marktanteil zu vergrößern.

Diese Thesen lassen sich wiederum als Determinanten einer Strategieentwicklung auf der Geschäftsfeldebene verwenden.

Unter der Prämisse, daß es sich um einen schnell wachsenden Markt handelt, sollte daher generell die Strategie zu einer beherrschenden und haltbaren Marktposition führen, d.h. entweder durch eine adäquate Preispolitik oder durch die Schaffung eines isolierten Teilmarktes, falls eine Marktbeherrschung nicht realisierbar erscheint.

Die Rentabilitäten der mit der Beherrschung von Marktanteilen verbundenen Investitionen können näherungsweise bestimmt werden, wobei Henderson (1974: 82) davon ausgeht, daß ein relativ früher Markteintritt für die Realisierung dieser Teilstrategie weniger kostenintensiv ist als ein späterer Ausbau der Marktanteile. Nach dem Erreichen der dominanten Marktposition sollten die Mitbewerber durch eine kontinuierliche Preissenkung bei gleichzeitiger eigener Marktexpansion von einer Kapazitätserweiterung abgehalten werden.

Dieses Vorgehen ist insbesondere bei einer starken Marktwachstumsphase nur zur Erhaltung des Marktanteils sehr kapitalintensiv. Der tatsächlich notwendige Kapitalbedarf läßt sich jedoch über das zu erwartende Produkt-Mengen-Wachstum und den vermuteten Preisrückgang abschätzen. Risiken, die sich mit einer derartigen Strategie verbinden, sind (Kreikebaum 1993: 85):

- die Vernachlässigung der Kostendegressionspotentiale,
- keine wirksame Abschreckung potentieller Konkurrenten trotz aggressiver Preispolitik und
- die geringen Stückkosten bei später eintretenden Mitbewerbern aufgrund des zwischenzeitlich gestiegenen Marktvolumens.

Zusätzlich kann durch eine Marktführerschaft auf Märkten mit hohen Wachstumsraten bei gravierenden Absatzverschiebungen die Flexibilität des betreffenden Unternehmens aufgrund der hohen Kapitalbindung beeinträchtigt werden (Voigt 1993: 111).

Die Aufzählung einiger möglicher Risiken verdeutlicht, daß die zukünftige Wettbewerbsentwicklung nicht über die Erfahrungskurve abschätzbar ist.

Insbesondere die Informationsbasis für die Prognostizierbarkeit des Konkurrenzverhaltens ist über das Erfahrungskurvenkonzept sehr eingeengt; es werden lediglich über die Marktanteils- und Preiskonstellation die Ertragspotentiale der Mitbewerber deduziert und damit aus der Nachfragerperspektive präferenzlose Konkurrenzprodukte mit homogenen Wertschöpfungsketten vorausgesetzt, die z. B. eine Verwendung von gleichen Halbfertigfabrikaten für mehrere Produkttypen nicht zulassen. Eine Annahme, die heutzutage für die Praxis, in der modulare Produktbauweisen und kundenspezifisch vertikale Produktvariationen realisiert werden, nicht mehr zutrifft.

Damit reduziert sich die Funktionalität des Erfahrungskurvenkonzepts auf die Beurteilung der eigenen Kostenentwicklung auf der Grundlage der Erfolgsfaktoren "Marktwachstum und Marktanteil" unter der Prämisse, daß mit sinkenden Preisen auch eine entsprechende Nachfragesteigerung induziert wird, um eine Steigerung der kumulierten Produktionsmenge zu erzielen.

5.4.3.3   Die Portfolio-Technik

Die Portfolio-Methode läßt sich im Rahmen einer Kategorisierung der Planungsinstrumente den **Bewertungs- und Entscheidungstechniken** zuordnen. Das Prinzip der Portfolio-Methode wurde zunächst im finanzwirtschaftlichen Bereich verwendet, um eine optimale Kombination von Finanzanlagemöglichkeiten unter Berücksichtigung des Risikos bzw. der gegebenen Unsicherheit zu erreichen, und ist erst zu einem späteren Zeitpunkt für die Entwicklung strategischer Entscheidungen in die Unternehmensplanung in Form einer modifizierten Methode und Technik übernommen worden.

Die Hauptursache für den relativ großen Erfolg der Portfolio-Methode in der Unternehmensplanung lag in einem Defizit der Funktionalitäten bisheriger Planungsinstrumente in der Unterstützung der Steuerung von einzelnen Unternehmenssegmenten bzw. Geschäftsbereichen im Hinblick auf eine günstige Ressourcenallokation für das Erreichen der gesteckten Unternehmensziele vor dem Hintergrund einer zunehmenden Tendenz zur Divisionalisierung der Organisation.

Adaptiert an diese Problemstellung soll mit Hilfe der Portfolio-Technik eine ausgewogene und sinnvolle Verteilung der knappen Ressourcen auf die einzelnen, darum konkurrierenden Geschäftsbereiche in dem Sinne ermöglicht werden, daß die als Erfolgspotentiale zu betrachtenden Einheiten ausgebaut werden, während die relativ ineffizienten Unternehmenssegmente weniger Berücksichtigung finden bzw. eliminiert werden.

Grundlage der Portfolio-Technik in der Unternehmensplanung ist eine Matrix zur Visualisierung strategischer Ausgangs- und Zielpositionen auf der Geschäftsbereichsebene (Böhler 1989: Sp. 1549f.). Dazu ist vorab eine Analyse der Einflußfaktoren auf den Erfolg der jeweiligen Geschäftseinheiten notwendig, die dann zu zwei signifikanten Einflußgrößen aggregiert, die Dimensionen der Matrix darstellen. Durch die Evaluierung der einzelnen Geschäftsbereiche in bezug auf die definierten Einflußgrößen kann dann die komparative Darstellung der betrachteten Geschäftsbereiche in der Matrix erfolgen. In diesem Zusammenhang ist die Fokussierung auf die Geschäftsbereiche als Evaluierung und Vergleich von Unternehmenseinheiten zu verstehen, die eine eigenständige Marktaufgabe wahrnehmen, exakt definierbare Konkurrenten auf den Märkten besitzen und unabhängig in den Schlüsselaktivitäten (Absatz, Produktion, Entwicklung) mit den dazugehörigen Managementaufgaben agieren können. Sie repräsentieren damit als strategische Geschäftsfelder Erfolgsträger mit eigenen Chancen und Risiken (Dunst 1983: 61).

Obwohl unterschiedliche Portfolio-Konzepte existieren, die in der Praxis auch in differenzierten Mischformen zum Einsatz gelangen, läßt sich für den primären Bereich der strategischen Planung mit dem Kernproblem einer potentialgeleiteten Ressourcenallokation eine Folge von Erkenntnissen annehmen, die die Gestaltung der Portfolio-Matrix beeinflußt hat (vgl. Gälweiler 1987: 78):

(1) Die Sicherung der Erfolgspotentiale ist sehr eng mit der Sicherung der relativ starken Marktposition verbunden.

(2) Das mit bestimmten Marktanteilen verbundene Geschäftsvolumen wird vom Marktvolumen und seiner Entwicklung bestimmt.

(3) Das für die Sicherung der Erfolgspotentiale notwendige interne Leistungspotential, insbesondere die bereitzustellenden Finanzmittel, wird durch die Mindest-Marktanteile und die Marktvolumenveränderungen determiniert.

(4) Unternehmen, die ausschließlich auf Wachstumsmärkten agieren, ohne über die notwendigen Finanzmittel zu verfügen, können in eine schwierige strategische Situation gelangen.

(5) Eine Präsenz von Geschäftsfeldern mit einer starken Marktposition auf Nichtwachstumsmärkten kann, aufgrund des zu erwartenden positiven Netto-Cash-Flows oder Mittelflußsaldos, die Vorfinanzierung anderer Geschäftsfelder auf wachstumsstarken Märkten begünstigen.

Aus dieser Erkenntniskette abgeleitet, in der jeweils interne und externe Elemente in einen Zusammenhang gebracht werden, weisen die zwei Dimensionen der für den strategischen Planungsprozeß primär anwendbaren Portfolio-Matrix-Konzepte in ihrer Grundstruktur eine Umwelt- und Unternehmenskomponente auf (Lange 1981: 47).

Im einzelnen lassen sich folgende grundlegende Portfolio-Konzepte mit der beschriebenen Grundstruktur differenzieren:

(1) das Marktanteils-Marktwachstums-Portfolio,

(2) das Marktattraktivitäts-Wettbewerbsvorteils-Portfolio und

(3) das Lebenszyklus-Wettbewerbspositions-Portfolio.

Zu (1) **Das Marktanteils-Marktwachstums-Portfolio**

Das Marktanteils-Marktwachstums-Portfolio basiert auf dem von der Boston Consulting Group entwickelten Erfahrungskurvenkonzept, bei dem von einem Zusammenhang zwischen der langfristigen Gesamtkostenkurve und der Gesamtproduktionsmenge in der Form ausgegangen wird, daß mit jeder Verdopplung der Produktionsmenge die Stückkosten eines Produkts um 20 - 30 % zurückgehen (Henderson 1974: 19), begründet durch das kumulierte Wissen bezüglich der Produktion eines Gutes, das zu Degressionseffekten in anderen betrieblichen Funktionen führt.

Für die Realisierung einer umfangreichen Produktionsmenge ist jedoch die Existenz eines großen Marktvolumens eine zwingende Voraussetzung, d.h., ein relativ hoher Marktanteil bzw. ein starkes Marktwachstum bilden die Grundlagen für die Nutzung des vorhandenen Degressionspotentials und damit für die Sicherung der Erfolgspotentiale. Das strategische Ziel einer Unternehmung, das die Absicherung gegen mögliche Marktrisiken präferiert, sollte deshalb die Präsenz auf einem expandierenden Markt mit einem hohen Marktanteil sein. Hierin liegt der Bezug zwischen dem Erfahrungskurvenkonzept und dem Marktanteils-Marktwachstums-Portfolio, dessen Kerngedanke auf dieser Beziehung zwischen Unternehmenserfolg und dem Agieren auf Märkten mit dieser Charakteristik beruht.

In der Marktanteils-Marktwachstums-Portfolio-Matrix werden daher das Marktwachstum und der Marktanteil als Einflußgrößen auf den Erfolg und die Entwicklungsmöglichkeiten der einzelnen Geschäftsfelder in den Mittelpunkt gerückt und entsprechend als Umwelt- und Unternehmensdimension für die Achsenbezeichnungen aufgenommen. Die Matrix gliedert sich in vier Felder, die aus der groben Differenzierung der Dimensionsausprägungen resultieren:

- Marktwachstum (Ordinate) Ausprägung: niedrig – hoch;
- relativer Marktanteil (Abszisse) Ausprägung: niedrig – hoch.

Der relative Marktanteil beschreibt das Verhältnis zwischen dem eigenen Marktanteil und dem Marktanteil des größten Konkurrenten und wird für eine detailliertere kardinale Betrachtung als Quotient der beiden Größen gebildet [in der Regel wird als Meßgröße für den Marktanteil der Umsatz in einem Markt angenommen (vgl. Hinterhuber 1996: 151)]:

$$relativer\ Marktanteil = \frac{Marktanteil\ der\ Unternehmung}{Marktanteil\ des\ st\ddot{a}rksten\ Konkurrenten}$$

Nach dieser Definition des relativen Marktanteils ergibt sich für den Marktführer zur Bestimmung des relativen Marktanteils ein Wert ≥ 1 (eine andere Variante zur Bestimmung des relativen Marktanteils stellt die Relation des eigenen Marktanteils zu den drei stärksten Konkurrenten dar).

Für die Darstellung auf der Abszisse wird ein logarithmisierte Skalierung verwendet, um so die Beziehung zur Erfahrungskurve zum Ausdruck zu bringen, unter der Annahme, daß sich die Gewinn- bzw. Cash-Flow-Differenzen zwischen den Wettbewerbern analog zu den Diskrepanzen zwischen den relativen Marktanteilen verhalten.

Das Marktwachstum wird auf der Ordinate in einer linearen Skalierung als die Veränderung des Marktvolumens aufgetragen und nicht als individuelles Wachstum eines Unternehmens auf dem Markt betrachtet, wobei davon ausgegangen wird, daß sich die notwendigen Finanzmittel für eine strategische Geschäfteinheit proportional zu dem Marktwachstum verhalten (s. Abb. 5-12).

Über die vier Quadranten werden in der Portfolio-Matrix entsprechende Kategorien für die möglichen Erfolgspotentiale, d.h. die Produkte der verschiedenen Geschäftsbereiche, definiert. Der absolute Umsatz der in den Quadranten plazierten Geschäftsfelder des Unternehmens wird durch die unterschiedlichen Kreisdurchmesser gekennzeichnet.

Das offensichtliche Ergebnis der Portfolio-Matrix ist damit zunächst die marktbezogene Klassifizierung der bestehenden Geschäftsbereiche mit folgenden Komponenten:

Question Marks:

Geschäfteinheiten mit einem geringen Marktanteil auf einem Markt, der ein hohes Marktwachstum aufweist. Der erzielte Netto-Cash-Flow der Geschäfteinheit ist negativ. Zum Ausbau des Marktanteils sind daher zusätzliche Finanzmittel erforderlich.

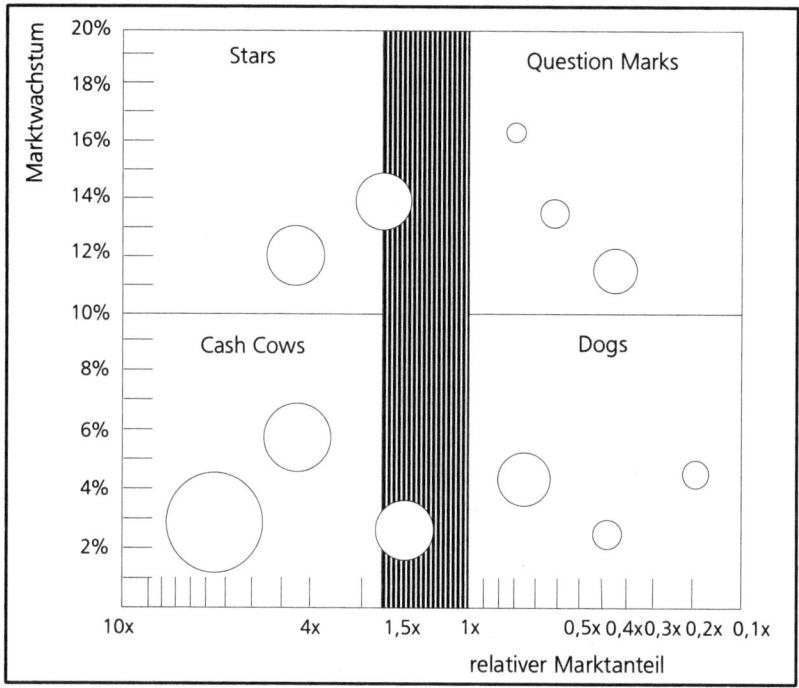

Abbildung 5-12   Das Marktanteils-/Marktwachstums-Portfolio (Hedley 1992: 197)

Stars:
Geschäftseinheiten, die auf einem Markt mit hohen Wachstumsraten präsent sind. Der durch die Geschäfteinheit erwirtschaftete Cash-Flow ist relativ hoch, wird jedoch zur Finanzierung der Stabilisierung bzw. Erhöhung des Marktanteils benötigt, um so die momentanen Kostenvorteile gegenüber den Konkurrenten zu erhalten.

Cash Cows:
Geschäftseinheiten mit geringem Wachstum, aber einer starken Marktposition durch ihren hohen Marktanteil. Aufgrund der Kostenvorteile weisen sie einen sehr hohen Cash-Flow auf, der aber durch das schwache Wachstum nur zu einem geringen Teil für die Reinvestitionen in diesen Geschäftseinheiten in An-

223

spruch genommen wird. Die entstehenden Liquiditätsüberschüsse werden daher zur Finanzierung anderer Geschäftseinheiten genutzt. Prinzipiell werden somit nur über die Cash Cows andere Unternehmenssegmente finanziert.

Dogs:
Geschäftseinheiten mit einer schlechten Marktposition, da sie auf Märkten mit einer geringen Wachstumsrate einen kleinen Marktanteil aufweisen. Der erzielte Cash-Flow dieser Geschäftseinheiten ist ausgeglichen, d.h., es werden keine Liquiditätsüberschüsse nach Absicherung der eigenen Position durch die Reinvestitionen über den Cash-Flow mehr erreicht.

Die Parallele des Marktanteils-Marktwachstums-Portfolios zu dem Lebenszykluskonzept ist offensichtlich, d.h., die einzelnen Phasen des Lebenszykluskonzepts finden sich in der Portfolio-Matrix wieder. Bei einem angenommenen typischen Verlauf werden zunächst innovative neue Geschäftsfelder auf einem Markt mit hoher Wachstumsrate eingeführt, sogenannte Nachwuchsprodukte (Question Marks), die anschließend in die Wachstumsphase übergehen und damit einen höheren Marktanteil erzielen (Stars), bevor die Reife- und Sättigungsphase erreicht wird, bei der das Marktwachstum abnimmt (Cash Cow), bis - über die Zeitachse betrachtet - der Eintritt in die Degenerationsphase erfolgt, bei der der Marktanteil, in beiden Konzepten direkt bzw. indirekt über den Umsatz gemessen, rückläufig ist (Dogs).

Das Portfolio-Konzept weist jedoch eine weitere informatorische Dimension auf, indem nicht nur eine marktcharakterisierende Positionierung der Geschäftsfelder vorgenommen wird, sondern darüber hinaus die **Cash-Flow-Situation** der einzelnen Einheiten, orientiert am Marktanteil, und der zukünftige Investitionsbedarf, um die Marktposition abzusichern bzw. auszubauen, der über das relative Wachstum abgeleitet wird, beschrieben werden.

Dies ist insbesondere für die Geschäftseinheiten relevant, deren Marktanteil in der Matrix einen Wert zwischen 1,5 und 1 annimmt, was eine relativ schwache und damit gefährdete Marktführerschaft dokumentiert. Das Portfolio-Konzept kombiniert damit unter anderem eine Visualisierung der Erfolgspotentiale des Unternehmens mit dem dazugehörigen bzw. zu erwartenden finanziellen Aufwand für die Transformation in einen Erfolgsträger, was in der Empfehlung von sogenannten Normstrategien für die vier Geschäftsfeldgruppen zum Ausdruck kommt (Hammer 1988: 190; Hinterhuber 1996: 160f.):

- Für die Phase der Produkteinführung (Question Marks) wird eine **Offensivstrategie** vorgeschlagen, um alle Chancen für die Marktanteilssteigerung zu bewahren. Dies bedeutet ein schnelleres Wachstum der Geschäftseinheit im Vergleich zum betreffenden Markt.
- In der Wachstumsphase einer strategischen Geschäftseinheit (Stars), d.h. relativ hoher Marktanteil und mehr als 10 % Wachstum, werden **Investitionsstrategien** empfohlen, um so den zukünftigen Cash-Flow abzusichern.
- Geschäftseinheiten mit relativ niedrigem Wachstum und hohem Marktanteil (Cash Cows) sollten eine **Defensivstrategie** präferieren.
- Für die Geschäftseinheiten in der Klasse der **Dogs** sollte eine Desinvestitionsstrategie eingeschlagen werden, um so über die Liquidation der Geschäftseinheit weitere Ressourcen zum Ausbau der strategisch wichtigen Question Marks bzw. Stars zu erzielen.

Nach der Aufstellung des Portfolios sollte insbesondere eine Überprüfung der strategischen Geschäftseinheiten im Hinblick auf ausreichende Erfolgspotentiale vorgenommen werden, um einen Ausgleich zwischen der Cash-Flow-Erzeugung und dem Cash-Flow-Bedarf sicherzustellen (Schreyögg 1984: 95).

Das Ziel bei der Gestaltung der strategischen Geschäftseinheiten sollte im Hinblick auf das Portfolio eine ausbalancierte Konstellation sein (Portfolio-Balance), d.h., daß stets Geschäftsfelder auf Märkten mit einem hohem Marktanteil positioniert sind, um so mit dem dabei erzielten positiven Cash-Flow den negativen Cash-Flow anderer Geschäftseinheiten auf Wachstumsmärkten auszugleichen (Gälweiler 1987: 81).

Dabei kommt dem Umsatzanteil der Cash Cows am Gesamtumsatz des Unternehmens eine besondere Bedeutung zu, der bei einer Höhe von 40 bis 60 % eine gute Basis für eine langfristig ausgelegte Sicherung des Finanzbedarfs der Wachstumsprodukte ist (vgl. Gälweiler 1974: 290; Hinterhuber 1996: 160f.).

Einige Kritikpunkte, die insbesondere mit dieser Portfolio-Variante in Verbindung gebracht werden, sind zum einen die Beschränkung auf zwei grundlegende Faktoren, die zwar ohne Zweifel strategische Erfolgsfaktoren darstellen, aber nicht ausschließlich den Erfolg einer strategischen Geschäftseinheit beeinflussen (Roventa 1981: 151) und die Fixierung auf vier Matrixfelder, aber auch deren Kombination mit den sogenannten Normstrategien. Die grobe Darstellung der strategischen Geschäftseinheiten führt beispielsweise dazu, daß für den kritischen Bereich, d.h. für Einheiten mit einem relativen Marktanteil zwischen 1 und 1,5, die nur eine schwache Marktführerschaft repräsentieren, keine expliziten Strategieempfehlungen formuliert werden, obwohl gerade diese sensible Situation einen aggressiven Konkurrenzdruck erwarten läßt, dem sicherlich nicht mit einer Umsetzung einer Normstrategie begegnet werden kann.

Ein anderer Schwachpunkt der Normstrategien zeigt sich bei der Behandlung der Dogs, die zwar offensichtlich keinen Netto-Cash-Flow nach der Argumentation mehr erwarten lassen, aber doch bei einer differenzierteren Betrachtung durchaus ihre Berechtigung für eine weitere Existenz besitzen und nicht pauschal über eine Desinvestitionsstrategie eliminiert werden sollten. Unternehmen mit ihren "dogs" können Wirtschaftsergebnisse erzielen, die über denen der stärksten Konkurrenten liegen, falls das Unternehmen eine Politik beschränkten Wachstums, ausgerichtet auf die Erfüllung der Bedürfnisse bestimmter Abnehmergruppen, umsetzt. Darüber hinaus ist eine gezielte Innovationspolitik und eine auf die spezifischen Marktsegmente abgestimmte Produktdifferenzierungspolitik anzustreben, die bei einer niedrigen Produktdifferenzierungsrate gegenüber den Konkurrenten zu einer monopolähnlichen Stellung des Unternehmens in diesem Marktsegment führen kann (vgl. Hinterhuber 1996: 159ff.).

Der **Hauptvorwurf** gegenüber dem Marktwachstums-Marktanteilsportfolio liegt jedoch in der Ermittlung der Dimensionsausprägung, d.h. des relativen Marktanteils und des Marktwachstums, zumal zum einen der Konkurrenzeinfluß auf die Bestimmung des Marktanteils nicht exakt definiert werden kann und zum andern das Marktwachstum nicht über das geforderte Gesamtvolumen des Marktes bestimmbar ist.

Insbesondere die undifferenzierte Betrachtung des größten Konkurrenten als Meßgröße für den eigenen Marktanteil in einem Produkt-/Marktsegment kann zu einer unrealistischen Bewertung der Marktposition führen. Insbesondere können Mitbewerber in einer Reihe von Märkten mit einem ähnlichen Produkt agieren, die jeweils nicht zwingend den Marktführer repräsentieren, aber insgesamt nach der Erfahrungskurve ein hohes Mengenvolumen erreichen, das durch den Portfolio-Ansatz nicht zur Kenntnis genommen wird, da nur eine Konzentration und ein Vergleich gegen den größten lokalen Mitbewerber im eigenen Markt stattfindet. Insofern ist es notwendig, neben dem tatsächlich größten Konkurrenten im Marktsegment auch globale Anbieter und mögliche Spezialisten über das Datenmaterial zur Erstellung der Portfolio-Matrix zu berücksichtigen, was allerdings eine sehr umfangreiche Datenerhebung impliziert.

Zu (2) Das Marktattraktivitäts-Wettbewerbsvorteils-Portfolio

Ein zweite Variante der Portfolio-Methoden ist das Marktattraktivitäts-Wettbewerbsvorteils-Portfolio, das Anfang der 70er Jahre von der Unternehmensberatung McKinsey & Company zusammen mit General Electric entwickelt worden ist. Die Grundstruktur dieses Portfolios weist - im Gegensatz zu dem vorangegangenen Marktwachstums-Marktanteilsportfolio - eine 9-Felder-Matrix auf und läßt demzufolge auf einen stärkeren Detaillierungsgrad bei der Kategorisierung der strategischen Geschäftseinheiten schließen.

Die in dieser Portfolio-Variante verwendeten Dimensionen sind multifaktoriell zu interpretieren, d.h., beide Dimensionen setzen sich aus verschiedenen Einzelfaktoren zusammen. Die **Marktattraktivität** als externe Komponente und relevante Umweltdimension, deren Ausprägung auf der Ordinate in der Matrix abgetragen wird, ist ein aggregierter Faktor, der über folgende Kriterien definiert wird (vgl. Hammer 1988: 180; Hinterhuber 1996: 150):

(1) Marktwachstum und Marktgröße,

(2) Marktqualität,

(3) Energie- und Rohstoffversorgung,

(4) Umweltsituation.

Während die Bestimmung des Marktwachstums als mengenmäßige Nachfrage auf einem Markt interpretiert wird und die Marktgröße in Geldeinheiten gemessen wird (Hinterhuber 1996: 150), lassen sich die Ausprägungen der drei anderen Kriterien jeweils nur über eine Vielzahl von Faktoren indirekt fixieren.

Die unternehmensinterne Dimension ist die **Wettbewerbsposition**. Sie wird ebenfalls aus verschiedenen Hauptkriterien deduziert, die auf ein ganzes Bündel von Einzelfaktoren zurückgeführt werden (Kreikebaum 1993: 90; Hinterhuber 1996: 151f.):

(1) die relative Marktposition,

(2) das relative Produktionspotential,

(3) das relative Forschungs- und Entwicklungspotential,

(4) die relative Qualifikation der Führungskräfte.

Die Ermittlung der Einzelfaktoren und die Aggregation zu den Hauptkriterienausprägungen, die letztlich auf die beiden Größen der Matrixdimensionen verdichtet werden, ist nicht unternehmensübergreifend objektivierbar, sondern ein subjektiv gestaltbarer Prozeß, der mit einer umfangreichen Analyse der Unterkriterien beginnt und sich über eine Quantifizierung der teilweise qualitativen Einzelfaktoren fortsetzt.

Insofern werden für jede strategische Geschäftseinheit die Umwelt- und Unternehmensdimension vielfach über Punktebewertungsverfahren bzw. Scoring-Modelle mit individuellen Gewichtungsfaktoren der einzelnen Komponenten bestimmt (Hammer 1988: 184; Voigt 1992: 371).

Durch die Präferenz für die 9-Felder-Matrix ergibt sich eine erste nominelle Grobdifferenzierung der Ausprägungen der beiden Dimensionen in der Matrix in niedrig, mittel und hoch, über deren Kombination ebenfalls entsprechende Normstrategien formuliert werden. Im indifferenten Bereich, d.h. die Klassen in der Diagonalen der Matrix, über die die maximalen Ausprägungen der Dimensionen verbunden sind, werden differente Selektivstrategien für die in den drei betroffenen Sektoren plazierten Geschäftseinheiten empfohlen. Die Positionierung der strategischen Geschäftseinheiten erfolgt durch die jeweilige dazugehörige Kombination der aggregierten Größen Marktattraktivität und Wettbewerbsvorteil in den einzelnen Segmenten (Punktpositionierung).

Im Vergleich zum Marktwachstums-Marktanteils-Portfolio werden hier allerdings die detaillierten Dimensionsausprägungen nicht in Prozenten bzw. logarithmisierten Maßzahlen, sondern als Punktwertkombination der aus dem jeweiligen Nutzwertanalyseverfahren gewonnenen Ergebnisse für die aggregierten Größen Wettbewerbsvorteil und Marktattraktivität in der Matrix abgetragen. Der Durchmesser der Kreise im Portfolio bringt, wie bei dem Marktwachstums-Marktanteils-Portfolio, den Umsatz bzw. Deckungsbeitrag zum Ausdruck (vgl. Abb. 5-13).

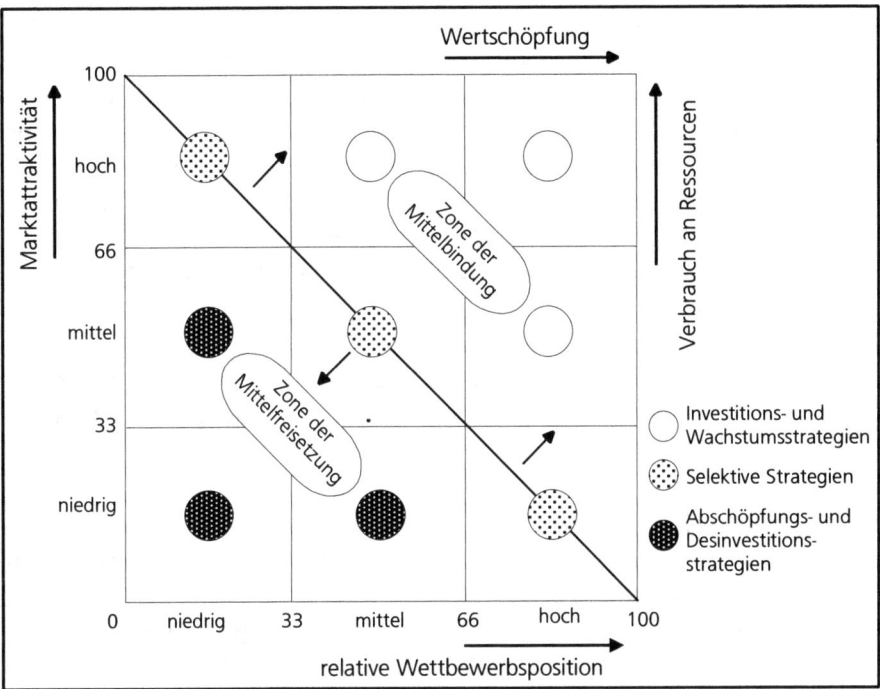

Abbildung 5-13   Grundschema des Marktattraktivitäts-Wettbewerbs-Portfolios (Hinterhuber 1996: 149)

Oberhalb der in der Abbildung 5-13 dargelegten Diagonalen befindet sich die Zone der Mittelbindung, d.h. die strategischen Geschäftseinheiten mit einem relativ hohen Investitionsbedarf und dementsprechend einer geringen Cash-Flow-Entwicklung, während unterhalb der Diagonalen die Einheiten mit einem geringen Investitionsbedarf positioniert sind.

Für die im indifferenten Bereich befindlichen Geschäftsfelder muß daher eine Entscheidung herbeigeführt werden, in welcher Zone eine zukünftige Plazierung erfolgen soll.

Die Selektivstrategien unterscheiden sich daher in drei Grundtypen (Hinterhuber 1996: 166ff.):

- **Offensivstrategien** für Geschäftsfelder im Sektor mit hoher Marktattraktivität und geringem Wettbewerbsvorteil, sofern eine realistische Möglichkeit besteht, den Wettbewerbsvorteil auszubauen und eine schwierige Liquiditätssituation zu akzeptieren. Die Umsetzung dieser Strategie impliziert hohe Aufbauinvestitionen und aufgrund des momentan geringen Wettbewerbsvorteils ein großes Risiko. Insofern sollte ein Mißerfolg mit der gewählten Strategie, d.h., es läßt sich kein erkennbarer Wettbewerbsvorteil gegenüber den Konkurrenten erzielen, rechtzeitig zu einer Aufgabe der betreffenden Geschäftseinheit führen.
- Übergangsstrategien, d.h.
  - zunächst Veränderung der horizontalen Lage in dem Portfolio, indem das Leistungsprogramm konsolidiert wird (keine Forschungs- und Entwicklungs-, nur Erhaltungs-Investitionen)

    oder
  - indem mit einem neuen Leistungsprogramm eine Expansion der Geschäftseinheit herbeigeführt wird (z.B. Verdrängungswettbewerb, Joint Ventures, Zweitmarke).
  - Eine dritte Strategievariante wäre die Abschöpfungsstrategie, d.h., die zentrale Position im Portfolio mit dem Ziel der Cash-Flow-Maximierung ohne zusätzlichen Ressourceneinsatz zu halten.

Letztlich dient die Verschiebung der strategischen Geschäftseinheit auf der horizontalen Ebene der Zuordnung, ob die Einheit zum Wachstum oder zur positiven Cash-Flow-Entwicklung des Unternehmens beitragen soll.

- **Defensivstrategien** für strategische Geschäftseinheiten mit hohen Wettbewerbsvorteilen auf einem Markt mit geringer Marktattraktivität, die Maßnahmen zur Erhaltung des Wettbewerbsvorteils, zur Abschottung des Marktes vor einem Markteintritt der Konkurrenz und zur Entwicklung eines starken Cash-Flow-Volumens beinhalten sollten. Defensivstrategien sind mittelfristig angelegt und mit einem relativ geringen Risiko verbunden.

Der Informationsgehalt des Marktattraktivitäts-Wettbewerbsvorteils-Portfolios ist durch die detaillierte Betrachtung bzw. Klassifizierung der strategischen Geschäftseinheiten höher einzuschätzen als bei dem dargestellten Marktwachstums-Marktanteils-Portfolio der Boston Consulting Group, zumal ein multivariabler Ansatz gewählt wurde, der neben den Faktoren "Marktwachstum" und "Marktanteil" weitere Erfolgsfaktoren berücksichtigt.

Die Intention, d.h. die Visualisierung der Geschäftsfelder im internen und Umweltkontext ist ähnlich, genauso wie der mit den Normstrategien implizierte Investitionsbedarf der strategischen Einheiten, so daß auch in diesem Zusammenhang die Forderung nach einem möglichst ausbalancierten Portfolio zutrifft.

Einschränkend bleibt auch hier festzuhalten, daß dieser Portfolio-Typ einige Schwächen aufweist, die den Einsatz und den Nutzen relativieren können. Nach Lange (1981: 63) lassen sich folgende Kritikpunkte anbringen:

- Probleme bei der Bestimmung der expliziten Kriterienkataloge für die zwei Basisdimensionen,
- die Operationalisierung, Messung und Beurteilung von qualitativen Kriterienausprägungen sowie deren Gewichtung und Aggregation sind äußerst bedenklich,
- die Berücksichtigung von Erfolgsobjekten in der Entwicklungsphase ist problematisch und
- die Positionierungen sind kaum vergleichbar, wenn unterschiedliche Faktorkataloge und Gewichtsfaktoren benutzt worden sind.

Zusammenfassend bedeutet dies eine relativ problematische bis unmögliche Beurteilung der Konkurrenten.

Damit bietet das Marktattraktivitäts-Wettbewerbsvorteils-Portfolio trotz einer detaillierteren Analysemöglichkeit auch keinen Lösungsweg aus dem Dilemma, daß für die Geschäftseinheiten in der mittleren Position im Portfolio keine adäquate Erfassung erfolgt und somit keine eindeutige strategische Stoßrichtung in andere Matrixzonen empfohlen werden kann.

Der Hauptvorwurf gegen die Portfolio-Methoden liegt jedoch in der scheinbaren Objektivität der Präsentation, die darüber hinwegtäuscht, daß die Ab-

grenzung der strategischen Geschäftseinheiten eine relativ willkürliche Angele-
genheit darstellt (Lange 1981: 96), die je nach gewählten Abgrenzungskriterien im Hinblick auf die Umweltdimension, d.h. auch in bezug auf die Konkurrenten, zu unterschiedlichen Einschätzungen führen kann.

Zu (3) **Das Lebenszyklus-Wettbewerbspositions-Portfolio**
Eine weitere Variante, mit der prinzipiell die gleiche Intention wie bei den
anderen Portfolio-Konzepten verfolgt wird, ist das Lebenszyklus-Wettbewerbspositions-Portfolio oder auch Marktstadien-Wettbewerbspositions-Portfolio.

Diese von Arthur D. Little entwickelte Methode zielt darauf ab, die strategischen Geschäftseinheiten nicht nur in engem Bezug zum Marktanteil bzw.
Marktwachstum zu beurteilen, sondern in Relation zu der gegenwärtigen Position im Produktlebenzyklus zu betrachten, der eine Dimension in der Portfolio-
Matrix repräsentiert.

Die zweite Dimension der Matrix wird über die relative Wettbewerbsposition
nominal mit den Ausprägungen "dominant", "stark", "günstig", "haltbar" und
"schwach" definiert. Sie soll den Freiheitsgrad einer Geschäftseinheit zur Durchsetzung von Strategien zum Ausdruck bringen (Hammer 1988: 194).

Die Ermittlung der Lebenszyklusphase einer Geschäftseinheit erfolgt anhand
verschiedener Indikatoren wie **Marktwachstum, Marktpotential, Stabilität
der Nachfrage** etc. (Böhler 1989: Sp. 1551). Über die Kombination der Dimensionsausprägungen ergibt sich nun bei der Zuordnung der bestehenden Geschäftseinheiten eine 20-elementige Typologie in dem Portfolio, deren Komponenten jeweils mit Normstrategien unterlegt sind (Lange 1981: 67) (s. Abb. 5-14).

Die Forderung nach einem "ausbalancierten" Portfolio trifft auf dieses Verfahren ebenfalls zu, d.h., es sollten genügend Nachwuchseinheiten vorhanden
sein, die über Einheiten in der Reifephase und der Altersphase mitfinanziert
werden.

Im Vergleich zum reinen Lebenszykluskonzept werden zusätzlich die sehr ren-
tablen Geschäftseinheiten über die Wettbewerbsposition lokalisiert, so daß ein
ausgewogenes Portfolio nur Geschäftseinheiten in der oberen Hälfte, zwischen
einer günstigen und dominierenden Wettbewerbsposition, aufweisen sollte.

Wettbe-werbs-stellung	Stellung im Produkt-Lebenszyklus			
	Entstehung	Wachstum	Reife	Alter
Dominant	Marktanteile hinzu-gewinnen oder mindestens halten	Stellung halten; Marktanteil halten	Stellung halten; mit Branche wachsen	Position halten
Stark	Investieren, um Position zu verbes-sern, Marktanteil intensiv erhöhen	Investieren, um Position zu verbes-sern, Marktanteil erhöhen	Position halten, Wachstum mit der Branche	Position halten oder "ernten"
Günstig	Selektive oder volle Marktanteilsgewin-nung, selektive Ver-besserung der Wett-bewerbsposition	Versuchsweise Po-sition verbessern, selektive Markt-anteilsgewinnung	Minimale Investi-tionen zur "Er-standhaltung", Aufsuchen einer Marktnische	"Ernten oder stufenweise Re-duzierung des Engagements
Haltbar	Selektive Verbesse-rung der Wettbe-werbsposition	Aufsuchen und Er-halten einer Nische	Aufsuchen und Er-halten einer Nische oder Reduzierung des Engagement	Stufenweise Re-duzierung des Engagements
Schwach	Starke Verbesse-rung oder Aufgabe	Starke Verbesse-rung oder Auf-gabe	Stufenweise Reduzierung des Engagements	Liquidieren

Abbildung 5-14   Produktlebenszyklus-/Wettbewerbspositions-Matrix mit
Normstrategien

Kritik an dieser Portfolio-Variation resultiert in erster Linie aus (vgl. Lange 1981: 68):

- der Abgrenzungsproblematik der Lebenszyklusphasen,
- dem Ausbalancieren der Matrix aufgrund der unterschiedlichen Verläufe und temporalen Wirkung der Lebenszyklen einzelner Einheiten und
- dem Nachteil, daß die Entwicklungsphasen nicht berücksichtigt werden.

Ursache und Wirkung können bei dieser Portfolio-Variante vertauscht sein, d.h. ungünstige Lebenszyklusphase durch falsche Vorgehensweise. Darüber hinaus stellt die Positionierung und Vorausbestimmung des Produktlebenszyklus in den meisten Branchen ein grundlegendes Problem dar, zumal er nicht exogen vom Markt vorgegeben ist, sondern von den Unternehmensaktivitäten entscheidend beeinflußt wird (Roventa 1981: 169) und durch die qualitative Einschätzung der Führungskräfte determiniert ist (Wittek 1980: 154f.).

Anhand der drei aufgeführten Portfolio-Varianten wird deutlich, daß das Portfolio-Management vorwiegend die Abstimmung zwischen zwei polaren Sachverhalten beinhaltet und sich dabei der Portfolio-Matrix bedient.

"(1) Auf der einen Seite sind es die Arten und Summen aller finanzwirtschaftlichen Wirkungen, die im Zeitablauf mit den jeweils erfolgspotentialorientierten Geschäftsfeldstrategien verbunden sind.

(2) Auf der anderen Seite ist es die Höhe und Zusammensetzung des Finanzierungspotentials, das der Unternehmung im gleichen Zeitablauf zur Verfügung steht" (Gälweiler 1987: 79).

Hieraus ergibt sich auch der ursprüngliche Zweck der Portfolio-Methode, nämlich die schon vorab erwähnte Visualisierung dieser Interdependenzen, womit die Portfolio-Methode die für den Planungsprozeß so **wichtige Kommunikationsfunktion** zwischen den verschiedenen Hierarchieebenen unterstützt.

Im Hinblick auf die Strategieerarbeitung scheint jedoch das Instrument 'Portfolio-Methode' weniger geeignet zu sein, da zum einen die empfohlenen Normstrategien, insbesondere in den kritischen Situationen der strategischen Geschäftseinheiten, zu allgemein und ungenau formuliert sind und damit keine entscheidenden Impulse für eine adäquate Strategie liefern können. Zum anderen stellt die generelle Zuordnung von Normstrategien und strategischen Geschäftseinheiten ein Ergebnis der Definition und Marktzuordnung dieser Einheiten dar, die relativ willkürlich vorgenommen werden kann und anschließend durch die Visualisierung eine scheinbare Objektivität in bezug auf die Strategieselektion erweckt.

Die primären Bedenken gegen die Verwendung einer Portfolio-Methode zur Strategieentwicklung resultieren aus der Vernachlässigung synergetischer Effekte zwischen den Aktivitäten in den strategischen Geschäftseinheiten. Das bedeutet, durch die einzelne Betrachtung der Produkt-Markt-Kombinationen können mögliche und erfolgversprechende Strategien zwischen verschiedenen Geschäftsbereichen nicht in Betracht gezogen werden.

234

Ein weiteres Defizit der Portfolio-Konzepte ist die ausschließliche Konzentration auf eine ausbalancierte Struktur des Finanzbedarfs und der Finanzmittelfreisetzung im Innenverhältnis des Unternehmens, wodurch faktisch die Abkopplung von Geld- und Kapitalmärkten und damit ausschließlich eine Deckung des Finanzbedarfs einzelner strategischer Geschäftseinheiten durch eine interne Mittelfreisetzung angenommen wird. Diese Annahme muß als unrealistisch angesehen werden (Kreikebaum 1993: 93).

Trotz der aufgezählten Schwächen dieser Methode zur Unterstützung einer Strategieerarbeitung bietet ihre Verwendung im Zusammenhang mit anderen Phasen der strategischen Planung wesentliche Vorteile, die sich folgendermaßen aggregieren lassen:

- Sie eignet sich insbesondere als ein Instrument im Rahmen der strategischen Analyse, deren Ergebnis sich in visualisierter Form als ein Ist-Portfolio der Unternehmung fixieren läßt, wobei insbesondere die Frage der langfristigen Verwendung der im Unternehmen vorhandenen Ressourcen im Mittelpunkt steht.
- In ähnlicher Art und Weise lassen sich strategische bzw. eher langfristige Ziele in bezug auf die Erfolgspotentiale als Soll-Portfolios formulieren und durch periodische Portfolio-Analysen validieren.

Die Portfolio-Methoden sind jedoch weniger für die Strategieentwicklung einsetzbar und können insofern nur als ein Analyse- und Kommunikationsinstrument neben weiteren Instrumenten in der strategischen Planung im Unternehmen angesehen werden. Sie geben daher keine Antworten, sondern stellen Fragen. Portfolio-Ansätze sind nur hilfreich, wenn ihnen sehr detaillierte geschäftsspezifische Wettbewerbsanalysen vorausgehen.

5.4.3.4 Die Wertkettenanalyse

Während in der regulären Unternehmensanalyse zur Stärken- und Schwächenbestimmung die bisherige Ressourcenallokation und die Potentialabschätzung über die Ressourcen stattfindet, geht man in der Wertkettenanalyse (Porter 1995) vom Wertschöpfungsprozeß aus. Dieser Prozeß läßt sich in einem unterschiedlichen Detailliertheitsgrad darstellen und dementsprechend auch für einzelne Geschäftseinheiten im Sinne einer Produkt-Markt-Kombination bilden. Die Abbildung 5-15 verdeutlicht den gesamten Wertschöpfungsprozeß an einem Produkt unter Berücksichtigung von Zulieferer und Abnehmer.

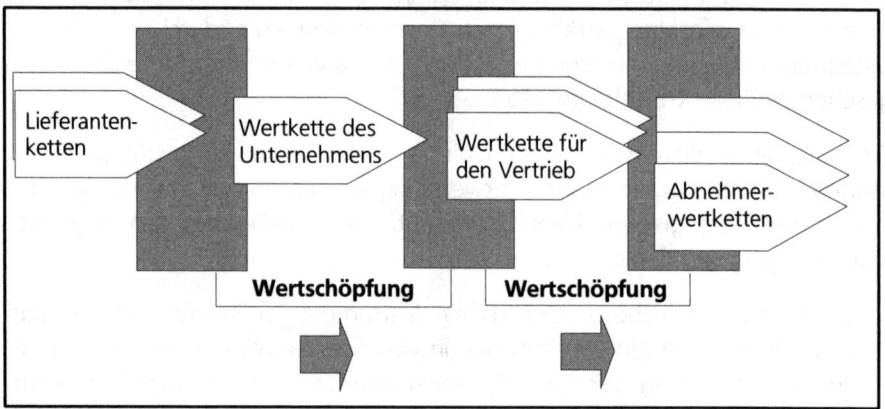

Abbildung 5-15   Verbindung der Wertketten

Aus der Sicht der Unternehmensleitung und der strategischen Planung besitzt jedoch insbesondere der Wertschöpfungsprozeß innerhalb des Unternehmens eine besondere Bedeutung, gleichwohl können im Rahmen der strategischen Planung auch vor- und nachgelagerte Teilprozesse zur Disposition stehen, wenn Überlegungen angestellt werden, ausgelagerte Aktivitäten an einem Produkt wieder innerhalb des Unternehmens durchzuführen. Eine derartige Situation läßt sich auch mit der Planung der Erhöhung der **vertikalen Integration** umschreiben.

Ein Konzept, mit dem eine systematisierte Betrachtung der innerbetrieblichen Teilprozesse möglich ist, ist das Modell von Porter, in dem zwischen **primären Aktivitäten**, die unmittelbar mit der Herstellung oder dem Vertrieb eines Produktes zu tun haben, und den **unterstützenden Aktivitäten**, die Versorgungs- und Steuerungsleistungen für die primären Aktivitäten erbringen, unterschieden wird.

Die Vorteile dieser Betrachtungsweise lassen sich folgendermaßen zusammenfassen:

(1) Man erzielt eine Teilung in einzelne Prozesse, d.h., man kann vor- und nachgelagerte Wertketten verdeutlichen, um so neue strategische Handlungsspielräume entwickeln zu können. Dies gilt insbesondere für nachgelagerte Wertketten.

(2) Die Neuordnung von Wertketten bezieht auch die Neustrukturierung bisheriger Wertketten ein. Damit läßt sich eine grobe Struktur für die Modifikation einzelner Teilprozesse im Rahmen des **"Process Engineering"** schaffen.

Falls über die Wertkettenanalyse auch die Konkurrentenanalyse erfolgen soll, ist auch die grobe Kenntnis der Wertkette oder einzelner Teilprozesse der Konkurrenten erforderlich.

Für die Durchführung einer Wertkettenanalyse werden zunächst Wertketten für einzelne Geschäftsfelder erstellt, d.h., es existieren mehrere Wertketten, die dann im zweiten Schritt miteinander kombiniert werden, um so mögliche synergetische Effekte zu ermitteln, z.B. eine zentrale Beschaffung oder ein gekoppeltes Produktionsverfahren auf gleichen Maschinen.

Jedes Geschäftsfeld hat also zunächst einmal eine typische Wertkette. Einzelne Elemente dieser Wertkette lassen sich nun mit anderen "Gliedern" anderer geschäftsfeldspezifischer Wertketten vergleichen, um so eventuell synergetische Effekte herausarbeiten zu können. Durch diese Vorgehensweise werden sinnvolle Schnittstellen zwischen verschiedenen Wertketten gebildet.

Die Abbildung 5-16 zeigt die Portersche schematisierte Wertkette.

(1) **Primäre Aktivitäten**
Eingangslogistik: alle Aktivitäten, die den Eingang, die Lagerung und Bereitstellung von Betriebsmitteln und Werkstoffen (Roh-, Hilfs- und Betriebsstoffe) betreffen;
Operationen: alle Tätigkeiten der Produktion (Materialumformung, Zwischenlager, Qualitätskontrolle, Verpackung etc.);

Marketing u. Vertrieb: alle Aktivitäten der Werbung, Verkaufsförderung, Außendienst, Preisbestimmung, Vertriebswege etc.;
Ausgangslogistik: Aktivitäten zur Auslieferung der Produkte (Fertigwarenlager, Transport, Auftragsabwicklung etc.);
Kundendienst: Tätigkeiten zur Förderung des Einsatzes und der Werterhaltung der verkauften Produkte.

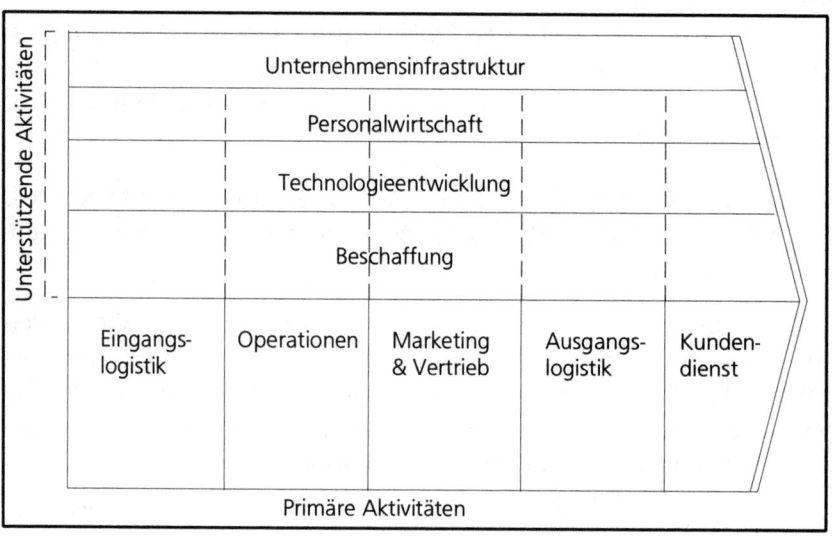

Abbildung 5-16 Die Wertkette

(2) **Sekundäre Aktivitäten**
Beschaffung: alle Einkaufsaktivitäten als Querschnittsaktivität;
Technologieentwicklung: Jede primäre Wertaktivität (Forschung & Entwicklung, Bürokommunikation, Instandhaltungsverfahren, Mediaforschung, Transportmittel und Palettensysteme etc.) ist an eine spezielle Technologie gebunden.
Personalwirtschaft: alle Aktivitäten, die den Faktor Arbeit betreffen, im Prinzip alle personalwirtschaftlichen Funktionen (Personalbedarfsermittlung, -beschaffung, -einsatz, -entwicklung, -erhaltung und Personalfreisetzung);

Unternehmensinfrastruktur: alle Aktivitäten der Geschäftsführung, des Rechnungswesens, Finanzwirtschaft, Informationssysteme etc.

Um die Wertkette in der Praxis entsprechend anwenden zu können, müssen die einzelnen Aktivitäten für sich analysiert werden.

Beispiel: Marketing und Vertrieb (entnommen aus Steinmann/Schreyögg 1993: 178ff.)
Um den Absatzbereich strategisch analysieren zu können, beginnt man z. B. mit einer Umsatzstrukturanalyse, d.h.:

(1) Rentabilitätsprofil des Umsatzes,

(2) Altersprofil der Produkte,

(3) Produktrentabilität in Relation zum Alter der Produkte,

(4) Umsatzverteilung nach den Produkten (z.B. visualisiert nach der ABC-Analyse).

zu (1)
Das **Rentabilitätsprofil** ergibt sich wie folgt:

$$Bruttoumsatzgewinnrate = \frac{Produkterlös - direkt\ zurechenbare\ Kosten}{Produkterlös} \times 100\%$$

Die Bruttoumsatzgewinnrate wird in Relation zum Gesamtumsatz gesetzt. Interessant sind dann Kombinationen mit einer geringen Bruttoumsatzgewinnrate aber hohem Gesamtumsatz. Diese Kombinationen stellen dann ein Potential für diverse Wertkettenanalyseaktionen zur Kostendegression dar (vgl. Abb. 5-17).

Die Durchführung für alle Produkte führt zu der Möglichkeit, Vergleiche zur Konkurrenz anzustellen und Ungleichgewichte möglichst schnell zu erkennen.

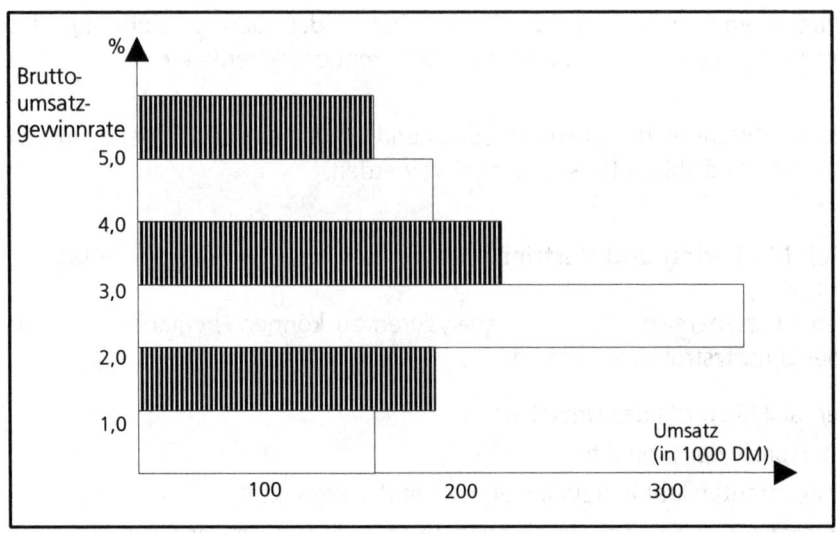

Abbildung 5-17   Die Bruttoumsatzgewinnrate

Zu (2)
Das **Altersprofil** der Produkte ist eine Funktion von Alter und Umsatz (vgl. Abb. 5-18).

Zu (3)
Bei der Ermittlung des **Produktrentabilitätsprofils in Abhängigkeit vom Alter** erfolgt eine Zusammenfassung der einzelnen Produkte und ihrer Bruttoumsatzgewinnraten nach den Altersklassen. Dabei werden für die Altersstufen durchschnittliche Bruttoumsatzgewinnraten (als gewogenes arithmetisches Mittel der Umsätze und ihrer Bruttoumsatzgewinnraten) ermittelt.

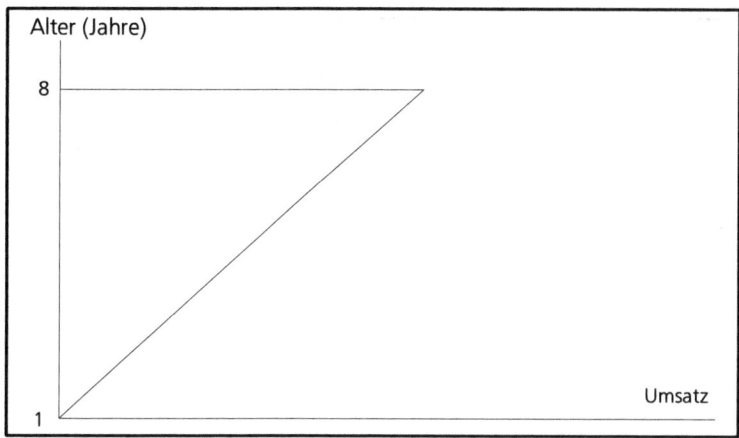

Abbildung 5-18   Produktrentabilitätsprofil in Abhängigkeit vom Alter

Zu (4)

Bei der **Umsatzverteilung nach Produkten** (ABC-Analyse) sollen die vorwiegenden Umsatzträger erkannt werden (Cash Cows). Die Produkte werden in absteigender Reihenfolge nach ihren Umsätzen zugeordnet. Dieses methodische Vorgehen demonstriert nur eine Variante, mit der die Produkte als Potentiale oder "Flops" in der Wertkette ermittelt werden können (vgl. Abb. 5-19).

Die Analyse der dominierenden Umsatzträger des Produktprogrammes kann Anlaß zu weiteren Überlegungen sein: Zeigt sich kein "ausgewogenes" Verhältnis im Anteil der durch die drei Klassen (ABC) direkt verursachten Kosten, sollte das Produktprogramm neu überdacht werden.

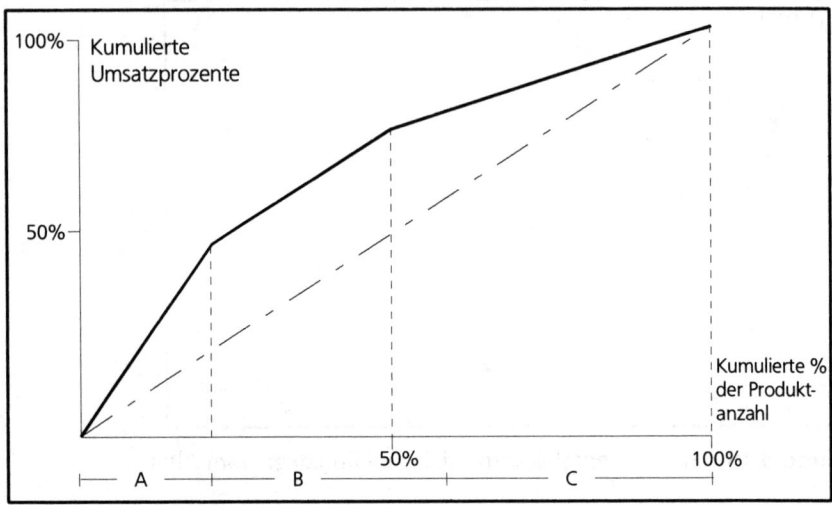

Abbildung 5-19   Kumulierte Umsatzprozente

Für das exemplarisch herausgestellte Marketing und den Vertrieb bleiben indes noch viele Fragen offen, wie z. B.:

- die Kundenstruktur,
- die Effizienz der Vertriebskanäle,
- die Qualifikation des Verkaufspersonals.

6 Die Beschaffungswirtschaft

6.1 Begriffliche Abgrenzung und Ziele der Beschaffung

Die Beschaffungsfunktion umfaßt alle Aktivitäten der Versorgung der Unternehmung mit Produktionsfaktoren, die zur Erfüllung der Sachziele benötigt und die nicht selbst produziert werden. Der Beschaffung fällt die Aufgabe zu, die **Verfügungsgewalt** über Güter zu erlangen, die für den Produktionsprozeß erforderlich sind. Der **Einkauf** ist eine Teilphase der Beschaffung und umfaßt die operativen Tätigkeiten, die mit der Bestellung im Rahmen der Versorgung mit Werkstoffen, Waren und Betriebsmitteln verbunden sind.

Hinsichtlich des Objektumfanges der Beschaffung werden in der Literatur unterschiedliche Auffassungen vertreten. Im engeren Sinne wird Material als Beschaffungsobjekt angesehen, und es wird in diesem Zusammenhang der Begriff **Materialwirtschaft** verwendet. Materialwirtschaft bezieht sich auf die Materialbeschaffung, -verwaltung und -verteilung von Roh-, Halb- und Betriebsstoffen sowie Halb- und Fertigfabrikaten und Handelswaren. Zur Materialwirtschaft zählt auch die **Materiallogistik**, die den innerbetrieblichen Materialtransport, die Materiallagerung und den Materialumschlag umfaßt. Diesem Umsatzprozeß schließt sich die **Distributionslogistik** an, die organisatorisch dem Marketing zugeordnet wird. Die Abgrenzung der Begriffe Beschaffung, Materialwirtschaft, Logistik zeigt die Abbildung 6-1.

Die Beschaffungsobjekte der Materialwirtschaft (Repetierfaktoren) werden in der Regel wie folgt unterteilt:

Rohstoffe:
Stoffe, die unmittelbar als wesentlicher Bestandteil in das Fertigprodukt eingehen.

Hilfsstoffe:
Stoffe, die zwar ebenfalls in das Fertigprodukt eingehen, die deren Funktion jedoch lediglich verstärken (z.B. Farben, Lacke).

Betriebsstoffe:

Stoffe, die nicht unmittelbar in das Fertigprodukt eingehen, sondern im Fertigungsprozeß verbraucht werden bzw. diesen ermöglichen (z.B. Energie,
Schmiermittel, Reinigungsmaterial, Büromaterial).

Halbfabrikate:

Fremdbezogene Teile, die durch Montage in das Fertigprodukt eingehen (z.B.
Schrauben, Motoren, Reifen).

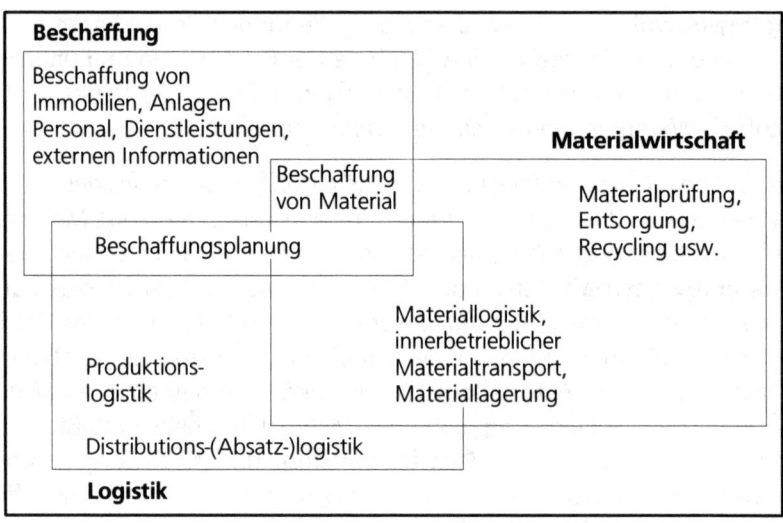

Abbildung 6-1   Abgrenzung von Beschaffung, Materialwirtschaft und Logistik
(Troßmann 1994: 19)

Beschaffung im weiteren Sinne umfaßt außer dem Material die Bereitstellung von Anlagen, externen Dienstleistungen, Personal, Kapital, Informationen
und Rechten (z.B. Patente, Lizenzen). Als Begründung für die engere Auffassung der Beschaffungsdefinition werden die spezifischen Erscheinungs-
formen der Produktionsfaktoren und die Besonderheiten bei der Beschaffung
genannt. Sicherlich ist es zweckmäßig, die Beschaffung von beispielsweise
Finanzmitteln, Personal, Dienstleistungen, Patenten, Lizenzen und Informationen speziellen Organisationseinheiten zu übertragen, denn sie wiesen beschaf-
fungsspezifische Besonderheiten auf. Daher wird in diesem Lehrbuch Beschaf-

fung im engeren Sinne verstanden und als Beschaffung von Material abgehandelt. Die Beschaffung der anderen Produktionsfaktoren und Informationen wird den entsprechenden Abschnitten zugeordnet.

Häufig wird als **Ziel der Beschaffung** die Bereitstellung der zur Produktion benötigten Güter in der erforderlichen Menge und Qualität zur richtigen Zeit am richtigen Ort genannt. Dieses Ziel ist zu allgemein und muß für die Entscheidungsträger spezifiziert werden. Folgende Ziele sind im Zusammenhang mit Beschaffungsentscheidungen von Bedeutung:

- Kostensenkung,
- Qualitätssicherung,
- Liquidität,
- Sicherheitsstreben,
- Umweltschutzbestrebungen.

Im Rahmen des **Kostenziels** geht es darum, die Bezugskosten für die Beschaffungsgüter, die Lagerhaltungs-, Zins- und Fehlmengenkosten sowie die Transportkosten zu minimieren. Hierzu zählen auch die indirekten Kosten der Beschaffungsentscheidungen, also Kosten der Beschaffungsplanung, -durchführung und -kontrolle.

Die **Qualitätsziele** betreffen die Anforderungen hinsichtlich der Qualitätsmerkmale an die bereitzustellenden Güter. Die vom Kunden gewünschte Qualität ist sicherzustellen.

Mit der Beschaffung und insbesondere der Lagerung von Materialien sind finanzielle Mittel gebunden. Daher ist beim **Liquiditätsziel** auf die Höhe der Lagerbestände zu achten. Die gleiche Überlegung gilt bei der Beschaffung von Anlagegütern. Hier ist auch zu prüfen, ob nicht Leasing in Frage kommt.

Die Beschaffung hat die laufende Versorgung der Produktion mit den benötigten Materialien sicherzustellen, damit keine Leerzeiten aufgrund von Materialmangel entstehen. Der Ausfall einzelner Güter kann zu einem Stillstand der Produktion führen. Der Beschaffungsprozeß ist durch Unsicherheiten gekennzeichnet, die beispielsweise darin bestehen können, daß ein Lieferant seine Produktionsziele, z.B. durch Vernichtung einer Produktionsstätte, nicht erfüllen kann oder der Transport, z.B. durch Streik der Fernfahrer, gestört ist. Aufgabe der Beschaffung ist es, durch eine entsprechende Lagerhaltung und eine entsprechende Pflege der Lieferantenbeziehungen die **Sicherheit der Güterversorgung** zu gewährleisten.

Der Beschaffungsbereich wird zunehmend durch **umweltorientierte Ziele** determiniert. Bei der Beschaffung wird daher das Ziel der Verwendung umweltschonender Materialien zu berücksichtigen sein. Ein Ziel könnte beispielsweise die Wiederverwendung der Verpackungen sein. Die Abfallverwertung bzw. die Entsorgung und das Recycling können ebenfalls zielbestimmend sein.

Die genannten Ziele können miteinander konkurrieren, so daß in diesem Falle eine Zielgewichtung vorgenommen werden muß, damit die zu realisierenden Handlungsmöglichkeiten bestimmt werden können.

6.2 Das beschaffungspolitische Instrumentarium

6.2.1 Überblick

Zur Realisierung der beschaffungspolitischen Zielsetzungen wird das beschaffungspolitische Instrumentarium eingesetzt, bei dem es sich um Aktionsparameter handelt, mit denen die Beschaffungsaufgaben im Rahmen der Zielsetzungen auf dem Beschaffungsmarkt realisiert werden (Troßmann 1994: 21f.; Tempelmeier 1998: 244ff.):

- **Beschaffungsprogrammpolitik**,
- **Beschaffungskonditionenpolitik**,
- **Kommunikationspolitik** und
- **Bezugspolitik**.

6.2.2 Die Beschaffungsprogrammpolitik

Das Beschaffungsprogramm bestimmt den festgestellten oder geschätzten Bedarf nach Art, Menge und Qualität sowie die zeitliche Verteilung der zu beschaffenden Güter. Die Bereitstellung der benötigten Materialien erfordert sowohl eine **interne Analyse**, um die Fragen, was und wieviel soll beschafft werden, beantworten zu können, als auch eine **externe Analyse**, mit der der Beschaffungsweg und die Beschaffungsart bestimmt werden sollen.

Zur **internen Analyse** zählt die Festlegung der Bedarfsarten, die als Ausgangspunkt zur Ermittlung der Beschaffungswege und -art dient. Dabei ist üblich, drei Bedarfsarten zu unterscheiden:

- Primärbedarf,
- Sekundärbedarf,
- Tertiärbedarf.

Je nachdem, zu welcher Bedarfsart das in Betracht gezogene Material zu rechnen ist, werden in der Regel unterschiedliche Bedarfsermittlungsverfahren angewendet.

- Der **Primärbedarf** ist der Bedarf an Fertigerzeugnissen und Ersatzteilen. Eine Bedarfsvorhersage stützt sich meist auf Nachfragestatistiken, wobei insbesondere saisonale und konjunkturelle Einflüsse berücksichtigt werden müssen.
- Als **Sekundärbedarf** bezeichnet man den Bedarf an Rohstoffen, Einzelteilen und Baugruppen. Er wird deterministisch oder mittels stochastischer Verfahren ermittelt.
- Mit **Tertiärbedarf** wird der Bedarf an Hilfs- und Betriebsstoffen sowie an Verschleißwerkzeugen für die Produktion bezeichnet. Eine Vorhersage ist mittels Kennzahlen möglich. Meistens wird er jedoch stochastisch festgestellt.

Die Ermittlung des jeweiligen Bedarfs kann mit unterschiedlicher Genauigkeit, d.h. mit unterschiedlichem Aufwand (Kosten), durchgeführt werden. Es ist daher zweckmäßig, die Repetierfaktoren nach ihrer wertmäßigen Bedeutung zu differenzieren. Die Artikel mit einem vergleichsweise hohen Anteil am Wert des Gesamtbedarfs haben dann für die Bedarfsermittlung eine sehr große Bedeutung. Eine Möglichkeit, den Gesamtbedarf nach seiner wertmäßigen Bedeutung darzustellen, ist die sogenannte ABC-Analyse, bei der der wertmäßige und mengenmäßige Anteil unterschiedlicher Güteklassen in Relation gesetzt wird (vgl. Abb. 6-2).

Wie aus der Abbildung 6-2 ersichtlich ist, ergibt eine derartige Gegenüberstellung der unterschiedlichen Bedarfsarten nur einen Sinn, wenn auch der wert- und mengenmäßige Bedarf zeitlich vergleichbar ist. Dies trifft in erster Linie auf die Repetierfaktoren zu, deren Einsatzmengen periodisch für den Gütererstellungsprozeß fixierbar sind. In diesem Zusammenhang bietet sich eine Klassifikation nach der ABC-Analyse an.

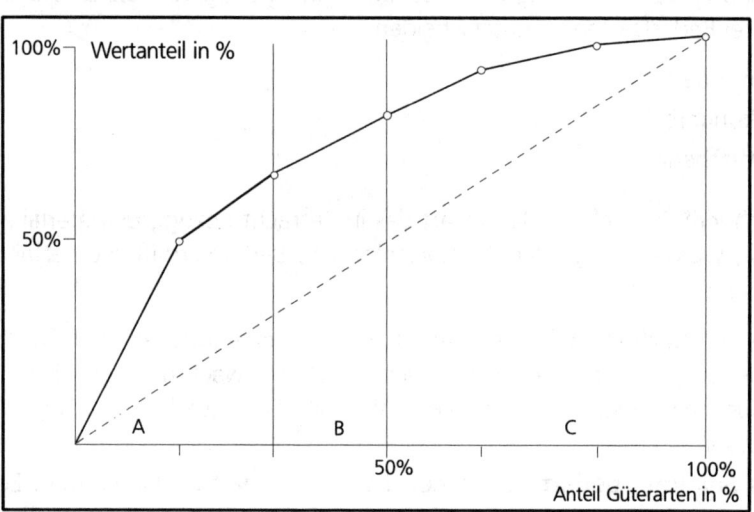

Abbildung 6-2   A-B-C-Güter in der Lorenzkurve (Beispiel)

Die ABC-Analyse ist eine Methode zur Klassifizierung von Repetierfaktoren. Sie liefert als ein Ergebnis eine Kurve (Lorenzkurve) der Verteilung von wertmäßigem bzw. mengenmäßigem Periodenbedarf.

Im ersten Schritt werden bei der ABC-Analyse die Einsatzgüter nach ihrem wertmäßigen Verbrauch bestimmt, der sich aus der mengenmäßigen Ermittlung ableitet, und entsprechend eine Reihenfolge aufstellt.

Der zweite Schritt besteht in einer Klasseneinteilung der Einsatzgüter in A-, B- und C-Güter, indem eine Aufteilung des kumulierten Gesamtwertes aller einzusetzenden Güter in prozentuale Anteile vorgenommen wird.

Dabei sind:

A-Güter = Güter mit hohem prozentualem Anteil am Periodenbedarfswert,
B-Güter = Güter mit mittlerem prozentualem Anteil am Periodenbedarfswert,
C-Güter = Güter mit geringem prozentualem Anteil am Periodenbedarfswert.

Die Abbildung 6-3 zeigt den 1. Schritt der ABC-Analyse, die Klassifikation nach Maßgabe des Güterwertes.

Gut	Verbrauch ME	Einheitspreis Euro	Verbrauch Euro	Rang
1	1000	3,50	3500	6
2	2000	8,00	16000	2
3	1000	12,00	12000	4
4	3000	16,00	48000	1
5	2000	7,00	14000	3
6	1000	6,50	6500	5

Abbildung 6-3   1. Schritt der ABC-Analyse: Klassifikation nach Maßgabe des Güterwertes

Die Abbildung 6-4 gibt den 2. Schritt wieder, die Klasseneinteilung.

Gut	Anteil Güterarten kumuliert	Verbrauch Euro kumuliert	Verbrauch kumuliert in %	Klasse
4	16,66%	48000	48,0	A
2	33,33%	64000	64,0	A
5	50%	78000	78,0	B
3	66,66%	90000	90,0	C
6	83,33%	96500	96,5	C
1	100%	100000	100,0	C

Abbildung 6-4   2. Schritt der ABC-Analyse: Klasseneinteilung

Diese Einteilung in dem Beispiel zeigt, daß es verschiedene Möglichkeiten gibt, eine ABC-Klassifizierung vorzunehmen. Wo letztlich die Grenzen zwischen A-, B- und C-Gütern zu ziehen sind, bleibt den Entscheidungsträgern im einzelnen überlassen. Ebenso ist es freigestellt, mehr bzw. weniger als drei Klassen einzurichten.

Die Intention, die mit der ABC-Analyse verfolgt wird, besteht in der Differenzierung der einzusetzenden Güter, um verschiedene Bedarfsermittlungsverfahren zur Anwendung kommen zu lassen. Der Materialbedarf für A-Güter ist besonders sorgfältig zu ermitteln, da hier exakte Verfahren am ehesten Kosteneinsparungen erwarten lassen. Dagegen bedarf es bei den C-Gütern nur einer groben Abschätzung. Das Fehlmengenrisiko kann durch einen entsprechenden Sicherheitsfaktor aufgefangen werden.

Im Vorfeld dieses Entscheidungsbedarfs sind Überlegungen anzustellen, ob der Bedarf von potentiellen Zulieferern gedeckt wird oder ob es zweckmäßig ist, die Leistung selbst zu erbringen. Dieses Entscheidungsobjekt der **Eigenfertigung** oder des **Fremdbezugs** (**Make or Buy**) ist ein zentrales Anliegen der Beschaffungsprogrammpolitik.

Für oder gegen die Entscheidung einer Fremdbeschaffung sprechen einige Gründe, die nicht zwingend aus den Kostenüberlegungen resultieren:

(1) Eine eigene Leistungserstellung ist nicht möglich, da sowohl die materiellen als auch die wissensmäßigen Voraussetzungen fehlen.

(2) Mit der Entscheidung zur Eigenleistung ist ein Ausbau der materiellen und personellen Ressourcen verbunden, die nicht zur Verfügung stehen.

(3) Die Entscheidung zur Eigenleistung beruht in erster Linie auf beschäftigungspolitischen Überlegungen.

(4) Die "Make"-Entscheidung erfolgt situativ unter der Prämisse einer Absorption der Fixkosten, sofern bestehende Kapazitäten dadurch besser genutzt werden können.

(5) Erhaltung des bestehenden Know-how, das durch die Fremdvergabe, z.B. in Form einer Lizenzvergabe, an einen Zulieferer abgegeben wird.

Im wesentlichen wird die Entscheidung durch die Kostenvorteile, die sich aus der Eigenfertigung oder dem Fremdbezug ergeben, bestimmt sein. Der Kostenvergleich ist nur dann aussagefähig, wenn alle relevanten Kosten der Beschaffung und der Eigenfertigung entsprechend zugerechnet werden können. Die Abbildung 6-5 zeigt den Kostenvergleich für eine Make-or-Buy-Entscheidung.

Die Tragweite einer "Buy"-Entscheidung reicht von einfachen Halbfabrikaten bis zur Produktion ganzer Systeme, die eine Reduktion der eigenen Fertigungstiefe bedeutet. Diese Vorgehensweise wird als "**Outsourcing**" bezeichnet (Outside Resource Using). Outsourcing stellt die Fortsetzung der innerhalb von Unternehmen bereits eingeleiteten Delegation von Aufgaben und Verantwortung dar. Wenn Leistungen von anderen Unternehmen kostengünstiger bei gleicher Qualität erbracht werden können als im eigenen Unternehmen, erscheint das Outsourcing als die logische Konsequenz (Scherm 1996: 47; Reichmann/Palloks 1999).

Wenn dem Zulieferer die bisherige Eigenfertigung übertragen wird, ist es oft notwendig, ihm entsprechendes Know-how und gegebenenfalls die Werkzeuge und Produktionsanlagen zur Verfügung zu stellen. Man spricht dann von einer **verlängerten Werkbank**.

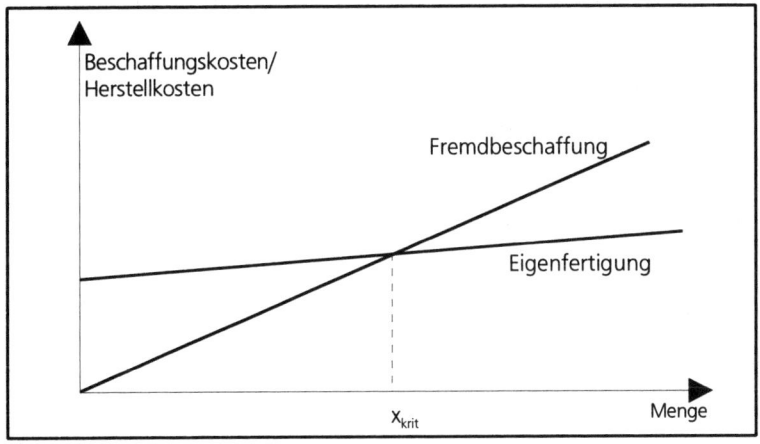

Abbildung 6-5   Kostenvergleich Eigen- und Fremdbeschaffung (make or buy)

Sofern die Frage beantwortet ist, welche **Einsatzgüterarten** zu beschaffen sind, d.h. das **Beschaffungssortiment** festgelegt ist, ist im Rahmen der Mengenpolitik zu entscheiden, welche Mengen einzelner Objekte in einem bestimmten Zeitraum bereitgestellt werden müssen. Dabei stehen primär kostenmäßige Überlegungen im Mittelpunkt, wobei bestimmte Qualitäten festgelegt werden. Unter **Qualität** sind alle Eigenschaften eines Gutes zu verstehen. Die

Aufgabe der Beschaffung besteht darin, eine Materialart in einer genau festgelegten Qualität bereitzustellen. Dies geschieht im Rahmen der **qualitativen Materialbedarfsplanung**, in der das Qualitätsniveau der Einsatzgüter festgelegt wird. Die Materialqualität leitet sich aus dem angestrebten Qualitätsstandard der Endprodukte ab, der insbesondere durch die Ansprüche der Kunden determiniert wird. Hierbei sind auch umweltschutzbezogene Qualitätsmerkmale (z.B. Recyclingfähigkeit, Entsorgungsfreundlichkeit) wichtige Entscheidungsparameter.

Als Methode der qualitativen Leistungsanalyse wird oft die **Wertanalyse** eingesetzt. Mit Hilfe der Wertanalyse wird die Vorteilhaftigkeit von Materialien beurteilt und systematisch versucht, für eine bestimmte Funktion eines zu beschaffenden Gutes das kostengünstigste Material auszuwählen (z.B. Kunststoff statt Metall - vgl. DIN 69910). Die qualitative Materialbedarfsplanung ist vielfach in ein ganzheitliches Qualitätsmanagement (**Total Quality Management**) eingebunden.

Das Terminproblem wird durch die Beschaffungszeitpunkte bestimmt, durch die ein kontinuierlicher Produktionsvollzug gewährleistet sein muß, wobei ein bestimmter Sicherheitsgrad der Bedarfsdeckung gegeben sein muß. Unter Berücksichtigung auch anderer Zielsetzungen ist das materialwirtschaftliche Optimum zu verwirklichen, wobei unterschiedliche Bereitstellungsprinzipien sich anbieten (Grochla 1975: Sp. 2631f.):

(1) fallweise Einzelbeschaffung,

(2) fertigungssynchrone Beschaffung,

(3) Vorratsbeschaffung.

Zu (1) **Fallweise Einzelbeschaffung**
Es wird jeweils nur das Material beschafft, das für einen bestimmten vorliegenden Auftrag benötigt wird. Daher entstehen kaum Lager- bzw. Kapitalkosten. Diese Methode beschränkt sich meistens auf die sofort beschaffbaren Güter und den unvorhersehbaren Bedarf. Sie kommt vor allem bei Einzel- und Auftragsfertigung zur Anwendung.

Zu (2) **Fertigungssynchrone Beschaffung**

Durch sie soll eine weitgehende Angleichung der Beschaffungsmenge an die ermittelte Bedarfsmenge erreicht werden. Die Voraussetzungen dafür sind ein einheitliches Produktionsprogramm (Massen- und Großserienfertigung) und ein stetiger Fertigungsablauf (Reihen-, Fließfertigung), wie er z.B. in der Automobil- oder Elektroindustrie gegeben ist.

Zu (3) **Vorratsbeschaffung**

Anstelle der unmittelbaren zeitlichen Abstimmung zwischen Güterbereitstellung und Fertigungsablauf übernimmt hier die Lagerhaltung diese Synchronisationsfunktion. Das erfordert mehr oder weniger große Eingangs- bzw. Absatzlager, was wiederum nicht unerhebliche Lagerkosten mit sich bringt. Bestellt wird, sobald ein bestimmter Mindestbestand eines Gutes (eiserner Bestand) unterschritten wird. Die Vorratsbeschaffung ist immer noch die am häufigsten angewendete Beschaffungsart.

In der Praxis treten die verschiedenen Beschaffungsarten fast nie in reiner Form auf, sondern es sind Kombinationen anzutreffen.

6.2.3 Die Beschaffungskonditionenpolitik

Die Beschaffungskonditionenpolitik bezieht sich auf die Bedingungen, zu denen die Güter bereitgestellt werden. Sie umfaßt folgende Komponenten (Troßmann 1994: 28):

* Geldleistungen,
* Rabatte,
* Kreditgewährung,
* Lieferungs- und Zahlungsbedingungen.

Ein zentrales Entscheidungsobjekt sind die Preise. Wie auch die anderen Komponenten der Konditionenpolitik sind Preise primär das Ergebnis von Verhandlungen. Hinsichtlich der Vorgehensweise ist zwischen einer **aktiven** und **passiven Preispolitik** zu differenzieren. Bei der ersteren versucht der Abnehmer, auf die Preise der Zulieferer Einfluß zu nehmen. Diese Möglichkeit haben in der Regel vor allem Großabnehmer (z.B. Automobilindustrie).

Bei der passiven Preispolitik werden alle Produktpreise der verschiedenen Zulieferer verglichen und das günstigste Angebot ausgewählt. In der **Rabattpolitik** geht es unter anderem darum, mengenabhängige Staffelpreise zu erzielen. Dies bedeutet, daß bei der Abnahme großer Mengen entsprechende Preisabschläge gewährt werden. Weitere Grundlagen für Rabatte sind denkbar und werden praktiziert. Von Bedeutung ist auch das **Skonto**, das dem Kunden bei kurzfristiger Zahlung einen entsprechenden Preisnachlaß zubilligt.

Die **Kreditpolitik** des Lieferanten zielt auf die Lieferantenkreditgewährung, z.B. langfristiges Zahlungsziel.

Ein weiterer zentraler Tatbestand der Konditionenpolitik sind die **Lieferzeiten**. Dieser Zeitraum ist bestimmt durch die Zeitpunkte des Abschlusses eines Beschaffungsvertrages und der Zurverfügungstellung des Gutes für die abnehmende Unternehmung.

Die Ergebnisse der Konditionenverhandlungen werden zwischen Lieferanten und dem Kunden in einem Vertrag festgehalten. In der Praxis hat sich eine Reihe von verschiedenen Vertragstypen entwickelt, die grundlegend im Bürgerlichen Gesetzbuch geregelt sind.

6.2.4 Kommunikationspolitik

In der Kommunikationspolitik geht es um die Anbahnung und Pflege von Lieferanten-/Beschafferbeziehungen und die Informationsübermittlung. Die Kommunikationspolitik zielt auf die Beeinflussung des Lieferanten. Ein wesentliches Instrument ist die Werbung, in der potentielle Lieferanten auf die beschaffende Unternehmung und ihr Beschaffungspotential aufmerksam gemacht werden.

Das gegenseitige Vertrauen, das langjährig gewachsen ist und auf persönlichen Kontakten basiert, ist im Rahmen der Beschaffungspolitik von größter Bedeutung. Institutionell wird die Beschaffungskommunikation durch die Einrichtung von **Key Account Managern** bei den Lieferanten gefördert, die zentrale Ansprechpartner für die beschaffende Unternehmung sind. Sofern gute persönliche Kontakte zwischen Lieferanten und Beschaffer vorhanden sind, verläuft der Beschaffungsprozeß sicherlich anders als in dem Fall, wenn beide Parteien zum ersten Mal aufeinandertreffen. Die Informationsübermittlung zwischen Lieferanten und beschaffender Unternehmung wird bei dem engen Verbund, der in großen Teilen der Industrie zwischen Lieferanten und Beschaffer bereits besteht, immer bedeutender, da ein Teil der bisherigen internen Kommunikation nach außen verlagert wird.

6.2.5 Die Bezugspolitik

Die Bezugspolitik umfaßt folgende zwei Entscheidungstatbestände:

(a) Beschaffungsmethode,
(b) Beschaffungslogistik.

Zu (a) **Beschaffungsmethode**

Im Rahmen der Beschaffungsmethode sind Entscheidungen über

(1) die Beschaffungsorganisation,
(2) die Beschaffungsformen und
(3) die Lieferantenstruktur zu treffen.

Zu (1) **Beschaffungsorganisation**

Im Rahmen der Beschaffungsorganisation wird entschieden, ob die Beschaffung der Güter zentralisiert oder dezentralisiert wird. Bei zentraler Beschaffung erfolgt die Bedarfsdeckung der Unternehmung durch einen übergeordneten Beschaffungsbereich (Beschaffungsabteilung). Bei dezentraler Beschaffung beschafft jede Abteilung getrennt.

Welche der beiden Möglichkeiten angewandt wird, richtet sich nach der Betriebsgröße, dem Wirtschaftszweig, dem Produktionsprogramm, dem Standort, den marktlichen Gegebenheiten und vor allem nach der Organisationsstruktur in der Unternehmung. In der Praxis treten diese beiden Formen meistens kombiniert auf.

Zu (2) Beschaffungsformen

Als Beschaffungsformen bieten sich betriebseigene und betriebsfremde Beschaffungsorgane an. In der Regel sind die Beschaffungsorgane Teil der betreffenden Unternehmung (Einkauf). Für manche Unternehmungen ist es vorteilhaft, sich **überbetrieblichen Einkaufsorganisationen** anzuschließen (z.B. Einkaufsgenossenschaften im Handwerk), um günstigere Konditionen bei den Lieferanten zu erreichen und die Lagerhaltung auszugliedern.

Handelsvertreter werden damit beauftragt, für eine Unternehmung Geschäfte zu vermitteln bzw. in deren Namen abzuschließen.

Kommissionäre übernehmen gewerbsmäßig den Einkauf oder Verkauf von Gütern im eigenen Namen, aber für Rechnung des Auftraggebers (Kommittenten). Sie sind vorwiegend auf den Rohstoffmärkten, vor allem auf Märkten für organische Erzeugnisse, von größerer Bedeutung (z.B. Kaffee, Kautschuk).

Bei der Wahl der Partner ist weiterhin zwischen der direkten und indirekten Beschaffung zu unterscheiden. Für die **direkte Beschaffung**, d.h. den Einkauf beim Hersteller, spricht vor allem der niedrige Beschaffungspreis der Güter und die Möglichkeit der Einflußnahme auf die Produktgestaltung.

Beim Bezug mehrerer verschiedener Güter bzw. kleinerer Stückzahlen ist die **indirekte Beschaffung**, z.B. durch Großhändler, in der Regel kostengünstiger. Großhändler orientieren sich bei ihrer Standortwahl meist an den Verwendungszentren der Güter und haben damit Standortvorteile gegenüber den Produzenten, mit der Folge, daß ihre Lieferfristen kürzer sind. Außerdem verfügen Großhändler über ein umfangreicheres Lieferprogramm als die Hersteller. Entscheidungen über den jeweiligen Beschaffungsweg werden getrennt für die einzelnen Güterarten und -gruppen gefällt.

Zu (3) Lieferantenstruktur

Außer der Kennzeichnung der Lieferanten nach dem Beschaffungsweg ist die Lieferantenauswahlentscheidung durch die Anzahl und räumliche Verteilung der Lieferanten sowie die Dauerhaftigkeit der Beschaffungsbeziehungen determiniert. Grundsätzlich ist die Lieferantenwahl anhand folgender Kriterien zu treffen:

- Kostenaspekte,
- Streben nach Bedarfssicherung,
- Lieferzeiten,
- Möglichkeit zur Beeinflussung des Leistungsprogramms des Lieferanten,
- Unabhängigkeitsstreben.

Wird die Wahl von Lieferanten nur als ein Problem der Minimierung von Beschaffungskosten aufgefaßt, so bedient sich die Unternehmung zum Vergleich von Angeboten der Beschaffungskalkulation, bei der zunächst die Einstandspreise der verschiedenen Zulieferer gegenübergestellt werden.

Häufig bestehen Unterschiede in den Nebenleistungen der Lieferanten (z.B. Transportrisiko, Haftungsbeschränkungen, Garantiezusagen). Wenige dauerhafte Lieferanten haben den Vorteil enger Geschäftsbeziehungen mit unter Umständen günstigeren Konditionen etc., aber auch den Nachteil einer großen Abhängigkeit (z.B. bei Streiks) und einer geringeren Flexibilität. Bei vielen, wechselnden Lieferanten sind die Trends gerade umgekehrt, d.h. mehr Auswahl, größere Flexibilität, weniger Abhängigkeit, aber meist schlechtere Lieferbedingungen und weniger Einfluß auf den Zulieferer. Bei der räumlichen Verteilung der Lieferanten spielen vor allem die Transportkosten eine Rolle.

Zu (b) **Beschaffungslogistik**

Im Rahmen der Beschaffungslogistik sind die **Funktionen Transport** und **Lagerung** zu unterscheiden, und es ist zu klären, welche Aufgaben der Lieferant und welche der Beschaffer übernimmt. In der Beschaffungslogistik sind Fragen des physischen Transports hinsichtlich Transportmittel, Spediteur, Transportweg und der Ort der Anlieferung zu verhandeln. (Das Thema Beschaffungslogistik wird später nochmals aufgegriffen.)

Das beschaffungspolitische Instrumentarium ist im Rahmen des Beschaffungsmarketing zu einem optimalen Beschaffungsmarketing-Mix zu kombinieren.

6.3 Die Bedarfsermittlung

6.3.1 Überblick

Bei der Bedarfsermittlung handelt es sich um die Bestimmung des zukünftigen quantitativen Periodenbedarfs sowie die zeitliche Verteilung der Bedarfsmengen. Zur Erstellung der quantitativen Materialbedarfsplanung sind interne und externe Informationen notwendig. **Externe Informationen** beziehen sich auf die Angebotsprogramme und die Leistungsfähigkeit der Lieferanten und die Situation auf dem gesamten Beschaffungsmarkt. Die Gewinnung und Auswertung dieser Informationen vollzieht sich im Rahmen der **Beschaffungsmarktforschung**.

Interne Informationen betreffen alle entscheidungsrelevanten Größen der Materialbedarfsarten, Mengen, Qualitäten, Termine der Beschaffungsplanung für den Planungszeitraum. Relevant sind auch Informationen über die Kapazitäten der Lager, Transportmittel, Finanzierungsbudgets usw.

Eine wichtige Information sind die **Lagerbestände**, die in die Überlegungen einbezogen werden müssen. Es wird zwischen Brutto- und Nettobedarf unterschieden. Während unter **Bruttobedarf** der periodenbezogene Gesamtbedarf (Primär-, Sekundär- oder Tertiärbedarf) verstanden wird, resultiert der **Nettobedarf** aus dem Bruttobedarf, vermindert um die verfügbaren Lagerbestände. Beim Nettobedarf ist ebenfalls der **Bestellbestand** (die bereits bestellten, aber noch nicht gelieferten Mengen) zu subtrahieren. Dieser Bestellbestand wird vom Einkauf ermittelt, während die Lagerbestände in der Material- oder Lagerbestandsrechnung geführt werden.

Der Materialbedarf kann mit Hilfe subjektiver Schätzungen vorgenommen werden (Küpper 1984: 204f.). Sie beruhen auf Erfahrungen des Schätzers und nicht auf nachvollziehbaren Berechnungen und werden daher hier nicht weiter verfolgt. Als Entscheidungshilfe für die Wahl der Methode der Bedarfsmengenbestimmung kann die mit Hilfe der ABC-Analyse abgeleitete Materialklassifikation dienen. Danach sollten A- und B-Güter in der Regel mit genaueren und damit auch aufwendigeren Verfahren der programmgebundenen Bedarfsermittlung ermittelt werden. Die geringwertigen C-Güter können mit den einfacheren verbrauchsgebundenen Verfahren prognostiziert werden, denn bei der Vielzahl der verschiedenen Materialarten ist diese Methode der Materialbedarfsermittlung nur unter wirtschaftlich vertretbarem Aufwand zu rechtfertigen. Wird nach Sekundär- und Tertiärbedarf differenziert, so bieten sich für die Bestimmung des Tertiärbedarfs in der Regel die verbrauchsgebundenen Verfahren an, während der Sekundärbedarf mit Hilfe der programmbezogenen Bedarfsermittlungsverfahren bestimmt wird.

6.3.2 Programmgebundene Bedarfsplanung

Die programmgebundene Bedarfsplanung ist eine deterministische Bedarfsermittlung. Mit ihrer Hilfe wird aus dem künftigen Fertigungsprogramm der Materialbedarf nach Menge und Termin genau ermittelt. Plangröße ist also der bekannte Primärbedarf, aus dem der Sekundärbedarf des benötigten Bedarfs abgeleitet wird. Es ist dazu eine genaue Kenntnis über die Zusammenhänge zwischen Input und Output in jeder Produktionsstufe notwendig. Sofern die Beziehungen zwischen Input und Output proportional sind, kann man das Beschaffungsprogramm mit Hilfe des Gozinto-Graphen bestimmen (vgl. Müller-Merbach 1976). Ein Beispiel zeigt die Abbildung 6-6.

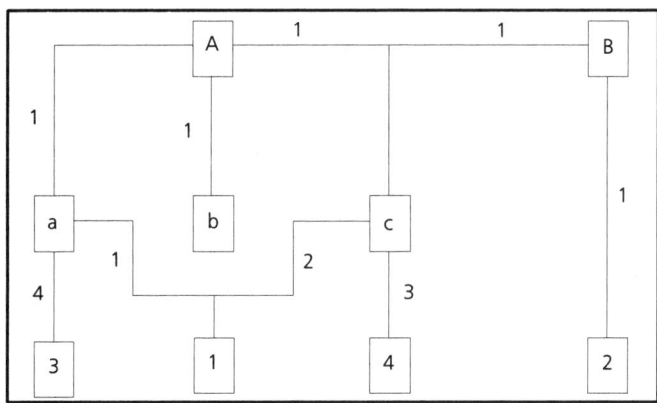

Abbildung 6-6   Hypothetisches Beispiel für einen Gozinto-Graphen

Angenommen, vom Erzeugnis A werden 30 Einheiten und von B 50 Einheiten benötigt, so ergibt eine **analytische Bedarfsrechnung**:

Endprodukte: 30 Einheiten A
              50 Einheiten B

Baugruppen: 30 Einheiten a
              30 Einheiten b
              80 Einheiten c

Einzelteile: 190 Einheiten 1
              50 Einheiten 2
              120 Einheiten 3
              240 Einheiten 4

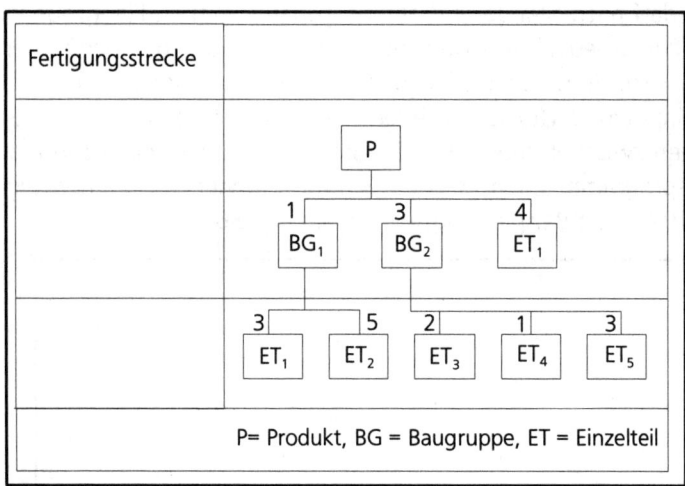

Abbildung 6-7   Erzeugnisbaum

Bei den programmgebundenen Verfahren geht man bei der Materialbedarfs-planung von **mehrteiligen Stückgütern** aus, von denen die Erzeugnisstruktur als bekannt vorausgesetzt wird. Die Erzeugnisstruktur zeigt auf, aus welchen Bauteilen bzw. Baugruppen und Einzelteilen sich das Endprodukt zusammensetzt. Die Zusammenhänge lassen sich entweder graphisch (Gozinto-Graph,

Erzeugnisbäume), tabellarisch (Gozinto-Listen, Stücklisten, Teileverwendungs-nachweise) sowie in Matrixform (lineare Gleichungssysteme) darstellen. Ein Bei-spiel eines Erzeugnisbaumes zeigt die Abbildung 6-7.

Bei der Fertigung mehrteiliger Stückgüter werden als Hilfsmittel Stücklisten und Teileverwendungsnachweise verwendet. Stücklisten geben in tabellarischer Form die mengenmäßige Zusammensetzung der in ein Endprodukt oder Bau-teil eingehenden Güter wieder. In der Praxis sind sehr unterschiedliche Stück-listen zu finden. Die einfachste Form ist die **Mengenübersichtsstückliste** (vgl. Abb. 6-8). Die Mengenübersichtsstückliste weist die erforderlichen Gesamt-mengen der Baugruppen und der Einzelteile auf. Die Erzeugnisstruktur ist aber nicht erkennbar.

Produkt P		
Sach-Nr.	**Menge**	**Bezeichnung**
BG_1	1	Baugruppe 1
BG_2	3	Baugruppe 2
ET_1	6	Einzelteil 1
ET_2	5	Einzelteil 2
ET_3	2	Einzelteil 3
ET_4	1	Einzelteil 4
ET_5	3	Einzelteil 5

Abbildung 6-8   Mengenübersichtsstückliste

Ein weiteres Beispiel sind **Strukturstücklisten** (vgl. Abb. 6-9). In der Struktur-stückliste werden unter Berücksichtigung der Erzeugnisstruktur die einzelnen Baugruppen und Einzelteile nach dem mengenmäßigen Faktorverbrauch für jede Fertigungsstufe ausgewiesen. Aus ihr geht die hierarchische Produkt- und Produktionsstruktur hervor. Diese Übersichtlichkeit geht bei komplexeren Pro-dukten verloren. Nachteilig ist, daß gleiche Teile, die in mehrere Baugruppen oder Produkte eingehen, mehrfach aufgeführt werden.

Produkt P			
Fertigungsstufe	Sach-Nr.	Menge	Bezeichnung
1	BG_1	1	Baugruppe 1
2	ET_1	3	Einzelteil 1
2	ET_2	5	Einzelteil 2
1	BG_2	3	Baugruppe 2
2	ET_3	2	Einzelteil 3
2	ET_4	1	Einzelteil 4
2	ET_5	3	Einzelteil 5
1	ET_1	4	Einzelteil 1

Abbildung 6-9   Strukturstückliste

Ein drittes Beispiel sind **Baukastenstücklisten**. Hier werden die direkt eingehenden Einsatzfaktoren nach Baugruppen und Endprodukten ausgewiesen (vgl. Abb. 6-10). Während bei der Stückliste gefragt wird, welche untergeordneten Teile in das End- bzw. Zwischenprodukt eingehen, wird beim **Teileverwendungsnachweis** gefragt, in welche Baugruppen oder Produkte ein bestimmtes Teil eingeht. Sie stellen das Spiegelbild der Stücklisten dar. Die analytische Methode der Bestimmung des Materialbedarfs mit Stücklisten basiert auf der Stücklistenauflösung. Bei dem Teileverwendungsnachweis handelt es sich um eine synthetische Methode, der eine andere Betrachtungsperspektive zugrunde liegt. Analog den aufgeführten drei Stücklisten können dementsprechend Mengenübersichts-, Struktur- und Baukostenteileverwendungsnachweise unterschieden werden. Die Bedarfsrechnung durch die Stücklistenauflösung und die Teileverwendungsnachweise ist in den Softwaresystemen der computergestützten Produktionsplanung und -steuerung integriert.

Produkt P		
Sach-Nr.	**Menge**	**Bezeichnung**
BG_1	1	Baugruppe 1
BG_2	3	Baugruppe 2
ET_1	4	Einzelteil 1

Baugruppe 1		
Sach-Nr.	**Menge**	**Bezeichnung**
ET_1	3	Einzelteil 1
ET_2	5	Einzelteil 2

Baugruppe 2		
Sach-Nr.	**Menge**	**Bezeichnung**
ET_3	2	Einzelteil 3
ET_4	1	Einzelteil 4
ET_5	3	Einzelteil 5

Abbildung 6-10   Baukastenstückliste

6.3.3 Verbrauchsgebundene Bedarfsermittlung

Die verbrauchsorientierte Bedarfsbestimmung ist eine stochastische Bedarfsmengenermittlung, die auf Vergangenheitswerten basiert. Voraussetzung für die Anwendung dieser Methode ist ein ausreichendes Zahlenmaterial über den tatsächlich angefallenen Faktorverbrauch. Bei allen Verfahren der verbrauchsgebundenen Materialbedarfsplanung wird von der Prämisse ausgegangen, daß ein unmittelbarer Zusammenhang zwischen den Vergangenheitswerten und dem zukünftigen Materialbedarf besteht. Mit Hilfe mathematisch-statistischer Prognoseverfahren wird der Bedarf vorhergesagt, und mit Hilfe verbrauchsbezogener Zeitreihen werden die Vergangenheitswerte in die Zukunft extrapoliert.

Die Statistik bietet eine Vielzahl von Methoden zur Ermittlung des Materialbedarfs an. Weit verbreitet sind die Methode der **Bildung gleitender Mittelwerte** mit und ohne Gewichtung und das **Verfahren der exponentiellen Glättung** erster Ordnung. Hier sollen diese zwei Verfahren beschrieben werden:

(1) Verfahren der gleitenden Mittelwerte,

(2) Verfahren der exponentiellen Glättung.

Zu (1) Verfahren der gleitenden Mittelwerte

Dieses Verfahren wird angewandt, wenn die Entwicklung des Materialbedarfs keinen deutlichen Trend aufweist bzw. von unübersehbaren saisonalen Schwankungen überlagert ist.

Der Bedarfsvorhersagewert für die neue Periode wird in jeder Periode auf der Grundlage der jeweils letzten n Perioden neu berechnet.

$$V_{i+1} = \frac{1}{n} \sum_{k=i-n+1}^{i} T_k$$

V_{i+1} = Bedarfsvorhersagewert für die neue Periode i+1
T_k = Bedarf in einer Periode k
k = Periodenindex
n = Periodenanzahl des betrachteten Zeitabschnittes
(normalerweise 1 Jahr, d.h. 12 Monate)

Zu (2) Verfahren der exponentiellen Glättung

Dieses Verfahren hat die Vorteile, daß der Rechenaufwand relativ gering ist und Strukturbrüche in einem Trend frühzeitig erkannt werden.

Der Vorhersagewert für die nächste Periode ergibt sich aus dem gewogenen arithmetischen Mittel des Vorhersagewertes der vorangegangenen Periode und dem tatsächlich eingetretenen Materialbedarf.

V_{i+1} = $(1 - \alpha)V_i + T_i \alpha$

V_{i+1} = Bedarfsvorhersagewert für die neue Periode i+1
V_i = Bedarfsvorhersagewert für die laufende Periode i
T_i = tatsächliche Nachfrage der Periode i
α = Glättungs- bzw. Gewichtungsfaktor

Der Glättungsfaktor wird in der Regel zwischen 0,1 und 0,3 gewählt. Je höher der Glättungsfaktor ist, desto größeren Einfluß nehmen die tatsächlichen Ereignisse auf die Vorhersage.

Beispiel:

Alter Vorhersagewert für die 31. Woche = 150, tatsächlicher Bedarf für die 31. Woche = 180, Glättungsfaktor α = 0,3

Vorhersage für die 32. Woche = $(1 - 0,3) \times 150 + 180 \times 0,3 = 159$

Beträgt der tatsächliche Bedarf für die 32. Woche z.B. 139, dann lautet die nächste Vorhersage:

Vorhersage für die 33. Woche = (1 - 0,3) x 159 + 139 x 0,3 = 153

Für die aufgezeigten Entscheidungsfelder und Materialarten liefert die stochastische Bedarfsmengenermittlung der verbrauchsgebundenen Materialbedarfsplanung verläßliche Daten und ist im Vergleich zu den aufwendigeren deterministischen Verfahren auch wegen niedrigerer Kosten vorzuziehen. In der Praxis wird man beide Verfahren zu Bedarfsprognosen kombinieren.

6.4 Die Beschaffungslogistik

6.4.1 Definition und Überblick

Die Logistik befaßt sich mit Bewegungs- und Lagerprozessen von Einsatzfaktoren. Damit erfüllt die Logistik zwei Funktionen: die Lagerhaltung und die Transportfunktion. "Die Logistik hat dafür zu sorgen, daß ein Empfangspunkt gemäß seines Bedarfs von einem Lieferpunkt mit dem richtigen Produkt (in Menge und Sorte), im richtigen Zustand, zur richtigen Zeit, am richtigen Ort zu den dafür minimalen Kosten versorgt wird" (Pfohl 1996: 12).

Beschaffungslogistik umfaßt somit alle logistischen Teilaufgaben der Beschaffung. Die **Abgrenzung zur Materiallogistik** ist schwierig. Sie umfaßt den Materialfluß vom Lieferanten bis zum Verlassen der Produktion und beinhaltet schwerpunktmäßig die Materiallagerung und den Materialtransport sowie den Materialumschlag. Für die innerbetrieblichen Verrichtungen der Lagerung und des Transports wird auch der Begriff der **Fertigungslogistik** verwendet, der schwierig gegenüber der Material- und Beschaffungslogistik abzugrenzen ist. Bloech (1996: Sp. 246f.) faßt den Begriff der Beschaffungslogistik sehr weit, indem er alle Bemühungen einer Institution darunter versteht, die der Versorgung mit Gütern dienen. Zu den Teilfunktionen der Beschaffungslogistik zählt er die Bedarfsermittlung, die Liefereinteilung, die Lieferantenauswahl, die Bestellpunktermittlung, die Materialdisposition, gegebenenfalls die Transporte zum Betrieb, die Warenannahme, die Warenprüfung, die Behälterhandhabung, die Einlagerung, die Lagerhaltung, die Auslagerung, die Sortierung, die Kommissionierung, die Markierung, den innerbetrieblichen Transport und die Bereitstellung für die Produktion und andere Unternehmensbereiche. Beschaffungslogistik soll hier in dem aufgezeigten engeren Sinne verstanden werden. Im Rahmen dieses Lehrbuchs werden nur einige ausgewählte Aspekte und Themen der Beschaffungslogistik angesprochen.

6.4.2 Die Lagerhaltung

Die Lagerung folgt dem Beschaffungsprozeß. Sofern die Güter nicht sofort in die Produktion eingehen, werden diese in ein **Eingangslager** eingestellt, das einen Puffer zwischen Anlieferung und Produktion bildet. Sofern der Materialfluß zwischen den einzelnen Fertigungsstufen unterbrochen wird, werden die Teile in ein **Zwischenlager** eingestellt, das sich direkt vor den Produktionsstätten befindet. Bei Abschluß des Produktionsprozesses werden die Erzeugnisse, sofern die Absatzgeschwindigkeit geringer als die Produktionsgeschwindigkeit ist, in ein **Fertigwarenlager** (**Absatzlager**) aufgenommen. Das Lager hat folgende verschiedene Funktionen:

* **Ausgleichsfunktion**
  Diese Funktion resultiert aus dem Mengen- und Zeitausgleich zwischen den Lieferungen und dem Bedarf. Aber auch Kostenüberlegungen, die den Transport betreffen (größere Mengen sind kostengünstiger zu transportieren als kleinere Mengen: Stückkostenreduzierung), sind einbezogen.
* **Sicherungsfunktion**
  Sie bezieht sich auf unerwartete Störungen und Schwankungen auf dem Beschaffungsmarkt, so daß Sicherungsbestände angelegt werden.
* **Spekulationsfunktion**
  Wenn steigende Preise oder eine Verknappung der Güter erwartet werden, kann es sich als zweckmäßig erweisen, die beschafften Mengen bis zum Bedarfszeitpunkt zu lagern.

Das Ziel der Lagerdisposition ist die Minimierung der Gesamtkosten der Lagerhaltung. Wesentliche Kostenarten der Lagerkosten sind die Raumkosten, die Zinskosten für das gebundene Kapital sowie Kosten für die Erhaltung der eingelagerten Güter. Wichtige Entscheidungsgrößen im Rahmen der Lagerhaltungsplanung sind die Bestellmenge und die Lagermenge. Die Bestellplanung mit dem Ziel der optimalen Bestellmenge und die Lagerbestandsplanung mit dem Ziel der optimalen Lagergröße sind interdependent und werden in der Betriebswirtschaftslehre mit Hilfe von **Lagerhaltungsmodellen** berechnet.

Eines dieser Modelle ist die **Ermittlung der optimalen Bestellmenge**. Die (kosten-)optimale Bestellmenge (K) ist dadurch gekennzeichnet, daß (bei gegebenem Bedarf) die Summe aus Beschaffungskosten (K_B) und Lagerhaltungskosten (K_L), bezogen auf eine Mengeneinheit, ihr Minimum erreicht. Die Beschaffungskosten setzen sich aus unmittelbaren und mittelbaren Kosten zusammen, wobei erstere direkt mit dem Kauf der Güter verbunden sind (Menge x Preis). Die mittelbaren Beschaffungskosten fallen im Zusammenhang mit der Bestellung an. Sie sind fixe Kosten. Es gilt, daß die gesamten Beschaffungskosten aufgrund der Fixkostendegression fallen. Die **Lagerhaltungskosten** ergeben sich aus den Kapitalbindungskosten und den Lagerkosten und werden der Einfachheit halber in diesem Modell prozentual auf der Basis des durchschnittlichen Lagerbestandes ermittelt. Grundsätzlich gilt, daß die Lagerhaltungskosten mit zunehmender Bestellmenge steigen. Beschaffungs- und Lagerkosten weisen in Abhängigkeit der Bestellmenge damit eine gegenläufige Tendenz auf. **Fehlmengenkosten** sind in diesem Modell nicht vorgesehen. Sie entstehen, wenn der Materialbedarf zu dem erforderlichen Zeitpunkt nicht gedeckt werden kann.

Beispiel:

Preis pro Mengeneinheit (p) - 4,– Euro
Bedarf pro Jahr (m)   - 1.000 ME
Kosten pro Bestellung (a)   - 3,– Euro
Lagerhaltungskostensatz (q) - 0,1 (10 % des Lagerkapitals)

(Annahmen: konstanter Lagerabgang, keine Fehlmengen)

(1) Empirische Lösung

Empirisch läßt sich die Lösung mit Hilfe der folgenden Entscheidungstabelle ermitteln (Abb. 6-11).

Bestellmenge x	50	100	125	200
durchschn. Lagerbestand (Euro)	100	200	250	400
Bestellungen pro Jahr	20	10	8	5
Lagerhaltungskosten (Euro)	10	20	25	40
Bestellkosten (Euro)	60	30	24	15
relevante Gesamtkosten (Euro)	70	50	49	55

Abbildung 6-11 Beispiel zur Ermittlung der optimalen Bestellmenge

(2) Rechnerische Lösung

$K = K_B + K_L$ mit $K_B = a + px$

$$K_L = \frac{K_B}{2} * q * \frac{1}{t} \quad mit \quad t = \frac{m}{x}$$

Es wird im Mittel zwischen den Bestellungen jeweils die Hälfte des Lagerbestandes (x) als Grundlage zur Bewertung der Lagerhaltungskosten angenommen. Durch (t) wird die Bestellhäufigkeit in einer Planperiode (z.B. in einem Jahr) zum Ausdruck gebracht.

$$\Rightarrow K = a + px + \frac{(a + px)qx}{2m} = kx$$

$$\Rightarrow k = \frac{a}{x} + p + \frac{(a + px)q}{2m} \quad \text{(Stückkosten)}$$

Für die Minima muß gelten: $k'(x) = 0$ und $k''(x) > 0$

$$k' = \frac{a}{-x^2} + \frac{p * q}{2 * m} => 0$$

daraus folgt:

$$\frac{a * m}{x^2} = \frac{p * q}{2}$$

$$x_{opt} = \sqrt{\frac{2 * m * a}{p * q}}$$

$$x_{opt} = \sqrt{\frac{2 * Jahresbedarf * bestellfixe\ Kosten}{Einstandspreis * Lagerhaltungskostensatz}}$$

Unser Beispiel: $x_{opt} = 122{,}5$

Dem oben gezeigten Verfahren liegen vereinfachende Annahmen zugrunde:

(1) Die Beschaffungsplanung erfolgt für ein Jahr (Planperiode).

(2) Der Jahresbedarf ist im voraus bekannt.

(3) Bedarf und Lagerabgang unterliegen keinen zeitlichen Schwankungen.

(4) Es gibt keine finanziellen und kapazitätsmäßigen Restriktionen.

(5) Alle Kosten sind über den Planungszeitraum konstant.

(6) Die Beschaffungsgeschwindigkeit ist unendlich groß.

(7) Es entstehen keine Fehlmengenkosten.

Die Abbildung 4-12 zeigt nochmals den Gesamtzusammenhang des Verfahrens:

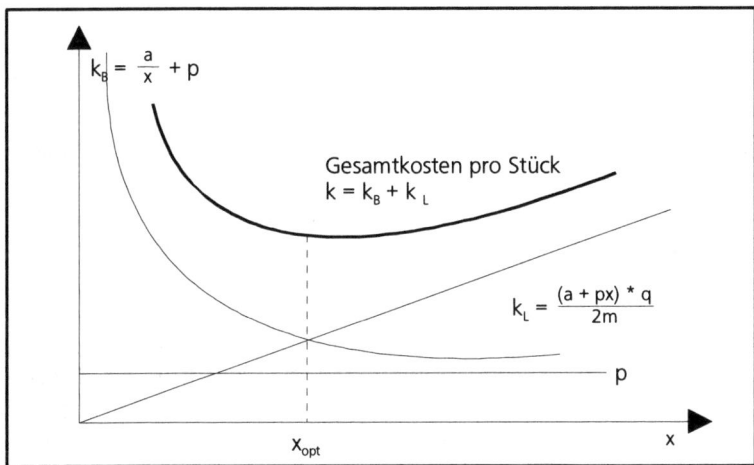

Abbildung 6-12   Beschaffungskosten pro Stück

Das Problem der optimalen Bestellmenge tritt nur auf, wenn die Materialbereitstellung aus vorhandenen Vorräten erfolgt. Dies ist vor allem bei **Serien- und Massenfertigung** der Fall. Bei der Großserien- oder Massenfertigung wird auch die fertigungs- bzw. einsatzsynchrone Beschaffung praktiziert. Dies bedeutet, daß die beschafften Güter nicht in ein Eingangslager eingestellt und sofort verwendet werden. In modernen Produktionsplanungs- und -steuerungssystemen ist das **Just in Time-Prinzip** enthalten.

6.4.3 Fertigungssynchrone Beschaffung

Mit der Einführung der fertigungssynchronen Beschaffung soll eine schnellere Anpassung an gegebene bzw. sich ändernde Marktsituationen erreicht werden. Produktionsstrategien herkömmlicher Art beruhen auf der Grundlage der lagernden Materialwirtschaft. Durch die ständig steigende Variantenvielfalt und die damit verbundene wachsende Teilezahl sind zur Aufrechterhaltung und Sicherung der Produktion große Lagerbestände notwendig, was den Nachteil der hohen Kapitalbindung mit sich bringt. Die Realisierung der Flußoptimierung über die innerbetrieblichen Grenzen hinaus, ermöglicht den Verzicht auf kostspielige Pufferläger, da eine Belieferung der Produktion erst erfolgt, wenn die Ausprägung der gewünschten Variante genau spezifiziert ist (Wildemann 1988: 91).

Da bei der Beschaffung nach dem Just in Time-Prinzip die Zulieferung ohne eine nennenswerte Zwischenlagerung je nach Materialbedarf erfolgen soll, impliziert dies eine höhere Lieferfrequenz und den Transport von geringeren Gütermengen in kürzeren Zeitabständen. Eine Standardisierung und Rationalisierung der Bestellvorgänge ist erforderlich. Aber nicht alle Materialien sind für Just in Time-Beschaffungsvorgänge geeignet. Besonders Materialarten mit geringem Jahresverbrauchswert oder unregelmäßigem Verbrauch und/oder geringer Qualität scheiden aus.

Die fertigungssynchrone Beschaffung setzt häufig eine **langfristige Zusammenarbeit** mit dem Lieferanten voraus, der sich verpflichtet, die benötigten Materialien zu den produktionsprozeßrelevanten Terminen zu liefern. Dazu müssen die Logistiksysteme der Zulieferer weitgehend an das Logistiksystem der produzierenden Unternehmung angepaßt werden, um z.B. eine Bedarfsänderung ohne Zeitverzögerung an die Zulieferer weitergeben zu können. Solche unternehmungsübergreifenden Logistiksysteme sind relativ störanfällig, so daß weiterhin die Notwendigkeit einer gewissen Mindestvorratshaltung besteht, um auf kurzfristige Änderungen reagieren zu können.

Die spezifischen Vereinbarungen zwischen Lieferanten und Produzenten sollten in Rahmenverträgen festgelegt werden, so daß sie für alle auf der Grundlage dieses Vertrages stattfindenden Warenlieferungen gelten. Folgende Fragenkomplexe sollten vertraglich geregelt sein (Wildemann 1995: 170):

- Absprachen über ein Lieferabrufsystem mit der Regelung von Liefermenge, Lieferabrufen, Lieferterminen und den Folgen bei Verzug,
- Festlegung der Qualität und Qualitätssicherung, Gewährleistung, Produkthaftung und Regelung von Rückrufaktionen,
- Vereinbarung über Preise, Zahlungs-/Lieferkonditionen und Eigentumsübergang,
- Bemühungen des Zulieferers, seine Produkte weiterzuentwickeln und Rationalisierungspotentiale auszuschöpfen.

Der Rahmenvertrag bildet die Basis für ein Lieferabrufsystem, das den Zulieferern regelmäßig Liefereinteilungen übermittelt. Hierbei handelt es sich um unverbindliche Mengenvorschauen, die der Kapazitätsvorhaltung dienen. Innerhalb der Rahmenaufträge erfolgt die Freigabe von Materialbeschaffungen und Vorfertigungen. Lieferabrufe als eigentliche Bestellung legen Variante, Menge, Termin und Anlieferungspunkt verbindlich fest, wobei hier noch nach unterschiedlichen Zeiten zwischen z.B. wöchentlichen Liefer-, täglichen Feinabrufen und produktionssynchronen Sequenzabrufen differenziert wird (Grünewald 1991: 87f.).

Die "Just-in-Time"-Beschaffung bedeutet die Realisierung eines zeitlich mit höchster Zuverlässigkeit geplanten Organisations- und Liefersystems. Sowohl beim Abnehmer als auch beim Lieferanten soll die Bildung von Zwischenlagern unterbleiben. Folglich sind viele Bestellvorgänge mit kleinen Liefermengen abzuwickeln. Voraussetzung dafür ist das ständige Vorhandensein aktueller Informationen über den Bedarf in den verschiedenen Planungshorizonten. Idealtypischerweise besteht eine umfassende EDV-Verbindung zwischen Abnehmer und Zulieferer: Diese reicht von Online-Datenübertragungssystemen für den Lieferabruf bis hin zur vollständigen kommunikativen Integration und Steuerung der Zulieferproduktion durch den Abnehmer beim Produktionsrechner des Zulieferers (Hansmann 1996: 833f.).

Bei der produktionssynchronen Beschaffung werden die benötigten Teile direkt an die Montagelinien des Abnehmers transportiert, ohne daß eine Wareneingangskontrolle erfolgt. Vielmehr wird dem Lieferanten die Qualitätssicherungsfunktion mit der Forderung übertragen, sowohl die Qualität als auch die Menge der Teile zu 100 % sicherzustellen (Wildemann 1988: 111).

6.4.4 Der Transport

Im Rahmen des Beschaffungsprozesses von Gütern soll unter Transport die Raumüberbrückung mit Hilfe von Transportmitteln verstanden werden, wobei eine Ortsveränderung (z.b. vom Lieferanten zum Kunden, zwischen Produktionsstätten) geschieht. Es wird der außerbetriebliche und innerbetriebliche Transport unterschieden. Der **außerbetriebliche Transport** bezieht sich bei der Beschaffung auf die Beförderung der Einsatzfaktoren vom Lieferanten zur beschaffenden Unternehmung bzw. zwischen verschiedenen Werken und Lagerhäusern eines Unternehmens. Eine wichtige Entscheidung im Rahmen des Transports ist die über ein geeignetes und kostengünstiges Transportmittel.

Die Betriebswirtschaftslehre befaßt sich mit Optimierungsfragen insbesondere auch im Rahmen des Operations Research. Ein zentrales Problem, das in der einschlägigen Literatur behandelt wird, besteht darin, daß die gleiche Güterart bei mehreren Anbietern verfügbar ist und an mehreren Stellen benötigt wird.

Im Rahmen der Materiallogistik steht die Planung des innerbetrieblichen **Transports** im Mittelpunkt, der als Raumüberbrückung zwischen den Produktionsstätten oder innerhalb eines Lagers definiert ist. Zielsetzung ist auch hier die Kostenminimierung. Wie beim außerbetrieblichen Transport, so stellt auch die Entscheidung über das Transportmittel (Fördermittel) eine zentrale Aufgabe dar. Weiterhin ist über die innerbetrieblichen Transportwege hinsichtlich der Gestaltung optimaler Materialflüsse zu entscheiden. Auch für die innerbetriebliche Transportplanung stellt das Operations Research eine Vielzahl quantitativer Methoden zur Verfügung.

6.5 Veränderungen in den Beschaffungsfunktionen in Schlüsselindustrien

Die Hersteller-Zulieferer-Beziehungen unterliegen in Schlüsselindustrien (z.B. Automobilbau, hochwertige Konsumgüter) einem Wandel hin zu langfristigen, kooperativen Formen der Zusammenarbeit mit dem Ziel, fortlaufende Kostensenkungen, kundenorientierte Qualität und rechtzeitige Verfügbarkeit der benötigten Zulieferteile im Wertschöpfungsprozeß zu realisieren (vgl. Groth/ Kammel 1994: 150ff.; Abb. 6-13).

Die Konzentration auf das Kerngeschäft impliziert eine Neuverteilung der Arbeit von Herstellern und Zulieferern und in vielen Fällen eine Verringerung der Fertigungstiefe beim Hersteller. Um so mehr ist man in den entstehenden, strategisch orientierten Wertschöpfungspartnerschaften auf ausgewählte, absolut zuverlässige Partner, die zum Teil Komplettlösungen liefern, angewiesen. Frühe Involvierung in eigene Unternehmungsaktivitäten durch offenen Informationsaustausch bietet beispielsweise Kostenvorteile durch gemeinsames Zielkostenmanagement, gemeinsame Realisierung von Rationalisierungspotentialen, Zusammenarbeit bei der Beseitigung von Schwachstellen in der logistischen Kette und Beschleunigung von Prozessen durch Parallelisierung.

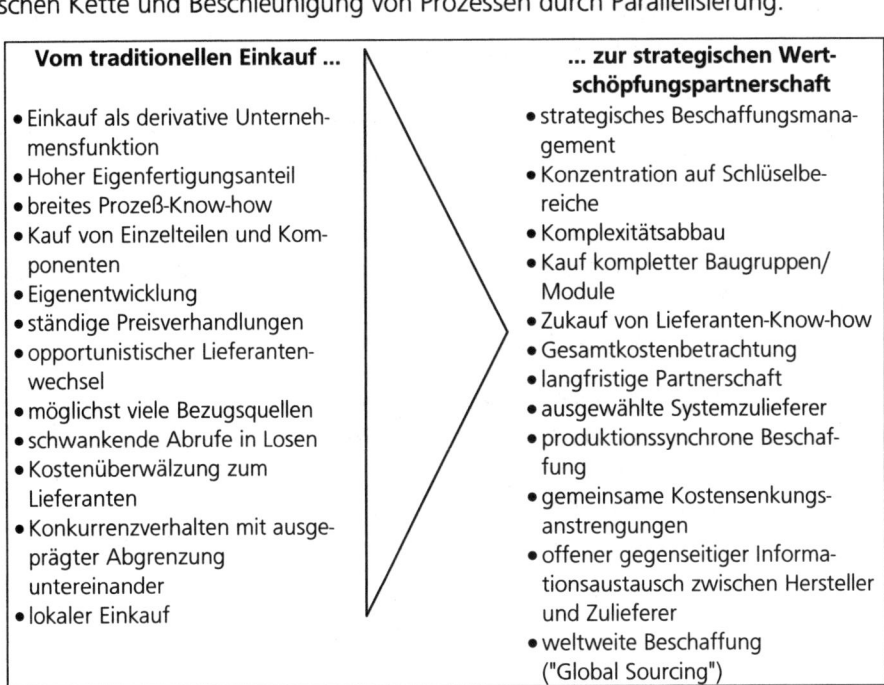

Vom traditionellen Einkauf ...

- Einkauf als derivative Unternehmensfunktion
- Hoher Eigenfertigungsanteil
- breites Prozeß-Know-how
- Kauf von Einzelteilen und Komponenten
- Eigenentwicklung
- ständige Preisverhandlungen
- opportunistischer Lieferantenwechsel
- möglichst viele Bezugsquellen
- schwankende Abrufe in Losen
- Kostenüberwälzung zum Lieferanten
- Konkurrenzverhalten mit ausgeprägter Abgrenzung untereinander
- lokaler Einkauf

... zur strategischen Wertschöpfungspartnerschaft

- strategisches Beschaffungsmanagement
- Konzentration auf Schlüselbereiche
- Komplexitätsabbau
- Kauf kompletter Baugruppen/ Module
- Zukauf von Lieferanten-Know-how
- Gesamtkostenbetrachtung
- langfristige Partnerschaft
- ausgewählte Systemzulieferer
- produktionssynchrone Beschaffung
- gemeinsame Kostensenkungsanstrengungen
- offener gegenseitiger Informationsaustausch zwischen Hersteller und Zulieferer
- weltweite Beschaffung ("Global Sourcing")

Abbildung 6-13 Veränderung der Beschaffungsfunktion bei Endproduktherstellern

273

Auf der Grundlage differenzierter strategischer Beschaffungsplanungen können Hersteller und ausgewählte Lieferanten gemeinsam detaillierte Zielsetzungen - insbesondere im Hinblick auf die Lösung von Schnittstellenproblemen - erarbeiten und die künftige Kooperation präzisieren. Beide profitieren von frühen Entscheidungen und auch davon, daß sie von Anfang an einen offenen Informationsaustausch initiieren, pflegen und von einer unternehmensübergreifenden Informationsinfrastruktur her unterstützen. Langfristige Zusammenarbeit bedeutet unter anderem (Groth/Kammel 1994: 158):

- ein gemeinsames Qualitäts- und Kostenmanagement,
- die gemeinsame Realisierung von Rationalisierungspotentialen und Zusammenarbeit bei der Beseitigung von Schwachstellen,
- weniger kostenintensive Änderungsnotwendigkeiten nach dem Serienanlauf,
- Parallelisierung und Beschleunigung von Prozessen (statt stark sequentiellem Vorgehen),
- Abstimmung und Flexibilisierung von Abnahmemengen und Bereitstellung ausgefeilter logistischer Dienstleistungen nach Maßgabe des vom Hersteller gewünschten Lieferservices,
- Bildung gemeinsamer Arbeitsgruppen mit klaren Zielvorgaben (z.B. gemeinsame Kosten- und Wertanalysen, Produktentwicklung, Qualitätsverbesserungen),
- Installation durchgängiger Logistik- und Informationssysteme.

Wichtig ist die frühestmögliche Involvierung des Zulieferers, der nicht nur als ein wettbewerbsstarker Produzent des erforderlichen Produktes qualifiziert sein, sondern zusätzlich einschlägiges Know-how auf den Gebieten Produktentwicklung, Qualitäts- und Kostenmanagement besitzen muß. Ein sogenannter Systemlieferant wird beispielsweise bei der Volkswagen AG wie folgt definiert:

- Der Systemlieferant ist verantwortlich für die Entwicklung, Beschaffung, Produktion, Qualität und Anlieferung einer Baugruppe, die funktional abgrenzbar ist. Er trägt weiterhin die Verantwortung für die Leistungen seiner Sublieferanten. Die Systemverantwortung wird festgeschrieben für die Faktoren Technik, Termin, Kosten, Qualität und Umweltschutz nach den ISO-Normen 9000ff. und dem neuesten Stand der Wissenschaft und Technik.

- Der Systemlieferant wird frühzeitig in den Entwicklungsprozeß einbezogen und spätestens am Ende der Konzeptentwicklungsphase/Konzeptabsicherungsphase festgelegt.
- Der Lieferumfang des Systemlieferanten wird im Rahmen des Produktentstehungsprozesses für einen gesamten Produktlebenszyklus vollständig oder anteilsmäßig festgelegt.
- Der Systemlieferant hat auf dem ihm anvertrauten Gebiet mit aller Kraft innovativ tätig zu sein, um dauerhafte Wettbewerbsvorteile im Rahmen der Kooperation zu ermöglichen.

Zwar steigen die Suchkosten der Kontraktanbahnung, die Informations- und Verhandlungskosten gegenüber traditionellen Beschaffungsaktivitäten zunächst an; dafür lassen sie sich durch sinkende Kosten in der Abwicklung kompensieren. Kostenvorteile können durch sinkende materialflußbezogene Kosten aufgrund einer verringerten Anzahl von Transporten bei gleichzeitig verminderter Lieferantenbasis, durch den Wegfall von Zwischenlägern und mehrfacher Verpackungsaktivitäten sowie durch Reduktion von Umschlagprozessen durch Integration der Materialflußsysteme erwartet werden. Außerdem vermag der gemeinsame Einkauf von Herstellern und kooperierenden Wertschöpfungspartnern Kostensenkungen herbeizuführen, da die Beschaffungsaktivitäten besser koordiniert werden können und die Marktmacht zunimmt. Durch eine Verlagerung der qualitätssichernden Aktivitäten zum Beeinflussungsort (z.B. Bemusterung und Serienkontrolle weitgehend beim Lieferanten) wird die Erstellung von gemeinsamen, einheitlichen Programmen zur Realisierung bestmöglicher Qualitäts- und Prozeßfähigkeit sowie die intensive Einbindung der Lieferanten in die Fehlerursachenanalyse und -behebung erreicht.

In Beschaffungssegmenten, in denen langfristige Wertschöpfungspartnerschaften und aufgrund von Just in Time-Erfordernissen auch räumlich enge Zusammenarbeit eine geringere Rolle spielen, gewinnen weltweite Beschaffungsaktivitäten an Bedeutung. Das **Global Sourcing** knüpft an das Konzept der globalen Integration an. Es läßt sich als internationale Beschaffungsmarktbearbeitung im Sinne einer systematischen Ausdehnung des Beschaffungsmanagements auf weltweit vorhandene Bezugsquellen unter strategischer Ausrichtung verstehen (vgl. Arnold 1989: 21; Arnold 1999). Im Vordergrund dieses umfassenden Beschaffungskonzeptes steht der Versuch, besonders günstige Einkaufspreise - und als Konsequenz Kostensenkungspotentiale - zu realisieren. So lassen sich unter Umständen durch die Erschließung neuer Beschaffungsmärkte über den Zugang zu innovativen Technologien, die in das Endprodukt eingehen, Wettbewerbsvorteile erzielen.

7 PRODUKTIONSWIRTSCHAFT

7.1 Grundbegriffe und Zielsetzungen

Die Produktion ist eng eingebunden zwischen der vorgeschalteten Beschaffung und dem sich anschließenden Absatz der im Leistungserstellungsprozeß erzeugten Produkte. Allgemein aber kann jede **Produktion** als ein Kombinationsprozeß von Inputs (Produktionsfaktoren) zum Zwecke der Erstellung von Outputs (Endprodukten, Zwischenprodukten) charakterisiert werden (vgl. Kloock 1998: 277). Die **Produktion im weiteren Sinne** (Leistungserstellung) ist die Herstellung wirtschaftlicher Güter - sowohl materieller wie immaterieller Güter - sowie die Erstellung von Dienstleistungen. Die **Produktion im engeren Sinne** (Fertigung) ist jene Funktion des Betriebes, die die Erzeugung der Sachgüter vollzieht. In der Praxis ist die Produktion von Sachgütern einerseits und Dienstleistungen andererseits vielfach so eng verwoben, daß eine scharfe Trennung erhebliche Schwierigkeiten bereitet. Dies wird schon dadurch deutlich, daß kaum ein Sachgut erzeugt wird, in dessen Produktionsprozeß und Weg zum Abnehmer nicht eine Fülle von Dienstleistungen eingeht (z.B. Transport, Verkauf, EDV-Unterstützung, Verwaltungsdienstleistungen). Hier wird die enge Begriffsauffassung zugrunde gelegt, d.h., im Sinne von **Fertigung** wird nur die Herstellung von materiellen Gütern (Sachgütern) behandelt und die Produktion von (immateriellen) Dienstleistungen ausgeklammert.

Die drei zentralen Aufgaben der Produktionswirtschaft umfassen die Planung, Steuerung und Kontrolle (Überwachung) des Produktionsprozesses. Die Zielsetzungen der Produktionswirtschaft sind aus übergeordneten Unternehmenszielen abzuleiten.

Das vielfältige Spektrum der Ziele umfaßt unter anderem (vgl. Zäpfel 1982: 30f.):

(1) **Wirtschaftliche Produktion**
- hohe Deckungsbeiträge,
- geringe Kosten,
- maximale Kapazitätsauslastung und
- geringe Kapitalbindung in den Zwischenlagern.

(2) **Quantität und Qualität der Leistungen**
- hohe Versorgungsleistung für die Bevölkerung,
- hoher Qualitätsstandard,
- geringe Ausschußmengen und
- wenig Reklamationen.

(3) **Menschengerechte Produktion**
- menschengerechte Arbeitsinhalte,
- ergonomisch gestaltete Arbeitsplätze und
- sichere Arbeitsplätze.

(4) **Umweltfreundliche Produktion**
- geringe Schadstoffbelastung der Umwelt und
- schonender Umgang mit den natürlichen Ressourcen.

(5) **Flexibilität der Produktion**
- Anpassungsfähigkeit an Umweltveränderungen (z.B. Bedarfsverschiebungen),
- qualifizierte Arbeitskräfte und
- elastische Produktionseinheiten.

(6) **Zeitziele**
- kurze Liefertermine und
- geringe Durchlaufzeiten.

Basisinformationen für die Produktionswirtschaft liefert die Produktions- und Kostentheorie. Die **Produktionstheorie** behandelt quantitative und qualitative Aspekte des Verzehrs von Produktionsfaktormengen und der diesen Verzehr verursachenden Größen. Ihre Aufgabe besteht darin, Aussagen über Gesetzmäßigkeiten hinsichtlich der Beziehungen zwischen den im Produktionsprozeß eingesetzten und den erzeugten Gütern zu konkretisieren. Als wichtiges Mittel zur Darstellung von Hypothesen über Input-Output-Relationen lassen sich **Produktionsfunktionen** heranziehen. Sie drücken in mathematischen Formeln diese mengenmäßigen Beziehungen des Produktionsprozesses aus. Die **Kostentheorie** untersucht demgegenüber das Wertgerüst und die Wertbewegungen des Faktorkombinationsprozesses. Sie soll eine Erklärung der Kostenentstehung und der Kostenhöhe sowie eine Bewertung des Faktorverzehrs hinsichtlich der unternehmerischen Zielsetzung liefern. **Kostenfunktionen** bilden eine Grundlage für die Planung, Lenkung und Kontrolle der Produktion und ihrer Wirtschaftlichkeit. Durch die Hinzuziehung von Wirtschaftlichkeitsanalysen im Produktionsbereich wird der betriebswirtschaftliche Aspekt der Produktion (**Produktionswirtschaft**), die ansonsten in besonders starkem Maße technische Problemstellungen zu bewältigen hat, betont. Die **Produktionsplanung** schließt im weiteren Sinne die Bearbeitung von strategischen, taktischen und operativen Problemstellungen der Produktionswirtschaft mit den unterschiedlichen Planungsebenen ein. Im engeren, eher operativen Sinne hat sie als Teilkomplex der Arbeitsvorbereitung zu gelten. Zentrale Gegenstandsbereiche sind die Planung des Produktionsprogramms und des Produktionsablaufs unter Qualitäts-, Kosten- und Zeitgesichtspunkten.

Bei der grundlegenden Festlegung sowie Steuerung des Produktionsablaufs spielen in der betrieblichen Praxis integrierte Produktionsplanungs- und -steuerungssysteme eine wesentliche Rolle. Als sogenannte PPS-Systeme firmiert eine Vielzahl von Konzepten, die den unterschiedlichen Zielgrößen der Produktion und der notwendigen, möglichst simultanen Berücksichtigung der mannigfaltigen Interdependenzen und multidimensionalen strategischen Erfolgsfaktoren weitgehend gerecht werden soll. Das Gebiet der Produktionsplanung und -steuerung (PPS) umfaßt die Gesamtheit von Dispositionen, die auf die Festlegung eines Absatz- bzw. Produktionsprogramms und die Bestimmung des Vollzugs dieses Programms in mengenmäßiger und zeitlicher Hinsicht ausgerichtet sind (Glaser/Geiger/Rohde 1991: 1). Zu den typischen PPS-Funktionen, die computergestützt wahrgenommen werden, gehören in der Produktionsplanung die Produktionsprogrammplanung, die Mengenplanung (Materialwirtschaft) und die Termin- und Kapazitätsplanung (Zeitwirtschaft) sowie hinsichtlich der Produktionssteuerung die Auftragsveranlassung und die Auftragsüberwachung.

7.2 Ebenen und Aufgabenbereiche der Produktionsplanung

Je nach Tragweite lassen sich verschiedene Ebenen der Produktionsplanung differenzieren (vgl. Zäpfel 1989: 2f.):

- Die Aufgaben der **strategischen Produktionsplanung** bestehen in der Ziel- und Strategiefindung für das Leistungserstellungssystem. Das Hauptaugenmerk liegt auf dem Schaffen, dem Erhalten und der Verbesserung einer international wettbewerbsfähigen Produktion.

279

- Die Aufgaben der **taktischen Produktionsplanung** beinhalten die Konkretisierung der Strategien, wobei vor allem Entscheidungen über die Leistungsfelder (Output), die anzuschaffenden Produktionspotentiale (Input) sowie über die Produktionsorganisation zu fällen sind.

- Die Aufgaben der **operativen Produktionsplanung** umfassen - unter Zugrundelegung der Entscheidungen der strategischen und taktischen Produktionsplanung - den möglichst optimalen Einsatz des vorhandenen Produktionsapparates und den wirtschaftlichen Vollzug der Aufgabenerfüllung.

Tragweite der Entscheidung / Elemente	Strategisches Produktionsmanagement	Taktisches Produktionsmanagement	Operatives Produktionsmanagement
Produkt- und Programmgestaltung	Festlegung der Produktfelder	- Konkretisierung der Produktfelder nach Art und Qualität - Festlegung der Breite und Tiefe des Programms - Planung neuer Produkte - Verbesserung vorhandener Produkte	Festlegung des Produktionsprogrammes hinsichtlich Art und Menge
Potentialgestaltung	- Kapazitätsdimensionierung - Festlegung der Kapazitätsarten - langfristige Rohstoffversorgung	- Personal- und Maschinenausstattung - Technologieeinsatz - Festlegung der Bestellpolitik - Bestimmung optimaler Losgrößen	- Bereitstellung der Produktionsfaktoren für ein gegebenes Produktionsprogramm - Beschaffung von Repetierfaktoren - Reservierung vorhandener Anlagen - Einsatz der Mitarbeiter
Prozeßgestaltung und -steuerung	Festlegung des generellen Prozeßablaufes in der Produktion	- Festlegung des technologischen Verfahrens - Festlegung der innerbetrieblichen Standorte	Sicherstellung des optimalen Ablaufes des Produktionsprozesses bei gegebenem Produktionsprogramm (Maschinenbelegung, Reihenfolgeplanung)

Abbildung 7-1 Aufgabenbereiche des Produktuionsmanagements (Corsten 1990: 28)

Differenziert man ferner die Produktionswirtschaft in die Aufgabenbereiche Produkt- und Programmgestaltung, Potentialgestaltung sowie Prozeßgestaltung und -steuerung, so läßt sich die in Abbildung 7-1 matrixartig dargestellte Systematisierung zur Kennzeichnung der Produktionsplanung aufstellen. Zwar ist die Gestaltung der industriellen Produktion vornehmlich eine absatzwirtschaftliche Aufgabe; die **Produkt-** und **Programmgestaltung** determiniert aber maßgeblich die Ausprägung der zu ihrer Herstellung notwendigen Potentiale und Prozesse und ist deshalb gleichermaßen produktionswirtschaftlich von Bedeutung (vgl. Kern 1990: 96).

Die Potentialgestaltung beinhaltet allgemein die Bereitstellung der zur Produktion von Gütern notwendigen Produktionsfaktoren in der erforderlichen Quantität und Qualität zum richtigen Zeitpunkt am richtigen Ort.

Die **Prozeßgestaltung** und **-steuerung** umfaßt generell den Entwurf von Ordnungen, nach denen sich die einzelnen Produktionsprozesse zeitlich und räumlich vollziehen lassen. Hierbei sind flexible Lösungen erforderlich.

7.3 Die Planung des Produktionsprogramms

Im Rahmen der Produktionsprogrammplanung befassen sich die zuständigen Entscheidungsträger mit der Frage, welche Arten und Mengen von Gütern in einem festen Planungszeitraum produziert werden sollen. Im Vordergrund steht auch hier die gewinnorientierte Zielsetzung, der allerdings nicht nur allein von der Kostenseite her Rechnung getragen werden kann, sondern auch von der Erlösseite. Es besteht damit ein enger Zusammenhang zwischen der Planung von Produktions- und Absatzmengen. Um eine gewinnorientierte Produktmengenplanung durchführen zu können, muß der zu erwartende Erlös anhand der Marktbedingungen abschätzbar sein, d.h. ein für die geplante Absatzmenge korrespondierender Verkaufspreis ermittelt werden, der die Bestimmung des Deckungsbeitrags pro Stück einer Produktart gestattet.

Weitere **Determinanten zur Bestimmung** eines optimalen Produktionsprogramms sind:

Produktionswirtschaft

(1) die verfügbaren Betriebsmittel- und Personalkapazitäten,
(2) der notwendige Kapazitätsbedarf an Betriebsmitteln pro Stück einer Produktart (Produktionszeiten pro Mengeneinheit),
(3) die verfügbaren Werkstoffe aus dem Beschaffungsbereich.

Generell ist damit die Effizienz einer Produktionsprogrammplanung von dem Grad der Validität der Informationen aus dem Absatz-, Produktions- und Beschaffungsbereich abhängig. Andererseits stellt die Produktionsprogrammplanung eine Planungsaktivität dar, die sich als logische Konsequenz aus dem strategischen Planungsprozeß ergibt. Sie sollte einen Teil der Umsetzung einer Unternehmensstrategie darstellen, indem ihre Inhalte von den übergeordneten Entscheidungen einer strategischen Produktpolitik abhängen.

Wie auf der strategischen Ebene der Planung, wird auch bei der Produktionsprogrammplanung deutlich, daß das Planungsergebnis immer in Abhängigkeit zu den vorhandenen Ressourcen stehen muß, was in bezug auf die Produktionsprogrammplanung die Berücksichtigung vorhandener Kapazitäten erfordert.

Für den konkreten Entscheidungsprozeß werden, je nach der kapazitiven Ausstattung des Unternehmens, drei differente Klassen von Entscheidungsdeterminanten betrachtet:

(1) die Produktionsprogrammgestaltung bei ausreichender Kapazität,
(2) die Produktionsprogrammgestaltung bei einem Kapazitätsengpaß,
(3) die Produktionsprogrammgestaltung bei mehreren Kapazitätsengpässen.

Zu (1) Idealtypische Vorgehensweise bei ausreichender Kapazität
Die grundsätzliche Entscheidungsbasis für ein Produktionsprogramm besitzt eine ökonomische Charakteristik, d.h., es werden die Produkte produziert bzw. in das Produktionsprogramm aufgenommen, die einen positiven Deckungsbeitrag (als Differenz zwischen Stückerlös und variablen Stückkosten) liefern (Abb. 7-2).

Nach dieser Entscheidungsregel werden die Produkte A und C in das Produktionsprogramm aufgenommen und die maximal absetzbaren Mengen produziert. Mit jeder abgesetzten Mengeneinheit dieser Produkte würde der bestehende Fixkostenblock reduziert.

Produkt	Variable Kosten/ME	Nettoerlös/ME	Deckungsbeitrag/ME
	(1)	(2)	(2) – (1) = (3)
A	21,50 Euro	25,00 Euro	3,50 Euro
B	45,00 Euro	40,00 Euro	-5,00 Euro
C	87,32 Euro	98,00 Euro	10,68 Euro
D	32,70 Euro	32,20 Euro	-0,50 Euro

Abbildung 7-2   Beispiel zur Entscheidung bei ausreichender Kapazität

Zu (2) Idealtypische Vorgehensweise bei einem Kapazitätsengpaß

Realistischer erscheint die Annahme, daß zumindest ein Kapazitätsengpaß im Produktionsprozeß existiert und damit nicht mehr entsprechend den absetzbaren Produktmengen gefertigt werden kann.

Das Entscheidungskriterium bei diesem Verfahren ist die normierte Inanspruchnahme der Kapzitäten in Relation zum erzielten Deckungsbeitrag. Es wird ein relativer Deckungsbeitrag als Deckungsbeitrag pro Zeiteinheit ermittelt.

Beispiel:

Die Produkte A und C aus dem letzten Beispiel lieferten beide einen positiven Deckungsbeitrag. Da in diesem Fall ein Kapazitätsengpaß vorliegt, können nicht mehr beide Produkte in der nachgefragten Menge produziert werden. Zur Ermittlung der Produktionsmengen der Produkttypen ist zunächst der relative Deckungsbeitrag zu bestimmen (Abb. 7-3).

Produkt	Variable Kosten/ME	Nettoerlös/ ME	Deckungs- beitrag/ME	Fertigungs- zeit/ME	relativer Deckungs- beitrag/ZE
	(1)	(2)	(2) – (1) = (3)	(4)	(3) / (4)
A	21,50 Euro	25,00 Euro	3,50 Euro	0,1 h	35,00 Euro/h
C	87,32 Euro	98,00 Euro	10,68 Euro	0,5 h	21,36 Euro/h

Abbildung 7-3   Beispiel zur Entscheidung bei Kapazitätsengpaß

Der relative Deckungsbeitrag ist bei Produkt A wesentlich höher als bei Produkt B. Allerdings ist nun die maximal absetzbare Menge der Produkttypen zu beachten, bevor eine Entscheidung getroffen werden kann. Anhand dieser Mengen läßt sich nun abgestuft nach den relativen Deckungsbeiträgen und unter Berücksichtigung der zur Verfügung stehenden Kapazität der maximal erzielbare gesamte Deckungsbeitrag ermitteln. Unter der Annahme, daß in dem geplanten Zeitraum 2800 Stunden zur Verfügung stehen, ergibt sich folgende Situation (Abb. 7-4):

Produkt	Absetzbare Menge	relativer Deckungsbeitrag/ZE	Fertigungszeit/ME	Fertigungsenge	Kapazität in ME	Gesamtdeckungsbeitrag
	(1)	(2)	(3)	(4)	(4) / (3) = (5)	(2) * (5)
A	16000	35,00 Euro	0,1 h	16000	1600 h	56000 Euro
C	12000	21,36 Euro	0,5 h	2400	1200 h	25632 Euro
Σ					2800 h	81632 Euro

Abbildung 7-4   Beispiel zur angepaßten Entscheidung bei Kapazitätsengpaß

Aufgrund des höheren relativen Deckungsbeitrags wird von Produkt A die absetzbare Menge (16.000 ME) gefertigt, während durch den Kapazitätsengpaß von Produkt B statt der 12.000 ME nur 1.200 ME gefertigt werden. Durch diese Planung wird ein Gesamtdeckungsbeitrag von 81.632 Euro erzielt.

Zu (3) Idealtypische Vorgehensweise bei mehreren Kapazitätsengpässen

Die Kapazitätseinschränkungen in der Produktion können sich aus verschiedenen notwendigen Fertigungsstufen ergeben oder durch die Option, unterschiedliche Produktarten auf verschiedenen Maschinen produzieren zu können, wobei sich die Restriktion aus der Zahl der Maschinenstunden für die Planungsperiode ergibt bzw. aus der zeitlichen Beanspruchung der Maschinen während des Herstellungsprozesses.

Ein für dieses Problem häufig genutztes Lösungsverfahren ist die sogenannte Simplex-Methode, bei der unter vorliegenden Restriktionen ein Optimum für ein mathematisch definierbares Ziel ermittelt wird. In diesem Fall wäre die Zielformulierung die Maximierung des Deckungsbeitrages.

	Produkt A	Produkt B
Stückerlös (Euro/Stck.)	1.000	3.000
Direkte Stückkosten	700	2.500
Deckungsbeitrag (Euro/Stck.)	300	500
Fertigungszeiten (Std./Stck.)		
Maschine 1	1	2
Maschine 2	1	1
Maschine 3	1	0

Abbildung 7-5   Beispiel zur Produktion zweier Produkte auf drei Maschinen

Das folgende Beispiel soll den Lösungsweg für die Produktion zweier Produkte auf drei möglichen Maschinen verdeutlichen (siehe Müller-Merbach 1976: 20 f. - Abb. 7-5).

Die Maschinen weisen folgende monatliche Kapazität auf (Abb. 7-6):

Maschine 1	Maschine 2	Maschine 3
170 h	150 h	180 h

Abbildung 7-6   Beispiel zur monatlichen Kapazität dreier Maschinen

Im weiteren Verlauf werden die zu berechnenden Produktionsmengen der Produkte A und B mit X_a und X_b bezeichnet. Nach der Zielformulierung "Optimierung des Deckungsbeitrags" läßt sich nun folgende Zielfunktion Z mathematisch aufstellen:

$$300\,X_a + 500\,X_b = Z\ (\text{Max!})$$

Zusätzlich lassen sich die Kapazitätsrestriktionen der Maschinen ebenfalls mathematisch formulieren. Dabei resultieren die Koeffizienten aus den Fertigungszeiten/Stck. der Produkte A und B:

Maschine 1: $X_a + 2\,X_b \leq 170$

Maschine 2: $X_a + X_b \leq 150$

Maschine 3: $X_a \leq 180$

Eine weitere Nebenbedingung, die den Lösungsraum formal-mathematisch einschränkt, ist die Annahme, daß keine negativen Mengen produziert werden können, d.h.:

$$X_a \geq 0 \text{ und } X_b \geq 0$$

Über die mathematische Darstellung der Maschinenkapazitätenrestriktionen erhält man das Ungleichungssystem, mit dem der Lösungsraum (Beschränkungspolyeder) für die Optimumsuche eingegrenzt wird. Für die mathematische Berechnung des Optimums ist allerdings eine Umwandlung des Ungleichungssystems in ein Gleichungssystem notwendig. Dies geschieht durch Einführung sogenannter Schlupfvariablen (Y_i):

Maschine 1: $X_a + 2 X_b + Y_1 = 170$

Maschine 2: $X_a + X_b + Y_2 = 150$

Maschine 3: $X_a + Y_3 = 180$

Die Schlupfvariablen lassen sich als Leerkapazität betrachten, wenn die Maschine nicht voll genutzt wird. In diesem Fall entsteht auch kein zusätzlicher Deckungsbeitrag, so daß die Zielfunktion entsprechend erweiterbar ist:

$$300 X_a + 500 X_b + 0 Y_1 + Y_2 + 0 Y_3 = Z \text{ (Max!)}$$

Für die weitere Berechnung der optimalen Produktionsmengen mit der Simplex-Methode wird nun angenommen, daß der Optimalpunkt bei einer linearen Zielfunktion (Z) immer in einem Eckpunkt des Polyeder liegt. In diesem Falle wird deshalb der Tagentialpunkt zwischen einem Eckpunkt des Polyeders und der Zielfunktion mit maximalem Deckungsbeitragsniveau gesucht. Über den Simplex-Algorithmus werden also nur die Eckpunkte (Basislösungen) nacheinander ermittelt, wobei der Wert der Zielfunktion erhöht wird (Nieswandt 1994: 41).

Basisvariable	Xa	Xb	Y1	Y2	Y3	Beschränkung (B)
Z1	1	2	1	0	0	170
Z2	1	1	0	1	0	150
Z3	1	0	0	0	1	180
Z	-300	-500	0	0	0	0

Abbildung 7-7   Simplex-Anfangstableau

In diesem Tableau (Abb. 7-7) gibt die Kombination aus Z und B die Summe der Deckungsbeiträge an, die insgesamt nach dieser Methode zu optimieren sind. Weiterhin findet sich bei der Kombination $(Z; X_b)$ ein negativer Betrag, der aus folgender Vorgehensweise herrührt. Es muß zunächst die Spalte mit dem höchsten Deckungsbeitrag in der Zielfunktion Z ermittelt werden. In diesem Fall gilt dies für den Koeffizienten von X_b in der Zielfunktion. Anschließend wird die Zeile aus dem Tableau ermittelt, indem die Beschränkungswerte (B) durch den Koeffizienten der gewählten Spalte dividiert werden. Der dabei kleinste entstehende Wert markiert die zu wählende Zeile:

$(Z_1; X_b)$: 170/2 = 85

$(Z_2; X_b)$ 150/1 = 150

$(Z_3; X_b)$ 180/0 => (unendlich)

Der kleinste Wert ergibt sich hier bei der Kombination $(Z_1; X_b)$, d.h., mit der Ausweitung der Produktionsmenge X_b wird die Maschine 1 als erstes begrenzt. Nun wird die gewählte Zeile (Z_1) durch das Pivotelement dividiert, wodurch sich eine neue Zeile X_b ergibt. Die neue Zeile Z_2 resultiert aus der Differenz von X_b und Z_2 (Abb. 7-8).

Basisvariable	Xa	Xb	Y1	Y2	Y3	Beschränkung (B)
Xb	½	1	½	0	0	85
Z2	½	0	- ½	1	0	65
Z3	1	0	0	0	1	180
Z	-50	-250	0	0	0	42500

Abbildung 7-8   Simplex-Tableau

Da in der Zielfunktion noch ein negativer Koeffizient auftritt, ist die bisherige Lösung nicht optimal, so daß wiederum ein neues Pivotelement $(Z_2; X_a)$ bestimmt werden muß. Nach dieser Variante werden von X_b 85 Einheiten gefertigt, die eine volle Auslastung der Maschine 1 bewirken und somit für X_a eine Produktionsmenge von 0 vorsehen. Als Wert der Zielfunktion (Deckungsbeitrag) ergibt sich dann:

$Z = 300 \times 0 + 500 \times 85 = 42.500$

Als Optimallösung, bei der keine negativen Größen in der Zeile der Zielfunktion Z mehr auftreten, ergeben sich für die Produkte A und B folgende Lösungen:

X_a = 130 und X_b = 20,

wobei eine Leerkapazität von 50 h für die Maschine 3 eintritt.

Aus diesen Produktmengen resultiert durch Einsetzen in die Zielfunktion ein Deckungsbeitrag von 49.000 DM (Abb. 7-9).

Basisvariable	Xa	Xb	Y1	Y2	Y3	Beschränkung (B)
Xb	0	1	1	-1	0	20
Xa	1	0	-1	2	0	130
Z3	0	0	0	-2	1	50
Z	0	0	200	100	0	49000

Abbildung 7-9   Simplex-Endtableau

Da dieses Beispiel noch relativ einfach zu bearbeiten war, läßt sich die Lösung auch grafisch ermitteln. Dazu ist zunächst der theoretische Lösungsraum durch den Eintrag der Restriktionen für die Maschinen 1 bis 3 als Funktion mit den Variablen X_a und X_b in ein Diagramm einzutragen. Die Schnittpunkte zwischen den Linien erzeugen dann die Endpunkte eines Polyeders. Ist dies nicht möglich, existiert für das gegebene Problem keine optimale Lösung, die sich mit der Simplex-Methode ermitteln läßt. So wird z.B. deutlich, daß die Restriktion $X_q \leq 180$ keinen Schnittpunkt mit den anderen Lösungskombinationen zuläßt und deshalb außerhalb des zulässigen Lösungsraumes liegt. Die folgende Abbildung zeigt den grafisch ermittelten Lösungsraum auf, wobei der vom Ursprung des Koordinatensystems am weitesten entfernte Schnittpunkt mit den vorgegebenen Kombinationen der Zielfunktion den Optimalpunkt und den höchstmöglichen Deckungsbeitrag dokumentiert (in der Abb. 7-10 der Punkt ②).

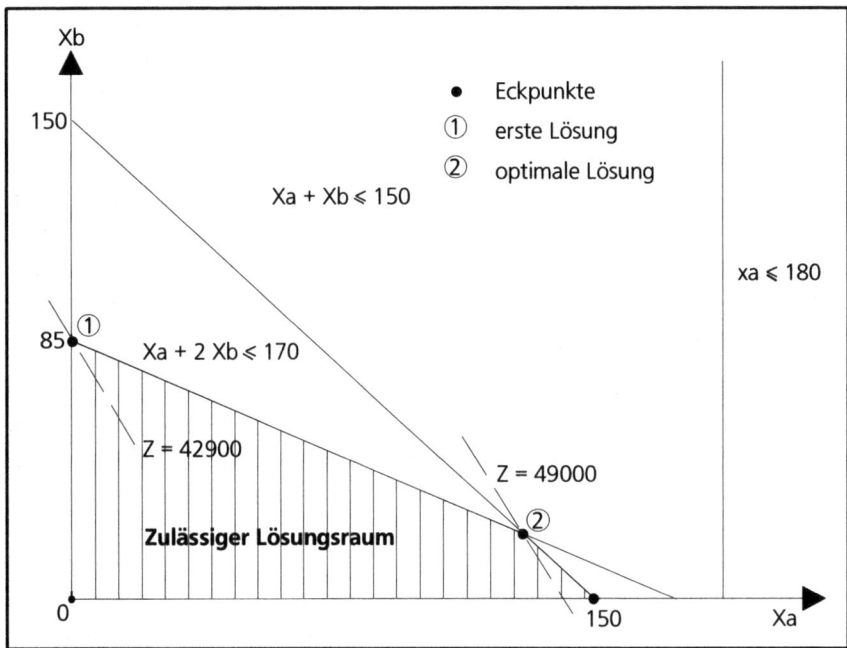

Abbildung 7-10   Grafische Bestimmung des Optimalpunktes

7.4   Die Planung des Produktionsablaufs

7.4.1 Organisationstypen der Fertigung

Mit den Organisationstypen in der Fertigung wird der Ablauf des Fertigungs-
prozesses spezifiziert. Es muß festgelegt werden, wie die Betriebsmittel und die
Arbeitsplätze angeordnet werden müssen, um eine möglichst effiziente Fertigung von Sachgütern vornehmen zu können. Allgemein existieren folgende
unterschiedliche Organisationstypen:

(1) **Fließfertigung**
Man spricht von Fließfertigung, wenn die Anordnung der Betriebsmittel und
der Arbeitsplätze vom Produktionsablauf bestimmt wird. Der Durchfluß des

Materials vom Rohstoff bis zum Fertigprodukt vollzieht sich von Produktionsstufe zu Produktionsstufe ohne Unterbrechung. Die Arbeitsgänge erfolgen pausenlos und sind zeitlich genau aufeinander abgestimmt. Am weitestgehendsten wird dies bei der Fließbandfertigung realisiert.

Die wesentlichen **Vorteile** liegen in den kurzen Durchlaufzeiten der Werkstücke und darin, daß nur geringe Lagerbestände an Halbfabrikaten erforderlich sind. **Nachteile** sind der hohe Kapitalbedarf zur Einrichtung von Fertigungsstraßen, die Empfindlichkeit gegen Bedarfsschwankungen, die im Falle ihres Eintretens einen höheren Fixkostenanteil verursachen, und eine geringe Flexibilität des Produktionsprogramms.

(2) **Werkstattfertigung**

Im Gegensatz zur Fließfertigung richtet sich bei der Werkstattfertigung der Weg der Werkstücke in der Fertigung nach dem Standort der Betriebsmittel und Arbeitsplätze. Die Werkstücke müssen für die einzelnen Bearbeitungsvorgänge in die Fertigungsbereiche transportiert werden, in denen die jeweils erforderlichen Maschinen stehen.

Der **Hauptvorteil** ist hier die hohe Anpassungsfähigkeit an Nachfrageschwankungen, die Möglichkeit verschiedenartige Produkte aufgrund universell einsetzbarer Maschinen fertigen zu können und durch qualifizierte Arbeitskräfte die erforderlichen, zum Teil häufigen Produktionsumstellungen vollziehen zu können. **Nachteile** entstehen durch lange Transportwege, hohe Durchlaufzeiten und die Bildung von Zwischenlagern. Das verursacht Zins- und Lagerkosten. Außerdem ist die Fertigungsplanung wesentlich komplizierter als bei der Fließfertigung.

(3) **Gruppenfertigung**

Fließfertigung und Werkstattfertigung sind die beiden Extremfälle der organisatorischen Gestaltung des Fertigungsablaufs. In vielen Betrieben sind beide Formen nebeneinander bzw. als Kombination beider Formen anzutreffen. Dabei wird versucht, die Vorteile auszunutzen und die Nachteile so weit wie möglich auszuschalten.

Bei der Gruppenfertigung werden **Produktionsmittel,** die für bestimmte Bearbeitungsarten erforderlich sind, zu Gruppen zusammengefaßt, in denen dann nach dem Fließprinzip gearbeitet werden kann. Diesen Organisationstyp findet man z.B. bei Unternehmen mit einem sehr umfangreichen Produktionsprogramm, aber immer ähnlichen Bearbeitungsarten (z.B. optische Industrie).

Die Wahl des geeigneten Organisationstyps der Fertigung, mit der auch die Auswahl der Betriebsmittel vorgenommen wird, hängt sehr stark davon ab, welche Mengen von einem Sachgut gefertigt werden sollen und ob weitere Möglichkeiten bestehen, die Produktionsprozesse bei Mehrproduktunternehmen so zu gestalten, daß auch synergetische Effekte genutzt werden können. Ein Unternehmen muß sich also auch für einen bestimmten Fertigungstyp hinsichtlich seiner Produkte entscheiden.

7.4.2 Fertigungstypen

(1) Einzelfertigung

Bei der Einzelfertigung wird ein Erzeugnis nur ein einziges Mal hergestellt, und zwar in der Regel **auf Bestellung**, nicht für den anonymen Markt. Der Betrieb hat kein festes Produktionsprogramm, sondern stellt alles her, was mit den vorhandenen Produktionsanlagen und Arbeitskräften produziert werden kann. Das zieht normalerweise zwangsläufig die Werkstattfertigung nach sich.

Die Einzelfertigung stellt hohe Anforderungen an die Fertigungsvorbereitung wie Terminplanung, Konstruktion und Entwicklung, Materialbeschaffung und Arbeitsvorbereitung.

Dieser Fertigungstyp ist vor allem in Handwerksbetrieben üblich (z.B. Maurer, Reparaturwerkstätten) und in Industriebetrieben bei Großprojekten wie Brückenbau, Schiffbau, Anlagenbau usw.

(2) Massenfertigung

Bei der Massenfertigung werden auf lange Zeit die gleichen standardisierten Erzeugnisse hergestellt. Der Arbeitsprozeß kann sehr stark spezialisiert und automatisiert werden.

Vor allem in der Rohstoffgewinnung (z.B. Bergbau) und der Landwirtschaft, bei Kraftwerken und bei vielen chemischen Prozessen ist ausschließlich dieses Verfahren anwendbar. Man spricht hier von **primärer (naturgegebener) Massenproduktion**.

Die **sekundäre (technisch-organisatorische) Massenproduktion** findet man z.B. in der Konfektion und bei der Herstellung von Autos, Kühlschränken, Radios usw.

Der wesentliche **Vorteil** resultiert aus den Kosten pro Mengeneinheit, die mit zunehmender Stückzahl abnehmen (Auflagendegression).

Der **Nachteil** der Massenproduktion ist die geringe Flexibilität des Betriebes. Das Anlagekapital ist sehr groß, die fixen Kosten sind hoch und die Nutzenzone ist nur schmal.

(3) Reihenfertigung

Im Gegensatz zur Massenproduktion werden bei der Reihenfertigung nur begrenzte Mengen gleicher Erzeugnisse hergestellt. Man ist zwar bestrebt, das Fließprinzip einzuhalten, der Produktionsablauf muß aber von Zeit zu Zeit umgestellt werden. Dabei wird zwischen Serien- und Sortenfertigung unterschieden:

(a) **Serienfertigung**

Bei dieser Produktionsart handelt es sich um ein Fertigungsverfahren im Mehrproduktbetrieb, bei dem neben- oder nacheinander mehrere verschiedenartige, aber hinsichtlich der Bearbeitungsmethoden ähnliche Produkte hergestellt werden. Dabei wird jeweils nur eine bestimmte Stückzahl (Losgröße, Auflage) einer Artikelserie hergestellt.

(b) **Sortenfertigung**

Hier werden kontinuierlich verschiedene, aber verwandte Produkte, die sich nur in einzelnen Merkmalen (Güte, Größe, Form oder sonstige Ausführung des Artikels) voneinander unterscheiden, hergestellt. Kennzeichen für die Sortenfertigung ist der gleiche Ausgangsrohstoff und/ oder die gleiche Prozeßfolge für alle Sorten auf den gleichen Fertigungsaggregaten.

Jeder Serien- oder Sortenwechsel bedeutet eine Unterbrechung des Produktionsvorgangs und verursacht besondere Kosten durch die Umstellung des Verfahrens und den Produktionsausfall während der Rüst- bzw. Umstellzeiten.

7.4.3 Das Konzept der Fertigungssegmentierung

Die beschriebenen Fertigungsverfahren und -typen kommen in der Praxis kaum in dieser idealtypischen Form vor. So wird durch Fertigungssegmentierung

(Wildemann 1992) versucht, die Kosten- und Produktivitätsvorteile der Fließfertigung mit der hohen Flexibilität der Werkstattfertigung zu verbinden. Das zentrale Leitmotiv für die Segmentierung wird durch die Kundenorientierung vorgegeben. Ziel ist eine weitgehende Entflechtung der Kapazitäten, die durch eine bewußte Gliederung der Produktion nach Produkt und Technologie angestrebt wird. Unter Fertigungssegmenten werden produktorientierte Organisationseinheiten zusammengefaßt, die mehrere Stufen der logistischen Kette eines Produkts umfassen und mit denen eine spezifische Wettbewerbsstrategie verfolgt wird. Die für die Realisierung präzise definierter Ziele verantwortliche, eigenständige Einheit integriert planende und indirekte Funktionen und kann quasi als "Unternehmen im Unternehmen" ("Profit Center") geführt werden. Wesentliche Definitionsmerkmale von Fertigungssegmenten sind (Wildemann 1992: 68):

(1) **Markt- und Zielausrichtung**, d.h. Bildung abgegrenzter Produkt-Markt-Produktion-Kombination und Orientierung an strategischen Erfolgsfaktoren;

(2) **Produktorientierung** im Hinblick auf die Determinierung von Koordinationsaufwand, Leistungsverflechtungen und Fertigungstiefe;

(3) **Logistische Integration mehrerer unternehmensinterner Wertschöpfungsstufen**;

(4) **Kosten-/Ergebnisverantwortung** der eigenverantwortlichen Organisationseinheiten;

(5) **Übertragung "indirekter" Funktionen**.

Fertigungssegmente weisen ein hohes Maß an Flexibilität und Zuverlässigkeit auf. Höchste Qualität oder kurze Durchlaufzeiten stehen im Vordergrund. Maschinenstörungen, verursacht zum Beispiel durch Störungen in den Zuführsystemen, Kollisionen im Bereich Greifer/Werkstück etc., und fehlerhafte Teile sollen sofort erkannt und behoben bzw. eliminiert werden. Durch eine Verlagerung von Planungs- und Entscheidungskompetenzen in die ausführenden Bereiche wird verstärkt Eigenständigkeit aufgebaut, die das Kostenbewußtsein und die Rationalität der Entscheidungen mit hohem Praxisbezug fördert sowie die Motivation der Mitarbeiter steigern soll. Zur Wahrnehmung einer "ganzheitlichen" Verantwortung gehört auch die weitgehende Übertragung von sogenannten indirekten Funktionen, d.h. aller nicht unmittelbar zur Produktion zählenden Aufgabenkomplexe (z.B. Instandhaltung, Transport, Materialbereitstellung).

Mit der prozeßorientierten Gestaltung der Segmente wird eine Verbesserung des Material- und Informationsflusses und die Verkürzung der Durchlaufzeiten erreicht. Allerdings kann die Auftragsabwicklung nur dann reibungslos vonstatten gehen, wenn die Systeme der Planung, Steuerung und Überwachung vorher harmonisiert wurden.

Der Segmentbildung können verschiedene Kriterien zugrunde liegen. Primär können zum einen produktorientierte Kriterien eine Basis bilden, wozu Produktabmessungen, Losgrößen, Produktionsvolumen sowie Durchlaufzeiten gehören. Zum anderen spielen auch bearbeitungsorientierte Segmentierungskriterien, die beispielsweise Fertigungsverfahren, Bearbeitungsstufen, Rüstzeiten und Materialfluß beinhalten, eine Rolle.

Das Konzept der Fertigungssegmentierung umfaßt verschiedene Gestaltungsprinzipien (vgl. im einzelnen Wildemann 1992: 294ff.):

- Flußoptimierung,
- kleine Kapazitätsquerschnitte in jeder Fertigungsstufe,
- räumliche Konzentration von Betriebsmitteln mit variablem Layout,
- selbststeuernde Regelkreise,
- Komplettbearbeitung von Teilen und Baugruppen,
- Selbstkontrolle der Qualität bzw. statistische Prozeßkontrolle,
- Entkopplung von Mensch und Maschine (Erhöhung der Mitarbeiterautonomie),
- Teamorientierung.

Als wesentliches Gestaltungsprinzip der Fertigungssegmentierung gilt die Flußoptimierung, da diese bei hinreichender Kapazitätsauslastung die kostengünstigste Form der Fertigungsorganisation darstellt. Durch die Reduzierung der Übergangszeiten werden die Durchlaufzeiten minimiert, die Bestände gesenkt, und es entstehen geringere Aufwendungen für die Koordination der Abläufe.

7.4.4 Die optimale Losgröße

Die optimale Losgröße ist bei Serien- oder Sortenfertigung die kostengünstigste Auflagenhöhe einer Serie oder Sorte. Dazu untersucht man, bei welcher Losgröße die Summe der Einrichtungs-, Lager- und Zinskosten, also der gesamten Auflagekosten, ihr Minimum erreicht. Eine optimale Losgröße existiert natürlich nur, wenn die Absatzgeschwindigkeit kleiner ist als die Produktionsgeschwindigkeit.

Zur Veranschaulichung wird folgendes Modell dargestellt:

Ein Erzeuger hat für ein bestimmtes Produkt einen Auftrag über den Zeitraum T mit einer konstanten Lieferrate bekommen. Während dieser Zeit sind g Mengeneinheiten zu liefern; Fehlmengen werden nicht gestattet, d.h., es entstehen keine Fehlmengenkosten.

Mit dem Ziel, unter den gegebenen Bedingungen die Herstellkosten H des Periodenbedarfs zu minimieren, steht der Produzent vor folgenden Fragen:

(1) Wie oft muß die Produktionsserie aufgelegt werden?
(2) Wie viele Mengeneinheiten pro Serie sollen erzeugt werden, d.h., wie groß ist die optimale Losgröße?

Hier ist also die Kundennachfrage genau bekannt und konstant. Außerdem sei die Produktionszeit gleich Null, d.h. die Produktionsgeschwindigkeit unendlich groß (diese Voraussetzungen werden in der Praxis nicht erfüllt).

Die Kosten eines Loses sind dann unter diesen modellhaften Annahmen die Summe aus Herstellkosten und Lagerkosten. Die Herstellkosten einer Einheit **h (Stückkosten)** ergeben sich aus folgender Beziehung.

$$h = \frac{K_f}{x} + k_v$$

K_f stellt die losfixen Kosten,
k_v die losvariablen Kosten und
x die Losgröße dar.

Die **Herstellkosten** für den gesamten Periodenbedarf g lassen sich mit der Gleichung

$$H = (\frac{K_f}{x} + k_v) g = \frac{K_f g}{x} + k_v g$$

bestimmen.

Die Anzahl der Serien im Zeitraum T ist mit

$$u = \frac{g}{x}$$

festgelegt. Der durchschnittliche Lagerbestand beträgt während des Zeitintervalls t_a

$$x_d = \frac{x}{2}$$

wenn zum Zeitpunkt t_0 x Einheiten vorhanden sind und am Ende der Zeitperiode T das Lager leer ist. Der durchschnittliche Lagerbestand nach dieser Gleichung trifft nur zu, wenn ein konstanter Lagerabgang über das Zeitintervall angenommen wird. Für die **Lagerkosten** im Zeitraum T erhält man also:

$$L = \frac{x}{2} k_l T$$

Faßt man die Herstell- und die Lagerkosten zusammen, so erhält man die **Gesamtkostengleichung**:

$$H + L = \frac{K_f g}{x} + k_v g + \frac{x}{2} k_l T$$

Es ist ersichtlich, daß nur der Ausdruck

$$\frac{K_f g}{x}$$

Einfluß auf die Kostendegression haben.

Die Lagerkosten L steigen mit zunehmendem x, während die Herstellkosten mit wachsender Seriengröße abnehmen. Diesen Zusammenhang verdeutlicht die Abbildung 7-11:

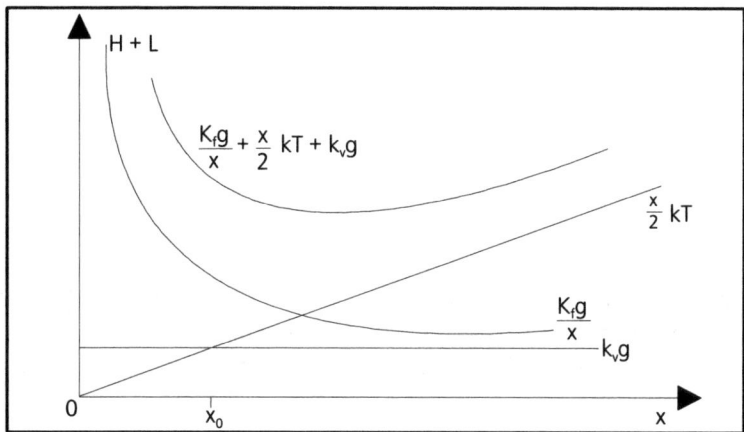

Abbildung 7-11   Gesamtkosten in Abhängigkeit von der Losgröße

Ziel bei der Bestimmung der Losgröße x ist nun die Minimierung der Gesamtkosten. Um das Minimum zu bestimmen, wird die erste Ableitung der Gesamtkostenfunktion gleich Null gesetzt.

$$(H + L)' = -\frac{K_f\, g}{X^2} + \frac{k_l\, T}{2} = O$$

$$\Rightarrow \frac{K_f\, g}{X^2} = \frac{k_l\, T}{2}$$

$$\Rightarrow optimale\ Losgröße\ X = \sqrt{\frac{2\, K_f\, g}{k_l\, T}}$$

Nach der Bestimmung der optimalen Losgröße läßt sich nun auch das Zeitintervall t_a ermitteln. Dazu muß der Gesamtplanungszeitraum T durch die Anzahl der Serien dividiert werden und die optimale Losgröße in diesem Term durch ihr mathematisches Substitut ersetzt werden:

$$t_a = \frac{T}{u} = \frac{T \bullet x}{g}$$

$$t_a = \sqrt{2\frac{K_f t}{k_l g}}$$

Setzt man nun den Term für die optimale Losgröße x in die ursprüngliche Gleichung zur Bestimmung der Gesamtkosten ein, erhält man für die minimalen Gesamtkosten (H + L) folgenden Ausdruck:

$$H + L = \sqrt{2\,k_l T\,K_f\,g} + k_v\,g$$

Da die losfixen Kosten nicht anteilig verrechnet werden, ist für den Fall, daß sich für die Serienanzahl u keine ganze Zahl ergibt, zu prüfen, ob die nächsthöhere oder die nächstniedrigere ganze Zahl kostenmäßig günstiger liegt.

Erweiterung des Modells:
Bisher wird die erforderliche Produktionszeit vernachlässigt. Nun wird für die Produktion eines Loses die Zeit t_p angenommen.

Dabei sind zwei Typen zu behandeln:

(1) für kontinuierlichen Produktionsausstoß
(2) für diskontinuierlichen Produktionsausstoß

Zu (1) Modell bei kontinuierlichem Produktionsausstoß
Bei kontinuierlichem Produktionsausstoß (Abb. 7-12) kann mit dem Absatz bereits vor Fertigstellung des gesamten Loses begonnen werden.

Im Vergleich zum ursprünglichen Modell ändert sich nur die Relation für den durchschnittlichen Lagerbestand:

$$x_d = \frac{x}{2}(1 - \frac{x_a}{x_p})\,mit\ 0 \le \frac{x_a}{x_p} \le 1$$

Dabei stellen x_a und x_p die Absatz- bzw. die Produktionsmengen in dem betrachteten Zeitraum dar.

Für die Absatz- bzw. Produktionsdauer gilt:

$$t_a = \frac{x}{x_a} \quad bzw. \quad t_p = \frac{x}{x_p}$$

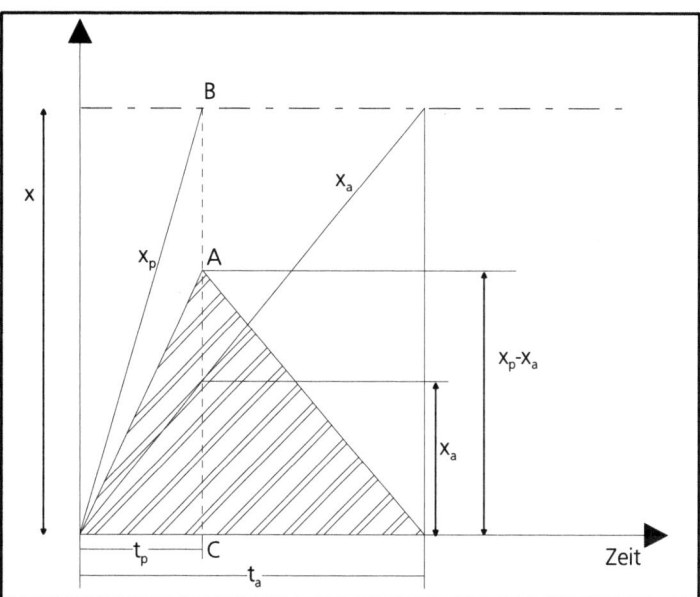

Abbildung 7-12   Produktion und Absatz bei kontinuierlichem Produktionsausstoß

Zu (2) **Modell bei diskontinuierlichem Produktionsausstoß**
Hier kann mit der Auslieferung der Erzeugnisse erst nach Fertigstellung des gesamten Loses begonnen werden. Der durchschnittliche Lagerbestand und damit auch die Lagerkosten liegen dadurch über denen beim kontinuierlichen Produktionsausstoß. Für den durchschnittlichen Lagerbestand gilt nun:

$$x_d = \frac{x}{2}(1 + \frac{x_a}{x_p})$$

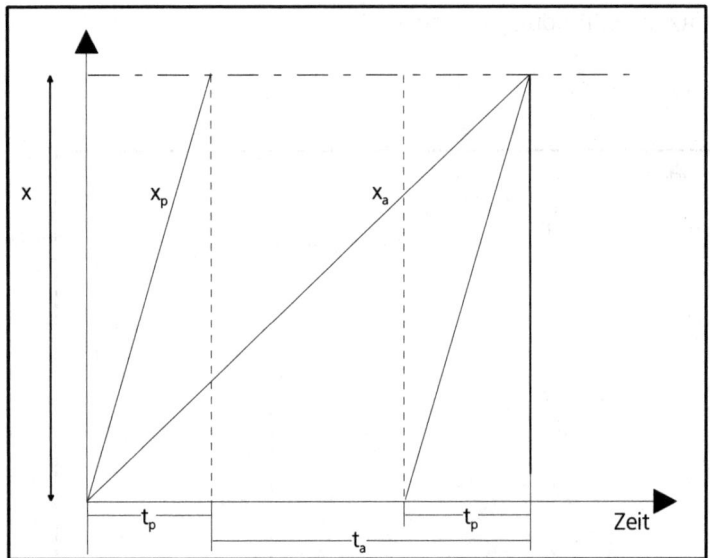

Abbildung 7-13 Produktion und Absatz bei diskontinuierlichem
Produktionsausstoß

7.4.5 Terminplanung

Aufgabe der Terminplanung ist der Entwurf einer zeitlichen Ordnung, d.h., es
müssen terminliche Zuordnungen von Aufträgen oder Arbeitsvorgängen auf
die entsprechenden Produktionseinheiten vorgenommen werden (vgl. Corsten
1992: 400). Die Terminplanung läßt sich in die Durchlaufterminierung und die
Kapazitätsterminierung unterteilen (vgl. Hoitsch 1985: 185).

Die **Durchlaufterminierung** bezieht sich auf den chronologischen Ablauf der
Produktion. Ziel ist die Festlegung der Auftrags- und Endtermine der in einer
bestimmten Reihenfolge durchzuführenden Arbeitsgänge, ohne möglicherweise auftretende Kapazitätsengpässe zu berücksichtigen. Als Durchlaufzeit wird
diejenige Zeitspanne bezeichnet, die ein Werkstück vom Eintritt in den Fertigungsbereich bis zu dessen endgültiger Fertigstellung und Überantwortung an
den Vertriebsbereich benötigt. Hierzu zählen Bearbeitungszeit, Rüstzeit, Trans-
portzeit, Kontrollzeit und Liege- bzw. Wartezeit. Um im Rahmen der Produk-

tionsplanung und -steuerung Termine festlegen zu können, müssen detaillierte Informationen über die jeweilige Ablaufstruktur einzelner Aufträge und Durchlaufzeiten vorliegen.

Auf der Basis der gewonnenen Ergebnisse werden in der Kapazitätsplanung die Arbeitsvorgänge unter Berücksichtigung von Kapazitätsrestriktionen zeitlich determiniert. Grundlegende Aufgabe einer **Kapazitätsterminierung** ist die Schaffung eines Ausgleichs zwischen dem Kapazitätsangebot und der Kapazitätsnachfrage. Dies kann entweder durch eine Anpassung der Kapazitäten, durch eine Anpassung der Belastungen oder durch eine Kombination von beiden erfolgen. Kapazitätsanpassungen erfolgen beispielsweise entweder durch Überstunden, Zusatzschichten bzw. Personalbeschaffung (Kapazitätserhöhung) oder durch Kurzarbeit bzw. Personalabbau (Kapazitätsverminderung); Belastungsanpassungen umfassen z.B. Terminverlagerungen bei Belastungsverminderung oder die Annahme von Zusatzaufträgen, wobei die Belastungshöhe steigt. Als Resultat dieser Maßnahmen erhält man Vorgaben über die Anfangstermine und die Durchlaufzeiten der Arbeitsvorgänge auf den einzelnen Kapazitätseinheiten für einen bestimmten Planungszeitraum, z.B. für einen Tag oder eine Woche. Die sich anschließende Terminfeinplanung zur konkreten Steuerung und Kontrolle des Produktionsprozesses legt im einzelnen den Produktionsablauf zeitlich fest und bestimmt damit zugleich die Reihenfolge, in der die einzelnen Produktionsaufträge ausgeführt werden sollen. Detaillierte Pläne haben dafür Sorge zu tragen, daß die erforderlichen Produktionsfaktoren auch tatsächlich zu Beginn der Fertigung zur Verfügung stehen. Hierzu sind Bereitstellung, Umstellung und Einrichtung der Maschinen zu veranlassen und das erforderliche Fachpersonal bereitzustellen, d.h., es ist ein genauer Maschinen- und Stellenbesetzungsplan aufzustellen.

7.4.6 Die Just-In-Time-Produktion

Die Just-In-Time-Philosophie (JIT) bezieht sich in der Regel auf die gesamte Unternehmenslogistik, d.h. auf die "ganzheitliche" Auftragsabwicklung entlang der "logistischen Kette": vom Zulieferer über das eigene Rohmateriallager bis zur Fertigung; vom Teilelager über Montage, Fertigwarenlager, Warendistribution bis hin zum Abnehmer. Im Mittelpunkt stehen dabei Dienstleistungsprozesse, die rund um die Materialien, Halbfertigerzeugnisse und Produkte angesiedelt sind, wie

- Lieferabrufe,
- Bereitstellungsprozesse (Anlieferungen, Kommissionieren, Handling),
- Bereithaltungsprozesse (Lagerungen),
- Einsatzdispositionen (Auftragssteuerung, Fertigungsdisposition) und
- Vertriebssteuerungsprozesse (Kundenauftragsabwicklung).

Es gilt stärker als bisher, sowohl die einzelnen Dienstleistungsprozesse besser beherrschen zu lernen als auch sie in ihren Wechselwirkungen untereinander zu verstehen.

Als ein Kernbereich des Prozeßkettenmanagements gilt die Fertigung bzw. Produktion. Hier gilt es, den Materialfluß so zu gestalten, daß Fertigungs-, Montage-, Transport- und Lagerprozesse optimal aufeinander abgestimmt werden.

Mit der Implementierung einer JIT-Produktion werden im wesentlichen folgende Ziele verfolgt (Fandel/François 1989: 531):

- Verringerung der Materialbestände,
- Verringerung der Durchlaufzeiten,
- Erhöhung der Arbeitsproduktivität,
- Erhöhung der Flexibilität bezüglich der kurzfristigen Lieferbereitschaft.

Die mit JIT verbundene auftragsbezogene Produktion funktioniert nur mit gewissen Kapazitätsreserven (Sicherheitsbeständen), da abrupte Nachfrageausweitungen bei rascher Lieferfähigkeit sonst Kapazitätsengpässe heraufbeschwören würden. Insgesamt muß eine Kapazitätsharmonisierung mit dem Ziel angestrebt werden, das Angebot der zur Leistungserstellung verfügbaren Kapazitätseinheiten (Personal, Betriebsmittel) einer gegebenen Produktionseinheit (Gesamtproduktion, einzelne Produktionsstätten, Anlagen usw.) so mit der geplanten Kapazitätsnachfrage abzustimmen, daß möglichst gleichmäßige Auslastungsgrade erzielt, permanente Engpässe beseitigt und dadurch die Durchlaufzeiten reduziert werden können.

Voraussetzung ist eine konsequente Materialflußplanung nach dem produkt-orientierten Fließprinzip. Die JIT-Produktionsphilosophie läßt sich darüber hinaus mit folgenden charakteristischen Merkmalen kennzeichnen (vgl. hierzu im einzelnen Wildemann 1987: 55ff.; Fandel/François 1989: 534ff.):

- auftragsorientierte Produktion: nicht mehr als nötig produzieren, nicht früher als erforderlich mit der Fertigung beginnen und nicht eher als notwendig das Material an die Fertigung anliefern (fertigungssynchrone Beschaffung),
- Realisierung von Durchlaufzeitreduzierungen bei gleichzeitig hoher Termintreue,
- Anwendung für kleinere, überschaubare Fertigungssegmente und standardisierte Produktionsabläufe (viele Standardteile, geringe Produkt-variationen),
- Herstellung eines klar definierten, hochwertigen Teilespektrums ohne nennenswerten Rüstaufwand,
- aufeinander abgestimmte Fertigungskapazitäten, hohe Verfügbarkeit und Prozeßsicherheit der Maschinen und Anlagen sowie zeitnahe Qualitätssicherung,
- Schaffung von Voraussetzungen: umfassende, aktuelle, fehler- und redundanzfreie Informationen, die Transparenz schaffen, Flexibilität ermöglichen und den durchgängigen Materialfluß erlauben, ferner ausreichend qualifizierte Mitarbeiter und deren flexibler Einsatz.

Bei der Realisierung der JIT-Produktion nehmen die Anforderungen an die Produktionsplanung und -steuerung im Vorfeld der eigentlichen Leistungserstellung zu. Die bislang auf der operativen Ebene durchgeführte Zuordnung von einzelnen Arbeitsgängen zu Kapazitätseinheiten wird in die Arbeitsvorbereitung vorverlagert. In Abbildung 7-14 werden die Eckpfeiler der JIT-Produktion zusammengefaßt.

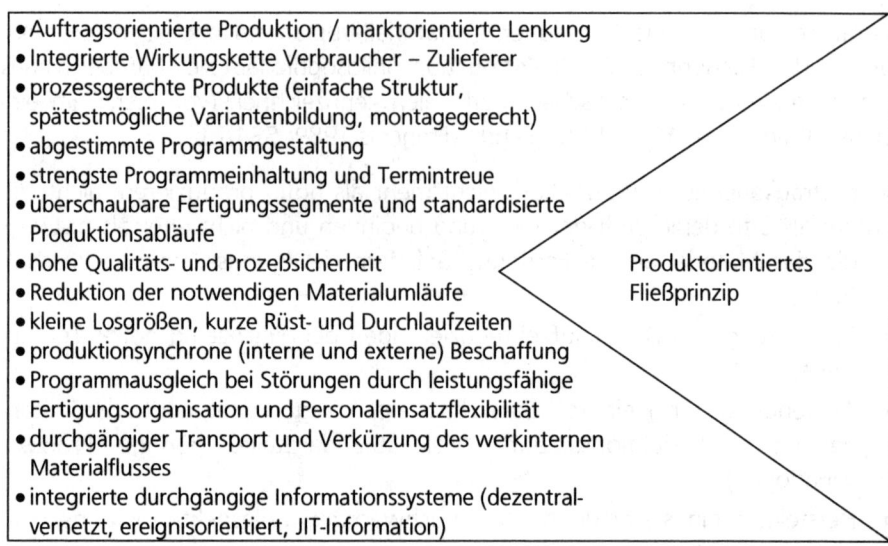

- Auftragsorientierte Produktion / marktorientierte Lenkung
- Integrierte Wirkungskette Verbraucher – Zulieferer
- prozessgerechte Produkte (einfache Struktur, spätestmögliche Variantenbildung, montagegerecht)
- abgestimmte Programmgestaltung
- strengste Programmeinhaltung und Termintreue
- überschaubare Fertigungssegmente und standardisierte Produktionsabläufe
- hohe Qualitäts- und Prozeßsicherheit
- Reduktion der notwendigen Materialumläufe
- kleine Losgrößen, kurze Rüst- und Durchlaufzeiten
- produktionsynchrone (interne und externe) Beschaffung
- Programmausgleich bei Störungen durch leistungsfähige Fertigungsorganisation und Personaleinsatzflexibilität
- durchgängiger Transport und Verkürzung des werkinternen Materialflusses
- integrierte durchgängige Informationssysteme (dezentralvernetzt, ereignisorientiert, JIT-Information)

Produktorientiertes
Fließprinzip

Abbildung 7-14   Eckpfeiler der JIT-Produktion

7.4.7 Lean Production - Lean Management

In den letzten Jahren sind insbesondere von Unternehmensberatern Ansätze entwickelt worden, mit denen die anstehenden Managementprobleme gelöst werden sollen. Viele dieser Ansätze sind japanischen Ursprungs.

Im Rahmen des MIT International Motor Vehicle Program untersuchten 45 Wissenschaftler fünf Jahre lang, von 1984 bis 1989, 90 Montagewerke der Automobilindustrie in vierzehn Ländern. Sie stellten erhebliche Unterschiede zwischen japanischen Herstellern auf der einen und amerikanischen sowie europäischen Automobilproduzenten auf der anderen Seite fest, was Produktivität und Qualität anbelangt. Möglich wird dies durch **"Lean Production"**. Seit dem Erscheinen des auf den Untersuchungen beruhenden Bestsellers von Womack/Jones/Roos (1991) gilt in der betrieblichen Praxis die "Unternehmensschlankheitskur" als entscheidender strategischer Erfolgsfaktor auf stark umkämpften Weltmärkten - nicht nur in der Automobilindustrie.

304

Bei Lean Production - der Begriff wurde erstmals in der Literatur von Krafcik (1988) im Rahmen des MIT International Motor Vehicle Program verwendet - handelt es sich um ein über Jahrzehnte gewachsenes, im weltweiten Wettbewerb bewährtes Erfolgskonzept japanischer Automobilhersteller, wobei Toyota eine gewisse Vorreiterrolle einnimmt.

Der Terminus Lean Production, übersetzt mit "schlanker" bzw. "magerer" Produktion, greift tatsächlich zu kurz, da der Ansatz den gesamten **Wertschöpfungsprozeß** umfaßt. Im Sinne eines integrierten **Unternehmensführungsansatzes** läßt sich Lean Production allgemein charakterisieren als ein auf Markt- bzw. Kundennähe, Produktivitätserhöhung und Qualitätsverbesserung, hohe Innovationsgeschwindigkeit und Wertschöpfung konzentrierter praxiserprobter **Denk- und Handlungsrahmen** erfolgreicher japanischer Großunternehmen auf dem Weltmarkt. Lean Production ist als langfristiger, kontinuierlicher Prozeß anzusehen und stellt kein geschlossenes Konzept dar. Nicht mehr die differenzierte Unterteilung der betrieblichen Aufgabenkomplexe und Managementfunktionen, sondern deren integrative Sichtweise steht im Vordergrund. Im Wertschöpfungsprozeß erhält der "Faktor Mensch" wieder mehr Aufmerksamkeit.

Lean Production bezieht sich keineswegs nur auf die Fertigung im Unternehmen. Der Begriff ist insofern irreführend. In diesem ganzheitlich-integrierten Konzept werden alle Unternehmensbereiche (also auch administrative) orientiert an der Wertschöpfungskette betrachtet, so daß in dieser umfassenden Betrachtungsweise der Begriff **Lean Management** angebracht ist.

Viele Merkmale von Lean Production sind nicht etwa typisch japanisch, sondern westlichen Ursprungs. Sie werden schon seit langem in der Literatur intensiv erörtert und zum Teil erfolgreich in der Praxis eingesetzt. Es kann deshalb von einer gelungenen Adaption und Implementation westlicher Methoden im japanischen kulturellen Umfeld gesprochen werden. In den USA und in Europa scheiterte manche Idee (z.B. Gruppenarbeit, Total Quality Control) dagegen an starken Konflikten zwischen den Interessengruppen im Unternehmen oder schlicht an der bisher nicht erkannten Notwendigkeit einer Umsetzung. Etwas überspitzt läßt sich behaupten, daß mit Lean Production lediglich gängige Instrumente der Managementlehre umgesetzt werden. In gewissem Sinne originär ist allerdings die erfolgreiche Konzeptionalisierung und Integration der Kernelemente sowie ihre konsequente Realisierung.

Bei Lean Production handelt es sich um ein ganzheitlich gewachsenes und pragmatisches Managementkonzept, dessen Elemente sukzessiv und unter der Maßgabe ständiger Verbesserung und Modifizierung herausgearbeitet worden sind.

7.5 Produktionstheorie

7.5.1 Grundlagen

Die Produktionstheorie analysiert ausschließlich das Mengengerüst der betrieblichen Leistungserstellung und erklärt die Zusammenhänge zwischen dem mengenmäßigen Verbrauch an Produktionsfaktoren und der daraus resultierenden Ausbringungsmenge. Zur Darstellung von produktionstheoretischen Aussagen wird auf **Produktionsfunktionen** zurückgegriffen. Die Produktionsfunktion eines Betriebes kann nur durch die Analyse von Partialprozessen gewonnen werden. Deshalb wird der gesamte Produktionsprozeß in einzelne Teilprozesse zwischen definierten Produktionsstellen aufgespalten, deren jeweilige spezifische Input-Output-Beziehungen in Transformationsfunktionen abgebildet werden. Erst durch eine adäquate Synthese der Transformationsfunktionen aller Einsatzbeziehungen zwischen originären Einsatzgütern, Zwischenprodukten und Endprodukten entsteht die in der Regel mehrdimensionale aggregierte Produktionsfunktion der Unternehmung.

In betriebswirtschaftliche Produktionsfunktionen können über die Transformationsfunktionen eine ganze Reihe technischer, organisatorischer und sonstiger Einflußgrößen als unabhängige Variablen einfließen. An dieser Stelle beschränken wir uns allerdings auf die "klassischen" Produktionsfunktionen vom Typ A (Ertragsgesetzliche Produktionsfunktion) und Typ B (Gutenberg-Produktionsfunktion). Die Produktionsfunktionen vom Typ A und Typ B werden in den folgenden Kapiteln dargestellt.

Die Produktionsfunktion vom Typ A unterstellt eine beliebige partielle Austauschbarkeit: Ein vorgegebener Faktorertrag kann innerhalb einer bestimmten

Zeitspanne mit unterschiedlichen Mengenkombinationen verschiedener Produktionsfaktoren erreicht werden. Gegenüber dem auf Substitutionalität aufbauenden "Ertragsgesetz" basiert die Produktionsfunktion von Typ B auf Limitationalität: Ein vorgegebener Faktorertrag kann innerhalb einer vorgegebenen Zeitspanne nur mit technisch genau fixierten Mengenrelationen der Produktionsfaktoren erreicht werden.

7.5.2 Produktionsfunktion mit substitutionalen Faktoren (Typ A) (auf der Grundlage von Ertragsfunktionen)

Die Menge des Produktionsausstoßes einer Unternehmung ist abhängig von der Menge und Qualität der Einsatzfaktoren, wie z.B. Arbeitskraft, Maschineneinsatz oder Rohstoffe. Geht man davon aus, daß die Qualität der Einsatzfaktoren konstant ist, lassen sich die Zusammenhänge zwischen der Ausbringungsmenge (Output) und den verschiedenen Faktoreinsatzmengen r_i (Input) durch die **Produktionsfunktionen** beschreiben. Der Produktionsertrag E wird bei den Produktionsfunktionen mengenmäßig betrachtet, so daß gilt:

$E = f(r_1, r_2, ..., r_n)$.

Das Produktionsergebnis ist also von der Kombination der verschiedenen Einsatzfaktoren (r_1, r_2, ..., r_n) abhängig, wobei die Anzahl der Faktoren die Komplexität der Produktion bestimmt.

Stehen die Einsatzfaktoren in einem festen Verhältnis zueinander, d.h., lassen sich keine Einsatzfaktoren durch andere ersetzen bzw. kann durch einen zusätzlichen Einsatz eines Faktors kein zusätzlicher Ertrag erzielt werden, wenn alle anderen Faktoren konstant gehalten werden, dann bezeichnet man eine derartige Produktionsfunktion als **limitationale Produktionsfunktion**. Man spricht im Gegensatz dazu von **substitutionalen Produktionsfunktionen**, wenn die Faktorkombination (in gewissen Grenzen) frei wählbar ist, d.h. die Einsatzfaktoren untereinander austauschbar (substituierbar) sind.

Man unterscheidet zusätzlich zwischen alternativer und peripherer Substitution. Bei der **alternativen Substitution** ist ein Faktor völlig durch einen anderen ersetzbar. Man spricht in diesem Fall auch von einer totalen Substitution. Dagegen ist bei **beschränkter (peripherer) Substitution** von jedem Faktor der Einsatz einer gewissen Mindestmenge erforderlich.

Um nun die Frage zu beantworten, welcher Ertragsanteil jedem der an der Produktion beteiligten (substituierbaren) Faktoren zuzurechnen ist, betrachtet man nacheinander jeden einzelnen Faktor getrennt.

Dazu werden von den n an einem Produktionsprozeß beteiligten Faktoren jeweils n-1 konstant gehalten. Eine Ertragsänderung muß nun auf die Variation des variablen Faktors zurückzuführen sein.

$$E = f(r_v)$$

Dabei wird vorausgesetzt, daß die Qualität der Faktoren unverändert bleibt, daß der variable Faktor beliebig teilbar ist und daß nur eine Produktart erzeugt wird.

Wenn man z.B. bei einer Maschinenanlage zusätzliche Arbeitsstunden einsetzt, so läßt sich der Ertragszuwachs, den jede weitere Arbeitszeiteinheit erbringt, bestimmen.

Der **Ertragszuwachs**, den der variable Produktionsfaktor verursacht, nimmt zunächst mit dem Einsatz jeder weiteren Einheit des variablen Faktors zu, erreicht ein Maximum und nimmt wieder ab. Den Ertragszuwachs, der durch Einsatz der jeweils letzten Einheit des variablen Produktionsfaktors erzielt wird, bezeichnet man als **Grenzertrag**.

Die Grenzertragskurve E' ist also die erste Ableitung der Gesamtertragsfunktion. Sie erreicht ihr Maximum im Wendepunkt der Gesamtertragskurve und wird Null, wenn der Gesamtertrag sein Maximum erreicht.

Die Produktivität (der **Durchschnittsertrag**) ergibt sich, wenn man den Gesamtertrag durch die eingesetzte Menge des variablen Faktors dividiert.

$$e = \frac{E}{r}$$

Grenzertrag und Durchschnittsertrag werden in dem Punkt gleich, in dem der Durchschnittsertrag sein Maximum erreicht.

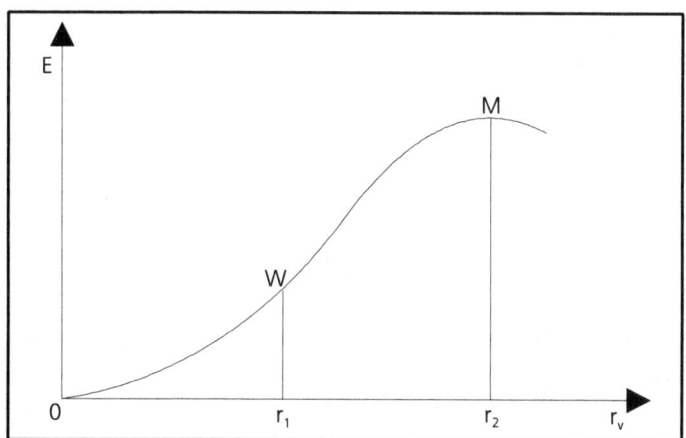

Abbildung 7-15   Die Gesamtertragskurve

Die Beziehungen zwischen Gesamtertrags-, Grenzertrags- und Durchschnittser-
tragskurve bei ständig wachsendem Einsatz des variablen Faktors werden in
vier Phasen eingeteilt (Abb. 7-16).

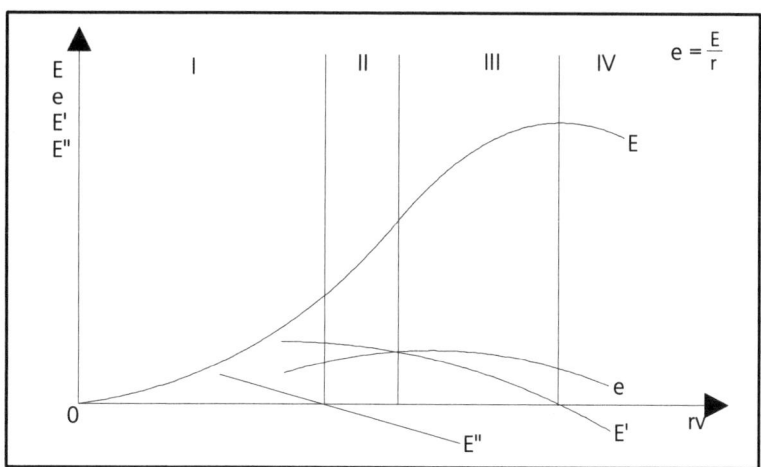

Abbildung 7-16   Beziehungen zwischen den Ertragskurven

Es stellt sich die Frage, welche Einsatzmenge des variablen Faktors am günstigsten ist. Den größten mengenmäßigen Durchschnittsertrag erzielt der variable Faktor im Schnittpunkt zwischen Durchschnittsertrags- und Grenzertragskurve, d.h. im Maximum des Durchschnittsertrages (**absoluter Optimalpunkt**) (A).

	Gesamtertrag E	**Durchschnittsertrag e**	**Grenzertrag E'**
Phase I	positiv steigend	positiv steigend	positiv steigend bis Maximum
Phase II	positiv steigend	positiv steigend bis Maximum	positiv fallend E' > e
Phase III	positiv steigend bis Maximum	positiv fallend	positiv fallend bis Null E' < e
Phase IV	positiv fallend	positiv fallend	negativ fallend

Abbildung 7-17 Übersicht zu den Phasen der Ertragskurven

Die Produktion ist aber nicht auf den größten mengenmäßigen Durchschnittsertrag gerichtet, sondern auf Erreichung des Optimums aus bewertetem Einsatz an Produktionsfaktoren (Kosten) und bewertetem Ertrag (Erlös).

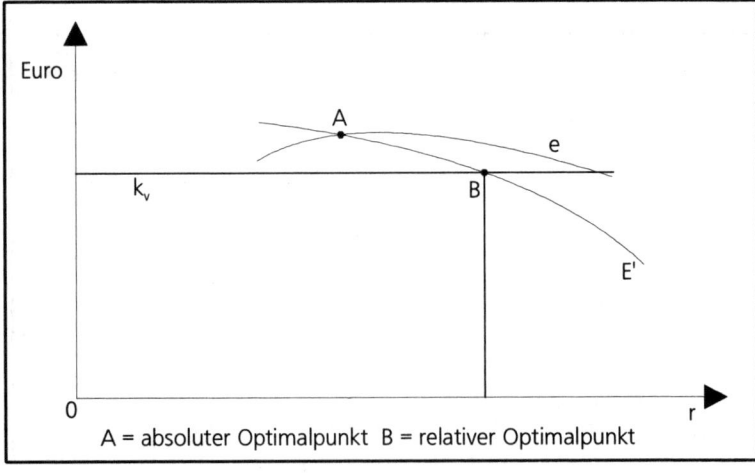

A = absoluter Optimalpunkt B = relativer Optimalpunkt

Abbildung 7-18 Optimalpunkte des Ertrages

Die optimale Kombination der konstanten Faktoren und des variablen Faktors vom Standpunkt eines gegebenen Preissystems ist erreicht, wenn der Wert des Grenzerlöses des variablen Faktors (Grenzertrag mal Produktpreis) und der Preis des variablen Faktors gleich werden. Dies ist dann der **relative Optimalpunkt** (B), d.h. der Punkt mit dem relativ günstigsten Wirkungsverhältnis (bezogen auf gegebene Preise von Produktionsfaktoren und produzierten Gütern - vgl. Abb. 7-18).

Eine andere Möglichkeit ist, die Entwicklung des Gesamtertrages zu betrachten, wenn Mengeneinheiten eines Produktionsfaktors durch Mengeneinheiten eines anderen Faktors substituiert werden. Alle dabei möglichen Mengenkombinationen lassen sich durch eine Fläche (Substitutionsfeld) veranschaulichen, auf der jeder Punkt eine bestimmte Kombination darstellt. Jedem Punkt auf dieser Fläche läßt sich wiederum ein bestimmter Ertrag zuordnen, was zu einer dreidimensionalen Darstellungsweise führt, dem sogenannten **Ertragsgebirge** (Abb. 7-19).

Über diese Darstellung des Ertragsgebirges lassen sich nun erst einmal zwei Kriterien für die Beschreibung einer substitutionalen Produktionsfunktion festhalten:

(1)   Bei einer substitutionalen Produktionsfunktion verändert sich der Ertrag bei einer ausschließlichen Variation einer Faktoreinsatzmenge.

(2)   Das gleiche Ertragsniveau läßt sich durch unterschiedliche Faktoreinsatzkombinationen erzielen.

Bei einer substitutionalen Produktionsfunktion finden sich technisch mehrere mögliche Kombinationen, die zu einem gleichen Ertragsniveau führen. Verbindet man diese Kombinationen, so erhält man eine Linie, die als **Indifferenzkurve** oder **Isoquante** bezeichnet wird. Dies ist eine auf die Grundfläche projizierte Schichtlinie, die entsteht, wenn man auf einem bestimmten Ertragsniveau einen Schnitt durch das Ertragsgebirge legt.

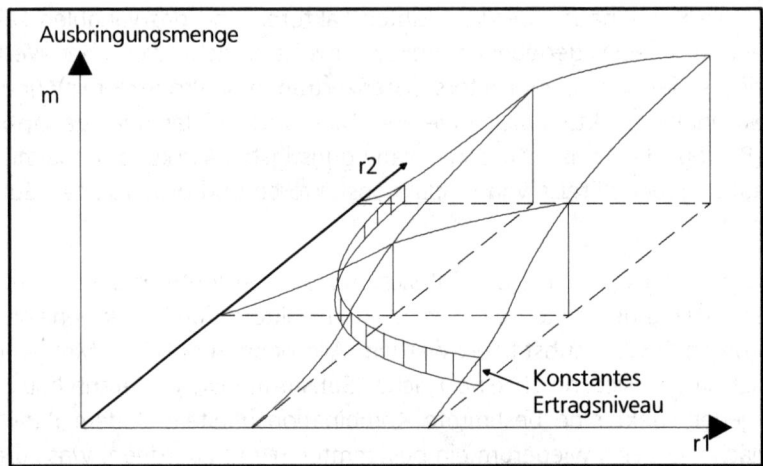

Abbildung 7-19   Das Ertragsgebirge einer substitutionalen Produktionsfunktion

Mehrere Schnitte dieser Art führen zu ebenso vielen Isoquanten, wobei jede ein anderes Ertragsniveau repräsentiert. Diese Kurven sind jedoch nur in dem Gebiet sinnvoll, in dem der eine Produktionsfaktor vermehrt und der andere vermindert wird (siehe Abbildung 7-20).

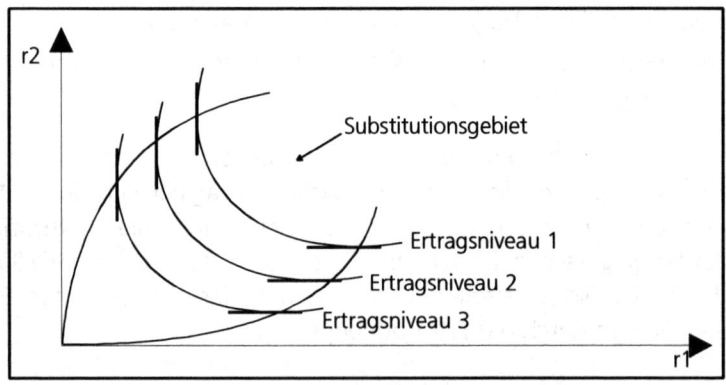

Abbildung 7-20   Indifferenzkurven unterschiedlicher Ertragsniveaus

Um nun eine optimale Kombination der Faktoreinsatzmengen, bezogen auf ein festes Ertragsniveau, zu finden, ist es erforderlich zu wissen, welche Menge eines Faktors durch die Menge eines anderen Faktors ersetzt wird.

Definitorisch wird die Einsatzmenge eines Produktionsfaktors, die notwendig ist, um eine Einheit eines anderen Faktors an einem gegebenen Punkt zu ersetzen, wenn der Ertrag (die Produktmenge) unverändert bleiben soll, als **Substitutionsverhältnis** oder auch als **Grenzrate der Substitution** bezeichnet. Mathematisch läßt sich diese Menge bzw. das Substitutionsverhältnis über die Indifferenzkurve bestimmen. Die Grenzrate der Substitution ist dabei nichts anderes als die Steigung der Indifferenzkurve in einem bestimmten Punkt, der wiederum ein bestimmtes Verhältnis der Einsatzmengen zweier Faktoren bei vorgegebenem Ertragsniveau beschreibt.

Explizit läßt sich die Grenzrate anhand der Abbildung 7-21 ableiten.

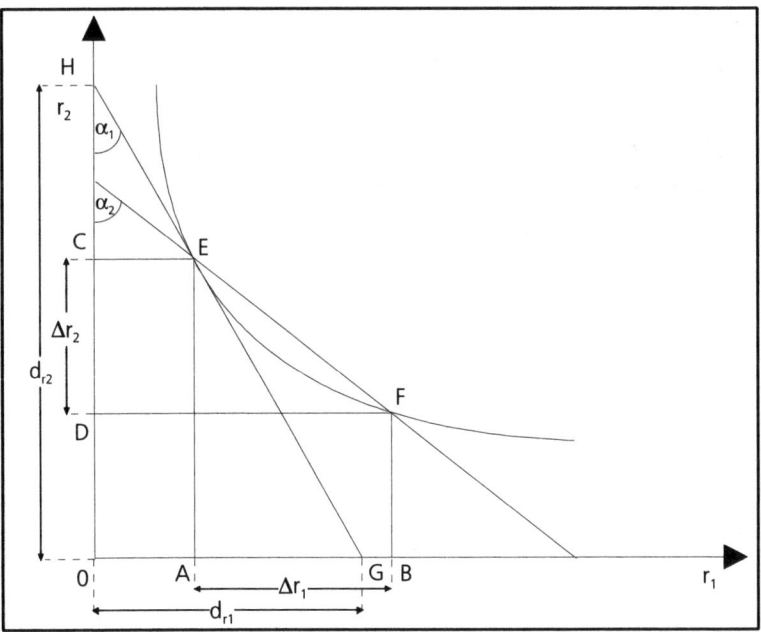

Abbildung 7-21   Ermittlung der Substitutionsrate einer Faktorkombination

Zunächst betrachten wir zwei Punkte E und F auf der Indifferenzkurve. Offensichtlich entsprechen AB Einheiten r_1 im Punkt F DC Einheiten r_2 im Punkt E. Das Verhältnis dieser beiden Mengen bezeichnet man als **Durchschnittsrate der Substitution** bezüglich der Ertragslagen E und F. Sie entspricht dem Tangens des Winkels zwischen der Ordinate und der Sekante durch E und F.

$$tg\,\alpha_2 = \frac{AB}{DC}$$

Die Grenzrate der Substitution entspricht dem Tangens des Winkels zwischen der Ordinate und der Kurventangente im Punkt E.

$$tg\,\alpha_1 = \frac{OG}{OH} = \frac{dr_1}{dr_2}$$

Außerdem gilt:

$$-\frac{E'_2}{E'_1} = \frac{dr_1}{dr_2}$$

Wie gelangt man nun zu dieser Gleichung? Zunächst lassen sich für beide Einsatzfaktoren die partiellen Ableitungen bilden, wenn die Ausbringungsmenge (d_m) infinitesimal erhöht werden soll. Es gilt:

$$d_m = \frac{E}{\sigma r_1} * dr_1 + \frac{E}{\sigma r_2} * dr_2$$

$$wobei\ gilt: E'_1 = \frac{E}{\sigma r_1}\ und\ E_{2'} = \frac{E}{\sigma r_2}$$

Setzen wir nun $d_m = 0$, d.h., die Ausbringungsmenge verändert sich nur infinitesimal, dann erhalten wird aus dem vorherigen Ausdruck:

$$- E'_2 * dr_2 = E'_1 * dr_1$$

E_1' und E_2' sind die partiellen Ableitungen der Produktionsfunktion nach den Einsatzfaktoren r_1 und r_2, d.h. die Grenzerträge. Die Gleichung läßt sich nun so umformen, daß gilt:

$$-\frac{E'_2}{E'_1} = \frac{dr_1}{dr_2}$$

Will ein Betrieb seine Ausbringungsmenge erhöhen, so stellt sich das Problem, entlang welcher der vielen möglichen Prozeßlinien dies geschehen soll. Die Faktorkombination, die mit den geringsten Kosten verbunden ist, bezeichnet man als **Minimalkostenkombination**. Um sie zu bestimmen, muß man die Preise der einzelnen Faktoren kennen. Aus den Preisen ergeben sich die **Kostenisoquanten**. Das sind Geraden, die alle Faktorkombinationen zeigen, die den gleichen, bestimmten Kostenbetrag ausmachen. Ändert sich der zur Verfügung stehende Geldbetrag, verschiebt sich die Kostenisoquante parallel. Der Punkt, an dem eine Indifferenzkurve von einer Kostenisoquante nur tangiert wird, gibt die jeweils kostenoptimale Kombination der Produktionsfaktoren an.

Die Gesamtkosten K_{ges} ergeben sich als Summe der Einsatzmengen r_1 und r_2 der jeweiligen Einsatzfaktoren bewertet zu ihren Preisen P_{r1} und P_{r2}, d.h.:

$$K_{ges} = r_1 * p_{r1} + r_2 * p_{r2}$$

Es gilt nun, das Minimum dieser Funktion zu bestimmen. Zu diesem Zweck wird analog zur Ertragsfunktion auch hier die erste Ableitung K'_{ges} gebildet und "Null" gesetzt.

$$K'_{ges} = 0 = d r_1 * p_{r1} + d r_2 * p_{r2}$$

Die Umformung dieses Terms ergibt dann folgende Beziehung:

$$-\frac{p_{r2}}{p_{r1}} = \frac{d r_1}{d r_2}$$

Wie oben gezeigt, gilt jedoch auch folgender Zusammenhang:

$$-\frac{p_{r2}}{p_{r1}} = \frac{d r_1}{d r_2} = -\frac{E'_2}{E'_1}$$

$$und\ damit: \frac{p_{r1}}{p_{r2}} = \frac{E'_1}{E'_2}$$

Die **Minimalkostenkombination** ist also dann erreicht, wenn sich die Grenzerträge der Produktionsfaktoren verhalten wie ihre Preise. Das bedeutet: genau an dem Punkt, wo die Steigung der Ertragsisoquante der der Kostenisoquante entspricht.

Verbindet man alle Tangentialpunkte zwischen Kostenisoquanten und Indifferenzkurven, erhält man die **Minimalkostenlinie**, d.h. die Prozeßgerade, die die geringsten Kosten verursacht (Abb. 7-22):

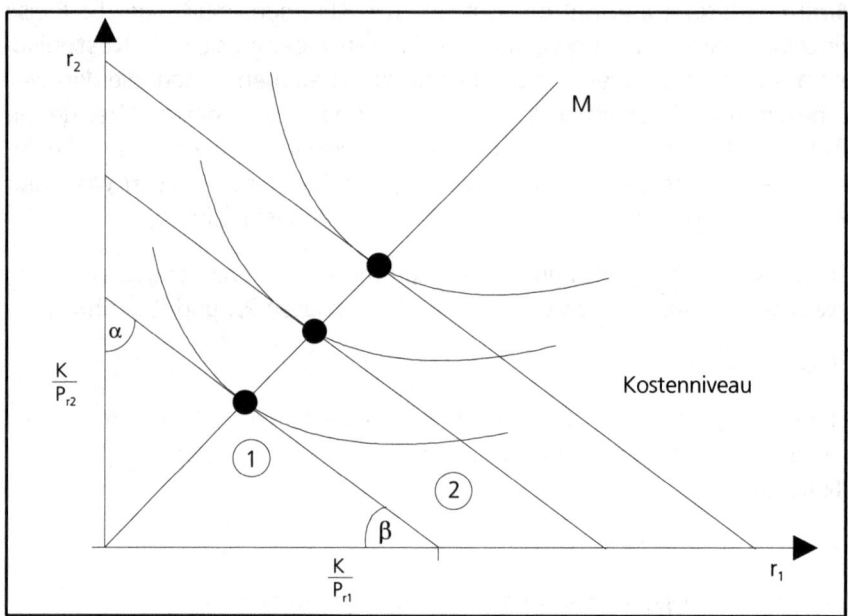

Abbildung 7-22 Die Ermittlung der Minimalkostenlinie

Über den Winkel ß in der Abbildung läßt sich die dargestellte Minimalkostenkombination (Punkt 1 in der Abbildung) ebenfalls ermitteln. Denn es gilt:

$$\frac{p_{r1}}{p_{r2}} = \frac{E'_1}{E'_2} = tang\ \beta$$

Ob das Gesetz vom abnehmenden Ertragszuwachs (Ertragsgesetz) für den Industriebetrieb gilt oder nicht, ist umstritten. Die ertragsgesetzliche Produktionsfunktion setzt freie, d.h. vom Betrieb autonom zu steuernde Variierbarkeit der Faktoreinsatzproportionen voraus. Es sind vor allem zwei Bedingungen des Ertragsgesetzes, deren Existenz im industriellen Bereich angezweifelt wird:

- die weitgehende Substituierbarkeit der Produktionsfaktoren und
- das Vorhandensein konstanter Produktionsfaktoren.

7.5.3 Die Produktionsfunktion vom Typ B

Wie die bisherige Diskussion gezeigt hat, ist ein Transfer des Ertragsgesetzes (Produktionsfunktion vom Typ A) in die Praxis kaum möglich. Vielmehr finden sich eher limitationale Einsatzverhältnisse, die nicht über eine substitutionale Produktionsfunktion beschreibbar sind.

Die Produktionsfunktion vom Typ B ("Gutenberg-Produktionsfunktion") weist eine limitationale Charakteristik auf. Im Mittelpunkt stehen hierbei Verbrauchsfunktionen einzelner Einsatzfaktoren für die Aggregate, dargestellt am Verbrauch der Einsatzmengen in Relation zur Intensität eines Aggregates. Hiermit können letztlich über die Produktionsfunktion vom Typ B detaillierte Aussagen über die Anpassungsprozesse gewonnen werden. Weitere Kriterien, die eine Produktionsfunktion vom Typ B kennzeichnen, sind (Adam 1998: 319):

- Es werden technische Einflußgrößen der Aggregate als Determinanten des Faktorverbrauches berücksichtigt. Der Faktorverbrauch der Einsatzfaktoren wird als Funktion des Aggregates dargestellt. Diese drückt sich aus in den kurzfristig kaum veränderbaren Eigenschaften der technischen Leistung des Aggregates, definiert als (Technische Leistung/Zeiteinheit), der ökonomischen Leistung (Mengeneinheit/Zeiteinheit) und der Einsatzzeit eines Aggregates.

- Die Limitationalität der Produktionsfunktion resultiert aus der Annahme, daß das Einsatzverhältnis der Faktoren durch die Aggregatleistung determiniert wird. Dies führt dazu, daß die alleinige Erhöhung der Einsatzmenge eines Faktors bei vorgegebener Aggregatsleistung keine Erhöhung des Ertrags hervorruft, d.h., der partielle Grenzertrag ist im Gegensatz zu einer substitutionalen Produktionsfunktion gleich Null.

- Durch die Betrachtung der Aggregatsebene und deren Einfluß auf die Outputmenge wird kein unmittelbarer Zusammenhang mehr zwischen den Einsatzmengen und der Outputmenge angenommen. Der Faktorverbrauch wird daher in einem mehrstufigen Prozeß ermittelt.

• In der Gutenberg-Produktionsfunktion wird explizit zwischen Potential- und Repetierfaktoren differenziert. Dies zeigt sich in der Betrachtung einzelner Potentialfaktoren (Aggregate), deren Einsatz über die dazugehörige Produktionsfunktion mittels der Einsatzzeit und deren Leistung, als Arbeitsintensität oder Ausbringungsmenge dokumentiert, dargestellt wird. In diesem Zusammenhang kann die Einsatzzeit variiert werden.

Der Faktorverbrauch in Relation zur Outputmenge wird damit in dem schon erwähnten mehrstufigen Prozeß ermittelt. Zunächst erfolgt die Bestimmung einer **technischen Verbrauchsfunktion**, indem der Faktorverbrauch pro technischer Leistungseinheit als Funktion der technischen Leistung eines Aggregats für eine bestimmte Zeiteinheit als sogenannte Intensität (d_{tech}),, definiert wird.

$$d_{tech} = \frac{\text{technische Leistung}}{\text{Zeiteinheit}} = \frac{TLE}{ZE}$$

Die technische Intensität(d_{tech}) ließe sich z.B. bei einem Auto als Kilometer/Stunde (Geschwindigkeit) interpretieren, wobei zur Beschreibung des gesamten Autos auch weitere Eigenschaften definiert werden müßten, die sich kurzfristig nicht ändern lassen. Diese Eigenschaften z_i werden von Gutenberg als z-Situation beschrieben.

Erhöht man nun bei dem Auto die Geschwindigkeit, so ist davon auszugehen, daß pro Kilometer (als technische Leistungseinheit) auch eine Veränderung des Benzinverbrauchs auftritt, d.h., daß durch das Erhöhen der Geschwindigkeit vermutlich auch der Benzinverbrauch ansteigt.

Der typische Verlauf dieser Verbrauchsfunktion findet sich in der Abbildung 7-23 als $Vr_1(d)$ dargestellt, mit r_1 als Einsatzfaktor Benzin.

Weiterhin gibt es auch Einsatzfaktoren, die sich unabhängig von der Veränderung der technischen Intensität eines Aggregats verhalten; sie würden einen Verlauf annehmen wie der Einsatzfaktor r_3, d.h., der Verbrauch bleibt konstant, wie durch $Vr_3(d)$ dokumentiert. Einen anderen möglichen Verbrauch in Abhängigkeit von der technischen Intensität zeigt die Funktion $Vr_2(d)$.

Ziel ist es nun, die **verbrauchsoptimale Intensität** zu bestimmen, bei der der Verbrauch an Einsatzfaktoren pro Leistungseinheit minimal ist. Überträgt man diesen Gedanken auf die Abbildung 7-23 wäre dies genau die technische Intensität d_{opt}, bei der die dargestellten Funktionen aggregiert ihr Minimum erreichen würden. Eine rein mengenmäßige Betrachtung ist durch eine wertmäßige Analyse der Verbrauchsfunktionen zu ergänzen.

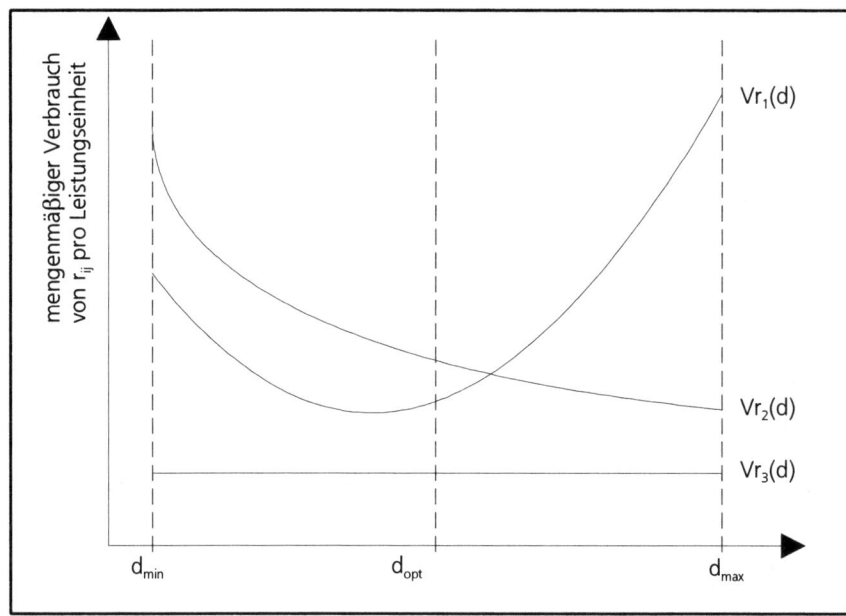

Abbildung 7-23   Verbrauchsfunktionen der Einsatzmengen r_i am Aggregat j

Aus den technischen Verbrauchsfunktionen werden daher in der zweiten Stufe ökonomische Verbrauchsfunktionen definiert. Damit erfolgt ein Übergang von der mengenmäßigen zur wertmäßigen Analyse der Verbrauchsfunktionen. Bezogen auf das obige Beispiel würde jetzt nicht mehr der Benzinverbrauch pro Kilometer in Abhängigkeit von der Geschwindigkeit, sondern die Kosten für Benzin pro Kilometer in Abhängigkeit zur Geschwindigkeit relevant sein. Der Vorteil liegt hierbei in der Vergleichbarkeit unterschiedlicher Einsatzfaktoren für ein Aggregat in Abhängigkeit von dessen gewählter Intensität wie die Abbildung 7-24 zeigt.

319

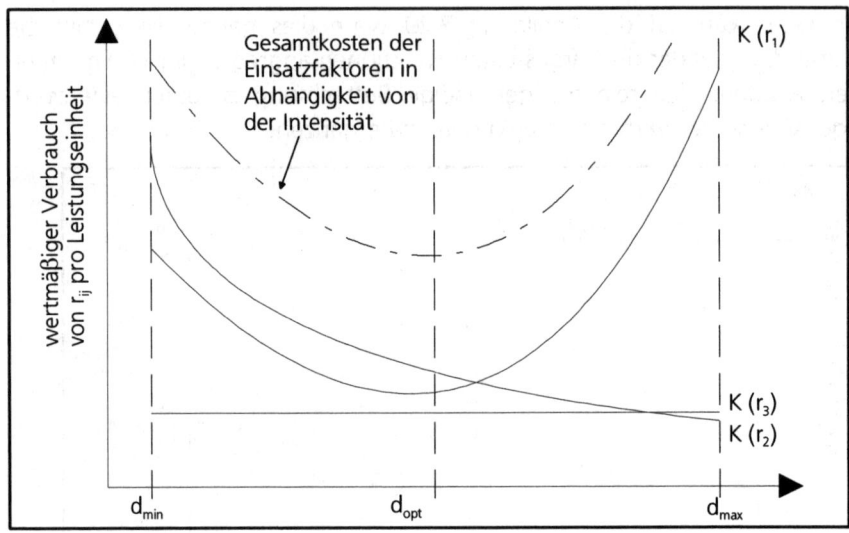

Abbildung 7-24 Bestimmung der kostenoptimalen Intensität für das Aggregat j

Für das Aggregat j würde nun das Minimum der dargestellten Kostenverläufe $k(r_i)$ durch die Aggregation aller Kostenkurven und die Bestimmung des Minimums erfolgen. In der Abbildung 7-24 würde dann als **kostenoptimale Intensität** d_{opt} die Intensität ermittelt werden, bei der die Gesamtkosten aller Einsatzfaktoren beim Aggregat j je Leistungseinheit am geringsten sind. Zunächst muß hierfür eine Relation definiert werden, aus der ein Zusammenhang zwischen den technischen Leistungseinheiten und einer Mengeneinheit der Ausbringungsmenge hervorgeht.

Zu diesem Zweck muß mathematisch für jeden Faktor eine wertmäßige Verbrauchsfunktion definiert werden:

$$k_j (r_i) = p_i \times Vr_i (d_j)$$

Die einzelnen wertmäßigen Verbrauchsfunktionen müßten nun insgesamt minimiert werden, d.h.:

$$\sum_{i=1}^{n} p_i \times Vr_i(d_j) \to min! \Rightarrow d_j = d_{opt}$$

Durch diese Vorgehensweise sind die minimalen Durchschnittskosten am Aggregat j für die Erstellung einer Leistungseinheit bestimmt worden.

Würde es sich nun um ein Fertigungsaggregat handeln, wäre es noch notwendig, für den bestimmten optimalen Leistungsgrad die Einsatzzeit des Aggregats einzubeziehen, um so eine Beziehung zwischen Input- und Outputmenge bestimmen zu können, d.h.:

Ausbringungsmenge = $[d_{opt}]$ x [Einsatzzeit]

Über den optimalen (ökonomischen) Leistungsgrad läßt sich dann für jeden Einsatzfaktor r_i die dazugehörige Menge bestimmen. Graphisch würde dies bedeuten, daß in den technischen Verbrauchsfunktionen für den ökonomischen Leistungsgrad die dazugehörigen Verbräuche abgelesen werden können. Mathematisch würde dies durch folgende Funktion bestimmt:

$r_i = Vr_i(d_{opt})$ x Ausbringungsmenge

Die Ausbringungsmenge ließe sich nach der obigen Formel nur noch durch die Erhöhung der Einsatzzeit und die Erhöhung der Intensität steigern, d.h. bis zur maximalen Einsatzzeit und maximalen Intensität d_{max}. Durch Substitution der Ausbringungsmenge erhält man nun in Abhängigkeit des optimalen ökonomischen Leistungsgrads, der Einsatzzeit und des dazugehörigen Verbrauchswerts für den Einsatzfaktor r_i die notwendige Einsatzmenge:

$r_i = Vr_i(d_{opt})$ x$[d_{opt}]$ x [Einsatzzeit]

An dieser Stelle wäre die Definition der zugehörigen Produktionsfunktion vom Typ B für ein Unternehmen mit einem Aggregat abgeschlossen. Allerdings muß realistischerweise davon ausgegangen werden, daß ein Unternehmen über mehrere Aggregatsstufen mit jeweils mehreren Aggregaten produziert und daher sich die Beschreibung des Zusammenhanges zwischen Einsatzfaktoren und Ausbringungsmenge nicht so einfach darstellen läßt.

Geht man nun von mehreren Aggregaten aus, so muß die bisherige Vorgehensweise für ein "Ein-Aggregat-Unternehmen" folgendermaßen modifiziert werden:

Für jedes Aggregat j sind die technischen und ökonomischen Verbrauchsfunktionen für die einzelnen jeweils zum Einsatz gelangenden Faktoren r_{ij} zu bestimmen. Der Gesamtverbrauch eines Faktors r_i resultiert nun aus der Summe der an jedem Aggregat ermittelten Einsatzmengen von r_i.

$$r_i = \sum_{j=1}^{m} v_{rij}(d_{opt_{(j)}}) \times \left[d_{opt_{(j)}}\right] \times \left[t_j\right]$$

mit $[t_j]$ = Einsatzzeit am Aggregat j

und $[d_{opt(j)}]$ = optimaler ökonomischer Leistungsgrad am Aggregat j

Die Ausbringungsmenge ist demnach abhängig von den gewählten Leistungsgraden d_j, der gewählten Einsatzzeit t_j, der Anzahl der eingesetzten Aggregate und den Eigenschaften dieser Aggregate (z-Situation), über die sich der jeweilige optimale Leistungsgrad $d_{opt(j)}$ bestimmt.

Eine Erweiterung dieser Betrachtung, die sich auf mehrere Aggregatstufen erstreckt, erfordert weitere Änderungen. Da sich die ökonomischen Verbrauchsfunktionen auf die Ausbringungsmenge beziehen, muß bei den vorgeschalteten Aggregatstufen eine Relation zwischen den technischen Leistungseinheiten und einer produzierten Mengeneinheit hergestellt werden, um den Gesamtverbrauch eines Einsatzfaktors r_i bestimmen zu können. Wenn z.B. auf einer unteren Aggregatstufe ein Halbfertigfabrikat produziert wird, das jeweils zweimal in eine Mengeneinheit der Ausbringungsmenge eingeht, so ist eine Normierung auf die Ausbringungsmenge nur dann möglich, wenn man den Verbrauch von r_i zur Erzeugung des Halbfertigfabrikates auf die Ausbringungsmenge umrechnet. In diesem Falle müßte der Verbrauch von r_i an diesem Aggregat, bezogen auf die Ausbringungsmenge an Fertigprodukten, verdoppelt werden. Es ist damit notwendig, eine Relation zwischen Leistungseinheiten des Aggregates und der Ausbringungsmenge herzustellen, über die der Faktorverbrauch bestimmt werden kann, indem der Verbrauch an Leistungseinheiten mit einem entsprechenden Faktor multipliziert wird. Für ein Aggregat j auf der Aggregatstufe k würde sich bei vorgegebener Einsatzzeit folgender ökonomischer Faktorverbrauch mit der Relation c_{jk} ergeben:

$$r_{ijk} = V_{rijk}(d_{opt}) \times c_{jk} \times [d_{opt}] \times [\text{Einsatzzeit}]$$

Der Ausdruck $[V_{rijk}(d_{opt}) \times c_{jk}]$ beschreibt dabei den ökonomischen Verbrauch. Damit ergibt sich für den gesamten Faktorverbrauch von r_i über alle Aggregatstufen folgende Formel:

$$r_i = \sum_{k=1}^{p}\sum_{j=1}^{m} Vr_{ijk}(d_{opt}) \times c_{jk} \times [d_{opt}] \times [\text{Einsatzzeit}]$$

Wie ersichtlich ist, konzentriert sich die Produktionsfunktion vom Typ B auf einzelne Aggregate, bei denen unterschiedliche Einsatzfaktoren mit jeweils differenten Einsatzmengen bei einem gewählten Leistungsgrad zum Einsatz kommen.

Die Kosten K_j für ein Aggregat, das im Fertigungsprozeß eingesetzt wird, ergeben sich damit aus einem Fixkostenblock K_{fix}, unabhängig von der Ausbringungsmenge, und den variablen Kosten, die von der geplanten Ausbringungsmenge und demnach von mit Preisen bewerteten Einsatzfaktoren r_{ij} am Aggregat zur Anwendung gelangen.

$$K_j = K_{fix} + \sum_{i=1}^{n} r_{ij} \times p_i$$

mit
$$r_{ij} = v_{rij}(d_{opt(j)}) \times [d_{opt(j)}] \times [t_j]$$
und $p_i = \text{Preis pro Einheit } r_i$

Hierbei liegt die Annahme zugrunde, daß sich die Preise p_i unabhängig von der Einsatzmenge von r_i nicht ändern. Variiert man nun an einem Aggregat die Ausbringungsmenge, so ändert sich auch der Kostenverlauf, da die variablen Kosten nun unmittelbar davon abhängen. Wie schon vorab diskutiert, ergeben sich jedoch mehrere Möglichkeiten, die Ausbringungsmenge an einem Aggregat zu verändern:

- Veränderung der Einsatzzeit t_j (zeitliche Anpassung),
- Veränderung des Leistungsgrades d_j (intensitätsmäßige Anpassung).

323

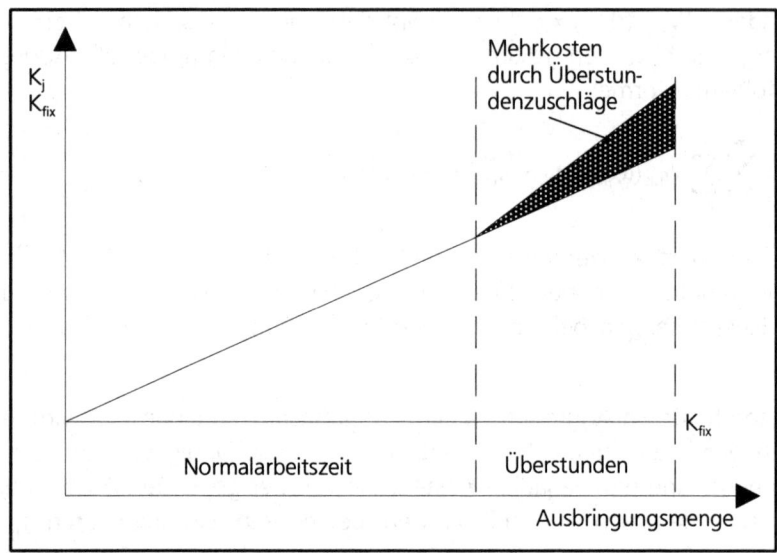

Abbildung 7-25 Kostenverlauf durch zeitliche Anpassung

Beide Varianten führen zu unterschiedlichen Kostenverläufen, die sich in Abhängigkeit von der Ausbringungsmenge folgendermaßen darstellen könnten (s. Abb. 7-25 und 7-26).

Bei der intensitätsmäßigen Anpassung stellt sich ein anderer Kostenverlauf ein, der nach dem Verlassen des optimalen Leistungsgrades überproportional ansteigt. Begründen läßt sich dies durch den Verlauf der Gesamtkostenkurve der ökonomischen Verbrauchsfunktionen an einem Aggregat, die bei Erhöhung des Leistungsgrades ebenfalls überproportional ansteigt. Andererseits definiert sich die Ausbringungsmenge am Aggregat j mathematisch als $[d_j \times t_j]$, so daß bei konstantem t_j nur der zusätzliche überproportionale Verbrauch $[Vr_{ij}(d_j) \times d_j]$ mit den Faktorpreisen diesen Kostenverlauf (s. Abb. 7-26) hervorruft.

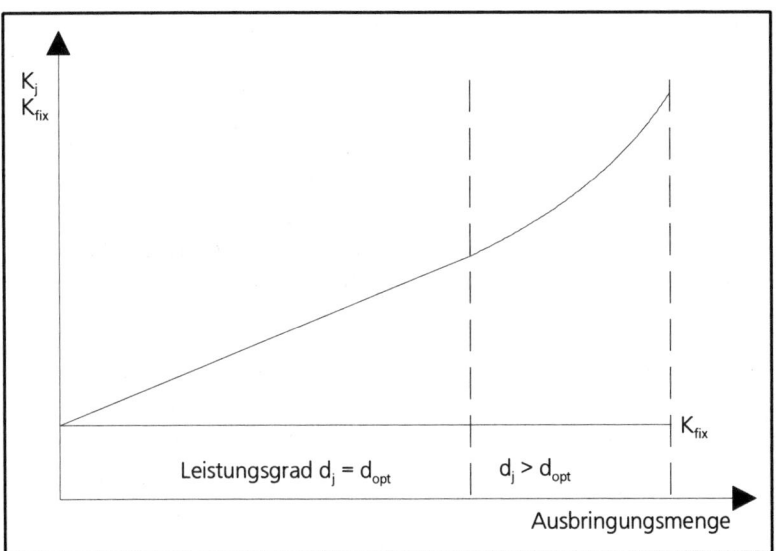

Abbildung 7-26   Kostenverlauf bei intensitätsmäßiger Anpassung

Beide Anpassungsformen können alternativ gewählt oder kombiniert werden, wobei letztlich das Ziel ist, die Durchschnittskosten zu minimieren.

In einem weiteren Schritt läßt sich die Kostenbetrachtung auch auf alle im Einsatz befindlichen Aggregate ausdehnen, wenn alle aggregatspezifischen Kostenverläufe bisher ermittelt worden sind. Dies eröffnet die Möglichkeit, eine Ausbringungsmengenanpassung über die Zahl der eingesetzten Aggregate vorzunehmen.

Eine Option wäre hierbei die Hinzunahme weiterer technisch völlig gleichwertiger Anlagen, die entsprechend mit dem gleichen Leistungsgrad betrieben werden. Diese Vorgehensweise wird auch als **reine quantitative Anpassung** bezeichnet.

Im Gegensatz dazu ließen sich auch weitere, mit anderen technischen Eigenschaften versehene Aggregate verwenden, die zur Erhöhung der Ausbringungsmenge kombiniert werden. Dieser Fall stellt die **quantitativ-selektive Anpassung** dar.

Entscheidend ist bei der quantitativ-selektiven Anpassung die differente Kostensituation der Aggregate. Während bei der reinen quantitativen Anpassung kein Selektionsproblem bei den Aggregaten existiert, zeigen die bei der quantitativ-selektiven Anpassung verwendbaren Anlagen unterschiedliche Kostenverläufe bezüglich der variablen und fixen Kosten auf.

In dieser Situation kann die Variation der Zahl der Produktionsanlagen zur Anpassung an die gewünschte Ausbringungsmenge ein Problem darstellen, das durch die Berücksichtigung der **Leer- und Nutzkosten** bei den anlagenspezifischen Fixkostenblöcken einer Lösung zugeführt werden kann.

So ist es bei der selektiven Anpassung - ökonomisch gesehen - sinnvoller, Maschinen einzusetzen, die einen hohen Fixkostenblock aufweisen und Anlagen mit einem geringen Fixkostenblock, deren Nichteinsatz geringere Kosten verursacht, erst bei einer weiteren Erhöhung der Ausbringungsmenge zu nutzen. Zudem ist davon auszugehen, daß technologisch moderne Maschinen einen hohen Fixkostenanteil besitzen, während die variablen Stückkosten im Vergleich zu älteren Anlagen deutlich niedriger sind. Die Abbildung 7-27 zeigt den Gesamtkostenverlauf in Relation zur Ausbringungsmenge bei Verwendung mehrerer Aggregate.

Die in der Abbildung aufgeführten Aggregate 1- 4 sind identische Anlagen, die demzufolge einen gleichen Fixkostenblock besitzen, der im Vergleich zur Anlage 5 größer ist. Würden nun die gesamten Aggregate nicht in den Produktionsprozeß eingebunden sein, würden trotzdem Kosten in Höhe von

$$\sum_{i=1}^{5} K_{fix(i)} + K_{fix}$$

anfallen, wobei K_{fix} unabhängig von den Aggregaten, z.B. für Miete etc., zu berücksichtigen ist.

Auch die quantitativ-selektive Anpassung läßt sich mit der intensitätsmäßigen Anpassung kombinieren, indem zunächst vor der Hinzunahme eines weiteren Aggregates geprüft wird, ob nicht der Leistungsgrad der bisher eingesetzten Anlagen erhöht wird, um so eine höhere Ausbringungsmenge zu erzielen.

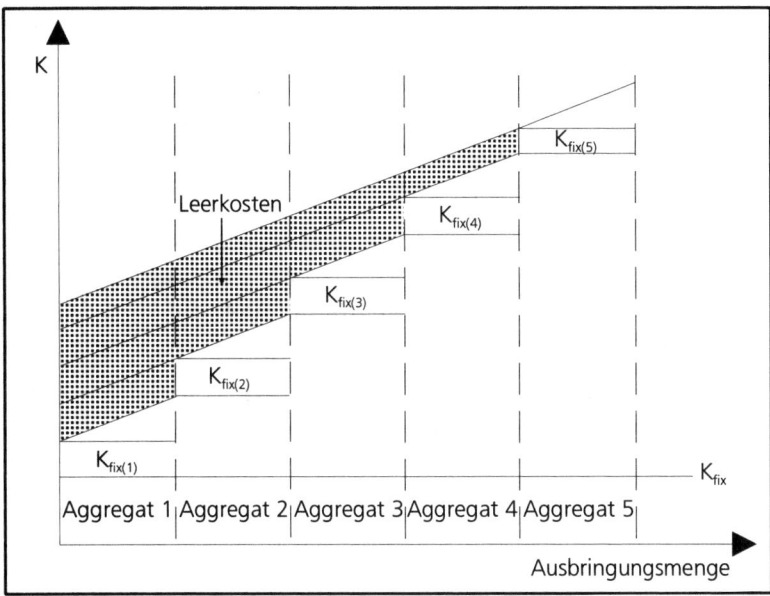

Abbildung 7-27   Der Gesamtkostenverlauf bei einer quantitativ-selektiven
Anpassung

7.6   Die Kostentheorie

Führt man den Gedanken der Produktionsfunktion weiter, nachdem mengenmäßige Kombinationen im Hinblick auf das Ertragsniveau fixiert worden sind,
stellt sich unmittelbar die Frage nach den entstehenden Kosten.

Die **Gesamtkosten der Produktion** ergeben sich aus der Summe der Kosten
der jeweils eingesetzten Produktionsfaktoren (die Kosten für öffentliche Abgaben sind darin noch nicht enthalten). Die Gesamtkosten sind damit abhängig
von den Mengen der verschiedenen zur Produktion erforderlichen Einsatzfaktoren und den Preisen dieser Faktoren.

Die **Kostenfunktion** veranschaulicht die Abhängigkeit der Kosten von der Ausbringungsmenge.

$K = f(m)$

Dazu ist es zunächst notwendig, das bisherige Ertragsgesetz (Produktionsfunktion vom Typ A) etwas zu modifizieren.

Bisher wurde mit der Produktionsfunktion A die variable Menge eines Einsatzfaktors in Relation zur Ausbringungsmenge gesetzt. Für die Ermittlung einer Kostenfunktion müssen nun folgende **Annahmen über die Produktionsfunktion** getroffen werden:

- Ein **konstanter** und ein **variabler Produktionsfaktor** (oder eine Gruppe variabler Faktoren) werden in der Weise kombiniert, daß steigende Mengeneinheiten des variablen Faktors auf den konstanten Faktor aufgewendet werden.
- Der variable Produktionsfaktor ist völlig homogen, d.h., alle Einheiten sind von völlig gleicher Qualität und gegenseitig austauschbar.
- Der variable Faktor ist beliebig teilbar.
- Die Produktionstechnik ist unveränderlich.
- Es wird nur eine Produktart hergestellt.

Wie gelangt man nun zu dieser Kostenfunktion?

(1) Da eine partielle Gesamtertragsfunktion mit einem variablen und einem oder mehreren fixen Produktionsfaktoren (z.B. Maschinen) vorliegt, beginnt die Gesamtkostenfunktion nicht im Ursprung, sondern besitzt einen **Fixkostensockel**.

(2) Wenn man nun die kontinuierliche Erhöhung der Einsatzmenge eines variablen Produktionsfaktors vornimmt, steigt die Ausbringungsmenge nach der Produktionsfunktion **progressiv** an.
Umgekehrt bedeutet dies, daß bei einer kontinuierlichen Erhöhung (linearen Erhöhung) der Ausbringungsmenge die Einsatzmengen nur geringer erhöht werden müssen (degressive Erhöhung). Wenn man nun davon ausgeht, daß die Preise für die Produktionsfaktoren konstant bleiben, würde damit die **Kostenfunktion** einen **degressiven Verlauf** nehmen.

(3) Am Wendepunkt W nimmt die Ertragsfunktion einen degressiven Verlauf, d.h., um weiter einen linearen Output zu erzielen, muß man hier überproportional die Einsatzfaktoren einsetzen. Da auch hier gilt, daß die Preise für die Einsatzfaktoren konstant bleiben, muß hier **die Kostenfunktion überproportional steigen**.

Fazit:
Die Gesamtkostenfunktion einer ertragsgesetzlichen Produktionsfunktion verläuft zunächst ausgehend von einem Fixkostensockel K_f degressiv und anschließend progressiv, so daß sich insgesamt ein S-förmiger Kostenverlauf ergibt.

Die **Gesamtkostenfunktion** ergibt sich nun durch Inversion dieser Ertragsfunktion. Für die Gesamtkosten gilt

$$K = \sum_{i=1}^{n} r_i \, p_i + K_f$$

mit r_i = Einsatzmenge des Faktors i; p_i = Preis für eine Einheit der Einsatzmenge r_i; K_f = Fixkostenblock.

Die **Grenzkostenfunktion** K' als erste Ableitung der Gesamtkostenfunktion bezeichnet den Kostenzuwachs, der durch die Produktion der jeweils letzten Einheit eines Gutes entsteht. Die Grenzkosten erreichen ihr Minimum im Wendepunkt der Gesamtkostenkurve.

Dividiert man die Gesamtkosten durch die ausgebrachte Menge, so erhält man die **Durchschnittskosten (Stückkosten)**.

$$k = \frac{K}{m} = k_f + k_v$$

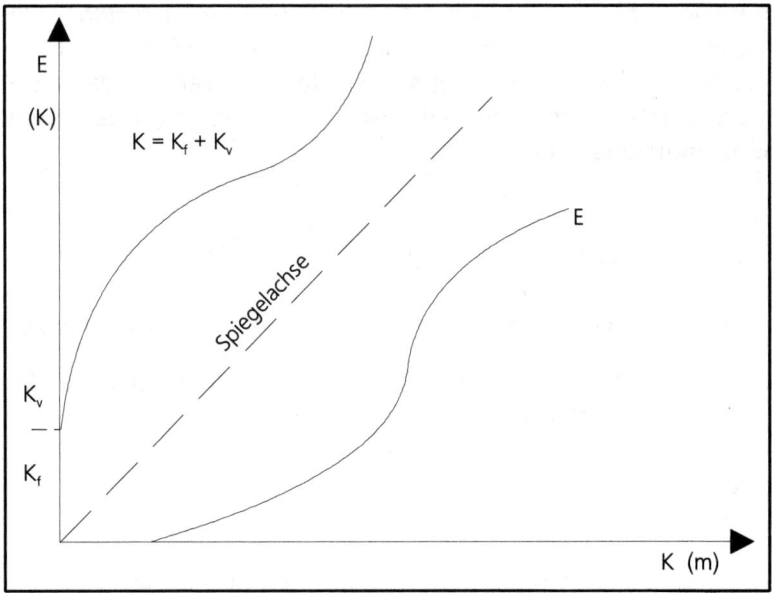

Abbildung 7-28   Der Zusammenhang zwischen Ertrags- und zugehöriger Kostenfunktion

Die Stückkostenkurve k setzt sich also aus der Hyperbel der Auflagendegression (fixe Stückkosten) und den durchschnittlichen variablen Kosten (variable Stückkosten) zusammen.

$$k_f = \frac{K_f}{m} \; ; \; k_v = \frac{K_v}{m}$$

K_v = Gesamtkosten minus fixe Kosten

Auch hier ist wieder einschränkend zu bemerken, daß obige Kostenfunktionen nur unter den engen Voraussetzungen des Ertragsgesetzes gelten, die in der Praxis häufig nicht gegeben sind.

Kostenarten, die bei Änderung der Ausbringungsmenge die Höhe der Gesamtkosten beeinflussen, bezeichnet man als **variable Kosten** oder auch entscheidungsrelevante Kosten, da die Höhe dieser Kosten ausschlaggebend dafür ist, welche Produktionsmengen in einem Betrieb von unterschiedlichen Produkten gefertigt werden sollen.

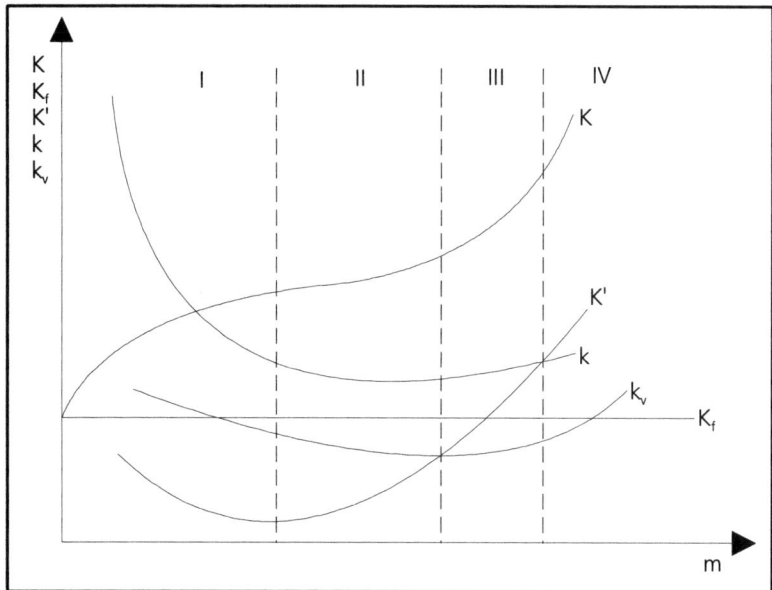

Abbildung 7-29 Beziehungen zwischen den Kostenkurven

Fixkosten sind Kostenarten, die von der Höhe des Beschäftigungsgrades unabhängig sind. Sie sind für Entscheidungen über die Höhe der Ausbringungsmenge nicht relevant.

Welche Kostenarten als fix bzw. variabel zu betrachten sind, hängt häufig von der jeweiligen Entscheidungssituation ab.

Die fixen Kosten setzten sich aus **Nutz- und Leerkosten** zusammen. Leerkosten sind der Teil der fixen Kosten, der durch die Produktion nicht genutzt wird, wohingegen Nutzkosten den produktiven Teil darstellen. Nutz- und Leerkosten variieren also mit der Ausbringungshöhe. Dabei gilt

$$K_f = K_n + K_l = \text{konstant}$$

Für die Nutzkosten gilt:

$$K_n(m) = \frac{m_e}{m_{max}} \bullet K_f$$

mit m_e = von einer Anlage effektiv erzeugte Menge
m_{max} = maximal mögliche Menge (Kapazität)

Für die Leerkosten gilt entsprechend:

$$K_l(m) = \frac{m_{max} - m_e}{m_{max}} \bullet K_f$$

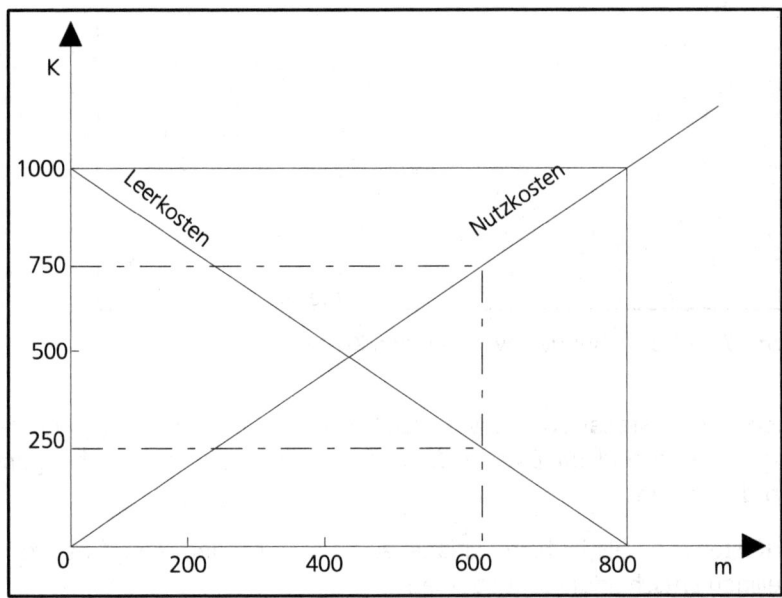

Abbildung 7-30   Nutz- und Leerkosten

8 MARKETING

8.1 Begriff und Aufgaben

Aus der betrieblichen Funktionsbereichsperspektive heraus bedeutet Marketing in "klassischer" managementorientierter Interpretation die Planung, Koordination und Kontrolle aller auf die aktuellen und potentiellen Märkte ausgerichteten Unternehmensaktivitäten mit dem Ziel der Verwirklichung der Unternehmensziele im gesamtwirtschaftlichen Güterversorgungsprozeß durch eine dauerhafte Befriedigung der Kundenbedürfnisse (Meffert 1998: 7).

Ausgangspunkt aller Überlegungen sind Probleme, Wünsche und Bedürfnisse aktueller und potentieller Kunden. Zentraler Bestandteil ist die Erfassung und Beobachtung der für eine Unternehmung relevanten Bezugsgruppen ("Stakeholder"). Systematische Marktsuche und -erschließung bedingen eine planmäßige Erforschung des Marktes als Voraussetzung für ein kundengerechtes Verhalten.

Oberstes Ziel des strategischen Marketing ist die Schaffung, Nutzung und Erhaltung von Marktpotentialen (vgl. Köhler/Krautter 1989). Die **Marketing-Strategie** legt fest, welche Produkte auf welchen Märkten mit welchen Marketing-Aktivitäten vertrieben werden sollen. Die Strategie bestimmt Art, Richtung, Intensität und Gewichtung der Marketing-Instrumente. Die Bestimmung der künftigen Produkt-Markt-Kombination ("Defining the Business") gilt als der zentrale Gegenstandsbereich. Managementaktivitäten strategischer Art im Marketing umfassen im wesentlichen:

- die strategische Analyse und Prognose der Unternehmungsumwelt,
- Produkt-/Marktentscheidungen, d.h. Entscheidungen über Leistungskategorien und Nachfragerkategorien,
- Formulierung von Marketinggrundsätzen, d.h. Bestimmung der Art des Eingehens auf Kundenbedürfnisse (Positionierungs- und Profilierungskonzept) und Bestimmung der Grundsätze beim Einsatz der absatzpolitischen Instrumente und somit auch von Grundsätzen des Verhaltens gegenüber Marktpartnern,

- Formulierung und Implementierung von Marketing-Mix-Strategien zur Sicherstellung eines aufeinander abgestimmten Vorgehens,
- Ressourcenallokation innerhalb des Marketing-Mix,
- die organisatorische Verankerung und Koordination der marktgerichteten Unternehmensaktivitäten innerhalb der Unternehmung und
- die Kontrolle bzw. das Marketing-Audit als Grundlage der Steuerung und Regelung.

Vor einer Auswahl und Präzisierung einzelner Teilmärkte müssen potentielle Nachfragergruppen und mögliche Lösungen zur Befriedigung der Nachfrage identifiziert werden. Auf dieser Grundlage kann eine Aufteilung des Marktes nach Kundengruppen und Bedürfnissen vorgenommen werden (Marktsegmentierung - vgl. Nieschlag/Dichtl/Hörschgen 1997: 82f.).

Das Marketing besitzt eine starke verhaltenswissenschaftliche Orientierung und interdisziplinäre Ausrichtung. Es dominiert die Absicht sozialer Einflußnahme auf menschliche Verhaltensweisen, d.h. Beeinflussung kommerzieller Transaktionen durch das erwerbswirtschaftliche Unternehmen unter bestimmten ökonomischen Zielvorstellungen.

Neuere Interpretationen fassen das Marketing als marktorientiertes integriertes Führungskonzept auf, wobei die traditionelle "Funktionsbereichsperspektive" aufgegeben wird. Die Idee der marktorientierten Unternehmensführung als Grundprinzip einer Globalsteuerung des Unternehmens stellt die Marktbeziehungen mit den Problemfeldern "differenzierte Erfassung aktueller und potentieller Kundenbedürfnisse" und "Gewinnung von dauerhaften Wettbewerbsvorteilen gegenüber der Konkurrenz" in den Mittelpunkt der Betrachtung. Marketing wird zum Teil im Kern als das Management von Austauschprozessen und -beziehungen interpretiert (Fritz/von der Oelsnitz 1998: 18), d.h., Marketing hat alle Marktbeziehungen als Tauschvorgänge zwischen sozialen Einheiten zum Gegenstand und zielt darauf ab, durch eine zielorientierte Gestaltung dieser Austauschprozesse die Erwartungen und Interessen der Tauschpartner zu berücksichtigen. Demgegenüber wird unter **Absatzwirtschaft** lediglich die betriebliche Funktion der marktlichen Verwertung von Sach- und Dienstleistungen eines Unternehmens verstanden. Sie ist anderen betrieblichen Funktionen teilweise untergeordnet und kann nicht mit dem Terminus Marketing gleichgesetzt werden.

Nachfolgend wird der **Prozeß des Marketing-Managements** in den Mittelpunkt gestellt. Dabei wird den Ausführungen die in der Abbildung 8-1 aufgeführte Gliederung zugrunde gelegt:

Abbildung 8-1   Aufgaben des Marketing-Managements
(Fritz/von der Oelsnitz 1998: 31)

(1) **Analyse der Marketing-Situation**
Sie dient der Schaffung einer geeigneten Informationsbasis für den Entwurf einer Marketing-Konzeption durch den Einsatz des Instrumentariums der Marketing-Forschung.

(2) **Planung der Marketing-Konzeption**
Sie umfaßt die Festlegung der Leitideen und Ziele des Marketing, der Marketing-Strategien und -Maßnahmen zur Umsetzung der Strategien. Dazu bedient man sich des sogenannten "Marketing-Mix".

(3) **Die Implementierung der Marketing-Konzeption**
Dabei müssen die personellen Voraussetzungen sowie die organisationalen und strukturellen Rahmenbedingungen geschaffen werden.

(4) **Die Marketing-Kontrolle**
Hierbei findet eine Überprüfung der Strukturen, Prozesse und Ergebnisse statt (Bruhn 1997: 285). Gegebenenfalls ist eine Revision der bestehenden Marketing-Konzeption notwendig. Die Erkenntnisse der Marketing-Kontrolle gehen wiederum in einer Feedback-Funktion in den Marketing-Planungsprozeß ein.

Im Hinblick auf erwerbswirtschaftliche Unternehmen lassen sich drei wichtige sektorale Formen des Marketing unterscheiden:

(1) Das **Konsumgütermarketing**: Hier liegt die Akzentuierung entweder im Sinne zumeist indirekter Marktbearbeitung auf der Ebene der Produktverwender mit dem Ziel, durch den Konsumenten ein erhöhtes Nachfrageverhalten beim Handel auszulösen, oder es wird durch ein handelsorientiertes Marketing auf dem Wege des aktiven Verkaufs bzw. der Schaffung von Anreizen versucht, einen Angebotsdruck zu erzeugen.

(2) Das **Investitionsgütermarketing**: Hierbei stehen die Vermarktung und der Wiedereinsatz von Produktionsfaktoren in den beschaffenden Unternehmen im Mittelpunkt. Ergänzend zur Kundenorientierung trifft man in Märkten bzw. Branchen mit hoher Innovationsdynamik auf technologie- und dabei angebotsorientierte Konzeptionen.

(3) Das **Dienstleistungsmarketing** (Servicemarketing): Unter Spezifizierungen wie beispielsweise Banken- oder Versicherungs-, Fremdenverkehrs- oder Verlags-Marketing werden hierunter zahlreiche Konzeptionen der Vermarktung eines breiten und heterogenen Spektrums immaterieller Leistungen subsumiert. Ausgehend von bestimmten Besonderheiten des jeweiligen Angebots der Dienstleistung (z.B. Immaterialität, Personalintensität) werden Strategiekonzepte unter Fragestellungen der Kundenintegration in den Erstellungs- und Absatzprozeß sowie Sicherstellung einer den Kundenerwartungen entsprechenden Dienstleistungsqualität entwickelt.

Sowohl im Konsumgüter- als auch im Investitionsgüter- und Dienstleistungsmarketing rücken die nachhaltige Kunden- und enge Marktorientierung in den Mittelpunkt der Betrachtung. Das bedeutet beispielsweise rasche Reaktion auf bestimmte Kundenwünsche und enge, langfristige Kundenbindung.

Marketingstrategien müssen genauso wie andere Strategien auch auf die operative Ebene übertragen werden. Die Gestaltungsmöglichkeiten erstrecken sich dabei auf vier generelle Marketinginstrumente, deren spezielle Ausprägungen in ihrer Kombination als Marketing-Mix bezeichnet werden und in dieser Form die Marketinggestaltung eines Unternehmens dokumentieren. Es sind dies:

- die Produktpolitik,
- die Preispolitik,
- die Distributionspolitik und
- die Kommunikationspolitik.

Bei der planmäßigen Gestaltung des Marktes, d.h. beim zieladäquaten und koordinierten Einsatz der Instrumente des "Marketing-Mix", sind diesbezüglich die folgenden Fragestellungen zu beantworten:

- Welche Problemlösungen bzw. Leistungen sollen wie am Markt angeboten werden?
- Zu welchen Bedingungen sollen die Güter und/oder Dienstleistungen am Markt angeboten werden?
- An wen und auf welchen Wegen sollen die Produkte verkauft bzw. an die Kunden herangetragen werden?
- Welche auf Kommunikation mit den Marktteilnehmern ausgerichteten Maßnahmen sollen zum Absatz des Leistungsangebots ergriffen werden?

8.2 Informationsbeschaffung

8.2.1 Marketing-Analyse

Die Marketing-Ziele lassen sich in dieser Struktur auch als Leitidee des Marketing-Konzepts verstehen. Wichtig für die Zielfixierung ist eine für diesen Zweck ausgebaute Informationsbasis, deren Kern wiederum aus der Marketing-Analyse resultiert. Insofern lassen sich die Aufgabenstellungen bei der Formulierung der Marketing-Ziele auf die einzelnen Phasen des Marketing-Prozesses zurückführen, d.h., insbesondere die **Informationsbeschaffung** vollzieht sich im

Rahmen der Marketing-Analyse, und die **Festlegung der Marketing-Ziele** ist für die Planung der Marketing-Konzeption relevant.

Die **Marketing-Analyse** läßt sich in die folgenden zwei Bereiche gliedern:

(1) Erfassung der internen Marketing-Situation des Unternehmens
Hierbei soll der Stellenwert des Marketing im Unternehmen erfaßt werden. Für die Bestimmung dieses Stellenwertes kommen folgende Indikatoren in Frage:

- die **Marketing-Grundhaltung**: Erfassung durch die Kundennähe und Wettbewerbsorientierung;
- die **Stellung und Bedeutung von einzelnen Marketing-Zielen** im Rahmen des Zielsystems einer Unternehmung: Kundenzufriedenheit, Kundenloyalität, Produktqualität, Wettbewerbsfähigkeit, Umsatz/Marktanteil;
- die **Intensität der Verfolgung von Marketing-Strategien**: Marktsegmentierung, Produktinnovation, Qualitäts- und Kostenführerschaft;
- die **Ausgabenhöhe für Marketing-Aktivitäten** pro Jahr für Marktforschung, Verkaufsförderung, Außendienst;
- die **Intensität der Marketing-Maßnahmen**: Häufigkeit der Kundenbefragung, Kundenkontakte der Führungsspitze, Konkurrenzbeobachtungen;
- der Zustand der **bisherigen marktorientierten Organisationsstruktur**: eigenständige Marketing-Abteilungen, Verbraucherabteilungen, Marketing-Ressort im Vorstand etc.

Weitere Analyseobjekte im Rahmen der internen Marketing-Analyse sind:
- Kosten- und Ertragslage,
- die Personalsituation und
- die Produktionssituation (Modernität, Flexibilität, Kapazität der Produktionsanlagen).

(2) Erfassung der Umweltsituation
Die erfolgreiche Durchsetzung von Marketingstrategien ist nicht nur von dem internen Unternehmenspotential abhängig, sondern auch von der Umweltsituation, in der sich ein Unternehmen befindet. Hierbei wird zwischen einer unternehmensunmittelbaren Aufgabenumwelt (Umwelt I, Zwischensystem) und einer globaleren Umwelt unterschieden (Umwelt II, Umsystem).

Umwelt I:

Umwelt I bezeichnet generell die unmittelbare Marktumwelt des Unternehmens, d.h. die Absatz- und Beschaffungsmärkte. Insbesondere auf den Absatzmärkten sind neben den Kunden und Konkurrenten auch die sogenannten Absatzmittler (Handelsbetriebe) und Absatzhelfer (beispielsweise Handelsvertreter) bedeutend. Generell zählen zu den **Kunden**:

- **Konsumenten** (private Haushalte),

- **gewerbliche Abnehmer** [professionelle Weiterverarbeiter (Industrie, Handwerk)]; Dienstleister oder gewerbliche Absatzmittler (Groß- und Einzelhandel) und

- **öffentliche Leistungsabnehmer** [öffentliche Unternehmen und Verwaltungen (Schulen, Behörden, Bundeswehr etc.)].

Neben den Kunden sind die Wettbewerber und Absatzmittler weitere Wirtschaftssubjekte, die sich auf den Märkten treffen.

Die **Märkte** selber lassen sich in ihrer realen Existenz nur bedingt den in der Volkswirtschaftslehre definierten Marktformen zuordnen (Monopol, Oligopol, Polypol). Sie stellen Mischformen dar, die in der Praxis durch

- die Existenz großer und kleiner Anbieter,

- eine eingeschränkte Markttransparenz auf der Angebots- und der Nachfrageseite und

- sachliche, räumliche, zeitliche oder personelle Präferenzen der Nachfrager

gekennzeichnet sind.

Umwelt II:

Die Umwelt II setzt sich aus mehreren Komponenten zusammen:

- die **ökonomische** (Kaufkraft; disponibles Einkommen; Entwicklung des Bruttosozialprodukts; der Wandel von der Produktions- zur Dienstleistungsgesellschaft etc.);

- die **technologische** (Material-, Verfahrens- und Produktinnovationen auf der Grundlage einer neuen technologischen Basis; Beispiel: Die Veränderungen in der mikroelektronischen Halbleitertechnik führten zu neuen Informations- und Kommunikationssystemen, Online-Buchungssystemen, Vertrieb im Internet etc.);

- die **politisch-rechtliche** (Veränderung von Gesetzen, z.b. Dieselbesteuerung, Abgasnormen etc.);
- die **sozio-kulturelle** (sie beinhaltet den gesellschaftlichen Wandel, aber auch die demographischen Veränderungen; Beispiele: Zunahme der Single- und Zweipersonenhaushalte, höheres Ausbildungsniveau, Veränderung der Bevölkerungsstruktur etc.);
- die **ökologische Komponente** (Sensibilisierung von gesellschaftlichen Gruppen bei der Nutzung natürlicher Umweltressourcen).

Die Marketing-Analyse umfaßt damit die Erforschung der internen Unternehmenssituation wie auch der Umwelt, differenziert in die Umwelt I und Umwelt II. Um letztlich zu validen Ergebnissen zu kommen, muß ein Unternehmen Methoden der Marktforschung für diese Bereiche anwenden.

Ein Ziel des Unternehmens ist es, ein marktgerechtes Angebot zu entwickeln, nachdem es über die Möglichkeiten und Gegebenheiten seines Umfelds informiert ist. Die **Aufgabe der Marketing-Forschung** besteht allgemein in einer "systematischen und objektiven Gewinnung und Analyse von Informationen, die zur Erkennung und Lösung von Problemen im Marketing dienen" (Green/ Tull 1982: 4).

Die Abgrenzung zwischen Markt- und Marketing-Forschung kann wie in Abbildung 8-2 beschrieben vorgenommen werden (Fritz/v. d. Oelsnitz 1998: 71).

Erforschung betriebsinterner Marketing-Sachverhalte	*Marktforschung:* Absatz- und Beschaffungsmärkte (Umwelt I)	Erforschung der weiteren Umwelt (Umwelt II)
= **interne Marketing-Forschung**	= **externe Marketing-Forschung**	

Abbildung 8-2   Gegenstandsbereiche der Marketing-Forschung

340

8.2.2 Methoden der Informationsgewinnung

Um eine zielführende, sinnvolle Marketing-Konzeption zu erreichen, ist es erforderlich, die Ergebnisse der Marketing-Analyse, insbesondere bezüglich der realistischen Potentiale und Stärken, produkt- und marktbezogen zu eruieren, d.h. relativ valide Informationen darüber zu beschaffen.

Methodisch lassen sich zwei Kategorien der Informationsbeschaffung unterscheiden, die in dieser Phase des Marketing-Management-Prozesses zur Anwendung gelangen können:

(1) **Methoden der Sekundärerhebung**

Hierbei handelt es sich um die Auswertung bereits existierenden Datenmaterials, das nicht unmittelbar zu diesem Zweck erhoben worden ist (Scharf/ Schubert 1997: 346). Bezogen auf betriebsinterne Sachverhalte zählen hierzu Datenmaterial des internen Rechnungswesens, Berichte von Außendienstmitarbeitern, vorhandene Verkaufsstatistiken, Informationen über Kunden etc. Darüber hinaus besteht die Möglichkeit, auf betriebsexterne Informationen zurückzugreifen, die von unterschiedlichen Institutionen, wie Statistischen Landesämtern bzw. dem Statistischen Bundesamt, Industrie- und Handelskammern, Verbänden und kommerziellen Forschungsinstituten zur Verfügung gestellt werden. Der Zugriff auf diese externen Informationsangebote wird durch neue Medien, wie z.B. das Internet, und neue Dienstleistungen mehr und mehr erleichtert und erweitert, aber er setzt auch eine immer gezieltere Selektion voraus.

(2) **Methoden der Primärerhebung**

Unter den Begriff Primärerhebung werden alle Aktivitäten subsumiert, die der unmittelbaren zweckbezogenen Informationsbeschaffung dienen und direkt an der Informationsquelle erfaßt werden. Zu den Datenerhebungsmethoden zählen (vgl. Kotler/Bliemel 1995: 195):

(a) die Beobachtung,
(b) die Befragung,
(c) das Experiment und
(d) die Focus-Gruppen.

Zu (a) **Die Beobachtung**

Unter Beobachtung wird allgemein die Erfassung von sinnlich wahrnehmbaren Sachverhalten im Augenblick ihres Auftretens durch andere Personen verstanden (Nieschlag/Dichtl/Hörschgen 1997: 746f.).

Die Beobachtung kann einmalig oder wiederholt, strukturiert bzw. unstrukturiert erfolgen. Insbesondere lassen sich über diese Informationsbeschaffungsmethode Daten über das direkte Kaufverhalten von Kunden, die Akzeptanz der Verkaufspräsentation und das Verkaufsverhalten in spezifischen Situationen in Erfahrung bringen. Im weiteren Sinne ist die Beobachtung auch ein wichtiges Instrument in der Konkurrenzanalyse, zumal hier Befragungstechniken oder andere Primärerhebungsmethoden äußerst problematisch erscheinen.

Zu (b) **Die Befragung**

Eine weitaus größere Bedeutung in der Informationsgewinnung für Marketing-Analysen haben die Befragungstechniken. Sie können in mündlicher, schriftlicher oder auch telefonischer Form realisiert werden.

Die **mündliche Befragung** erfolgt mit einem Interviewer, der direkt die zu befragende Person in einem Gespräch um Auskunft zu bestimmten, vorher geplanten Sachverhalten bittet. Das Gespräch als Kern dieser Technik kann sowohl anhand eines vorab erarbeiteten Fragenkataloges ablaufen (strukturiertes Interview) oder sich in einem scheinbar zufälligen Verlauf präsentieren (freies Gespräch), wobei der interviewenden Person in beiden Fällen die Zielsetzung bewußt sein sollte. Diese vielleicht etwas evidente Aussage gewinnt insofern an Gewicht, als in den meisten Fällen eine direkte Befragung zu bestimmten Themen zu Falschaussagen führt und daher der Interviewer meist mit einer indirekten Befragungstechnik, mit der die Validität der Antworten prüfbarer erscheint, arbeitet. Ein weiterer Aspekt bei der mündlichen Befragung ist die Beeinflussung der Auskunftsperson durch den Interviewer selbst. Er sollte gewissermaßen als "neutrales Medium" agieren (Böcker 1996: 129). Es ist zweckmäßig, eine im Vorfeld für dieses Interview entsprechend ausgebildete Person mit dieser Aufgabe zu betrauen.

Eine Spezifikation des mündlichen Interviews ist die **telefonische Befragung**, bei der die Einflußnahmemöglichkeiten des Interviewers zwar reduziert, aber nicht gänzlich ausgeschlossen werden können. Repräsentativ sind allerdings derartige Befragungen kaum, aber sie führen in relativ kurzer Zeit zu Ergebnissen.

Die **schriftliche Befragung**, ohne direkten Einfluß des Fragenden, erfolgt über einen ausgearbeiteten Fragebogen, der in der Regel postalisch an Personen versandt wird (Scharf/Schubert 1997: 365). Die darin enthaltenen Fragen können entweder als offene oder als geschlossene Fragestellung formuliert sein. Bei geschlossenen Fragen ist die Zahl der Antwortoptionen fest vorgegeben und läßt sich nicht wie bei einer offenen Fragestellung frei formulierend bearbeiten. Diese Erhebungsmethode bietet eine relativ kostengünstige Möglichkeit, über eine "repräsentative" Stichprobenwahl über die Grundgesamtheit der Zielgruppe fundierte Aussagen vornehmen zu können. Als nachteilig bei dieser Vorgehensweise kann sich der häufig relativ geringe Rücklauf der Fragebögen erweisen und die Ungewißheit, ob die befragten Personen aufgrund des geringen Anreizes und des mit der Bearbeitung des Fragebogens verbundenen Aufwandes tatsächlich gewissenhaft die Antworten schriftlich fixiert haben.

Eine weitere Besonderheit, die sicherlich in Zukunft noch an Bedeutung zunehmen wird, ist die **computergestützte Befragung**, wobei in diesem Zusammenhang nicht die Rechnerunterstützung bei der Analyse und Auswertung der Antworten bei den anderen Erhebungsmethoden gemeint ist, sondern eine Online-Befragung mit Hilfe eines vernetzten Rechners. So kann beispielsweise ein elektronischer Fragenkatalog im Internet als Basis für die interaktive Bearbeitung dienen. Die bei dem Befragten auf dem Bildschirm erscheinende interaktive WWW-Seite bietet dabei den Vorteil, daß sie nach ihrer Bearbeitung automatisch als Datenmaterial für weitere statistische Analysen transformiert werden kann. Diese Vorgehensweise ist sowohl kosten- als auch zeitsparend, was bei anderen Varianten der computergestützten Befragung nicht in gleichem Maße zutrifft. So wäre durchaus auch das bisher praktizierte postalische Versenden bei der schriftlichen Befragung durch elektronische Medien, wie E-Mail, möglich. Allerdings wird hierbei nur der Informationsträger des Fragebogens verändert, nicht aber sofort die Möglichkeit einer automatischen Auswertung geschaffen.

Für alle spezifizierten Befragungstechniken gilt gleichermaßen das Problem der Themenauswahl. Hierbei wird vielfach aus methodischen Gründen die sogenannte Omnibus-Befragung präferiert, bei der Personen zu mehreren Themen befragt werden, statt zu einem speziellen Gebiet (Einthemen-Befragung), um so die Bearbeitung, sei es bei der schriftlichen als auch bei der mündlichen Befragung, für den Befragten nicht zu monoton erscheinen zu lassen.

Zu (c) **Das Experiment**

Die Experimentalmethode besitzt als wissenschaftliche Methode die höchste Validität (vgl. Kotler/Bliemel 1995: 195). Diese Aussage trifft jedoch nur zu, wenn für ein Experiment die entsprechende Versuchs- und Meßanordnung mit den richtigen Meßgrößen gewählt worden ist. Ein Experiment bedeutet eine unter kontrollierten Bedingungen stattfindende Befragung und/oder Beobachtung, wobei bei der Experimentalmethode zwischen Feld- und Laborexperimenten differenziert wird (Fritz/v.d. Oelsnitz 1998: 79). Feldexperimente erfolgen in dem normalen Umfeld des Probanden unter realen Umweltbedingungen (Scheuch 1996: 210). Bei einem Laborexperiment sollen möglichst viele intervenierende Einflußgrößen ausgeschaltet werden, um der eigentlichen Zielsetzung des Experiments, nämlich einer hohen Validität näherzukommen, gerecht zu werden. Es geht bei einem Experiment darum, Ursache-Wirkungsketten von Personen, bezogen auf die Eigenschaften eines Produkts bzw. einer Dienstleistung, zu überprüfen oder bestimmte, bisher beispielsweise festgestellte Reaktionen zu erklären (Preißner/Engel 1997: 35). Läßt sich nun allerdings während der Durchführung des Experiments keine signifikante Ursache feststellen, da in der Versuchs- oder Meßanordnung die zu messende Größe nicht ausreichend isoliert werden konnte, lassen sich natürlich keine validen Aussagen hinsichtlich der vermuteten Ursachen-Wirkungskette formulieren bzw. besitzen sie keine hohe Validität.

In der Praxis wird bei den Feldexperimenten zwischen Produkttests, mit denen die Eigenschaften eines Produktes und deren Wirkung durch eine ausgewählte Gruppe getestet werden, und den Store- und Markttests, mit denen die Akzeptanz am Markt gemessen werden soll, unterschieden. Die Überprüfung der Marktakzeptanz eines neuen Produktes kann bis hin zur Wahl eines abgegrenzten Testmarktes führen, auf dem ausschließlich unter experimentellen Rahmenbedingungen dieses Produkt verkauft wird.

Zu (d) **Die Focus-Gruppe**

Diese Erhebungsmethode läßt sich im weitesten Sinne noch zu den Experimentalmethoden zählen, wobei das Experimentdesign hier sehr spezifiziert ist. Unter Anleitung eines Diskussionsleiters wird mit einer Gruppe von Personen während mehrerer Stunden über ein Marketingobjekt gesprochen. Die Diskussion selbst soll in einer angenehmen Atmosphäre verlaufen.

Ziel dieser Gruppensitzung ist es, die spontanen emotionalen Reaktionen der Gruppenmitglieder in bezug auf das Marketingobjekt zu erfassen, um daraus weitere Informationen über das Objekt zu deduzieren. Die Ergebnisse einer Focus-Gruppensitzung sind zwar nicht repräsentativ, sie können aber als Vorstufe zu einem Testmarkt Aufschluß über die Einstellung und das Kaufverhalten der Verbraucher liefern und helfen, das zu erfassende Informationsproblem einer sich vielleicht anschließenden größeren Befragung näher einzugrenzen. Zu diesem Zweck wird vielfach der relativ ungezwungene Ablauf der Gruppensitzungen, als wichtige Voraussetzung, um überhaupt spontane Gefühls- und Gedankenäußerungen zu erhalten, elektronisch aufgezeichnet. Gerade in der Konsumgüterindustrie wird dieses Instrument genutzt (Kotler/Bliemel 1995: 196).

8.2.3 Methoden der Informationsanalyse

Unabhängig von der Erhebungsmethode schließt sich die Auswertung des gewonnenen Datenmaterials an. Dazu müssen die Einzeldaten geordnet werden, z.B. in Datenkategorien wie Altersgruppe und Einkommensklasse der Befragten bzw. Beobachteten.

Die Untersuchungsergebnisse müssen, soweit dies möglich und gewünscht ist, in eine operationalisierbare Form gebracht werden, d.h., die Daten müssen zugeordnet werden, bevor eine Analyse stattfinden kann. Hierbei können unterschiedliche Skalenniveaus zur Anwendung gelangen (vgl. Scharf/Schubert 1997: 353f.):

- **Nominalskalen**: Sie ermöglichen die Fixierung einer bestimmten Ausprägung, aber erlauben keine relativen Aussagen.

- **Ordinalskalen**: Sie gestatten eine relative Aussage zwischen zwei Meßgrößen, aber noch nicht die Bewertung des Abstandes zwischen diesen. Die exemplarische Aussage, daß eine Person größer, geschickter etc. als eine andere Person ist, wäre eine Äußerung in einer Ordinalskala.

- **Intervallskalen**: Dies sind Skalenniveaus mit gleichgroßen Abschnitten auf einer Skala für verschiedene Merkmalsausprägungen. Intervallskalen besitzen keinen natürlichen Nullpunkt.

- **Verhältnisskalen**: Auch dieses Skalenniveau besitzt gleichgroße Skalenabschnitte, aber auch einen natürlichen Nullpunkt.

Mit der Verwendung von Intervall- und Verhältnisskalen ist es beispielsweise möglich, eine Aussage über den Abstand zweier Meßpunkte zu treffen, d.h., man kann z.b. über die in der Ordinalskala definierte Reihenfolge (jemand ist größer als eine andere Person) auch eine Aussage treffen, um wieviel jemand größer ist als die andere Person. Intervall- und Verhältnisskalen sind damit metrisch.

Die mathematisch darauf anzusetzenden Verfahren unterteilen sich in (vgl. Nieschlag/Dichtl/Hörschgen 1997: 766ff.):

- **univariate Verfahren**, bei denen nur eine einzige Variable betrachtet wird, deren Beobachtungswerte zu einer Bestimmung einer Häufigkeitsverteilung oder - über die Zeit gemessen - zur Berechnung einer Zeitreihe bzw. einer Trendprognose dienen.
- **bivariate Verfahren** als Sonderform der multivariaten Methoden, mit denen der Zusammenhang zwischen zwei Variablen zum Ausdruck gebracht werden soll. Beispiele wären die Ermittlung eines Zusammenhangs zwischen den beiden Variablen über eine Korrelationsanalyse bzw. die Bestimmung der Wirkung einer unabhängigen Variablen auf eine abhängige Variable durch eine einfache Regressionsanalyse.
- **multivariate Methoden**, mit denen ein Zusammenhang zwischen mehreren Variablen in der Analyse untersucht werden kann.

Abhängig von der Skalierung der Daten, die bei der primären Datenerhebung bereits festgelegt wird, und dem Zweck der Datenerhebung lassen sich zwei grundsätzliche Methodengruppen der Datenanalyse bei den multivariaten Methoden unterscheiden. Zum einen die Methoden, mit denen eine Struktur in den Daten ermittelt werden soll, sie dienen der Interdependenzanalyse von Daten, zum anderen Methoden, mit denen Abhängigkeitsverhältnisse zwischen den Datenklassen bzw. Variablen aufgezeigt werden sollen. Beide Methodengruppen lassen sich auch kombiniert in der Form anwenden, daß über eine vorgeschaltete **Interdependenzanalyse** sich eine Dependenzanalyse anschließt.

Zu den Verfahren der Interdependenzanalyse zählen unter anderem:

(1) die Clusteranalyse,

(2) die Faktorenanalyse,

(3) die Diskriminanzanalyse,

(4) die Regressionsanalyse.

Zu (1) **Die Clusteranalyse**

Die Clusteranalyse dient dazu, aus der gegebenen Datenmatrix, die zeilenweise die Merkmalsträger (z.B. Probanden, Produkte etc.) beinhaltet und in der Spalte die codierte Ausprägung eines Merkmals (z.B. Alter, Einkommen etc.), anhand einzelner Merkmale möglichst ähnliche Merkmalsträger in Gruppen zusammenzufassen. Durch dieses Verfahren ist es möglich, bisher nicht vermutete Ähnlichkeiten zwischen den Merkmalsträgern herauszuarbeiten. Eine typische Fragestellung in der Marktforschung, die mit einer Clusteranalyse lösbar wäre, ist die Frage nach unterschiedlichen Käuferklassen bei einem bestimmten Produkt. Die Abbildung 8-3 zeigt ein Beispiel der graphischen Vorstellung einer Clusteranalyse.

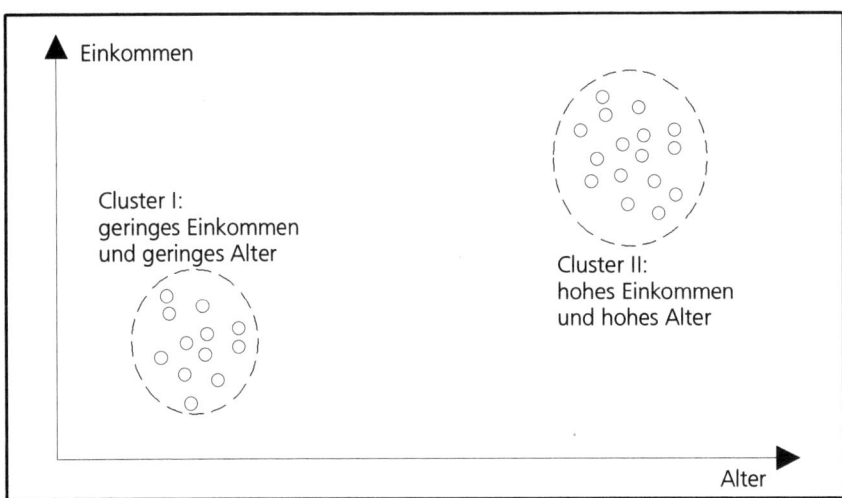

Abbildung 8-3   Die Gruppendifferenzierung nach der Clusteranalyse

Zu (2) **Die Faktorenanalyse**

Im Rahmen einer multivariaten Anwendung kann auch der Fall eintreten, daß bestimmte gemessene Merkmale nicht unabhängig voneinander sind, d.h. korrelieren, und somit nicht als unabhängige Größen für die Erklärung einer abhängigen Größe herangezogen werden können. In derartigen Fällen dient die Faktorenanalyse dazu, aggregierte Einflußfaktoren aus dem Variablenpool zu bestimmen, die die korrelierenden Größen zusammengefaßt erklären sollen und übergeordnete Bestimmungsfaktoren dokumentieren. Eine typische Fragestellung, die über die Faktoranalyse bearbeitet wird, ist die Ermittlung allgemeiner Einflußgrößen (Beispiel: Welche allgemeinen Größen lösen einen Kaufanreiz aus?). Dabei könnte eine aggregierte Größe das Ambiente des Verkaufsortes sein, bestimmt durch einzelne Faktoren, wie Ausstattung, Dekoration (als Produktpräsentation) und die Kundenkommunikation.

Zu (3) **Die Diskriminanzanalyse**

Im Gegensatz zur Clusteranalyse wird mit Hilfe der Diskriminanzanalyse versucht, Gruppen anhand von Merkmalsausprägungen voneinander zu trennen. Dabei wird versucht, Merkmalsträger durch Merkmale mit starkem Differenzierungspotential zwei oder mehreren Gruppen zuzuordnen, um dann über eine Prognosefunktion die zukünftigen Merkmalsträger mit einer spezifischen Ausprägungsstruktur einer bestimmten Gruppe zuordnen zu können. Typische Anwendungsgebiete sind beispielsweise die Klassifizierung von Innovatoren (Kotler/Bliemel 1995: 220), die Bestimmung einer speziellen Käuferstruktur für ein bestimmtes Markenprodukt und die Abgrenzung dieser Käufergruppe gegenüber Konkurrenten (siehe Abbildung 8-4).

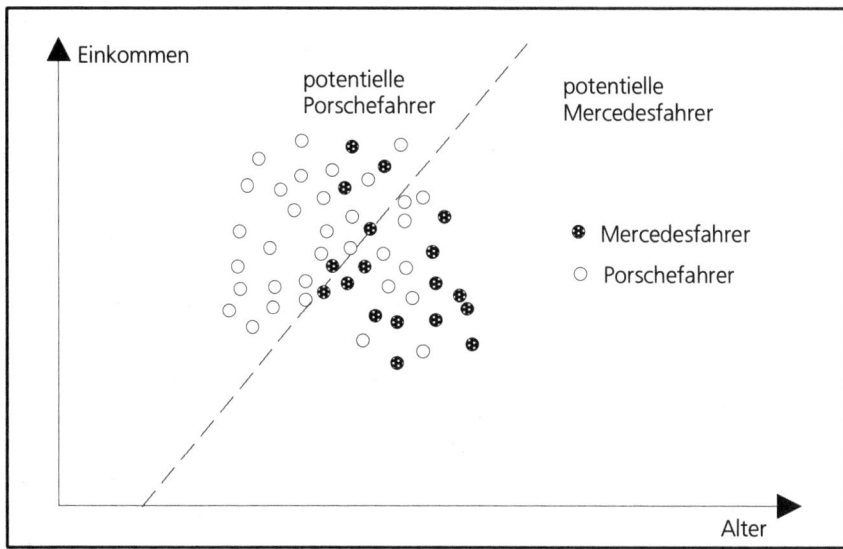

Abbildung 8-4   Gruppenbildung mit Hilfe der Diskriminanzanalyse

Zu (4) **Die Regressionsanalyse**

Die Regressionsanalyse stellt ein Instrument dar, mit dem der Zusammenhang verschiedener Einflußgrößen auf eine davon abhängige Größe beschrieben wird (Preißner/Engel 1997: 47). Die einflußnehmenden Größen werden als unabhängige Variablen beschrieben, während die abhängige Variable als erklärende Variable beschrieben wird. Will man z.B. den Bedarf bzw. die Nachfrage an Porschefahrzeugen bestimmen und hat einen signifikanten Einfluß der potentiellen Käufergruppe über das Einkommen und das Durchschnittsalter ermittelt, so läßt sich das Einkommen und das Alter vom Wirkungsmechanismus auf die Nachfrage nach dem Produkt als Regressionsgleichung bestimmen:

$$Y = A_0 + A_1 X_1 + A_2 X_2 + S$$

Y = Nachfragemenge; X_1 = Einkommen; X_2 = Alter;
A_i = Wirkungskoeffizienten

In dieser Gleichung wird durch S eine latente Variable beschrieben, die weitere, nicht gemessene Einflußfaktoren auf Y berücksichtigt. Zudem müßte die Variable A_2 ein negatives Vorzeichen besitzen, da nach der Diskriminanzanalyse mit zunehmendem Alter z.B. der Anteil der Porschefahrer abnimmt.

8.3 Ziele und Strategien

Nach einer Phase der Informationsbeschaffung über die internen und externen Rahmenbedingungen zur Entwicklung eines Marketing-Konzepts besteht nun die Notwendigkeit, Marketing-Ziele kontextbezogen mit den Unternehmenszielen zu verbinden. Diese Aufgabe steht in einer sehr engen Verbindung mit der Unternehmensplanung, die als hierarchisches System, beginnend mit der strategischen Planung, eine Fixierung eines **Ziel- und Strategiekonzepts** beinhaltet, das stufenweise über die einzelnen Planungskategorien für einzelne Suborganisationen und betriebliche Funktionen konkretisiert wird. Insofern lassen sich die Marketing-Ziele als funktionsbezogene Zielsetzungen in dieses Zielsystem integrieren. Diese Betrachtungsweise deutet jedoch schon darauf hin, daß starke Interdependenzen zwischen den verschiedenen Zielkategorien bestehen, die den Marketing-Zielen auch einen anderen Stellenwert einräumen könnten.

Dahinter verbirgt sich ein anderes Verständnis des Marketing: "Es ist nicht mehr allein ein funktionaler Teilbereich des Unternehmens" [...] "sondern hat vielmehr die Aufgabe, alle organisatorischen Handlungen und Entscheidungen im Sinne einer ganzheitlich-marktorientierten Unternehmensführung konsequent an den Kundenbedürfnissen auszurichten" (Fritz/v.d. Oelsnitz 1998: 86).

Diese erweiterte Begriffsauffassung des Marketing hat sicherlich ihre Berechtigung, zumal durch die verstärkte **Prozeß- und Kundenorientierung** der Unternehmen auch die Vorgehensweise bei der Entwicklung und Optimierung einer produktspezifischen Wertkette nicht mehr zwingend bei den Leistungsbereichen einer Unternehmung ansetzt, sondern bei den Vorstellungen potentieller Käufer, die dann in den Planungsaktivitäten der Unternehmen hinsichtlich der Zielspezifikation ihre Berücksichtigung finden. Eine gezielte Ausrichtung der Marketingstrategien ist allerdings häufig mit Schwierigkeiten verbunden, wenn "unberechenbare" Käufer auftreten. Dem **hybriden Kaufverhalten**, d.h. dem Nebeneinander von "Teuer- und Billigkäufen" von Individuen aller sozialen Schichten, muß daher in der Marktforschung große Aufmerksamkeit zuteil werden. Es stellt sich in diesem Zusammenhang aber auch die Frage, ob es langfristig möglich ist, mit einer derartig eindimensionalen Orientierung der Ausrichtung an Kundenbedürfnissen die Existenz einer Unternehmung zu sichern oder ob nicht auch andere Faktoren existent sind, die empirisch vielleicht nicht validierbar erscheinen. Gemeint sind beispielweise Innovationen in Unternehmen, die nicht aus der Bedürfnisintention der Käufer resultieren, sondern aus langfristigen betrieblichen Forschungsaktivitäten. Nach dieser Sichtweise wären Marketing-Ziele deduzierbar aus den strategischen Unternehmenszielen und Marketing-Strategien als Funktionsstrategien zu betrachten.

Damit findet sich auch hier die Differenzierung zwischen Marketing-Zielen und Marketing-Strategien als Instrumente oder genauer als Mittel und Wege der Zielerreichung. Ebenso ist auch das System der Zielhierarchie auf die Entwicklung von Marketing-Zielen und -Strategien übertragbar. Strategische Ziele im Marketing, wie beispielsweise die Erhaltung der Wettbewerbsfähigkeit, sind demnach Oberziele, während die auf der taktischen und operativen Ebene definierten Ziele, z.B. die Erhaltung eines Marktanteils, als Instrumental-Ziele dienen. Es besteht damit auch im Marketing eine Hierarchie in den Strategieoptionen, die über den Konkretisierungsgrad und grundsätzliche Planungsergebnisse deduziert werden kann. Einen möglichen Einstiegspunkt zur systematischen Eruierung alternativer umfassender Marketing-Strategien bietet die Produkt-Markt-Matrix von Ansoff (1988, S. 83), die vier Optionen bereitstellt, die sich aus der Kombination der Markt- und Produktpolitik ergeben. Alle in der Abbildung 8-5 aufgeführten Strategien stellen Wachstumsstrategien dar.

Produkt / Markt	gegenwärtig	neu
gegenwärtig	Marktdurchdringung	Produktentwicklung
neu	Marktentwicklung	Diversifikation

Abbildung 8-5   Produkt-Markt-Matrix (Ansoff 1988, S. 83)

Die Marktdurchdringung (Marktintensivierung bzw. -ausschöpfung) zielt auf eine Vergrößerung von Umsatz- bzw. Marktanteilen auf den gegenwärtigen

Märkten. Dabei wird nicht von bestehenden Konzeptionen abgewichen, sondern eine Intensivierung der Absatzleistungen geschieht durch eine stärkere Bearbeitung der bisherigen ("alten") Produkte bzw. Leistungen auf den bisherigen Märkten unter Einsatz des absatzpolitischen Instrumentariums. Dabei sind folgende Strategien der Marktdurchdringung möglich (Meffert 1991: 91):

(1) Intensivierung der Produktverwendung bei bisherigen Kunden, beispielsweise durch Erweiterung der Anwendungsbereiche oder Erhöhung des Ersatzbedarfs,

(2) Gewinnung neuer Kunden durch Abwerbung von der Konkurrenz, indem eine Produktverbesserung oder eine Preisreduktion vorgenommen wird,

(3) Erweiterung bzw. Nutzung des Marktpotentials durch Akquise neuer Zielgruppen, die bisher nicht zur generellen marktbezogenen Nachfrage nach diesen Produktgruppen beigetragen haben.

Die **Strategie der Marktentwicklung** weist im Gegensatz hierzu eine andere Charakteristik auf, die auf Erschließung neuer Märkte abzielt. Ansatzpunkte zu deren effektiver Realisierung können sein (nach Staehle 1999: 655; Meffert 1998: 234):

(1) Erschließung zusätzlicher geographischer Märkte, d.h. nationale und internationale Ausweitung,

(2) Erschließung zusätzlicher Märkte durch Erweiterung der Anwendungsmöglichkeiten,

(3) Erschließung neuer Teilmärkte durch Produktvariation oder gezielter durch eine auf Zielgruppen spezifiziert wirkende Produktdifferenzierung mittels entsprechender Werbemaßnahmen.

Die **Produktentwicklung** umfaßt die Schaffung neuer Produkte für bereits bestehende Märkte. Dabei sollen bisher nicht im Leistungsprogramm enthaltene Produkte neben bestehende treten (Produktdifferenzierung) oder bestehende ersetzen (Produktsubstitution). Produktentwicklung beinhaltet deshalb die technischen, produktionsorientierten Tätigkeiten. Sie ist Teil der generellen **Produktplanung**, die sämtliche Planungsaktivitäten umfaßt, die zur Fundierung der produktpolitischen Entscheidungen und deren Realisierung erforderlich sind. Die bislang beschriebenen drei Strategien werden im allgemeinen als Mischformen angewendet.

Diversifikation beinhaltet gegenüber den drei erstgenannten Strategien komplexere Zusammenhänge, die insbesondere das Leistungsprogramm der Unternehmung als Ganzes betreffen. Diversifikation kann definiert werden als die gezielte Ausweitung des Leistungsprogramms einer Unternehmung auf Gebiete, auf denen sie bisher nicht tätig war. Diversifikation bzw. Diversifizierung beinhaltet mit anderen Worten die Erweiterung bisheriger Tätigkeitsbereiche durch neue, planmäßig herbeigeführte Aktivitäten und Möglichkeiten. Diversifikation bedeutet meist eine generelle (bzw. teilweise) Neu- oder Umorientierung bestimmter betrieblicher Teilbereiche, wie des technischen und/oder des Distributionsbereiches. Daraus resultiert die zunehmende Bedeutung der Diversifikationen in Form der Übernahme von ganzen oder Teilunternehmungen, wodurch neben den vorhandenen Kapazitäten insbesondere auch Know-how auf speziellen Gebieten übernommen wird.

Es lassen sich folgende drei Diversifikationsstrategien unterscheiden:

(1) Die **horizontale Diversifikation** weist noch den größten Bezug zu den bestehenden Produkt-Markt-Kombinationen auf. Hierbei werden ähnliche Produkte mit vergleichbarer Technologie und Werkstoffen entwickelt, und dabei wird weitgehend auf die bestehende Infrastruktur zurückgegriffen (z.B. die Erweiterung des Programms eines Gebäckherstellers um weitere ähnliche Gebäcke und zusätzliche Kuchensorten).

(2) Bei einer **vertikalen Diversifikation** erfolgt eine Vergrößerung der Eigenleistung an der Wertschöpfung von Produkten, indem beispielsweise Positionen bei den Vorprodukten oder nachgelagerten Produktions- und Handelsstufen durch das Unternehmen besetzt werden. Beispielsweise bieten Hardwarehersteller in der Computerbranche für ihre Systeme eigene Betriebssysteme und Anwendersoftware an, welche zusätzlich als Komplettlösungen über eigens eingerichtete neue Vertriebskanäle neuen Kundengruppen angeboten werden.

(3) Die weitestgehende Form einer Diversifikationsstrategie ist die **laterale Diversifikation**, bei der über die neu geschaffenen Produkt-Markt-Kombinationen kein Bezug mehr zu dem bisherigen Angebot besteht. Dies trifft

dann zu, wenn sich Unternehmen beispielsweise auf eine völlig neue Branche konzentrieren würden. Ein Beispiel wäre ein Kaffeeanbieter, der zusätzlich ein neues Geschäftsfeld im Bereich der Tabakbranche (Zigarillos) eröffnen würde.

8.4 Marketing-Instrumente

8.4.1 Die Produktpolitik

Unter den Begriff "Produkt" sind alle Sach- und Dienstleistungen zu subsumieren, die von einem Unternehmen dem Kunden angeboten werden. Produkte können äußerst vielfältig sein und umfassen vermarktungsfähige materielle Objekte, Dienstleistungen, aber auch Personen, Orte, Organisationen und Ideen. Demzufolge zielt die **Produktpolitik** auf die Gestaltung dieser Sach- und Dienstleistungen ab und beinhaltet Entscheidungen über die Neuentwicklung, Differenzierung, Änderung sowie Eliminierung von Produkten (Meffert 1991: 117).

Diese Entscheidungen implizieren konkrete Lösungen zu den Fragen

- der **Produktgestaltung**, d.h. die Festlegung der Materialart, der Funktion, über die der Nutzen und Zusatznutzen bestimmt wird, die Form und Farbe, sofern es sich um eine Sachleistung handelt, und die angestrebte Qualität;
- der **Verpackungsgestaltung** sowie Namensgebung und Markierung, d.h. die Hervorhebung als Markenzeichen, um so eine Differenzierung zur Konkurrenz herzustellen;
- der **Leistungsprogrammgestaltung**, d.h. die Kombination verschiedener Produkte des Unternehmens zu einem Absatzprogramm, welches unterschiedliche Produkte bzw. Produktgruppen beinhalten kann.

Zu Beginn stellt sich die Frage, was ein Produkt leisten soll: Welche Erwartungen stellen die Kunden an ein neues bzw. modifiziertes Produkt, und was läßt sich unter Berücksichtigung der erwarteten Nachfrage und der eigenen Ziele und Möglichkeiten realisieren? Inhalt der auf den Analysen aufbauenden Produktgestaltung ist zunächst die Ausgestaltung des **Kernnutzens** eines Produkts in technisch-physikalischer wie absatzwirtschaftlicher Sicht. Dieser auf den Grundnutzen bezogene Produktkern muß darüber hinaus aber auch markt- und verkehrsfähig gemacht werden, womit Transport- und Lagermöglichkeiten und Identifizierbarkeit am Markt angesprochen sind. **Zusatznutzen** ergeben sich beispielsweise durch bestimmte technische Eigenschaften (z.B. Material, Konstruktion) oder durch spezifische ästhetische Eigenschaften (**Produktdesign**). Die ursprüngliche Schutz- und Qualitätssicherungsfunktion einer Verpackung erfährt eine Ergänzung durch Verkaufsförderungs-, Informations-, Logistik- und Recyclingfunktionen. Zusatznutzen äußert sich aber auch in symbolischen Eigenschaften eines Produkts, die vor allem durch die **Marke** (Markenname und zugehöriges Symbol) und das damit verbundene Image ausgedrückt werden. Eine Marke dient der Identifikation eines Produkts und seiner Differenzierung gegenüber Konkurrenzprodukten. Von **Markenartikeln** wird erst dann gesprochen, falls es gelingt, Produktmarkierungen bei gleichbleibend hoher Produktqualität, überregionalem Vertrieb, hohem Bekanntheitsgrad langfristig im Bewußtsein der Kunden zu verankern sowie Markentreue mit der Möglichkeit preispolitischer Handlungsspielräume herzustellen. Schließlich umfaßt die Produktgestaltung im weitesten Sinne auch die Konzeptualisierung des produktbegleitenden **Kundendienst-** oder **Serviceangebots** (Beratung, Umtauschrecht, Garantieleistungen, Reparaturdienste).

Neben der Produktgestaltung sind im Rahmen der Produktpolitik aber auch kontinuierlich **Entscheidungen** über die **Marktpräsenz** zu treffen. Beispielsweise muß festgelegt werden, ob, wann und wie

- neue Produkte oder neue Produktlinien entwickelt und am Markt eingeführt,
- alte Produkte aus dem Leistungsspektrum eliminiert,
- Produktvariationen bei eingeführten Produkten betrieben oder
- Produktdifferenzierungen durch Hinzufügen zusätzlicher Varianten vorgenommen

werden sollen.

Die **Leistungsprogrammgestaltung** beinhaltet zum einen Entscheidungstatbestände der mengenmäßigen Zusammensetzung des Angebots, abhängig primär von Ergebnissen der Absatzprognose und den Produktionskapazitäten sowie Beschaffungsmöglichkeiten. Zum anderen gilt es, die unterschiedlichen Produktarten und die Programmtiefe, die sich in verschiedenen Ausführungen bzw. Modellen der jeweiligen Produktarten manifestiert, festzulegen. Grundlegendes Ziel und zentrale Orientierungsgröße von Produkt-, Verpackungs- und Programmgestaltung ist die Maximierung des Kundennutzens unter Berücksichtigung wirtschaftlich vertretbarer Kosten und zahlreicher Restriktionen unter anderem technischer, rechtlicher, finanzieller und ökologischer Art. Da die Produktpolitik und ihre Maßnahmen oft lange Vorlaufzeiten und darüber hinaus langfristige Wirkungen aufweisen, ist diese zentraler Bestandteil der strategischen Marketingplanung.

In vielen Schlüsselbranchen (z.B. Automobilindustrie, Informationstechnologie, Unterhaltungselektronik) besteht ein kontinuierlicher Zwang zur **Produktinnovation**. Obwohl Schumpeter (1912) schon zu Beginn dieses Jahrhunderts die Umsetzung innovativer Ideen als besonderes Merkmal der Unternehmerfunktion beschrieben hat, fand der Innovationsbegriff erst seit den 70er Jahren größere Verbreitung in der betriebswirtschaftlichen Literatur. Der Ausdruck "Innovation" läßt sich auf das lateinische Verb "innovare" zurückführen, das wörtlich übersetzt "etwas Neues schaffen" oder "erneuern" bedeutet. Produktinnovationen sind qualitativ neuartige Güter oder Dienstleistungen, die eine Unternehmung erstmalig in den Markt einführt. Falls Innovationen für die Branche "revolutionäre" Änderungen bedeuten, wird von Basisinnovationen gesprochen im Gegensatz zu Produktvariationen mit nur graduellen Unterschieden zum bisherigen Leistungsangebot.

Im allgemeinen unterscheidet man zwischen technologieinduzierten und nachfrageinduzierten Innovationen (vgl. z.B. Sahal 1981). Im ersten Fall bilden wissenschaftliche Erkenntnisse, die sich in eine neue Marktleistung umsetzen lassen, die Grundlage für eine Innovation. Die neuen Erkenntnisse können dabei das Resultat unternehmensinterner Grundlagenforschung sein oder aus der wissenschaftlichen Umwelt (Universitäten, Veröffentlichungen, Kongresse etc.) stammen. Demgegenüber geht bei nachfrageinduzierten Innovationen der Anstoß zur Projektaufnahme auf Anregungen aus dem Absatzmarkt, wie beispielsweise Nachfrageerwartungen oder Marktbedürfnisse, zurück. Sie entstehen oftmals aus dem engen Kontakt zum Kunden und besitzen den Charakter von Verbesserungsinnovationen, während technologieinduzierte Innovationen eher Basisinnovationen verkörpern. Erfolgreiche Innovationen beruhen auf der Zusammenführung von nachfrage- und angebotsinduzierten Stimuli (vgl. Hauschildt 1997: 8).

Planerisch gestaltete Innovationsprozesse, die zu Produktinnovationen im Ergebnis führen sollen, sind multipersonelle, mehrstufige Problemlösungsprozesse mit den einzelnen grundlegenden Phasen der Ideengenerierung, der Ideenakzeptierung und Ideenrealisierung (vgl. Thom 1980: 53). Das Vorgehen des betrieblichen Innovationsprozesses sollte systematisch erfolgen mit dem Ziel,

- die aus der Nähe zum Kunden gewonnenen und erkannten Aufgaben und Probleme im Hinblick auf Neuproduktideen zu beurteilen und für die Produktentwicklung zu nutzen,
- auf mögliche Zukunftschancen hin den Markt laufend zu analysieren sowie schnell und marktkonform zu reagieren und zu handeln,
- eine im Vorhinein entwickelte handlungskoordinierende Produktplanungs-, -entwicklungs- und -einführungskonzeption anwenden zu können,
- die Interdependenzen zwischen den einzelnen Phasen und Produktplanung, -entwicklung und -einführung zu erkennen und zu berücksichtigen,
- adäquate Verfahren der Marktforschung in ihrer Bedeutung und auf ihre Anwendung hin einzuschätzen und zu praktizieren,
- Kreativitätstechniken zur Produktideenfindung auf den entsprechenden Anwendungsfall hin einzusetzen und Beurteilungs- und Selektionsmethoden im Hinblick auf die Ideenauswahl anzuwenden,
- die Gewinnschwelle neuer Produkte einschließlich der entsprechenden Investitionsplanungen festzulegen und
- die wichtigsten Aktivitäten der Fertigungsvorbereitung und der Markteinführung rechtzeitig einzuleiten.

Mit einem umfassenden betrieblichen Innovationsmanagement (vgl. Hauschildt 1997) soll erreicht werden, daß in einer Unternehmung Innovationsprozesse zielorientiert und kreativitätsförderlich ablaufen, daß Problemlösungen schneller gefunden und wirtschaftlich vertretbar umgesetzt werden. Als Bestandteil der strategischen Unternehmensführung umfaßt es die Planung, Organisation und Kontrolle der im Rahmen von Innovationsprozessen durchzuführenden Aufgaben, insbesondere den Auf- und Ausbau von Innovationspotentialen, die Schaffung einer geeigneten Innovationskultur und die Anwendung geeigneter Instrumente zur Unterstützung der Entwicklung und Marktdurchsetzung von innovativen Produkten.

Zu den Erfolgsfaktoren von Innovationen zählen Motivation der beteiligten Personen (extrinsisch: Anreiz- und Belohnungssysteme; intrinsisch: hohe Arbeitszufriedenheit), Bereitstellung von materiellen, personellen und finanziellen Ressourcen für Innovationsprojekte, interorganisationale, "durchlässige" Kommunikationsverhaltensmuster zwischen den verschiedenen Funktionsbereichen und Abteilungen, engagierte Promotoren für die Umsetzung von Produktideen und kohäsive Arbeitsgruppen in der Produktentwicklung mit effektiven Möglichkeiten der Konflikthandhabung und kreativitätsunterstützenden Gruppennormen. Gerybadze (1995: 833) faßt - aufbauend auf der empirischen Forschung zum Innovationsmanagement - wichtige generische Erfolgskonstellationen für Innovationsprozesse zusammen. Zu diesen zählen:

- die eingehende Berücksichtigung des Bedarfs und der Kundenbedürfnisse und -anforderungen bereits in frühen Phasen des Innovationsprozesses;
- die explizite Ausrichtung an Zielen, die auf künftig relevante Märkte gerichtet sind und die "rückübersetzt" werden in heutige Aktionen;
- eine systematische Früherkennung von Veränderungen im Bereich der Wissenschaft und Technologie, aber auch im Hinblick auf Märkte, Wettbewerber sowie Produktions- und Zulieferbeziehungen;
- die möglichst flexible Anpassung an neue Gegebenheiten und Kontextbedingungen im Hinblick auf Technologie- und Ressourceneinsatz, auf Organisationsstruktur und Prozeßgestaltung;
- ein möglichst reibungsloses Prozeßmanagement, das weitgehend auf die Anforderungen des spezifischen Innovationsprozesses zugeschnitten ist und so wenig wie möglich durch Restriktionen und Strukturen beeinträchtigt wird;
- die Berücksichtigung von Schnittstellen (interfunktional, bereichsübergreifend) und der offene Zugriff auf die jeweils besten Ressourcen und Leistungsbereiche;

- die Überwindung der "klassischen" Trennung zwischen Planung und Implementierung sowie zwischen strategischen und operativen Aufgaben und
- die möglichst unverzerrte Kopplung von Informationen über Prozeßabläufe und Kontextbedingungen mit dem Prozeß der Bereitstellung von Ressourcen und Budgets durch das Top Management.

Aus diesen Aussagen lassen sich Hinweise für ein unternehmensspezifisches Innovationsmanagement gewinnen. Deutlich wird, daß Produktinnovation und Wandel von Organisationen in einem engen Zusammenhang stehen.

8.4.2 Die Preispolitik

Im Rahmen der Preispolitik werden sowohl der Preis für ein Produkt bestimmt als auch die Bedingungen, nach denen dieses Produkt erworben werden kann. Unter der **Preispolitik** wird damit die Preisfixierung und die **Konditionenpolitik** verstanden (vgl. Fritz/v.d. Oelsnitz 1998: 136), die die Festlegung der Liefer- und Zahlungsbedingungen und der Rabattkonditionen beinhaltet (siehe Abbildung 8-6).

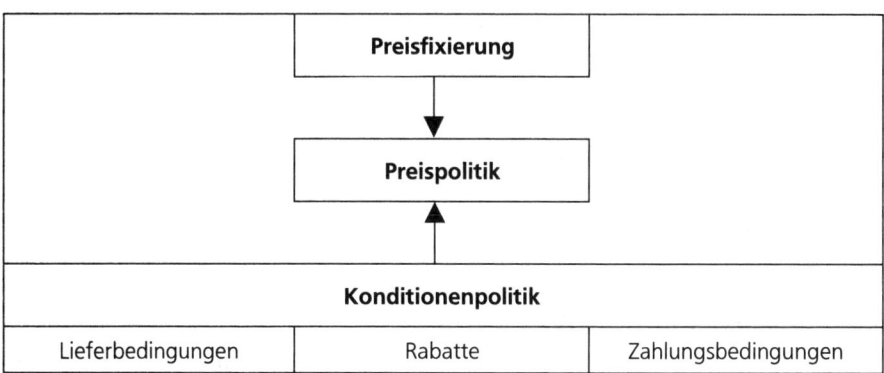

Abbildung 8-6   Elemente der Preispolitik

In der Abbildung wird unter anderem deutlich, daß nicht nur die Preisfixierung als ein Mittel zur Durchsetzung des Produkts am Markt angesehen wird, sondern gleichermaßen die Festlegung der **Konditionen**, die insbesondere auf

Märkten mit einem ausgeprägten Wettbewerbsdruck zusätzlich zur Gewinnung von Marktanteilen gegenüber den Mitbewerbern beitragen kann. So werden beispielsweise potentielle Kunden von Rasierapparaten durch die Abnahme ihrer alten Geräte zum Kauf eines neuen Produkts animiert. Ein anderes Beispiel findet sich auch in der Automobilbranche, wenn alte Fahrzeuge bis zu einer bestimmten "Ankaufsumme" beim Kauf eines Neuwagens in Zahlung genommen werden und darüber hinaus weitere Finanzierungs- bzw. Leasingangebote für den Erwerb des neuen Produkts dem Kunden zur Verfügung stehen.

Die **Preisfixierung** kann nur bedingt die Funktionen der Schaffung von Marktakzeptanz durch die Nachfrager und der günstigen Positionierung gegenüber den Wettbewerbern erfüllen, da der Handlungsspielraum zusätzlich durch die entstehenden Kosten eingeschränkt wird und nur langfristig eine kostenbasierte Angebotspreiskalkulation sinnvoll erscheint. Dies schließt selbstverständlich eine zeitlich dynamische Preispolitik nicht aus, die bei der Markteinführung eines Produkts einen Angebotspreis unter den Selbstkosten vorsieht, um so rasch einen möglichst großen Marktanteil zu gewinnen.

Für die **kostenorientierte Preisfixierung** bestehen unterschiedliche Ansätze, die sich in der folgenden Reihenfolge auch chronologisch entwickelt haben:

(1) Preisfixierung auf Vollkostenbasis,
(2) Preisfixierung auf Teilkostenbasis,
(3) Target Costing,
(4) marktorientierte Preisbildung,
(5) konkurrenz- und branchenbezogene Preisbildung,
(6) preispolitische Strategien,
(7) Preisdifferenzierung,
(8) Verbundpreispolitik.

Zu (1) **Preisfixierung auf Vollkostenbasis**
Basis für die Preisermittlung sind hierbei die aus der Kostenträgerrechnung ermittelten gesamten Stückkosten, die sowohl die Einzelkosten als auch einen Gemeinkostenanteil beinhalten. Aus diesen so bestimmten Stückkosten wird durch einen Gewinnzuschlag der Preis festgelegt, wie es in der Abbildung 8-7 dargestellt ist:

Preisfixierung im Handel	Preisfixierung beim Hersteller
Listenpreis des Zulieferers	Materialkosten
– Rabatte	+ Fertigungskosten
Einkaufspreis	**Herstellkosten**
+ Bezugskosten	+ Verwaltungs- und Vertriebskosten
Einstandspreis	**Selbstkosten**
+ Kalkulationsspanne (z.B. Löhne)	+ Gewinnspanne
Selbstkosten	**Nettoverkaufspreis**
+ Gewinnspanne	+ Mehrwertsteuer
Nettoverkaufspreis	**Bruttoverkaufspreis**
+ Mehrwertsteuer	
Bruttoverkaufspreis	

Abbildung 8-7   Preisfixierung auf Vollkostenbasis

Dieses sehr einfache Prinzip der Preisfestlegung ist jedoch auch problematisch, da hierbei die Abhängigkeit zwischen Stückkosten und möglicher Absatzmenge unberücksichtigt bleibt. Die Ermittlung der gesamten Stückkosten auf Vollkostenbasis ist nur möglich, wenn eine vorab spezifizierte Absatzmenge angenommen wird, um so den Gemeinkostenblock entsprechend auf die Stückzahl verteilen zu können. Die Absatzmenge korrespondiert wiederum mit dem Preis des Produkts, so daß hieraus das Problem resultiert, daß gewünschte Absatzmengen und Gewinnzuschläge kaum miteinander vereinbar sind.

Zu (2) **Preisfixierung auf Teilkostenbasis**
Ein weiteres Problem der Vollkostenbetrachtung ergibt sich aus der Opportunitätskostenperspektive, d.h. inwieweit die "Nichtproduktion" eines Produktes Auswirkungen auf die Deckung der Gemeinkosten haben kann. So ist durchaus denkbar, daß bestimmte Produkte zunächst unter ihren Selbstkosten angeboten werden und damit nach der Vollkostenbetrachtung ein Verlust entsteht, der jedoch nicht so hoch ist, daß ein Teil der mengenunabhängigen Gemeinkosten trotzdem gedeckt wird. Würde dieses Produkt nun überhaupt nicht produziert und vertrieben werden, wäre die Deckung der vorhandenen Gemeinkosten noch geringer.

Die Preisfixierung auf Teilkostenbasis trägt dieser Situation Rechnung, indem die variablen Stückkosten als Basis für die Preisfindung fungieren. Der Angebotspreis ergibt sich dann aus der Summe der variablen Stückkosten und einem Deckungsbeitragszuschlag für das Produkt. Damit sind die Einzelkosten vollständig in der Preiskalkulation enthalten, während der Deckungsbeitrag pro Stück nur einen Teil der Gemeinkosten kompensieren kann.

Nachteilig ist bei dieser Vorgehensweise die Vernachlässigung einer langfristigen Gewinnperspektive, wenn der geplante Deckungsbeitrag nicht den gesamten kostenträgerbezogenen Anteil an den Gemeinkosten abdeckt. In diesem Fall würde eine Preisfixierung unter den Selbstkosten vorgenommen werden, die zu Verlusten führt.

Für die Einführungsphase ließe sich jedoch mit diesem Verfahren eine durchaus sinnvolle kurzfristige Preisuntergrenze bestimmen, bei der die variablen Stückkosten auf jeden Fall abgedeckt werden.

Zu (3) **Target Costing**

Der Target Costing-Ansatz stellt eine Brücke zwischen der reinen kostenorientierten Preisbildung und der Berücksichtigung der Marktbedingungen dar, indem nicht mehr unabhängig die Kosten ermittelt werden, sondern im Vorfeld der Frage nachgegangen wird, was ein bestimmtes Produkt überhaupt am Markt kosten darf (vgl. Abschnitt 10.4.6). Dieses Prinzip zeigt jedoch schon, daß das Target Costing eine sinnvolle Preisbildungsmethode für neue Produkte darstellt, deren Marktakzeptanz durch Marktforschung ermittelt wird, bevor sie auf dem Markt eingeführt werden.

In einem ersten Schritt wird deshalb zunächst der am Markt erzielbare Preis für dieses Produkt bestimmt, von dem ein geplanter Gewinn (Bruttogewinnspanne) abgezogen wird. Das Ergebnis dieser Betrachtung sind die Target Costs (Kotler/Bliemel 1995: 259). Andererseits werden nach wie vor die Gesamtkosten als sogenannte Produktstandardkosten aus der Kostenrechnung bestimmt und mit diesen Zielkosten verglichen. Entsprechen diese Kosten nicht den Zielkosten, ist eine Prüfung bezüglich des Kostensenkungspotentials notwendig, um die Zielkosten unterschreiten zu können. Gelingt dies nicht, muß die geplante Gewinnspanne verworfen werden. Der Vorteil des Target Costing liegt in der proaktiven Kostenbetrachtung, die weitere Informationen über eine erfolgreiche geplante Produktinnovation zuläßt und dabei sowohl kosten- als auch marktorientierte Preisbildung miteinander verbindet.

Zu (4) marktorientierte Preisbildung

Eine grundsätzlich andere Vorgehensweise bei der Preisbildung ist die sogenannte marktorientierte Preisfindung, bei der die Preisfixierung allgemein über die Nachfrageorientierung oder die Konkurrenzsituation erfolgt. Die nachfrageorientierten Betrachtungsweisen gehen dabei von einer Preis-Absatz-Funktion aus, die die nachgefragte Menge eines Produkts in Abhängigkeit vom gewählten Preis aus der Nachfragersicht wiedergibt. Interessant erscheint dabei die Veränderung des Nachfragerverhaltens bei Variation des Preises. Die Abbildung 8-8 zeigt die infinitesimale Änderung des Preises im Punkt A und die daraus resultierende Preiselastizität ε, dargestellt anhand einer linearen Preis-Absatz-Funktion.

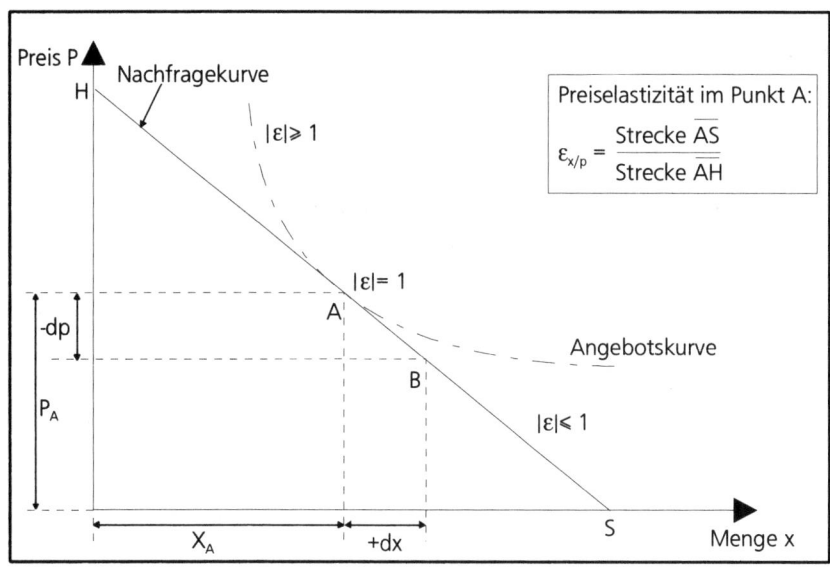

Abbildung 8-8   Preiselastizität der Nachfrage

Die Preiselastizität ε beschreibt die relative Absatzmengenänderung bei relativer Preisänderung. Sie läßt sich entweder graphisch, wie in der Abbildung 8-8 dargestellt, als Verhältnis der geteilten Strecke einer linearen Preis-Absatz-Funktion bestimmen oder mathematisch, wie in der folgenden Formel angegeben.

$$\varepsilon = \frac{\dfrac{dx}{x}}{\dfrac{dp}{p}} = \frac{dx}{dp} \cdot \frac{p}{x}$$

Die Werte des Elastizitätskoeffizienten können zwischen Null und unendlich liegen. Wenn er Null ist, bewirkt eine Preisänderung keine Änderung der nachgefragten Menge. Es handelt sich dann um eine vollkommen starre oder unelastische Nachfrage. Ist der Wert unendlich, so bewirkt eine infinitesimal kleine Preissenkung einen unendlich hohen Nachfragezuwachs. Sofern der Preis infinitesimal erhöht wird, fällt die Nachfrage vollständig weg. Liegen die Nachfrageelastizitäten zwischen Null und eins, wird von starrer oder unelastischer Nachfrage gesprochen, während es sich bei Werten zwischen eins und unendlich um eine elastische Nachfrage handelt. Bei elastischer Nachfrage sinkt der Erlös im Falle einer Preiserhöhung, da die relative Preiserhöhung durch die relative Mengenabnahme nicht ausgeglichen wird. Umgekehrt verhält es sich bei unelastischer Nachfrage.

Zu (5) konkurrenz- und branchenbezogene Preisbildung
Bei dieser Form der Preisbildung findet zunächst eine Orientierung an der Preisgestaltung des Marktführers statt. Ein Wettbewerber auf einem Markt richtet sich damit an den Preisen des Marktführers aus und versucht am Markt einen Preis durchzusetzen, der dem sogenannten Leitpreis des Marktführers oder auch der Branche sehr nahe kommt. Entscheidend bei einer konkurrenzbezogenen Preisbildung ist die Anpassung des definierten Preises an die Variation des Leitpreises, unabhängig von der Kosten- und Nachfragesituation. Mögliche Abweichungen gegenüber der Konkurrenz oder der branchenüblichen Preisgestaltung resultieren aus der Heterogenität des Produktes oder der Marktfolgerschaft, die zu einer gewissen Preisdistanz zum Leitpreis führen kann, um so mögliche Nachteile durch die erst zu schaffende Kundenpräferenz gegenüber fest etablierten Anbietern auszugleichen.

Ist die Leitpreisbildung auf die starke Marktstellung eines Anbieters zurückzuführen, so besitzt er damit eine Preisführerschaft, die gerade bei einer ausgeprägten Konkurrenzsituation, wie sie bei einem polypolistischen Markt vorliegt, und sehr homogenen Produkten dazu führen kann, daß bei einer Preisänderung sich alle übrigen Konkurrenten anschließen, da aufgrund der Homogenität der Produkte kaum ein preispolitischer Spielraum für den einzelnen Anbieter bleibt.

Eine konkurrenz- und branchenbezogene Preisbildung liefert jedoch noch keinen Hinweis auf die bevorzugte Preispolitik des Preisführers. So wird beispielsweise die These vertreten, daß ein dadurch entstandener Durchschnittspreis der Branche in der Regel die Mindestverzinsung des eingesetzten Kapitals sichert und somit meist kein Preiskampf einzelner Anbieter ausgelöst wird. Dies setzt eine genaue Bestimmung der Kosten des Produkts voraus (vgl. Meffert 1991: 333).

Eine derartige Situation ließe sich anhand der **Erfahrungskurve** nachvollziehen, in der ein Preis fixiert worden ist, der deutlich über den tatsächlichen Stückkosten in Abhängigkeit zur kumulierten Absatzmenge liegt und somit eine akzeptierte Gewinnspanne für alle Anbieter sichert. Dies entspricht der Situation des stabilen Wettbewerbs.

Allerdings kann auch ein anderes Verhalten des Preis- und Marktführers, wie es nach dem Erfahrungskurvenkonzept propagiert wird, nicht ausgeschlossen werden. Das bedeutet, daß sich durch eine aktive Preispolitik des Marktführers ein Preiswettbewerb entwickelt, der dazu führt, daß der gewählte Leitpreis sich parallel zu den Stückkosten verändert (instabiler Wettbewerb), um so aus der Sicht des Marktführers Mitbewerber unter Druck zu setzen. Beide Situationen werden anhand der Abbildung 8-9 dargestellt.

Die Situation bei einem instabilen Wettbewerb kann die betroffenen Mitbewerber dazu bringen, eine Nischenstrategie mit Hilfe einer bewußten Preisdifferenzierung und der Konzentration auf eine Marktnische zu verfolgen, um so dem entstandenen Preiswettbewerb zu entgehen (Fritz/v.d. Oelsnitz 1998: 145).

Marketing

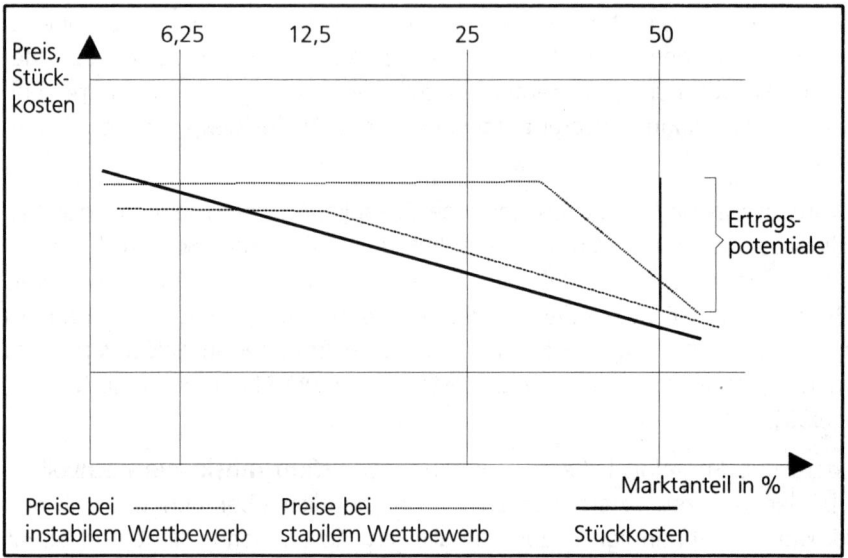

Abbildung 8-9 Konkurrenzbezogene Preisgestaltung - dargestellt anhand der
Erfahrungskurve - bei stabilem und instabilem Wettbewerb
(angelehnt an Marr/Picot 1991: 688)

Zu (6) **preispolitische Strategien**
Die Diskussion um die Preisbildung hat bisher gezeigt, daß die Preisfixierung für
bestimmte Produktkategorien einer ständigen Veränderung unterliegt, die sowohl von der Nachfrage- als auch von der Konkurrenzsituation initiiert werden
kann. Besondere Bedeutung hat jedoch die Preisfindung bei Neuprodukten
oder bei der Plazierung von bestehenden Produkten auf neuen Märkten. Hierbei kann die gewählte Preisstrategie nicht unabhängig von der bisher verfolgten Produktpolitik gewählt werden. Vielmehr muß sie mit der eingeschlagenen
Produktpolitik und der anvisierten Zielgruppe korrespondieren. Es muß daher
schon im Vorfeld definiert sein, was mit einem bestimmten Produkt erreicht
werden soll. Wenn in diesem Prozeß der Zielmarkt und die Produktpositionie-
rung festgelegt worden sind, läßt sich daraus eine Marketing-Mix-Strategie,
einschließlich des Aktionsparameters Preis, ableiten (Kotler/Bliemel 1995: 748).

Denkbare Ziele könnten dabei eine möglichst hohe Marktabschöpfung, die Qualitätsführerschaft, ein hohes Absatzmengenwachstum oder die kurzfristige Umsatz- bzw. Gewinnmaximierung darstellen.

Exemplarisch sollen an dieser Stelle zwei sehr unterschiedliche Strategien diskutiert werden, die zum einen das Ziel eines hohen Absatzmengenwachstums und zum andern eine hohe Marktabschöpfung bei der Einführung von Neuprodukten unterstützen: die Penetrationsstrategie und die Abschöpfungsstrategie.

Die **Penetrationsstrategie** beinhaltet eine Niedrigpreisstrategie bei der Einführung eines Produktes, um so möglichst schnell größere Marktanteile zu erzielen. Dies wiederum führt zu einem Kostendegressionspotential, das einen größeren Preisspielraum eröffnen kann, der im weiteren Verlauf des Produktlebenszyklus für eine Preisanhebung oder weitere Preisabsenkung genutzt werden kann. Die Penetrationsstrategie fördert damit die rasche Markterschließung, die Errichtung von Markteintrittsbarrieren und damit das Ziel der Marktführerschaft.

Der Erfolg einer Penetrationsstrategie hängt im wesentlichen von den Rahmenbedingungen des Marktes und den kapazitiven Voraussetzungen des Unternehmens ab. So empfiehlt sich die Penetrationsstrategie dann, wenn

- eine hohe Preiselastizität der Nachfrage auf dem Neuproduktmarkt erwartet wird,
- keine Bereitschaft der Konsumenten besteht, höhere Preise für innovative Produkte zu akzeptieren und
- die Gewinnsituation durch die Kostendegression bei Auslastung der Produktionskapazitäten verbessert werden kann (vgl. Meffert 1998: 548f.).

Selbst bei diesen gegebenen Determinanten ist die Realisierung der Penetrationsstrategie nicht unproblematisch, zumal die marktseitigen Reaktionen absolut nicht vorhersehbar erscheinen. Beispielsweise kann ein niedriger Preis bei den potentiellen Konsumenten eine schlechte Produktqualität assoziieren, insbesondere bei Neuprodukten, deren Qualität schwer beurteilt werden kann (Fritz/v.d.Oelsnitz 1998: 149). Auch eine spätere Preiserhöhung, nach Erreichen eines geplanten Marktanteils, läßt sich nur schwer durchsetzen, während eine weitere Preissenkung bei momentan geringen Stückgewinnen nur einen sehr begrenzten Preisspielraum gestattet. Ein weiteres Risiko stellt die längere Amortisationszeit für das Neuprodukt dar, wenn diese Niedrigpreispolitik für den Markteinstieg gewählt worden ist. Das bedeutet, daß für die Amortisation der produkt- und marktspezifischen Investitionen ein bestimmter Marktanteil erreicht werden muß, der in der Regel bei einer Preispolitik mit kalkulierten geringen Stückgewinnen relativ groß sein muß.

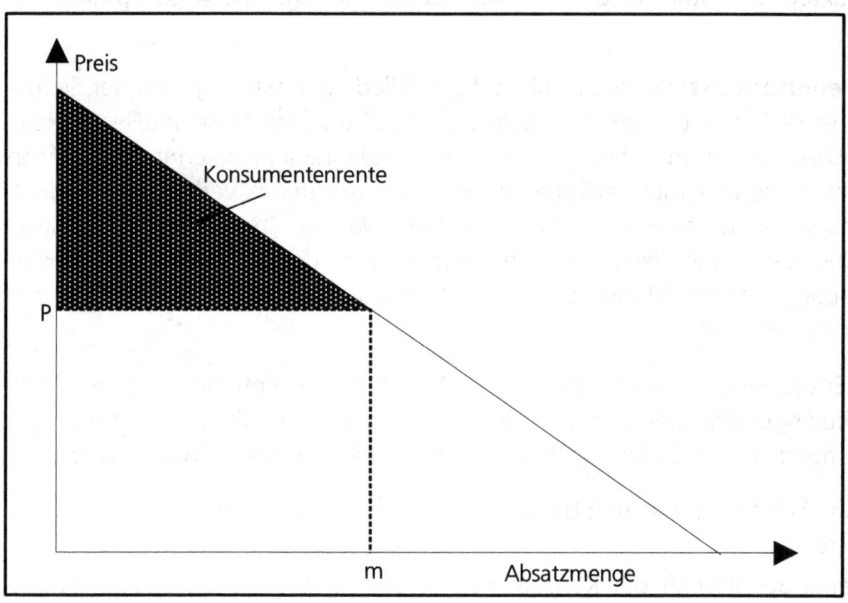

Abbildung 8-10   Die Konsumentenrente bei einem vorgegebenen Produktpreis p

Eine andere Vorgehensweise stellt die **Abschöpfungsstrategie** dar. Das Ziel ist die Abschöpfung der sogenannten Konsumentenrente, die durch die Differenz zwischen dem festgelegten Preis und dem Preis, den ein Konsument bereit ist, für dieses Produkt zu zahlen, entsteht. Das Vorgehen bei einer Abschöpfungsstrategie läßt sich anhand einer Preis-Absatz-Funktion sehr gut nachvollziehen, bei der man davon ausgeht, daß mit Abnahme des Preises die Zahl der Nachfrager (Absatzmenge) zunimmt. Danach ist nur eine kleine Zahl von Nachfragern bereit, einen sehr hohen Preis für ein neues Produkt zu zahlen, während bei einem geringen Preis die Nachfrage wesentlich größer ist, was z.B. bei der Penetrationsstrategie genutzt wird. Die Abschöpfungsstrategie beinhaltet einen sehr hohen Einführungspreis für das Produkt, der im Laufe der Zeit sukzessiv abgesenkt werden kann, um so systematisch die Konsumentenrente abzuschöpfen.

Die Abbildung 8-10 verdeutlicht die Konsumentenrente bei einem gewählten fixen Preis, der relativ gering ist und eine hohe Absatzmenge erwarten läßt.

Es wird aus der Abbildung deutlich, daß sich mit einem zunehmend höheren Preis die Konsumentenrente verringert. Es wird also bei der Penetrationsstrategie bewußt auf das Abschöpfen der Konsumentenrente verzichtet, während die Abschöpfungsstrategie durch eine Preissenkung über die Zeitachse genau darauf abzielt wie die Abbildung 8-11 verdeutlicht:

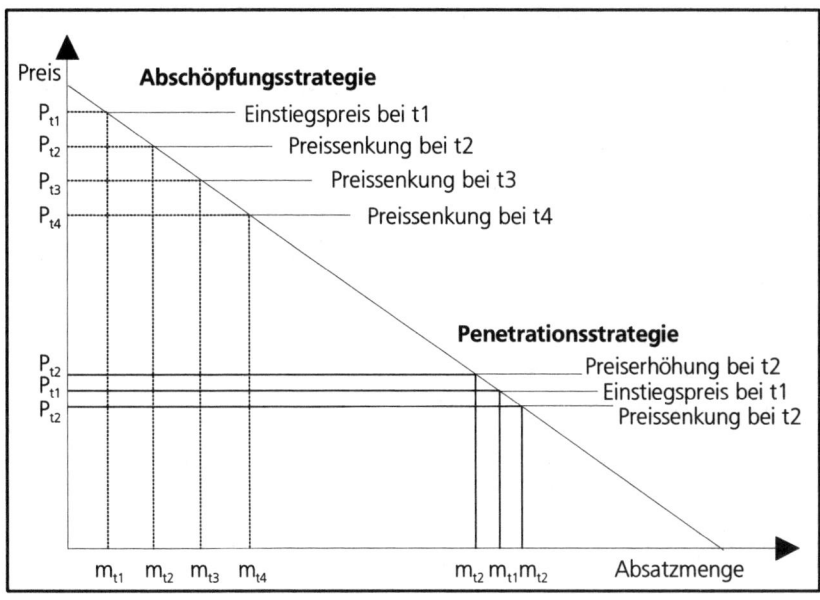

Abbildung 8-11   Preisgestaltung bei der Abschöpfungs- und Penetrationsstrategie

Zum Zeitpunkt t_1 wird in der Abbildung bei der Abschöpfungsstrategie ein relativ hoher Einstiegspreis P_{t1} gewählt, der eine niedrige Absatzmenge m_{t1} hervor-

Marketing

ruft. Durch sukzessive Preissenkungen (t_2 - t_4) erfolgt nun eine zunehmende Erschließung des Marktes durch wachsende Absatzmengen (m_{t2} - m_{t4}). Im Gegensatz dazu liegt der Einstiegspreis bei der Penetrationsstrategie weit unter dem der Abschöpfungsstrategie, während zum Zeitpunkt t_2 entweder eine geringfügige Preiserhöhung bzw. -senkung vorgenommen wird.

Die Abschöpfungsstrategie erweist sich unter folgenden Bedingungen als sinnvoll (Kotler/Bliemel 1995: 751):

• Eine ausreichend große Zahl von Käufern hat ein ausgeprägtes Bedürfnis nach dem Produkt und ist bereit, einen hohen Preis zu zahlen, d.h., der Markt besitzt eine relativ unelastische Nachfrage.

• Die kleineren, hochpreisig absetzbaren Mengen bringen trotz höherer Stückkosten eine höhere Gewinnspanne.

• Der hohe Einführungspreis verleitet nicht zum Markteintritt weiterer Konkurrenten.

• Der hohe Preis assoziiert ein qualitativ hochwertiges Produkt beim Konsumenten.

Darüber hinaus bietet sich die Abschöpfungsstrategie dann an, wenn das Produkt innovativ bzw. qualitativ sehr hochwertig ist und dabei einer schnellen Alterung unterliegt und die Produktionskapazitäten nur langsam ausgebaut werden können.

Wenn eine derartige Strategie Erfolg zeigt, führt dies zu einer geringeren Amortisationsdauer der notwendigen Investitionen und möglicherweise zu einem Aufbau eines positiven Produktimages.

Insgesamt gesehen ist allerdings im Vergleich zur Penetrationsstrategie eine aufwendigere Gestaltung der anderen absatzpolitischen Instrumente notwendig (Fritz/v.d. Oelsnitz 1998: 148) und die Gefahr weiterer Konkurrenten aufgrund des höheren Deckungsbeitrags größer.

Zu (7) die Preisdifferenzierung
Unter der Preisdifferenzierung versteht man allgemein, daß bei einem gleichen Produkt von verschiedenen Kunden aufgrund bestimmter Kriterien verschieden

hohe Preise gefordert werden. Sie stellt damit ein Instrument der differenzier-ten Marktbearbeitung dar (Meffert 1998: 540).

Mögliche Segmentierungskriterien sind beispielsweise:

- **Nachfrager/Marksegmente:** Die Konsumenten besitzen unterschiedliche Vorstellungen bezüglich des Nutzens und der Maximalpreise. Dies läßt sich durch eine Differenzierung der Zielgruppen, z.B. in Jugendliche oder Senio-ren, ausschöpfen. Eine weitere Möglichkeit besteht in der Segmentierung des Marktes in regionaler oder zeitlicher Hinsicht. Es werden also in be-stimmten Regionen oder zu unterschiedlichen Zeiten (Wochenzeiten, Jahres-zeiten etc.) unterschiedliche Preise erhoben.

- **Menge:** In Abhängigkeit von der nachgefragten Menge werden Preissen-kungen vorgenommen. Hierbei handelt es sich um eine nichtlineare Preisbil-dung, die beispielsweise durch Einführung von Mengenrabatten realisiert wird. Darüber hinaus zählt zu der nichtlinearen Preisbildung auch die Split-tung in einen Grundpreis und einen variablen Preis (Simon 1995: 2083). Markante Beispiele finden sich hierzu bei der Deutschen Bahn (BahnCard) oder bei den Mobilfunkgesellschaften, die unterschiedliche monatliche Grundgebührensätze mit verschiedenen Gebühren pro Telefonkontakt koppeln und auch noch zusätzlich den Markt nach dem zeitlichen Kriterium segmen-tieren.

- **Länder:** Die Preisdifferenzierung nach Ländern stellt einen Sonderfall der regionalen Marktsegmentierung dar (Simon 1995: 2083). Die Voraussetzun-gen für eine internationale Preisdifferenzierung sind heterogene Preiselastizi-täten in den einzelnen Ländern, die zu einem unterschiedlichen Nachfrage-verhalten führen. Problematisch erweist sich diese Form der Preisdifferenzie-rung bei der Schaffung eines gemeinsamen Marktes, wie dem EU-Binnen-markt, wo auf der einen Seite wohl in den vorher getrennten Märkten von einer unterschiedlichen Preiselastizität ausgegangen werden kann, auf der anderen Seite aber die geschaffene Preistransparenz dazu geführt hat, daß Produkte auf dem gesamten Markt nachgefragt und importiert werden.

Daher ist neben einer abweichenden Preiselastizität auf den Märkten oder bei den einzelnen Kundengruppen die Trennung der einzelnen Märkte für den Er-folg einer Preisdifferenzierung eine zwingende Voraussetzung, die teilweise und insbesondere im Dienstleistungssektor durch eine bewußte Intransparenz des Angebotes geschaffen wird.

Zu (8) **Verbundpreispolitik**

In der bisherigen Darstellung bezieht sich die Preisbildung auf ein spezifisches Produkt bzw. eine Dienstleistung. Vollzieht sich jedoch die Preisgestaltung produktübergreifend, spricht man von einer Verbundpreispolitik. Das bedeutet, daß entweder mehrere Produkte, die sich häufig als komplementär erweisen, zu einem Gesamtpreis angeboten werden oder dem Preis eine Mischkalkulation zwischen verschiedenen Produkten zugrunde liegt.

Im ersten Fall handelt es sich um eine Preisbündelung, d.h., mehrere Produkte werden zu einem Gesamtpreis angeboten, um so die nicht ausgenutzte Preisbereitschaft bei einem Produkt auf das andere zu übertragen (Simon 1995: 2084). Diese Form der Preisbündelung findet sich sowohl im Dienstleistungsbereich (z.B. kombinierte Angebote von Versicherungsgesellschaften, Pauschalreisen) als auch im Einzelhandel (z.B. komplette Aquarienausstattungen). Im Angebot kommen einzelne Produkte vor, die vom Konsumenten normalerweise nicht nachgefragt, aber aufgrund des attraktiven Bündelpreises toleriert werden.

Im zweiten Fall handelt es sich um eine Preiskopplung über mehrere Produkte. Das bedeutet, es wird nicht mehr der Preis einer einzelnen Dienstleistung oder eines Produktes als alleinige Basis für die Preisbildung herangezogen, sondern das gesamte Angebot bzw. Sortiment eines Unternehmens. Es wird dabei mit Kalkulationsaufschlägen für die einzelnen Angebote in der Form gearbeitet, daß erfolgreiche Angebotskomponenten weniger erfolgreiche oder gar verlustbringende Elemente des Sortiments kompensieren. Das bedeutet, daß bei den ergebnisstarken Produkten die Gewinnspannen so kalkuliert werden, daß sie zur Deckung der Verluste schwacher Produkte, die zum geringen Preis angeboten werden, ausreichen.

Der kalkulatorische Ausgleich kann auf unterschiedliche Arten umgesetzt werden. Bei der sukzessiven Form erfolgt ein zeitlicher Ausgleich, wenn z.B. der Preis eines Produktes über den Zeitablauf variiert wird. Eine weitere Form, die insbesondere im Handel praktiziert wird, ist der simultane Ausgleich. Er bezeichnet eine zeitgleiche Kalkulation verschiedener Produkte, die insgesamt keine produktspezifische Kostendeckung bewirken soll, sondern auf den Gesamtertrag des Unternehmens abzielt (Fritz/v.d. Oelsnitz 1998: 153). Typische Beispiele sind die "Sonderangebote", die der Einführung neuer Produkte auf dem Markt als Absatzförderungsmaßnahme dienen können. Weitere Effekte dieser Maßnahmen könnten zudem ein erweitertes Interesse der Nachfrager an anderen Produkten des Sortiments sein und suggerieren, daß es sich insgesamt um ein preiswertes Sortiment handelt.

Problematisch kann sich der kalkulatorische Ausgleich dann erweisen, wenn sich im gesamten Sortiment bei umsatzstarken Artikeln ein sehr starkes Preisbewußtsein bei den Nachfragern entwickelt hat, so daß sich der kalkulatorische Ausgleich auf wenige Produkte beschränkt (Meffert 1991: 341).

8.4.3 Die Distributionspolitik

Distribution umfaßt die Gesamtheit aller auf den Umsatz eines Wirtschaftsgutes bezogenen Marketingaktivitäten zwischen Erzeuger und den weiteren beteiligten Wirtschaftssubjekten. Dazu können Produzenten, Absatzmittler, Distributionshelfer und Verbraucher gehören (Ahlert 1995: 500).

Die Gestaltung der verfahrensmäßigen und institutionellen Rahmenbedingungen für den Weg eines Produktes vom Hersteller zum Käufer ist Gegenstand der Distributionspolitik. Dabei fokussieren sich die distributionspolitischen Entscheidungstatbestände auf zwei Bereiche (Marr/Picot 1991: 692):

- Absatzwegeentscheidungen (**akquisitorische Distribution**) und
- Entscheidungen über Transport und Lagerhaltung (**physische Distribution**).

In einer weiter gefaßten Begriffsdefinition umfaßt die Distributionspolitik in der akquisitorischen Komponente darüber hinaus allgemein die Gestaltung der Warenverkaufsprozesse (Verkaufspolitik), während zu den Entscheidungstatbeständen in der physischen Distribution zusätzlich die Gestaltung der Lieferkonditionen und der gesamten Logistik zählt (vgl. Ahlert 1995: 511).

Die **Wahl der Absatzwege** stellt einen Hersteller vor das Entscheidungsproblem, seine Produkte direkt, ohne Inanspruchnahme eines Absatzmittlers, zu vertreiben oder indirekt mit Hilfe von Absatzmittlern (Handelsvertretern oder Handelsbetrieben) als rechtlich selbständige Organe.

Kennzeichen des **Direktvertriebs** ist die ausschließliche Einbindung herstellereigener Verkaufsorgane oder Distributionshelfer, die zwar rechtlich selbständig sind, aber nur eine unterstützende Funktion in dem Absatzkanal zum Kunden erfüllen. Dieser Absatzweg bietet sich für Güter an, die einen großen Erklärungsbedarf besitzen, Produkte, deren Preis eine längere Lagerung aus wirtschaftlichen Gründen ausschließt oder die sehr transportempfindlich sind (Meffert 1991: 426). Diese Kriterien treffen insbesondere auf Investitionsgüter (Industriegüter) zu. Eine weite Verbreitung des Direktvertriebs findet sich im Dienstleistungsbereich. Ein Argument für den Direktvertrieb könnte die regionale Konzentration der Abnehmer darstellen, die einen Hersteller dazu bringt, eigene Verkaufsorganisationen und Niederlassungen zu gründen und ein Netz von Außendienstmitarbeitern aufzubauen.

Das Konzept des Direktvertriebs beschränkt sich nicht nur auf den Dienstleistungs- und Investitionsgütersektor, sondern findet auch bei Konsumgütern eine breite Akzeptanz.

Eine weitere Variante des Direktmarketing ist der sogenannte Fabrikverkauf von Konsumgütern (Factory Outlet), bei dem direkt an der Produktionsstelle oder in der Nähe herstellereigene Verkaufsstellen errichtet werden. Mittlerweile bieten einige Verlage Kataloge mit Fabrikverkaufsstellen nach Regionen und Konsumgüterarten an, die den Verbraucher über günstige Einkaufsmöglichkeiten informieren.

Direkte Vertriebskonzepte im Konsumgüterbereich werden sicherlich auch durch neue Medien und Technologien an Bedeutung gewinnen. Gerade wenn der Erklärungsbedarf für ein Produkt nicht sehr hoch erscheint, können sich durch den Vertrieb über das Telefonnetz (Call Center) oder durch Nutzung des Internet bei den potentiellen Kunden Vorteile ergeben.

Wesentliche Vorteile des Direktvertriebs bestehen in der unmittelbaren Nähe zum Nachfrager, den besseren Kontrollmöglichkeiten des Absatzweges und der Handelsspanne, die dem Hersteller zugute kommt.

Reduziert sich jedoch das Entscheidungsproblem auf das Kriterium minimale Kosten, so ist ein direkter Vertrieb immer dann vorteilhaft, wenn bei gleichen Endverkaufspreisen und Absatzmengen die zusätzlichen Vertriebskosten durch die Einrichtung eigener Verkaufsorganisationen kleiner sind als die Ersparnisse aus der Handelsspanne, die bei einem indirekten Vertriebskonzept dem Absatzmittler zugestanden werden (vgl. Meffert 1998: 603).

Erfolgt der Vertrieb von Gütern an den Endkäufer dadurch, daß selbständige Handelsunternehmen als Absatzmittler eingeschaltet werden, dann liegt ein indirekter Absatz bzw. **indirekter Vertrieb** vor (Arnold 1995: 33). Der Absatzweg kann dabei in mehrere Absatzstufen aufgeteilt sein, die jeweils die Zwischenschaltung einer rechtlich selbständigen Organisation dokumentieren. Beispielsweise könnte ein zweistufiger Absatzweg über einen Großhändler als erste und einen Einzelhändler als zweite Stufe zum Endkunden verlaufen.

Die wesentlichen Vorteile eines indirekten Vertriebskonzepts liegen

- in den geringeren notwendigen Investitionen und damit dem kleineren finanziellen Risiko, da keine eigenen herstellerspezifischen Verkaufsorganisationen geschaffen werden müssen und
- in einer möglicherweise höheren Distributionsdichte, d.h. einer größeren Zahl von Verkaufsstätten in Relation zur Bevölkerungszahl des Absatzgebietes, und damit in einer größeren Marktpräsenz als bei einem direkten Vertrieb.

Demgegenüber verliert der Hersteller bei einem indirekten Vertriebskonzept die Kontrollmöglichkeiten bezüglich der Koordination der Marketing-Maßnahmen und setzt sich damit möglichen Zielkonflikten zwischen Hersteller und Handel aus, die sich unter anderem an der Frage der Gestaltung des "Point of Sale" (Ort und Form des Verkaufs) und dem damit verbundenen Image des Produkts beim Konsumenten manifestieren können. Hinzu kommt, daß der Handel ein starkes Interesse an erfolgreichen Produkten hegt und nicht zwingend bereit ist, ein mögliches Risiko bei neuen Produkten durch hohe Investitionen im Bereich der Verkaufsförderung mitzutragen (z.B. die Bereitstellung von Gefrieranlagen bei Lebensmitteln im Einzelhandel durch den Hersteller). Hier werden teilweise vom Handel auch Investitionen des Herstellers erwartet, die das geringere finanzielle Risiko gegenüber dem Direktvertrieb relativieren.

Eng verbunden mit den Absatzwegeentscheidungen sind Entscheidungstatbestände, die sich mehr auf die operative Ebene konzentrieren. Infolgedessen ist
mit der Wahl des Absatzweges auch zu klären, welche Transportwege, -mittel
und Transportträger eingesetzt werden sollen, um die Transaktion der Güter
vom Hersteller zum nächsten Abnehmer zu realisieren.

Primär rücken bei diesen Entscheidungsobjekten zwei Kriterien in den Vordergrund:

* die Minimierung der Transport- und Lagerkosten und
* die Verfügbarkeit der richtigen Absatzmenge zur richtigen Zeit am richtigen
  Ort.

Beide Zielsetzungen können nicht unabhängig von der Charakteristik der zu
transportierenden Güter (Größe, Verpackung, Wert und Haltbarkeit), dem anvisierten Absatzvolumen und den Absatzgebieten erreicht werden. Hinzu kommt
die Gestaltung des Kundendienstes und der Vorhaltung von Ersatzteilen.

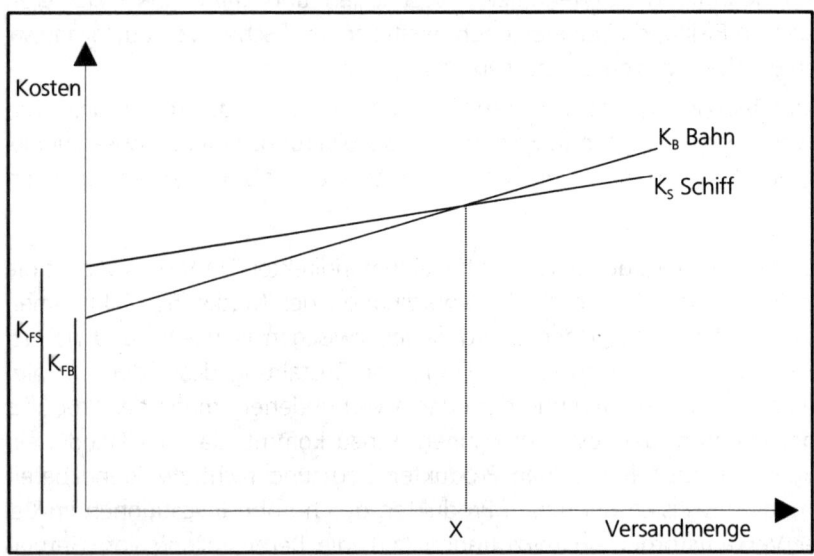

Abbildung 8-12 Transportkosten in Abhängigkeit von dem Transportmittel und
der Versandmenge

Die Wahl des Transportmittels ist in diesem Zusammenhang abhängig von den entstehenden Transportkosten, wobei diese wiederum von der Versandmenge abhängen. Jedes Transportmittel verursacht von der Höhe der Versandmenge abhängige Kosten und davon unabhängige Kosten (Dichtl 1997: 185). Die Abbildung 8-12 zeigt ein Beispiel für alternative Transportmittel und deren Transportkosten in Abhängigkeit von der Versandmenge.

Dieser Darstellung liegt für jedes Transportmittel ein Fixkostenblock K_F und variabler Anteil in Abhängigkeit von der Versandmenge (x · k_v) zugrunde. Beruht nun die Entscheidung für ein Transportmittel nur auf dem Kostenkriterium bei einer gegebenen Versandmenge, so ist mathematisch gesehen nur der Schnittpunkt der Kostengeraden zu berechnen, um die kritische Versandmenge zu bestimmen, bei der hier in diesem Beispiel das Transportmittel Schiff kostengünstiger ist.

$$K_{FS} + k_{vS}' = K_{FB} + k_{vB}' x$$

$$\Rightarrow x = \frac{K_{FS} - K_{FB}}{k_{vb} - k_{vs}}$$

Abhängig von der Lage der Absatzgebiete drängt sich neben der Minimierung der Transportkosten auch die Frage in den Vordergrund, ob es nicht aus Gründen der Verfügbarkeit und einer hohen Lieferbereitschaft zweckmäßiger erscheint, verschiedene Auslieferungspunkte für die potentiellen Abnehmer zu unterhalten. Damit entstehen neben den Transportkosten auch weitere Lagerkosten. Mit dieser Frage verbindet sich die Standortwahl für die Läger und ebenfalls die Wahl der Transportwege. Generell gilt, ein Lager ist immer dann sinnvoll, wenn die Frachtkostenersparnisse und Kostenvorteile aus gestiegener Lieferfähigkeit die zusätzlichen Lagerkosten übersteigen (Marr/Picot 1998: 647ff.).

Es handelt sich dabei um ein mehrstufiges Entscheidungsproblem, das sich beispielsweise auf die Zahl der Läger insgesamt, deren Lagerkapazitäten und Verteilung auf die Absatzgebiete, unabhängig, ob es dabei um die Nähe zum Endkunden oder zum Absatzmittler beim indirekten Vertrieb geht, bezieht.

Die optimale Kombination von Lagerstützpunkten ist deshalb nur unter Berücksichtigung der zirkulierenden Güterströme zu finden, bei der neben den allgemeinen Standortfaktoren insbesondere die Transport-, Ent- und Umladekosten ein besonderes Gewicht besitzen, so daß idealtypisch nur eine simultane Lösung der Standort-, Transport- und Lagerhaltungsprobleme sinnvoll erscheint (Meffert 1991: 439).

Die zur Verfügung stehenden Lösungsansätze sind in der Regel mathematische Modelle, die auf eine Minimierung der entstehenden gesamten Distributionskosten abzielen.

8.4.4 Die Kommunikationspolitik

Marketingbezogen umfaßt die Kommunikationspolitik von Unternehmen alle Entscheidungen und Handlungen zur Gestaltung und Übermittlung von Informationen an marktrelevante Adressaten, um diese soweit zu beeinflussen, daß ein Verhalten bei ihnen erzeugt wird, welches dem Erfolgsziel des Unternehmens entspricht (Bänsch 1995: 1187).

Letztlich kann ein potentieller Nachfrager nach einem Produkt nur dann eine Kaufentscheidung tätigen, wenn er überhaupt Kenntnis von diesem Produkt genommen hat. Bedeutend sind in diesem Zusammenhang die Steuerung und der Transfer der Informationen, mit denen eine Kaufentscheidung begünstigt wird. Die Ursachen und damit die Informationsbasis, die zu diesem Kaufentscheid führt, muß sich nicht zwingend auf sachliche Produktinformationen beschränken, sondern kann durchaus auch die emotionale Ebene erreichen, sofern sie damit zielführend ist. Die erwartete Verhaltensbeeinflussung des Nachfragers kann also multikausalen Charakter besitzen, wenn mit dem nachgefragten Produkt nicht nur ein sachlicher Produktzweck oder eine Produktfunktionalität gekauft wird, sondern darüber hinaus auch weitere sekundäre Funktionen mit dem Erwerb eines Produktes beim Käufer erfüllt werden, z.B. ein subjektiv empfundener Prestigegewinn, die "Zurschaustellung" einer individuellen Lebensphilosophie etc.

Hier zeigt sich, daß die Produktcharakteristik und das Image des Unternehmens nicht in einem Widerspruch zu der geplanten Zielgruppe stehen dürfen.

Wesentliche Instrumente, mit denen diese Kommunikationsprozesse initiiert werden, sind (Dichtl 1997: 187):

(1) die Mediawerbung,

(2) die Verkaufsförderung,

(3) Public Relations (Öffentlichkeitsarbeit),

(4) das Sponsoring,

(5) Product Placement und

(6) die Direktwerbung.

Andere Autoren verwenden den Begriff Werbung als Oberbegriff für die Mediawerbung und die sogenannte Direktwerbung, wobei Werbung als zielorientierte Information und Beeinflussung von Menschen mit Hilfe bestimmter Werbemittel verstanden wird (vgl. z. B. Fritz/v.d. Oelsnitz 1998: 173).

Zu (1) **Mediawerbung**

Entscheidungstatbestände, die in der Mediawerbung erarbeitet werden müssen, sind die Festlegung der Werbeziele, die anzusprechende Zielgruppe, die Werbeinhalte und -mittel und die geeigneten Werbemedien. Nicht zuletzt muß auch hierbei bedacht werden, daß die Mediawerbung im Rahmen der Kommunikationspolitik ein Instrument des absatzpolitischen Instrumentariums darstellt und insofern als operative Ebene aus den Marketing-Zielen und der zur Erreichung eingeschlagenen Strategie abgeleitet wird.

Zunächst sind die Werbeziele festzulegen, die sowohl ökonomischer Art, wie z.B. Umsatz- und Gewinnsteigerung, als auch nicht ökonomischer Art sein können. Zu den nicht-ökonomischen Zielen zählen z. B. die Verbesserung des Images oder die Steigerung des Bekanntheitsgrades. Allerdings dienen nicht-ökonomische Ziele indirekt einer ökonomischen Zielsetzung, zumal kein Unternehmen aus reinem Selbstzweck und ohne am ökonomischen Erfolg orientiert zu sein, das Image oder den Bekanntheitsgrad verbessert. In diesem Zusammenhang ist die Operationalisierung der Werbeziele bedeutend, um letztlich deren Erreichungsgrad mit den gewählten Werbeinhalten und -medien für die anvisierte Zielgruppe messen zu können.

Der Werbeinhalt stellt die eigentlich zu übermittelnde Botschaft an die Zielgruppe dar, die über ein geeignetes Werbemittel als konkrete Erscheinungsform der Botschaft erkennbar, lesbar oder hörbar gemacht werden soll. Werbemittel verkörpern gewissermaßen eine aus dem Gedanklichen ins Stoffliche transformierte Werbebotschaft (Nieschlag/Dichtl/Hörschgen 1997: 541ff.). Zu den Werbemitteln zählen die Zeitungsannonce, Postwurfsendungen, Kataloge, Spots für Rundfunk und Fernsehen oder auch das Plakat. Mit der Entscheidung für ein bestimmtes Werbemittel ist indirekt auch die Entscheidung für die Werbemedien gefallen, mit denen die Botschaft eine Zielgruppenperson erreichen soll. Das Problem besteht in der Kombination aus Werbeinhalten, -mitteln und -medien. Fraglich ist, ob der potentielle Ansprechpartner überhaupt bereit ist, die Botschaft aufzunehmen. Demzufolge ist die Gestaltung der Werbebotschaft und die Umsetzung in ein Werbemittel ein wichtiges Moment, mit dem die Bereitschaft der Zielperson zunächst aktiviert werden muß, die Werbebotschaft wahrzunehmen.

Das bekannteste Modell, mit dem die kognitiven Prozesse des Konsumenten idealtypisch beschrieben werden, ist die sogenannte AIDA-Formel, nach der die Wahrnehmung und Verhaltensbeeinflussung (Werbewirkung) in vier Phasen abläuft:

- **A**ttention (Aufmerksamkeit): In dieser Phase geht es um das Wecken von Aufmerksamkeit auf die Werbebotschaft, z.B. durch die Vermittlung emotionaler Eindrücke und Stimmungen.
- **I**nterest (Interesse): Die Werbebotschaft löst Interesse bei der Zielperson aus.
- **D**esire (Wunsch): Hier wird durch die Aktivierung der zielgruppenspezifischen Motive, die über das beworbene Produkt bestärkt werden, ein Verwendungswunsch erzeugt.
- **A**ction (Aktion): Über den entstandenen Verwendungswunsch erfolgt möglicherweise eine Verhaltenswirkung, nämlich die Kaufabsicht.

Hinter diesem recht einfachen Phasenmodell steckt eine Fülle von Fragestellungen, die sich auf die Zweckmäßigkeit der geeigneten Maßnahmen bezieht, mit denen, verpackt in der Werbebotschaft und dem Werbemittel, eine Kaufabsicht ausgelöst wird. Darunter lassen sich beispielsweise Problemstellungen subsumieren, die folgende Aspekte betreffen:

- Wie wird bei einem Individuum Aufmerksamkeit erzeugt?
- Wie erfolgt die Aktivierung von Motiven bei Personen?
- Über welche Reize kann ein bestimmtes Verhalten ausgelöst werden?

Zur Lösung dieser Fragenkomplexe werden heutzutage interdisziplinäre Ansätze verfolgt, die man unter den sogenannten 'Verhaltenswissenschaftlichen Ansätzen' zusammenfassen kann. Dabei werden sowohl Erkenntnisse der Betriebswirtschaftslehre und der Sozialwissenschaft als auch der Psychologie genutzt, um die Werbebotschaft und das Werbemittel möglichst effizient zu gestalten.

Ein wichtiges Element ist die Wahrnehmung der Werbemittel durch das Entscheidungssubjekt. Dabei ist der Wahrnehmungsprozeß durch drei Dimensionen gekennzeichnet (Scheuch 1996: 75):

- Subjektivität,
- Aktivität und
- Selektivität.

Subjektivität beschreibt die individuelle Reizsituation bei dem Empfänger einer Botschaft. Das bedeutet, daß nicht jeder Reiz bei allen Personen die gleiche Beeinflussung ihres Willenszentrums auslöst. Ähnliches gilt für die Differenzierung in aktive und passive Wahrnehmungsprozesse. Werden Reizmuster von einer Person spontan wahrgenommen, so trifft die Reizstruktur auf ein sogenanntes verfestigtes Decodierverhalten, das z.B. bei einem visuellen Reiz durch einen standardisierten Betrachtungsverlauf zum Ausdruck kommt, der entsprechend meßbar ist. Aktive Wahrnehmung setzt hingegen eine Bereitschaft des Empfängers voraus, intern vorhandene Informationen zu aktualisieren oder zusätzlich bewußt durch externe Informationen zu ergänzen. Hinzu kommt die Selektivität bei einem Wahrnehmungsprozeß, die aus der Reduktion des möglichen Informationsvolumens durch das Individuum erfolgt (Scheuch 1996: 75).

Inwieweit interdisziplinäre Forschungsansätze hierbei eine Rolle spielen, soll das folgende Beispiel zeigen:

In der ersten Phase des AIDA-Modells soll, wie bereits beschrieben, Aufmerksamkeit erzeugt werden. Bei einem Fernsehspot als Werbemittel würde hier das Problem gelöst werden müssen, wie eine massive selektive Aufmerksamkeit erreicht werden kann. Die Psychologie liefert zu diesem Thema verschiedene Theorien, z.B. die Kapazitäts-Theorie, nach der ein Mensch in einem bestimmten Augenblick nur eine begrenzte Menge von Sinnesreizen verarbeiten kann. Seine Verarbeitungskapazität ist beschränkt (Krech/Crutchfield/Livsion et al. 1992: Bd. 2: 91). Aus dieser These erklärt sich in diesem Fall die Selektivität des Wahrnehmungsprozesses. Dabei ist festgestellt worden, daß das Aufmerksamkeitsniveau und die Richtung der selektiven Aufmerksamkeit von den vorliegenden Reizen und der Wahrnehmungseinstellung, die aus den bisherigen Erfahrungen und dem Gelernten des Individuums resultiert, abhängen. Zur Messung der Aufmerksamkeit bzw. Wahrnehmung, wie sie bei einem passiven Wahrnehmungsprozeß durch ein verfestigtes Decodierungsschema stattfindet, werden Augenbewegungsmuster herangezogen: Richtung und Reihenfolge von Bildausschnittsbetrachtungen werden vor dem Hintergrund der Fragestellung, in welcher Reihenfolge die einzelnen Punkte des Bildes bei dem Betrachter wahrgenommen werden, gemessen. Ermittelt werden diese Punkte mit einer Kamera, die die Augenbewegungen der betrachtenden Personen aufnimmt.

Mit der Zielsetzung, Werbemittel und -botschaft möglichst attraktiv gegenüber der Zielgruppe zu gestalten, haben sich einige praktische, handhabbare Regelungen als Forschungsergebnisse jeweils unter der Annahme herauskristallisiert, daß alle sonstigen Wirkungsfaktoren konstant sind (in Ceteris-paribus-Bedingung; Böcker 1996: 395):

- Farbige Werbemittel erzielen höhere Wirkungswerte als schwarz-weiß gestaltete Werbemittel.
- Großformatige Werbemittel zeigen einen höheren Wirkungswert als kleinformatige.
- Werbemittel, die sexuelle Anreize beinhalten, bewirken bei Männern ein momentan höheres Aufmerksamkeitsniveau als Werbemittel ohne diese Gestaltungselemente.
- Originelle Werbebotschaften weisen einen höheren Rekognitionswert (Wiedererkennungswert) als Werbebotschaften ohne diese Inhaltscharakteristik auf.
- Werbebotschaften mit aktuellem Bezug erzielen eine höhere Wirkung als Botschaften mit geringerem Aktualitätsgrad.
- Verständlich dargebotene Werbebotschaften zeigen einen höheren Wirkungswert als vergleichsweise schwer verständliche Werbebotschaften.

Ein Resümee dieser Auflistung könnte somit lauten: Werbebotschaft und Werbemittel sollten so gestaltet werden, daß sie von der Bezugsgruppe als aktuell, originell, verständlich und übersichtlich empfunden werden. Allerdings läßt sich diese Kombination nicht ohne weiteres als erfolgversprechend betrachten, da zum einen auch eine Wechselwirkung der Faktoren stattfindet und zum anderen wesentlich detailliertere Größen eine Rolle bezüglich des Aufmerksamkeitsniveaus und des Wiedererkennungswertes spielen können. Es bleibt damit keine andere Möglichkeit, als die Botschaft und das kreierte Werbemittel im Hinblick auf die Wirkung auf die Zielgruppe zu testen (Preißner/Engel 1997: 194).

Mit der Festlegung der Werbebotschaft und der Werbemittel ist die Entscheidung über die Werbemedien, mit denen das Werbemittel an die Zielperson herangetragen werden soll, eng verbunden.

Die Abbildung 8-13 zeigt eine mögliche Zuordnung von Werbemittel und -medien (Scharf/Schubert 1997: 233):

Werbemittel	Werbemedien
Anzeigen (Inserate)	Zeitungen, Zeitschriften, Broschüren, Veranstaltungsprogramme, BTX, Internet
Prospekte, Kataloge	Postversand, Hausverteiler, Verteiler auf Straßen, bei Veranstaltungen, als Beilage in der Packung, in Zeitschriften etc.
Plakate	Litfaßsäulen, Bauzäune, Verkehrsmittel, Anschlagtafeln, Ladengeschäfte
Fernsehspots, Videoclips	Rundfunkanstalten, Videokassetten
gesprochene Werbetexte	Rundfunkanstalten, Veranstaltungen, Ladengeschäfte
Diapositive, Werbefilme	Kinos, Theater, Veranstaltungen, Videokassetten
Leuchtschriften, Signets, Bilder	Private u. öffentliche Gebäude, Verkehrsmittel, Ladengeschäfte
Verpackungsmaterial, Tragetaschen, Sticker, Abziehbilder, Trikots	Käufer, Veranstaltungsbesucher, Personal, Fahrzeuge, Sportler
Werbegeschenke, Kalender, Etuis, Werkzeuge, Fachbücher etc.	Käufer, Produktverwender, Händler

Abbildung 8-13 Zuordnung von Werbemitteln und Werbemedien

Auch die Wahl des Werbemediums unterliegt der Wirtschaftlichkeit, die Zielgruppe möglichst kostengünstig räumlich, quantitativ und auch qualitativ zu erreichen (Scharf/Schubert 1997: 234).

Zu diesem Zweck muß auch bei einer Zuordnung von Werbemitteln und Werbemedium geklärt werden, welches konkrete Medium in Frage kommt. Bei der Selektion in den Printmedien wird als ein Entscheidungsfaktor der sogenannte **Tausend-Leser-Preis** gewählt, über den ein Verhältnis zwischen den Kosten einer Anzeige pro tausend Leser hergestellt wird. Über diese Kennzahl wird lediglich der Anzeigenpreis in Relation zur Auflagenhöhe gesetzt (Nieschlag/Dichtl/Hörschgen 1997: 612ff.). Bezogen auf andere Werbemedien läßt sich dieser Wert entsprechend erweitern unter dem Begriff Tausend-Kontakt-Preis (TKP) nach der Formel (Fritz/v. d. Oelsnitz 1998: 176):

$$TKP_i = \frac{\text{Kosten pro Belegung des Werbeträgers } i}{\text{Reichweite des Werbeträgers}} \times 1000$$

Der Begriff Reichweite ist hierbei als quantitative Größe zu verstehen und stellt je nach Werbemedium die Zahl der Leser einer Zeitschrift, die Zahl der Fernsehzuschauer einer Fernsehsendung oder die Anzahl der Hörer einer Rundfunksendung etc. dar. Gerade die letztgenannten Beispiele bedürfen für eine relativ exakte Bestimmung einer intensiven Analyse. Insbesondere lassen sich hierbei sehr unterschiedliche Schwankungen zu bestimmten Tageszeiten oder bei speziellen Sendungen feststellen. Beispielsweise wird im Rundfunk die Zahl der Hörer in den Morgenstunden wesentlich größer sein als in den Abendstunden, wenn im Medium "Fernsehen" die Hauptnachrichtensendung dargeboten wird. Ähnliches gilt für die Zielgruppenansprache in diesen Medien. So werden beispielsweise Sendungen für spezielle Zielgruppen auf bestimme turnusmäßige Sendeplätze geschaltet (z.B. Kindersendungen bei RTL auf den Samstagmorgen), die dann eine gezieltere Ansprache durch Werbespots, die auf diese Zielgruppe abgestimmt sind, erlauben (z.B. Werbespots für Kinderspielzeug). Entsprechend dieser unterschiedlichen Kontaktchancen fallen sowohl im Werbefernsehen als auch Werbefunk divergente Kosten pro Belegung des Werbeträgers an. Diese Problematik tritt in den Printmedien in dieser Form nicht auf, da über die Auflagenzahl ein relativ genauer Wert für die Reichweite bestimmt werden kann.

Die Konzentration auf die Mediawerbung beinhaltet auch die Entscheidung über die Streuung der Werbebotschaft auf die einzelnen Werbemedien, die sogenannte **Intra-Media-Selektion** (Preißner/Engel 1997: 198). Dabei kann der besagte Tausender-Preis und der **Tausend-Kontakt-Preis** eine wichtige Entscheidungsgrundlage darstellen, bei dem die Kosten einer Werbeträgerbelegung pro tausend realisierter Kontakte ermittelt werden (Scheuch 1996: 366ff.).

Darüber hinaus muß das Werbebudget für derartige Maßnahmen fixiert werden. In diesem Zusammenhang existieren mehrere mögliche Ansätze, die sich in zwei Kategorien differenzieren lassen (Bruhn 1997: 217):

- **Optimierungsansätze:** Sie liefern als quantitative Ansätze eine Lösung auf analytischem Weg.

- **Heuristische Ansätze:** Es handelt sich um praxeologische Methoden, die nicht immer zwingend einer eingeschlagenen Werbestrategie entsprechen.

Zu den heuristischen Verfahren zählen (Kotler/Bliemel 1995: 933; Bruhn 1997: 218):

- die prozentuale Bindung des Budgets an den Umsatz (Percentage of Sales Method),

- die prozentuale Bindung an den Gewinn (als Referenzgröße wird dabei der geplante Gewinn oder der Gewinn der letzten Periode herangezogen),

- die Ausrichtung an der Absatzmenge, d.h. die Definition eines konstanten Betrages pro Produkteinheit,

- die Ausrichtung an den verfügbaren Finanzmitteln (all you can afford method), die sich als Differenz der Umsatz- und Gewinnplanung ergibt, indem allerdings keine geplanten Kosten für Werbung in der Gewinnplanung berücksichtigt werden,

- die Werbeanteils-Marktanteils-Methode; hierbei wird z.B. als Bezugsgröße für das Werbebudget der geplante Marktanteil gewählt,

- die Wettbewerbs-Paritäts-Methode, bei der die Höhe des geplanten Werbebudgets anhand von ausgewählten Kennzahlen (z.B. absolute Werbeaufwendungen der Konkurrenten, Werbeanteil der Konkurrenz in Relation zum Umsatz) der Konkurrenten bestimmt wird und

- die Ziel-Aufgaben-Methode, bei der das Werbebudget aus der eingeschlagenen Werbestrategie ermittelt wird, indem sukzessiv die für die Erreichung der geplanten Werbeziele anfallenden Kosten der Werbemaßnahmen abgeschätzt werden.

Nachdem die Entscheidungen über das Werbeziel und die sich daraus ableitende Werbestrategie mit den Elementen Werbebotschaft, -mittel und -medien getroffen worden sind, ist selbstverständlich die Erfolgskontrolle bezüglich der Wirkung der Werbestrategie und der Zielerreichung unerläßlich. Zu den klassischen Methoden der Werbewirksamkeitsanalysen zählen beispielsweise (Bruhn 1997: 231):

- der **Recalltest**, bei dem Probanden nach einem gewissen Zeitraum zum Kontakt mit einem Werbemedium gefragt werden, an welche Werbemittel sie sich noch erinnern können oder
- der **Rekognitionstest**, dessen Ziel die Messung des Wiedererkennungswertes bestimmter Werbemittel ist, z.B. durch Befragung von Testpersonen, die Anzeigen in Zeitschriften wiedererkennen sollen.

Derartige Testverfahren konzentrieren sich auf die Wirkung einzelner Komponenten einer Werbestrategie, während der Erfolg einer Gesamtstrategie an Größen wie Umsatz, Image des Unternehmens oder Bekanntheitsgrad gemessen wird.

Zu (2) **Verkaufsförderung**
Verkaufsförderung ist ein Sammelbegriff für eine Vielzahl von kommunikativen Maßnahmen, die kurzfristig den Absatz eines Produkts bzw. einer Unternehmung fördern sollen (Böcker 1996: 368). So werden häufig die Begriffe "Verkaufsförderung" und "Sales Promotion" im gleichen Zusammenhang genannt, obwohl einige Autoren die Verkaufsförderung als kurzfristige, taktische Aktion ansehen und zusätzlich zu diesen Maßnahmen unter Sales Promotion auch die Koordination zwischen Werbung und Verkauf verstehen (Preißner/Engel 1997: 180).

Interessant ist der Umfang finanzieller Mittel, die für die Verkaufsförderung aufgewendet werden. So rangiert dieses Instrument der Kommunikationspolitik nach diesem Kriterium direkt hinter der Mediawerbung (Böcker 1996: 368).

Nach den Zielgruppen lassen sich drei Bereiche der Verkaufsförderung unterscheiden (Preißner/Engel 1997; Fritz/v.d. Oelsnitz 1998: 180):

- **handelsorientierte Verkaufsförderung**

  Sie konzentriert sich in erster Linie auf Handelsbetriebe, um die nachgelagerten Absatzorgane einerseits zu motivieren, Produkte des eigenen Unternehmens in ihr Programm aufzunehmen, andererseits aber auch den Abverkauf der eigenen Produkte zu fördern (Scharf/Schubert 1997: 257). Denkbare Maßnahmen wären die Rabattgewährung, die Durchführung kooperativer Werbemaßnahmen mit dem Handelsbetrieb oder die Ausbildung und Schulung von Händlern.

- **verbrauchergerichtete Verkaufsförderung**

  Diese Verkaufsförderungsmaßnahmen sollen den Endverbraucher erreichen. Sie können dabei unabhängig vom Absatzmittler (direkte konsumentengerichtete Verkaufsförderung) oder in Zusammenarbeit mit dem Händler durchgeführt werden (indirekte konsumentengerichtete Verkaufsförderung) (Bruhn 1997: 233). Typische Maßnahmen der verbrauchergerichteten Verkaufsförderung sind Verlosungen beim Absatzmittler, Durchführung von Preisausschreiben, kostenlose Probieraktionen oder Sonderpreisaktionen (Preißner/Engel 1997: 182).

- **Außendienstpromotion**

  Hierunter werden Verkaufsförderungsmaßnahmen zusammengefaßt, die als Zielgruppe die Mitglieder der Außendienstorganisation haben (Böcker 1996: 368). Das Ziel ist, eine bessere Befähigung bei der Erfüllung der Verkaufsaufgaben zu erreichen. Typische Maßnahmen wären in diesem Rahmen die Schulung der kommunikativen Fähigkeiten der Mitglieder der Zielgruppe, die Verbesserung der Motivation durch Verkäuferwettbewerbe etc.

Zu (3) **Public Relations (Öffentlichkeitsarbeit)**

Unter Öffentlichkeitsarbeit als Instrument der Kommunikationspolitik versteht man das bewußte, planmäßige und dauerhafte Bestreben, bei verschiedenen für die Unternehmung relevanten Zielgruppen ein gegenseitiges Vertrauen und Verständnis aufzubauen und bei diesen Zielgruppen positive Reaktionen gegenüber dem Unternehmen auszulösen (Scharf/Schubert 1997: 263).

Konkrete Maßnahmen der Öffentlichkeitsarbeit dienen nicht unmittelbar dem Absatzerfolg, sondern sollen eine günstige Ausgangslage schaffen, um die Grundlage für erfolgreiche Einzelmaßnahmen zu legen. Damit ist die Zielgruppe für Public Relations-Aktionen nicht identisch mit den Werbesubjekten der Absatzpolitik, sondern im Grundsatz die Gesamtheit aller Personen, die auf irgendeine Weise für den Erfolg des Unternehmens eine Bedeutung haben können (Böcker 1996: 371).

Daher zählen sowohl interne als auch externe Gruppen zu den Adressaten der Öffentlichkeitsarbeit, d.h. Mitarbeiter, potentielle Mitarbeiter, Kunden, Aktionäre, Medienvertreter, Lieferanten, Bankenvertreter, Vertreter staatlicher Stellen, Wirtschaftsverbände, Gewerkschaften, Verbraucherverbände, kirchliche Organisationen, Schüler und Lehrer, Studierende und Wissenschaftler, Testinstitutionen etc. (Bruhn 1997: 239). Die Maßnahmen, die in der Öffentlichkeitsarbeit Anwendung finden, sind in der Abbildung 8-14 dargestellt.

Kategorien	Maßnahmen	Zielgruppe
Pressearbeit	Pressekonferenzen, Pressemitteilungen, exklusive Mitteilungen für den redaktionellen Teil	extern und intern
Persönlicher Dialog	Mitarbeit von Unternehmensvertretern in Verbänden, Parteien, Kirchen, Vorträge an Hochschulen, Teilnahme an Podiumsdiskussionen	extern
Ansprache ausgewählter Zielgruppen	Tag der "offenen Tür", Sponsoring von Kultur- oder Sportveranstaltungen, Einrichtung von Stiftungen	extern, aber differenziert
Mediawerbung	Imageanzeigen und -spots	extern und intern
Internes Marketing	Werkzeitschriften, Informationsveranstaltungen, Betriebsausflüge, interne Sport-, Kultur- und Sozialeinrichtungen	intern

Abbildung 8-14   Kategorien, Maßnahmen und Zielgruppen der Öffentlichkeitsarbeit

Zu (4) **Sponsoring**

Sponsoring bedeutet die Planung, Organisation, Durchführung und Kontrolle sämtlicher Aktivitäten, die mit der Bereitstellung von Geld, Sachmitteln oder Dienstleistungen durch Unternehmen zur Förderung von Personen und/oder Organisationen im sportlichen, kulturellen und/oder sozialen Bereich verbunden sind, um damit gleichzeitig Ziele der Unternehmenskommunikation zu erreichen (Bruhn 1997: 240).

Sponsoring stellt im Gegensatz zum Mäzenatentum kein altruistisches Bündel von Maßnahmen dar, vielmehr basiert die Beziehung zwischen Förderer und Gefördertem auf dem Prinzip von Leistung und Gegenleistung. Es werden folgende Sponsoringformen unterschieden:

Sportsponsoring: Sportvereine oder Sportler erhalten eine Förderung in Form von Sachleistungen und/oder finanziellen Zuwendungen. Als Gegenleistung muß der Name oder das Logo des Sponsors auf den Textilien der Mitglieder des Vereins oder des Sportlers erkennbar ein. Eine weitere Form ist das direkte Sponsoring von Sportveranstaltungen, zu denen der Sponsor Preisgelder zur Verfügung stellt. Hier wird von der unterstützenden Einrichtung als Gegenleistung die Nennung oder die Plazierung des Namens bei der Veranstaltung erwartet. Dies kann z.B. auch dazu führen, daß Veranstaltungen beispielsweise nach dem Namen des Sponsors benannt werden (z.B. Porsche-Cup im Autorennen, Opel-Cup als ATP-Tennisturnier etc.).

Kultursponsoring: Unterstützung von Konzerten, Theatern und Veranstaltungen der bildenden Kunst. Als Gegenleistung wird der Sponsor namentlich in Programmheften oder auf Plakaten erwähnt. Allerdings kann es auch weitere Formen geben, wenn z. B. die Veranstaltung auf Initiative des Sponsors zurückgeht. Ein Beispiel ist die Förderung von Konzertveranstaltungen durch die Volkswagen AG. Dabei wird der Name der Geförderten gleichzeitig für die Bezeichnung von Sondermodellen des eigenen Hauses genutzt (Golf Bon Jovi, Pink Floyd etc.; vgl. Fritz/v.d. Oelsnitz 1998: 187).

Social-Sponsoring: Hierbei konzentrieren sich die Sponsoring-Maßnahmen auf den karitativen Bereich, Wissenschaftseinrichtungen oder auf die Unterstützung von Umweltorganisationen. Als zwingende Voraussetzung seitens des fördernden Unternehmens sollte allerdings eine inhaltliche Identifikation mit der geförderten Institution gegeben sein, die sich auch im unternehmerischen Verhalten dokumentiert, um nicht die Glaubwürdigkeit in der Öffentlichkeit zu verlieren (Bruhn 1997: 241).

Darüber hinaus hat sich in letzter Zeit eine weitere Form des Sponsoring entwickelt, das **Programmsponsoring**. Dabei treten Unternehmen als Sponsoren von Fernsehsendungen oder Übertragungen von speziellen Sportveranstaltungen im Fernsehen auf (Bruhn 1997: 242). Der Name des Sponsors wird dafür im Gegenzug vor und nach der Sendung oder in den Sendepausen teilweise mit einem eigenen kurzen Sendespot erwähnt. Interessant ist hierbei, daß die Einschränkung der Ausstrahlung von Werbesendungen bis 20.00 Uhr bei den öffentlich-rechtlichen Rundfunkanstalten keine Gültigkeit mehr hat.

Sponsoring stellt in allen seinen Formen offensichtlich ein probates Mittel dar, um die gesellschaftspolitische Verantwortung eines Unternehmens in der Öffentlichkeit zu dokumentieren. Allerdings sollten zwei Aspekte dabei berücksichtigt werden. Zum einen müssen vom Unternehmensimage Sponsor und geförderte Einrichtung bzw. Person mit den Aktivitäten zueinander passen, um nicht gegenüber der Öffentlichkeit unglaubwürdig zu erscheinen. Zum anderen setzt sich ein Sponsor auch gewissen Risiken aus, wenn sein Name mit Institutionen bzw. Personen in Verbindung gebracht wird, deren eigenes Image in der Öffentlichkeit kontrovers diskutiert wird (z.B. Michael Jackson und Pepsi Cola).

Zu (5) **Product Placement**
Beim Product Placement werden Produkte mit erkennbarem Namen auf Anfrage oder gegen eine im Einzelfall festzulegende Zahlung in Filmen oder Fernsehserien verwendet (Scheuch 1996: 372). Dabei ist die Darstellung des Produkts ein untrennbarer Bestandteil der Handlung und wird von dem Betrachter als solcher auch wahrgenommen. Gegenüber anderen Instrumenten der Kommunikationspolitik ergeben sich beim Product Placement folgende Vorteile (vgl. Preißner/Engel 1997: 205):

- Es lassen sich Werbebeschränkungen umgehen, z.B. das Verbot der Tabakwerbung im Fernsehen.
- Der Zuschauer empfindet die Filmsequenz nicht als Werbesendung und entwickelt keine kognitiven Barrieren bei der scheinbar real dargestellten Konsumsituation.
- Mehrfachkontakte trotz eines einmaligen Placement durch die mehrfache Ausstrahlung und Videovermarktung.
- Zapping, hervorgerufen durch Einblendung von Werbeblöcken, wird umgangen.
- Übertragung des Rollenimages eines Schauspielers auf das Produkt.

Die wohl markantesten Beispiele für ein Product Placement in Kino-Filmen finden sich bei den James-Bond-Filmen, in denen quasi die Produkteinführung von BMW-Fahrzeugen vorbereitet worden ist (Z3 in "Golden Eye", 525-BMW in "Der Morgen stirbt nie"). Ein Beispiel für Fernsehsendungen ist sicherlich der Slogan "Harry, fahr schon mal den Wagen vor", der ebenfalls mit einem BMW-Fahrzeug verbunden ist.

Problematisch ist Product Placement dann, wenn es zu massiv und äußerst gezielt vorgenommen wird. Hier könnten die rechtlichen Grenzen erreicht sein und ein Verstoß gegen das Rundfunkgesetz vorliegen.

Zu (6) **Direktwerbung**

Mediawerbung, Verkaufsförderung und viele Formen der Öffentlichkeitsarbeit richten sich an einen anonymen Markt, bei dem das einzelne Individuum unbekannt bleibt (Böcker 1996: 372).

Bei der Direktwerbung wird dagegen versucht, einen möglichst individuellen Kontakt mit einer bestimmten Zielgruppe herzustellen und in einen Dialog einzutreten (Bruhn 1997: 235). Damit umfaßt die Direktwerbung alle Maßnahmen, die eine individuelle Ansprache von Zielpersonen beinhalten und dabei einen Dialog ermöglichen sollen.

Die Direktwerbung kann in zwei unterschiedlichen Formen vorkommen. So kann in der Mediawerbung eine direkte Kontaktaufnahme einzelner Vertreter der Zielgruppe (Couponanzeigen in den Printmedien oder Telefonnummern oder Adressen in den Werbespots im Rundfunk und Fernsehen) angebahnt werden. Diese Form wird als **Direct-Response-Werbung** bezeichnet. Die andere Form impliziert ausschließlich Maßnahmen einer individuellen, direkten Kontaktaufnahme über **direkte Medien**, wie z.B. über Werbebriefe oder Telefon-Marketing (Fritz/v.d. Oelsnitz 1998: 178).

Kommunikationspolitik unterliegt vielfach dem Erfordernis der **Interaktion**, d.h. dem Dialog insbesondere mit Schlüsselkunden und erfolgversprechenden Abnehmern. Die Individualisierung von Marketingaktivitäten zeigt sich im Bereich von Information z.B. durch die Institutionalisierung von Beschwerdemanagement und von Service-Telefonen ("Hotlines"). Auch Leistungsindividualisierung in Massenmärkten durch kundenspezifische Produktangebote ("Mass Customization") ist zunehmend unter Einsatz moderner, flexibler Produktionstechniken und interaktiver Informations- und Kommunikationstechnologien als individualisierte Form der Marktbearbeitung kostengünstig realisierbar.

8.4.5 Unterstützung durch Informations- und Kommunikationstechnologie

Ein wichtiger Aspekt der Individualisierung des Marketing und speziell der direkten Ansprache wird in der Qualität des Adreßmaterials oder zusätzlich in der Qualität der Informationen über die aktuellen oder potentiellen Kunden in der Direktwerbung gesehen. Die nötige Informationsqualität soll über das **Database-Marketing** erreicht werden. Hierbei wird auf eine DV-technische Unterstützung zurückgegriffen, indem Datenbanken systematisch mit einer Fülle von Kundeninformationen angelegt werden. Die Vorteile dieser zweckmäßigen Informationssammlung liegen in der rationalisierteren Erstellung von Werbemitteln, wie Werbebriefen mit automatischer Adressierung und individueller Ansprache im Massenbrief, aber auch in einer qualitativ besseren Selektion der Zielgruppen, wenn beispielsweise bisherige Kundenkontakte, Konsumgewohnheiten und ähnliches in der Kundendatei fixiert werden. Besonders bei einem Telefon-Marketing erscheint es unerläßlich, während des Kundenkontakts mit umfassenden Daten über verschiedene Merkmale des Kunden online über eine Datenbank versorgt zu werden. Die konsequente Erfassung der Kundenreaktionen auf die Marketingaktivitäten begründet dabei einen regelkreisartigen Zusammenhang. Mit Database-Marketing soll sichergestellt werden, daß die "richtigen" Kunden zum "richtigen" Zeitpunkt mit Hilfe der "richtigen" Maßnahmen (Art und Umfang) angesprochen werden.

Als umfassende Datenbasis integriert das sogenannte **Data Warehouse** unterschiedliche Datenbestände aus unternehmensinternen wie -externen Quellen, die für die unterschiedlichsten Auswertungen herangezogen werden können. Die Daten werden benutzerbezogen gespeichert bzw. dargestellt und über längere Zeiträume vorgehalten, um Zeit- und Trendanalysen zu ermöglichen. Selektionen und Aggregationen lassen sich bei Bedarf durch **Data Mining** durchführen, wobei aus unveränderten Daten mit Expertensystemen "auffällige Bezugsobjekte" identifiziert und diesen Ergebnisdaten zugeordnet werden. Das heißt, es wird auf die Exploration verborgener Zusammenhänge bzw. Muster in den Datenbeständen abgezielt mit Analyseinstrumenten, die statistische Methoden mit Verfahren der künstlichen Intelligenz (z.B. künstliche neuronale Netze, genetische Algorithmen) verbinden.

Informationsgewinnung und Marktbearbeitung werden inzwischen stark vom **Internet** geprägt. Das heißt unter anderem, Werbung, Anbahnung und Transaktion zwischen den Teilnehmern finden über WWW-Homepages der Anbieter, E-Mail und künftig über das Zusammenwachsen von Computer, TV und Telekommunikation statt. **Online-Marktforschung** schließt z.B. über die Nutzung von Online-Datenbanken im Rahmen der Sekundärforschung hinaus Aktivitäten der Primärforschung ein, z.B. in Form von Befragungen von Kunden im Internet. Das Beziehungsgeflecht von Informationsflüssen von und zum Kunden wird vielfach unternehmensübergreifend integriert und koordiniert durch (1) **Warenwirtschaftssysteme** zur scannergestützten Erfassung von Absatzdaten, (2) durch **Electronic Data Interchange** (rascher Informationsaustausch "Business-to-Business") und (3) durch **Electronic Commerce** in der Distributionspolitik per digitaler Abwicklung von Transaktions- bzw. Geschäftsprozessen.

8.5 Marketing-Kontrolle

Ein zentrales Element eines Marketingmanagementprozesses ist zum Abschluß die Kontrolle der Marketingaktivitäten, d.h. eine Überprüfung der gewählten

Verfahrensweisen, der Strukturen und der erzielten Ergebnisse. Die Marketing-Kontrolle umfaßt daher eine kontinuierliche und systematische Überprüfung sämtlicher Marketingprozesse, deren Informationsgrundlagen und der Strukturen (angelehnt an Bruhn 1997: 285).

Die Marketing-Kontrolle kann als

(1) klassische Marketing-Kontrolle oder als

(2) Marketing-Audit

durchgeführt werden.

Zu (1) **Klassische Marketing-Kontrolle:**

Sie basiert auf dem Prinzip des Soll-Ist-Vergleichs, d.h., im Rahmen der Planung von Marketingaktivitäten werden Soll-Größen definiert, die nach deren Umsetzung anhand der erzielten Ergebnisse (Ist-Größe) bezüglich der Zielerreichung geprüft werden. Damit findet eine Ex-post-Kontrolle statt. Ergebnisse lassen sich natürlich auch für einzelne Teilschritte der Maßnahmen definieren, so daß die klassische Marketing-Kontrolle sowohl einen **ergebnisorientierten** als auch einen **prozeßorientierten** Charakter aufweisen kann. Zu den Ergebniskontrollen zählen Erfolgs-, Effizienz- und Budgetkontrollen, während man unter Prozeßkontrollen die Kontrolle zeitlicher Abläufe, Verfahren und eingesetzter Maßnahmen in den einzelnen Planungsschritten versteht. Methoden, die in der Prozeßkontrolle zur Anwendung gelangen, sind die Netzplantechnik und EDV-gestützte Terminüberwachung (Bruhn 1997: 291).

Gegenstand von **Erfolgskontrollen** können Umsatz, Marktanteil, Deckungsbeitrag, aber auch die Kundenzufriedenheit und der Bekanntheitsgrad sein. Hierbei findet ein Vergleich mehr oder weniger absoluter Größen statt. Bei **Effizienzkontrollen** definiert man Kennzahlen, mit denen Zielgrößen in Bezug zu den eingesetzten Kapazitäten gesetzt werden. Bekannte Effizienzgrößen wären z.B. der Umsatz pro Kopf oder der Umsatz pro Quadratmeter Verkaufsfläche (im Einzelhandel), um so intern und auch extern gegenüber dem Mitbewerber einen Vergleich vornehmen zu können. Budgetkontrollen beziehen sich hingegen einmal auf die Einhaltung des definierten Marketingbudgets (**formale Kontrolle**) und darüber hinaus auf die Verteilung des Budgets, d.h. die Budgetverwendung und deren Wirkung (**inhaltliche Kontrolle**). Wenn man z.B. davon ausgeht, daß ein Unternehmen sich mehrerer Instrumente der Kommunikationspolitik gleichzeitig bedient, ist es sicherlich bedeutend, die Wirkung einer bestimmten Budgetverteilung in Erfahrung zu bringen, um gegebenenfalls die Budgetierung korrigieren zu können. Typische Methoden zur Prüfung der Notwendigkeit bestimmter Teilbudgets sind die Gemeinkostenwertanalyse, mit der Kostensenkungspotentiale aufgespürt werden, oder das Zero-Base-Budgeting, bei dem sozusagen vom "Null-Punkt" ausgehend jedes Teilbudget in der Planung zu rechtfertigen ist (Bruhn 1995: 287).

Zu (2) **Marketing-Audit**

Waren es bei den klassischen Marketing-Kontrollen in erster Linie quantitative Größen, die einer Prüfung unterzogen werden, so werden beim Marketing-Audit qualitative Einflußfaktoren untersucht, die ebenfalls eine große Bedeutung für den Erfolg von Marketingaktivitäten haben können. Ziel des Marketing-Audits ist es, die Rahmenbedingungen der Planungs- und Managementtätigkeit im Marketing zu beurteilen. Dies ist nicht mit der Fragestellung verbunden, welche Ergebnisse erzielt wurden, sondern wie sie erzielt wurden (Preißner/Engel 1997: 311).

Je nachdem, welchen Bezug eine Audit-Tätigkeit haben soll, werden verschiedene Arten des Marketing-Audits unterschieden (vgl. Fritz/v.d. Oelsnitz 1998: 212; Preißner/Engel 1997: 312; Nieschlag/Dichtl/Hörschgen 1997: 945; Scheuch 1996: 450):

- Das **Marketing-Mix-Audit** prüft die Abstimmung aller Marketingmaßnahmen bezüglich der eingeschlagenen Strategie und des vorhandenen Budgets.
- Beim **Strategie-Audit** werden die der strategischen Planung zugrundeliegenden Planungsprämissen überprüft und eine Konsistenzanalyse der Annahmen, Ziele und Maßnahmen vorgenommen.
- Gegenstand des **Verfahrens-Audits** ist die Überprüfung der eingesetzten Informations-, Planungs- und Kontrolltechniken hinsichtlich ihrer Zweckmäßigkeit.

- Im **Organisations-Audit** wird schließlich der Frage nachgegangen, ob die gewählte Marketing-Organisation als implementierte Form des Marketing im Unternehmen den Anforderungen der marktorientierten Unternehmensführung gerecht wird. Dazu gehört unter anderem die Prüfung der Kompatibilität von Organisationsstruktur und dem gebotenen betrieblichen Leistungsspektrum.

9 INVESTITION UND FINANZIERUNG

9.1 Investition

9.1.1 Grundbegriffe und Überblick

Unter einer **Investition** versteht man die Verwendung von Eigen- oder Fremdkapital zur Beschaffung von Sach-, Finanz- oder immateriellem Vermögen in einem Unternehmen. Investitionen bewirken immer eine Kapitalbindung.

Eine **Desinvestition** ist die Veräußerung von Vermögen, z.B. zum Zwecke der Kapitalfreisetzung. Die Abbildung 9-1 weist Beispiele von Investitionsobjekten und deren Zuordnung zu der speziellen Investitionsart aus.

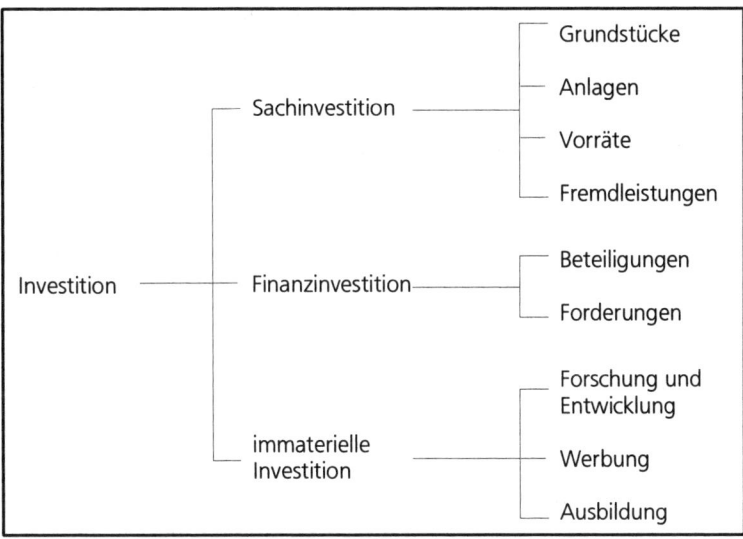

Abbildung 9-1   Investitionsarten

Im Rahmen der Sachinvestitionen, die auf die Erhaltung bzw. die Erweiterung der Kapazitäten des Unternehmens abzielen, lassen sich folgende Investitionsbegriffe bezüglich des Investitionsvolumens einer Periode unterscheiden:

Ersatzinvestition: Sie dient dem Ersatz eines nicht mehr Verwendung findenden Betriebsmittels, um die Leistungsfähigkeit des Betriebes aufrechtzuerhalten. Bedingt durch die technische Entwicklung und den sich daraus ergebenden höheren Technisierungsgrad ist mit dem Ersatz einer Anlage ein Rationalisierungseffekt verbunden. Das dominante Motiv ist daher im Ersetzen und/oder Verbessern einer Anlage zu sehen (Perridon/Steiner 1997: 30).

Nettoinvestition: Sie beschreibt eine Investitionsmaßnahme, die der Erweiterung der qualitativen und quantitativen Kapazität dient.

Bruttoinvestition: Hierbei handelt es sich um die Gesamtinvestitionen eines Betriebes in einer Wirtschaftsperiode. Bruttoinvestitionen implizieren damit sowohl Ersatz- als auch Nettoinvestitionen.

9.1.2 Methoden der Investitionsrechnung

9.1.2.1 Überblick

Der Realisierung einer Sachinvestition geht ein Entscheidungsprozeß voraus, in dem sichergestellt werden muß, daß die geplante Investition den tatsächlichen Bedarf abdecken kann und die Wahl des Investitionsobjektes auch das Kriterium der Wirtschaftlichkeit erfüllt. Insofern leitet sich eine Investitionsplanung aus der Bedarfsplanung eines Betriebes ab, wobei Fehlinvestitionen vor allem entweder durch falsche Absatzerwartungen oder durch ungeeignete Verfahren zur Beurteilung der Vorteilhaftigkeit verursacht werden. Grundlage der Entscheidung ist in der Regel das Ergebnis einer Investitionsrechnung, bei der vielfach in Abhängigkeit von den genutzten Kapazitäten und den zu erwartenden Aus- und Einzahlungen ein Vergleich zwischen den Investitionsalternativen vorgenommen wird. Bei der Investitionsrechnung muß bedacht werden, daß die erwarteten Einzahlungen (Erträge) grundsätzlich mit einem Risiko behaftet bzw. ungewiß sind.

Für die Wirtschaftlichkeitsbetrachtung von Investitionen kommen zwei unterschiedliche Gruppen von Methoden der Investitionsrechnung zur Anwendung. Zum einen handelt es sich um relativ einfache **statische Verfahren**, bei denen der Zeitpunkt der Einzahlungen und Auszahlungen unberücksichtigt bleibt oder diese nur undiskontiert behandelt werden und zum anderen um **dynamische Verfahren**, bei denen nominell gleiche Beträge zu unterschiedlichen Zeitpunkten in der Regel nicht den gleichen Wert aufweisen. Sie ergeben so eine formal exaktere Wirtschaftlichkeitsbetrachtung, die allerdings auch auf den geschätzten Einzahlungen beruht.

Ein Schwachpunkt der statischen und dynamischen Verfahren liegt in der isolierten Betrachtung einzelner Investitionsvorhaben, ohne daß synergetische Effekte und Kausalitäten zu anderen betrieblichen Bereichen berücksichtigt werden. Durch sogenannte **Simultanansätze** der mathematischen Planungsrechnung, mit denen die parallele Planung eines gesamten Investitions- und Finanzierungsprogramms möglich ist, soll mittels linearer Gleichungssysteme eine Optimierung des Investitionsprogramms finanzwirtschaftlicher Zielsetzungen erreicht werden (vgl. Blohm/Lüder 1995: 300f.).

Eine größere praktische Bedeutung besitzen im Vergleich zu den Simultanansätzen die statischen und dynamischen Verfahren, nicht zuletzt aufgrund ihrer einfacheren Anwendbarkeit und ihres geringeren Informationsbeschaffungsaufwands. Die Abbildung 9-2 zeigt einen Überblick der verschiedenen statischen und dynamischen Methoden, die im folgenden näher diskutiert werden.

Statische Verfahren	Dynamische Verfahren
• Kostenvergleichsrechnung	• Kapitalwertmethode
• Gewinnvergleichsrechnung	• Methode des internen Zinsfußes
• Rentabilitätsvergleichsrechnung	• Annuitätsmethode
• Amortisationsvergleichsrechnung (Pay-Off-Methode)	

Abbildung 9-2　Methoden der Investitionsrechnung

9.1.2.2　Statische Verfahren

Zu den statischen Verfahren zählen:

(1)　die Kostenvergleichsrechnung,

(2)　die Gewinnvergleichsrechnung,

(3)　die Rentabilitätsvergleichsrechnung und

(4)　die Amortisationsvergleichsrechnung.

Zu (1) **Kostenvergleichsrechnung**

Bei der **Kostenvergleichsrechnung** handelt es sich um ein relativ einfaches Verfahren, mit dem die Vorteilhaftigkeit von Alternativen (sowohl von Erweiterungs- als auch von Ersatzinvestitionen) festgestellt werden kann. Der Kern der Kostenvergleichsrechnung besteht in einer Gegenüberstellung der anfallenden Kosten zweier oder mehrerer Objekte in der Planungs- und Nutzungsdauer auf der Basis einer betrachteten Periode. Die zu erwartenden Erlöse bleiben als positive Erfolgskomponenten in diesem Verfahren unberücksichtigt (Kruschwitz 1993: 35).

Zusätzlich muß bei diesem Verfahren beachtet werden, daß der Vergleich auf der Basis der Gesamtkosten nur dann zulässig ist, wenn die zur Disposition stehenden Investitionsobjekte gleiche Kapazitäten aufweisen. Andernfalls ist ein Stückkostenvergleich zwischen den alternativen Investitionsobjekten erforderlich. Hierbei muß jedoch beachtet werden, daß der Stückkostenvergleich in Abhängigkeit zur Kapazitätsauslastung erfolgt, wobei die Stückkosten in Relation zur genutzten Kapazität variieren können. Beispielsweise könnten sich bei einer leistungsfähigeren Anlage mit einer höheren Kapazität die Stückkosten nach Überschreiten der angenommenen Kapazität als Vergleichsgröße durchaus weiter reduzieren und somit als vorteilhafter erweisen. Es kann also der Fall eintreten, daß während des Vergleiches sich die Kosten bzw. Stückkosten in Abhängigkeit von der geplanten Kapazitätsinanspruchnahme indifferent zeigen.

Die Abbildung 9-3 verdeutlicht diesen Zusammenhang, indem auf der Abszisse die Kapazität und auf der Ordinate jeweils die Gesamtkosten zweier Investitionsobjekte bzw. die Stückkosten aufgezeigt sind. Der Punkt x_0 markiert die sogenannte kritische Menge, bei der sich die Kosten indifferent verhalten. Vor dieser kritischen Menge wäre die Investition I vorteilhafter als die Investition II. Nach dem kritischen Punkt kehrt sich diese Aussage um.

Die für den Vergleich herangezogenen Kosten sind die Betriebs- und Kapitalkosten der Investitionsobjekte, wobei für die Ermittlung der Kapitalkosten häufig einfache Ansätze zur Bestimmung der kalkulatorischen Abschreibungen und Zinsen gewählt werden.

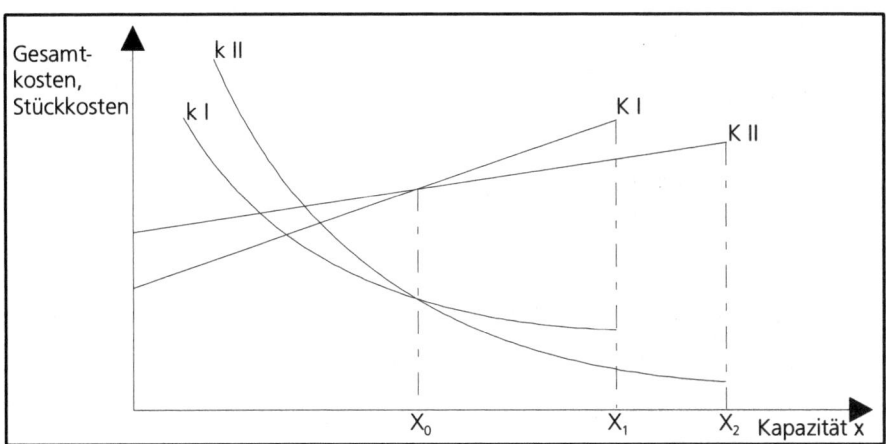

Abbildung 9-3   Kostenvergleich zweier Investitionen

Die Vorgehensweise bei der Kostenvergleichsrechnung soll folgendes Beispiel verdeutlichen (vgl. Abb. 9-4): In einem Betrieb soll eine weitere Anlage ange-schafft werden. Zur Disposition stehen die Anlagen I und II, die die gleiche Kapazität aufweisen (zur Berechnung der Zinsen wird über die Nutzungsdauer die Hälfte des Anschaffungswertes als gebundenes Kapital angenommen).

Kostenvergleichsrechnung	Anlage I	Anlage II
Anschaffungswert (GE)	100.000	200.000
Nutzungsdauer (Jahre)	10	10
Liquidationserlös (GE)	0	0
Auslastung (ME)	20.000	20.000
Zinssatz (%)	10	10
Abschreibungen (linear)	10.000	20.000
Zinsen (vereinfacht)	5.000	10.000
sonstige Fixkosten (GE)	7.200	6.000
gesamte Fixkosten (GE)	22.200	36.000
fixe Kosten pro ME (GE)	1,11	1,80
Löhne- und Nebenkosten GE/ME)	0,84	0,22
Materialkosten	0,09	0,07
sonstige variable Kosten	0,18	0,05
gesamte variable Kosten (GE/ME)	1,11	0,34
Stückkosten gesamt	2,27	2,14

Abbildung 9-4   Beispiel zur Kostenvergleichsrechnung

Nach diesem Vergleich wäre die Anlage II günstiger als die Anlage I. Würde man nun allerdings die Auslastung reduzieren, könnte sich eine andere Situation ergeben, die sich über die Ermittlung der kritischen Menge berechnen läßt.

Berechnung der kritischen Menge:
Die Gesamtkosten ergeben sich aus der Funktion:

$K_{gesamt} = K_{fix} + K_{var}$

Für Anlage I gilt: $K_I = 22.200 + 1,11 * x$

Für Anlage II gilt: $K_{II} = 36.000 + 0,34 * x$

Die kritische Menge ist erreicht, wenn $K_I = K_{II}$ gilt, d.h.

$22.200 + 1,11 * x = 36.000 + 0,34 * x$

$=> \quad 13.800 = 0,77x$

$=> x \text{ (kritisch)} = 17.922 \text{ ME/Jahr}$

Würde die Auslastung jährlich unter die kritische Menge von 17.922 ME/Jahr fallen, wäre Anlage I kostengünstiger als Anlage II zu betreiben.

Zu (2) **Gewinnvergleichsrechnung**
Während bei der Kostenvergleichsrechnung die Erlösseite unberücksichtigt bleibt, bezieht die **Gewinnvergleichsrechnung** die Erlöse, die durch die alternativen Investitionsobjekte erzielbar sind, mit ein. Dies ist insofern bedeutend, da die Erlösseite stark von der produzierten bzw. absetzbaren Menge bestimmt wird und diese durch die Preisgestaltung determiniert wird.

Neben den Kosten werden periodenbezogen in diesem Verfahren die Erlöse berücksichtigt. Geeignet ist die Anwendung der Gewinnvergleichsrechnung, wenn die qualitativen Leistungsangaben der zu vergleichenden Investitionsprojekte unterschiedlich sind und durch die Ertragsberücksichtigung nicht mehr von konstanten Absatzpreisen ausgegangen wird (Perridon/Steiner 1997: 49).

Gewählt wird nun diejenige Alternative, die den größten Jahresgewinn erwarten läßt. Der Jahresgewinn ist jedoch in Abhängigkeit von der geplanten Auslastung bzw. der Produktionsmenge zu betrachten, was bei einem gegebenen

Fixkostenblock der Anlagen dazu führt, daß erst ab einer bestimmten Produktionsmenge ein Gewinn erzielt wird.

Diese Gewinnschwelle (bzw. der Break-Even-Point) läßt sich unterschiedlich interpretieren, d.h.

- als die Absatzmenge, bei der die Gesamtkosten den Gesamterlösen entsprechen oder
- als die Absatzmenge, bei der der Gesamterlös, vermindert um die variablen Gesamtkosten, den Fixkosten entspricht.

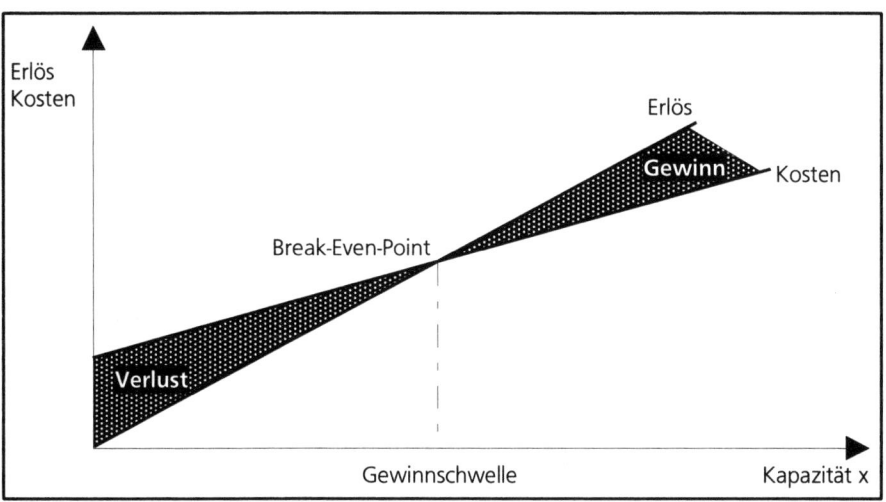

Abbildung 9-5   Gewinnschwelle einer Investition

Beide Interpretationen beschreiben kapazitätsbezogen jedoch unterschiedliche Absatzmengen bzw. Auslastungsgrade des Investitionsobjekts. Damit kann als ein weiteres Entscheidungskriterium bei der Gewinnvergleichsrechnung auch der Auslastungsgrad der alternativen Investitionsobjekte herangezogen werden, wobei diejenige Alternative mit der niedrigsten Gewinnschwelle die günstigere darstellt (Gewinnschwellenanalyse). Die Abbildung 9-5 verdeutlicht den Zusammenhang zwischen der genutzten Kapazität einer Anlage und den Erlösen und Kosten.

Das folgende Beispiel soll die Durchführung einer Gewinnvergleichsrechnung verdeutlichen (vgl. Abb. 9-6). Auch in diesem Fall wird für die Berechnung der kalkulatorischen Abschreibungen und Zinsen eine Vereinfachung vorgenommen, indem die Abschreibungsbeträge linear, bezogen auf den Anschaffungswert, ermittelt werden und die Zinsen über die Verzinsung des durchschnittlich gebundenen Kapitals bestimmt werden. (Das gebundene Kapital wird hier als die Hälfte der Summe aus Anschaffungswert und Restwert der vorletzten Periode betrachtet.)

Gewinnvergleichsrechnung	Anlage A	Anlage B
Angaben zu den Anlagen		
Anschaffungskosten (GE)	600.000	400.000
Durchschnittlich gebundenes Kapital (GE)	330.000	220.000
Nutzungsdauer (Jahre)	10	10
Auslastung (ME)	25.000	20.000
Fixe Betriebskosten (GE/Jahr)	100.000	90.000
Variable Kosten pro ME (GE)	5,80	6,20
Erlöse pro ME (GE)	18,80	19,50
A. Jährliche Kosten		
Fixe Betriebskosten (GE)	100.000	90.000
Variable Kosten gesamt (GE)	145.000	124.000
Abschreibungen (GE) (linear über 10 Jahre)	60.000	40.000
Zinsen auf gebundenes Kapital (i = 10 %)	33.000	22.000
Gesamtkosten pro Periode (GE)	338.000	276.000
B. Jährliche Erlöse		
Gesamterlös (GE)	470.000	390.000
C. Jährlicher Gewinn		
Gesamterlös - Gesamtkosten (GE)	132.000	114.000

Abbildung 9-6   Beispiel zur Gewinnvergleichsrechnung

Nach diesem Beispiel wäre aufgrund des höheren jährlichen Gewinns die Anlage A der Anlage B vorzuziehen. Allerdings kann sich diese Situation sofort umkehren, wenn der erwartete Erlös pro ME nicht erreicht werden kann. Es würde z.B. ein Erlös von 17,80 GE bei Anlage A den jährlichen Gewinn um 25.000 GE schmälern und somit zu einer Präferenz für die Anlage B führen.

Für beide Investitionsalternativen lassen sich nun die jeweiligen **Gewinnschwellen** ermitteln. Für Anlage A bedeutet dies:

1. Gewinnschwelle (Kosten = Erlös): $338.000 = x * 18,80 => x = 17.979$

2. Gewinnschwelle (Erlös - variable Kosten = Fixkosten):

$x * (18,80 - 5,80) = 338.000 - 145.000$

$=> x * 13.00 = 193.000$

$=> x = 14.846$

Für Anlage B ergibt sich folgendes Bild:

1. Gewinnschwelle (Kosten = Erlös):

$276.000 = x * 19,20$

$=> x = 14.375$

2. Gewinnschwelle (Erlös - variable Kosten = Fixkosten):

$x * (19,50 - 6,20) = 276.000 - 124.000$

$=> x * 13.30 = 152.000 => x = 11.429$

Nach dem Ergebnis dieser Analyse ist die Anlage B günstiger als die Anlage A. Die Entscheidung hängt also in diesem Fall von der realisierbaren Auslastung der Anlagen ab. Anlage A erzielt zwar bei einer Auslastung von 25.000 ME/Jahr einen höheren Gesamtgewinn, dieser wird jedoch bei einer geringeren Auslastung relativ schnell reduziert.

Zu (3) **Rentabilitätsvergleichsrechnung (Return on Investment)**

Ein Manko der Gewinnvergleichsrechnung ist die Konzentration auf die absoluten Gewinne, ohne daß der Kapitaleinsatz explizit berücksichtigt wird. Entscheidender als der absolute Gewinn ist jedoch die Rentabilität, wodurch die Gewinne der Investitionsobjekte in das Verhältnis zu ihrem Kapitaleinsatz gesetzt werden (Kruschwitz 1993: 36)

Bei der **Rentabilitätsvergleichsrechnung** wird für die einzelnen Investitionsobjekte die periodenbezogene Rentabilität ermittelt und dasjenige Objekt mit der höchsten Rentabilität bevorzugt. Das Ergebnis dieser Rechnung ist die zeitliche Durchschnittsverzinsung auf das gebundene Kapital (Blohm/Lüder 1995: 166).

Ausgangspunkt ist die allgemeine Definition der Rentabilität:

$$Rentabilität = \frac{durchschnittlicher\ Gewinn}{durchschnittlich\ eingesetztes\ Kapital}$$

Der durchschnittliche Gewinn und das durchschnittlich eingesetzte bzw. gebundene Kapital kann bei der Rentabilitätsrechnung unterschiedlich interpretiert werden. Bei der Durchführung einer Rentabilitätsrechnung sollten jedoch folgende Aspekte beachtet werden (vgl. Blohm/Lüder 1995: 167):

(a) Unter Gewinn ist jeweils der zusätzliche Gewinn zu verstehen, der mit dem Investitionsobjekt erzielt wird. Dieser zusätzliche Gewinn besteht bei der Durchführung einer Rationalisierungsinvestition in der Kostenersparnis gegenüber dem angewandten Verfahren.

In dieser Situation ist unter dem durchschnittlich gebundenen Kapital das durchschnittlich zusätzlich gebundene Kapital zu differenzieren. Vom Anschaffungswert einer neuen Anlage wäre in diesem Falle der Liquidationserlös der alten Anlage abzuziehen und weiteres, für die Investition notwendiges Umlaufvermögen als gebundenes Kapital zu berücksichtigen.

(b) Bei der Zielsetzung, über die Rentabilitätsvergleichsrechnung eine Durchschnittsverzinsung eines Investitionsobjektes zu berechnen, sollten die kalkulatorischen Zinsen auf das eingesetzte Eigenkapital bei der Gewinnermittlung unberücksichtigt bleiben, weil sonst nur die über die kalkulatorischen Zinsen hinausgehende Verzinsung bestimmt wird.

Zudem sind bei der Gewinnermittlung, ohne Berücksichtigung der Finanzierung, auch etwaige Fremdkapitalzinsen einzubeziehen.

Diese Rentabilität kann unter Berücksichtigung des Umsatzes weiter aufgelöst werden, indem statt der Rentabilität als Vergleichsgröße der Return on Investment herangezogen wird:

$$ROI = \frac{Gewinn}{Umsatz}\ x\ \frac{Umsatz}{durchschnitt.\ eingesetztes\ Kapital}$$

ROI = Umsatzrentabilität x Umschlaghäufigkeit des Kapitals

Für das Beispiel, das der Gewinnvergleichsrechnung zugrunde liegt, ergeben sich nach der Rentabilitätsvergleichsrechnung folgende Zahlen (vgl. Abb. 9-7).

Rentabilitätsrechnung		Anlage A	Anlage B
durchschnittlicher Kapitaleinsatz	(GE)	330.000	220.000
Periodenkosten	(GE)	338.000	276.000
Erlöse pro Periode	(GE)	470.000	390.000
Periodengewinn	(GE)	132.000	114.000
Rentabilität	(%)	40	52
Umsatzrentabilität	(%)	28	29,2
Kapitalumschlagshäufigkeit		0,4	0,518

Abbildung 9-7   Beispiel zur Rentabilitätsrechnung

Danach weist die Anlage B eine höhere Rentabilität, Umsatzrentabilität und Kapitalumschlagshäufigkeit auf, d.h., bei der Anlage B läßt sich in Relation zum investierten Kapital ein höherer Gewinn als bei der Anlage A erzielen. Demnach würde der Vergleich über die Rentabilitäten zu einem anderen Ergebnis als die Gewinnvergleichsrechnung führen.

Zu (4) Amortisationsvergleichsrechnung (Pay-Back-Period)

Hierbei wird das ursprünglich eingesetzte Kapital den kumulierten erwarteten Rückflüssen pro Jahr gegenübergestellt. Ziel ist es, den Zeitraum zu bestimmen, in dem das eingesetzte Kapital durch die kumulierten Rückflüsse kompensiert wird. Günstiger ist die Investition mit der kürzeren Amortisationszeit, da sie nicht zuletzt auch eine Risikoverringerung impliziert.

Eine Variante, die dann zweckmäßig ist, wenn ein unregelmäßiger Gewinnverlauf erwartet wird und die Abschreibungen nicht-linear erfolgen sollen, wäre in diesem Zusammenhang die Totalrechnung mit unterschiedlichen jährlichen Nettoeinnahmen (Gewinn + Abschreibungen):

$$Amortisationszeit = \frac{Anschaffungskosten}{\Sigma(Periodengewinn + Abschreibungen)} * Anzahl\ der\ Perioden$$

Das Problem bei der Totalrechnung liegt jedoch in der ungenauen Möglichkeit, unterschiedliche Periodengewinne über mehrere Jahre zu prognostizieren. Daher findet häufig die sogenannte Durchschnittsbetrachtung Anwendung, bei der durchschnittliche Nettoeinnahmen über den gesamten Nutzungszeitraum definiert werden. Danach läßt sich die Amortisationszeit aus folgender Formel ermitteln:

$$Amortisationszeit = \frac{Anschaffungskosten}{\varnothing (Periodengewinn + Abschreibungen)}$$

Nach der Durchschnittsrechnung ergibt sich für die beiden Anlagen A und B aus den vorangegangenen Beispielen folgende Amortisationszeit (vgl. Abb. 9-8):

Amortisationsrechnung		Anlage A	Anlage B
Anschaffungskosten	*(GE)*	600.000	400.000
Nutzungsdauer	(Jahre)	10	10
Abschreibungen	(GE/Jahr)	60.000	40.000
durchschnittlicher Jahresgewinn	(GE)	132.000	114.000
durchschnittliche Rückflüsse	*(GE/Jahr)*	*192.000*	*154.000*
Amortisationsdauer	(Jahre)	3,13	2,60

Abbildung 9-8   Beispiel zur Amortisationsrechnung

Nach diesem Beispiel wäre ebenfalls die Anlage B zu präferieren, da die Amortisationszeit um rund ein halbes Jahr kürzer ist als bei der Anlage A.

Das Beispiel macht auch deutlich, daß die Amortisationsrechnung eher auf die Verringerung des Risikos einer Investition abzielt und weniger auf die Gewinnmaximierung. So kann es durchaus sein, daß im direkten Vergleich zwar eine Investition vorteilhafter erscheint (wie im Beispiel die Anlage B), insgesamt jedoch die Amortisationszeit über die ursprünglich geplante Amortisationsdauer hinausgeht und daher auch das vermeintlich günstigere Investitionsobjekt eine Ablehnung erfährt.

9.1.2.3   Dynamische Verfahren

Mit Hilfe der dynamischen Verfahren der Investitionsrechnung läßt sich die Wirtschaftlichkeit eines Investitionsobjekts wesentlich exakter bestimmen als durch die bisher dargestellten statischen Verfahren.

Zahlungen, die zu unterschiedlichen Zeitpunkten anfallen, sind nicht ohne weiteres miteinander vergleichbar. Wenn ein Unternehmer statt heute erst in drei Jahren eine Zahlung von 1000,- DM erhält, so bedeutet das für ihn einen entgangenen Gewinn, da er das Geld in der Zwischenzeit auf dem Kapitalmarkt hätte anlegen können.

Bei Investitionen fallen Auszahlungen und Einzahlungen zu verschiedenen Zeit-punkten an. Um sie vergleichen zu können, werden sie auf einen bestimmten Zeitpunkt bezogen (diskontiert), d.h. auf- bzw. abgezinst. Die Abbildung 9-9 zeigt die schematisierte Verteilung der investitionsbezogenen Zahlungen auf die Zahlungszeitpunkte t_0 bis t_n.

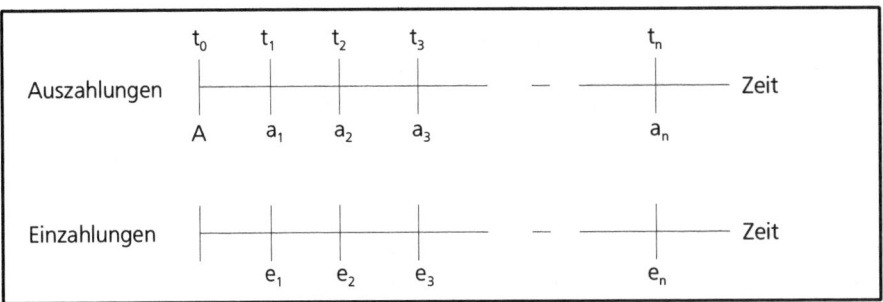

Abbildung 9-9   Aus-, Einzahlungen – Zahlungsströme einer Investition

Damit die Zahlungszeitpunkte entsprechend berücksichtigt werden, müssen die Beträge je nach verwendetem dynamischen Verfahren der Investitionsrechnung auf einen bestimmten Zeitpunkt entweder ab- oder aufgezinst werden. Insofern erscheint es zweckmäßig, im Vorfeld einer expliziten Betrachtung der dynami-schen Verfahren die Begriffe Aufzinsungs- und Abzinsungsfaktor einzuführen.

(a) Aufzinsungsfaktor
Der Aufzinsungsfaktor F_{auf} zinst einen einzelnen Betrag um i Perioden zum periodenbezogenen Zinssatz p auf.

$$F_{auf} = (1+p)^i$$

Er wird verwendet, um einen Betrag auf einen zukünftigen Zahlungszeitpunkt aufzuzinsen. Um einen Betrag B_i, der zum Zeitpunkt t_i fällig ist, in einer Zah-lungsreihe mit t_n als zukünftigem Zahlungszeitpunkt aufzuzinsen, ist folgende Formel anzuwenden:

$$B = B_i(1+p)^{n-i}$$

(b) **Abzinsungsfaktor**

Der Abzinsungsfaktor F_{ab}, auch Diskontierungsfaktor genannt, zinst einen einzelnen Betrag um i Perioden zum Zinssatz p ab.

$$F_{ab} = \frac{1}{(1+p)^i} = \frac{1}{q^i}$$

Der Abzinsungsfakor wird verwendet, um einen zukünftigen Betrag B_i, der zum Zeitpunkt t_i fällig ist, auf den gegenwärtigen Zeitpunkt t_0 abzuzinsen. Der diskontierte Betrag B_{disk} ergibt sich aus folgender Formel:

$$B_{disk} = B_i \frac{1}{(1+p)^i} = B_i \frac{1}{q^i}$$

Bei den dynamischen Verfahren kommen diese beiden Zinsfaktoren zum Einsatz, indem je nach Verfahren die periodenbezogene Differenz zwischen Ein- und Auszahlung auf den gegenwärtigen bzw. einen zukünftigen Zahlungszeitpunkt bewertet wird.

Die entscheidenden Differenzierungskriterien gegenüber den statischen Verfahren sind damit zum einen die Berücksichtigung der Ein- und Auszahlungsreihe über die gesamte geplante Nutzungsdauer und zum andern die Bewertung der einzelnen Ein- und Auszahlungen nach ihrem zeitlichen Anfall.

Zu den dynamischen Verfahren der Investitionsrechnung zählen:

(1) Kapitalwertmethode,

(2) Methode des internen Zinssatzes und

(3) Annuitätenmethode.

Zu (1) **Kapitalwertmethode**

Die zentrale Charakteristik der Kapitalwertmethode ist die Diskontierung (Abzinsung) der periodenbezogenen Einnahmenüberschüsse bzw. -unterdeckungen über die gesamte Nutzungsdauer. Zu diesem Zweck muß für die Diskontierung ein **Kalkulationszinssatz** angenommen werden, der über die gesamte Nutzungsdauer zur Anwendung gelangt. Dieser Kalkulationszinssatz ist vom Marktzinssatz abhängig und drückt zumeist eine erwartete Mindestverzinsung aus.

Durch die Diskontierung erhält man den **Barwert** B_i des periodenbezogenen Rückflusses der Periode i, der sich mit dem Abzinsungsfaktor folgendermaßen berechnen läßt:

$$B_i = (E_i - A_i)\frac{1}{(1+p_k)^i}$$

Mit:
$(E_i - A_i)$:   Differenz zwischen Einnahmen und Ausgaben der Periode i
p_k: Kalkulationszinssatz

Der Kapitalwert einer Investition bezeichnet allgemein die Summe aller über ihre Nutzungsdauer anfallenden, auf einen Zeitpunkt abgezinsten Ein- und Auszahlungen (Süchting 1991: 257).

In Verbindung mit dem definierten Barwert läßt sich der Kapitalwert C_0 dann auch als Summe der Barwerte der Rückflüsse über die geplante Nutzungsdauer einer Investition definieren, d.h.:

$$C_0 = \sum_{i=0}^{n}(E_i - A_i)\frac{1}{(1+p_k)^i}$$

Der Kapitalwert C_0 wird nach dieser Formel sowohl vom Kalkulationszinssatz p_k als auch von den Differenzbeträgen $(E_i - A_i)$ und deren zeitlicher Verteilung beeinflußt. Je höher der Kalkulationszinssatz angenommen wird, desto geringer ist der Kapitalwert des geplanten Investitionsvorhabens (Abb. 9-10).

Der Kapitalwert stellt in dieser Form eine Beurteilungsgröße für eine Investition dar, indem eine Investition sich dann als vorteilhaft erweist, wenn der berechnete Kapitalwert positiv ist.

Eine Sonderform und Vereinfachung der Kapitalwertmethode legt die Annahme zugrunde, daß die Rückflüsse über die Perioden $(E_i - A_i)$ konstant sind. In diesem Fall werden mathematisch die Investitionsausgaben I_0 in der Periode t_0 gesondert betrachtet und für die anderen Perioden die Summation in der Formel vereinfacht. Aus der ursprünglichen Formel:

$$C_0 = \sum_{i=0}^{n}(E_i - A_i)\frac{1}{(1+p_k)^i}$$

ergibt sich damit zunächst für den Laufindex i (i = 1,...,n) und für (E_i - A_i) = R = konstant folgende Umformung:

$$C_0 = -I_0 + R \sum_{i=1}^{n} \frac{1}{(1+p_k)^i}$$

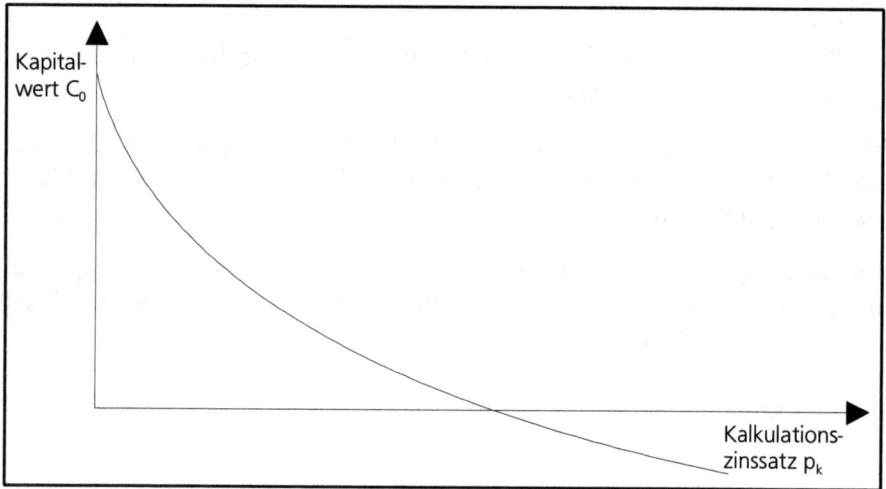

Abbildung 9-10 Zusammenhang zwischen Kalkulationszinssatz und Kapitalwert

Der Summenausdruck in der Formel läßt sich mathematisch als Reihe umformen, so daß sich folgende Formel ergibt:

$$C_0 = -I_0 + R * \frac{(1+p_k)^n - 1}{p_k(1+p_k)^n}$$

Der in der Formel umgeformte Summenausdruck wird auch als Diskontierungsfaktor oder **Rentenbarwertfaktor** (RBF) bezeichnet. Er diskontiert und summiert eine uniforme Reihe von n Gliedern zum Zinssatz p_k.

$$RBF = \frac{(1+p_k)^n - 1}{p_k(1+p_k)^n} = \frac{q_k^n - 1}{q_k^n(q_k - 1)}$$

Der RBF hängt damit vom Zinssatz p und von der Laufzeit n ab. Für die schnelle Ermittlung existieren Tabellen, aus denen man den RBF direkt ablesen kann.

Ein Investitionsobjekt wäre nach der Kapitalwertmethode nur dann sinnvoll, wenn sich mit dem angenommenen Kalkulationszinssatz ein positiver Kapitalwert ergeben würde. Andernfalls ergibt sich, auf den heutigen Zeitpunkt diskontiert, ein Verlust des investierten Kapitals.

Bei einem Vergleich zweier Investitionen wäre dann die Investition vorteilhafter, die einen höheren positiven Kapitalwert aufweist. Ein direkter Vergleich mit anderen Investitionsmöglichkeiten ist allerdings nur bei gleichen Investitionssummen oder nach Angleichen der Alternativen durch Supplement- bzw. Komplementärinvestitionen (z.B. auf dem Kapitalmarkt) möglich (Perridon/Steiner 1997: 69).

Zudem ist die Verwendung der Kapitalwertmethode von folgenden Prämissen abhängig (Süchting 1991: 261f.):

- die Zahlungsströme der Investition müssen sich abschätzen lassen,
- die Zahlungsströme der Investition müssen sich isolieren lassen, was die Möglichkeit einer verursachungsgerechten Zuordnung der Zahlungsströme voraussetzt und
- die Reinvestition der Auszahlungsüberschüsse zum Kalkulationszinssatz muß angegeben werden, was aber schon aufgrund der zu erwartenden Veränderungen auf dem Kapitalmarkt während der Nutzungsdauer des Investitionsobjekts als problematisch erachtet werden muß.

Zu (2) **Methode des internen Zinsfußes**

Der interne Zinsfuß einer Investition gibt an, zu welchem Zinssatz sich die ausstehenden Beträge dieser Investition verzinsen. Der interne Zinsfuß ist also derjenige Zinsfuß (p_{intern}), mit dem die Zahlungen abzuzinsen sind, so daß der Kapitalwert gleich Null wird. Analog zu der Formel für den Kapitalwert läßt sich der interne Zinssatz mathematisch als allgemeine Bestimmungsgleichung folgendermaßen ermitteln:

$$0 = -I_0 + \sum_{i=1}^{n} (E_i - A_i) \frac{1}{(1 + p_{intern})^i}$$

Bei dieser Formel wird im Unterschied zur Kapitalwertformel in der Zahlungs-reihe für den Zeitpunkt t_0 die Ausgabe für die Investition statt $(E_0 - A_0)$ ange-nommen und der Laufindex mit i=1 begonnen.

Die Ermittlung des internen Zinsfußes ist ein mathematisches Problem, das die Lösung eines Polynoms n-ten Grades erfordert, wenn die Zahlungsreihe nicht uniform ist, d.h. wenn die jährlichen Nettoeinnahmen nicht konstant sind oder gar negativ werden, was das Problem der Bestimmung mehrerer "Nullstellen" im Polynom nach sich zieht. Die Berechnung des internen Zinsfußes verursacht dann erhebliche Schwierigkeiten. Hier kann man sich mit folgender Nähe-rungsmethode behelfen:

Man schätzt zunächst p_{intern} und rechnet für diesen Zinsfuß den Kapitalwert aus. Ist dieser größer (kleiner) als Null, so war die Schätzung zu hoch (niedrig) und muß durch eine weitere ergänzt werden (vgl. das Beispiel in Abb. 9-11).

Jahr	0	1	2	3	4	5	6
Ausgaben	300.000	15.000	20.000	22.000	23.000	25.000	-
Einnahmen	-	65.000	120.000	160.000	150.000	140.000	30.000
$(E_i - A_i)$	-300.000	50.000	100.000	138.000	127.000	115.000	30.000

Abbildung 9-11 Angenommene Einnahmen und Ausgaben zur Berechnung des internen Zinsfußes

Für den internen Zinssatz werden folgende Schätzungen vorgenommen:

$p1_{intern} = 0,14$; $p2_{intern} = 0,20$; $p3_{intern} = 0,21$

Für diese geschätzten Zinssätze erhält man folgende Kapitalwerte:

$C_1 = 55.683$ GE, $C_2 = 2.157$ GE, $C_3 = -5.593$ GE

Aus Werten, die relativ dicht um den Nullpunkt liegen, kann man durch lineare Interpolation oder graphisch den internen Zinsfuß mit meist ausreichender Ge-nauigkeit ermitteln. Die Abbildung 9-12 veranschaulicht die graphische Lösung für das Beispiel.

In der Abbildung 9-12 wurde der Schnittpunkt mit der Abszisse durch die Kapi-talwerte bei $p2_{intern} = 0,20$ und $p3_{intern} = 0,21$ durch den vereinfachten linea-ren Zusammenhang festgestellt.

Die Ermittlung des internen Zinsfußes für eine Investition besitzt für sich allein noch keine Aussagekraft zur Beurteilung einer Investition. Erst wenn der angenommene Kalkulationszinssatz als Kapitalmarktzinssatz geringer ist als der berechnete interne Zinssatz und der ermittelte interne Zinssatz größer ist als der eines anderen zur Disposition stehenden Investitionsobjekts, ist die Realisierung des Investitionsobjekts als sinnvoll und lohnend zu bezeichnen (Götze/Bloech 1992: 91).

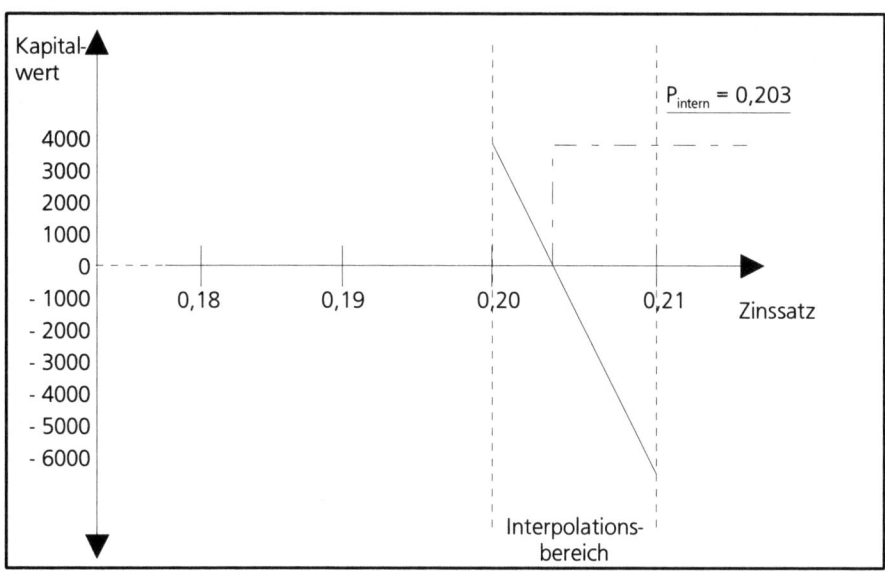

Abbildung 9-12   Näherungslösung zur Ermittlung des internen Zinsfußes

Die Verwendung des internen Zinssatzes kann im Vergleich zur Kapitalwertmethode zudem unterschiedliche Ergebnisse bei der Investitionsbeurteilung liefern. Dies liegt insbesondere an der unterschiedlichen Wiederanlageprämisse in beiden Verfahren. Bei der Methode des internen Zinssatzes wird davon ausgegangen, daß sich in jeder betrachteten Periode die freiwerdenden Mittel mit dem internen Zinssatz wiederum verzinsen lassen, was ziemlich unrealistisch ist, während bei der Kapitalwertmethode eine Wiederverzinsung zu dem Kalkulationszinssatz angenommen wird (vgl. Kappler/Rehkugler 1991: 935).

Die Bestimmung der Vorteilhaftigkeit einer Investition mit Hilfe beider Methoden kann dann bei einem Vergleich zweier unterschiedlicher Investitionen zu unterschiedlichen Ergebnissen führen.

Ein Entscheidungskriterium bei der Kapitalwertmethode ist die angenommene Mindestverzinsung einer Investition, während bei der internen Zinssatzmethode der Zinssatz über der angenommenen Mindestverzinsung liegen muß. Die Abbildung 9-13 verdeutlicht das Entscheidungsproblem für zwei zur Disposition stehende Investitionsprojekte.

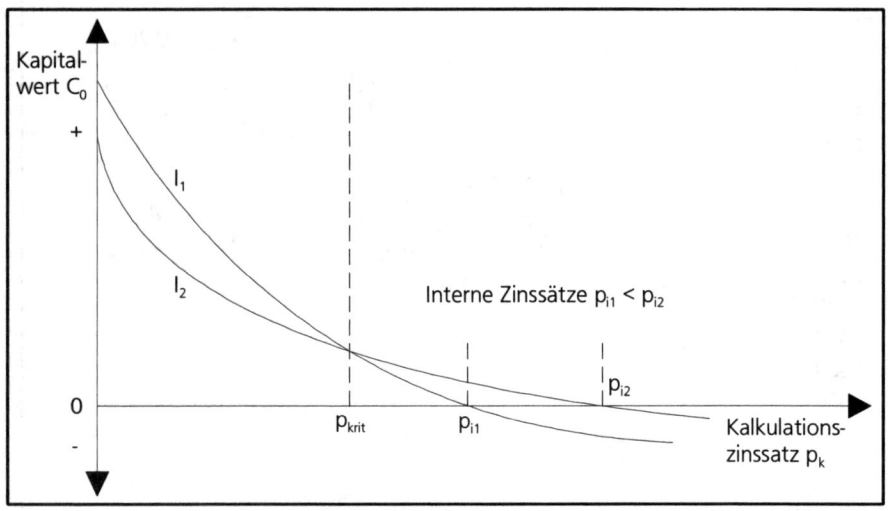

Abbildung 9-13   Vergleich zweier Investitionen

Die Abbildung verdeutlicht, daß bei einer angenommenen Mindestverzinsung, die kleiner als p_{krit} ist, die Investition I_1 nach der Kapitalwertmethode vorteilhafter wäre als I_2. Weiterhin liefert die Methode des internen Zinssatzes generell die Vorteilhaftigkeit von I_2, solange p_{i2} über der angestrebten Mindestverzinsung liegt.

Um diese unrealistische Wiederanlageprämisse zu umgehen, können verschiedene Varianten der Investitionsrechnung eingesetzt werden, die von der Anlageprämisse ausgehen, daß zu einem festgelegten Zinssatz die Überschüsse wieder angelegt werden. Das Grundprinzip dieser Methoden besteht darin, den Vermögenswert nicht mehr auf den Beginn der Investition zu diskontieren, sondern den Vermögenswert zum Ende der Investitionsdauer zu bestimmen. In diesem Fall werden also das eingesetzte Kapital und die entstehenden Rückflüsse zum Ende der Investition hin aufgezinst. Zu diesem Zweck wird für die alternative Wiederanlage der Rückflüsse ein entsprechender Habenzinssatz angenommen, mit dem eine periodenbezogene Verzinsung vorgenommen wird, während für die Verzinsung des Fremdkapitals im Rahmen der Investition ein bestimmter Sollzinssatz besteht, der in der Regel über dem Habenzinssatz liegt. Insofern lassen sich diese Verfahren nach den Möglichkeiten a) einer Tilgung über die freiwerdenden Mittel oder b) einer alternativen Anlage differenzieren (Götze/Bloech 1992: 104).

Zu (3) **Annuitätsmethode**

Bei der Annuitätsmethode wird der durchschnittliche jährliche Gewinn einer Investition, d.h. die Differenz der durchschnittlichen jährlichen Einnahmen und Ausgaben berechnet. Das bedeutet, daß alle Zahlungen einschließlich der Anschaffungssumme und eines etwaigen Restwertes in uniforme Folgen umgeformt werden müssen. Dies stellt den bereits bei der Kapitalwertmethode geschilderten Sonderfall dar, bei dem der Kapitalwert mit Hilfe des Rentenbarwertfaktors bestimmbar ist.

Mit der Annuitätsmethode wird jedoch einer anderen Fragestellung nachgegangen. Während bei der Kapitalwertmethode die Bestimmung des Kapitalwertes im Vordergrund steht, wird bei der Annuitätsmethode der ermittelte Kapitalwert quasi periodisiert und damit unter Berücksichtigung der Verzinsung in konstante Beträge (Annuität) über die gesamte Nutzungsdauer aufgeteilt. Bei dieser Annahme läßt sich nun über den Rentenbarwertfaktor RBF der Kapitalwert C_0 über die konstante Annuität a beschreiben:

$$C_0 = a * RBF$$

Die Annuität wird dann aus dem reziproken Wert des Rentenbarwertfaktors und dem Kapitalwert ermittelt:

$$a = C_0 * \frac{p_k(1+p_k)^n}{(1+p_k)^n - 1} \quad mit \quad \frac{1}{RBF} = \frac{p_k(1+p_k)^n}{(1+p_k)^n - 1}$$

Der reziproke Wert 1/RBF wird auch als **Kapitalwiedergewinnungsfaktor** (KWF) bezeichnet.

Werden die Zahlen des Beispiels des vorigen Abschnittes zugrunde gelegt, so wird zunächst die Differenz der Ausgaben und Einnahmen (E_i - A_i) zum Kalkulationszinsfuß auf den Kalkulationszeitpunkt abgezinst (hier wird ein Kalkulationszinsfuß von 10 % angenommen - vgl. Abb. 9-14).

Als Summe der diskontierten Rückflüsse ergibt sich der Kapitalwert C_0 = 106.863,48 GE.

Mit Hilfe des Kapitalwiedergewinnungsfaktors soll nun der Kapitalwert auf die Lebensdauer der Investition von 5 Jahren verteilt werden. Dabei liegt die Annahme zugrunde, daß im 6. Jahr die dargestellte Einnahme von GE 30.000,- den Restwert der Anlage darstellt.

Jahr	0	1	2	3	4	5	6
Ausgaben	300.000	15.000	20.000	22.000	23.000	25.000	-
Einnahmen	-	65.000	120.000	160.000	150.000	140.000	30.000
(E_i - A_i)	-300.000	50.000	100.000	138.000	127.000	115.000	30.000
	$(1,1)^{-0}$	$(1,1)^{-1}$	$(1,1)^{-2}$	$(1,1)^{-3}$	$(1,1)^{-4}$	$(1,1)^{-5}$	$(1,1)^{-6}$
(E_i - A_i) diskontiert	-300.000	+45.454	+82.644	+103.681	+86.743	+71.406	+16.934

Abbildung 9-14 1. Beispiel zur Berechnung von Annuitäten

Für n = 5 und p_k = 0,1 ergibt sich laut Tabelle ein Kapitalwiedergewinnungsfaktor von KWF = 0,2638.

Als Annuität läßt sich nun durch die obige Formel bestimmen:

$$a = KWF * C_0 = 0,2638 * 106.863,48 = 28.190,59 \text{ GE}$$

Mit Hilfe des Kapitalwiedergewinnungsfaktors läßt sich auch die Frage klären, wie hoch der zur Tilgung mindestens erforderliche, jährlich konstante Zahlungsstrom a als Annuität sein muß. Dazu betrachtet man nicht mehr den Kapitalwert C_0, sondern die Anschaffungskosten einer Investition I, die fremdfinanziert worden ist. Es gilt:

$$I = a * KWF$$

Beispiel:

Anschaffungskosten:	100.000,- GE
Lebensdauer:	4 Jahre
Zinssatz:	0,1 (10 %)

KWF für n = 4 und p = 0,1:   0,3154

=> a = 100.000 x 0,3154 = 31.547,- GE

Die folgende Tabelle (Abb. 9-15) zeigt, wie sich in den einzelnen Jahren der Betrag auf Zinsen und Tilgung verteilt.

Das Entscheidungskriterium für die Vorteilhaftigkeit ist bei der Annuitätsmethode eine positive Annuität. Sie zeigt an, um wieviel die periodenbezogenen Einzahlungsüberschüsse größer sind als der Betrag, der zur Verzinsung (mit dem angenommenen Kalkulationszinssatz) und Tilgung der Anschaffungsauszahlung benötigt wird.

Jahr	ausstehender Betrag am Jahresanfang	jährliche Nettoeinnahmen a	Zinsen	Tilgung	ausstehender Betrag am Jahresende
1	100.000,-	31.547,-	10.000,-	21.547,-	78.453,-
2	78.453,-	31.547,-	7.845,30	23.701,70	54.751,30
3	54.751,30	31.547,-	5.475,13	26.071,87	28.679,43
4	28.679,43	31.547,-	2.867,57	28.679,43	-

Abbildung 9-15   2. Beispiel zur Annuitätenmethode

Da es sich hierbei jedoch um eine Periodisierung des Kapitalwertes handelt, liefert die Annuitätsmethode letztlich das gleiche Ergebnis wie die Kapitalwertmethode, d.h., sie führt bei gleichen Annahmen zu gleichen Ergebnissen wie die Kapitalwertmethode (Blohm/Lüder 1995: 77).

Sollen mehrere Investitionsalternativen miteinander verglichen werden, gilt die Investition als vorteilhaft, die die höchste positive Annuität aufweist. Zulässig ist der Alternativenvergleich jedoch nur, wenn für die Annuitätenberechnungen die gleichen zeitlichen Planungsgrößen gewählt werden.

9.2 Finanzierung

9.2.1 Überblick

Finanzierung und Investition stehen in einem engen Zusammenhang, da die Investition eine Kapitalverwendung darstellt, die eine Kapitalbeschaffung voraussetzt. Unter **Finanzierung** ist die Bereitstellung finanzieller Mittel zur Durchführung der betrieblichen Leistungserstellung und -verwertung zu verstehen. Insofern ließe sich bei der Erzielung von Gewinnen über die Investitionen ebenfalls eine Finanzierung im Sinne von Bereitstellung finanzieller Mittel realisieren (als eine Form der Innenfinanzierung). Problematisch ist jedoch, daß die Ein- und Auszahlungsströme über die Zeitachse nicht deckungsgleich sind und somit eine zusätzliche Kapitalbeschaffung, in Form einer Eigenkapitalerhöhung oder Fremdfinanzierung durch Aufnahme von Fremdkapital, zur Deckung des Kapitalbedarfs notwendig ist.

Neben der Ermittlung der Kapitalbedarfs ist auch die Frage der Kapitalherkunft zu klären, wobei es durchaus zweckmäßig sein kann, eine Fremdkapitalaufnahme als Kreditfinanzierung in Erwägung zu ziehen.

Wenn ein Unternehmen mit Fremdkapital arbeitet, lassen sich der Gewinn und die Fremdkapitalzinsen über die Formel der Gesamtkapitalrentabilität R_g beschreiben:

$$R_g = \frac{Gewinn + Fremdkapitalzinsen\ (FKZ)}{Eigenkapital + Fremdkapital} * 100$$

d.h:

$$R_g * (Eigenkapital + Fremdkapital) = Gewinn + Fremdkapitalzinsen\ (FKZ)\ (Formel\ 1)$$

Gewinn und Fremdkapitalzinsen lassen sich wiederum über die Eigenkapitalrentabilität R_e bzw. Fremdkapitalrentabilität R_f formulieren.

Danach gilt:

$$Gewinn = R_e * Eigenkapital$$

$$Fremdkapitalzinsen = R_f * Fremdkapital$$

Durch Einsetzen in die Formel 1 erhält man folgenden Ausdruck:

$$R_g * (EK + FK) = R_e * EK + R_f * FK = (Gewinn + FKZ) \quad (Formel \, 2)$$

Mit:
Fremdkapitalzinsen: FKZ
Eigenkapital: EK
Fremdkapital: FK

Bedeutend für die weitere Betrachtung ist die Isolierung der Eigenkapitalrentabilität in dem Ausdruck (Formel 2). Zu diesem Zweck sind mathematisch folgende Schritte notwendig:

$$R_g * EK + R_g * FK - R_f * FK = R_e * EK$$

<=>

$$R_e = \frac{R_g * EK + R_g * FK - R_f * FK}{EK}$$

<=>

$$R_e = R_g + \frac{R_g * FK - R_f * FK}{EK}$$

<=>

$$R_e = R_g + (R_g - R_f) * \frac{FK}{EK} = R_g + (R_g - R_f) * V$$

V: Verschuldungsgrad

Nach dieser Formel läßt sich feststellen, unter welchen Bedingungen (allein schon rein mathematisch) die Eigenkapitalrentabilität durch Fremdkapital erhöht werden kann.

Solange die Gesamtkapitalrentabilität über der Fremdkapitalrentabilität liegt, bleibt der Ausdruck $(R_g - R_f)$ positiv und die Eigenkapitalrentabilität liegt über der Gesamtkapitalrentabilität. In diesem Fall läßt sich die Eigenkapitalrentabilität R_e durch Fremdkapitalaufnahme und die damit verbundene Erhöhung des Verschuldungsgrades V steigern. Es tritt über die Fremdkapitalaufnahme eine Hebelwirkung ein, die als **Leverage-Effekt** bezeichnet wird (Perridon/Steiner 1997: 478).

Allerdings sollte dabei beachtet werden, daß es sich hierbei nur um eine statische Betrachtung handelt, da in der Regel mit der Zunahme des Verschuldungsgrades auch die Kreditzinsen und damit die Fremdkapitalrentabilität steigt, so daß die Hebelwirkung durch die Annäherung von R_f an R_g nachläßt. Es existiert also ein optimales Fremdkapitalvolumen, das sich in der dynamischen Betrachtung des Leverage-Effektes ermitteln läßt.

9.2.2 Die Kapitalbedarfsermittlung

Von großer Bedeutung sind die ständige Kontrolle der Liquidität und die Erhaltung der Zahlungsfähigkeit, um das finanzielle Gleichgewicht sicherzustellen. Dazu ist es erforderlich, einerseits die notwendigen Finanzmittel bereitzustellen und andererseits die Finanzmittel, die über die momentan erforderliche Kapitaldeckung hinausgehen, gegebenenfalls am Kapital- bzw. Geldmarkt anzulegen.

Der Kapitalbedarf ist die Summe der erforderlichen Finanzmittel, die zur Durchführung der betrieblichen Tätigkeiten notwendig sind. In der Kapitalbedarfsrechnung werden der einmalige und laufende Kapitalbedarf eines Unternehmens ermittelt.

Bei Deckung des Kapitalbedarfs, der temporär schwankt und der zur Realisierung der geplanten Auszahlungen benötigt wird, kann nicht immer davon ausgegangen werden, daß die über den Planungszeitraum definierten Auszahlungs- und Einzahlungsströme deckungsgleich sind. Daher ist es zur Wahrung des finanziellen Gleichgewichts notwendig, eine zu erwartende Unterdeckung durch den Zufluß von betriebsexternen Finanzmitteln sicherzustellen. Die Abbildung 9-16 zeigt ein fiktives Beispiel der zu erwartenden Ein- und Auszahlungen über den Zeitraum von zwölf Monaten.

Die Differenz zwischen den in der Abbildung 9-16 dargestellten Einzahlungen und Auszahlungen zeigt sich in der Abbildung 9-17, die den zusätzlichen Bedarf an externen Finanzmitteln über diesen Zeitraum dokumentiert.

422

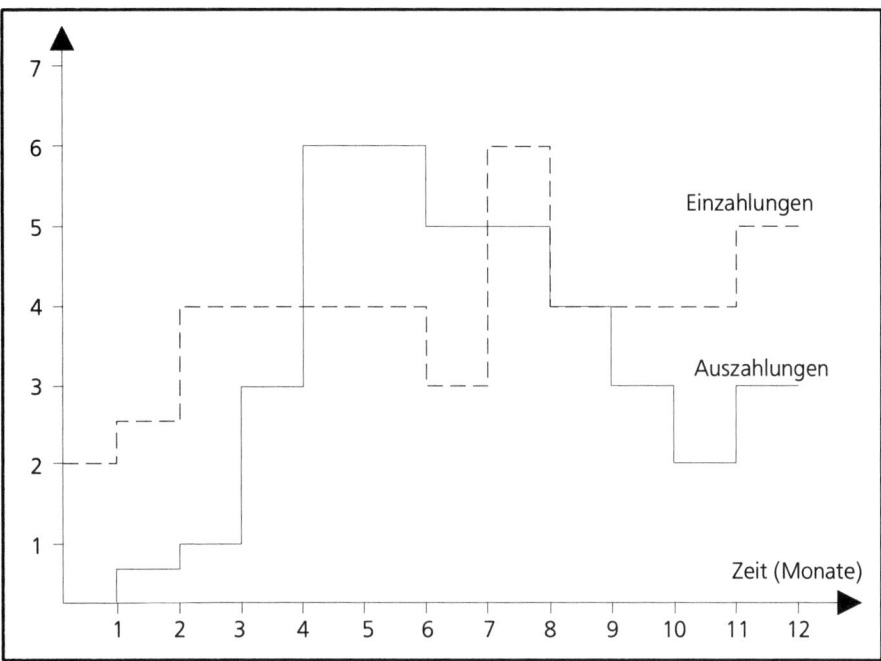

Abbildung 9-16 Bestimmung der Ein- und Auszahlungen

Es wird deutlich, daß sich der Bedarf an externen Finanzmitteln durch peri-odenbezogene Auszahlungsüberschüsse ergibt, die gedeckt werden müssen, damit das Unternehmen das finanzielle Gleichgewicht erhält. Für die Kapital-deckung bieten sich drei unterschiedliche Formen der Finanzmittelbereitstellung an:

• Mittel, die die Eigentümer in das Unternehmen einbringen (Eigenkapital),

• die Kreditfinanzierung durch Aufnahme von Fremdkapital oder

• die Deckung über laufende Einzahlungsüberschüsse.

In diesem Zusammenhang kann sich die Struktur der Finanzierungsmittel eben-falls über den betrachteten Zeitraum verändern (vgl. Abb. 9-18).

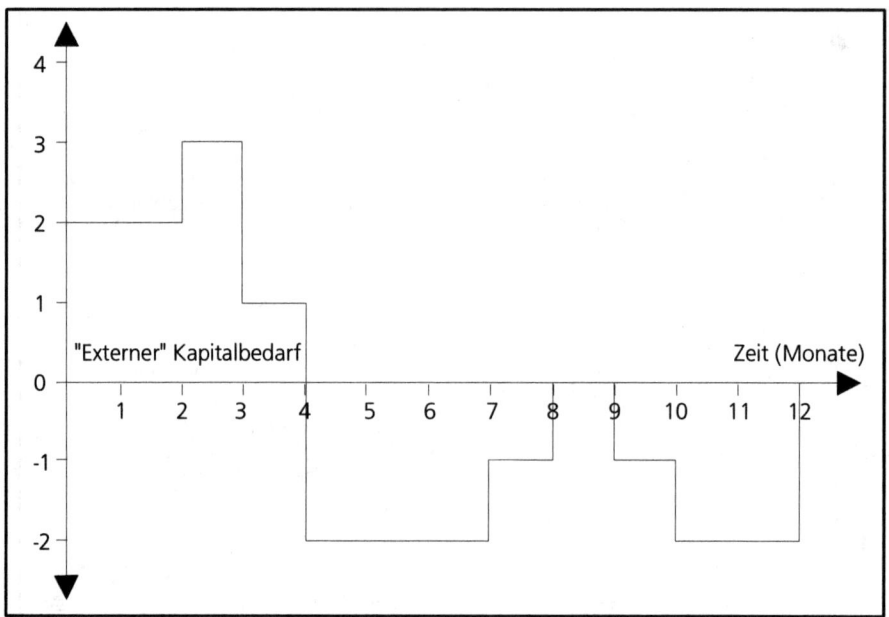

Abbildung 9-17   Ermittlung des externen Finanzierungsbedarfs

Die in dem grafischen Beispiel gezeigte Situation beschreibt eine Kapitalunter-
deckung und damit einen Kapitalbedarf zu Beginn des betrachteten Zeitraumes, der vom zweiten bis vierten Monat über eine Kreditfinanzierung zur
Deckung gebracht wird, während im weiteren Verlauf die Deckung über die
Einzahlungsüberschüsse erfolgt. Besondere Bedeutung hat allerdings die Kreditfinanzierung, welche über die Zubilligung eines gewissen Kreditrahmens
(Kreditlinie) realisierbar ist. Andernfalls besteht die Gefahr einer Zahlungsunfä-
higkeit. Das andere Extrem, die Überliquidität, sollte ebenfalls vermieden werden, indem das Eigenkapital kurzfristig außerhalb des Unternehmens mit einer
entsprechenden Verzinsung angelegt wird und nicht, wie hier im Beispiel, unnötig in den Monaten 11 und 12 kumuliert im Unternehmen verbleibt.

Zur Erhaltung eines vertretbaren finanziellen Gleichgewichts und damit einer
zweckmäßigen Liquidität ist demzufolge ein kurzfristiger Finanzplan bzw.
Liquiditätsplan unabdingbar, der auch der Steuerung der Zahlungsströme nach

den Kriterien der Rentabilität und Liquidität und damit der Überwachung der Zahlungsfähigkeit des Unternehmens dient (Perridon/Steiner 1997: 606).

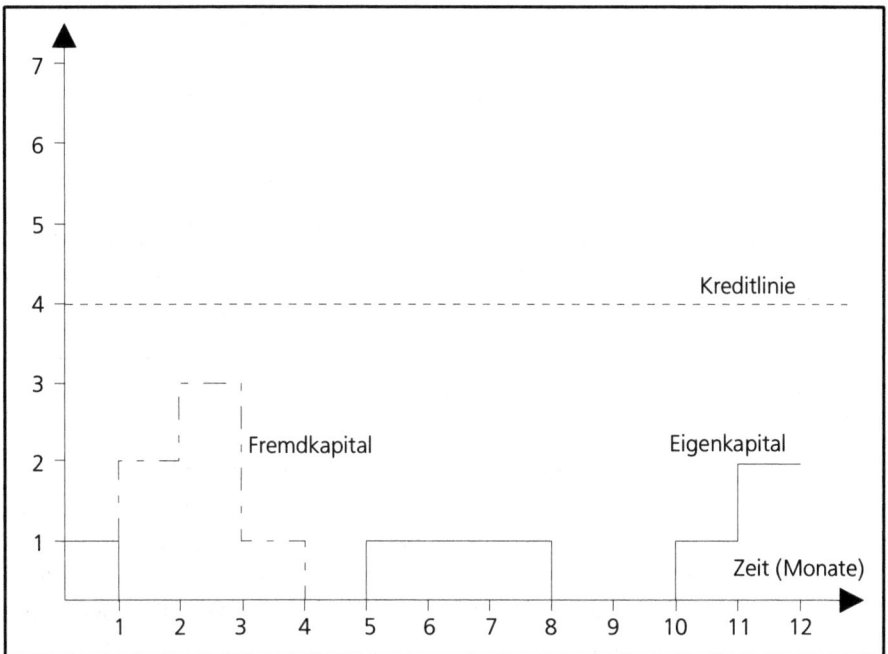

Abbildung 9-18   Struktur der Finanzierungsmittel

Eine sehr einfache Form einer Liquiditätssteuerung, die diesen Anforderungen gerecht wird, ist die Ermittlung von Liquiditätskennziffern (Liquidität 1. - 3. Grades), wobei über diese Kennziffern nur der Kapitalbedarf für bestimmte Stichtage ermittelbar ist und somit die Steuerung der Zahlungsströme nur sehr begrenzt möglich ist.

Geeigneter erscheint deshalb die Erstellung eines kurzfristigen Finanzplanes. Dieser ermöglicht bei einem sehr detaillierten Zeitintervall tage- oder wochenweise eine Prognose bezüglich zu erwartender Unter- oder Überliquidität.

Bei der Erstellung des Finanzplanes sind folgende Aspekte zu beachten:

(1) die Berücksichtigung sämtlicher Ein- und Auszahlungen;

(2) die Einbindung des zeitbezogenen Zahlungsmittels;

(3) das Bemühen um Betragsgenauigkeit bzw. eine proaktive pessimistische Schätzung der Zahlungsströme.

Die folgende Tabelle (Abb. 9-19) zeigt die grobe Struktur eines Beispiels eines kurzfristigen Finanzplanes.

Zeitintervall / Positionen	I	II	III	IV	V
Zahlungsmittel Anfangsbestand	10	5	-10	5	15
+ Plan-Einnahmen	20	20	35	30	etc.
- Plan-Ausgaben	25	35	20	20	
Zahlungsmittel Endbestand	5	-10	5	15	

Abbildung 9-19   Beispiel für einen kurzfristigen Finanzplan

Das Beispiel zeigt einen Fehlbetrag zum Ende des Zeitintervalls II auf, wobei aus dem folgenden Zeitintervall deutlich wird, daß es sich um einen zeitlich befristeten Fehlbetrag handelt, der im weiteren Verlauf ausgeglichen werden kann. In dieser Situation bietet sich zum einen die Möglichkeit an, die geplanten Einnahmen zu beschleunigen und die geplanten Ausgaben zu verzögern oder diese Unterdeckung über einen kurzfristigen Kredit zu überbrücken.

Ein kurzfristiger Finanzplan sollte deshalb auf Dauer ausgeglichen sein. Trifft dies nicht zu, handelt es sich um strukturelle Fehlbeträge, die nicht mehr durch eine Verschiebung von Zahlungszeitpunkten beseitigt werden können. In diesem Fall müssen die zur Deckung in Frage kommenden Finanzmittel mittel- oder langfristiger Art sein und sich nicht nur auf eine Beschaffung von Fremdkapital beschränken, sondern auch durch die eigenen Leistungsprozesse des Unternehmens erwirtschaftet werden können. Zusammengefaßt ergeben sich folgende in der Abbildung 9-20 gezeigten Finanzierungsmöglichkeiten.

Aus der Abbildung geht hervor, daß nach der Kapitalherkunft zwischen einer Außen- und Innenfinanzierung unterschieden wird. Die allgemeine Charakteristik der Außenfinanzierung besteht darin, daß dem Betrieb Kapital von außen (extern) zugeführt wird, während über die Innenfinanzierung die Finanzmittel aus dem Umsatzprozeß des Betriebes stammen.

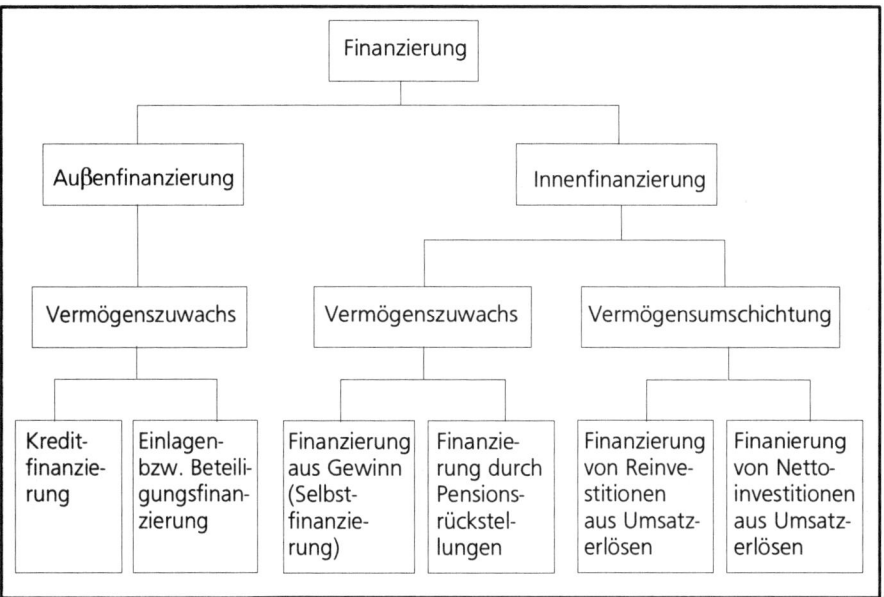

Abbildung 9-20   Finanzierungsarten nach der Kapitalherkunft

9.2.3   Die Außenfinanzierung

9.2.3.1   Gegenstandsbereich

Bei der Außenfinanzierung (Marktfinanzierung) handelt es sich um Finanzierungsarten, bei denen Kapital von außen in die Unternehmung einfließt. Zu der Außenfinanzierung zählen die **Einlagen- oder Beteiligungsfinanzierung** (Zuführung von Eigenkapital durch Kapitaleinlagen von bereits vorhandenen oder neu hinzutretenden Gesellschaftern der Unternehmung) und die **Kreditfinanzierung** (Zuführung von Fremdkapital). Damit ist unter der Außenfinanzierung die Finanzmittelbeschaffung vom Geld- und Kapitalmarkt zu verstehen.

9.2.3.2 Die Einlagen- und Beteiligungsfinanzierung

Grundsätzlich wird bei der Einlagen- und Beteiligungsfinanzierung dem Unternehmen Eigenkapital zugeführt, das nicht aus den Umsatzprozessen des Unternehmens stammt, sondern eine Zuführung von Eigenkapital von außen darstellt. Allerdings bestehen bei der Art und Durchführung rechtsformspezifische Unterschiede.

Bei Personengesellschaften erfolgt die Zufuhr von Eigenkapital in Form der Einlagenfinanzierung über die privaten Mittel der Eigentümer. Um die Eigenkapitalbasis bei Personengesellschaften über die bisher bestehenden Einlagen zu erweitern, ist die **Beteiligungsfinanzierung** nur durch Aufnahme neuer Gesellschafter zu realisieren. Dies ist nicht unproblematisch, da sich mit der Aufnahme neuer Gesellschafter und der Zuführung zusätzlicher finanzieller Einlagen auch weitere Rechte und Pflichten dieser neuen Gesellschafter verbinden, die zum einen eine Einflußnahme auf die Geschäftsführung bedeuten und zum anderen auch eine Übernahme des Risikos darstellen.

Eine Ausnahme bildet hierbei die Kommanditgesellschaft, sofern eine Eigenkapitalerhöhung ausschließlich durch Aufnahme neuer Kommanditisten vorgenommen wird, deren Haftung auf die Einlagen beschränkt bleibt.

Für Einzelkaufleute, die entsprechend der Rechtsform mit ihrem privaten Kapital voll haften, bleibt als einzige Möglichkeit einer Beteiligungsfinanzierung die Aufnahme eines stillen Gesellschafters, der nur im Innenverhältnis existiert und damit nicht explizit mit seinem eingebrachten Kapital in der Bilanz des Einzelkaufmannes in Erscheinung tritt, da die Einlage in das Vermögen des Inhabers des Handelsgeschäfts übergeht (§ 230 (1) HGB).

Interessant sind Beteiligungsfinanzierungen in erster Linie für Kapitalgesellschaften und dort insbesondere für Aktiengesellschaften, die eine Eigenkapitalerhöhung mittels der **Emission neuer Aktien** vornehmen können.

Die Aktie repräsentiert ein Wertpapier, welches das Mitgliedschaftsrecht des Aktionärs an der Gesellschaft verbrieft. In Deutschland können Aktien entweder als Nennbetragsaktien oder als Stückaktien begründet werden (§ 8 (1) AktG). Nennbetragsaktien müssen mindestens auf einen Euro lauten (§ 8 (2) AktG). Aus Sicht der Aktiengesellschaft ist ein Ausgabekurs über diesem Nennwert wünschenswert, zumal damit der Gesellschaft über den Nennwert hinaus Eigenkapital als Differenz zwischen Nennwert und Ausgabekurs zufließt, das als **Agio** der Kapitalrücklage zugeführt werden muß. Die Summe der Nennwerte aller Aktien bildet bei der Aktiengesellschaft das Grundkapital, auf das sich auch die Berechnung der Dividende (festgelegte Gewinnausschüttung pro Aktie) bezieht.

Die **Stückaktie** besitzt keinen ausdrücklichen Nennwert, sondern stellt einen bestimmten Anteil am Grundkapital der Gesellschaft dar, für den sich allerdings ein rechnerischer Nennwert ermitteln läßt, welcher einen Betrag von einem Euro nicht unterschreiten darf (§ 8 (3) AktG). Die Stückaktien einer Gesellschaft sind am Grundkapital im gleichen Umfang beteiligt (§ 8 (3) AktG), so daß letztlich über die Stückaktie nach wie vor die Differenzierung von Grundkapital und Rücklagen erhalten bleibt, wie es in der sogenannten "Kapitalrichtlinie" des EU-Rates von 1976 vorgesehen ist (Rohleder/Schulze 1998: 289).

Durch den Erwerb einer Aktie entsteht in gewisser Hinsicht für den Aktionär eine Teilhaberschaft an der Aktiengesellschaft, die je nach Charakteristik der Aktie mit bestimmten Rechten verbunden ist. Die Aktien können verschiedene Rechte gewähren, namentlich bei der Verteilung des Gewinns des Gesellschaftsvermögens (§ 11 AktG). Jede Aktie gewährt das Stimmrecht. Vorzugsaktien können nach den Vorschriften des Aktiengesetzes (§§ 139ff. AktG) als Aktien ohne Stimmrecht ausgegeben werden (§ 12 AktG). Die Aktie mit Stimmrecht wird Stammaktie genannt. Für Aktien, die mit einem nachzuzahlenden Vorzug bei der Verteilung des Gewinns ausgestattet sind, kann das Stimmrecht ausgeschlossen werden (Vorzugsaktien ohne Stimmrecht). Vorzugsaktien ohne Stimmrecht dürfen nur bis zur Hälfte des Grundkapitals ausgegeben werden (§ 139 AktG). Die Vorzugsaktien ohne Stimmrecht gewähren mit Ausnahme des Stimmrechts die jedem Aktionär aus der Aktie zustehenden Rechte (§ 140 (1) AktG).

In der Praxis beschränkt sich dieser besondere Anspruch auf eine erhöhte Dividende, z.B. durch eine Gewinnverteilung mit einer höheren Priorität für Vorzugsaktionäre oder durch eine besondere Vorzugsdividende, die über der einer Stammaktie liegt.

Investition und Finanzierung

Die Ausgabe von Vorzugsaktien ist immer dann interessant, wenn die Stimmrechte der bisherigen Eigentümer nicht eingeschränkt werden sollen. Die
Aktien können auf den Inhaber oder auf Namen lauten (§ 10 (1) AktG). Sie
müssen auf Namen lauten, wenn sie vor der vollen Leistung des Ausgabebe-
trags ausgegeben werden. Der Betrag der Teilleistungen ist in der Aktie anzugeben (§ 10 (2) AktG).

Im Normalfall handelt es sich um sogenannte **Inhaberaktien**, die durch Einigung und Übergabe übertragen werden. Der Inhaber ist damit auch Eigentümer, wenn er zumindest den Nennwert der Aktien eingezahlt hat. **Namensaktien** können durch Indossament übertragen werden. Dabei überträgt der
jeweilige Inhaber (Indossant) das Eigentum und damit das Recht aus der Aktie
auf den Indossar. Die Satzung kann die Übertragung an die Zustimmung der
Gesellschaft binden (§ 68 (2) AktG). Geht die Namensaktie auf einen anderen
über, ist dies bei der Gesellschaft anzumelden. Die Aktie ist vorzulegen und der
Übergang nachzuweisen. Die Gesellschaft vermerkt den Übergang im Aktien-
buch (§ 68 (3) AktG).

In Deutschland wurden in der Vergangenheit meistens Inhaberaktien ausgegeben. Hauptgründe dafür waren der im Vergleich zu Inhaberaktien kostenauf-
wendige Kauf und Verkauf und die umständliche Abwicklung der Geschäfte
von Namensaktien. Aufgrund der Fortentwicklung der Informationstechnologie
ist es mittlerweile jedoch möglich, Namensaktien wie Inhaberaktien in die sogenannte Girosammelverwahrung zu nehmen, so daß sie ähnlich kostengünstig
wie Inhaberaktien verwaltet und übertragen werden können. Namensaktien können über die Börse genauso wie Inhaberaktien erworben und veräußert werden.

Zur Veranschaulichung sei folgendes Beispiel genannt:

*Die Siemens AG hat 1999 auf ihrer ordentlichen Hauptversammlung die
Umstellung von Inhaberaktien auf Namensaktien beschlossen und gibt
dazu folgende Begründung an:*

*"Die Einführung der Namensaktie wird uns ermöglichen, einen direkten
Kontakt mit allen unseren Aktionären zu pflegen. So können wir ihnen
beispielsweise Unterlagen direkt zuschicken und im Vorfeld der Hauptversammlung ihre Weisung entgegennehmen.*

*Darüber hinaus wird uns die Namensaktie auch bei einer Börseneinfüh-
rung in den USA weiterhelfen. Namensaktien sind in den USA Standard.
Mit einer US-Notierung können wir bei transatlantischen Kooperationen*

*und Akquisitionen neue Finanzierungswege einschlagen. Große Finanz-
transaktionen werden oft im Wege des Aktientausches abgewickelt.
Diesen Möglichkeiten der Finanzierung wollen auch wir uns öffnen" (Information zur Einladung zur Hauptversammlung der Siemens AG am
18.02.1999).*

Die Gesellschaft darf eigene Aktien nur für bestimmte Zwecke erwerben (§ 71
AktG). Besondere Bedeutung hat der Aktienrückkauf im Rahmen der Belegschaftsaktie erlangt. In diesem Fall erwirbt die Gesellschaft eigene Aktien und
bietet sie dem Arbeitnehmer zum Erwerb an.

Die Gesellschaft darf keine eigenen Aktien zeichnen (§ 56 (1) AktG).

9.2.3.3 Die Eigenkapitalerhöhung einer Aktiengesellschaft

Im Rahmen der Außenfinanzierung besteht für Aktiengesellschaften eine Vielzahl von Möglichkeiten, der eigenen Gesellschaft Eigenkapital zuzuführen:

(1) Kapitalerhöhung gegen Einlagen,
(2) die bedingte Kapitalerhöhung,
(3) genehmigtes Kapital und
(4) die Kapitalerhöhung aus Gesellschaftsmitteln.

Die Zuführung von Eigenkapital zur Deckung des notwendigen Finanzbedarfs
bietet gegenüber einer Fremdkapitalfinanzierung unter anderem folgende Vorteile:

• keine Fristigkeit des Kapitals,
• keine Bereitstellung zusätzlicher Sicherheiten,
• keine Zins- und Tilgungsverpflichtung und
• eine Verbesserung der Kreditwürdigkeit.

Allerdings ist der Erfolg einer Kapitalerhöhung von der Aufnahmebereitschaft
des Marktes und dem momentanen Kurs der eigenen Aktie am Markt abhängig, so daß es um so wichtiger ist, den richtigen Emissionszeitpunkt für neue
junge Aktien zu finden.

Zu (1) **Kapitalerhöhung gegen Einlagen (§§ 182 - 191 AktG)**

Die Kapitalerhöhung gegen Einlagen erfolgt auf Beschluß der Hauptversammlung (§§ 182ff. AktG), indem durch die Emission junger Aktien das Grundkapital der Gesellschaft erhöht wird. Die jungen Aktien werden in diesem Fall den bisherigen Aktionären gegen Barzahlung oder Sacheinlagen angeboten, wobei eine Reihe von Voraussetzungen erfüllt sein muß, bevor eine Kapitalerhöhung gegen Einlagen Rechtswirksamkeit erlangt:

- Eine ordentliche Kapitalerhöhung soll nur dann beschlossen werden, wenn alle bisher noch ausstehenden Einlagen des Grundkapitals bereits eingefordert worden sind.
- Der Beschluß muß mindestens mit einer 3/4-Mehrheit des auf der Hauptversammlung vertretenen Grundkapitals erfolgen. Dieser Beschluß muß jeweils entsprechend der geplanten Aktienform junger Aktien für jede Aktiengattung getrennt in dieser Mehrheitskonstellation getroffen worden sein.
- Der Beschluß der Hauptversammlung ist vom Vorstand und Aufsichtsrat der Gesellschaft im Handelsregister zur Eintragung anzumelden.
- Die Kapitalerhöhung ist erst dann rechtswirksam, wenn die Durchführung der Kapitalerhöhung eingetragen ist.
- Es müssen die beschlossenen Bezugsbedingungen der Hauptversammlung beachtet werden.

Sollen die neuen Aktien für einen höheren Betrag als den geringsten Ausgabebetrag ausgegeben werden, so ist der Mindestbetrag, unter dem sie nicht ausgegeben werden sollen, im Beschluß über die Erhöhung des Grundkapitals festzusetzen (§ 182 (3) AktG). Jedem Aktionär muß auf sein Verlangen ein seinem Anteil entsprechender Teil der neuen Aktien zugewiesen werden. Für die Ausübung des Bezugsrechts ist eine Frist von mindestens zwei Wochen zu bestimmen (§ 186 (1) AktG). Das Bezugsrecht kann ganz oder zum Teil nur im Beschluß über die Erhöhung des Grundkapitals ausgeschlossen werden (§ 186 (3) AktG). Hierzu ist eine 3/4-Mehrheit notwendig. In der Regel ist bei der Emission junger Aktien bei der alten Aktie ein Kursverlust zu verzeichnen, der durch das Bezugsrecht kompensiert werden soll.

Das Bezugsrecht kann von einem Aktionär, wenn er nicht davon Gebrauch machen möchte, an der Börse veräußert werden. Der Erwerb dieses Bezugsrechts ermöglicht einem nicht Bezugsberechtigten den Kauf junger Aktien, wobei je nach dem Bezugsverhältnis, d.h. der Relation zwischen der Anzahl alter und neuer Aktien, für den Kauf einer jungen Aktie entsprechend diesem Bezugsverhältnis Bezugsrechte angekauft werden müssen.

Der Wert des Bezugsrechts ermittelt sich aus dem Kurs der alten Aktie vor der Kapitalerhöhung und dem neuen Mittelkurs aus alten und neuen Aktien:

$$Neuer\ Aktienkurs = \frac{Kurswert\ der\ alten\ Aktie + Ausgabekurswert\ der\ neuen\ Aktie}{Anzahl\ alter\ Aktien + Anzahl\ neuer\ Aktien}$$

Der Wert des Bezugsrechts ist dann folgendermaßen definiert:

$$Bezugsrecht = Kurs\ der\ alten\ Aktie - neuer\ Aktienkurs$$

Als einfache Formel:

$$B = K_a - \frac{a \cdot K_a - n \cdot K_n}{a + n}$$

Legende:

B	=	Wert des Bezugsrechts
K_a	=	Kurs der alten Aktie
K_n	=	Ausgabekurs der neuen Aktie
a	=	Anzahl der alten Aktien
n	=	Anzahl der neuen Aktien

Diese Formel läßt sich durch mathematische Umstellung weiter vereinfachen:

$$B = \frac{K_a \cdot (a + n)}{a + n} - \frac{a \cdot K_a - n \cdot K_n}{a + n}$$

Daraus folgt:

$$B = \frac{K_a \cdot a + K_a n - a \cdot K_a - n \cdot K_n}{a + n}$$

Durch Multiplikation mit 1/n erhält man folgenden Ausdruck:

$$B = \frac{K_a - K_n}{\frac{a}{n} + 1}$$

Der Ausdruck a/n im Term beschreibt das in der Hauptversammlung festgelegte Bezugsverhältnis.

Nach der oben genannten Formel ergibt sich im Beispiel folgender Wert für ein Bezugsrecht (Abb. 9-21):

	Gezeichnetes Kapital (Nennwert: 50 Euro)	Anzahl der Aktien	Kurswert (Euro)	Kurs in %	Gesamtwert
bisheriges Grundkapital (alte Aktien)	100.000.000	2.000.000	80	160	160.000.000
Kapitalerhöhung (junge Aktien)	20.000.000	400.000	65	130	26.000.000
Neues Grundkapital	*120.000.000*	*2.400.000*	*77,50*	*155*	*186.000.000*

Abbildung 9-21   1. Beispiel für die Berechnung des Bezugsrechts

Nach dieser Kapitalerhöhung beträgt der neue Mittelkurs nach der obigen Formel 77,50 Euro pro Aktie. Das Bezugsverhältnis in diesem Beispiel beträgt 5 : 1. Aus diesen Größen läßt sich nun der Gewinn einer jungen Aktie, der Verlust einer alten Aktie und der Wert des Bezugsrechts pro Aktie ermitteln (vgl. Abb. 9-22):

Gewinn pro junger Aktie	77,50 - 65 = 12,50 Euro
Verlust pro alter Aktie	80 - 77,5 = 2,50 Euro
Wert des Bezugsrechtes	$B = \dfrac{80\,Euro - 65\,Euro}{\frac{5}{1} + 1} = 2,50\,Euro$

Abbildung 9-22   2. Beispiel für die Berechnung des Bezugsrechts

Der Verlust der alten Aktie wird damit wieder durch den Wert des Bezugsrechts kompensiert.

Ein Aktionär hat nach diesem Beispiel entweder die Möglichkeit, nach dem Bezugsverhältnis, d.h. für fünf alte Aktien eine junge Aktie zu deren Bezugskurs (Euro 65,-) zu erwerben, um somit seinen Verlust von 5 x 2,50 Euro bei seinen alten Aktien durch den Gewinn von 12,50 Euro der jungen Aktie auszugleichen. Oder er hat die Möglichkeit, durch den Verkauf seiner Bezugsrechte pro alter Aktie (5 x 2,50 Euro) an einen externen Erwerber einer jungen Aktie für den ihm dadurch normalerweise entstehenden Verlust entschädigt zu werden.

Es entsteht damit bei der Einführung junger Aktien ein Bezugsrechthandel an der Börse. Dabei ist allerdings zu bedenken, daß sich der rechnerische Kurs der Aktie nach der Emission junger Aktien nicht unbedingt mit dem neuen Kurs, der sich durch Angebot und Nachfrage an der Börse abzeichnet, decken muß, so daß auch der Wert des Bezugsrechts durchaus schwanken kann. Grundsätzlich sind unterschiedliche Emissionsverfahren denkbar (Perridon/Steiner 1997: 366f.):

- das **Festpreisverfahren**, bei dem die Festlegung von Emissionspreis und -volumen charakteristisch ist. Die Konsequenz ist hierbei eine häufige Über- bzw. Unterzeichnung von Aktienemissionen, die über den Preismechanismus nicht ausgeglichen werden kann. Werden dann von beteiligten Konsortialbanken nicht plazierte Aktien auf einem Sekundärmarkt veräußert, kann dies zu Differenzen zwischen dem Emissionspreis und dem Marktpreis führen.

- das **Auktionsverfahren**, bei dem keine Preisfestsetzung erfolgt. Die potentiellen Anleger teilen ihre Zeichnungswünsche mit entsprechenden Preis- und Mengenpräferenzen an die Emittenten (z.B. Bankkonsortium) mit. Die Zuteilung kann dann auf der Basis der Gesamtheit der eingereichten Gebote zu unterschiedlichen Preisen erfolgen (amerikanischer Tender) oder durch Festlegung eines einheitlichen Preises (holländischer Tender).

- das **Bookbuilding-Verfahren**, durch das der Emittent die zukünftige Eigentümerstruktur aktiv beeinflussen kann. Der Konsortialführer erfaßt nach diesem Verfahren die Zeichnungswünsche und Preisvorstellungen. Dabei werden die Zeichnungsgebote quantitativ und qualitativ klassifiziert, indem ab einem bestimmten Zeichnungsvolumen die Identität des Bietenden offengelegt werden muß. Der Konsortialführer erkennt dann, welche Volumina zu welchen Preisen bei welchen Investoren plazierbar sind. Dadurch ist es dem Emittenten möglich, gezielt seine zukünftige Eigentümerstruktur auszuwählen und einen Emissionspreis in Abhängigkeit der Nachfrage nach den einzelnen Qualitätskriterien festzulegen. Der Vorteil dieses Verfahrens liegt in einer hohen Markttransparenz und der marktgerechten Gestaltung und Plazierung. Als nachteilig können sich jedoch die höhere Unsicherheit des Emittenten bei der Fixierung des Emissionspreises und der höhere Marketingaufwand erweisen.

Zu (2) **Die bedingte Kapitalerhöhung (§§ 192 - 201 AktG)**

Die bedingte Kapitalerhöhung knüpft sich immer an bestimmte Anlässe und Rahmenbedingungen. So kann eine bedingte Kapitalerhöhung nur zu folgenden Zwecken beschlossen werden (§ 192 (2) AktG):

- zur Gewährung von Umtausch- oder Bezugsrechten an Gläubiger von Wandelschuldverschreibungen,
- zur Vorbereitung des Zusammenschlusses mehrerer Unternehmen,
- zur Gewährung von Bezugsrechten an Arbeitnehmer und Mitglieder der Geschäftsführung der Gesellschaft oder eines verbundenen Unternehmens im Wege des Zustimmungs-Ermöglichungsbeschlusses.

Der Nennbetrag des bedingten Kapitals darf die Hälfte und der Nennbetrag des im Rahmen von Bezugsrechten an Unternehmensmitglieder beschlossenen Kapitals den zehnten Teil des Grundkapitals, das zur Zeit der Beschlußfassung über die bedingte Kapitalerhöhung vorhanden ist, nicht übersteigen (§ 192 (3) AktG).

Zu (3) **Genehmigtes Kapital (§§ 202 - 206 AktG)**

Bei der genehmigten Kapitalerhöhung erhält der Vorstand der AG von der Hauptversammlung (durch Beschluß mit 3/4-Mehrheit) die Ermächtigung, innerhalb eines bestimmten Zeitraumes, der maximal 5 Jahre betragen darf, eine Kapitalerhöhung durch Ausgabe junger Aktien vorzunehmen. Für das Volumen der Kapitalerhöhung gilt, daß der Nennbetrag der Kapitalerhöhung maximal 50 % des Grundkapitals am Tag der Ermächtigung betragen darf (§ 202 (3) AktG).

Im Vergleich zur ordentlichen Kapitalerhöhung besteht eine höhere Flexibilität bezüglich des Emissionszeitpunktes, so daß eine günstige Gelegenheit für die Emission der jungen Aktien an der Börse abgewartet werden kann. Zusätzlich besteht hier keine Zweckbindung, wie sie bei der bedingten Kapitalerhöhung vorgesehen ist. Die neuen Aktien sollen nur mit Zustimmung des Aufsichtsrats ausgegeben werden.

Zu (4) **Die Kapitalerhöhung aus Gesellschaftsmitteln (§§ 207 - 220 AktG)**

Diese Form der Kapitalerhöhung stellt im Vergleich zu den anderen Formen der Kapitalerhöhung eine Besonderheit dar, da in diesem Fall der Aktiengesellschaft kein zusätzliches Eigenkapital zufließt. Die Hauptversammlung kann eine Erhöhung des Grundkapitals durch Umwandlung der Kapitalrücklage und von Gewinnrücklagen in Grundkapital beschließen (§ 207 (1) AktG). Damit wird das Grundkapital der Aktiengesellschaft durch einen sogenannten **Passivtausch** erhöht. Es erhöht sich bei Nennbetragsaktien automatisch die Anzahl der Aktien der Gesellschaft, die in der Summe ihrer Nennbeträge das Grundkapital darstellen.

Gesellschaften mit Stückaktien können ihr Grundkapital auch ohne Ausgabe neuer Aktien erhöhen. Der Beschluß über die Kapitalerhöhung muß die Art der Erhöhung angeben (§ 207 (2) AktG).

Sofern weitere Aktien, fälschlicherweise häufig als Gratisaktien bezeichnet, an die Aktionäre ausgegeben werden, erhöht sich die Anzahl der dividendenberechtigten Anteile. Der Börsenkurs der Aktien verringert sich in der Regel.

Die Umwandlung der Rücklagen in Grundkapital erfolgt vielfach, um den Kurswert der Aktie zu senken und sie damit breiteren Käuferschichten zugänglich zu machen. Ein weiterer Grund dieser Vorgehensweise liegt in der Kürzung der Dividendensätze, da hohe Dividenden in der Öffentlichkeit als ungünstig angesehen werden.

9.2.3.4 *Die Kreditfinanzierung*

Ein weiteres Element der Außenfinanzierung stellt die Kreditfinanzierung dar. Bei dieser Finanzierungsform wird dem Unternehmen Fremdkapital von außen zugeführt, das, wie die Diskussion über den Leverage-Effekt gezeigt hat, unter der Bedingung, daß die Gesamtkapitalrentabilität über dem Fremdkapitalzinsfuß liegt, die Eigenkapitalrentabilität erhöht.

Bei der Kreditfinanzierung stellt ein externer Kreditgeber dem Unternehmen Kapital zeitlich befristet zur Verfügung und erwartet für sein dadurch eingegangenes Risiko eine Gegenleistung, d.h. die Zahlung von Zinsen und die Gewährung von Sicherheiten des Unternehmens. Die folgende Abbildung vermittelt einen Überblick über verschiedene Kreditsicherungsformen (Gräfer/Beike/Scheld 1998: 176).

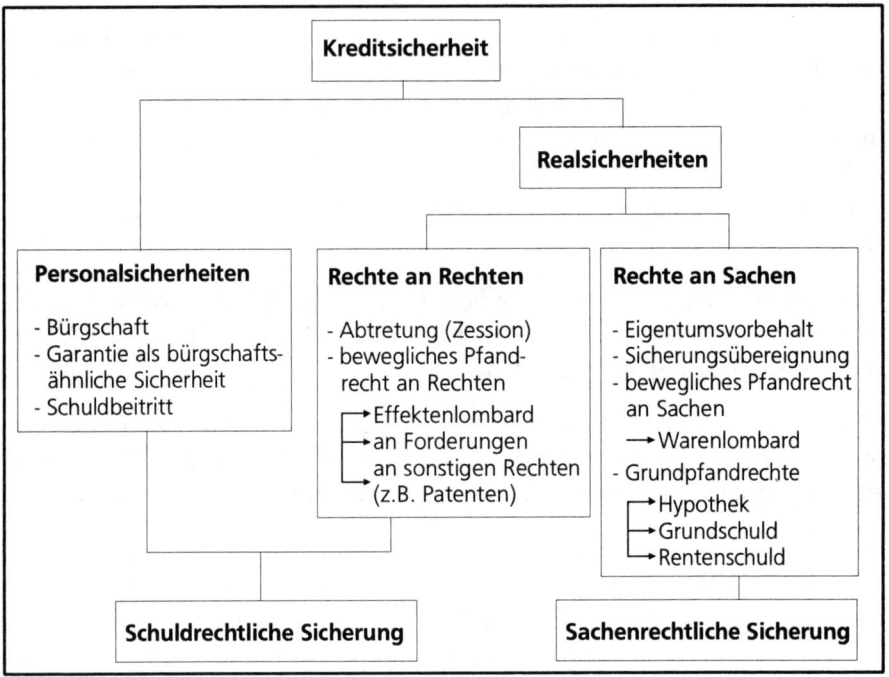

Abbildung 9-23 Systematisierung der Kreditsicherheiten

Die in der Abbildung 9-23 aufgezeigten Kreditsicherungen unterscheiden sich in Ansprüche gegenüber Personen (Personensicherheiten) und an Rechten und Sachen (Realsicherheiten).

Die **Personalsicherheiten** werden durch Verträge dokumentiert, in denen sich ein Dritter verpflichtet:

• dem Kreditgeber gegenüber für die Erfüllung der Verbindlichkeiten des Kreditnehmers nach dem jeweiligen Stand der gesicherten Schuld einzustehen (**Bürgschaft**),

- für einen bestimmten Erfolg einzustehen und den Schaden zu übernehmen, der sich aus einem bestimmten unternehmerischen Handeln ergibt (**Garantie**),
- gegenüber dem Kreditgeber an die Stelle des bisherigen Kreditnehmers zu treten (**Schuldbeitritt**).

Die Realsicherheiten konzentrieren sich auf drei grundsätzliche Bereiche:

- die **Sicherungsübereignung**, bei der eine Übereignung beweglicher Sachen auf den Kreditnehmer an den Kreditgeber zur Sicherung einer Forderung vorgenommen wird,
- die **Sicherungsabtretung**, bei der der Kreditgeber Forderungen oder andere Rechte treuhänderisch erwirbt,
- das **Pfandrecht**, nach dem sich ein Kreditgeber zur Sicherung einer Forderung an beweglichen bzw. unbeweglichen Gegenständen des Kreditgebers schadlos halten kann.

Sogenannte **Grundpfandrechte** werden darüber hinaus in das Grundbuch eingetragen. Der Unterschied zwischen einer Hypothek, einer Grundschuld und einer Rentenschuld besteht darin, daß nur bei einer Grundschuld, auch bei Nichtbestehen einer Forderung, diese bei Geltendmachung gegenüber dem Grundstückseigentümer geleistet werden muß, wobei dem Eigentümer ein Anspruch auf eine ungerechtfertigte Bereicherung zusteht. Die Hypothek und Rentenschuld dient nur der Befriedigung des Gläubigers bei einer gerechtfertigten Forderung, wobei die Rentenschuld eine turnusmäßige Zahlung an den Berechtigten darstellt, die z.B. aus Miet- oder Pachtzinsen resultieren kann.

Nach der Fristigkeit des Kredites wird zwischen kurz-, mittel- und langfristigem Fremdkapital differenziert, wobei die Laufzeit ein Jahr, bis zu vier Jahre und mehr als vier Jahre beträgt.

Die **kurzfristige Fremdfinanzierung** beschränkt sich in der Regel auf die Inanspruchnahme von Bankkrediten. Folgende Formen eines kurzfristigen Bankkredites können dabei zur Anwendung gelangen:

(1) der Kontokorrentkredit als sehr häufige Form,
(2) der Wechselkredit,

(3) der Avalkredit und der

(4) Lombardkredit.

Zu (1) **Kontokorrentkredit**

Der Kontokorrentkredit dient in erster Linie der Sicherung der Zahlungsbereitschaft und stellt eine Verrechnung gegenseitiger Ansprüche bei der Unterhaltung von Geschäftsverbindungen mit einem Kaufmann (im Sinne des HGB) dar (§ 355 (1) HGB). Prinzipiell unterhält eine Bank eine Geschäftsverbindung zu einem Unternehmen, indem sie ein Geschäftskonto für das Unternehmen verwaltet, das bis zu einer gewissen, vorab ausgehandelten Kreditlinie überzogen werden darf. Eine Unterform ist der Dispositionskredit, bei dem die Überziehungsgrenzen nicht frei ausgehandelt, sondern standardisiert sind (Gräfer/Beike/Scheld 1998: 185). Befindet sich das Konto im Minus, werden Sollzinsen fällig, die zusammen mit einer möglichen Kreditprovision und Umsatzprovision den Finanzierungsaufwand für das Unternehmen darstellen. Der Vorteil eines Kontokorrentkredites liegt in der genauen Abstimmung auf die Finanzierungserfordernisse, dem als gravierender Nachteil die sehr hohen Sollzinsen gegenüberstehen.

Zu (2) **Wechselkredit**

Wechselkredite existieren in unterschiedlichen Formen. Ihnen allen gemein ist die Existenz eines Wechsels, der als ein Wertpapier betrachtet werden kann, bei dem ein Schuldner sich seinem Gläubiger gegenüber verpflichtet, eine vereinbarte Geldsumme an einem bestimmten Ort zu einem bestimmten Zeitpunkt an eine festgelegte Person zu zahlen. Ein Wechsel wird in der Regel vom Verkäufer einer Ware auf den Käufer gezogen, der dadurch einen Zahlungsaufschub bis zum Ende einer vereinbarten Laufzeit des Wechsels erhält. Dieser gezogene Wechsel muß nach § 1 Wechselgesetz (WG) vom 21. Juni 1933 folgende Bestandteile enthalten:

- die Bezeichnung als Wechsel im Text der Urkunde;
- die unbedingte Anweisung, eine bestimmte Geldsumme zu zahlen;
- den Namen dessen, der zahlen soll (Bezogener);
- die Angabe der Verfallzeit;

- die Angabe des Zahlungsortes;
- den Namen dessen, an den oder an dessen Order gezahlt werden soll;
- die Angabe des Tages und des Ortes der Ausstellung und
- die eigenhändige Unterschrift des Ausstellers.

Die Bedeutung eines Wechsels liegt zum einen in der Erhöhung der Sicherheit eines Kreditgebers, zum andern kann ein Wechsel als Refinanzierungsmöglichkeit von Banken zur Beschaffung von Zentralbankgeld dienen.

Wird ein Wechsel vor seiner Fälligkeit von einem Unternehmen, welches Wechsel seiner Kunden besitzt, an eine Bank weiterverkauft, schreibt die Bank diesem Unternehmen nach Abzug der Zinsen (Diskont) und der Spesen für die Restlaufzeit die Wechselsumme gut. Dieser Wechsel stellt für die ausstellenden Kunden einen **Diskontkredit** dar.

Damit kann das wechselhaltende Unternehmen seine eigenen Zahlungsverpflichtungen begleichen, während die Bank diesen Wechsel bei der Bundesbank rediskontieren kann. Dabei akzeptiert die Bundesbank nicht jeden Wechsel, sondern nur sogenannte "Handelswechsel", die vier Kriterien zu erfüllen haben:

- es muß diesem Wechsel ein Handelsgeschäft zugrunde liegen,
- die Restlaufzeit darf höchstens drei Monate betragen,
- er muß mindestens drei gute Unterschriften tragen und
- an einem Bankplatz zahlbar sein.

Eine zweite Wechselkreditform liegt vor, wenn der Bezogene die Bank ist und der Wechselaussteller ihr Kunde (**Akzeptkredit**). Der Kunde muß sich dabei verpflichten, der Bank die Summe des Wechsels einen Tag vor der Fälligkeit zur Verfügung zu stellen (Amann 1993: 72). Mit diesem Akzeptkredit hat nun der Kunde der Bank die Möglichkeit, gegenüber seinen Lieferanten Verbindlichkeiten zu begleichen. Damit garantiert die Bank quasi die Zahlungsfähigkeit ihres Kunden, was von seiten des Kunden in der Regel eine allgemein gute Bonität voraussetzt.

Zu (3) **Avalkredit**

Ein ähnliches Prinzip wird bei der dritten Wechselkreditform verfolgt, dem **Avalkredit**, bei dem die Bank eine Bürgschaft oder Garantie für die Verpflichtung ihres Kunden gegenüber einem Dritten übernimmt. Diese Garantieerklärung setzt auch hier eine gute Bonität des Kunden voraus.

Die Bank tritt nur dann für ihren Kunden ein, wenn dieser die zugesicherte Leistung gegenüber dem Dritten nicht erbringt. Insofern werden bei dieser Kreditform keine finanziellen Mittel bereitgestellt, sondern nur ein Sicherheitsversprechen der jeweiligen Bank geleistet, so daß es sich hier mehr um eine Bürgschaft als eine Kreditvergabe von seiten der Bank handelt.

Zu (4) **Lombardkredit**

Die Besonderheit des Lombardkredits liegt in der Vergabe eines Darlehns gegen ein Faustpfand, wie bewegliche Sachen oder Forderungen, d.h. in der Absicherung des Kredits. Der Lombardkredit wird in der Regel als fester Betrag für eine bestimmte Laufzeit ausgereicht und ist nach Ablauf der Frist in einer Summe zu tilgen (Perridon/Steiner 1997: 427).

Besondere Relevanz hat bei den verschiedenen Formen des Lombardkredits, die nach dem Pfandobjekt definiert werden können, der sogenannte Effektenlombard (Eilenberger 1997: 237), bei dem das Pfand in der Regel fungible Wertpapiere, wie Aktien oder Anleihen, darstellen, die bei der kurzfristigen Kreditfinanzierung beliehen statt veräußert werden.

Die Formen der **langfristigen Kreditfinanzierung** lassen sich in fünf Bereiche klassifizieren:

(1) Schuldverschreibungen,
(2) Schuldscheindarlehn,
(3) Genußscheine,
(4) langfristige Bankkredite und
(5) Gesellschafterdarlehen.

Zu (1) **Schuldverschreibungen**

Generell sind Schuldverschreibungen langfristige Anleihen am Kapitalmarkt, die mit einem festverzinslichen Wertpapier gedeckt sind, in dem sich der Aussteller verpflichtet, eine bestimmte Summe des aufgenommenen Geldbetrages und regelmäßig Zinsen zu zahlen. Der Betrag wird damit in Teilbeträge als festverzinsliche Wertpapiere (Teilschuldverschreibung) verbrieft und am Kapitalmarkt angeboten.

Treten Unternehmen als Emittenten dieser Schuldverschreibungen auf, so handelt es sich um eine **Industrieobligation**. Sie kann durchaus auch für den Handel an der Börse zugelassen werden, wenn die strengen Zulassungskriterien, die sich hauptsächlich auf die Bonität des Emittenten konzentrieren, erfüllt werden. Der in der Anleihe aufgeführte Nennbetrag muß dabei nicht zwingend mit dem Ausgabekurs bzw. mit dem Rückzahlungskurs übereinstimmen, vielmehr unterliegt der Kurs der Anleihe der Angebots- und Nachfragesituation an der Börse und konkurriert in dieser Form mit anderen Anlagealternativen an der Börse. Die Differenz zwischen Ausgabekurs und Nennbetrag wird unter pari als Disagio und über pari als Agio bezeichnet. Im ersten Fall würden zu der verbrieften Verzinsung noch weitere Zinskosten auf das Unternehmen zukommen, während der Anleger eine vorteilhaftere effektive Verzinsung erhalten würde (Gräfer/Beike/Scheld 1998: 206).

Die **Laufzeiten** für Industrieobligationen schwanken zwischen 8 und 15 Jahren. Die Tilgung der Anleihe erfolgt dabei in der Regel nicht als Gesamttilgung zum Ende der Laufzeit, sondern in Jahresraten, die erst nach einer Reihe von tilgungsfreien Jahren fällig werden. Die für die Tilgung anstehenden Schuldverschreibungen werden durch vorab eingeteilte Serien oder durch Auslosung ermittelt, was dazu führt, daß die genaue Laufzeit und damit die Effektivverzinsung einer einzelnen Teilschuldverschreibung nicht genau bestimmbar ist.

Bei börsennotierten Anleihen besteht die Möglichkeit seitens des Anlegers, die Anleihe vor Beendigung der Laufzeit zu dem jeweiligen Börsenkurs zu veräußern. Dieser schwankt insbesondere mit dem allgemeinen Zinsniveau und fällt, wenn das Zinsniveau steigt, da dann die Anlage bezüglich ihrer Verzinsung unattraktiver wird. Diese Situation stellt sich für den Emittenten insofern als günstig dar, da er nun einen vorzeitigen Rückkauf zu einem Kurs unter dem

Nominalwert vornehmen kann, um so seine Verbindlichkeiten zu verringern und gleichzeitig den Kurs durch die eigene Nachfrage zu stabilisieren.

Eine Variante der Industrieobligation ist die **Gewinnschuldverschreibung**, bei der entweder neben einer festen Verzinsung zusätzlich ein Gewinnanspruch existiert oder anstelle einer festen Verzinsung nur ein bestimmter Gewinnanspruch zugesichert wird. In diesem Fall besteht für den Anleger ein höheres Risiko, zumal er bei Verlusten des Emittenten keine Verzinsung auf die Anleihe erhält.

Während bei den bisher beschriebenen Formen der Schuldverschreibungen die Anleger Gläubiger sind und es sich aus der Sicht des Emittenten um eine reine Fremdfinanzierung handelt, verwischen sich diese Grenzen zwischen einer Eigen- und Fremdkapitalfinanzierung bei der **Wandelschuldverschreibung**. Sie stellt eine Industrieobligation dar, bei der zusätzlich ein Umtausch der Schuldverschreibung in Aktien eingeräumt wird, was einen Wandel des in Anspruch genommenen Fremdkapitals in Eigenkapital bedeutet.

Die Ausgabe von Wandelschuldverschreibungen bedarf der Zustimmung einer 3/4-Mehrheit der Hauptversammlung, wobei den Aktionären ein gesetzliches Bezugsrecht zusteht. Bei der Ausgabe sind neben den Konditionen für eine normale Schuldverschreibung, wie Zinssatz, Laufzeit, Zinstermine und Sicherung zusätzlich folgende Punkte festzulegen (Perridon/Steiner 1997: 386):

- das **Wandlungsverhältnis**, d.h. wie viele Schuldverschreibungen bei einem Umtausch eine Aktie ergeben,
- die **Zuzahlungen** bei Wandlung (ggf. gestaffelt nach Wandlungszeitpunkten) und
- die **Umtauschfrist**, der frühestmögliche und letzte Wandlungszeitpunkt.

Für die Wandlung werden Aktien benötigt, die als junge Aktien ausgegeben werden. Die Grundlage hierfür ist die zu diesem Zweck vorgenommene **bedingte Kapitalerhöhung** mit der oben erwähnten Zustimmung der Hauptversammlung.

Eine weitere Variante der Schuldverschreibungen sind die sogenannten **Optionsanleihen** bzw. Optionsschuldverschreibungen. Hierbei hat der Anleger die Möglichkeit, junge Aktien aus einer bedingten Kapitalerhöhung zu vorab festgelegten Bedingungen während einer Frist zu erwerben, wenn er dafür optiert. Die Optionsbedingungen, d.h. die Optionsfrist, das Optionsverhältnis (Aktien je Anleihe) und der Emissionspreis der jungen Aktien (Optionspreis) müssen im Vorfeld einer Emission bekanntgegeben werden.

In dem sogenannten Optionsschein wird das Optionsrecht verbrieft, das durch Einlösen des Optionsscheins während der Optionsfrist ausgeübt werden kann. Der Optionsschein kann ebenfalls an der Börse gehandelt werden, wobei mit dem Erwerb einer Aktie über den Optionsschein auch die Zahlung eines Optionspreises verbunden ist. Beide Werte machen zusammengenommen den Preis dieser Aktie aus.

Der Reiz für den Anleger beim Erwerb eines Optionsscheines liegt in der Aussicht einer höheren Verzinsung, die allerdings auch mit einem hohen Risiko verbunden ist.

So wird der Kurs eines Optionsscheines zusammen mit dem Optionspreis bei der Emission der Optionsanleihe im Normalfall über dem momentanen Börsenkurs der Aktie liegen, d.h., über die festgelegte Laufzeit wird davon ausgegangen, daß eine Kurssteigerung stattfindet. Diese anfängliche Höherbewertung (Wert des Optionsscheines + Optionspreis) gegenüber dem Börsenkurs bezeichnet man als **Aufgeld**. Ist nun die erwartete Kurssteigerung bis zum Ende der Optionsfrist eingetreten, dann müßte sich der Wert des Optionsscheines überproportional zu dem Börsenkurs der Aktie entwickelt haben.

Hierzu ein Beispiel:

Ausgabetag und Konditionen
Ausgabekurs des Optionsscheins: Euro 70,-
Optionsverhältnis: 1 : 1
Optionspreis: Euro 310,-
Laufzeit: 5 Jahre
Momentaner Aktienkurs: Euro 290,-

Nach 5 Jahren
Börsenkurs der Aktie: 450,-

Optionspreis + Wert des Optionsscheins = Börsenkurs der Aktie, d.h., der Wert des Optionsscheins beträgt nun Euro 140,- und ist damit um

100% gestiegen, der Börsenkurs der Aktie allerdings nur um Euro 160,-, d.h. um 55,2%. Der unterschiedliche Anstieg zwischen Wert des Optionsscheins und Aktienkurs hat in diesem Fall eine Hebelwirkung erzeugt.

Tritt allerdings der erwartete Kursanstieg nicht ein, kann sich diese Hebelwirkung auch in das Gegenteil verkehren und den Anleger begünstigen, der direkt bei Ausgabe der Optionsanleihen keinen Optionsschein, sondern eine reguläre Aktie des Unternehmens erworben hat.

Zu (2) **Schuldscheindarlehen**

Während die Schuldverschreibungen Wertpapiere darstellen, die am Kapitalmarkt gehandelt werden können, ist ein Schuldscheindarlehen nur ein beweiserleichterndes Dokument für den Gläubiger gegenüber dem Schuldner. Sie werden nicht am anonymen Kapitalmarkt gehandelt, sondern dokumentieren ein persönliches Kreditverhältnis zwischen einem größeren Kapitalgeber, der häufig in Form einer Versicherungsgesellschaft in Erscheinung tritt, und einem Schuldner.

Versicherungsunternehmen fungieren dabei als Kapitalsammelstellen, die ihr langfristiges Kapital aus dem Deckungsstock, der zur Sicherung zukünftiger Verpflichtungen dient, auf diese Weise anlegen können.

Für den Kreditnehmer ist diese Form der langfristigen Fremdfinanzierung insofern interessant, da im Vergleich zur Schuldverschreibung ein Genehmigungsverfahren zur Börsenzulassung und die damit verbundene Publizitätspflicht hier nicht erforderlich sind (Eilenberger 1997: 250). Zudem kommt für ein Schuldscheindarlehn im Prinzip jedes Unternehmen mit beliebiger Rechtsform als Kreditnehmer in Frage, solange eine gute Bonität nachweisbar ist. Gesichert werden kann ein Schuldscheindarlehn durch Grundpfandrechte, Bürgschaften oder Verpfändung von Wertpapieren.

Zu (3) **Genußscheine**

Ein Genußschein verbrieft ein Anrecht am Gewinn bzw. Verlust, wobei Mitgliedschaftsrechte wie ein Stimmrecht und die Teilnahme an Gesellschafter- und Hauptversammlungen ausgeschlossen sind (Spremann 1996: 278). Dies beinhaltet für ein emittierendes Unternehmen den Vorteil, daß nur bei erzielten

Gewinnen Zahlungen an den Genußscheininhaber fällig werden. Darüber hinaus bietet sich zusätzlich die Möglichkeit, eingetretene Verluste darüber abzusichern.

Die Finanzierung über Genußscheine stellt eine Zwischenform zwischen der Eigen- und Fremdkapitalfinanzierung dar. Einerseits wird das Genußscheinkapital bilanztechnisch nach den Eigenkapitalpositionen und teilweise auch als haftendes Eigenkapital ausgewiesen, andererseits werden steuerlich über die Ausgabe von Genußscheinen erzielte finanzielle Mittel in der Regel als Fremdkapital behandelt, wenn kein Recht auf Beteiligung in den verbrieften Rechten fixiert ist, d.h., die Zinszahlungen werden als Betriebsausgaben behandelt. Der Inhaber eines Genußscheins ist somit von seinem Status her betrachtet Gläubiger, der sich im Konkursfall hinter den Gläubigern, aber vor den Aktionären mit seiner Forderung in Höhe des Nominalwertes seines Scheines einreiht (Hopfenbeck 1998: 321).

Die Emission von Genußscheinen ist nicht rechtsformgebunden; die konkrete Ausgestaltung kann nach individuellen Bedürfnissen des Emittenten erfolgen, da sie gesetzlich nicht näher geregelt wird (Perridon/Steiner 1997: 412).

Zu (4) **Langfristige Bankkredite**
Die bisher genannten Formen der langfristigen Fremdfinanzierung kommen vorwiegend für größere Unternehmen mit hervorragender Bonität in Betracht. Für die größere Zahl kleinerer und mittlerer Unternehmen stehen diese Möglichkeiten kaum zur Verfügung, entweder weil das Finanzierungsvolumen zu gering ist oder die Bonität nicht den Erwartungen entspricht.

Das Problem dieser Unternehmen wird auch bei der Kreditvergabepolitik der Geschäftsbanken deutlich, die häufig Kredite gegen dingliche Sicherheiten und meist mit kürzeren Laufzeiten vergeben, was nicht dem Bedarf der kleinen und mittleren Unternehmen entgegenkommt.

Weitere Kredit-Institutionen, die sich auf diese Zielgruppe bzw. auf bestimmte Branchen spezialisiert haben, sind unter anderem:

- die Industriekreditbank AG für die Vergabe langfristiger gewerblicher Kredite,
- die Ausgleichsbank zur Finanzierung von Existenzgründungen,

• die AKA-Ausfuhr-Kredit-Gesellschaft mbH für die Durchführung von Export-finanzierungen.

Zu (5) **Gesellschafterdarlehen**

Neben der Möglichkeit, sich als Gesellschafter einer Kapitalgesellschaft mit Eigenkapital in das Unternehmen einzubringen, besteht auch die Option, Fremdkapital als Gläubiger und Gesellschafter dem Unternehmen zur Verfügung zu stellen. Der Gesellschafter würde in diesem Fall mit einem unternehmensfremden Gläubiger gleichgestellt (Amann 1993: 65). Für ein Unternehmen ergibt sich bei einer derartigen Konstruktion der Vorteil, daß für die Bemessungsgrundlage bei der Gewerbesteuer nur 50 % des so entstandenen Fremdkapitals statt des eingebrachten Eigenkapitals und 50 % der fälligen Zinsen anfallen.

9.2.4 Die Innenfinanzierung

9.2.4.1 Gegenstandsbereich

Wenn die liquiden Mittel aus dem Umsatzprozeß oder einer Vermögensumschichtung stammen, spricht man von einer Innenfinanzierung. Die ist nur möglich, wenn folgende Bedingungen erfüllt sind (Perridon/Steiner 1997: 454):

(1) Der Unternehmung fließen in einer Periode liquide Mittel aus dem normalen betrieblichen Umsatzprozeß oder aus außergewöhnlichen Umsätzen zu.

(2) Dem Zufluß an liquiden Mitteln steht in der gleichen Periode kein auszahlungswirksamer Aufwand gegenüber.

Der für eine Innenfinanzierung zur Verfügung stehende Betrag ist die Differenz zwischen Einzahlungen und Auszahlungen. Da es sich hierbei um Strömungsgrößen handelt, die im Laufe einer Periode reinvestiert werden, zeigt die Ermittlung dieser Differenz zum Ende der Periode nur die zur Innenfinanzierung verwendeten Mittel der abgelaufenen Periode an. Eine zukunftsbezogene Bestimmung der Mittel beschränkt sich deshalb mehr oder weniger auf eine Schätzung.

Je nach Ursache des entstandenen finanzwirtschaftlichen Überschusses wird zwischen verschiedenen Formen der Innenfinanzierung unterschieden, die auch in Kombination auftreten können.

9.2.4.2   Die Selbstfinanzierung

Die Finanzierung aus Gewinnen (Selbstfinanzierung) wird erreicht, wenn der Umsatz eines Produktes (der Erlös) den Aufwand für dieses Produkt übersteigt. Dann entsteht ein Gewinn, der für zusätzliche Investitionen zur Verfügung steht. Die Selbstfinanzierung erfolgt durch das Zurückbehalten von Gewinnen im Betrieb; ihre Höhe wird durch die positive Differenz zwischen Gewinn nach Steuern und der Ausschüttung bestimmt (Wöhe/Bilstein 1994: 281). Der zurückbehaltene Gewinn ist in der Bilanz sichtbar (**offene Selbstfinanzierung**).

Die Selbstfinanzierung kann auch durch die Einbehaltung eines nicht ausgewiesenen Gewinns realisiert werden, indem stille Rücklagen gebildet werden, für die erst nach ihrer Auflösung eine Ertrags- und Körperschaftssteuer anfällt (**stille Selbstfinanzierung**). Stille Rücklagen entstehen durch die Nutzung des Bewertungsspielraums, den das Bilanzrecht zuläßt, z.B. durch (Wöhe/Bilstein 1994: 284):

- **Unterbewertung von Vermögensgegenständen**
  Prinzipiell werden dabei die Posten auf der Aktivseite durch zu hohe Abschreibungsraten oder durch einen zu niedrigen Ansatz der Herstellkosten von Halb- und Fertigfabrikaten sowie der Vorräte unterbewertet.

- **Unterlassen der Zuschreibungen von Wertsteigerungen**
  Dieser Fall tritt beispielsweise ein, wenn die Wiederbeschaffungskosten die ursprünglichen Anschaffungskosten übersteigen und die Beachtung der gesetzlichen Bewertungsvorschriften die Überschreitung der Anschaffungskosten nicht gestattet.

- **Überbewertung von Passivposten**
  Beispielsweise werden durch eine zu hohe Bewertung der Rückstellungen stille Reserven gebildet.

9.2.4.3   Die Finanzierung aus Abschreibungen

Durch die Abschreibung der Anlagen entstehen über einen längeren Zeitraum hinweg Rückflüsse. Werden diese zunächst noch nicht für eine Ersatzinvestition, sondern für Erweiterungsinvestitionen genutzt, so entsteht eine Kapazitätsausweitung über den Kapitalfreisetzungseffekt durch Abschreibungen.

In diesem Zusammenhang sind die Grenzen zwischen einer Finanzierung aus Abschreibungen und einer stillen Selbstfinanzierung fließend. Werden z.B. überhöhte Abschreibungsbeträge gewählt, die nicht einer tatsächlichen Wertminderung entsprechen, führt dies zu der Bildung einer stillen Reserve, die den Periodengewinn mindert. Insofern ist das gewählte Abschreibungsverfahren nicht unerheblich. Beispielsweise werden bei degressiven Abschreibungsmethoden zunächst Beträge abgeschrieben, die über die tatsächliche Wertminderung hinausgehen und damit einen zusätzlichen Selbstfinanzierungseffekt hervorrufen (vgl. Peridon/Steiner 1998: 462f.).

Das folgende Beispiel soll den Kapitalfreisetzungs- und Kapazitätserweiterungseffekt verdeutlichen:

Es werden von einem Unternehmen 4 Maschinen mit einer Laufzeit von 4 Jahren zu einem Preis von Euro 4.000,- angeschafft. Die Maschinen werden linear abgeschrieben. Aus den Abschreibungsbeträgen soll eine Reinvestition in identische Maschinen finanziert werden. Danach ergibt sich folgende Situation (Abb. 9-24):

Jahr	Anzahl Maschinen	Kapazitäts-erweite-rungseffekt	Wert der Maschinen	Abschrei-bungen	liquide Mittel	Reinve-stitionen	Rest-betrag
1	4		16.000	4.000	4.000	4.000	0
2	5	+1	16.000	5.000	5.000	4.000	1.000
3	6	+2	15.000	6.000	7.000	4.000	3.000
4	7	+3	15.000	7.000	10.000	8.000	2.000
5	5	+1	16.000	5.000	7.000	4.000	3.000
6	5	+1	15.000	5.000	8.000	8.000	0
7	6	+2	18.000	6.000	6.000	4.000	2.000
8	6	+2	16.000	6.000	8.000	8.000	0
9	6	+2	18.000	6.000	6.000	4.000	2.000
10	6	+2	16.000	6.000	8.000	8.000	0

Abbildung 9-24   Beispiel zur Kapitalfreisetzung und Kapazitätserweiterung

Damit ein Kapazitätserweiterungseffekt wie hier in diesem Beispiel eintritt, muß jedoch eine Reihe von Voraussetzungen erfüllt sein, die in der Praxis nicht zwingend zutreffen:

- Die zur Reinvestition verwendeten Mittel müssen auch tatsächlich verfügbar sein, d.h., die Abschreibungsbeträge müssen auch über den Umsatzprozeß finanziert worden sein.
- Es muß über den Gesamtverlauf von Jahren die Möglichkeit gegeben sein, zu gleichen Preisen eine identische Ersatzinvestition zu tätigen.
- Durch den Kapazitätserweiterungseffekt treten in der Regel weitere Investitionen auf, die ebenfalls finanziert werden müssen. Dazu könnten neue Gebäude, höhere Mieten, eine kostenintensivere Beschaffungslogistik etc. zählen.
- Schließlich muß diese Reinvestitionsoption auch gegenüber alternativen Investitionsmöglichkeiten Bestand haben.

9.2.4.4 Finanzierung aus Rückstellungen

Durch die Bildung von Rückstellungen, die zur späteren Kompensation von Verbindlichkeiten herangezogen werden, lassen sich ebenfalls zusätzliche Mittel zur Finanzierung gewinnen. Rückstellungen stellen Fremdkapital dar, so daß bei dieser Konstruktion eine innerbetriebliche Fremdfinanzierung stattfindet.

Wichtig für eine Finanzierung aus Rückstellungen ist deren Fristigkeit. Da viele Formen von Rückstellungen einen kurzfristigen Charakter aufweisen, kommen in erster Linie für die Selbstfinanzierung langfristige Pensionsrückstellungen in Betracht. Sie stellen zugesicherte Pensionszusagen dar, die erst nach Ablauf des Arbeitslebens zur Auszahlung gelangen. Damit erfolgt keine Zuführung von Fremdkapital von außen, es entstammt vielmehr dem Umsatzprozeß, vorausgesetzt, daß die Umsatzerlöse diesen noch nicht an die Arbeitnehmer ausgezahlten Lohn- und Gehaltsaufwand abdecken (Wöhe/Bilstein 1994: 305). Die Bildung der Pensionsrückstellungen erfolgt ab dem Zeitpunkt der Pensionszusage, so daß diese Mittel langfristig und kalkulierbar dem Unternehmen zur Verfügung stehen. Interessant ist diese Finanzierungsform deshalb, weil im Gegensatz zur Selbstfinanzierung aus Gewinnen hier der volle Betrag des Pensionsfonds genutzt werden kann, und die Rückstellungen als Fremdkapital einen abzugsfähigen Aufwand darstellen, für den keine Körperschaftssteuer fällig ist.

9.2.4.5   Finanzierung aus einer Vermögensumschichtung

Eine weitere Möglichkeit der Innenfinanzierung stellt die sogenannte Vermögensumschichtung dar, die nicht im Rahmen des regulären Umsatzprozesses - wie bei der Finanzierung durch Abschreibungen - erfolgt, sondern durch die Veräußerung nicht betriebsnotwendiger Vermögensteile, z.B. durch die Freisetzung gebundenen Kapitals in Immobilien oder Wertpapieren oder durch eine Verringerung der Kapitalbindung im Umlaufvermögen.

10 CONTROLLING

10.1 Die Leitidee des Controlling

Das Thema Controlling nimmt in der betriebswirtschaftlichen Literatur (z.B. Welge 1988, Horváth 1994, Weber 1995, Reichmann 1997, Huch 1998) und in der Praxis einen breiten Raum ein. Controlling ist eine **zentrale Management-funktion**, die vielfach von der Planung und dem Rechnungswesen ausgeht. Controlling unterstützt die Zielerreichung der Unternehmung durch den Einsatz leistungsfähiger Informations-, Steuerungs- und Kontrollinstrumente. Das zielgerichtete Controlling erlaubt es der Unternehmungsführung, realisierte Vorgänge nicht nur zu verfolgen, sondern auch den verfolgten kritischen Entwicklungen proaktiv zu begegnen.

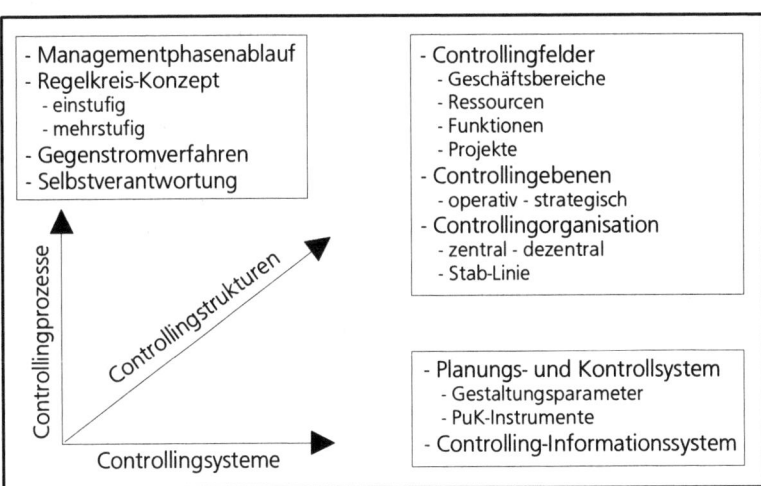

Abbildung 10-1 Komponenten des Controllingkonzeptes
(Huch/Behme/Ohlendorf 1998: 219)

Ein Controllingkonzept ist durch die drei Komponenten **Controllingprozesse**, **Controllingstrukturen** und **Controllingsysteme** gekennzeichnet (vgl. Abb. 10-1). Dem Controller fällt die Aufgabe zu, diese drei Komponenten unternehmensspezifisch zu entwickeln, einzuführen und zu pflegen. Die Unternehmensleitung ist jedoch nach wie vor für die Unternehmenssteuerung verantwortlich.

Im Rahmen der **Controllingprozesse** unterstützt das Controlling den Entscheidungsprozeß mit der Bereitstellung von Informationen. Die Rückkopplung geschieht nach dem Regelkreisprinzip, das Analysen von Soll-/Ist-Abweichungen erlaubt, so daß Anpassungsmaßnahmen eingeleitet werden können. Im Unternehmen existiert eine Vielzahl vermaschter, mehrstufiger Regelkreise, die das Zusammenspiel der Elemente eines mehrstufigen Planungs- und Kontrollsystems abbilden.

Wesentlicher Bestandteil dieser Führungskonzeption ist das **Management by Objectives**, das Voraussetzung für die Durchführung eines effizienten Controllingsystems ist. Die im Controllingkonzept vereinbarten Ziele können grundsätzlich **"top down"** oder **"bottom up"** entwickelt werden. In der Praxis wird häufig eine Mischform, das **Gegenstromverfahren** (down-up-Ansatz), gewählt, das mit der Setzung und Vorgabe von Oberzielen für die nächste Ebene beginnt. Die Träger dieser Ebene leiten konkrete Subziele und gegebenenfalls Maßnahmen ab. Nach sukzessiver Einbeziehung aller Ebenen setzt eine Rückkopplung ein, in die alle nachgeordneten Ebenen stufenweise integriert werden. Ein Controllingsystem beinhaltet auch die Delegation von Entscheidungsbefugnissen, die die dezentrale Selbstverantwortung einschließt.

Im Rahmen der **Controllingstruktur** ist zunächst die Entscheidung zu treffen, welche Aufgaben ein **zentrales Controlling** und ein **dezentrales Controlling** erfüllen sollen. Ersteres widmet sich zentralen Führungsaufgaben, die meist von der Planung und dem Rechnungswesen ausgehen. Dezentrales Controlling wird vorwiegend den Funktionsbereichen und Sparten übertragen, wobei insbesondere das Produkt-, das Marketing-, das Personal- und auch das Projektcontrolling eine besondere Bedeutung aufweisen. Im Rahmen der Controllingorganisation ist die Entscheidung über die organisatorische Einbindung des Controlling als Stabs- oder Linienstelle zu entscheiden.

Bei den Controllingebenen wird zwischen dem **strategischen** und **operativen** Controlling unterschieden, wobei letzteres in Jahresplänen mit innerjährlichen Berichten und kurzfristigen Anpassungen realisiert wird. Strategisches Control-

454

ling ist langfristig angelegt und soll Änderungen - gegebenenfalls in Form eines **Frühwarnsystems** - aufzeigen, damit Störungen frühzeitig erkannt und entsprechende Strategien entwickelt und umgesetzt werden können. Strategisches Controlling ist auf Erfolgspotentiale ausgerichtet und erfüllt damit Aufgaben im Rahmen des strategischen Managements.

Das **Controllingsystem** als dritte Komponente des Controllingkonzepts beinhaltet das **Planungs-** und **Kontrollsystem** sowie das **Controlling-Informationssystem**. Planung und Kontrolle bilden im Sinne eines ganzheitlichen Denkansatzes der Unternehmensführung eine Einheit, denn ohne Planung und insbesondere ohne Zielvorgabe sind im Rahmen des Soll-/Ist-Vergleichs Abweichungen nicht feststellbar, so daß eine anschließende Analyse nicht durchgeführt werden und diese somit auch nicht Basis für die Unternehmenssteuerung sein kann. Die nach dem Regelkreisprinzip ablaufenden kontinuierlichen Kontrollen der **Prämissen**, des **Fortschritts** und der **Ergebnisse** stellen die wichtigen Informationen für die Anpassungs- und Gegensteuerungsmaßnahmen zur Verfügung. Planung und Kontrolle vollziehen sich im Zusammenhang mit Controlling - wie bereits erwähnt - insbesondere in den Funktionen, Sparten, Projekten usw.

Wesentliche betriebswirtschaftliche Instrumente des Planungs- und Kontrollsystems sind die **Kosten-** und **Leistungsrechnung** (Betriebsbuchführung), die Finanzbuchführung mit der **Bilanz** und **Gewinn-** und **Verlustrechnung** sowie die **Finanz-** und **Investitionsrechnung**. Diese Instrumente werden vielfach in segmentierten **Profit-** oder **Cost-Centern** umgesetzt, die eine Selbststeuerung, gegebenenfalls nach Artikeln, Abnehmern und Gebieten, ermöglichen. Das Controlling-Informationssystem deckt den Informationsbedarf der Unternehmensleitung sach- und zeitgerecht, wobei der Aspekt der Wirtschaftlichkeit zu beachten ist.

Die Instrumente des Controlling sind nicht grundsätzlich neu. Im Controllingkonzept werden zum großen Teil bekannte betriebswirtschaftliche Instrumente integriert, die der Unternehmenssteuerung dienen. Als neu und **controllingoriginär** lassen sich im wesentlichen die grundlegenden Leitideen der Konzeptionalisierung und der Feedforward-Steuerung herausstellen:

(1) Konzeptionalisierung

Als ein zentraler Bestandteil der Grundidee des Controlling kann generell die sinnvolle Zusammenfassung (Konzeptionalisierung) von betriebswirtschaftlichen Aufgaben und Instrumenten angesehen werden. Die Integration besteht zum Teil in der Zusammenfassung bekannter Instrumente und Methoden der Planung, Kontrolle und Informationswirtschaft.

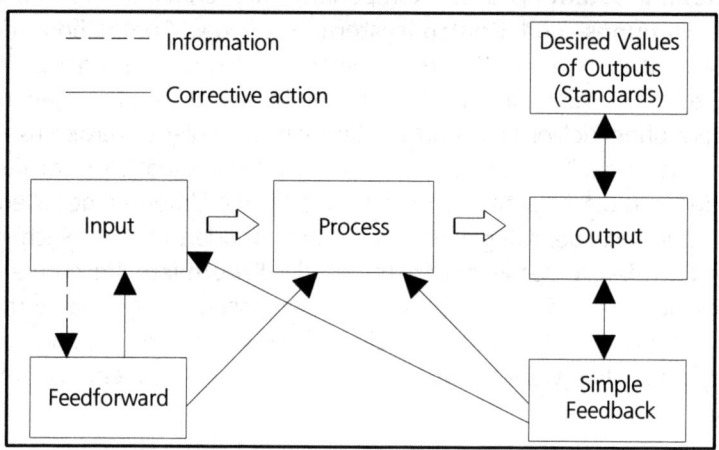

Abbildung 10-2 Inputorientierte Feedforward- und outputorientierte Feedback-Regelung (Weihrich/Koontz 1993: 587)

(2) Feedforward-Steuerung

Außer der Konzeptionalisierung kann das Feedforward-Control als einigermaßen neuartig im Sinne von controllingoriginär angesehen werden. Als Vorwärtskopplung setzt Feedforward-Control an der Input-Seite des Managementprozesses an und versucht, Korrekturmaßnahmen bzw. Problemlösungen möglichst frühzeitig im Managementprozeß bereitzustellen (vgl. Abb. 10-2). Feedforward-Steuerung läßt die Feedback-Kontrolle des Regelkreises nicht überflüssig werden. Beide Prinzipien ergänzen sich vielmehr und führen insgesamt zu einer stärkeren Integration von Planung und Kontrolle. Allerdings darf der Feedforward-Ansatz nicht überschätzt werden. Er kann approximativ dazu beitragen, Fehlentwicklungen zu reduzieren, aber Zielabweichungen aufgrund der Ungewißheit zukünftiger Entwicklungen nicht vollständig eliminieren.

10.2 Terminologische und konzeptionelle Grundlagen des Controlling

10.2.1 Der Begriff des Controlling

Trotz unbestritten zunehmender Bedeutung in Wissenschaft und Praxis herrscht über Definitionen, Ziele und Aufgaben des Controlling nur wenig Einigkeit. Der Controlling-Begriff einschließlich der Rückbezüge auf den englischen Wortstamm „to control" sowie die Termini **Controllership** und **Controller** werden in der Literatur ausführlich diskutiert (vgl. u.a. Horváth 1994: 25ff.; Weber 1995: 3ff.). Der Ursprungsterminus kann ins Deutsche nicht treffend übersetzt werden, da es ein synonymes deutsches Wort für die unterschiedlichen Sachverhalte nicht gibt. Controlling kann nicht mit Kontrolle übersetzt werden, da diese nur eine Teilfunktion des Controlling darstellt.

Bei der **Controlling-Definition** sind folgende Merkmale einzubeziehen:

- **Rationalität**
  Controlling muß sich an einem explizit zielgerichteten, methodisch-systematischen Vorgehen orientieren.

- **Unterstützungscharakter**
  Unmittelbares Ziel des Controlling ist die Verbesserung der Gesamtzielerreichung. Dieser Unterstützungscharakter bezieht sich (innerbetrieblich-funktional und instrumental) auf Planungs-, Kontroll-, (Koordinations-) und Informationsaufgaben in der Unternehmung und institutional auf die organisatorische Entlastung der Unternehmensleitung.

- **Informationsversorgender Charakter**
  In enger Verknüpfung mit der Unterstützung von Planung und Kontrolle stellt sich Controlling als ein komplexer Informationsprozeß der Informationsbeschaffung, -verarbeitung, -speicherung und -übertragung dar.

- **Koordinierender Charakter**
  Dieser ist in bezug auf die kennzeichnenden Elemente Planung, Kontrolle und Informationsversorgung gegeben.

- **Zukunftsbezogenheit**
  Im Gegensatz zur reinen Feedback-Kontrolle befaßt sich Controlling im Rahmen der Planungsfunktion mit unterstützenden Maßnahmen zur Reali-

sierung gewünschter zukünftiger Zustände. Daten der Vergangenheit und Gegenwart dienen der zielgerichteten, prospektiven Gestaltung der Zukunft.

- **Konstanz**
Controlling ist als ein fortlaufender Prozeß zu verstehen.

Im anglo-amerikanischen Sprachraum wird der Begriff **Controllership** für **Controlling** als institutioneller Begriff verwendet, womit der Controlling-Bereich gemeint ist. Dieser Terminus hat sich in Deutschland nicht durchgesetzt. Der mit den Controlling-Aufgaben betraute Aufgabenträger wird Controller genannt. Huch et al. (1998: 218) haben auf der Grundlage von Stellenanzeigen folgendes Profil entwickelt:

"Als **Aufgabe**
- Konzipierung, Gestaltung und Entwicklung der Controllinginstrumente und -systeme,
- Durchsetzung des Controlling-Prinzips,
- Unterstützung und Beratung des Managements bei Unternehmenssteuerung und -planung,
- laufende Berichterstattung und Analysen,
- Verantwortung für Rechnungswesen und Kostensenkung (und auch Bilanzen),
- Verantwortung für EDV

und als **Anforderung** die betriebswirtschaftliche, möglichst anwendungsorientierte, Ausbildung, möglichst kombiniert mit ingenieur- und informatikwissenschaftlichen Inhalten."

Mit den laufenden Veränderungen im In-, Zwischen- und Umsystem sind auch kontinuierlich Wandlungen des Aufgabenfeldes des Controllers festzustellen.

10.2.2 Controlling-Ansätze

Sofern nach Realisierung bestimmter Maßnahmen im Rahmen eines Soll-/Ist-Vergleichs ex post Erfolg oder Mißerfolg unternehmerischer Handlungen evaluiert wird, bei bestimmten nicht erwünschten Abweichungen Korrekturbedarf

festgestellt wird und aus den Erkenntnissen der Analyse entsprechende Maßnahmen ergriffen werden, handelt es sich um einen primär passiv-vergangen-
heitsorientierten Controlling-Ansatz. Nach dieser Auffassung stellt Controlling
im Sinne von Kontrolle die letzte Phase des Entscheidungsprozesses dar. Nach
Abschluß der Phasen Zielsetzung, Planung, Entscheidung und Durchführung
dient die Kontrolle rückkoppelnd der Erfüllung klar definierter, aus betriebswirtschaftlichen Zielsetzungen abgeleiteter Kontrollstandards.

Als **primär passiv-vergangenheitsorientierte Ansätze** gelten der kosten-
analytische, der kosten- und wirtschaftlichkeitsanalytische und der informationsorientierte Controlling-Ansatz. Mit Hilfe des **kostenanalytischen Ansatzes** wird versucht, die Kosten der Unternehmung, eines Bereiches, eines Projekts usw. auf der Basis zweckmäßiger Erfassung und Gliederung systematisch
zu analysieren. Grundlage für die Dokumentation der Kosten, aber auch der
Leistungen, ist vor allem das **betriebliche Rechnungswesen** sowie die **betriebswirtschaftliche Statistik** und **Vergleichsrechnung**. **Wirtschaftlichkeitsanalysen** dienen zusätzlich der Evaluierung der Outputs, indem diese den
Kosten gegenübergestellt werden. Der **kosten-** und **wirtschaftlichkeitsanalytische Ansatz** konzentriert sich auf die integrierte und systematische Rückkopplung zwischen Planung und Analyse, wobei die Ergebnisse der Abwei-
chungsanalysen Grundlage des Planungsprozesses sowie der Entwicklung und
Koordination von Verbesserungsmaßnahmen werden. Die kosten- und wirtschaftlichkeitsanalytische Betrachtungsweise ist durch das **Erfolgscontrolling**
zu ergänzen, das z.B. in einer quantitativen Betrachtungsweise die Rentabilität
von Investitionen bzw. qualitativ im Rahmen der Ausbildung den Erfolg von
Bildungsinvestitionen evaluiert.

Der **informationsorientierte Controlling-Ansatz** ist durch die Verbindung
des Soll-/Ist-Vergleichs mit den dafür erforderlichen Informationen gekennzeichnet. Der Controller ist dafür verantwortlich, daß alle entscheidungs- und
kontrollrelevanten Informationen entsprechend dem Informationsbedarf auf
den einzelnen Entscheidungs- und Kontrollebenen der Unternehmung erfaßt
und bereitgestellt werden. Im Vordergrund steht dabei der Aufbau eines **In-
formationsversorgungssystems**, das die systematische Erfassung der relevanten Informationen sicherstellt und diese rechtzeitig weiterleitet (vgl.
Horváth 1994: 346ff.). Das Informationsversorgungssystem muß wirtschaftlich

sein, gleichzeitig aber auch die frühzeitige Erkennung wichtiger Schwachstellen und relevanter Abweichungen gewährleisten.

Der **zukunftsbezogene, aktionsorientierte Controlling-Ansatz** lehnt sich eng an die dargestellten Leitideen an, die das Controlling charakterisieren, und geht über den informationsorientierten Ansatz hinaus. Controlling ist hier **integraler Bestandteil des Managements** und inhaltlich-funktional eng mit dem Entscheidungsprozeß verbunden. Diesen gilt es systematisch und zukunftsorientiert (proaktiv) zu unterstützen, ohne die Daten der Vergangenheit und der gegenwärtigen Situation zu vernachlässigen. Die Früherkennung von **Risiken und Chancen** erweist sich als zentrale Aufgabenstellung. Die Gestaltung, Implementierung und Koordinierung von Planungs-, Kontroll- und Informationssystemen einschließlich der Bereitstellung entsprechender Methoden zur Steuerung der Unternehmung steht im Mittelpunkt des Interesses und nicht lediglich die Übermittlung von planungsrelevanten Daten. "Aktionsorientiertes" Vorgehen bedeutet auch innovatives Vorgehen, d.h., das bestehende Planungs-, Kontroll- und Informationssystem muß laufend überwacht und an neueste Entwicklungen unternehmensspezifisch angepaßt werden. Controlling als umfassendes, proaktives Konzept nimmt eine organisationsinterne Service- und Beratungsfunktion ein, die die Sicherstellung der Realisierung der Unternehmensziele gewährleisten soll.

10.3 Controllingziele und -aufgaben

10.3.1 Controllingziele

Als **allgemeine Zielsetzung** des Controlling kann die verbesserte Gesamtzielerreichung im Unternehmen herausgestellt werden. Diese Unterstützungsaufgabe des Controlling muß inhaltlich durch spezielle Zielsetzungen präzisiert werden.

Die Ziele des Controlling sind nicht unabhängig von den anderen Unternehmenszielen zu sehen, sondern weisen zahlreiche Interdependenzen zu diesen auf. Durch ihren Verbund ist eine vollkommene Isolierung der Wirkung auf die

Gesamtzielerreichung kaum möglich. Es ist stets der komplementäre Charakter der einzelnen Zielsetzungen zueinander zu beachten.

Aus den Controllingzielen leiten sich die **Aufgaben** (und Teilaufgaben) ab. Diese Controlling-Aufgaben lassen sich als Soll-Leistungen interpretieren, die der Erfüllung der Unternehmensziele dienen.

Folgende Controlling-Ziele sind herauszustellen:

(1) **Umfassende Unterstützung der Unternehmensplanung**
Es stellt sich die Frage, inwiefern Controlling dazu beitragen kann, die Unternehmensplanung sicherzustellen. Ziel ist insbesondere die Erhöhung der Effektivität und Effizienz unternehmerischer Entscheidungen und Handlungen. Die Unterstützungsfunktion des Controlling soll insbesondere helfen bei:

- der Formalisierung und Dokumentation von Planungsprozessen,
- der Adaption von Umsystemeinflüssen,
- dem Auffinden von Planungsproblemen,
- der Lösung von Koordinationsproblemen,
- der Integration,
- dem Einsatz von Planungsmethoden und -instrumenten im Rahmen der operativen, taktischen und strategischen Planung und
- einer Umsetzung von globalen Zielsetzungen in detaillierte Maßnahmenpläne.

Unter **Effektivität** wird hier die grundsätzliche Eignung einer Maßnahme bzw. eines Instrumentes, eines Handlungsprogramms oder einer Strategie zur Erreichung eines Zieles oder Zielbündels verstanden. Nicht jede Maßnahme unterstützt tatsächlich die Zielerreichung im gewünschten Ausmaß. Die Effektivität zeigt an, in welchem Maße bzw. bis zu welchem Grad die Zielrealisation erfolgt ist. **Effizienz** wird die Relation von Zielbeitrag zu dazu benötigten Ressourcen bezeichnet. Effizienz stellt aber so lange eine Leerformel dar, bis der Zielbeitrag (Nutzen, Output) einer Maßnahme und der damit verbundene Aufwand (Kosten, Input) problemadäquat inhaltlich näher konkretisiert werden.

(2) **Sicherstellung und Verbesserung der Informationsversorgung**
Die wachsende Datenmenge in der Unternehmung, die Zunahme und Bedeutung von Aufgabenumfang und die häufig zu beobachtende Divergenz von

Informationsangebot und -nachfrage lassen eine zweckmäßige Auswahl der Informationen sowie ihre Verknüpfung und Verdichtung bezüglich einer adäquaten Informationsversorgung der Entscheidungs- und Handlungsträger in der Unternehmung als notwendig erscheinen. Der informationswirtschaftlichen Dimension kommt im Controlling eine wesentliche Bedeutung zu.

(3) Sicherung und Verbesserung der Koordination in der Unternehmung
Eine weitere wichtige Zielsetzung des Controlling stellt die Sicherung und Verbesserung der Koordination dar. Das Controlling weist hierbei als Instrument Unterstützungscharakter auf.

(4) Erhöhung der Flexibilität
Im Rahmen laufender und systematischer Beobachtung kann Controlling vor allem die notwendige Reaktions- und Anpassungsfähigkeit erhöhen, insbesondere wenn "schwache Signale" Chancen oder Gefahren frühzeitig anzeigen.

10.3.2 Controllingaufgaben

Im folgenden soll untersucht werden, welche Aufgaben Controlling zu erfüllen hat, um die vorgestellten Zielsetzungen zu erreichen. Hier wird die in der Abbildung 10-3 vorgenommene Gliederung des Controlling zugrunde gelegt, die nachfolgend im Hinblick auf einzelne Teilaufgaben eingehender dargestellt wird.

Unbestritten nehmen vielfältige **Informationsaufgaben (erste Aufgabe)** eine zentrale Stellung im Controlling ein. Die Erreichung von Controlling-Zielen ist immer mit Informationsvorgängen verbunden.

In der Realität sind Informations- und Entscheidungsprozesse eng miteinander verknüpft, insofern dient die Erfüllung der **Informationsaufgabe** allen Zielen des Controlling. Die zielorientierte Verwendung von Informationen stellt eine wesentliche Management-Aufgabe dar, so daß eine **Informationsorientierung** der Entscheidung in der Unternehmung mehr denn je erforderlich ist.

Die **zweite Aufgabe** des Controlling ist die **Dienstleistungs-** bzw. **Service-Aufgabe**. Ihre Realisierung soll insbesondere die Unternehmensplanung und die Unternehmenskontrolle gewährleisten und unterstützen. Weiterhin soll sie einen Beitrag zur Sicherstellung der Koordination innerhalb der Unternehmung leisten. Die Dienstleistungsaufgaben umfassen Management-Aufgaben, die sich in bezug auf das Unternehmensplanungs- und -kontrollsystem ergeben. Im wesentlichen handelt es sich um Aufgaben der **Systemgestaltung** (Aufbau, Implementierung und Anpassung des Planungs- und Kontrollsystems), **Systemlenkung** (Sicherstellung der zweckmäßigen Wahrnehmung der Planungs- und Kontrollaufgaben) und **Systemanalyse** (kritische Überprüfung der Systeme und Aktivitäten).

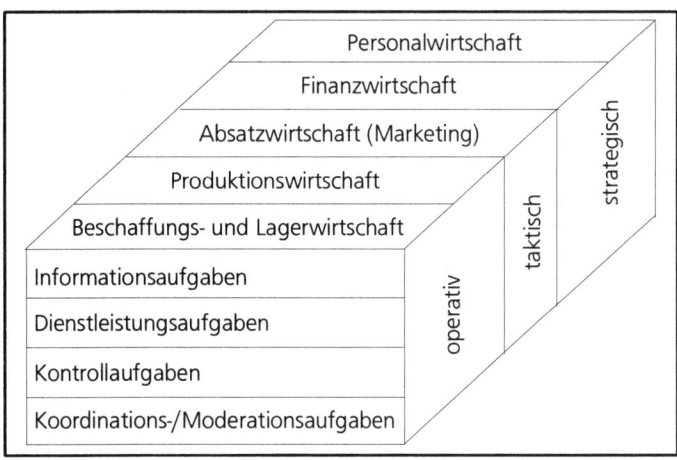

Abbildung 10-3   Wesentliche Dimensionen der Controlling-Aufgaben

Die **Kontrollaufgaben (dritte Aufgabe)** als Aufgabenkomplex des Controlling sind dadurch gekennzeichnet, daß sie prozessual betrachtet (systemkoppelnd) die laufende Wahrnehmung aller Kontrollmaßnahmen umfassen, die durch die Gestaltung (Systembildung) des Planungs- und Kontrollsystems vorgegeben werden.

Das Controlling, das auch dem Ziel der Sicherung der **vertikalen** und **horizontalen Koordination (vierte Aufgabe)** innerhalb der Unternehmung dienen soll, überlagert andere Aufgaben im Rahmen der Informations-, Dienstleistungs- und Kontrollaufgaben. Daher ist es unabdingbar, bei der Erfüllung der einzelnen Aufgaben jeweils Koordinationserfordernisse zu berücksichtigen. Koordination stellt ähnlich wie die Informationsversorgung ein zentrales, übergreifendes Merkmal des Controlling dar, das insbesondere bei der Gestaltung und Durchführung von Planungs-, Kontroll- und Informationsaufgaben eine herausragende Bedeutung erhält.

Für die Praxis ist die **Moderationsfunktion** des **Controllers** besonders hervorzuheben. Sie kann als spezifische, zielgerichtete Form der Kommunikation charakterisiert werden. Diese Form der Kommunikation ist in der Unternehmung unerläßlich, da arbeitsteilige Unternehmungsprozesse eine Koordination der Teilaufgaben durch den Informationsaustausch der Beteiligten notwendig machen. Information läßt sich in diesem Zusammenhang als ein Mittel der Koordination interpretieren. Informationsaustausch zielwirksam zu beeinflussen, zu unterstützen steht im Mittelpunkt der Moderationsfunktion. Bei der Moderationsaufgabe handelt es sich um eine Ergänzung der rein formalistisch-technischen Funktionen des Controlling durch Einbeziehung sozialer Beziehungen. Aktivitäten des Moderators dienen der Unterstützung der Controlling-Ziele.

Die aufgeführten vier Aufgaben werden beispielsweise in den **Funktionen**, **Sparten**, **Projekten** und auf den **strategischen**, **taktischen** und **operativen** Ebenen erfüllt. Weil das taktische Controlling inhaltlich nicht ausgefüllt ist, werden hier nur das operative und strategische Controlling aufgegriffen.

10.3.3 Strategisches und operatives Controlling

Gerade bei der Wahrnehmung der Informationsaufgabe des Controlling wird die Notwendigkeit einer Differenzierung im Hinblick auf verschiedene Leitungsebenen deutlich. So sind im Rahmen der Informationsaufgabe für längerfristige strategische Ziele **(strategische Planung)** die höheren Hierarchieebenen Informationsadressaten von weniger differenzierten, gröberen, eher normativen Informationen mit engem Bezug zu wesentlichen **Erfolgspotentialen**. Ihrem Charakter nach sollten sie proaktives Handeln vorbereiten und ausgehend von Stärken-/Schwächenprofilen schwerpunktmäßig die Chancen und Risiken der Unternehmung aufzeigen und dabei am Um- und Zwischensystem orientiert sein. Das strategisch ausgerichtete Controlling konzentriert sich dagegen primär auf die Beobachtung und Analyse der für den künftigen (Unternehmens-) Erfolg entscheidenden Faktoren, die sogenannten **kritischen Erfolgsfaktoren**.

Im Rahmen der Gestaltungsaufgabe kann den Trägern des Controlling die Entwicklung und Einführung eines strategischen Planungs- und Kontrollsystems übertragen werden. Dabei müssen insbesondere auch Methoden, Verfahren und Instrumente bereitgestellt und gegebenenfalls untereinander kombiniert werden, die das Treffen strategischer Entscheidungen ermöglichen oder verbessern. Im Rahmen einer strategischen Kontrolle ist durch das Controlling sicherzustellen, daß folgende Überprüfungen erfolgen:

(1) eine **Prämissenkontrolle** bezogen auf die Gültigkeit der den strategischen Plänen zugrundeliegenden Bedingungen (Überprüfung von Strategieprämissen) und eventuell entsprechende Anpassungsvorschläge hinsichtlich Zielausmaß, Zielinhalt und Fristen der Strategien,

(2) eine **Durchführungskontrolle** in bezug auf die Erreichung strategischer Ziele (inhaltliche und terminliche Kontrolle der Zwischenergebnisse begleitend zur Strategieimplementierung) und

(3) eine sogenannte **Überwachung** im Sinne einer ungerichteten Beobachtungsaktivität.

Letztere setzt anders als die Prämissen- und Durchführungskontrolle nicht bei den Kontrollstandards, sondern bei **"schwachen Signalen"** aus dem Umsystem an. Die strategische Überwachung ist eng mit der strategischen Früherkennung verwandt, die aber primär die Chancen für die Neuplanung auszuloten und weniger die Absicherung bisheriger Strategien zum Gegenstand hat. Das strategische Controlling ist ein Unterstützungsinstrument des strategischen Managements.

Operative Aufgaben sind im Gegensatz zu strategischen Fragestellungen im wesentlichen durch Kurzfristigkeit, Teilproblem-Vielfalt, Detailliertheit, Präzision der Information, Wohldefiniertheit, relativ geringe Bedeutung von normativen und eher empirischen Informationen, geringe Relevanz des Handlungsobjekts in bezug auf die Erfolgspotentiale in der Unternehmung und geringe Umsystemorientierung gekennzeichnet. Im Mittelpunkt steht insbesondere die Wirtschaftlichkeit von Prozessen. Das operative Controlling hat die Informationsaufgabe, präzise Detailinformationen für überwiegend in unteren bis mittleren Hierarchieebenen angesiedelte Entscheidungsträger bereitzustellen. Dabei geht es vorwiegend um die informatorische Unterstützung der operativen Unternehmensplanung.

10.4 Kurzbeschreibung ausgewählter Controllinginstrumente

Die eingehende Behandlung aller Controllinginstrumente ist aus Platzgründen in diesem Lehrbuch nicht möglich. Einige Methoden werden ausführlich im Rahmen der strategischen Planung erörtert (z.B. Lebenszyklusanalyse und Erfahrungskurve), andere im Rahmen der Informationswirtschaft. Wichtige ausgewählte Instrumente "moderner" Unternehmenssteuerung werden an dieser Stelle überblicksartig vorgestellt. Auf die Beschreibung und Beurteilung von Verfahren des betrieblichen Rechnungswesens und der Unternehmensplanung wird weitgehend verzichtet und auf die umfangreiche Spezialliteratur verwiesen (unter anderem Hentze/Brose/Kammel 1992; Huch/Behme/Ohlendorf 1998).

Je nach Zielsetzung können einzelne Controllinginstrumente grundsätzlich in allen Phasen des betrieblichen Entscheidungsprozesses im Rahmen der Informationsfunktion des Controlling zum Einsatz gelangen (vgl. Abb. 10-4) und dienen dort der Unterstützung der Entscheidungsträger. Gespeist wird die Informationsverarbeitung der Controllingträger durch zahlreiche Informationsquellen, unternehmensintern z.B. die Kostenrechnung, die Finanzbuchhaltung und die Betriebsstatistik und unternehmensextern beispielsweise durch amtliche Statistiken, Unternehmensberater und Informationen über die Wettbewerber. Um das bzw. die für einzelne Managementaktivitäten am besten geeignete(n) Controllinginstrument(e) auszuwählen, läßt sich eine Reihe unterschiedlicher Beurteilungskriterien heranziehen. Folgende Fragestellungen sind unter anderem zu beantworten:

- Welche Anforderungen (Verständnis, Fachwissen, Erfahrung, Lernfähigkeit, Team- und Kommunikationsfähigkeit) stellen die Instrumente an die Controllingträger?
- Welche Methodenkenntnisse sind bei den Controllingträgern vorhanden?
- Wie glaubwürdig, plausibel, genau und zuverlässig sind die mit den Instrumenten erzielbaren Ergebnisse und wie haben sie sich in der Vergangenheit bewährt?
- In welchen Bereichen sind die Instrumente zweckmäßig einsetzbar (Teilphase des Entscheidungsprozesses, strategische oder operative Managementebene)?

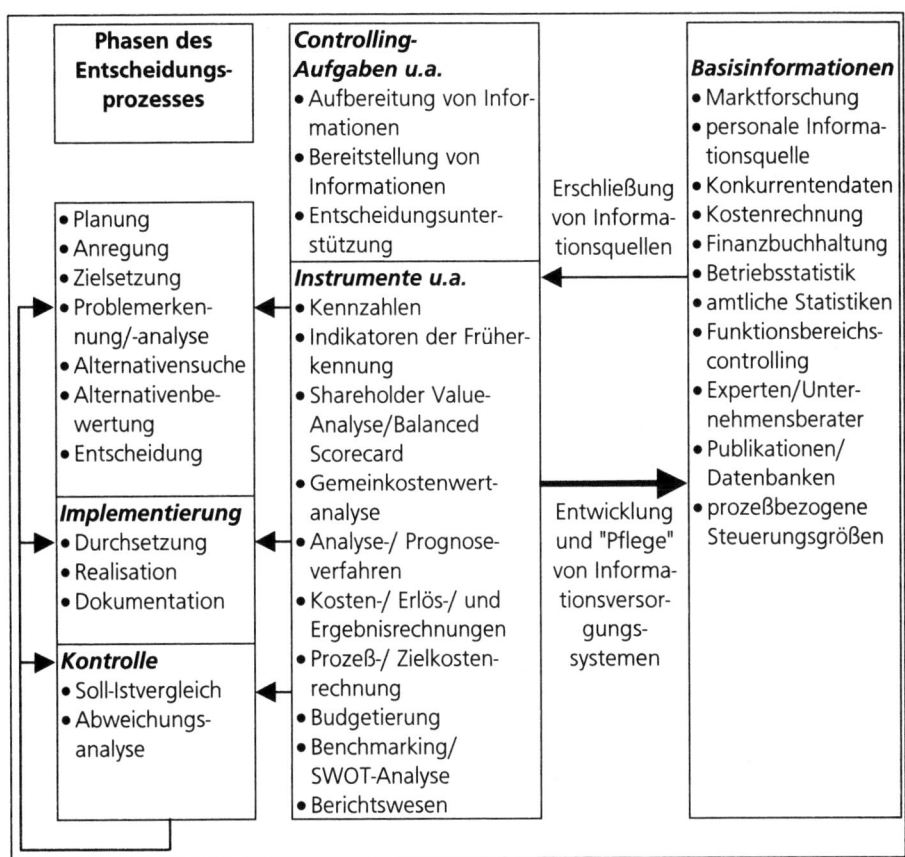

Abbildung 10-4 Überblick über zentrale Informationsaufgaben und Instrumente des Controlling

- Wie groß sind der Umfang und die Detailliertheit der erforderlichen Daten?
- Welchen Kosten-/Zeitaufwand und Kommunikationsumfang erfordert die Nutzung der Instrumente?

Controllinginstrumente ermöglichen eine systematische und transparente Entscheidungsvorbereitung und Kontrolle der Implementierung von Entscheidungen. Die Gefahr von Mißerfolgen bei ihrem Einsatz ergibt sich unter anderem durch zu geringe Beachtung der Voraussetzungen eines erfolgreichen Instrumenteneinsatzes, mangelhafte Anpassung eines Verfahrens an die spezifischen Bedürfnisse einer Unternehmung und übertriebene Erwartungen der Anwender in Unkenntnis der Schwächen einzelner Instrumente. Wichtig im Sinne eines planungsunterstützenden Controlling ist es, nicht nur vergangenheits-, sondern auch zukunftsbezogene Informationen zu generieren.

10.4.1 Kennzahlensysteme

Kennzahlensysteme sind Maßgrößen, die auf konzentrierte und knappe Weise Informationsfunktionen erfüllen. Sie besitzen drei wesentliche Eigenschaften:

(1) **Maßgrößencharakter**, d.h., sie sind quantitative Begriffe, mit deren Hilfe verkürzte Aussagen über fest vorgegebene Gegenstandsbereiche getroffen werden können;

(2) **Verdichtungscharakter**, d.h., konzentrierte und knappe Informationen sollen Redundanz vermeiden;

(3) **Entscheidungsbezug**, d.h., Kennzahlen sind auf ihren praktischen Anwendungsbezug hin zu definieren.

Einzelne Kennzahlen haben nicht selten den Nachteil, daß durch sie wichtige Zusammenhänge im verborgenen bleiben. Daher werden Einzelkennzahlen in Kennzahlensystemen zusammengefaßt, die eine entscheidungsbezogene Informationsbereitstellung gewährleisten sollen. **Kennzahlensysteme** können als geordnete, auf einen einheitlichen Sachverhalt ausgerichtete Gesamtheiten bestimmter Kennzahlen unterschiedlicher Komplexität aufgefaßt werden, die sich gegenseitig ergänzen und erklären. Die einzelnen Kennzahlen sind dabei entweder miteinander rechentechnisch verknüpft oder sie stehen lediglich in einem bloßen Systematisierungszusammenhang (z.B. in einem hierarchischen Ordnungssystem) zueinander.

Ein Beispiel für ein in der Praxis häufig verwendetes Kennzahlensystem ist das "DuPont-System". Hierbei ist die Grundüberlegung, daß nicht die Gewinnmaximierung, sondern die Gesamtkapitalrentabilität (Return on Investment) als zentrales Unternehmensziel anzusehen ist. Diese Größe läßt sich in die Kennzahlen Kapitalumschlag und Umsatzrentabilität untergliedern. Die rechnerische Auf-

lösung der obersten Zielgröße erlaubt eine systematische Analyse der Haupt-
einflußfaktoren des Unternehmungsergebnisses (vgl. Abb. 10-5).

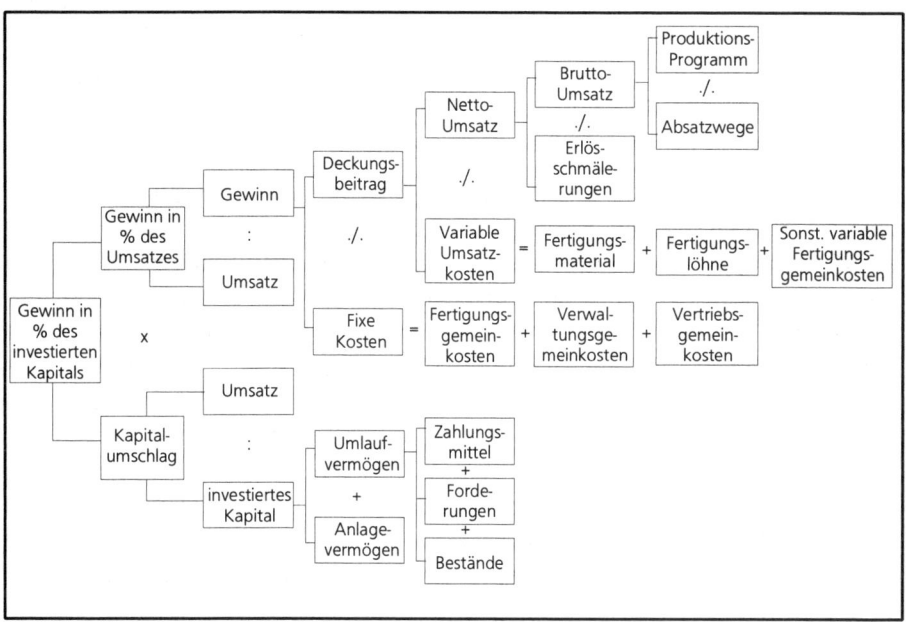

Abbildung 10-5   DuPont-Kennzahlensystem (Horváth 1998: 551)

Den Vorteilen des Einsatzes von Kennzahlen als Instrument komprimierter Darstellung und Übermittlung quantitativer Informationen steht die maßgebliche
Restriktion nur teilweiser Operationalisierungsmöglichkeit betrieblicher Leistungen (z.B. Qualität, Mitarbeitermotivation, Innovationsfähigkeit, Kundenzufriedenheit) gegenüber. Deshalb sind monetäre Kennzahlen durch Einflußgrößen
der langfristigen Leistungsfähigkeit des Unternehmens zu ergänzen.

10.4.2 Shareholder-Value-Analyse

Mit dem Shareholder-Value-Ansatz rücken die Interessen (Aktionärsnutzen:
Dividende, Kursgewinn) der Eigenkapitalgeber (Aktionäre) verstärkt in den Mit-

telpunkt unternehmerischen Handelns von Aktiengesellschaften. Durch eine wertorientierte Unternehmensanalyse und -führung soll erreicht werden, daß die unternehmerischen Entscheidungen und Handlungen unter dem Gesichtspunkt der Wertmaximierung des Eigenkapitals erfolgen (Buchner 1994; Siegert 1995). Sehr wichtige Anwendungsfelder der Shareholder-Value-Analyse im Controlling sind die Unterstützung der Strategieplanung sowie die strategische Überwachung und Leistungsmessung.

Der Shareholder Value wird rechnerisch ermittelt, indem die zukünftig zu erwartenden freien liquiden Mittel ("Free Cash Flow") errechnet werden. Um die zukünftigen freien Cash Flows auf den Gegenwartswert umzurechnen, werden sie mit Hilfe eines am Kapitalmarkt orientierten Zinssatzes abdiskontiert. Der Shareholder Value kann im Rahmen des Controlling zur Bewertung des gesamten Unternehmens, zur Beurteilung von strategischen Geschäftseinheiten, Geschäftsfeldern oder auch einzelner Strategien bzw. Investitionsvorhaben herangezogen werden. Im Rahmen einer wertorientierten Unternehmensführung werden alle Strategien nach ihrer voraussichtlichen Wertsteigerung, d.h. nach der Erhöhung der freien Cash Flows, beurteilt. Im Controlling sind demnach die "klassischen" Erfolgsmaßstäbe - ausgedrückt durch Kennzahlen wie Return on Investment, Umsatz- und Eigenkapitalrentabilität - um den Shareholder Value zu ergänzen.

Bei der bekannten Berechnungsmethode des Shareholder Value von Rappaport (1995) handelt es sich im Kern um eine Kapitalwertmethode. Wesentliche Bausteine sind:

- sogenannte Werttreiber zur Bestimmung des freien Cash Flows,
- Residualwert,
- Diskontierungsfaktor/Kapitalkosten und
- Sensitivitätsanalyse.

Die Ermittlung des freien Cash Flows erfolgt auf der Basis von "Werttreibern". Die Werttreiber stellen die zentralen wertbestimmenden Bewertungsparameter zur Ermittlung des freien Cash Flows und des Shareholder Value dar (vgl. Abb. 10-6).

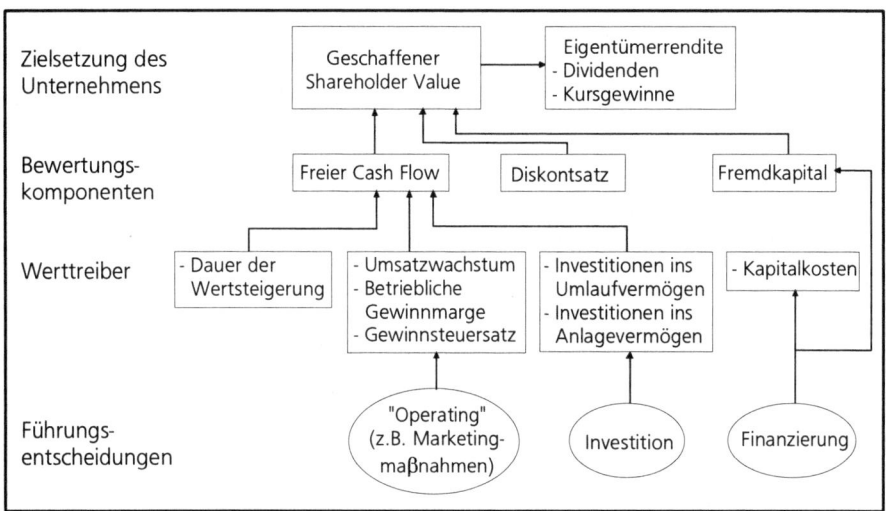

Abbildung 10-6   Shareholder-Value-Netzwerk nach Rappaport (1995: 79)

Der auf ein Jahr bezogene freie Cash Flow ergibt sich bei direkter Ermittlung aus folgender Formel (Rappaport 1995: 55):

Cash Flow = Einzahlungen - Auszahlungen = [(Umsatz des Vorjahres) (1 + Wachstumsrate des Umsatzes) (betriebliche Gewinnmarge) (1 - Cash Gewinnsteuersatz)] - (Zusatzinvestitionen ins Anlagevermögen und ins Umlaufvermögen)

Der Residualwert ist jener Wert, der nach der Planungsperiode anfällt (vgl. Rappaport 1995: 63ff.). Zwei Varianten des Residualwertes werden unterschieden: der Liquidationswert und der Fortführungswert. Der Liquidationswert stellt die Summe der einzeln erzielbaren Verkaufserlöse von Vermögensgegenständen des Unternehmens dar. Der vorziehenswürdige Fortführungswert ergibt sich aus dem um den Kapitalkostensatz abdiskontierten Cash Flow der letzten Periode des Planungszeitraums.

Es wird unterstellt, daß die periodisch anfallenden Cash Flows gerade der Verzinsung des Fortführungswertes zu den Kapitalkosten entsprechen. Das Unternehmen ist nicht mehr in der Lage, eine über den Kapitalkosten liegende Verzinsung zu erwirtschaften, da die Wettbewerbsvorteile durch Konkurrenten neutralisiert wurden. Der Kapitalkostensatz ist das gewichtete Mittel aus Eigen- und Fremdkapitalkosten. Nach dem Capital Asset Pricing Model wird der Eigenkapitalkostensatz (K_{EK}) wie folgt ermittelt:

$$K_{EK} = R_F + \beta \times (R_M - R_F)$$

Es bedeuten: R_F = Rendite risikoloser Anlagen, β = Betafaktor, R_M = Rendite des Aktienmarktes.

Die Formel verdeutlicht, daß die erwartete Rendite vom Zins für risikolose Anlagen, von der durchschnittlichen Risikoprämie (= Aktienmarktrendite - Zins für risikolose Anlagen) und dem sogenannten Betafaktor abhängt. Letzterer spiegelt das systematische Risiko einer Aktie wider und bildet ein Maß dafür, wie stark das Risiko einer Aktie von dem des Marktportefeuilles abweicht. Der durchschnittliche Kapitalkostensatz und damit der Diskontierungsfaktor errechnen sich dann folgendermaßen (Buchner 1994: 514):

$$K_D = K_{EK} \times \frac{M_E}{M_E + M_F} + K_{FK} \frac{M_F}{M_E + M_F} \times (1\text{-s})$$

Dabei bedeuten: K_D = durchschnittlicher Kapitalkostensatz, K_{FK} = Fremdkapitalkostensatz, M_E = Marktwert des Eigenkapitals, M_F = Marktwert des Fremdkapitals, s = Steuersatz.

Der Shareholder Value ergibt sich aus dem Gegenwartswert der freien Cash Flows des Planungszeitraums, dem Barwert des Residualwertes sowie den Cash Flows aus betriebszweckfremden Aktivitäten abzüglich des Marktwertes des Fremdkapitals. Zusätzlicher Shareholder Value wird geschaffen, wenn der Wert des Eigenkapitals wächst.

Ein wesentliches Merkmal der Methode ist die Durchführung von Sensitivitätsanalysen mit dem Ziel, die Konsequenzen der Veränderung von einem oder mehreren Wertgeneratoren auf den Shareholder Value zu simulieren (vgl. Rappaport 1995: 73ff.). Die Sensitivitätsanalyse hilft, die Auswirkungen von möglichen Abweichungen zwischen Planung und Realität transparent zu machen. Als Ausgangspunkt kann das Shareholder-Value-Netzwerk herangezogen werden (vgl. Abb. 10-6).

Beim Shareholder-Value-Ansatz besteht - wie bei der Kennzahlenorientierung des Managements allgemein - die Gefahr einer Beschränkung auf zu kurzfristiges Denken und Handeln, insbesondere falls die Vergütungssysteme der Manager primär an kurzfristige Erfolgskriterien gekoppelt sind. Im Rahmen des Controlling sind die Werttreiber in der operativen Planung so zu verankern, daß sie die Erreichung der in der strategischen Planung festgeschriebenen Oberziele sicherstellen. Eine fortlaufende und zeitnahe Kontrolle der Zielerreichung gewährleistet, daß eventuelle Abweichungen rechtzeitig erkannt und korrigiert werden können.

10.4.3 Die Balanced Scorecard

Traditionelles "Controlling mit Kennzahlen" ist in erster Linie auf finanzwirtschaftliche Kennzahlen und Leistungsindikatoren ausgerichtet. Die Aussagefähigkeit reiner Finanzkennzahlen ist jedoch begrenzt. Diese sind in der Regel vergangenheitsorientiert und liefern in erster Linie Zustandsbeschreibungen, aus denen sich kaum zukunftsrelevante Steuerungsinformationen ableiten lassen. Außerdem werden allzuoft Kennzahlen und Leistungsindikatoren, die sich mit den relevanten Kunden- und Marktsegmenten beschäftigen, nur sehr unzureichend einbezogen. Die Abbildung und Messung von Wertschöpfungsaspekten wird dadurch stark vernachlässigt.

Im Konzept der Balanced Scorecard werden finanzielle Kennzahlen durch eine Kunden-, eine interne Prozeß- und eine Lern- und Entwicklungsperspektive ergänzt; prospektive Indikatoren bzw. "Leistungstreiber" treten an die Seite von Ergebniskennzahlen (vgl. Kaplan/Norton 1997: 24ff.; Weber/Schäffer 1998: 343f.):

- Die **finanzielle Perspektive** zeigt, ob die Implementierung der Strategie zur Ergebnisverbesserung beiträgt. Kennzahlen der finanziellen Perspektive sind z.B. die erzielte Eigenkapitalrendite bzw. die Steigerung des Unternehmenswerts. Die finanziellen Kennzahlen definieren einerseits die finanzielle Leistung, die von einer Strategie erwartet wird, andererseits dienen sie als Endziele für die anderen Perspektiven der Balanced Scorecard.

- Die **Kundenperspektive** reflektiert die strategischen Ziele des Unternehmens in bezug auf die Kunden- und Marktsegmente, auf denen es konkurrieren möchte. Für die identifizierten Kunden- und Marktsegmente sollen Kennzahlen, Zielvorgaben und Maßnahmen entwickelt werden.

- Aufgabe der **internen Prozeßperspektive** ist es, diejenigen (gegebenenfalls auch neuen) Prozesse abzubilden, die vornehmlich von Bedeutung sind, um die Ziele der finanziellen Perspektive und der Kundenperspektive zu realisieren. Die zentrale Fragestellung beschäftigt sich mit anderen Worten damit, in welchen Geschäftsprozessen eine Organisation herausragend sein will, um den Erwartungen von Kunden und Aktionären weitgehend zu genügen.

- Die Kennzahlen der **Lern- und Entwicklungsperspektive** beschreiben die Infrastruktur, die notwendig ist, um die Ziele der ersten drei Perspektiven zu erreichen. Drei Hauptkategorien werden bei der wettbewerbsrelevanten Investition in die Zukunft unterschieden: Qualifizierung von Mitarbeitern, Leistungsfähigkeit des Informationssystems sowie Motivation und Zielausrichtung von Mitarbeitern.

Durch die Abbildung der strategierelevanten Kennzahlen und der sie verbindenden Ursache-Wirkungsbeziehungen in den ("ausbalancierten") Perspektiven der Balanced Scorecard wird prozeßfokussiert auf die Wertschöpfungskette und diese determinierende Größen abgestellt. Grundidee ist die Herausstellung der Übersetzungsnotwendigkeit von Strategien in operationale Meßgrößen und das Aufdecken der Interdependenzen der Meßgrößen. Die Identifikation der Kausalzusammenhänge stellt die größte Herausforderung des praktischen Einsatzes dar, wobei vier Prozeßschritte beim Balanced-Scorecard-Konzept von Bedeutung sind: (1) Klären und Operationalisieren von Vision und Strategie, (2) Implementierung der Strategie im Unternehmen, (3) Aufstellen von Geschäftsplänen und strategiekonformer Ressourcenallokation und (4) Überprüfung der Umsetzungserfolge. Im (strategischen) Controlling dient die Balanced Scorecard als Kommunikationsinstrument, auf deren Basis Willensbildungsprozesse angeregt werden und den Führungskräften dabei geholfen wird, Konsens über die relative Gewichtung strategischer Ziele herzustellen. Dabei wird die Aufmerksamkeit der Entscheidungsträger auf vier zentrale Erfolgspotentiale (die obengenannten Perspektiven) gelenkt, die Datenflut auf eine überschaubare Zahl von Maßgrößen reduziert und eine unternehmensspezifisch zugeschnittene Leistungsmessung und Informationsunterstützung gefördert. Das volle Potential der Balanced Scorecard läßt sich jedoch nur in dem Fall ausschöpfen, in dem diese nicht lediglich als erweitertes Kennzahlensystem, sondern als strategisches Steuerungssystem verstanden wird. Dazu soll das Konzept zur Bewältigung von mit dem strategischen Entscheidungsprozeß verbundenen Einzelschritten dienen (vgl. Abb. 10-7). Strategische Entscheidungsprozesse, die unter Hinzuziehung der Balanced Scorecard zum Erfolg geführt werden, befähigen die Organisation zu verbesserter Strategieverfolgung anhand klarer Kontrollstandards und wichtiger langfristiger Erfolgsgrößen.

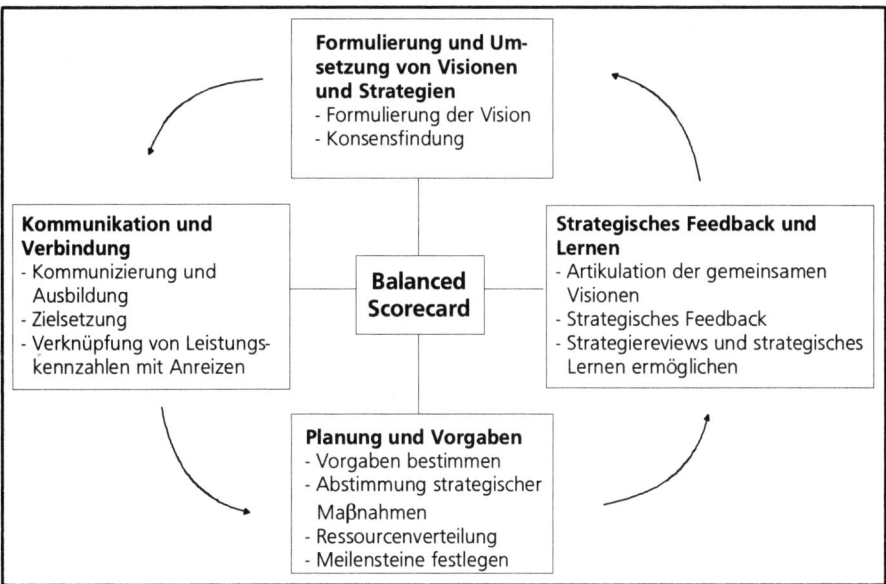

Abbildung 10-7   Die Balanced Scorecard als strategischer Handlungsrahmen (Kaplan/Norton 1997: 10)

10.4.4 Die Wertanalyse

Die **Wertanalyse** ist ein Verfahren, mit dem im Hinblick auf ein bestimmtes Entscheidungsobjekt (z.B. Produkt, Verfahrensablauf, Gemeinkosten) die Funktionen, funktionsbezogenen Eigenschaften (Qualität) und Funktionskosten ermittelt werden. Eine solche kombinierte Funktions- und Kostenanalyse verfolgt das Ziel, die Relation von Nutzen bzw. Funktionswert und den dafür erforderlichen Kosten zu maximieren, wobei beide Komponenten als variabel angesehen werden. Je früher eine wertanalytisch bestmögliche Lösung gefunden wird, desto größer sind häufig mögliche **Kostensenkungspotentiale.**

Beispielsweise zielt die **Gemeinkostenwertanalyse** (vgl. Roever 1980) darauf ab, eine **Betriebsleistung** mit niedrigsten Kosten zu erstellen, wobei die erforderliche Qualität und Marktfähigkeit dieser Leistung nicht vermindert werden soll. Das Verfahren der Gemeinkostenwertanalyse beruht auf einer **strukturierten Vorgehensweise.** Ausgehend von einer systematischen Analyse der vorhandenen Arbeitsstrukturen wird die Kostensituation ermittelt. Anschließend wird im Hinblick auf mögliche Kostensenkungspotentiale geprüft, ob und inwieweit die Ist-Kosten tatsächlich erforderlich oder aber durch kostengünstigere Alternativen ersetzbar sind. Folgende Phasen des Ablaufs einer Gemeinkostenwertanalyse sind denkbar (vgl. Roever 1980: 687ff.):

(1) Vorbereitungsphase,
(2) Analyse und Planung:
   • Ist-Analyse der Unternehmensgesamtsituation,
   • Kosten-Nutzen- sowie Stärken-Schwächen-Analyse hinsichtlich der Gemeinkostenentwicklung und externen Kostendeterminanten,
   • Formulierung von Kostensenkungszielen (Soll-Kosten-Ziele),
   • Evaluierung von Alternativen zur Umsetzung der Soll-Kosten-Ziele,
   • Bewertung der Alternativen hinsichtlich ihrer Wirksamkeit,
   • Ordnen der Alternativen hinsichtlich ihrer Realisierbarkeit und
   • Auswahl der erfolgversprechenden Alternative(n) zur Kostensenkung durch das Top-Management.
(3) Realisierung der gewählten Alternative(n) und
(4) Kontrolle der Umsetzung der Alternative(n) hinsichtlich der Soll-Kosten-Zielvorgaben.

Wertanalysen gehen als umfassende Verfahren über die reine Analyse des Ist-Zustandes hinaus und beziehen zumeist die Entwicklung, Prüfung und Verwirklichung neuer Problemlösungen mit ein.

10.4.5 Die Prozeßkostenrechnung

Ausgangspunkt für die Entwicklung der Prozeßkostenrechnung (Horváth/ Mayer 1989; Götze/Meyerhoff 1993) ist eine Verschiebung bei den Kostenstrukturen von Unternehmen. Steigende Gemeinkosten bei sinkenden Einzelkosten beeinflussen die Produktkalkulation und die Struktur der Deckungsbeiträge erheblich. Die traditionellen Verfahren der Kostenrechnung, die als Bezugsgrößen ausschließlich Materialwert und Fertigungslöhne ausweisen, werden der tatsächlichen Kostenverursachung nicht gerecht. Die **indirekten Leistungsbereiche** (Qualitätssicherung, Forschung und Entwicklung, Beschaffung, Lagerung, Logistik und Personalmanagement) haben aufgrund des erhöhten Planungs- und Steuerungsaufwandes enorm an Bedeutung gewonnen, und die Gemeinkosten haben sich sowohl relativ als auch absolut zu den Einzelkosten stark erhöht. Ist schon die Gemeinkostenverrechnung unzureichend, stellen die traditionellen Verfahren auch zu wenig aussagefähige Kosteninformationen für die mittel- bis langfristige Planung zur Verfügung. Durch die proportionale, in der Regel nicht verursachungsgerechte Verrechnung der Gemeinkosten mit Hilfe von wertorientierten Zuschlagsbasen (z.B. Lohn- und Materialeinzelkosten) kann es zu nicht unerheblichen Kostenverzerrungen kommen. Diese Defizite soll die Prozeßkostenrechnung beseitigen, die eine präzise Zurechnung von Kosten auf Kostenträger ermöglicht.

Die Grundidee der Prozeßkostenrechnung besteht darin, das gesamte betriebliche Geschehen als Abfolge von Sequenzen darzustellen. Ziel der Prozeßkostenrechnung ist es im einzelnen, Kostentransparenz in indirekten Leistungsbereichen zu schaffen, eine verursachungsgerechte Verrechnung von (Dienst-)Leistungen im Rahmen der Produktkalkulation zu ermöglichen und mit Hilfe einer verbesserten Gemeinkostenplanung und -kontrolle Potentiale zur rationellen Nutzung vorhandener Ressourcen aufzuzeigen.

Die funktions- und abteilungsübergreifende Prozeßbetrachtung und die Analyse von Kostenbestimmungsfaktoren bilden den Kern der Prozeßkostenrechnung. Im Rahmen einer Tätigkeitsanalyse wird untersucht, welche Tätigkeiten (Transaktionen, Vorgänge) in welchem Umfang verrichtet werden. Es wird zudem analysiert, ob die Teilprozesse in Abhängigkeit von den in der Kostenstelle zu erbringenden Leistungsmengen (mengenvariabel) durchzuführen oder unabhängig (mengenfix) sind ("leistungsmengeninduzierte" und "leistungsmengenneutrale" Prozesse). Die leistungsmengeninduzierten Teilprozesse werden zur Vorbereitung einer abteilungsübergreifenden Prozeßanalyse zu Hauptprozessen verdichtet. Sowohl für die Teilprozesse als auch für die Hauptprozesse müssen im Rahmen der Kosten- und Kapazitätszuordnung die kostendeterminierenden Faktoren identifiziert werden. Diese Faktoren dienen wiederum als Basis für die Bestimmung von Prozeßmengen und Prozeßkosten. Für die Haupt- wie für die Teilprozesse werden Prozeßkostensätze gebildet, die die durchschnittlichen Kosten für die einmalige Durchführung eines Prozesses angeben sollen.

Durch eine systematische Aufschlüsselung der vielfältigen Gemeinkosten werden "Kostentreiber" identifiziert. Auf der Basis der Diagnose läßt sich dann ein wirksames Gemeinkostenmanagement installieren mit dem Ziel der Reduzierung der oft hohen indirekten, nur mittelbar mit der eigentlichen betrieblichen Leistung im Zusammenhang stehenden Kosten in den Funktionsbereichen und Aufgabenkomplexen Beschaffung, Logistik, Forschung und Entwicklung, Arbeitsvorbereitung, Produktionsplanung und -steuerung, Instandhaltung, Qualitätssicherung, Auftragsabwicklung, Vertrieb, Controlling, Rechnungswesen etc. Praktisch kann die Prozeßkostenrechnung in sechs Schritten durchgeführt werden:

(1) **Bildung eines Projektteams und Auswahl des Untersuchungsbereichs**

(2) **Durchführung einer Tätigkeitsanalyse (insbesondere direkte Befragung):** Welche Tätigkeiten werden innerhalb einer Untersuchungsperiode durchgeführt? Wie groß ist der hierfür notwendige Zeitbedarf in Prozent der Gesamtkapazität?

(3) **Bestimmung der kostentreibenden Prozesse und Bildung einer Prozeßhierarchie:** Jeder Teilprozeß ist einem - unter Umständen kostenstellenübergreifenden - Hauptprozeß sachlich zuzuordnen. Die so ermittelte Prozeßhierarchie zeigt auf, welche Einzeltätigkeiten zur Erfüllung einer Aufgabe (= Hauptprozeß) notwendig sind. Anhand des erfragten Zeitbedarfs je Tätigkeit lassen sich die kostenintensiven Prozesse identifizieren und deren kostentreibende Faktoren ermitteln. Außerdem sollen die ermittelten Teilprozesse nach leistungsmengeninduzierten (z.B. Angebote einholen, Bestellungen aufgeben, Reklamationen bearbeiten im Funktionsbereich Einkauf) und leistungsmengenneutralen (z.B. Abteilung leiten) Prozessen unterschieden werden. Als Abgrenzungskriterium wird die Ver-

änderbarkeit des Arbeitsvolumens eines Prozesses in Abhängigkeit vom Leistungsvolumen der jeweiligen Kostenstelle herangezogen.

(4) **Festlegung von Maßgrößen/Bezugsgrößen je leistungsmengeninduzierendem Prozeß und Planprozeßmengen je Einzelprozeß:** Die Bezugsgröße (Cost Driver) ist eine Maßgröße zur quantitativen Erfassung der Leistung eines Prozesses im Bezugszeitraum. Dem Prozeß "Angebote einholen" wird beispielsweise der Cost Driver "Anzahl der Angebote" zugeordnet. Da sich für eine Kostenstelle häufig mehrere Bezugsgrößen finden lassen, ist entweder für jeden Cost Driver eine eigene Kostenstelle zu definieren oder eine heterogene Kostenverursachung in einer Kostenstelle zuzulassen.

(5) **Ermittlung der Plankosten je Prozeß und Bildung von Prozeßkostensätzen:** Mittels einer analytischen Kostenplanung wird untersucht, welche Kostenarten dem jeweiligen Prozeß bei gegebener Prozeßmenge zuzurechnen sind. Bei Dominanz der Personalkosten ist es zweckmäßig, nur diese Kostenart analytisch zu planen und die übrigen Kostenarten (zum Beispiel Raum-, Büromaterial-, Energiekosten) proportional zu verteilen. Alternativ zum aufwendigen analytischen Weg können normalisierte Kostenstellenkosten per Schlüssel (z.B. Mitarbeiterzahl, Mann-Jahre) auf die Prozesse verteilt werden. Sind die Plankosten eines leistungsmengeninduzierten Prozesses bekannt, so erhält man den Kostensatz für dessen einmalige Ausführung durch einfache Division von Plankosten und Planprozeßmenge. Für leistungsmengenneutrale Prozesse können in der Regel keine Maßgrößen angegeben werden, so daß deren Kosten proportional zu den induzierten Prozeßkosten umgelegt werden.

(6) **Aufbau einer Gemeinkostenplanung und -kontrolle sowie einer strategischen Kalkulation:** Einerseits können die Einzelprozeßkosten entsprechend der Prozeßhierarchie sukzessive und über verschiedene Kostenstellen hinweg zu Hauptprozeßkosten verdichtet werden (z.B. Gesamtkosten einer Auftragsbearbeitung), andererseits können kostenstellenbezogene Soll- und Ist-Kosten ermittelt werden. Im Rahmen einer prozeßorientierten Kalkulation werden Leistungen des indirekten Leistungsbereichs über Prozeßkostensätze dem Produkt direkt angelastet.

Methodisch problematisch sind vor allem der Vollkostencharakter der Prozeßkostenrechnung und die damit verbundenen Nachteile (z.B. Verrechnung und Produktzuordnung von Gemeinkosten, die gar keinen Produktbezug aufweisen) sowie die zu simple Schlüsselung von Kosten. Die Befürworter dieses Ansatzes halten dem entgegen, für den Informationsbedarf des Managements sei bei aller methodischen Kritik eine "ausreichende Genauigkeit der Ergebnisse gegeben, solange die Entscheidung bei höherer Genauigkeit nicht anders ausfallen würde" (Horváth et al. 1993: 614). Außerdem leistet die Prozeßkostenrechnung einen wichtigen Beitrag im Controlling dahingehend, den Gemeinkostenbereich im Bewußtsein von Entscheidungsträgern zu verankern und die oftmals vorhandenen Bereichsegoismen durch kostenstellenübergreifende Betrachtungsweisen abzubauen.

10.4.6 Das Zielkostenmanagement

Das Zielkostenmanagement ("Target Costing") beinhaltet kein neues, auf Überwachung fokussiertes Kostenrechnungssystem, sondern stellt einen systematischen Prozeß der marktorientierten Kostenplanung, -steuerung und -kontrolle auf Basis der vom Kunden gewünschten Qualitätsmerkmale des zu entwickelnden Produkts dar (vgl. Horváth/Seidenschwarz 1992). Das Konzept wird schon bei der Ideengenerierung und Konzeptgestaltung als Kostenplanungsinstrument eingesetzt, um in Abhängigkeit von den Kundenanforderungen so früh wie möglich kostengestaltende und -senkende Maßnahmen initiieren und forcieren zu können.

Leitmaxime ist nicht die Frage: "Was wird ein Produkt kosten?", sondern die Frage, welcher Preis für den Konsumenten bei einem bestimmten neuen Produkt mit ausreichenden Marktchancen vertretbar erscheint. Das Gesamtkostenziel ergibt sich aus der Differenz von konkurrenzfähigen Preisen und akzeptablen Gewinnmargen. Es dient als Basis für die Ableitung von Einzelzielen (Produktdesign, Konstruktion, Beschaffung usw.). Anstatt die Kosten im nachhinein mühevoll iterativ zu senken, müssen Zielkosten und errechnete Kosten für ein bestimmtes Projekt von vornherein in Einklang gebracht werden, was erhebliche Kompromisse zwischen den beteiligten Funktionsbereichen erfordert.

Bei differenzierter Betrachtung vielfältig unterscheidbarer Teilfunktionen von Produkten und Dienstleistungen reift oftmals die Erkenntnis, daß ungeprüft viele Produkte Leistungskomponenten enthalten, die der Kunde eigentlich gar nicht bezahlen will. Mittels Wertanalysen sollten deshalb sämtliche Teilfunktionen präzisiert und möglichst quantifiziert werden. Im Anschluß an eine Bewertung der Teilfunktionen nach Nutzen wie nach Kosten kann in vielen Fällen durch Senkung der Kosten und/oder Erhöhung der Funktionserfüllung eine Wertsteigerung erreicht werden, ohne daß an den anspruchsvollen Kostenzielen Abstriche zu machen wären. Je besser die tatsächlichen Kundenbedürfnisse bekannt sind, desto eher lassen sich Risiken stark subjektiver (Fehl-)Entscheidungen vermeiden. Dieses Vorgehen ist so lange zu wiederholen, bis schließlich aus dem akzeptablen Gesamtkostenziel marktfähige Einzelkostenziele für alle beteiligten Unternehmenseinheiten und jedes Bauteil erarbeitet werden können.

Bei der Bestimmung und Optimierung der Zielkosten sind nach der Ermittlung der Beiträge der gewichteten Produktkomponenten zum Kundennutzen deren Kostenanteile und sogenannte Zielkostenindizes festzulegen. Dazu dient folgende Formel (Becker 1993: 284):

$$\frac{\text{Anteil der Funktionserfüllung}}{\text{Kostenanteil}} = \text{Zielkostenindex}$$

Diese Formel beruht auf der Prämisse, daß unter optimalen Bedingungen jede Produktkomponente einen gerade dem jeweiligen Produktnutzenanteil entsprechenden Produktkostenanteil aufweist. Eine optimale Komponentenbeschaffenheit äußert sich durch eine proportionale Kosten-Nutzen-Relation (Zielkostenindex = 1). In der Praxissituation wird man indes in Abhängigkeit von der jeweiligen Nutzen-Kosten-Relation der Produktkomponenten und der geltenden Marktbedingungen mit Zielkostentoleranzen arbeiten. Für die Optimierung der Zielkosten gilt folgendes:

- Produktkomponenten, die einen Zielkostenindex aufweisen, der kleiner als 1 ist, gestalten sich zu kostenintensiv und beinhalten folglich Kostensenkungspotentiale, die durch entsprechende Entwicklungsmaßnahmen auszuschöpfen sind.

Controlling

- Produktkomponenten, die einen Zielkostenindex aufweisen, der größer als 1 ist, sind zu kostengünstig und bedürfen deshalb der Realisierung von leistungssteigernden Entwicklungsmaßnahmen.

Dieser Prozeß der Bestimmung und Vereinbarung von Zielkosten muß so lange fortgesetzt werden, bis sich sämtliche Produktkomponenten im Zielkostentoleranzspektrum befinden, also einen marktanforderungsgerechten Zustand des neuen Produktes beschreiben.

10.4.7 Die Deckungsbeitragsrechnung

Die Basis der Deckungsbeitragsrechnung bildet die Auflösung der Gesamtkosten in einen beschäftigungsunabhängigen (fixen) und einen beschäftigungsabhängigen (variablen) Teil. Lediglich die summarische Fixkostendeckung ("Direct Costing") und die stufenweise Fixkostendeckung werden an dieser Stelle anhand kurzer Beispiele erläutert.

Die **summarische Fixkostendeckung** ermittelt den Bruttoerfolg (Deckungsbeitrag). Von den Nettoverkaufserlösen der einzelnen Erzeugnisse werden die variablen Kosten abgezogen. Ferner werden von der Summe aller Deckungsbeiträge die Fixkosten subtrahiert. Ist die Summe der Deckungsbeiträge größer als die Fixkosten, ergibt sich ein Gewinn; ist sie kleiner, entsteht hingegen ein Verlust. Dies demonstriert ein einfaches Beispiel für drei Produkte:

Nettoverkaufserlös	Variable Kosten	Deckungsbeitrag
200.000	150.000	50.000
300.000	230.000	70.000
400.000	270.000	130.000
900.000	650.000	250.000
abzüglich Fixkosten		200.000
Gewinn (+)/Verlust (-)		**+50.000**

Bei der **stufenweisen Fixkostendeckung** wird der Fixkostenblock zusätzlich unterteilt. Die konsequente Anwendung könnte im Idealfall dazu führen, daß alle Kosten direkt verteilt werden. Der Aufwand hierfür wäre allerdings sehr hoch und die Rechnung nicht in jedem Fall durchführbar. Eine einfachere Art

482

der stufenweisen Fixkostendeckung ließe sich deshalb beispielsweise wie folgt darstellen:

Nettoverkaufserlös
- variable Kosten
 Deckungsbeitrag I
- Erzeugnisfixkosten
 Deckungsbeitrag II
- Erzeugnisgruppen-Fixkosten
 Deckungsbeitrag III
- Unternehmens-Fixkosten
 = Deckungsbeitrag IV (Gewinn oder Verlust)

Bei der Deckungsbeitragsrechnung beginnt der Controller mit den Umsatzerlösen und zieht dann die variablen und anschließend die fixen Kosten ab, um herauszufinden, welcher Gewinn oder welches Betriebsergebnis dem Unternehmen bei dem am Markt gegebenen Verkaufspreis übrigbleibt. Die Deckungsbeitragsrechnung orientiert sich - anders als die traditionelle (Voll-) Kostenrechnung - an Marktpreisen, die meist durch den Wettbewerb am Markt gebildet werden.

10.4.8 Die Prognose

Die Prognose als Planungs- und Controllinginstrument (vgl. Brockhoff 1977) stellt eine auf eine definierte Fragestellung erfolgende, systematisch generierte Aussage über zukünftige Entwicklungen (Zustände, Verhaltensweisen) realer Systeme (unternehmensinterner und externer Gegenstandsbereiche) dar. Die Qualität einer Prognose korreliert positiv mit der Aktualität der benutzten Informationen, mit der Zunahme der Prognosesicherheit (mit wachsender Prognosereichweite abnehmend), mit der Erhöhung des Bewertungsgrades der zugrundeliegenden Hypothesen, der Güte der verwendeten Modelle und Methoden und mit den Qualifikationen der Prognostiker, die Prognoseinstrumente "richtig" auszuwählen und zu handhaben sowie die verarbeiteten Informationen korrekt zu interpretieren.

Quantitative Prognoseinstrumente sind jene Methoden, die vorrangig auf mathematische Ansätze zurückgreifen und durch Zählen, Messen, Berechnen etc. zum Ergebnis führen. Die graphische und numerische Darstellung der Systeme, Einflußgrößen usw. läßt eine Nachprüfbarkeit zu. **Qualitative Methoden** liefern dagegen zum überwiegenden Teil verbale Umschreibungen zukünftigen Geschehens. Angesichts ungenügender quantitativer Bestimmungsmöglichkeiten bauen derartige Methoden auf Urteilen, Erfahrungen, Expertenmeinungen, Fachkenntnissen usw. auf, um daraus relevante Tendenzen und Entwicklungen abzuleiten. Oft kann die Prognosegenauigkeit mit der Anwendung komplexer Verfahren und/oder der Kombination unterschiedlicher Verfahren verbessert werden. Bei der Auswahl der geeigneten Prognoseverfahren und ihrer sinnvollen Kombination muß abgewogen werden, ob und inwieweit die entstehenden Kosten durch eine entsprechende Prognosegenauigkeit gerechtfertigt sind.

Prognosen beruhen fast immer auf Erfahrungen zu Vergangenheitsentwicklungen. Durch **Extrapolation** wird versucht, Vergangenheitswerte mit Hilfe einer mathematischen Funktion, die den chronologischen Verlauf einer Zeitreihe abbildet, in die Zukunft zu projizieren. Kausalitätsüberlegungen finden bei der zugrundeliegenden Annahme, daß die in der Vergangenheit wirksamen Einflüsse weitgehend auch zukünftig gelten, keine Berücksichtigung. Dem Vorteil einfacher Anwendbarkeit steht der erhebliche Nachteil einer Vernachlässigung interdependenter Wirkungszusammenhänge gegenüber. Bei **univariaten** Verfahren baut die Prognose einer Größe nur auf ihrer eigenen Vergangenheitsentwicklung auf (Beispiel: Trendextrapolation).

Als quantitatives Prognoseverfahren läßt sich auch die **Regression** einordnen. Die Regression ist ein mathematisches Verfahren zur Ermittlung des funktionalen Zusammenhangs zweier Merkmale. Es wird zwischen einem beeinflussenden Merkmal (der unabhängigen Variable oder dem sogenannten Regressor bzw. Prädiktor) und dem beeinflußten Merkmal (der abhängigen Variable bzw. dem Regressand) unterschieden. Die Einordnung von Regressor und Regressand kann sowohl auf Vermutungen beruhen als auch aus der Sachlogik resultieren. Darüber hinaus lassen sich auch nichtlineare Zusammenhänge zwischen zwei Merkmalen darstellen. Existieren mehrere Regressoren, so ist der funktionale Zusammenhang zum Regressanden mittels multipler Regressionsgleichung bestimmbar. Zur Unterstützung von Regressionsanalysen können Korrelations-analysen dienen, die den Grad der Abhängigkeit von Merkmalen quantifizieren.

Eine Prognose kann unter Zuhilfenahme von **Simulationsmodellen** erstellt werden. Hierbei werden in einem geschlossenen System, im Gegensatz zu vielen anderen Verfahren, Interdependenzen berücksichtigt und Einzeldaten ermittelt, anhand derer die Plausibilität von Einzelprognosen überprüft werden kann. Simulationsmodelle, die durch Gleichungssysteme beschrieben werden, dienen dem experimentellen Durchspielen von Entscheidungssituationen. Für exogene Größen werden die Prognosewerte vorgegeben. Unter Berücksichtigung der vorgegebenen Prognosewerte und der in den Gleichungen zum Ausdruck kommenden definitorischen und funktionalen Beziehungen zwischen den Variablen des Modells wird dann eine Lösung errechnet.

10.4.9 Benchmarking

Benchmarking läßt sich im weitesten Sinne definieren als ein kontinuierlicher, systematischer Prozeß der Evaluierung von Produkten, Dienstleistungen, Methoden und Prozessen von Organisationen. Es orientiert sich grundsätzlich an Organisationen bzw. Organisationseinheiten, die eine bestimmte Problem-lösung oder ein bestimmtes Verfahren "am besten" beherrschen. Auf der Basis eines systematischen inner- oder zwischenbetrieblichen Leistungsvergleichs werden mögliche Verbesserungspotentiale zur Erzielung von Wettbewerbsvor-teilen gegenüber der Konkurrenz identifiziert (vgl. Horváth/Herter 1992; Spendolini 1992: 9ff.) Das vordringliche Ziel des Benchmarking besteht mit anderen Worten darin, die eigenen Leistungen und Kosten fortlaufend zu überprüfen und kontinuierlich zu verbessern, um die eigene Wettbewerbsfähigkeit zu er-höhen. Zentrale Zielgrößen des Benchmarking sind Produkt- und Prozeßqualität aus Sicht des Kunden sowie Kosten- und Zeitminimierung. Vergleichsobjekt muß nicht zwingend ein Wettbewerber derselben Branche, sondern kann ebensogut ein branchenfremdes Unternehmen oder sogar ein unternehmens-eigener Geschäftsbereich sein. In funktionaler Hinsicht können als Vergleichs-objekte spezielle Bereiche (z.B. Logistik, Personalmanagement) anderer Organi-sationen untersucht werden. Wichtig ist, bestehende Leistungslücken aufzuzei-gen und vom "Besten" zu lernen, wie diese Leistungslücken am zweckmäßig-

sten geschlossen werden können. Grundidee ist somit nicht nur die Identifikation bestehender Schwachstellen, was zugleich zu einer realistischeren Einschätzung der eigenen Wettbewerbsposition führt, sondern vor allem deren
Ursachenanalyse und ursächliche Abhilfe.

Folgende Schritte kennzeichnen ein praktisches Benchmarking-Konzept:

(1) **Identifikation der zu untersuchenden Benchmarking-Gegenstände**
Die Entscheidungsträger im Unternehmen müssen festlegen, welche Leistungen (z.B. höherer Kundennutzen, späte Produktdifferenzierung, erweitertes Dienstleistungsspektrum), welche Kosten (z.B. geringere Kapitalkosten, niedrigere Fixkosten), welche Geschäftsprozesse (mit dem Ergebnis
höherer Qualität, geringerer Fehlerquoten, kürzerer Durchlaufzeiten, inno-
vativerer Produkte) genauer analysiert werden sollen, um die Produktivität
und die Rentabilität im Unternehmen künftig zu verbessern.

(2) **Auswahl der "Benchmarking-Partner"**
Die geeigneten Partnerunternehmen für das Benchmarking müssen in den
jeweiligen Bereichen außergewöhnliche Leistungen erbringen und/oder
die niedrigsten Kosten verursachen. Ferner ist es wünschenswert, daß die
Partner mit dem eigenen Unternehmen möglichst in den zu untersuchenden Bereichen vergleichbar sind. Die Bezeichnung "Benchmarking-Partner"
verdeutlicht, daß zwischen dem eigenen Unternehmen und den Partnern
ein möglichst offener Austausch von Informationen stattfinden sollte.

(3) **Informationsbeschaffung und -verarbeitung**
Bei der systematischen Erschließung relevanter Informationsquellen geht
es in erster Linie um quantitative Daten (Mengen, Zeiten, Kosten). Darüber
hinaus sind die Strukturen, die Prozesse und andere Faktoren zu ermitteln,
die die bessere Leistungsfähigkeit der "Benchmarking-Partner" auszeichnen. Schließlich sind die Leistungslücken bei erfolgskritischen Faktoren und
Prozessen im eigenen Unternehmen zu ermitteln und zu analysieren.

(4) **Umsetzung von Analyse-Ergebnissen**
Die Erkenntnisse aus der Benchmarking-Studie dienen dazu, neue Ziele mit
den Mitarbeitern zu vereinbaren mit der Konsequenz, konkrete Verbesserungen im betreffenden Unternehmen durchzuführen. Vornehmlich ist die

Schließung der erkannten Leistungslücken und/oder die Senkung der zu hohen Kosten intendiert. Das Potential für Verbesserungen kann aufgrund der Benchmarking-Studie klar definiert und in vielerlei Hinsicht eindeutig quantifiziert werden.

Kritisch anzumerken ist, daß Benchmarking gewissermaßen ein Substitut für eigene kreative Ideenentwicklung ist mit dem Ziel, Risiken innovativer Unternehmen durch Imitation erfolgreichen Pionierverhaltens zu minimieren. Fraglich ist grundsätzlich, ob sich komplexe, zum Teil nicht einmal explizierbare Verhaltensweisen intersituativ übertragen lassen. Schwierigkeiten bestehen darüber hinaus nicht nur in der Bestimmung geeigneter Vergleichsunternehmen, -aktivitäten und der Auswahl aussagekräftiger Vergleichskriterien, sondern vor allem auch in der Erhebung des (oftmals geheimgehaltenen) Datenmaterials bei den Benchmarking-Partnern oder Wettbewerbern sowie der Implementation der angestrebten Rationalisierungsmaßnahmen. Insbesondere letzteres erfordert eine umfassende partizipative Einbindung der Betroffenen und setzt folglich auch die Berücksichtigung deren individueller Problemeinsicht des unternehmensspezifischen Kontexts voraus. Deshalb empfiehlt sich eher eine zu Kreativität anregende Anwendung des Konzeptes als eine Implementierung von auf reine Imitation hinauslaufenden Controllingaktivitäten.

11 INFORMATIONSWIRTSCHAFT

11.1 Grundbegriffe, Ziele und Aufgaben der Informationswirtschaft und des Informationsmanagements

Die **Informationswirtschaft** durchdringt als Querschnittsfunktion sämtliche betrieblichen Funktionsbereiche und verknüpft diese miteinander. Die Erreichung betrieblicher Ziele ist stets mit Informationsvorgängen verbunden. Informationen sind gewissermaßen der "Rohstoff" für betriebliche Entscheidungen, "die nichts anderes sind als Transformation von Information in Aktion" (Zahn/Rüttler 1989: 35). **Information** ist diejenige Teilmenge des vorhandenen Wissens, die für die Erreichung bestimmter Zwecke geeignet ist: Information ist in betriebswirtschaftlichem Sinne zweckorientiertes Wissen (Wittmann 1959). Zweck im Sinne der Organisation ist die Aufgabenerfüllung. Zur Vorbereitung, Durchführung und Überprüfung beliebiger Aktivitäten gehören Informationen, die den Wissensstand zur Erfüllung einer Aufgabe verbessern. Je besser ein Entscheidungsträger informiert ist, desto besser sind im allgemeinen seine Entscheidungen, desto zielwirksamer sind seine Tätigkeiten bzw. Handlungen. Wie sich Information von materiellen Wirtschaftsgütern abgrenzen läßt, zeigt Abbildung 11-1.

Informationsprozesse im weitesten Sinne beinhalten Aktivitäten der Informationsgewinnung und -aufnahme, -speicherung, -verarbeitung und -übermittlung. Die Informationsabgabe, -übermittlung und -aufnahme durch menschliche oder maschinelle Aktionsträger wird als **Kommunikation** bezeichnet. Die Gegenüberstellung von Information und Kommunikation trägt der praktischen Bedeutung der Übermittlungsvorgänge Rechnung. Ohne Kommunikation ist keine Information möglich und umgekehrt.

Informationsmanagement umfaßt in funktionaler Sicht alle Managementaufgaben der Beschaffung, Verarbeitung, Übertragung, Speicherung und Bereitstellung von Informationen zur Unterstützung der Erreichung der Ziele einer Unternehmung (Schwarze 1998: 45). Die institutionale Betrachtungsweise beinhaltet die organisatorische Schaffung eines eigenen Verantwortungsbereichs (z.B. Abteilung).

489

Materielles Wirtschaftsgut	Information
Hohe Vervielfältigungskosten	Niedrige Vervielfältigungskosten
Angleichung der Grenzkosten an die Durchschnittskosten	Grenzkosten entsprechen Null
Wertverlust durch Gebrauch	Wertgewinn durch Gebrauch
Individueller Besitz	Vielfacher Besitz möglich
Wertverlust durch Teilung	Wertgewinn durch Teilung
Identifikations- und Schutzmöglichkeit	Probleme des Datenschutzes und der Datensicherheit
Schwierige Verbreitung	Einfache Verbreitung
Preis/Wert objektiv ermittelbar	Preis/Wert nur subjektiv bestimmbar
Kosten leicht identifizierbar	Kosten nur schwer identifizierbar
Preisbildungsmechanismus bekannt	Preisbildungsmechanismus weitgehend unbekannt
Bestandsbewertung möglich	Bestandsbewertung problematisch
Wirtschaftswissenschaftliche Theorien und Modelle verfügbar	Theorien und Modelledefizit

Abbildung 11-1   Vergleich von materiellen Wirtschaftsgütern und Information (Martiny/Klotz 1990: 14)

Zur Aufgabenerfüllung des Informationsmanagements werden **Informations-systeme** hinzugezogen, die als soziotechnische Systeme menschliche und maschinelle Komponenten enthalten und dem Ziel einer möglichst optimalen Bereitstellung von Information und Kommunikation nach ökonomischen Kriterien dienen. **Informations-** und **Kommunikationstechnologien** lassen sich schließlich definieren als die Gesamtheit der zur Speicherung, Verarbeitung und Kommunikation zur Verfügung stehenden Ressourcen einschließlich der Art und Weise, wie diese Ressourcen organisiert sind (Krcmar 1997: 31).

Die Informationswirtschaft im Unternehmen dient der Entscheidungsvorbereitung, der Steuerung und Kontrolle der Umsetzung von Entscheidungen und der Dokumentation. Als Hauptziele des Informationsmanagements lassen sich

- die wirtschaftliche Informationsversorgung aller internen und externen Stellen ("Stakeholder") entsprechend dem individuellen Informationsbedarf und
- die effektive und wirtschaftliche Nutzung der Informationsinfrastruktur identifizieren (Schwarze 1998: 52).

Die Informationsversorgung läßt sich in vier Phasen untergliedern:

(1) **Informationsbedarfsermittlung**; d.h. Festlegung der Menge und Qualität von Informationen, die zur Lösung anstehender Aufgaben benötigt werden;

(2) **Informationsbeschaffung,** d.h. Suche nach und Erschließung von betriebswirtschaftlich relevanten Informationsquellen;

(3) **Informationsverarbeitung**, d.h. zielgerichtete und aussagefähige Verdichtung, Verknüpfung und/oder Detaillierung des vorhandenen bzw. beschafften Informationsbestandes;

(4) **Informationsübermittlung**, d.h. räumliche Übertragung der adressatengerecht aufbereiteten Informationen.

Eine wesentliche Voraussetzung für die effektive und wirtschaftliche Realisierung der Informationsversorgung und damit zur Überwindung des oft beklagten Dilemmas von Datenreichtum ("Information Overload") einerseits und (partieller) Informationsarmut stellt die Ermittlung des Informationsbedarfs dar.

Allgemein läßt sich **Informationsbedarf** definieren als Art, Menge und Qualität der Informationsgüter, die ein Informationssubjekt in einem gegebenen Informationskontext zur Erfüllung einer Aufgabe in einer bestimmten Zeit und innerhalb eines gegebenen Raumgebietes benötigt bzw. braucht" (Szyperski 1980: 904). Die betriebliche Ziel- und Aufgabenerfüllung ist auf eine exakte Kenntnis des spezifischen Informationsbedarfs angewiesen. Dieser Bedarf läßt sich nicht standardisieren und nimmt offensichtlich immer weiter zu. Die **Informationsanalyse** besitzt zentrale Bedeutung im Informationsprozeß, weil sie die nachfolgenden Phasen inhaltlich stark determiniert. In erster Linie bezieht sich die Ermittlung des Informationsbedarfs auf die inhaltlichen Vorgaben der Unternehmensplanung und ihrer Teilplanungen.

Ein zentrales Problemfeld der Informationsbedarfsanalyse betrifft die Harmonisierung von objektivierbarem Informationsbedarf und subjektiven, durch den Informationsverwender nachgefragten Informationsprogrammen zur Realisierung eines effektiven und effizienten Informationsangebots. Während sich der **objektive Informationsbedarf** weitestgehend unmittelbar aus dem zu lösenden Problem ableiten läßt, resultiert das **subjektive Informationsbedürfnis** aus einer individuell unterschiedlichen persönlichen Einschätzung des Sachverhalts. Die Berücksichtigung der Informationsnachfrage der Verwender ist deshalb wichtig, um die Einstellung und das Verhalten des Informationsnutzers im Sinne der Unternehmensziele positiv zu beeinflussen. Darüber hinaus stellt sich die Lösung des Informationswertsystems, d.h. die Bestimmung der optimalen Informationsmenge, als eines der schwierigsten Probleme im Informationsmanagement überhaupt dar. Die Vielzahl vorhandener Informationen erfordert frühzeitig im Informationsprozeß eine **Selektion**. Dabei muß geklärt werden, ob und inwieweit der mit einer bestimmten Information erzielbare Nutzen größer ist als die zur Informationsbeschaffung, -aufbereitung und -übermittlung anfallenden Kosten. Die Informationsbewertung sollte für die Ermittlung des Informationsbedarfs Lenkungsfunktion ausüben. Die Ertragsermittlung, aber auch die Kostenermittlung von Informationen stoßen in der Praxis oft auf große Schwierigkeiten.

Die Wirkung des Einsatzes von Informationen in Entscheidungsprozessen läßt sich in der Regel nicht einer einzelnen Komponente, sondern nur der Gesamtheit dieser Informationen zuordnen. Aufgrund dieses Zurechnungsproblems ist die Bewertung einzelner Informationen mehr oder weniger willkürlich. Ferner besitzen Informationen nicht nur einen unmittelbaren Zielerreichungseffekt für die gerade anstehende Entscheidung, sondern in der Regel auch einen Bestands- bzw. Lerneffekt im Sinne einer Wissensvermehrung beim Informationsverwender, die erst in späteren Entscheidungssituationen wirksam werden kann, was sich aber ebenfalls nicht quantifizieren läßt. Da die Informationsbewertung zeitlich vor der Informationserhebung erfolgt, der tatsächliche Wert sich aber erst bestimmen läßt, wenn das Ergebnis des Informationsverwenders bekannt ist, ergibt sich das Problem eines "logischen Zirkels": "Die Bewertung setzt also damit angeblich etwas voraus, was nicht erfüllt sein kann, wenn das Problem existent ist" (Wild 1971: 333). Im Ergebnis müssen die übermittelten Informationen spezifischen Anforderungen gerecht werden. Da mangels einer wissenschaftlichen Fundierung der betriebswirtschaftlichen Informationstheorie kein geschlossenes System der unterschiedlichen Anforderungen vorliegt, kann von einem Anforderungskatalog, wie ihn die Abbildung 11-2 darbietet, keine Vollständigkeit erwartet werden.

1) Ziel bzw. Zweckeignung von Informationen	2) materielle Dimension (Informationsgehalt)	3) formale Dimension	4) externe und interne Einflüsse (Dimension)
Eignung hinsichtlich • Operationalisierung der Einzelziele bzw. des Zielsystems und Präzisierung des Entscheidungsproblems sowie seine Analyse • Suche und Formulierung von Handlungsalternativen • ex-ante Analyse von Zielwirkungen der verschiedenen Alternativen	• Bezug/Nähe des Informationsgegenstandes zum Entscheidungsgegenstand • Reduzierung des Unbestimmtheitsgrades einer Entscheidungssituation (Aussagefähigkeit/ Informationsgehalt) • Aussagemodalität/Verwendbarkeit (Informationsart) • Wahrheitsgehalt bzw. Wahrscheinlichkeit einer Information (Reliabilität/ Validität) • Kompatibilität bzgl. Kombination/Verknüpfung mit anderen Informationen (Verdichtung) • Aktualität/Zeitbezug von Informationen • Neuigkeit/Neuartigkeit • unverzügliche, möglichst deutliche Kenntlichmachung von relevanten Veränderungen (Sensibilität/Eignung i.S. eines "schwachen Signals") • Vollständigkeit des gesamten Informationsprogrammes im Hinblick auf die Problemlösung (insbes. auch Aufzeigen von Wirkungszusammenhängen/Interdependenzen) • Vermeidung von Redundanz (zweckadäquate Verdichtung)	• formale Gestaltung des Informationsprogramms/ der Information hinsichtlich: - Prüfbarkeit - Objektivität - Operationalität (Genauigkeit) - Vollständigkeit - Darbietungsform/ Benutzerfreundlichkeit - Relevanz-/Wirkungsbereich • Berücksichtigung des Informationsverhaltens • Anpassung an zeitlichen Informationsbedarf: - Rechtzeitigkeit der Bedarfsermittlung - laufende oder fallweise (Projektorientierte) Informationsversorgung • Kostenwirtschaftlichkeit der Information (Personal-/Sach-/Dienstleistungskosten der Informationsbeschaffung/ -verarbeitung bzw. -aufbereitung/-speicherung/-übermittlung) • beeinflußt wesentlich durch notwendigen Informationsumfang, Erhältlichkeit und spezifische Anforderungen an den Informationsprozeß	• technologische Einflüsse (insbes. der EDV-Einsatz im Informationsmanagement) • situative Einflüsse (spezifischer Kontext)

Abbildung 11-2 Anforderungs- und Qualitätsmerkmalskatalog der Informationsversorgung

Die Informationsbeschaffung hat die Aufgabe, die relevanten Informationen durch Suche und Erschließung geeigneter Informationsquellen unter Beachtung wirtschaftlicher Vorgaben zu generieren. Wichtige Informationsquellen stellen beispielsweise internes und externes Rechnungswesen, Kennzahlensysteme, Früherkennungssysteme und betriebliche Statistiken dar. Bei strategischen Entscheidungen werden vor allem hoch verdichtete, einmalige, globale und qualitative Informationen, die die Unternehmensumwelt stark einbeziehen, benötigt. Auf der Ebene der operativen Entscheidungen sind dagegen laufend exakte und primär quantitative Informationen notwendig.

Die Informationsbeschaffung orientiert sich an den bereits zur Verfügung stehenden Informationen für ein bestimmtes Entscheidungsproblem. Müssen im Rahmen der Informationsverarbeitung Informationen neu erhoben werden, so ist in den Sozialwissenschaften grundsätzlich zwischen **Primäranalysen** und **Sekundäranalysen** zu unterscheiden. Erstere erfordern eine Erhebung neuer bzw. neuartiger Daten unmittelbar aus dem relevanten Untersuchungsfeld. Instrumente stellen insbesondere die Befragung und Beobachtung dar. Kostenaspekte auf der einen Seite und der Vorteil detaillierter Faktengenerierung auf der anderen Seite sind hinsichtlich des Einsatzes der Primärerhebung gegeneinander abzuwägen. Dagegen werden in der Sekundärerhebung Informationen aus bereits vorhandenem Datenmaterial gewonnen, das ursprünglich für andere Zwecke von internen (z.B. Personalstatistik) und externen Stellen (z.B. Statistisches Bundesamt) bereitgestellt wurde.

Die **Informationsverdichtung** spielt im Zusammenhang mit der Informationsversorgung deshalb eine herausragende Rolle, da hierdurch im Kern ein Abbau der Informations- bzw. Datenredundanz intendiert wird. Die Reduktion kann durch eine quantitative oder qualitative Filterung der anfallenden Informationen in verschiedenster Form, beispielsweise durch Summierung oder Aggregierung, durch Selektion, Verschlüsselung oder auch durch Modellbildung erreicht werden. Einen Versuch, aus der Fülle von Detailinformationen durch Aggregation leicht überschaubare Kernaussagen zu gewinnen, stellt die Entwicklung betriebswirtschaftlicher Kennzahlen dar. Eine Informationsverdichtung ist insbesondere für die Ebene der strategischen Unternehmensführung notwendig, deren Zielsetzung und Problemlösungen einen Informationsbedarf in konzentrierter Form verlangen, während operative Planungen eher spezifische und detaillierte Informationen benötigen. Der adäquate "Verdichtungsgrad" muß im Einzelfall aus den jeweiligen Informationszwecken abgeleitet werden, da Optimierungsverfahren zur Bestimmung des "bestmöglichen" Verdichtungsausmaßes bisher nicht vorliegen.

In der Praxis wird ein Informationsverarbeitungssystem neben der Sammlung und Verdichtung von Daten auch eine Diagnose, Prognose und Entscheidungsempfehlung vornehmen. Die einzelnen Teilaufgaben greifen ineinander, und die Abgrenzung ist sehr fließend.

Bei der Informationsverarbeitung und auch bei der zeitlich nachfolgenden Informationsübermittlung spielt nicht nur die bedarfsgerechte Ausgestaltung der Informationsversorgung eine wichtige Rolle, sondern ebenso eine benutzerfreundliche Gestaltung, die das Informationsverhalten der Informationsverwender berücksichtigt. Dies hat unmittelbare positive Rückwirkungen auf die intendierte Informationswirkung beim Verwender. Um negative Einflüsse auf die Informationsverwendung (selektive Wahrnehmung, Verfälschung, Ablehnung komplex-abstrakter Informationen etc.) zu vermeiden, ist im Sinne des obengenannten Harmonisierungsgebotes im Informationsversorgungsprozeß nach Hofmann (1989: Sp. 721) zu berücksichtigen, daß

*   Informationen präferiert werden, wenn sie selektiv so interpretiert werden können, daß sie erwünschte Ziele unterstützen oder unerwünschte Ziele belasten,
*   bei Vorliegen hoher Verantwortlichkeit und steigender Zielidentifikation seitens der Entscheidungsträger die Wahrscheinlichkeit steigt, daß Informationen dann verwendet werden, wenn sie als günstig für die Ziele und die Position der Verantwortlichen angesehen werden können,
*   Informationen eher Verwendung finden, wenn sich starke und klar vorstellbare Folgen ihres Einsatzes herauskristallisieren.

Als vollzogen kann die betriebliche Informationsaufgabe erst dann gelten, wenn die bedarfsgerecht beschafften und differenziert aufgearbeiteten Informationen an die Verwender, d.h. an die Entscheidungsträger im Unternehmen, weitergeleitet worden sind. Allgemein läßt sich Informationsübermittlung als die Phase im Informationsprozeß charakterisieren, die den Transport einer In-

formation vom Ort ihres Entstehens zum Ort ihrer Verwendung zum Gegenstand hat. Sie soll die Koordination einzelner, durch Arbeitsteilung spezialisier-
ter Tätigkeiten bewirken. Formale Informationsübermittlungsvorgänge werden
in der Betriebswirtschaftslehre häufig mit dem Begriff "(Betriebliches) Berichtswesen" belegt. Darunter lassen sich in einem weiteren Sinne die "betrieblichen"
Einrichtungen, Vorschriften und Handhabungen zur Erstellung, Verarbeitung,
Weiterleitung und Auswertung von Informationen verstehen (Blohm 1974: 15).
Der Bericht ist die formelle Übermittlung von nach Zweck und Empfängerge-
sichtspunkten geordneten Informationen bzw. Informationsbündeln.

11.2   Ebenen des Informationsmanagements

11.2.1 Überblick

Konzepte des Informationsmanagements, die unterschiedliche Betrachtungsweisen hinsichtlich Information und deren Handhabung im Unternehmen beschreiben, gibt es "in Hülle und Fülle" (Krcmar 1997: 31). Die bisherigen großen
definitorischen und aufgabenbezogenen Einordnungen gilt es aber näher zu
beschreiben, was hier aufgrund der Komplexität des Sujets und der Perspekti-
venvielfalt nur exemplarisch möglich ist. Ein anschauliches Beispiel ist das
"Mehrebenenmodell" (Wollnik 1988 - vgl. Abb. 11-3). Die einzelnen Ebenen
werden differenziert in:

*   Management des Informationseinsatzes,
*   Management der Informations- und Kommunikationssysteme und
*   Management der Infrastrukturen für Informationsverarbeitung und Kom-
    munikation.

Aktionsfelder des Informationseinsatzes betreffen den internen und externen
Informationseinsatz. Auf der Ebene der Informations- und Kommunikationssysteme müssen Informationssysteme strukturiert und gestaltet werden. Die
Ebene der Infrastruktur befaßt sich mit dem Management der Bereitstellung
der notwendigen Technologien.

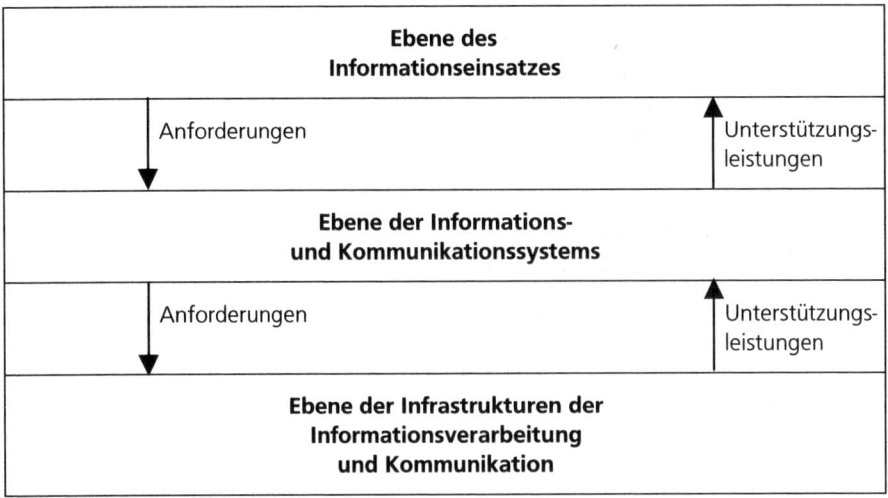

Abbildung 11-3 Ebenen des Informationsmanagements (Wollnik 1988: 38)

11.2.2 Die Ebene des Informationseinsatzes

Auf dieser Ebene sind aus der Sicht eines Entscheidungsträgers, dessen Kompetenzbereich sich auf das Gebiet des Informationsmanagements erstreckt, Fragen bezüglich des Informationsvolumens und der Informationsqualität für die einzelnen Aufgabenschritte und Aufgabenträger zu beantworten.

Typisch für diese Ebene ist die Planung, Umsetzung oder Erfassung von Informationsprozessen, die aus der Aufbau- und Ablauforganisation eines Unternehmens resultieren. Damit ergeben sich enge Verbindungen zu der Organisation und deren Instrumentalvariablen, insbesondere der Formalisierung als schriftliche Fixierung organisatorischer Regeln, die auch die Beschreibung von Arbeitsabläufen, Programmen und Stellenbeschreibungen implizieren sollte, die als eine Quelle zur Erfassung von Informationsprozessen benutzt werden kann.

Zusätzlich kommen auf dieser Ebene Techniken der allgemeinen Systemanalyse zur Anwendung. Selbst eine technische Unterstützung durch spezielle Softwaresysteme, mit denen eine Kommunikationstrukturanalyse durchgeführt und dokumentiert werden kann, kann ein wertvolles Instrument bei der Erfassung und Bewertung von Informationsprozessen im Unternehmen darstellen. Natürlich zählt zu dieser Ebene auch die Verbesserung bestehender Informations- und Kommunikationsprozesse, d.h. auch die Überprüfung des qualitativen und quantitativen Informationsflusses im Hinblick auf seine Zweckmäßigkeit bezüglich der definierten Arbeitsabläufe.

Erst nach dieser Analyse ist es möglich, weitere Überlegungen im Hinblick auf eine Unterstützungsmöglichkeit der Informationsprozesse anzustellen. Diese Phase stellt den Übergang zur nächsten Ebene des Informationsmanagements dar.

11.2.3 Die Ebene der Informations- und Kommunikationssysteme (IuK-Systeme)

Informations- und Kommunikationssysteme sind ein abgestimmtes System aus personellen, organisatorischen und technischen Elementen. Sie dokumentieren das primäre Erkenntnisobjekt der Wirtschaftsinformatik. Aus der Sicht des Informationsmanagements, das als ganzheitlicher Ansatz hier verstanden werden soll, kann es bei dieser Ebene nicht nur um Fragen der technischen Merkmale von IuK-Systemen gehen, sondern auch um die Frage der betrieblichen und organisatorischen Notwendigkeit, IuK-Systeme einzusetzen und darüber hinaus um die "Einsetzbarkeit" dieser Systeme in einem konkreten Unternehmen. D.h., Gegenstand dieser Ebene des Informationsmanagements muß es auch sein, die betriebliche Notwendigkeit und die personellen Voraussetzungen in den Überlegungen für den Einsatz dieser Systeme zu berücksichtigen.

Insofern zeigt die folgende Unterteilung der Informations- und Kommunikationssysteme nur den funktionalen Aspekt auf, nicht aber den organisatorischen bzw. sozialen Aspekt.

Eine mögliche und zweckmäßige Differenzierung der IuK-Systeme ließe sich anhand der einzelnen Schritte des Informationsprozesses vornehmen, d.h. IuK-Systeme zur Informationsbeschaffung, zur Informationsverarbeitung und Informationsweiterleitung (vgl. Schmidt 1996: 9), eine andere Möglichkeit orientiert sich eher an den betriebswirtschaftlichen Anwendungsmöglichkeiten und erscheint in diesem Zusammenhang eine passendere Differenzierung zu sein.

Mittlerweile läßt sich die Unterscheidung anhand der betriebswirtschaftlichen Fragestellung in vier Klassen vornehmen, die in der folgenden Reihenfolge auch eine chronologische Bedeutung besitzen.

- **Funktionale Informations- und Kommunikationssysteme**
  Sie sollen die Informationsprozesse in den einzelnen betrieblichen Funktionen eines Unternehmens unterstützen. Vertreter dieser Systeme sind unter anderem Personalinformationssysteme, Produktplanungssysteme oder ein Marketing-Informationssystem. Signifikant für diese Kategorie der IuK-Systeme ist eine computergestützte Informationsverarbeitung innerhalb einer abgegrenzten Organisationseinheit des Unternehmens. Die Funktionalität dieser Systeme orientiert sich damit eher an den Aufgaben in den einzelnen betrieblichen Funktionen und weniger an der Unterstützung eines unternehmensweiten Datenaustausches.

- **Aggregierte Systeme**
  Typisch für diese Form der Informations- und Kommunikationssysteme ist eine bewußt geplante Einschränkung des Detailliertheitsgrades der Informationen zwischen den Hierarchieebenen im Unternehmen ohne Einschränkung auf einzelne betriebliche Funktionen. Der Zweck derartiger Systeme ist die Versorgung der Entscheidungsträger mit den ausschließlich notwendigen Informationen über das Unternehmen, ohne daß aus einzelnen betrieblichen Bereichen durch zu viele Detailinformationen, die jedoch durch eine sinnvoll konstruierte Benutzeroberfläche auch noch erfragt werden können, der Anwender überfordert wird.

- **Prozeßorientierte Systeme**
  Den prozeßorientierten Systemen liegt eine grundsätzlich andere Philosophie als den funktionalen IuK-Systemen zugrunde. Hierbei handelt es sich um die informatorische Umsetzung der geschäftsprozeßspezifischen Betrachtung im Unternehmen. Aus der Notwendigkeit heraus, die eigenen Organisationsstrukturen zu verbessern und neue Konzepte der Unternehmensführung und -organisation zu finden, rückte die Philosophie des Business Reengineering zunehmend in den Mittelpunkt. Prozeßorientierte Systeme bilden daher standardisierte Programme bzw. Geschäftsprozesse als sogenannte Workflows im Informationssystem nach.

- **Analytische Informationssysteme**
  Im Vordergrund analytischer Informationssysteme steht die Informationsversorgung betrieblicher Fach- und Führungskräfte. Dieser Zweckbezug liegt
  allerdings auch bei den anderen drei genanten Klassen vor, allerdings sollen
  analytische Informationssysteme als ein unternehmensweites Konzept verstanden werden, dessen Ziel es ist, eine logisch zentrale, einheitliche und
  konsistente Datenbasis für die Informationsversorgung aufzubauen, in der
  verschiedene Datenquellen in einer einzigen Informationsressource für den
  offenen Datenzugriff aufbewahrt werden (Chamoni/Zeschau 1996: 61).
  Hinzu kommen die notwendige schnelle Zugriffsmöglichkeit und eine "intelligente" Hilfe bei der Erkennung von Datenmustern.

11.2.4 Die Ebene der informationstechnischen Infrastruktur

Diese Ebene des Informationsmanagements obliegt ohne Zweifel in ihrer Entwicklung dem technischen Fortschritt im Bereich der Rechnerarchitektur, d.h.
der Weiterentwicklung von Speicher- und Datenübertragungsmedien, Prozesso-
ren und deren Einbindung in andere Kommunikationssysteme über sogenannte
Peripheriegeräte, mit denen ein Dateninput und -output vorgenommen wird.

So läßt sich auch - chronologisch betrachtet - an der Entwicklung der Com-
putergenerationen und der technischen Leistungsfähigkeit der Computer-
systeme erkennen, inwieweit in den letzten Jahrzehnten die Anzahl der ökonomisch sinnvollen Applikationsmöglichkeiten der Datenverarbeitung in den
Betrieben zunahm.

So waren die ersten Peripheriegeräte Drucker und Lochkartenleser, die in Verbindung mit frühen Rechnergenerationen, deren Rechnerkapazitäten ausschließlich isoliert nutzbar waren, nur für die Bearbeitung und Auswertung von
Massendaten einsetzbar, nicht zuletzt auch durch den damals nur möglichen
Offline-Betrieb, über den ein Programm zwar gestartet, aber nicht mehr während des Programmlaufes interaktiv beeinflußt werden konnte.

Erst die Möglichkeit des Online-Betriebes, d.h. die interaktive Beeinflussung des
Programmlaufes durch die Eingabe über die Tastatur und die Kontrolle über
den Bildschirm, sowie eine Prozessorcharakteristik, die auch die Möglichkeit

eines Time-Sharing-Betriebes bot, bedeutete einen Quantensprung in der technologischen Entwicklung. Erst jetzt waren prinzipiell die Optionen gegeben, wie sie heutzutage von der Nutzung eines PC bekannt sind, d.h. die interaktive Steuerung der Programme sowie der scheinbar zeitparallele Ablauf mehrerer Programme, die, wie der Begriff Time-Sharing zum Ausdruck bringen soll, die Prozessorzeit in kurzen Zeitzyklen sukzessiv nutzen.

Der Terminus "informationstechnische Infrastruktur" als eine Ebene des Informationsmanagements wäre jedoch bei diesem technischen Stand, der bisher geschildert worden ist, sicherlich als übertrieben zu werten. Er gewinnt erst durch die Vernetzung von Rechnerkapazitäten, die einen Datenaustausch zwischen verschiedenen Nutzern ermöglicht, an Bedeutung. Erst dadurch läßt sich eine Form der DV-gestützten Kommunikation durch den Austausch von Daten und einen dezentralen Zugriff realisieren.

Eine DV-Infrastruktur, die neben der reinen Verarbeitung von Daten auch kommunikative und informatorische Prozesse in einem Unternehmen unterstützen soll, kann folgerichtig nur eine dezentrale Struktur, d.h. eine Netzstruktur, aufweisen. Auch hierbei lassen sich wiederum chronologisch betrachtet einige markante technologische Stufen festhalten.

Die ersten **innerbetrieblichen Netze** waren in den siebziger Jahren die sogenannten Terminalnetze, resultierend aus der Anbindung mehrerer Ein- und Ausgabestationen an die vorab beschriebene Rechnergeneration, nun bestehend aus einem zentralen Host-Rechner als Verwaltungselement und passiven Terminalstationen ohne eigene Rechnerkapazität für die Kommunikationsteilnehmer. Insgesamt erforderte dieses Konzept eine enge Bindung an einen bestimmten Anbieter bzw. Hersteller dieser Rechnerarchitektur und ist - aus der heutigen Sicht betrachtet - dem Prinzip einer offenen innerbetrieblichen DV-gestützten Hardware-Infrastruktur kaum zugänglich, da die verwendete Anwendersoftware nicht auf andere Hardwarearchitekturen übertragbar ist. Allerdings waren bei den herstellerspezifischen Netzen auch Modifikationen zu verzeichnen, um diesen Nachteil zu reduzieren. Beispielsweise bemüht sich IBM, die SNA-Architektur zu öffnen und kommunikationsarchitektur-übergreifende Schnittstellen zu schaffen, durch die auch andere Anwendungsprogramme unterstützt werden können, d.h., Anwendungen sollen von den spezifischen Netzwerkübertragungsprotokollen entkoppelt werden.

Eine zweite Netzstrukturvariante war die zusätzliche Integration von lokalen Netzwerken (**Local-Area-Network** (LAN)) in die Hostarchitektur, um somit unter anderem eine bedarfsgerechtere Kommunikationsstruktur innerhalb bestimmter Geschäftseinheiten zu erhalten und lokale Anwendungen auf dem Arbeitsplatzrechner zusätzlich durchführen zu können. Ein Vorteil dieser Lösung ist eine Entlastung der Hostrechnerkapazitäten und die lokale Nutzung standardisierter Software. Im Prinzip sind damit intelligente Ein- und Ausgabestationen mit einer eigenen Rechnerkapazität an die Stelle der passiven Terminals gerückt. Diese Netzstruktur dokumentierte bis vor wenigen Jahren den neuesten Stand der Technik im Bereich der betrieblichen DV-Infrastrukturen und wird erst jetzt allmählich durch das Bemühen, eine unternehmensweite Systemintegration zu erreichen, abgelöst.

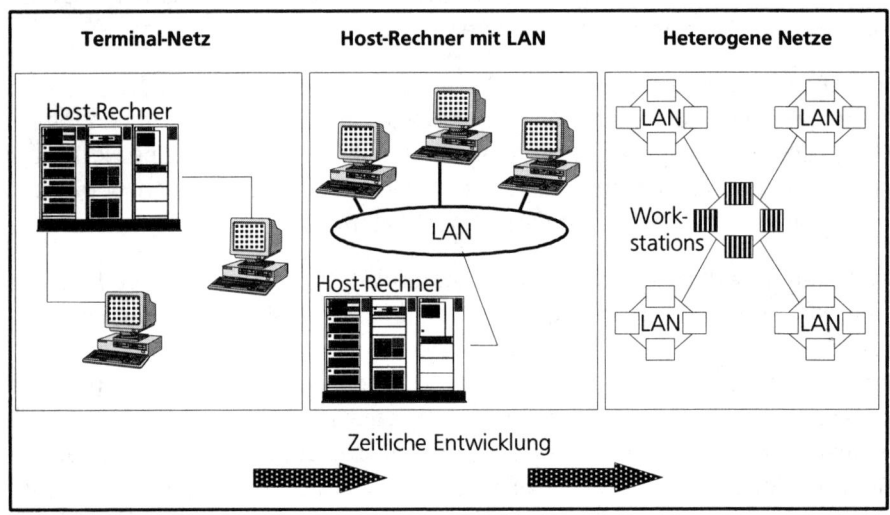

Abbildung 11-4 Die chronologische Entwicklung von Netzwerkarchitekturen

Das Ziel ist eine Infrastruktur, die über die verschiedenen Hardwarespezifikationen hinweg einen vollständigen Informationsaustausch innerhalb und zwischen verschiedenen Unternehmen erlaubt. So lassen sich beispielsweise die klassischen LANs mit modernen DV-Netzen für die Kopplung von Workstations, die teilweise die gesamten Funktionen eines Zentralrechners übernehmen, verbinden oder auch eine Integrationslösung für alle Rechnerkategorien, beginnend bei dem Personal-Computer als Arbeitsplatzrechner über eine mehrplatz-fähige Workstation bis hin zu der Mainframe-Anlage in einem Konzept realisieren. Hinter dieser Vernetzungs-Philosophie verbirgt sich eine Vielzahl von Konsequenzen für die gesamte Hardwarearchitektur, für die Normierung der Systemsoftware und für die Softwaremigration bzw. Softwareentwicklung. Die Abbildung 11-4 zeigt die verschiedenen historisch gewachsenen **Netzwerkkonzepte**.

Erst durch die Entwicklung hin zu den sogenannten heterogenen Netzen bzw. offenen Systemen kann dieser über die Restriktionen einer bestimmten eingesetzten Hardware hinweg geforderte Informations- und Datenaustausch innerhalb und zwischen unterschiedlichen Unternehmen erreicht werden.

Offene Systeme bezeichnen allgemein DV-Infrastrukturen, die einen Verbund heterogener Rechnersysteme in einem Unternehmen realisieren und die Integration dieser verteilten unterschiedlichen Systemelemente in bezug auf die Informationsverarbeitung und Kommunikation unterstützen. Aus der Perspektive der Unternehmungen kann mit dem Konzept der Offenen Systeme eher den Forderungen nach einer informatorischen Integration der Arbeitsabläufe und einer Verbesserung der organisatorischen Flexibilität entsprochen werden. Dazu ist eine eindeutige Architektur für Offene Systeme notwendig, zumal unter der Prämisse, daß diese Systeme nicht nur auf den Inhouse-Bereich beschränkt bleiben sollten. Ein weiterer Aspekt ist die verstärkte Nutzung von Client-Server-Architekturen, durch die eine Verteilung der Rechnerlast auf unterschiedliche Systeme ermöglicht wird. Zusätzlich unterstützt die Client-Server-Architektur die Nutzung dezentraler Datenbanken. Selbstverständlich ist die Vernetzung von Server- und Client-Rechnern eine zwingende Voraussetzung. Auch im Rahmen einer heutzutage unerläßlichen Intranet-Lösung als unternehmensweites Informationssystem, das technisch betrachtet wie ein kleines "unternehmensspezifisches Internet" funktioniert, ist der Einsatz eines Servers erforderlich, um die abrufbaren Informationsseiten (Web-Seiten) für alle Nutzer zur Verfügung zu stellen.

Dies gilt gleichermaßen für einen unternehmensübergreifenden Datentransfer, d.h., auch die Kompatibilität der Hardware sollte zwischen der eigenen Infrastruktur und der kooperierender Unternehmen gewährleistet sein. Dazu ist ein Standard notwendig, der auch einen zwischenbetrieblichen Datentransfer ermöglicht. Abbildung 11-5 zeigt die einzelnen Komponenten einer Infrastruktur für Offene Systeme.

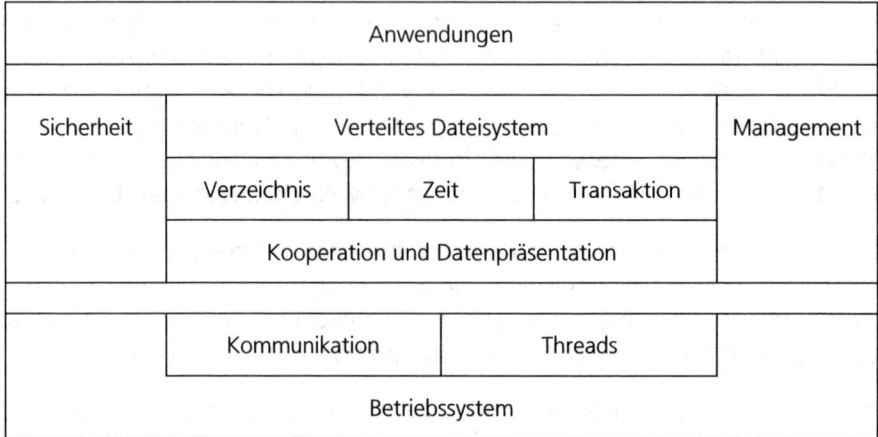

Abbildung 11-5 Architekturelemente Offener Systeme

Die Basis der Architektur bilden verschiedene Betriebssysteme, die um spezielle Funktionen (Threads) und Kommunikationsprotokolle erweitert worden sind. Beispielsweise um das **TCP/IP-Protokoll** (Transmission Control Protocol/ Internet-Protocol), das als Standardprotokoll für den Datenaustausch im Internet, aber auch im Intranet genutzt wird und demzufolge auch in offenen Systemen mit lokalen Netzwerken (LAN), deren angeschlossene Rechner als Clients fungieren, eingesetzt werden kann. In der nächsthöheren Ebene (Kooperation) befinden sich die RPC-Konzepte (Remote Procedure Call), mit denen Client-Server-Aktionen definiert werden können. Über RPC werden verteilte Anwendungen arbeitsplatzrechnerbezogen angestoßen. In der darüberliegenden Ebene ist unter anderem das Verzeichnis mit den Namen der nutzbaren Ressourcen im gesamten System plaziert.

Das Zeitmodul in dieser Ebene hat die Aufgabe, eine globale Zeit im gewissen Toleranzintervall für verteilte Steuerungsmechanismen vorzugeben. Über das Transaktionselement wird unter anderem die Datenkonsistenz bei Anwendungen im verteilten System gewährleistet. Die Aufgabe des verteilten Dateisystems besteht in der Erweiterung von Dateioperationen auf dezentral gelagerte Dateien.

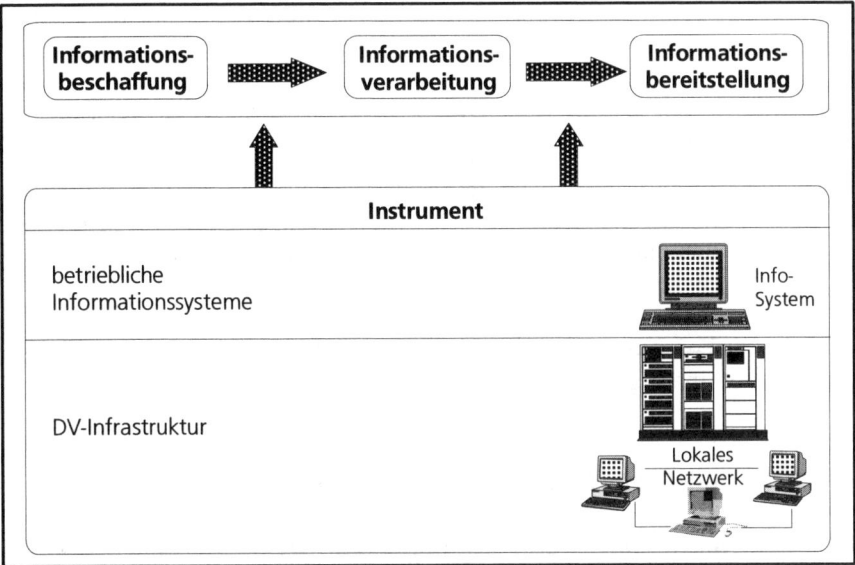

Abbildung 11-6   Ebenen des Informationsmanagements

Aus den drei beschriebenen Ebenen leiten sich einige prinzipielle Fragestellungen ab, die die zentrale Aufgabe des Informationsmanagements unterstreichen:

(1) Welche Informationsprozesse mit welchen beteiligten Personen und in welcher Form existieren im Unternehmen? (1. Ebene)

(2) Lassen sich diese Informations- und Kommunikationsprozesse im Hinblick auf ihren Zweck verbessern? (1. Ebene)

(3) Besteht eine Möglichkeit, durch Reorganisationsmaßnahmen Informationsprozesse technisch zu unterstützen? (1. und 2. Ebene)

(4) Wenn ja, kann dabei eine DV-Unterstützung zweckmäßig sein? (2. Ebene)

(5) Welche IuK-Systeme kommen dafür in Frage? (2. Ebene)

(6) Welche Infrastruktur muß für den Einsatz der IuK-Systeme vorhanden sein? (3. Ebene)

(7) Bietet das geplante IuK-Konzept in Verbindung mit der gewählten Infrastruktur auch eine ausreichende Zukunftsperspektive? (2. und 3. Ebene)

(8) Wie sollte das Informationsmanagement institutional im Unternehmen verankert werden?

Alle drei Ebenen sind damit nicht unabhängig voneinander zu analysieren, sondern müssen gleichermaßen bezüglich der Veränderung und Unterstützung eines Kommunikations- und Informationsprozesses geprüft werden, zumal auf der ersten Ebene durchaus ein Verbesserungspotential existieren kann, das aufgrund des fehlenden technischen Verständnisses in der dritten Ebene nicht erkannt wird.

Die Abbildung 11-6 beinhaltet die schematisierte Darstellung der drei Ebenen des Informationsmanagements.

11.3   Betriebliche Informationssysteme

Funktionale Informations- und Kommunikationssysteme haben die Aufgabe, Informationsprozesse in den einzelnen betrieblichen Funktionen eines Unternehmens zu unterstützen. Bezeichnend für diese Klasse ist eine computergestützte Verarbeitung und Weiterleitung von Informationen innerhalb einer Hierarchieebene bzw. mehrerer Hierarchieebenen im Unternehmen, ohne daß eine Einschränkung des Informationsvolumens zwischen den Ebenen von vornherein vorgesehen ist.

Beispiele für diese Systeme sind unter anderem

- **Personalinformationssysteme:** Sie dienen insbesondere der Bewältigung administrativer Aufgaben im Personalbereich, wie z.B. der Lohn- und Gehaltsabrechnung, der Verwaltung der Personalakten, aber auch der Planung des Personaleinsatzes. Die Funktionalität der Personalinformationssysteme geht dabei über die reine Unterstützung der Lohn- und Gehaltsabrechnung hinaus (vgl. Heinecke 1994a: 19). Innerhalb der einzelnen personalwirtschaftlichen Aufgaben nehmen die DV-technischen Unterstützungsmöglichkeiten mehr und mehr zu, so daß auch eine "halbautomatische" Bewerberauswahl mit Hilfe von Profilabgleichsystemen oder aber ein Personalentwicklungscontrolling durchaus denkbar ist.

- **Beschaffungsinformationssysteme** zur Automatisierung von Beschaffungsprozessen

- **Produktionsplanungssysteme (PPS-Systeme)** zur Planung und Steuerung von Produktionsprozessen im Fertigungsbereich des Unternehmens. In diesem Zusammenhang sollte ein PPS-System eine simultane Planung aller Elementarfaktoren und eine Echtzeitplanung, die eine Prüfung von Produktionsstörungen gestattet, ermöglichen. Zusätzlich sollte das Prinzip der knappen Mengen- und Terminplanung berücksichtigt werden (vgl. Kernler 1995: 13). Diese allgemein formulierten Forderungen stellen im Detail eine große Herausforderung an die Bewältigung eines großen notwendigen Datenvolumens dar. Zusätzlich werden in der Anwendung der Systeme Algorithmen benötigt, mit denen eine optimale Maschinenbelegung und Auftragsreihenfolge ermittelt werden kann. Gerade für diese Planungsphase werden heuristische Methoden eingesetzt, die auf Methoden der Künstlichen Intelligenz basieren können, z.B. durch Einführung von Fuzzy-Sets (vgl. Specht/Wolter 1997: 250).

- **Marketing-Informationssysteme** zur Verwaltung von Kundeninformationen, z.B. beim Direct-Marketing durch das Database-Marketing, zur Verbesserung des Berichtswesen oder als verkaufsförderndes Instrument bei hochwertigen Produkten und Dienstleistungen, indem eine stärkere Kundenorientierung durch die Verwendung von dezentralen Informationssystemen für den Außendienst erzielt wird. Hierbei kann ein Kunde direkt seine Vorstellung an einem Laptop des Außendienstmitarbeiters umsetzen. Der Abgleich bezüglich der Produktkonfiguration und der Preisgestaltung erfolgt dann online über eine Datenverbindung zwischen Laptop und Rechenzentrum des Unternehmens. Mit diesen sogenannten Vertriebskonfigurationssystemen sollen so automatisch die gültigen Produkt- und Angebotskonfigurationen nach den Wünschen der Kunden erstellt, zusätzliche Informationen über das Produkt bereitgestellt und die Ergebnisse direkt an andere Unternehmensbereiche wie die Auftragsbearbeitung und die Produktplanung weitergeleitet werden (vgl. Rust 1998: 29).

- **Aggregierende Systeme**
  Charakteristisch für diese Form der Informations- und Kommunikationssysteme ist eine bewußte Top-down-Vorgehensweise bei der Informationsrecherche. Der Benutzer erhält auf einer ersten Ebene aggregierte Daten

aus verschiedenen Bereichen des Unternehmens, deren Informationsgehalt teilweise durch eine farbliche Unterscheidung kenntlich gemacht wird. Die Zugriffsmöglichkeiten können sich auf mehrere betriebliche Funktionen erstrecken und erlauben ein sukzessives "Vortasten" in ein datenmäßig aufbereitetes Segment des Unternehmens. Ziel dieser Systeme ist eine bedarfsgerechte Versorgung des Entscheidungsträgers und gleichzeitig Anwenders mit den Informationen, die für die Entscheidungsfindung relevant sind. Dazu bedarf es einer relativ einfachen Benutzeroberfläche, um die Akzeptanz gegenüber derartigen Systemen zu gewährleisten, zumal davon auszugehen ist, daß die Zielgruppe dieser Systeme innerhalb des Unternehmens einer höheren Hierarchieebene angehört und deshalb nicht "Willens" ist, mit dem System zu arbeiten, solange die Vorteile des Systems nicht eindeutig erkennbar sind. Darüber hinaus ist der Implementierungsaufwand erheblich, da meistens sogenannte "Sekundärinformationen" mit diesen Systemen ausgewertet werden, die durch andere Datenverarbeitungsprozesse erzeugt worden sind, zu denen in erster Linie die funktionalen IuK-Systeme zählen. Es müssen als zwingende Voraussetzung für die aggregierenden Systeme Schnittstellen zu anderen im Einsatz befindlichen Informationssystemen im Unternehmen geschaffen werden, bevor überhaupt derartige Auswertungsmöglichkeiten gegeben sind.

Zu dieser Klasse der IuK zählen Decision Informationssystems (DSS), Executive Information Systems (EIS) bzw. Führungsinformationssysteme oder auch allgemein die Management-Informationssysteme, die sich anhand zweier Kriterien differenzieren lassen (Heinecke/v.d. Oelsnitz 1995: 69):

- die mit dem System arbeitende Zielgruppe und
- die Form der Informationsaufbereitung, d.h. passive Aufbereitung und Bereitstellung bzw. aktive Aufbereitung durch die Entwicklung von situationsspezifischen Handlungsvorschlägen.

Im engeren Sinne bleibt beispielsweise die Gruppe der potentiellen Benutzer eines FIS auf die obere Führungsebene beschränkt, wobei die Informationsverarbeitung des Systems einen rein passiven Charakter aufweist, wie er den allgemeinen Informationssystemen zugeordnet werden kann. Nach dieser Begriffsabgrenzung versteht man unter einem DV-gestützten Führungsinformationssystem zunächst ein betriebliches Informationssystem, das für die spezielle Zielgruppe des Top-Managements konzipiert ist und der ausschließlichen Informationsbeschaffung dieser Anwendergruppe im Hinblick auf die Entscheidungsunterstützung dient. Damit entspricht ein FIS begrifflich dem angloamerikanischen EIS (Executive Information System), was durch die angloamerikanische Bezeichnung 'Executive' und deren Übersetzung in 'leitender Angestellter' bzw. 'Führungskraft' zusätzlich untermauert wird.

Im Vergleich dazu werden unter dem Begriff DSS interaktive EDV-Systeme subsumiert, die Führungskräften mit Hilfe von Modellen, Methoden und problemspezifischen Daten im Verlauf des zu bewältigenden Entscheidungsprozesses insbesondere bei schlecht-strukturierbaren Entscheidungssituationen eine Unterstützung bei der Lösung von Teilaufgaben bieten sollen. Dabei soll dem Entscheidungsträger interaktiv vom System geholfen werden. Sie kombinieren die Modellentwicklung und analytische Problemlösungstechniken mit dem traditionellen Datenzugriff und "retrieval"-Funktionen (Chamoni/Zeschau 1996: 53).

Es findet damit über die Systeme eine aktive Aufbereitung der Informationen statt, die über die Einbindung von statischen bzw. dynamischen Simulationsmodellen oder von problemspezifischen Expertensystemen, die unter anderem ein dem Entscheidungsobjekt adäquates Regelwerk beinhalten müssen, realisiert werden kann. Trotz dieser massiven Hilfe durch ein DV-basiertes System sollte jedoch bedacht werden, daß nicht alle Entscheidungsprozesse vollständig algorithmisierbar sind und deshalb der Begriff 'Support' seine Berechtigung in der Namensgebung besitzt.

- **Prozeßorientierte Systeme**
  Im Gegensatz zu den bisherigen Kategorien von IuK-Systemen zeichnen sich prozeßorientierte Systeme durch zwei Besonderheiten aus:
  (1) Mit ihnen werden keine aggregierten Daten verarbeitet und weitergeleitet.
  (2) Sie beschränken sich nicht auf einzelne betriebliche Funktionen.

  D.h., mit ihnen können detaillierte Daten über verschiedene betriebliche Funktionen hinweg verarbeitet werden. Die Idee, die sich hinter diesen prozeßorientierten Systemen verbirgt, ist die Schaffung von Transparenz bei einzelnen herausgearbeiteten Geschäftsprozessen. Deren Abläufe lassen sich in einem Informationssystem nachbilden, mit dem sowohl inhaltliche, personelle als auch zeitliche Aktivitäten festgehalten werden können.

Im Informationsmanagement wird das Ergebnis dieser Prozeßmodellierung als ein **Workflow** bezeichnet, wobei ein Workflow die computergestützte Durchführung oder Automatisierung eines ganzen Geschäftsprozesses oder eines Teils davon darstellt.

Die implementierte Form der Abbildung von Geschäftsprozessen wäre in diesem Zusammenhang das Workflow-Management-System, welches sich ideal für die Automatisierung stark und teilweise strukturierter Geschäftsprozesse eignet, die zyklisch bzw. azyklisch auftreten. Ein Workflow-Management-System ist ein rechnergestütztes System, das arbeitsteilige Prozesse aktiv steuert. Hierbei erfolgt eine Steuerung des Arbeitsflusses zwischen den beteiligten Organisationseinheiten und Anwendungen nach den Vorgaben der Ablaufspezifikation. Derartige Geschäftsprozesse sind in allen Bereichen der Unternehmung anzutreffen, so daß Workflow-Management-Systeme sehr vielseitig genutzt werden können. Klassische Einsatzfelder sind meistens die formellen Vorgänge in der Bürowelt, die man verstärkt in den Verwaltungsbereichen, bei Dienstleistern und Versicherungen vorfindet. Aber auch in der Industrie treten zyklische Prozesse mit hoher Wiederholfrequenz auf, die für den Einsatz von Workflow-Management-Systemen ein hohes Optimierungspotential bieten. Man nennt die Workflows auch Production Workflows. In der letzten Zeit wird jedoch immer häufiger die Unterstützung flexibler Prozesse gewünscht. Derartige Ad-hoc-Workflows stellen hohe Anforderungen an die Leistungsfähigkeit von Workflow-Management-Systemen, weil sie Funktionalitäten, wie z. B. Abweichen von Prozeßvorgaben erfordern, die sich nur dynamisch steuern lassen (vgl. Koch/Zielke 1996: 110f.; Vogler 1996: 355).

Der Einsatz von Workflow-Management-Systemen bietet dem Management die Möglichkeit, sich ad hoc einen Überblick über den Status quo und die Eigenleistung zu verschaffen. Das Management ist dabei nicht mehr auf speziell angefertigte Analysen angewiesen, sondern kann unter Umständen auf die vorhandene Datenbasis zugreifen und sich selber informieren (vgl. Koch/Zielke 1996: 123). Diese auch als Monitoring bezeichneten Funktionalitäten eines Workflow-Management-Systems verschaffen dem Management Informationen über die Ressourcenausnutzung und die Personalbelastung und dienen der Abbildung von Soll-Ist-Abweichungen (vgl. Oberweis 1996: 69).

Ein weiterer Vorteil, der sich durch den Einsatz eines Workflow-Management-Systems für die Führungskräfte ergibt, ist z.B. das frühzeitige Erkennen von Schwierigkeiten in Geschäftsprozessen. Die Workflow-Datenbasis erlaubt ein echtes Prozeß-Controlling, indem durch eine kontinuierliche bzw. regelmäßige Beobachtung der Vorgangsabwicklung Engpässe aufgedeckt und die notwendigen Maßnahmen eingeleitet werden können (vgl. Koch/Zielke 1996: 123).

- **Analytische Systeme**
  Sie weisen einen sehr hohen Integrationsgrad innerhalb der DV-gestützten Informationsprozesse im Unternehmen auf. Die Zielsetzung ist hierbei insbesondere die Integration sämtlicher DV-basierter IuK-Prozesse im Unternehmen unter einer gemeinsamen Benutzeroberfläche und die "automatisierte" Verknüpfung der gesammelten Daten über das Unternehmen für eine Verbesserung der Informationsqualität. Im Prinzip steckt diese Philosophie auch hinter den aggregierten Systemen, nur daß es sich dort mehr um eine vertikale Verknüpfung zu bestehenden Informationssystemen handelt, während analytische Systeme sowohl in vertikaler als auch horizontaler Richtung eine Verbindung zu den im Einsatz befindlichen DV-Systemen im Unternehmen gestatten sollen. Damit kann ein analytisches System durchaus auch Aufgaben aggregierender Systemen übernehmen, denn letztlich ist es auch das Ziel aggregierender Systeme, möglichst alle Bereiche des Unternehmens zu erfassen und die dazu erforderlichen Daten für anstehende Entscheidungsprozesse aufzubereiten. Die Konsequenz ist dabei der Zugriff auf ein immenses Datenvolumen, das ein einzelner Benutzer nicht mehr effizient bearbeiten bzw. auswerten kann.

Dieses Datenvolumen wird mehr oder weniger zentral als konsistente Datenbasis (Data-Warehouse) erfaßt. **Data-Warehouse** bezeichnet eine informative Datenbank, in der unternehmensspezifische historische und damit unveränderliche Daten unterschiedlicher Quellen gesammelt werden. Diese Daten werden nach Sachzusammenhängen geordnet und zeitpunktbezogen abgespeichert (Scheer 1996: 74). Hierfür wird zusätzlich eine Softwaretechnologie benötigt, die einen schnellen und interaktiven Zugriff auf relevante und konsistente Daten ermöglicht (das sogenannte **Online Analytical Processing**) und das algorithmengestützte Erkennen von Datenmustern und Regeln in großen Datenbanken unterstützt, um so primär nicht erkennbare Informationen aus Datenverknüpfungen zu gewinnen. Die Funktion wird auch als **Data Mining** bezeichnet (vgl. Chamoni 1998: 13ff.). Die Abbildung 11-7 zeigt die einzelnen Architekturkomponenten eines analytischen Informationssystems.

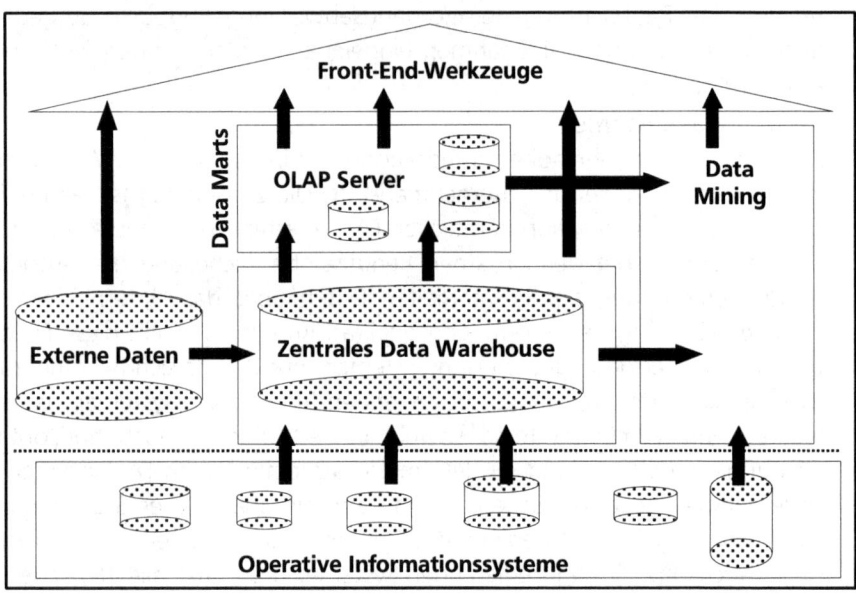

Abbildung 11-7   Architekturkomponenten und Datenflüsse bei "analytischen Informationssystemen" (nach Chamoni/Guchowski 1998: 12)

Betrachtet man diese Abbildung von oben bzw. unten und klammert den mittleren Bereich aus, so stellt man fest, daß zunächst über die bestehenden Informationssysteme im Unternehmen (hier als operative Informationssysteme bezeichnet) eine einheitliche Oberfläche installiert worden ist (Front-End-Werkzeuge). Das Besondere der analytischen Informationssysteme findet sich im Zwischenbereich mit der konsistenten Datenbasis (zentrales Data Warehouse) und dem OLAP Server sowie dem Data Mining, das über alle Datenquellen Zugriffsmöglichkeiten beinhaltet.

Für die Implementierung des Data-Warehouse bieten sich drei Varianten an (Schinzer/Bange 1998: S. 43f.):

- das **virtuelle Data-Warehouse**: Hierbei besteht ein direkter Zugriff zwischen der Benutzeranwendung und den operativen Datenbanken. Eine reale konsistente Datenbank, wie in der Abbildung im mittlereren Bereich aufgezeigt, existiert nicht. Die abgefragten Daten werden direkt aus den operativen Datenbanken gelesen und mittels vorhandener Software auf dem Benutzerrechner (Client) jedesmal aufbereitet. Bei diesem Konzept besteht seitens der Benutzer nur ein lesender Zugriff, um keine Dateninkonsistenzen hervorzurufen. Der Vorteil dieser Variante liegt in einer recht kostengünstigen Realisierung, allerdings zeigen solche Systeme eine geringe Leistungsfähigkeit und bieten keine Möglichkeit, einmal aufbereitete Daten zu speichern.

- das **zentrale Data-Warehouse**: Bei dem zentralen Data-Warehouse-Konzept ist im Gegensatz zur virtuellen Variante eine zusätzliche physische Datenbasis vorhanden, die auf einem Server abgelegt ist. Dies bietet die Möglichkeit, die abgefragten Daten direkt über den Server und nicht mehr über den Client aufbereiten zu lassen, und darüber hinaus lassen sich die über geeignete Software präparierten Daten ebenfalls dort abspeichern. Der Vorteil dieses Konzepts, das der obigen Abbildung zum größten Teil entspricht, liegt in einer höheren Performance, da die Daten auf dem leistungsfähigeren Server verarbeitet werden und nicht jede Anfrage eines Endbenutzers neu errechnet werden muß.

- **Data Marts**: Data Marts sind mehrere kleinere Data-Warehouse-Server, die dezentral über ein LAN beispielsweise abteilungsbezogen installiert werden. Es existiert teilweise keine zentrale Datenbasis mehr, sondern eine Reihe kleinerer Data-Warehouse-Datenbasen, die in bestimmten Fachabteilungen mit speziellen Daten plaziert werden. Die Begründung für ein derartiges Konzept kann vielschichtig sein. So kann es für ein Unternehmen mit mehreren Standorten durchaus Sinn machen, ein zentrales Data-Warehouse-Konzept zu realisieren und zusätzlich bei den einzelnen Standorten Data Marts zu installieren, deren Datenbasen einen speziellen Bereich der zentralen Datenbasis durch Replikation beinhalten. Damit wird eine schnellere Bereitstellung der Daten an verschiedenen Orten und eine höhere Datensicherheit erreicht. Zudem ist der Aufwand für dezentrale Data Marts, wenn keine zentrale Datenbasis vorhanden ist, für die Einführung eines Data-Warehouse-Konzepts geringer als die zentrale Lösung, da die abteilungsbezogenen Datenbasen sukzessiv installiert werden können.

Entscheidend bei diesem Konzept ist die zweckmäßige Verteilung der Daten auf die einzelnen Server und die Synchronisation der Daten, wenn eine zentrale und weitere dezentrale Datenbasen eingerichtet werden sollen. Die Kombination des zentralen Data-Warehouse und der Data Marts entspricht der obigen Abbildung.

Neben der gewählten Data-Warehouse-Konzeption hängt die Effizienz eines analytischen Informationssystems von den installierten "Datenaufbereitungsmethoden" ab, d.h. von den verwendeten Abfrage- und Analysewerkzeugen. Nach dem Anspruch der analytischen Systeme soll nun eine Datenrecherche in vertikaler wie auch horizontaler Richtung möglich sein. Beide Forderungen implizieren einen Zugriff des Endbenutzers auf sehr detaillierte aber auch sehr aggregierte Daten, die über diese Werkzeuge erzeugt werden müssen. In diesem Zusammenhang taucht in der Literatur immer wieder der Begriff **OLAP (Online Analytical Processing)** auf. Ein Forderungskatalog zeigt auf, was bei der der Entwicklung von analytischen Informationssystemen beachtet werden sollte; dessen Berücksichtigung soll es dem Benutzer ermöglichen, selbständig, schnell und mit geringem Aufwand sowohl individuelle Ad-hoc-Anfragen als auch komplexe mehrdimensionale Daten für betriebliche Analysezwecke bereitzustellen (Chamoni 1998b: 233). Die "OLAP-Idee" und die Anforderungen an Analysewerkzeuge wurden von ihm in zwölf Regeln formuliert, deren Kern auf folgende Aspekte zurückgeführt werden kann (Chamoni 1998b: 233; Schinzer/ Bang 1998: 47):

- die **Verwendung mehrdimensionaler Datenstrukturen**: Während bei relationalen Datenbanken nur eindimensionale Datensätze verarbeitet werden, die keine Bezugspunkte zu anderen Größen liefern, sollen mit mehrdimensionalen Datenstrukturen weitere Bezugsgrößen als Dimension abgelegt werden. Dadurch entsteht eine mehrdimensionale Sicht auf abgelegte Daten. Beispielsweise könnte man den Umsatz als eine "Kerninformation" anschauen, die aus der Perspektive einer Führungskraft zunächst einen relativ geringen Informationsgehalt besitzt. Interessant wird die Betrachtung des Umsatzes für einen Entscheidungsträger jedoch dann, wenn er den Umsatz in Beziehung zu einem bestimmten Monat setzten kann (1. Dimension), zu einer gewählten Produktgruppe (2. Dimension) und einem sondierten Absatzgebiet (3. Dimension). Damit werden unterschiedliche Sichten auf betriebliche Kennzahlen möglich (vgl. Ehrenberg/Heine 1998: 504). Multidimensionale Datenbanken speichern diese Dimensionen und die mit ihnen induzierten Fakten. Multidimensionale Daten werden in der Literatur häufig als Hyperwürfel dargestellt.

Dem Benutzer muß dann die Möglichkeit gegeben werden, sich in diesem Würfel zu bewegen und beliebige Schnitte zu legen, um sein individuelles Informationsbedürfnis befriedigen zu können. Die Abbildung 11-8 verdeutlicht diesen Würfel anhand dreier Dimensionen, wobei durchaus die Anzahl der Dimensionen darüber hinausgehen kann.

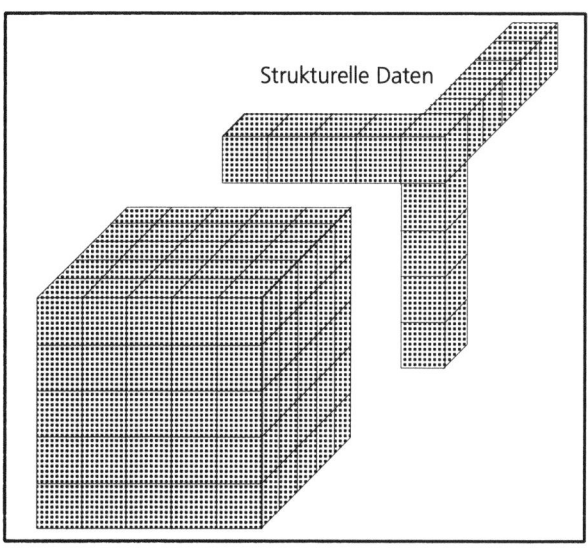

Abbildung 11-8   Multidimensionaler Datenwürfel
(in Anlehnung an Chamoni 1998: 234)

• **Offene Zugriffsmöglichkeiten**: Die abgelegten Daten sollen sowohl aus dem internen als externen Bereich des Unternehmens stammen. Dazu muß die Möglichkeit bestehen, verschiedene Datenformate durch Konvertierungsroutinen zu integrieren. Eine Forderung ist deshalb, daß ein Analysesystem sich selbständig einen Zugang zu den unterschiedlichen Datenquellen verschafft.

- **Unterstützung einer Client-Server-Architektur**: Die Analyseinstrumente sollten sicherstellen, daß sowohl eine verteilte Programmausführung auf mehreren Clients bei einer verteilten Datenbankhaltung, wie es das Data-Marts-Konzept vorsieht, möglich ist und auch Daten aus diesen Datenquellen beliebig integriert und aggregiert werden können.
- **Mehrbenutzerbetrieb**: Derartige Systeme müssen auch die Option zulassen, daß mehrere Benutzer gleichzeitig mit dem System arbeiten können.
- **Benutzerfreundlichkeit**: Gerade weil man davon ausgehen muß, daß die Nutzer dieser Systeme nicht den technischen Hintergrund für die Arbeitsweise von Softwareprogrammen besitzen, andererseits gerade mit diesen Analysemethoden auf ein recht großes Datenvolumen zugegriffen werden kann, muß eine ergonomische und einfache Benutzeroberfläche gegeben sein.
- **Flexible Dimensions- und Aggregationsstufen**: Wie schon erwähnt, soll mit einem analytischen Informationssystem der Zugriff auf unterschiedliche Datenquellen in vertikaler (aggregierter) und horizontaler Richtung möglich sein. Die Analysesysteme sollen daher nach diesem OLAP-Kriterium eine flexible Anzahl von Dimensionen, Verknüpfungen und Variablen bieten.
- **Dynamische Speicherverwaltung**: Diese Forderung resultiert aus dem relativ geringen Belegungsgrad des Hyperwürfels, mit dem die mehrdimensionale Manipulation der Daten möglich sein soll. Dies würde allerdings den Speicherbedarf nach einem mehrdimensionalen "Feld" unnötig aufblähen. Es müssen also effiziente dynamische Speicherungsmethoden von einem derartigen System unterstützt werden.
- **Sicherheit des Datenbestands**: Durch die vielfachen Zugriffsmöglichkeiten in einem Mehrbenutzerbetrieb ergibt sich das Problem der Datensicherheit und -konsistenz, gerade wenn zusätzlich auch noch auf unterschiedliche dezentrale Datenbasen, die reproduziert worden sind, zugegriffen wird. Daher ist die Nutzung von stabilen Backup- und Restoreroutinen unverzichtbar.
- **Intuitive Datenzugriffs- und Manipulationsmöglichkeiten**: Durch die Fixierung der Dimensionen sollte der Zugriff auf die strukturierten Daten nicht eingeengt werden. Vielmehr sollten auch Operationen über diese Dimensionen hinweg durchführbar sein. Dies erfordert eine integrierte Datenmanipulationssprache und offene intuitive Zugriffsoptionen.

Die Anforderungen deuten bereits darauf hin, daß ein Kernproblem für die Durchführung von Online Analytical-Processing die Datenhaltung ist. Hierbei bietet sich für die Praxis momentan nur eine relationale Datenbank an, auf der eine sogenannte **ROLAP-Engine** aufgesetzt wird, um relationale Daten in multidimensionale Strukturen aufzubereiten. Für die Abbildung mehrdimensionaler Daten in relationalen Modellen bieten sich vier Schemata an (vgl. Ehrenberg/ Heine 1998: 504). Diese Lösung bietet jedoch keine Möglichkeit, außerhalb der relationalen Datenbank strukturierte Daten konsistent abzulegen.

Eine Alternative ist die physikalische Speicherung multi- bzw. mehrdimensionaler Daten in Arrays- oder Zellstrukturen, die sich direkt adressieren lassen. Dazu werden sogenannte multidimensionale Datenbanken verwendet, deren Datenverwaltung allerdings auf ein geringeres Speichervolumen begrenzt ist (vgl. Schinzer/Bange 1998: 47f.)

Die dritte Komponente der analytischen Informationssysteme ist das **Data-Mining**. Dienen die OLAP-Konzepte dem schnellen Zugriff auf mehrdimensionale Daten, so wird mit dem Data-Mining das Ziel verfolgt, aus den vorhanden Datenbeständen im Data-Warehouse automatisch durch die Verwendung von Algorithmen Zusammenhänge "herauszufiltern". Im Vordergrund steht beim Data-Mining die automatisierte Datenmustererkennung, d.h. die Entwicklung allgemein verwendbarer, effizienter Methoden, mit denen autonom in großen Rohdatenmengen relevante und aussagekräftige Muster identifiziert und dem Benutzer als interessante Information präsentiert werden (vgl. Bizzantz/Hagedorn/Mertens 1996: 339f.). Aus der Erkennung signifikanter Datenmuster lassen sich dann Hypothesen generieren, die für Prognosenerstellungen herangezogen werden können. Eine weitere Funktion stellt die Datenreinigung mit Hilfe von Data-Mining dar, bevor Daten aus den operativen Informationssystemen in das Data-Warehouse übernommen werden. So können z.B. nicht-plausible oder unvollständige Datenausprägungen, die durch eine nicht optimale Datenpflege entstanden sind, durch ein auffälliges Datenmuster "aufgespürt" werden.

Für das Data-Mining wird ein Konglomerat von Verfahren momentan in der Literatur diskutiert (vgl. Bissantz 1998: 323ff.), das sich auf die Segmentierung oder auch Clusterung von Daten konzentriert, indem Datenelemente mit unbekannten Eigenschaften bestimmten Datenklassen automatisch zugeordnet

werden, oder auf die Assoziierung der Daten, bei denen Muster von korrelie-
renden Elementen in Dateneinheiten gesucht werden. Daraus lassen sich
Regeln ableiten, die den Zusammenhang zwischen Elementen beschreiben
(Schinzer/Bange 1998: 54). Ein typisches Beispiel ist die "Warenkorbanalyse",
bei der mit Hilfe von Assoziativ-Regeln untersucht wird, welche Produkte und
Produktgruppen in Kombination gekauft werden. Ein Regelbeispiel wäre, daß
bei einem Warenkorb, als Ergebnis eines Data-Mining-Prozesses, bei 90 % der
Kaufentscheidungen zu den Produkten Brot und Butter auch Milch gekauft
worden ist (Bissantz/Hagedorn/ Mertens 1996: 358). D.h., über die Assoziierung der mehrdimensionalen Daten wurde eine Korrelation zwischen den Produkten Brot und Butter und Milch erkannt und als Regel generiert.

Hinter diesen eher prinzipiellen Verfahren des Data-Mining verbergen sich, je
nach Zweckbezug, unterschiedliche Klassen von Algorithmen, die in diesem
Rahmen nur begrifflich erwähnt werden können. Die Bandbreite erstreckt sich
von statistischen Methoden (z.B. für die Clustering) über Entscheidungsbäume,
Regelinduktion, Neuronale Netze bis hin zu Genetischen Algorithmen (vgl.
Bissantz 1998: 323ff.; Degen 1998: 390ff.; Düsing 1998: 296).

Das Konzept analytischer Informationssysteme zeigt, daß es sich hierbei im
eigentlichen Sinne um eine Erweiterung der aggregierenden Systeme handelt,
bei denen sich die Zugriffsmöglichkeiten auf funktionale Systeme als recht
schwierig erweisen. Durch die Integration einer konsistenten Datenbasis, wie
beim Data-Warehouse-Konzept, tritt jedoch dieses Problem nicht mehr auf.

Analytische Informationssysteme stellen damit nicht eine Alternative zu den
anderen genannten Kategorien dar, sondern vielmehr über die angestrebte
einheitliche Datenbasis zur Informationsversorgung eine Integration bestehender Systeme. Dies gilt insbesondere für die aggregierenden und funktionalen
Systeme. Damit besitzen analytische Informationssysteme mit ihren unterschiedlichen Benutzersichten auf eine Unternehmensdatenbank ein große Bedeutung für die Informationsbereitstellung und -verarbeitung bei Entscheidungsprozessen sowohl für Führungs- als auch Fachkräfte in einem Unternehmen.

11.4 Methoden im Informationsmanagement

Wie die bisherige Diskussion gezeigt hat, lassen sich mit den drei Ebenen des Informationsmanagements unterschiedliche Aufgaben verbinden, die sich mit verschiedenen Werkzeugen oder Methoden lösen lassen. Im folgenden werden exemplarisch einige Methoden ebenenbezogen dargestellt.

(1) **Ebene des Informationseinsatzes**
In der ersten Ebene, der Ebene des Informationseinsatzes, steht die Ermittlung der Informations- und Kommunikationsprozesse im Unternehmen und mit externen Institutionen im Vordergrund.

Dabei geht es um die Frage der Informationsbeschaffung und des qualitativen und quantitativen Informationsbedarfs. Dabei sind insbesondere zwei Aspekte zu berücksichtigen:

- die Organisationsstruktur, die unter anderem auch gewisse Anhaltspunkte für den Informationsfluß liefern sollte, und
- die Ablauforganisation.

Im ersten Fall kann ein grober Informationsbedarf aus den **Stellenbeschreibungen** im Rahmen der Formalisierung abgeleitet werden. Durch die Dokumentation der Ablauforganisation, z.B. in Form von **Kommunikations- und Funktionsdiagrammen**, können weitere Anhaltspunkte bezüglich des im Unternehmen auftretenden Informations- und Kommunikationsvolumens gewonnen werden. Generell lassen sich Abläufe durch **Modellierung** visualisieren. Eine Möglichkeit bietet sich dabei durch die Erstellung eines Workflows für die einzelnen Prozesse, aus dem die Tätigkeit, die notwendigen Informationen und die beteiligten Unternehmensmitglieder ersichtlich sind.

Mit dieser Form der Visualisierung wird der Informationsbedarf an die einzelnen Tätigkeiten und die Organisationsmitglieder im Unternehmen gekoppelt. Sie ist nicht zu verwechseln mit der Modellierung von prozeßorientierten Informationssystemen, da dort zusätzlich die zeitliche Bereitstellung von Informationen hinzukommt und somit der Informationsfluß an die Beendigung bestimmter Teilaktivitäten im Prozeß gebunden ist. Dieser Aspekt kann noch nicht Gegenstand der ersten Ebene des Informationsmanagements sein.

Die Abbildung 11-9 zeigt einen Workflow für die Aufgabenzuordnung im Rahmen der Arbeitsorganisation im Unternehmen. Dabei wird ausschließlich die Informationsqualität in einem Informationsprozeß zwischen zwei Stellen berücksichtigt.

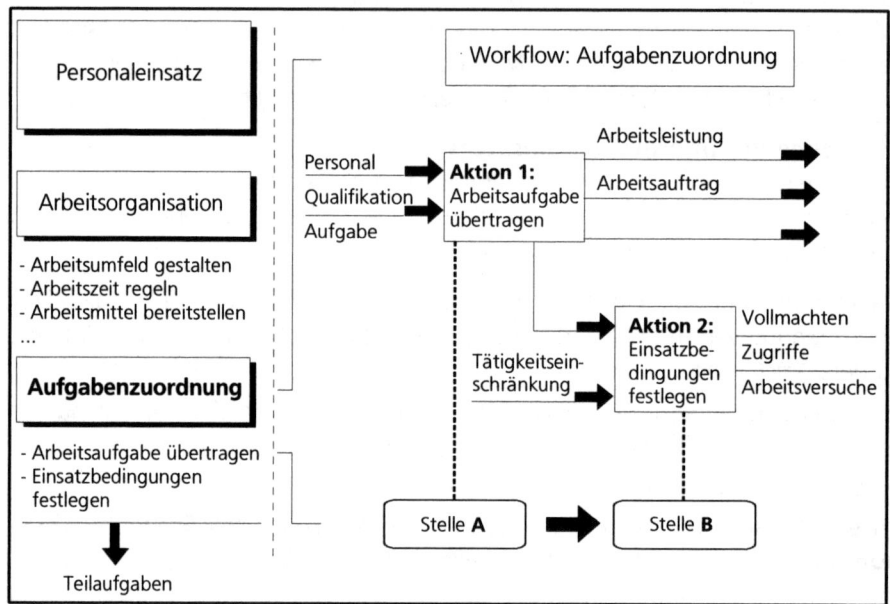

Abbildung 11-9   Informatorische Beziehung zwischen zwei Stellen

Die Abbildung 11-9 stellt einen Ausschnitt des Informationsflusses und der Aktionskette für die Aufgabenzuordnung dar. Auf der linken Seite in der Abbildung ist der Personaleinsatz als eine Funktion der Personalwirtschaft dokumentiert. Darunter findet sich als eine Teilfunktion die Arbeitsorganisation, zu der die Aufgabenzuordnung zu bestimmten Stellen zählt. Die Stellen A und B sind an den Aktionen "Arbeitsaufgabe übertragen" und "Einsatzbedingungen festlegen" beteiligt. Auf der rechten Seite in der Abbildung finden sich die für diese Tätigkeiten notwendigen Informationen (dargestellt als Pfeile) und in der Senkrechten die beteiligten Stellen, zwischen denen ein Informationsaustausch für die Tätigkeit der Aufgabenzuordnung erfolgen muß.

Eine wichtige Aufgabe des Informationsmanagements, die ebenfalls auf dieser Ebene angesiedelt ist, stellt die Prüfung bestehender Informationsprozesse im Unternehmen dar. Dazu müssen selbstverständlich die Prozesse, z.B. durch einen Workflow, zunächst dokumentiert sein, bevor über deren Effizienz nachgedacht werden kann. Erst danach bietet sich die Möglichkeit, diese Abläufe nach dem Zeit- und Aufwandskriterium zu analysieren, wobei eine Beurteilung nur bei einer gegebenen Referenzgröße möglich ist. Solange hierbei vergleichbare Informationsprozesse im Unternehmen existieren, wäre dies der Fall. Allerdings ist davon auszugehen, daß dies nicht die Regel ist und ein externer Referenzprozeß erforderlich ist. Damit würde sich ein Prozeßvergleich mit einem anderen Unternehmen mit ähnlichen Teilaufgaben anbieten. D.h., Benchmarking wäre auch im Rahmen der Informationsprozeßanalyse ein probates Instrument zur Optimierung der Kommunikations- und Informationsprozesse.

(2) Die Ebene der Informations- und Kommunikationssyteme

Wie schon erwähnt, besteht die primäre Aufgabe des Informationsmanagements auf dieser Ebene in der Prüfung einer DV-Unterstützung der IuK-Prozesse und in der Wahl der dazu geeigneten Softwaresysteme.

Dies bedingt eine systematische Vorgehensweise, die sich an allgemeinen Vorgehensmodellen (Phasenmodellen) orientiert. Für die erstgenannte Aufgabe wäre die Analyse bestehender Standardsoftware bezüglich der einzelnen Aufgabenunterstützung eine pragmatische Lösung. Hierbei geht es nicht um die Auswahl eines speziellen Softwareprodukts, sondern um die "Eignungsprüfung" bestimmter Softwareklassen. Die Abbildung 11-10 zeigt eine Zuordnung zwischen der betrieblichen Funktion "Personalwesen", deren einzelnen personalwirtschaftlichen Funktionen, den dazugehörigen Aufgabenbereichen und potentiellen Softwareklassen.

In der rechten Spalte der Abbildung sind einzelne Softwaresysteme alternativ als Lösung dargestellt. Dabei können, wie es das Data-Warehouse-Konzept vorsieht, durchaus über eine zentrale Datenbasis diese verschiedenen Softwaresysteme integriert werden.

In einem nächsten Schritt wäre zu untersuchen, inwieweit sich konkrete Softwareprodukte mit entsprechenden Schnittstellen in ein bestehendes IuK-System einbinden lassen und inwieweit die betriebliche Infrastruktur dies zuläßt oder ob gegebenenfalls eine Änderung der Informationsprozesse auf der ersten Ebene des Informationsprozesses im Zusammenhang mit einer Veränderung der Workflows erforderlich ist.

Funktion	Aufgabenbereiche	EDV-Systeme
Personalbedarfs-ermittlung	Quantitative Bedarfsermittlung Qualitative Bedarfsermittlung	Kalkulationsprogramm Kalkulationsprogramm u. XPS Personalinformationssystem Profilabgleichsystem
• • •	• • •	• • •
Personalentwicklung	Laufbahnplanung Verwaltung von Entwicklungsmaßnahmen	Planungsmodul eines CPIS Personalinformationssystem
• • •	• • •	• • •
Personaleinsatz	Stellenzuordnung Einarbeitung am Arbeitsplatz Arbeitszeiterfassung	Kalkulationsprogramm, CPIS intelligentes Tutorsystem CPIS mit dezentraler Betriebsdatenerfassung
• • •	• • •	• • •
Personalerhaltung	Lohn- und Gehaltsabrechnung Lohn- und Gehaltsfindung im AT Bereich	Personalinformationssystem Expertensystem

Abbildung 11-10   Zuordnung von Aufgaben und Softwaresystemen
(in Anlehnung an Heinecke 1994a: 173)

(3) Ebene der informationstechnischen Infrastruktur

Anhand des zu erwartenden Datenvolumens, der eingesetzten Software und der aus den Workflows ermittelten Bereitstellung der Daten lassen sich Anhaltspunkte für die Gestaltung der Rechnernetze und Plazierung der Rechnerkapazitäten und Peripherie im Unternehmen ableiten. Auch hier sind primär Reorganisationsaktivitäten bei der Infrastruktur zu erwarten, die den geplanten Funktionalitäten aus den ersten beiden Ebenen gerecht werden sollen.

Allerdings sollten auf dieser Ebene die Überlegungen über das technisch "Machbare" hinausgehen und auch Fragen der Mitarbeiterqualifikation und der Delegation von Weisungs- und Entscheidungskompetenz in die Gestaltungsoptionen mit einfließen.

12 PERSONALWIRTSCHAFT UND PERSONALFÜHRUNG

12.1 Grundbegriffe und Gegenstand

Die **Personalwirtschaft** bezieht sich auf den Erkenntnis- und Gestaltungsbereich, der den Menschen als Arbeitnehmer in wirtschaftenden Organisationen zum Gegenstand hat. Sie befaßt sich speziell mit dem Leistungsverhalten des Menschen und mit den Bestimmungsgrößen dieses Leistungsverhaltens im Betrieb. Erkenntnisobjekte der wissenschaftlichen Disziplin **Personalwirtschaftslehre** sind das Leistungsverhalten des Menschen und die inner- und außerorganisatorische Umwelt als Bestimmungsgröße dieses Leistungsverhaltens (vgl. Marr/Stitzel 1979: 26). Ihre Aufgabe ist es:

- die inner- und außerpersönlichen Bestimmungsgrößen menschlichen Leistungsverhaltens zu identifizieren,
- ihr Zusammenwirken zu analysieren und zu erklären,
- die Bestimmungsgrößen von Arbeitssituationen zu ermitteln, Wechselwirkungen zwischen Arbeitssituation und Leistungsverhalten zu erkennen und positive Gestaltungen sowohl der Arbeitssituationen als auch des Leistungsverhaltens anzuregen.

Personalwirtschaft in Wissenschaft und Praxis ist gekennzeichnet durch **Interdisziplinarität**. Neben ökonomischen Erkenntnissen fließen Erkenntnisse insbesondere der Organisationssoziologie, der Arbeits- und Organisationspsychologie, der Pädagogik, der Arbeitswissenschaften sowie des Arbeits- und Sozialrechts in Forschung und Praxis ein.

Das **Personal** ist aus betrieblicher Sicht durch unterschiedliche Eigenschaften gekennzeichnet:

- Es ist **Arbeitsträger**, d.h., die Mitarbeiter verrichten Arbeiten und erbringen damit Leistungen.
- Es ist als eigeninteressengeleitetes **Individuum** anzusehen, d.h., jeder Mitarbeiter hat bestimmte Erwartungen, Bedürfnisse, Wünsche und strebt eigenständige Ziele an. Diese können mit den vom arbeitgebenden Unternehmen

festgelegten Zielen übereinstimmen. Es können jedoch auch Divergenzen zu den betrieblichen Zielsetzungen gegeben sein, wodurch es zu **Interessenkonflikten** zwischen Arbeitgeber und Arbeitnehmer kommen kann.

• Es ist **Träger von** im Laufe des Lebens in speziellen Umfeldern (Landeskultur, Unternehmenskultur, Familie etc.) erworbenen **Werten** und **Normen**. Dies ist insbesondere in multinationalen Unternehmen mit einer starken Internationalisierung der Personalarbeit von großer Wichtigkeit, da kulturbedingte Spannungen und Konflikte zwischen den Mitarbeitern aus unterschiedlichen Kulturkreisen dysfunktionale Auswirkungen für die Realisierung der Unternehmensziele haben können. Aber auch den **Wertewandel** und die Heterogenität der Wertgefüge innerhalb einer Gesellschaft gilt es bei der Gestaltung von Personalwirtschaft zu berücksichtigen.

• Es ist **Koalitionspartner**, d.h., die Mitarbeiter gehören üblicherweise verschiedenartigen **Gruppierungen** an:

  • Berufsgruppen,
  • Hierarchieebenen,
  • Abteilungen und Arbeitsgruppen (Teams),
  • Arbeitnehmervertretung und
  • informalen Gruppen.

Damit vertreten sie zumindest teilweise auch **Gruppeninteressen** und fühlen sich als Gruppenmitglieder.

• Es ist **Entscheidungsträger**, d.h., in jeder Hierarchieebene und an fast jedem Arbeitsplatz müssen Entscheidungen gefällt werden. Dies gilt in abgestufter Weise für das Top-, Middle- und Lower-Management, die bestimmte Entscheidungskompetenzen innehaben, weniger allerdings für die Ausführungsebene, obwohl auch hier Delegation von Verantwortung, Partizipation, Mitwirkungs- und Mitspracherechte aus motivationalen Überlegungen heraus nicht vollständig ignoriert bzw. negiert werden sollten.

• Es ist **Kostenverursacher**, d.h., die Mitarbeiter besitzen einen Entgeltanspruch. Durch Entgelte und Zusatzleistungen aller Art entstehen Kosten, die die **Wirtschaftlichkeit** jedes Unternehmens erheblich beeinflussen.

Personal läßt sich aber nicht auf Kostenfaktoren reduzieren. Die **Qualität des Personals**, d.h., die Eignung des Leistungspotentials der Mitarbeiter zum Erreichen der Unternehmensziele und zum Bestehen der mannigfaltigen Herausforderungen des Wettbewerbs, wird heutzutage als wichtiger **strategischer Erfolgsfaktor** angesehen (vgl. z.B. Ulrich 1998).

Wirtschaftliche Ziele im Personalbereich beinhalten beispielsweise

- den optimalen Einsatz des Elementarfaktors "menschliche Arbeit" und die bestmögliche Kombination dieses Faktors mit den übrigen Einsatzfaktoren,
- die Minimierung der Kosten,
- die Steuerung der menschlichen Arbeitsleistung,
- die Nutzung der Kreativität und Erfahrung der Belegschaft zur Aufgabenerfüllung.

Während wirtschaftliche Ziele die erbrachte Arbeitsleistung mit den Zielkriterien Arbeitsproduktivität bzw. Leistung-Kosten-Relation der menschlichen Arbeit in den Mittelpunkt der Betrachtung stellen, geht es bei sozialen Zielen um die Erwartungen, Bedürfnisse und Interessen der Mitarbeiter (Individualziele). Soziale Ziele spielen mittlerweile im unternehmerischen Zielsystem eine große Rolle. Sie besitzen Unterstützungscharakter im Hinblick auf die Realisation ökonomischer Ziele. Die Unternehmen werden zunehmend gezwungen, neben den bereits gesetzlich vorgeschriebenen sozialen Leistungen (Arbeitgeberbeiträge zur Sozialversicherung, Beiträge zu Berufsgenossenschaften, Lohnfortzahlungen im Krankheitsfall etc.) freiwillige Sozial- und Zusatzleistungen (z.B. zusätzliche betriebliche Altersversorgung, Weihnachtsgratifikationen, Firmenwagen etc.) zur Verfügung zu stellen, um den Individualzielen entgegenzukommen. Bei der Formulierung sozialer Ziele ist allerdings das Problem des Zielwertmaßstabes (häufig subjektives Ermessen) und das Problem der Heterogenität der sozialen Ansprüche zu klären. Letzteres erfordert eine Auswahl möglicher sozialer Zielsetzungen in der Art, daß die Unterstützung unternehmerischer Aktivitäten nicht verweigert und so der Gesamterfolg nicht gefährdet wird.

Über die Inhalte personalwirtschaftlicher Ziele können nur recht allgemeine Aussagen gemacht werden, da die Inhalte von den konkreten Unternehmungszielen und dem Ergebnis des Zielbildungsprozesses abhängen (vgl. Drumm 1995: 24), auf den neben den Kerngruppen (Führungskräfte, Betriebsrat usw.) auch externe Bezugsgruppen einwirken. Als besonders bedeutsame externe Bezugsgruppen für den Personalbereich sind **staatliche Organisationen** sowie **Arbeitgeberverbände** und **Gewerkschaften** zu nennen, die mit ihren Entscheidungen (z.B. Arbeitsgesetze und Tarifpolitik) den Rahmen für betriebliche personalwirtschaftliche Entscheidungen setzen.

Üblicherweise wird die betriebliche Personalwirtschaft nach Funktionen (personalwirtschaftlichen Aufgabenkomplexen) untergliedert in Personalbedarfsermittlung, Personalbeschaffung, Personalentwicklung, Personaleinsatz, Personalerhaltung und Leistungsstimulation sowie Personalfreistellung.

Die **Personalbedarfsermittlung** besitzt hierbei vorwiegend zielsetzenden Charakter, während den anderen funktionalen Bereichen zielerreichende Bedeutung beigemessen wird. Darüber hinaus können Controlling in der Personalwirtschaft (vgl. Abschnitt 10), Personalinformationswirtschaft, Personalkostenmanagement und Personalverwaltung als Servicefunktionen für die betriebliche Personalwirtschaft angesehen werden und überschneiden sich zum größten Teil in ihren Aufgabenstellungen. Die **Personalverwaltung** schafft die notwendigen administrativen Voraussetzungen der betrieblichen Personalarbeit. Hierzu gehören z.B. das Anlegen von Personalkarteien und Personalstatistiken, die Entwicklung und Handhabung von Formularen, die Erstellung von Personalakten und Personaldateien, außerdem die Lohn- und Gehaltsabrechnung. In besonderem Maße wird die Personalverwaltung durch **Personalinformationssysteme** auf der Basis kommerzieller Standardsoftware abgewickelt.

Die **Personalpolitik** umfaßt die allgemeinen Grundsatzentscheidungen, die auf das Personal als die Gesamtheit der in einem Unternehmen beschäftigten Arbeitnehmer gerichtet sind. Die Personalpolitik leitet sich aus der allgemeinen Unternehmenspolitik ab und ist untrennbar mit ihr verbunden.

Vor dem Hintergrund eines mehr oder minder starken Interessenkonflikts zwischen Unternehmensleitung und Arbeitnehmern bzw. deren Vertretern (Gewerkschaften, Betriebsräte) sowie dem gleichzeitigen Zwang zum gemeinsamen Handeln kommt der Personalpolitik eine **Vermittlungsfunktion** zu. Auf einen Interessenausgleich ausgerichtete **personalpolitische Entscheidungen** lassen sich inhaltlich durch eine Reihe von Merkmalen charakterisieren (Macharzina 1992: 1781):

- sie haben den Zweck, sämtliche Entscheidungen des Personalbereichs des Unternehmens richtungsweisend zu beeinflussen,
- sie sind auf schlecht strukturierte Entscheidungssituationen gerichtet, in denen sich das Entscheidungsproblem nicht vollständig beschreiben läßt,
- sie betreffen Entscheidungsprobleme, bei denen die unterschiedlichen Wertvorstellungen der Interessengruppen von Bedeutung sind, da keine autorisierten, von allen Interessengruppen als verbindlich akzeptierten Wertprämissen vorliegen,
- sie sind durch ein hohes Maß an Irreversibilität charakterisiert, da ihre Korrektur komplexe Willensbildungsprozesse erfordert,
- sie stellen kein zeitstabiles und starres Korsett für personalwirtschaftliches Handeln dar, sondern sind Veränderungen im Zeitablauf unterworfen.

Allgemein läßt sich die **Personalplanung** als gedankliche Festlegung zukünftiger Zustände und Aktivitäten im Personalbereich des Unternehmens kennzeichnen. Sie dient der Realisierung personalwirtschaftlicher Ziele und Grundsätze, die im Rahmen personalpolitischer Entscheidungen entwickelt worden sind. Inhaltlich hat die Personalplanung dafür zu sorgen, daß die für die zukünftige Leistungserstellung benötigten Mitarbeiter quantitativ, qualitativ, unter Berücksichtigung der zeitlichen und örtlichen Erfordernisse sowie der dadurch entstehenden Kosten zur Verfügung stehen und ihre Leistungsbereitschaft durch Berücksichtigung ihrer Interessen, Neigungen, Wünsche erhalten bzw. gesteigert wird (Marr 1986: 17).

Die **strategische Personalplanung** hat den antizipativen Aufbau, die Nutzung, den Erhalt und den Abbau von Personalpotentialen zum Gegenstand. Der Begriff **Personalpotential** umfaßt dabei eine Menge von Personen mit bestimmten, quantitativ und qualitativ spezifizierten Verhaltensweisen sowie Kenntnissen und Fähigkeiten (vgl. Drumm 1995: 202).

Personalstrategien besitzen eine große Bedeutung, weil nicht selten der "Engpaßfaktor Personal" eine wichtige Ursache für das Scheitern anspruchsvoller Unternehmensstrategien darstellt (Staehle 1999: 8). Für die in der Praxis oft beklagte mangelhafte Umsetzung wird die unzureichende Strategieimplementation, nicht die Strategieentwicklung und -formulierung, verantwortlich gemacht. Einerseits wissen die verantwortlichen Führungskräfte entweder zu

527

wenig von strategischer Planung und deren personaler Unterstützungsnotwendigkeit, andererseits zeigen sich oft weder Fähigkeit noch Bereitschaft (oft auch wegen fehlender Anreize), beschlossene Strategien adäquat zu realisieren.

Diese Defizite müssen mit personellen Maßnahmen (Rekrutierung, Personalentwicklung, Anreizsystemgestaltung usw.) verbessert werden. So empfiehlt sich nach Staehle (1999: 9), erste strategische Vorüberlegungen unmittelbar mit den vorhandenen (personellen) Ressourcen zu konfrontieren bzw. diese auf ihre personellen Konsequenzen hin zu untersuchen. Dies gilt vor allem für strategische Investitionsanalysen mit dem Ziel einer Synchronisation von Investitionsplanung und Personalplanung. Jede Investition wird schon in einem möglichst frühen Planungsstadium auf ihre Auswirkungen auf Arbeitssysteme, Arbeitsplätze und deren Anforderungen hin analysiert, damit jetzt schon entsprechende personalpolitische Maßnahmen (qualitative, quantitative und strukturelle) ergriffen werden können.

Die strategische Planung hat Lenkungsfunktionscharakter für Detailplanungen in einzelnen personalwirtschaftlichen Funktionsbereichen. Die **operative Personalplanung** läßt sich demgegenüber als kurzfristige, ablauforientierte Planung charakterisieren, die handlungsbezogen auf Einzelziele ausgerichtet ist. Der operative Plan enthält operationale Feinziele für bestimmte Perioden und für bestimmte Maßnahmen, die zur Zielerreichung eingesetzt werden sowie die sachlichen Hilfsmittel nach Art, Menge, Raum und Zeit auf der Basis der vorhandenen Potentiale.

12.2 Personalbedarfsermittlung

Ziel der **Personalbedarfsermittlung** ist die Bestimmung der personellen Kapazitäten, die zur Sicherstellung der Erfüllung der betrieblichen Funktionen erforderlich sind. Ergänzend müssen die Ziele der Arbeitnehmer Berücksichtigung finden, die im Rahmen der Personalbedarfsermittlung in erster Linie Interesse an einer Beschäftigungssicherung haben. Die Personalbedarfsermittlung wird durch Instrumente vollzogen, die den Personalbedarf nach Anzahl (quantitativ), Art (qualitativ), Zeitpunkt und Dauer (zeitlich) sowie Einsatzort (örtlich) bestimmen.

Die **quantitative Personalbedarfsermittlung** weist die Zahl der Personen oder Arbeitsvolumina aus, wobei örtliche und zeitliche Aspekte simultan erfaßt werden. Werden die Anforderungen der Arbeitsplätze mit erfaßt, so spricht man von **qualitativer Personalbedarfsermittlung**. Quantitative und qualitative Personalbedarfsermittlung sind in der Praxis nicht zu trennen und sind daher simultan durchzuführen.

Die Ermittlung des Personalbedarfs wird entweder sukzessiv bestimmten Planungsbereichen wie der Produktionsplanung vor- oder nachgeschaltet oder simultan mit anderen Planungsbereichen gleichzeitig durchgeführt. Außer intuitiven und statistischen Methoden werden vor allem folgende Instrumente der quantitativen Personalbedarfsermittlung verwendet:

- **Schätzungen**
  Bei der Bestimmung des Personalbedarfs aufgrund von Schätzungen wird häufig nicht der Soll-Gesamtpersonalbedarf, sondern der Neubedarf, der Ersatzbedarf oder der Minderbedarf ermittelt.

- **Arbeitswissenschaftliche Methoden**
  Der Produktionssektor bietet für die Anwendung arbeitswissenschaftlicher Methoden günstige Voraussetzungen, da die Fertigungsplanung bereits wesentliche Daten liefert. Die personelle Sollkapazität kann mit Hilfe der Vorgabezeiten ermittelt werden. Beispielsweise wird bei der Work-Factor- und MTM-Analyse (Methods-Time-Measurement) der Arbeitsvorgang in sehr kleine Teilvorgänge zerlegt, denen Zeitwerte zugeordnet werden, die tabelliert sind. Die Summe der Zeitwerte ergibt die Arbeitsvorgangsdauer. Mit Hilfe von Zuschlagsfaktoren wird die Vorgabezeit ermittelt.

- **Kennzahlenmethode**
  Bei der Kennzahlenmethode wird eine stabile Relation zwischen dem mengenmäßigen Anfall einzelner Tätigkeiten und den Zeitbedarfswerten für die einmalige Ausführung der Tätigkeit zugrunde gelegt.

- **Arbeitsplatzmethode**
  Neben den Arbeitsplätzen, deren Personalbedarf von den Mengen der Arbeitsgegenstände oder dem Arbeitsanfall abhängt, gibt es Arbeitsplätze, für die unabhängig vom Arbeitsanfall oder Beschäftigungsgrad stetig Personal eingesetzt wird (fixer Personalbedarf). Beispiele sind: der Pförtner, die

Feuerwehr, Kontroll- und Überwachungstätigkeiten sowie auch Führungs-tätigkeiten.

Die Aufgaben der qualitativen Bedarfsermittlung bestehen zum einen in der Er-fassung der Arbeitsanforderungen, die als Leistungsvoraussetzung einer unbe-nannten Person für eine Tätigkeit (Stelle) zur Bewältigung der betrieblichen Funktionen erforderlich sind und zum anderen in der Bestimmung der qualita-tiven Struktur der Mitarbeiter.

In der Praxis werden verschiedene Wege zur Ermittlung des qualitativen Perso-nalbedarfs beschritten. Weit verbreitet ist die Bestimmung der Anforderungen mit Hilfe von Berufsgruppen und Qualifikationsgruppen, wobei davon ausge-gangen wird, daß eine bestimmte Berufsausbildung spezifische Anforderungen abdeckt. Neben dieser sehr groben Methode werden detaillierter die Anforde-rungen in **Stellenbeschreibungen** und Anforderungsprofilen erfaßt.

12.3 "Personalbewegungen": Personalbeschaffung und -freistellung

Die **Personalbeschaffung** hat das Sachziel, Personal zur Beseitigung einer per-sonellen Unterdeckung nach Anzahl (quantitativ), Art (qualitativ), Zeitpunkt und Dauer (zeitlich) sowie Einsatzort (örtlich) bereitzustellen. Mit der Beschaf-fung der personellen Kapazität ist die Beschaffungsaktivität noch nicht abge-schlossen. So wird die Eingliederung und Einarbeitung der neuen Unterneh-mungsmitglieder in ihren Tätigkeitsbereich ebenfalls zum Aufgabenkomplex der Personalbeschaffung gezählt.

Bei der Beschaffung personeller Kapazität kann man zwischen internen und ex-ternen Möglichkeiten unterscheiden.

Das **interne Beschaffungspotential** setzt sich aus den Arbeitnehmern zu-sammen, die sich verändern wollen, die in anderen betrieblichen Bereichen aufgrund eines geringeren oder veränderten Bedarfs freigestellt werden, die der gegenwärtig übertragenen Stelle nicht gewachsen sind und aus den ent-wicklungsfähigen Mitarbeitern.

Neben den im Rahmen des Direktionsrechts durchgeführten Versetzungen und Beförderungen ist die innerbetriebliche Stellenausschreibung von besonderer Bedeutung. Kurzfristig läßt sich in vielen Fällen Personalbeschaffung auch ohne eine Änderung bestehender Arbeitsverhältnisse bewerkstelligen durch Mehrarbeit (z.B. Sonderschichten) oder Urlaubsverschiebungen.

Einen Überblick über die Instrumente der **externen Personalbeschaffung** gibt die Abbildung 12-1.

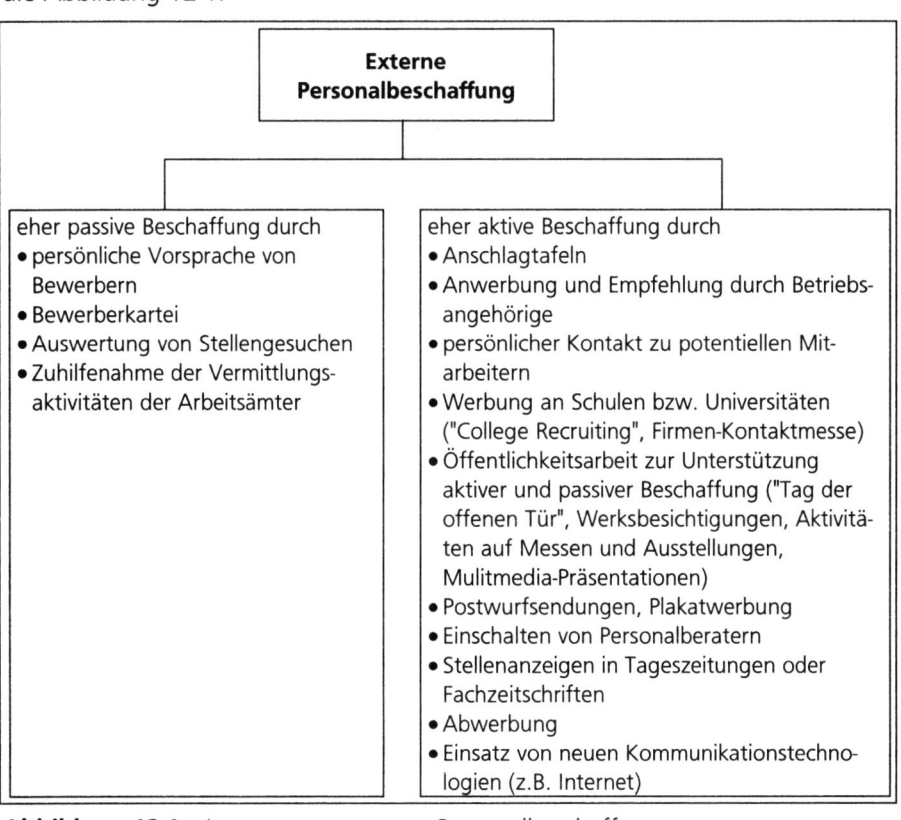

Abbildung 12-1   Instrumente externer Personalbeschaffung

Ein weiteres Instrument ist die **Personalwerbung**. Sie unterstützt den Beschaffungsvorgang und übt eine Informations-, Kommunikations- und Aktivierungsfunktion aus, indem das relevante Beschaffungspotential über das Stellenangebot informiert wird. Darüber hinaus sorgt die Personalwerbung für die Anbahnung des Kontaktes zu den potentiellen Bewerbern und für die Gestaltung der Beziehungen zwischen Betrieb und Arbeitsbeschaffungsmarkt. Beabsichtigt ist, die potentiellen Interessenten zu einer Bewerbung zu bewegen.

Bei der Personalbeschaffung kommt dem Instrument **Personalauswahl** eine besondere Bedeutung zu. Ihre allgemeine Aufgabe besteht in der Feststellung des Eignungspotentials von Bewerbern mit dem Ziel, diejenigen Mitarbeiter auszusuchen, die die Anforderungen der zu besetzenden Stelle bestmöglich erfüllen.

Für die Beschaffung auf dem internen Arbeitsbeschaffungsmarkt können **Personalbeurteilungen** eine wertvolle Entscheidungshilfe sein. Die in der Praxis gebräuchlichsten Auswahlmethoden externer Bewerber sind:

- Auswertung der Bewerbungsunterlagen (Lebenslauf, Zeugnisse, Referenzen);
- graphologische Gutachten;
- Einstellungstests;
- Vorstellungsgespräch;
- medizinische Untersuchung.

Der Personalbeschaffungsvorgang im engeren Sinne wird durch den Abschluß eines Arbeitsvertrages beendet.

Während die Personalbeschaffung die Beseitigung personeller Unterdeckungen zum Gegenstand hat, obliegt der **Personalfreistellung** die Beseitigung einer personellen Überdeckung in quantitativer, qualitativer, zeitlicher und örtlicher Hinsicht. Sie kann entweder intern durch Änderung bestehender Arbeitsverhältnisse oder extern durch Beendigung bestehender Arbeitsverhältnisse erfolgen. Ersteres vollzieht sich unter anderem über den Abbau von Überstunden und durch die Einführung von Kurzarbeit. Letzteres bedeutet nicht in jedem Fall Entlassung, wobei zahlreiche arbeitsrechtliche Vorschriften zu beachten sind, sondern auch Ausnutzung natürlicher Fluktuation, z.B. durch Pensionierungen oder durch die Förderung des freiwilligen Ausscheidens von Mitarbeitern.

12.4   Personaleinsatz

Der **Personaleinsatz** umfaßt die Zuordnung der im Betrieb verfügbaren Personen zu den zu erfüllenden Aufgaben (bzw. Arbeitsplätzen) in quantitativer, qualitativer, zeitlicher und örtlicher Hinsicht, so daß die erforderlichen Personen ihrer Eignung entsprechend eingesetzt werden und die Durchführung aller Betriebsaufgaben möglichst termin-, qualitäts- und mengengerecht unter gleichzeitiger optimaler (im Hinblick auf die Sach- und Formalziele der Unternehmung) Ausnutzung der Betriebsmittel in der verfügbaren Arbeitszeit effizient erreicht wird. Hierin eingeschlossen ist die Eingliederung der zur Verfügung stehenden Personen in den betrieblichen Leistungsprozeß. Auch die Anpassung des Menschen an die Arbeit und die Anpassung der Arbeit und der Arbeitsbedingungen an den Menschen unter Berücksichtigung arbeitswissenschaftlicher Erkenntnisse sind Gegenstand des Personaleinsatzes, wobei andere personalwirtschaftliche Funktionen unterstützende Hilfestellung leisten.

Die Erfüllung der Funktion Personaleinsatz erfordert den Einsatz von Instrumenten unter anderem zu folgenden Einzelbereichen:

(1) Personaleinführung und -einarbeitung,
(2) Arbeitsorganisation,
(3) Zuordnung von Personal und Arbeitsplätzen,
(4) Personaleinsatz bei wechselndem Arbeitsanfall.

Für die **Einführung neuer Mitarbeiter** existieren in vielen Betrieben Checklisten, nach denen neue Mitarbeiter systematisch in die neue Organisation und ihre Arbeitsabläufe eingeführt werden. Die Einarbeitung wird oft von der betrieblichen Bildung unterstützt.

Im Rahmen der **Arbeitsorganisation** werden folgende konzeptionelle Überlegungen und Instrumente angewandt:

• Stellenspezialisierung,
• Generalisierung durch Aufgabengestaltung:
• Arbeitsplatzwechsel ("Job Rotation"),
• Aufgabenerweiterung ("Job Enlargement"),

- Aufgabenanreicherung ("Job Enrichment"),
- autonome (teilautonome) Arbeitsgruppen ("Team Work"),
- Arbeitsplatzgestaltung,
- Arbeitsplanung.

Bei der **Zuordnung von Personal und Arbeitsplätzen** unter Berücksichtigung von Eignungen und Anforderungen gilt es, Über- oder Unterforderungen zu vermeiden. Der Stellenspezialisierung - ausgehend vom Prinzip der Arbeitsvereinfachung durch Arbeitszerlegung - steht die Generalisierung gegenüber, bei der der Arbeitsinhalt vielfältiger ist und der Arbeitsumfang vergrößert wird, indem mehrere verschiedene Arbeitsvorgänge für einen Stelleninhaber zusammengefaßt werden. Den individuellen Qualifikationen entsprechend läßt sich ein planmäßiger Wechsel von Arbeitsplatz und Arbeitsaufgaben ("Job Rotation") vornehmen, um einseitigen Belastungen vorzubeugen. Bei der Aufgabenerweiterung wird die traditionell hochgradige horizontale Arbeitszerlegung teilweise rückgängig gemacht, indem mehrere strukturell gleichartige oder ähnliche Arbeitselemente verschiedener Arbeitsplätze an einem Arbeitsplatz zusammengefaßt werden. Der Arbeitsinhalt wird somit vergrößert, während beim "Job Enrichment" vorrangig eine Erweiterung des Entscheidungs- und Kontrollspielraums angestrebt wird.

Den **Personaleinsatz bei wechselndem Arbeitsanfall** zu steuern, bedeutet beispielsweise, zeitweise personelle Spitzenbelastungen im Einzelfall durch Überstunden, durch den Einsatz von Teilzeitbeschäftigten oder Springern oder durch versetzte Arbeitszeiten zu beheben. Auch eine Aufgabenneuverteilung kann eine Lösungsmöglichkeit darstellen.

Arbeitsplatzgestaltung und Aufgabenplanung im Rahmen des Personaleinsatzes orientieren sich in der Unternehmenspraxis häufig an Prinzipien der Teamarbeit. Teamarbeit ist ein strapazierter Begriff und die damit verbundenen Konzepte präsentieren sich in Literatur und Praxis unterschiedlich. Eine weithin akzeptierte allgemeine Definition des Begriffes "Team" subsumiert hierunter eine spezifische Arbeitsform, charakterisiert durch eine kleine, funktionsgegliederte Arbeitsgruppe mit gemeinsamer Zielsetzung, relativ intensiven wechselseitigen Beziehungen, einem ausgeprägten Gemeinschaftsgeist sowie einem relativ starken Gruppenzusammenhalt unter den Mitgliedern (vgl. Forster 1981: 143).

In der Gruppenforschung (vgl. Bettenhausen 1991) kristallisiert sich heraus, daß die Etablierung und "Pflege" einer kooperativen Arbeitsumgebung häufig entscheidend für die Gruppenleistung ist und deshalb ihre Gestaltung eine wichtige Herausforderung für das Management darstellt. Anknüpfungspunkte für Arbeitsstrukturierung und Personaleinsatz sind unter anderem:

- eine gemeinsame Arbeitsaufgabe,
- Selbstorganisation für ausgewählte Aufgabenumfänge,
- flexibler Mitarbeitereinsatz,
- eine überschaubare Teamgröße,
- Kontinuität bei Teamzugehörigkeit und -zusammensetzung,
- räumliche Abgrenzung,
- gemeinsame Arbeitszeiten,
- Information über betriebliche Daten (Prozeßtransparenz),
- Teamvertretung nach innen und außen durch einen Teamsprecher und Teamgespräche.

12.5 Personalentwicklung

Die **Personalentwicklung** zielt auf die Verbesserung des Leistungspotentials der Unternehmensmitglieder, das zur Bewältigung der gegenwärtigen und zukünftigen Anforderungen notwendig ist. Sie beinhaltet die individuelle Förderung der Anlagen und Fähigkeiten der Unternehmungsmitglieder, insbesondere unter Berücksichtigung der Veränderungen der zukünftigen Anforderungen der Tätigkeit und im Hinblick auf die Verfolgung betrieblicher und individueller Ziele (Hentze 1994: 315).

Zur Personalentwicklung gehören u.a.:

- Schul- und Hochschulkontakte zur Nachwuchswerbung,
- kaufmännische und gewerbliche Berufsausbildung,
- fachliche Weiterbildung,
- Erlernen von Schlüsselqualifikationen (Lernfähigkeit, soziale Kompetenz),
- Führungskräfteschulung und -entwicklung,

- Förderung von Teamentwicklung und Projektarbeit,
- Maßnahmen zur Einführung neuer Mitarbeiter (Personalintegration) und
- systematische Förderung leistungsfähiger Mitarbeiter.

Zur Gestaltung der Personalentwicklung werden vor allem folgende vier Instrumente eingesetzt:

(1) Laufbahnplanung und Laufbahnlinien,
(2) Entwicklungsbeurteilung,
(3) Mitarbeitergespräche und Förderkreise sowie
(4) betriebliche Bildung
- am Arbeitsplatz (z.B. Anleitung und Beratung durch den Vorgesetzten, planmäßige betriebliche Unterweisung, geplanter Arbeitsplatzwechsel);
- außerhalb des Arbeitsplatzes (z.B. Seminare, Fallstudien, Planspiel).

Die Bildung am Arbeitsplatz (**Training on the Job**) hat in der Personalentwicklung eine große Bedeutung. Dabei erfolgt die Vermittlung zusätzlicher Qualifikationen im unmittelbaren Zusammenwirken von Vorgesetzten und Mitarbeitern in der täglichen Konfrontation mit den Aufgaben am Arbeitsplatz.

Training on the Job hat den **Vorteil**, kostengünstiger als Weiterbildungsmaßnahmen außerhalb des Arbeitsplatzes zu sein und Erlerntes nicht erst in die Praxis umsetzen zu müssen ("Learning by doing" bei gleichzeitiger Erbringung produktiver Arbeitsleistungen), ist kurzfristig initiierbar und läßt sich auf individuelle Bedürfnisse, Fähigkeiten und Vorkenntnisse zuschneiden. Voraussetzungen für einen erfolgreichen Einsatz sind neben einer systematischen Planung (Festlegen von Lernzielen, -inhalten, -abschnitten) unter anderem eine laufende Kontrolle des Erreichten und eine ausreichende Motivation der Mitarbeiter.

Als **Nachteile** sind unter anderem zu nennen, daß die Qualifikationen oft nicht auf andere Arbeitsplätze übertragbar sind und dispositive, individuelle und kollektive Handlungskompetenzen nur begrenzt erlernt werden können. Die erworbenen Qualifikationen sind am externen Arbeitsmarkt nicht immer verwertbar, weil sie zu arbeitsplatz- bzw. betriebsspezifisch ausgelegt und selten zertifiziert sind. Daher sollten sie mit breiter angelegten, systematischen Qualifikationsgrundlagen im Rahmen des Training off the Job kombiniert werden.

Aus betriebswirtschaftlicher Sicht gilt es, im Rahmen von Wirtschaftlichkeits-analysen den Nutzen von betrieblichen Weiterbildungsmaßnahmen (Verhal-tensänderungen im Arbeitskontext) den oftmals hohen Kosten der Planung und Durchführung gegenüberzustellen und zu bewerten.

12.6 Personalerhaltung und Leistungsstimulation

Die **Personalerhaltung** beinhaltet die Maßnahmen (Instrumente), die not-wendig sind, das vorhandene Personal weiterhin an die Unternehmung zu bin-den und zu verhindern, daß es zu Austrittsentscheidungen kommt.

Die **Leistungsstimulation** umfaßt die Mittel, die die Leistungsabgabe sichern und gegebenenfalls zur Steigerung der menschlichen Leistung anregen sollen.

Das Sachziel der Personalerhaltung und Leistungsstimulation wird also einer-seits durch die Teilnahmemotivation und andererseits durch die Leistungsmoti-vation bestimmt. Diese Funktion dient damit der Sicherung des Leistungspoten-tials, wobei auch die Bedürfnisse, Interessen und Erwartungen der Mitarbeiter berücksichtigt werden müssen.

Um die geforderten Beiträge zu erhalten, bietet die Unternehmung ihren Mit-gliedern Anreize (Stimuli). Hierunter fallen alle monetären und nichtmonetären Leistungen, die die Verhaltensbereitschaft zur Teilnahme oder Leistung aktivie-ren. Für das Verhalten sind nur diejenigen Anreize bestimmend, die eine Be-friedigung der aktuellen Bedürfnisse erwarten lassen.

- Unter die **monetären Anreize** fallen die direkte Entlohnung, die Erfolgsbe-teiligung, die betrieblichen Sozialleistungen und das betriebliche Vorschlags-wesen.
- Die **nichtmonetären Anreize** umfassen die soziale Kommunikation, die Gruppenmitgliedschaft, die Führung, die Arbeitszeit- und Pausenrege-lungen, den Arbeitsinhalt, die Arbeitsplatzgestaltung, die Personalent-wicklung und die Aufstiegsmöglichkeiten.

Zentrales Instrument der Personalerhaltung und Leistungsstimulation ist die direkte Entlohnung (Zeit- und Leistungslohnformen - vgl. Abschnitt 1.7.5) als monetärer Anreiz. Unter betrieblicher Erfolgsbeteiligung werden die materiellen Leistungen verstanden, die die Beschäftigten eines Betriebes bei der Erreichung eines betrieblichen Erfolgs aufgrund freiwillig getroffener individual- oder kollektivvertraglicher (tariflicher) Regelungen über das eigentliche Arbeitsentgelt hinaus erhalten. Kapitalbeteiligungen betreffen die Verwendung der Erfolgsanteile durch Anlage in einem Unternehmen. Bei der Kapitalbeteiligung unterscheidet man die direkte (z.B. Belegschaftsaktie) und die indirekte Kapitalbeteiligung (z.B. Kapitalbündelung). Durch die nichtmonetären Anreize werden vor allem die intrinsischen Bedürfnisse der Individuen befriedigt. Neben der sozialen Kommunikation und der Gruppenmitgliedschaft ist besonders die nachfolgend behandelte Personalführung als Mittel sozialer Einflußnahme auf das Verhalten der Organisationsmitglieder zu nennen.

12.7 Personalführung

12.7.1 Begriff und Aufgaben

Die Fähigkeit, zu motivieren und zu führen ist eine äußerst wichtige Voraussetzung für einen erfolgreichen Manager. Durch die Personalführung (kurz: Führung) werden die Verhaltensweisen der Unternehmensmitglieder zur Erfüllung der Aufgaben gesteuert. Personalführung wird hier als ein **Prozeß zielgerichteter Verhaltensbeeinflussung** eines Gruppenmitglieds durch ein anderes (oder mehrere andere) verstanden. Dabei erfolgt Personalführung immer mit Hilfe von **Kommunikation** und **Interaktion** zwischen Führer und Geführten. Management beinhaltet stets diesen personellen Führungsaspekt.

Die Beeinflussung dient dem Zweck effizienter Leistungserstellung, der aber nur erreicht wird, wenn die aktualisierten Bedürfnisse der Individuen befriedigt werden. Die Führung ist somit auf die Erfüllung der **Aufgaben- und Mitarbeiterziele** ausgerichtet. Das eigentliche Führungsproblem besteht in der Integration dieser beiden Aspekte, wobei sowohl die Erwartungen der Unternehmensmitglieder als auch die Rahmenbedingungen des Vorgesetzten im situativen Kontext gesehen werden müssen. Personalführung stellt somit eine äußerst komplexe Unternehmensführungsfunktion dar, für die es keine allgemeingültige Patentlösung gibt.

Abgeleitet aus dieser dualen Zielsetzung werden häufig die Personalführungs-funktionen in die folgenden zwei Gruppen differenziert:

* die **Zielerreichungsfunktionen**, die der Erfüllung der Gruppenziele dienen (Lokomotionsfunktion),
* die **Gruppenerhaltungsfunktionen**, die den inneren Zusammenhalt und Bestand der Gruppe fördern (Kohäsionsfunktion).

Zur **Lokomotionsfunktion** der Führung zählen alle Aufgaben, die dazu die-nen, die Unternehmensmitglieder sachbezogen auf die verfolgten Ziele hin auszurichten. In den Bereich der **Kohäsionsfunktion** der Führung fallen Auf-gaben, die die Sicherung und die Ordnung des längerfristigen Zusammenhalts von Gruppen, die Aufrechterhaltung und Förderung des gruppeninternen Aus-tauschs und Beziehungen zwischen Führungspersonen mit dem Mitarbeiter zum Inhalt haben. In diese Kategorie lassen sich im weitesten Sinne auch die Führungsaufgaben der **Motivierung** der Unternehmensmitglieder im Hinblick auf die Zielrealisierung der Unternehmung einordnen, wobei davon ausgegan-gen werden muß, daß sich die Arbeitsmotivationsstrukturen der Mitarbeiter in Abhängigkeit von Alter, Einkommen, Geschlecht, beruflicher Qualifikation so-wie weiterer Faktoren unterscheiden können und die subjektive Leistungsbe-reitschaft aufgrund von Maßnahmen der Personalführung recht unterschiedlich aktiviert wird. Die Motivationswirkung von Personalführungsmaßnahmen wird um so höher sein, je mehr es dem Führenden gelingt, die Motiv- und Bedürf-nisstrukturen der Geführten zu identifizieren. Eine Aufgabe des Führers besteht darin, die beiden Funktionen zu integrieren und die Fähigkeit zu entwickeln, die Instrumente zur Erfüllung dieser Personalführungsfunktionen zu beherrschen.

12.7.2 Personale Führungsansätze

12.7.2.1 Überblick

Die Personalführungsansätze behandeln die persönlichen Bestimmungsgrößen im Führungsprozeß. Diese verhaltensbestimmenden Größen der individuellen Ebene lassen sich in

- **Eigenschaften** (traits) sowie
- **Fähigkeiten** und **Fertigkeiten** (skills)

unterscheiden.

Die **Eigenschaften** einer Person sind durch eine breite Palette persönlicher Attribute gekennzeichnet, z.B. Persönlichkeit, Begabungen, Bedürfnisse, Motive und Werte. Jedes Unternehmensmitglied ist durch eine bestimmte Konfiguration von Eigenschaften gekennzeichnet. **Fähigkeiten** und **Fertigkeiten** werden als Kompetenzen verstanden, die eine Person relativ unabhängig von der Aufgabendefinition besitzt. Darunter fallen auch die **Führungseigenschaften**. **Eigenschaftsansätze der Führung** und die neueren **Charisma-Theorien** heben bestimmte Persönlichkeitscharakteristika und Fähigkeiten als Determinanten des Führungserfolgs hervor.

Besonders stehen in Unternehmen

- die Leistungsbereitschaft und
- das Leistungspotential

im Hinblick auf das Leistungsverhalten aller Beteiligten im Vordergrund.

Die **Leistungsbereitschaft** oder das "persönliche Wollen" umfaßt den Themenkomplex der Motivation und Motivierung. Die Motivierung zur Leistung ist untrennbar mit dem Führungsprozeß verbunden. Das **Leistungspotential** einer Person wird mit Attributen wie Begabungen, Fähigkeiten und Fertigkeiten beschrieben. Dieses "individuelle Können" steht in Zusammenhang mit der Entwicklung spezifischer Kompetenzen sowie der Motivation und ermöglicht ein bestimmtes **Leistungsverhalten**. Die Entscheidungsträger in der Unternehmung interessiert die Frage, welche Kräfte den Menschen motivieren, Energie für die Erfüllung einer Aufgabe oder Arbeit aufzubringen. Diese Verhaltens- oder Leistungsbereitschaft wird als **Arbeitsmotivation** bezeichnet.

Das Verstehen des beobachtbaren Verhaltens läßt sich nicht nur auf Motivation reduzieren, sondern die Verhaltensbedingungen lassen sich nach v. Rosenstiel (1991: 144) mit folgenden vier Merkmalen beschreiben:

Persönliche Bestimmungsgrößen

- **individuelles Können** (zeitstabile Fähigkeiten, wie Intelligenz oder erlernbare Fertigkeiten, wie Fremdsprachen),
- **persönliches Wollen** (Motive und Erwartungen; motivationale Antriebsdynamik);

Situationsgrößen

- **situative Ermöglichung** (strukturelle/institutionelle Führung; objektiv fördernde oder hindernde Bedingungen),
- **soziales Dürfen** (Gesetze, Normen und Regelungen, wie Betriebsvereinbarungen oder Führungsgrundsätze).

Die situativen und persönlichen Bestimmungsgrößen determinieren das Führungshandeln(-verhalten) der Führenden und das (Leistungs-)Verhalten der Geführten. Das Verhalten der Geführten bestimmt den Erfolg des Führungshandelns.

12.7.2.2 Motivation

12.7.2.2.1 Begriff der Motivation

Motivation kann allgemein als aktivierte Verhaltensbereitschaft eines Individuums im Hinblick auf das Erreichen bestimmter Ziele verstanden werden. Die Zweckgerichtetheit der Aktivitäten weist auf die Bedeutung der Motivation als Grundlage der Führung hin. Die Motivierung zu zweckgerichtetem Handeln (Verhalten) ist eine zentrale Aufgabe der Führung. Die grundlegende Annahme der Motivationskonzepte ist, daß die Motive beim Menschen vorhanden sind. Die Begriffe Motiv, Motivation und Handlung lassen sich als Problemgebiete abgrenzen.

Außer Motivation ist der Begriff **Motiv** ein zentraler Begriff des Motivationsprozesses. Als Motiv bezeichnet man eine isolierte Verhaltensbereitschaft, die latent vorhanden und zunächst noch nicht geweckt ist. **Motivation** wird allgemein als aktivierte Verhaltensbereitschaft eines Individuums im Hinblick auf die Erreichung bestimmter Ziele verstanden. Motiv ist ein Element der umfassenden Gesamtheit Motivation und damit die zentrale Variable des Motivationsprozesses. Es wird davon ausgegangen, daß Motive insbesondere in der Kindheit in der Umgebung gelernt oder angelernt werden. Da die Umgebungen, in denen die Individuen aufwachsen, sich voneinander unterscheiden, sind auch die Motive unterschiedlich.

Als **Handlung** werden Aktivitäten bezeichnet, die auf eine gemeinsame Zielvorstellung ausgerichtet sind.

Latente Motive werden durch situative Gegebenheiten aktiviert, die als **Anzeize** (Stimuli) bezeichnet werden.

Die durch Anreize aktivierten Motive bestimmen für eine gewisse Zeit das menschliche Verhalten mit dem Anliegen, gesteckte Ziele zu erreichen. Für das Verhalten sind nur diejenigen Anreize bestimmend, die eine Befriedigung der aktuellen Bedürfnisse erwarten lassen (vgl. Abb. 12-2).

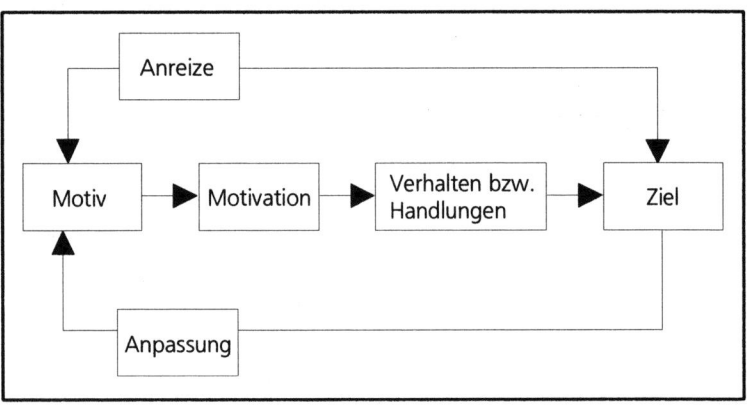

Abbildung 12-2   Motivationsprozeß

In der Motivationspsychologie sind unterschiedliche Theorien der Arbeitsmotivation entwickelt worden, die häufig als **Inhaltstheorien** und **Prozeßtheorien** klassifiziert werden. Der Schwerpunkt der Inhaltstheorien ist auf die Motivinhalte gerichtet, während die Prozeßtheorien eine Aussage darüber machen, wie Arbeitsverhalten initiiert, erhalten und beendet wird. Es sollen hier nur jeweils zwei ausgewählte Inhaltstheorien und Prozeßtheorien behandelt werden (vgl. Hentze/Kammel/Lindert 1997: 124 ff.).

12.7.2.2.2 Inhaltstheorien der Motivation

(a) **Theorie der Bedürfnishierarchie nach Maslow**

Die Theorie der Bedürfnishierarchie von Maslow (1977) wurde ursprünglich nicht als Theorie der Arbeitsmotivation konzipiert. Später hat sie in anderen Disziplinen - insbesondere auch in der Betriebswirtschaftslehre - eine starke Beachtung gefunden. Das zentrale Anliegen dieser Theorie ist die **Selbstverwirklichung**. Für die Systematisierung der Motive schlägt Maslow eine fünfstufige Bedürfnisstruktur vor, die hierarchisch geordnet ist. Folgende stufenweise aufgebauten Bedürfnisklassen lassen sich unterscheiden (vgl. Abb. 12-3):

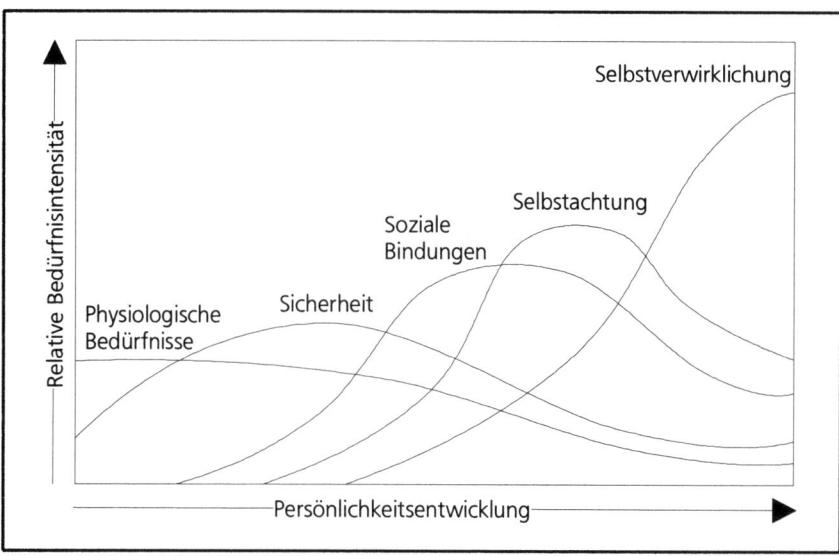

Abbildung 12-3 Hierarchie der Motivgruppen nach Maslow
(Hentze/Kammel/Lindert 1997: 126)

(1) **Physiologische Bedürfnisse** (Grundbedürfnisse des Organismus nach Sauerstoff, Nahrung, Getränken, Ruhe, Schlaf, Sexualität);

(2) **Sicherheitsbedürfnisse** (Sicherheit vor physischer Existenzbedrohung, Arbeitsplatz ohne hohes Verletzungsrisiko, Gesundheit, gesicherter Arbeitsplatz, sicheres Einkommen, Sparverhalten, Altersversorgung, stabile Umwelt);

(3) **soziale Bedürfnisse/Bindungen** (Wunsch nach Gruppenzugehörigkeit und Geselligkeit, nach Freundschaft und Zuneigung sowie nach gutem Arbeitsklima);

(4) Bedürfnis nach **Wertschätzung/Selbstachtung** (Streben nach Selbstachtung oder Selbstwertschätzung, Anerkennung durch andere, hohes soziales Ansehen, Macht, Prestige, Lob und Anerkennung für geleistete Arbeit);

(5) Bedürfnis nach **Selbstverwirklichung** (Streben nach Erfüllung eines Selbstkonzeptes, Kreativität, Verwirklichung der eigenen Möglichkeiten, Einbringen eigener Vorstellungen und Verbesserungen am Arbeitsplatz).

Die Theorie von Maslow liefert mögliche Ansatzpunkte, wie gegebenenfalls das **Arbeitsverhalten** und die **Arbeitsleistung** beeinflußt werden können, indem die Arbeit und die Arbeitsbedingungen so gestaltet werden, daß jeweils dominante Bedürfnisse erfüllt werden. Hier liegt die Annahme zugrunde, daß Bedürfnisse höherer Stufen erst verhaltensbestimmend werden, wenn die niedrigen befriedigt sind. Ob diese Annahme in der strengen Form immer zutrifft, hängt entscheidend von der Persönlichkeitsstruktur des Individuums ab. Ein gesetzter Anreiz (z.B. Geld) kann die Grundbedürfnisse sichern und gleichzeitig das Machtbedürfnis befriedigen.

(b) Motivations-Hygiene-Faktoren-Theorie von Herzberg

Herzberg und seine Mitarbeiter haben in der bekannten Pittsburgh-Studie, in der über 200 Ingenieure und Buchhalter befragt wurden, untersucht, welche Faktoren im Arbeitsprozeß Unzufriedenheit vermeiden oder abbauen und welche insbesondere Zufriedenheit hervorrufen (vgl. Abb. 12-4). Faktoren, die zur Zufriedenheit führen, nennt Herzberg **"Motivatoren"**, während die Verschlechterung der **"Hygiene-Faktoren"** zu Unzufriedenheit führt; analog der Hygiene in der Medizin, die zwar nicht heilt, aber vor einer Ausweitung der Krankheit schützt (Herzberg/Mausner/Snydermann 1959; Herzberg 1966). Hygienefaktoren sind Bedürfnisse, die durch äußere **(extrinsische)** Bedingungen bestimmt werden:

- Bezahlung,
- Unternehmenspolitik,
- Qualität der Personalführung,

- Arbeitsbeziehungen (zu Vorgesetzten, Kollegen, Untergebenen) sowie
- Arbeitsbedingungen und Arbeitsplatzsicherheit.

Motivatoren entsprechen Bedürfnissen, die in der Arbeit selbst begründet sind. Die Befriedigung dieser sogenannten "**intrinsischen**" Arbeitsbedürfnisse erfolgt besonders durch

- Leistungserfolg,
- Anerkennung der Arbeit,
- Verantwortung,
- Aufstiegschancen,
- Entfaltungsmöglichkeiten.

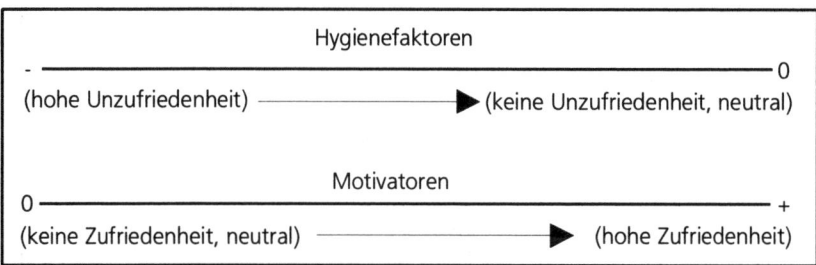

Abbildung 12-4   Kontinuum der Hygienefaktoren und Motivatoren nach Herzberg

Die extrinsischen Hygiene-Bedürfnisse können als Grundbedürfnisse angesehen werden, die den Menschen in der Arbeitsumwelt "gesund" erhalten. Die intrinsisch motivierten Faktoren beziehen sich direkt auf die arbeitsbezogenen "höheren" Bedürfnisse nach verantwortungsvoller und sinngebender Arbeit. Motivatoren haben eine größere **Langzeitwirkung** als die Hygiene-Faktoren.

Die Zusammenfassung von zwölf Untersuchungsgruppen ergab eine erweiterte Stichprobe (Herzberg 1975: 96). Mit Hilfe einer Faktorenanalyse konnten sechzehn unabhängige Arbeitsfaktoren identifiziert werden (vgl. Abb. 12-5).

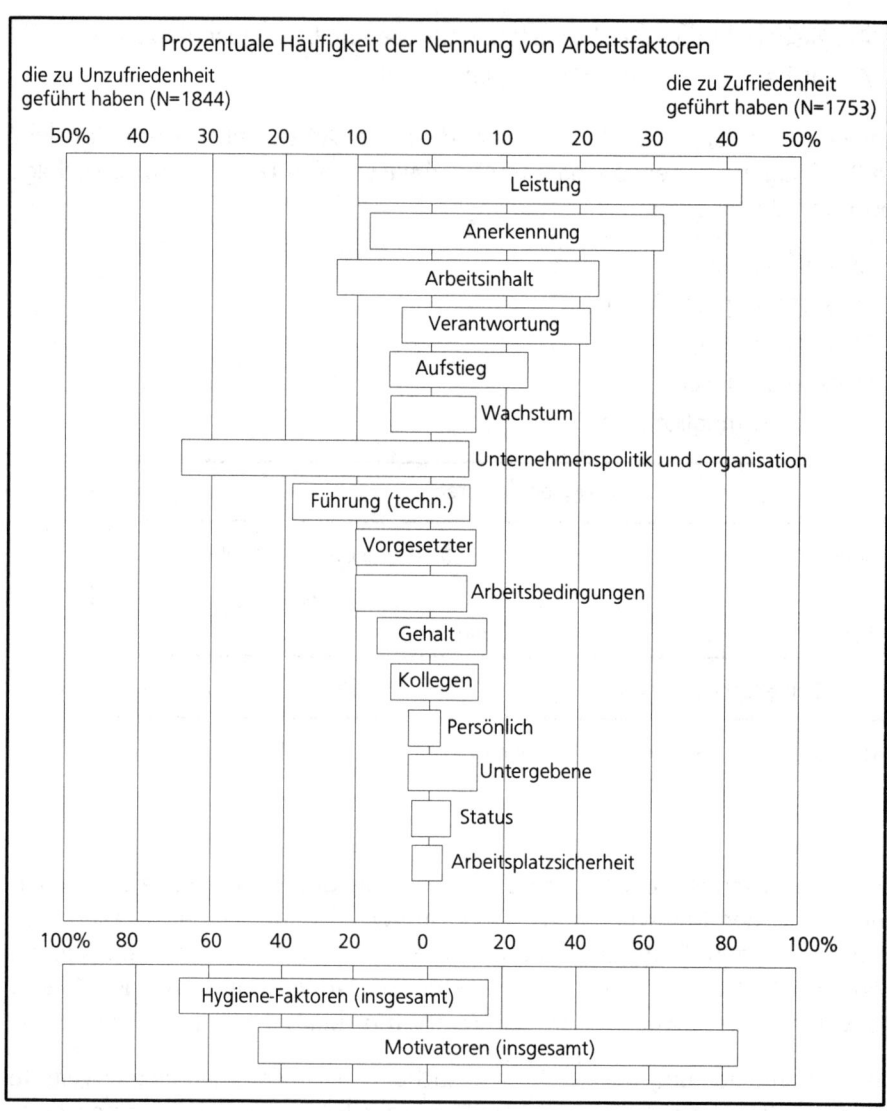

Abbildung 12-5 Arbeitsfaktoren nach Herzberg (1975: 96)

Herzbergs Untersuchungen haben auch gezeigt, daß alle aufgezählten Faktoren nicht ausschließlich einer der beiden Motivationsgruppen zugeordnet werden können. Auch Hygienefaktoren können motivierend sein. Die Ursache liegt vielfach darin, daß die Faktoren nicht isoliert voneinander gesehen werden können. Das schildert Herzberg am Beispiel des Geldes. Geld ist ein Hygiene-Faktor, beruflicher Aufstieg ist ein Motivator. Nun ist die Beförderung in aller Regel mit einer Gehaltserhöhung verbunden. Ähnlich ist es mit der übertragenen Verantwortung. Mehr Verantwortung bedingt meistens einen höheren Verdienst. So ist Geld bei vielen innerbetrieblichen Maßnahmen bedeutend und wird dann als Motivator empfunden.

12.7.2.2.3 Prozeßtheorien der Motivation

Die Prozeßtheorien der Motivation behandeln die **kognitiven Prozesse** in der Person, die ein bestimmtes Verhalten anregen, zielorientiert ausrichten, erhalten und beenden, wobei die Zielinhalte nicht von Interesse sind. Die angestrebten Ziele und das konkrete Verhalten begründen sich aus dem situativen Anreizwert und der Erfahrung, die in der von Menschen gestalteten Umwelt gewonnen werden. Aufgrund der Möglichkeiten der flexiblen Umweltanpassung des Menschen konzentrieren sich die Prozeßtheorien der Motivation auf die unterschiedlichen Wege zum Ziel.

(a) Kognitive Gleichgewichtstheorie von Adams
Während die bisher behandelten Inhaltstheorien sich mit dem Verhalten einer Person befassen, beinhaltet die Gleichgewichtstheorie (Gleichheitstheorie) einen interpersonellen Vergleich. Die Gleichheitstheorie [Equity-Theory (Adams 1963; 1965)] baut auf dem Modell des Austausches von Homans (1961, 1972) und der Theorie der kognitiven Dissonanz von Festinger (1957) auf. Sie wird in der Organisationspsychologie häufig herangezogen, wenn es darum geht, die motivationalen Effekte des Lohnes bzw. Gehalts zu erklären. In dieser Theorie wird davon ausgegangen, daß die soziale Interaktion in der Arbeitssituation als wirtschaftliche Tauschbeziehung zwischen Arbeitgeber und Arbeitnehmer abläuft. Dabei bringt der Arbeitnehmer insbesondere seine Leistung, aber auch Erfahrung, Intelligenz, Ausbildung, Alter, soziale Klassenzugehörigkeit usw. ein. Dies sind seine "Inputs" (Einsatz, Aufwand). Der Arbeitgeber bietet als Gegen-

leistung die "Outcomes" (Ergebnis, Ertrag) in Form der Bezahlung, Freude an der Arbeit, Sicherheit, Sozialleistungen, Statussymbole usw. Eine Person strebt zwischen den zu erbringenden Leistungen und den zu erhaltenden Belohnungen ein Gleichgewicht an. Eine soziale Beziehung wird nur dann eingegangen oder aufrechterhalten, wenn **"Verteilungsgerechtigkeit"** besteht, d.h., wenn die Belohnungen, die die soziale Interaktion mit sich bringt, zwischen den Personen fair verteilt sind.

In der Gleichheitstheorie werden Inputs und Outcomes in Beziehung gesetzt. Jeder Arbeitnehmer vergleicht sein Aufwands-Ertrags-Verhältnis mit dem anderer und empfindet subjektiv Gerechtigkeit oder Ungerechtigkeit, je nachdem, wie die Beurteilung ausfällt. Es handelt sich also nicht um objektive Tauschrelationen.

Adams (1965: 280) definiert die Ungleichheit wie folgt: "Ungleichheit besteht für die Person, wann immer sie das Verhältnis ihrer Erträge zu ihren Einsätzen und das Verhältnis der Erträge anderer zu den Einsätzen anderer als ungleich wahrnimmt. Das kann vorkommen, wenn entweder

- sie und die andere in einer direkten Tauschbeziehung oder wenn
- beide in einer Austauschbeziehung mit einer dritten Partei stehen und sie sich mit dieser vergleichen."

Letzteres ist insbesondere für Austauschbeziehungen in der Unternehmung von Bedeutung. Werden die Summe der Ertäge (Outcomes) mit O, die Summe der Aufwendungen (Inputs) mit I, die beurteilende Person mit p und die andere mit a bezeichnet, so wird Ungleichheit erlebt wenn,

$$\left(\frac{O_p}{I_p} < \frac{O_a}{I_a} \right) oder \left(\frac{O_p}{I_p} > \frac{O_a}{I_a} \right)$$

gilt.

Ungerechtigkeit wird also empfunden, wenn Unterbezahlung oder auch Überbezahlung vorliegt. Die Bedingungen für die Gleichheit bestehen dann, wenn die Output-Input-Relationen als gleich empfunden werden. Aus diesen Relationen leiten sich drei Beziehungen ab. Im ersten Fall kommt die Person zu dem Ergebnis, daß sie sich gegenüber einer anderen Person benachteiligt fühlt. Im zweiten Fall nimmt die Person das Aufwands-Ertrags-Verhältnis positiv wahr. Im dritten Fall entsprechen sich die Tauschbeziehungen, d.h., die Tauschbeziehungen werden als gleichwertig angesehen.

Das Gefühl der Ungleichheit erzeugt beim Individuum **Spannungen**, deren Größe durch den Grad der Ungleichheit bestimmt wird. Zur Verminderung der Spannungen stehen folgende Möglichkeiten zur Verfügung (Adams 1965: 283ff.):

(1) Die Person verändert ihre Inputs.

(2) Die Person verändert ihre Outcomes.

(3) Die Person verzerrt kognitiv den Wert der Aufwendungen und der Erträge.

(4) Die Person verläßt das Feld.

(5) Die Person wirkt auf die Vergleichsperson ein.

(6) Die Person wählt eine andere Vergleichsperson.

Hinsichtlich der Lohn- bzw. Gehaltshöhe ist zu vermeiden, daß ein Gefühl der Unterbezahlung entsteht, da dieses leistungsmindernde Effekte zur Folge hat.

(b) Die VIE-Motivationstheorie von Vroom

Vrooms Theorie gehört zu den sogenannten **Instrumentalitäts-** oder **Erwartungstheorien**. Den Kern der Theorie von Vroom (1964) bilden drei Komponenten des Motivationsgeschehens:

(1) Valenz (V):

Sie drückt die Stärke der Bevorzugung bestimmter Objekte oder Handlungen für das Individuum gegenüber dem erreichbaren Ziel oder Endergebnis aus. Sie kann zwischen +1 (positiv) und -1 (negativ) variieren. Neutrale Ergebnisse besitzen den Wert 0.

(2) Instrumentalität (I):

Sie ist ein Schätzwert subjektiver Wahrscheinlichkeit, von der das Individuum meint, daß das Ergebnis eintritt. Der Wert der Instrumentalität kann zwischen -1 (d.h., der Handlungsausgang führt nicht zur Zielerreichung) und +1 (d.h., der Handlungsausgang führt zur Zielerreichung) liegen.

(3) Erwartungen (E):

Die Wahrscheinlichkeit des konkreten Handlungsausganges liegt zwischen 0 und 1. Die Erwartung drückt die Wahrscheinlichkeit aus, mit der dieses bestimmte Ergebnis erreicht werden kann.

Die tatsächliche **Arbeitsleistung** (L) ist eine Funktion des Produkts aus einer spezifischen **Motivationstendenz** (M) und den notwendigen **Fähigkeiten** (F). Auch wenn der Geführte (Mitarbeiter) eine hohe Motivation für eine bestimmte Handlung aufbringt, aber nicht die Fähigkeiten zur Durchführung der Aufgabe besitzt, wird die Arbeitsleistung entsprechend gering sein. Die Beziehung zwischen dem Produkt aus Motivation und Fähigkeiten und der Leistung ist nicht zwingend linear. Wahrscheinlicher ist eine funktionale Beziehung, die ein optimales Leistungsergebnis charakterisiert (z.B. umgekehrt U-förmiger Verlauf der Funktion) (vgl. Vroom 1964: 204).

$$(L)eistung = f\,[(M)otivation * (F)\ddot{a}higkeiten]$$

Die motivierte **Verhaltenstendenz** (M = Motivation oder Anstrengung) für eine Handlungsalternative ergibt sich aus einer monoton ansteigenden Funktion der algebraischen Summe über die Produkte der **Valenzen (V)** aller möglichen Ergebnisse (Handlungsfolgen) und deren **Erwartungswerten (E)** (vgl. Vroom 164: 18):

$$M_i = f_i \left[\sum_{j=1}^{n} E_{ij} * V_j \right]; \ (i = 1...m); \ (f_i' > 0)$$

wobei: M_i = Motivation für die Handlungsalternative i
E_{ij} = Erwartungswert, daß Handlung i zum Ergebnis j führt
V_j = Valenz von Handlungsergebnis j

Das bedeutet, daß jede Komponente bestimmte Werte aufweisen muß, um eine motivierte Handlung auszulösen. Wenn ein Individuum eine hohe Leistung vollbringen will (hohe Valenz), aber nicht erwartet, daß Anstrengung zur Leistung führt, wird sich keine Motivation ergeben.

Die Valenz des Handlungsergebnisses (V_j) ist aber abhängig von der Valenz des Endergebnisses (V_k) und der Instrumentalität des Handlungsergebnisses (I_{jk}). Die Überlegungen lassen sich in folgender Relation ausdrücken:

550

$$V_j = f_j \left[\sum_{k=1}^{n} I_{jk} * V_k \right]; \ (j = 1...n); \ (f'_j > 0)$$

wobei: V_j = Valenz von Handlungsergebnis j
I_{jk} = Instrumentalität von Ergebnis j für das Ziel k
V_k = Valenz des Endziels k

Die Instrumentalität bringt die subjektive Beziehung (positiv, neutral, negativ) zwischen jedem einzelnen Handlungsergebnis (j) und den verschiedenen Endzielen (k) zum Ausdruck. Es kann z.b. eine starke positive Beziehung (I = positiv) zwischen dem erwarteten Leistungsergebnis und der Lohnerhöhung angenommen werden.

Das Modell gibt keine Auskunft über die Einflußfaktoren, die die Erwartungen von Mitarbeitern beeinflussen (z.B. Führungsstil, Erfahrungen). Ungeklärt ist auch, welche Faktoren von Mitarbeitern als wichtig ausgewählt werden und wie Mitarbeiter - beeinflußt durch Normen, Bedürfnisse, Werte - zu den Valenzen gelangen. Deutlich wird aber, daß die Führungsperson auf ganz verschiedenen Stufen ihren Einfluß ausüben kann.

12.7.3 Führungstheoretische Ansätze

12.7.3.1 Überblick

Führungstheorien konzentrieren sich auf die Erklärung der Bedingungen, die das Enstehen von Führung auslösen und auf den Gegenstandsbereich der Führung selbst. Mit ihrer Hilfe wird versucht, Aussagen darüber zu machen, wie ein Führer (in einer bestimmten Situation) Geführte in Richtung auf die Erfüllung bestimmter Aufgaben durch Interaktion beeinflussen kann. In der amerikanischen Managementliteratur wird häufig zwischen folgenden drei Ansätzen unterschieden (vgl. z.B. Weihrich et al. 1993: 493ff.):

(1) Eigenschafts-Ansatz (Trait Approach),

(2) Verhaltensansatz (Behavioral Approach),

(3) Situationsansatz (Situational/Contingency Approach).

In diesem Lehrbuch wird nur eine Auswahl von Führungsansätzen vorgestellt.

12.7.3.2 Der Eigenschafts-Ansatz

Der älteste Erklärungansatz der Führung ist die sogenannte **Eigenschafts-Theorie**.

Ein Hauptziel der Führungsforschung bestand lange Zeit darin, verbindliche Kriterien für die Führerauslese zu erhalten. Dabei wurde versucht, bestimmte spezifische **persönliche Eigenschaften** zu finden, die den Führer gegenüber den Geführten auszeichnen. Man geht also von dem Gedanken aus, daß der Führer durch bestimmte Persönlichkeitsmerkmale oder eine spezifische Kombination dieser Merkmale gekennzeichnet ist, d.h. einem spezifischen individuellen Können (Eigenschaften und Fähigkeiten). Als **individuelle Führungseigenschaften** gelten z.B. physische Charakteristika (z.B. Erscheinungsbild, Größe), soziale Herkunft (z.B. Ausbildung), Fähigkeiten (z.B. Intelligenz, Urteilskraft, Wissen), Persönlichkeit (z.B. Anpassungsfähigkeit, Selbstvertrauen), aufgabenbezogene Charakteristika (z.B. Leistungsmotiv, Initiative, Ausdauer), soziale Fähigkeiten und Fertigkeiten (z.B. Kooperationsbereitschaft).

Die Eigenschaftstheorie besagt auch, daß alle Führer nicht nur bestimmte Eigenschaften besitzen, sondern jeder Träger dieser Eigenschaften durch eben jenen Tatbestand zwangsläufig zum Führer wird.

In empirischen Studien zeigte sich, daß zwischen einzelnen Persönlichkeitszügen und der Führungsposition nur selten Zusammenhänge auffindbar sind, und es stellt sich immer wieder der bedeutende Einfluß der Situation heraus. Dennoch kann dieser Ansatz keineswegs als historisch völlig überholt angesehen werden, denn der "Trait Approach" geht nicht mehr einzig vom "Angeboren-Sein" erfolgreicher Führungseigenschaften aus, sondern nimmt an, daß entsprechende Eigenschaften auch durch Lernen und Erfahrung erworben werden können.

12.7.3.3 Verhaltensansätze der Führung

Dem Eigenschaftsansatz folgt in einer nächsten großen Entwicklungsstufe die Analyse des **aktuellen Führungsverhaltens**. Gegen Ende der 40er Jahre wendet sich das Interesse der Führungsforschung aufgrund der unbefriedigenden Ergebnisse der Eigenschaftstheorie immer mehr von der Suche nach typischen Führungseigenschaften ab.

(a) Der eindimensionale Ansatz des Führungsverhaltens: Die Kontinuumstheorie von Tannenbaum/Schmidt

Eine große Verbreitung und Popularität in der Führungsliteratur besitzt die Klassifikation des Führungsverhaltens anhand der beiden Führungsstile **autoritär** und **kooperativ**, die auf Tannenbaum und Schmidt zurückgeht (Tannenbaum/Schmidt 1958). In dieser **Kontinuumstheorie** wird zwischen sieben Verhaltensweisen der Führung unterschieden, die nach dem Ausmaß der Autorität des Vorgesetzten und der Entscheidungsfreiheit der Mitarbeiter gestaffelt sind (vgl. Abb. 12-6).

Anhand einer normativ-analytischen Vorgehensweise versuchen die Autoren diejenigen Faktoren zu bestimmen, die bei der Auswahl des "richtigen" Führungsverhaltens zu berücksichtigen sind. Als Determinanten eines situationsgerechten Führungsstils ergeben sich:

(1) **Charakteristika des Vorgesetzten**
- Wertesystem,
- Vertrauen in die Mitarbeiter,
- Führungsqualitäten und
- Sicherheitsempfinden in einer bestimmten Situation.

(2) **Charakteristika der Mitarbeiter**
- Erfahrung in der Entscheidungsfindung,
- Engagement und
- Ansprüche hinsichtlich beruflicher und persönlicher Entwicklung.

(3) **Charakteristika der Situation**
- Art der Organisation,
- Eigenschaften der Gruppe,
- Art des Problems und
- zeitlicher Abstand zur Handlung.

553

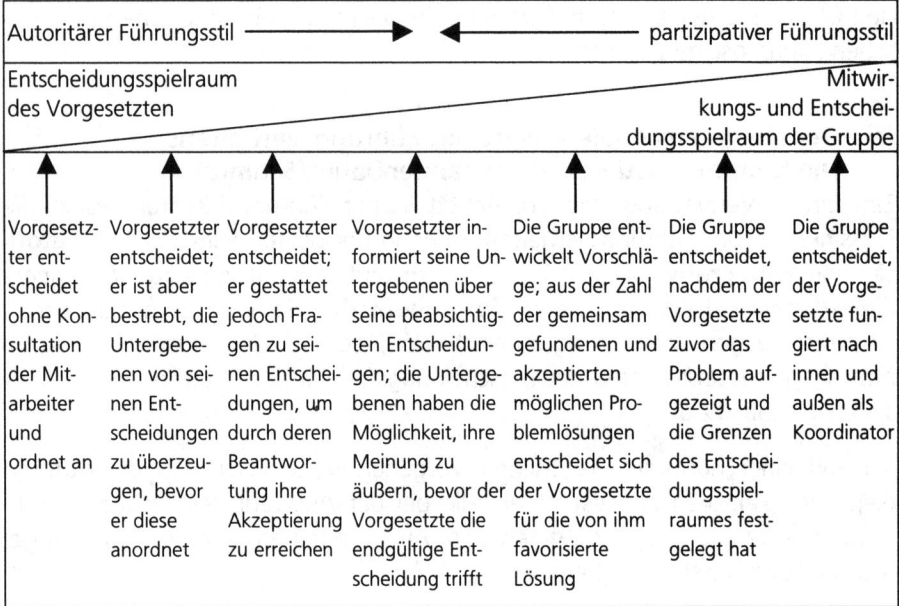

Autoritärer Führungsstil ━━━━━━▶ ◀━━━━━━ partizipativer Führungsstil							
Entscheidungsspielraum des Vorgesetzten						Mitwirkungs- und Entscheidungsspielraum der Gruppe	
Vorgesetzter entscheidet ohne Konsultation der Mitarbeiter und ordnet an	Vorgesetzter entscheidet; er ist aber bestrebt, die Untergebenen von seinen Entscheidungen zu überzeugen, bevor er diese anordnet	Vorgesetzter entscheidet; er gestattet jedoch Fragen zu seinen Entscheidungen, um durch deren Beantwortung ihre Akzeptierung zu erreichen	Vorgesetzter informiert seine Untergebenen über seine beabsichtigten Entscheidungen; die Untergebenen haben die Möglichkeit, ihre Meinung zu äußern, bevor der Vorgesetzte die endgültige Entscheidung trifft	Die Gruppe entwickelt Vorschläge; aus der Zahl der gemeinsam gefundenen und akzeptierten möglichen Problemlösungen entscheidet sich der Vorgesetzte für die von ihm favorisierte Lösung	Die Gruppe entscheidet, nachdem der Vorgesetzte zuvor das Problem aufgezeigt und die Grenzen des Entscheidungsspielraumes festgelegt hat	Die Gruppe entscheidet, der Vorgesetzte fungiert nach innen und außen als Koordinator

Abbildung 12-6   Kontinuum des Führungsverhaltens nach Tannenbaum/Schmidt (1958: 96 – modifiziert)

Unterschiedliche Konstellationen in den einzelnen Charakteristika erfordern unterschiedliche Führungsstile. Es kann keinen einzig richtigen Führungsstil für alle Situationen geben. Ein erfolgreicher Führer ist lediglich derjenige, der die verschiedenen situativen Einflußfaktoren realistisch einzuschätzen und sich mit seinem Führungsverhalten entsprechend darauf einzustellen vermag.

(b) **Der zweidimensionale Ansatz: Das Führungsverhaltensgitter (Managerial Grid) von Blake/Mouton**
In diesem Ansatz äußert sich die Führung zugleich als eine **sach-** und eine **personenbezogene** Aufgabe. Die beiden Dimensionen werden von Blake/ Mouton (1964, 1968) verwendet, um verschiedene Kombinationen von Führunsvarianten zu charakterisieren. Sie konstruieren das sogenannte **Verhaltensgitter** (Managerial Grid), auf dem in der Horizontalen die Intensität der

Produktivitätsorientierung und auf der Vertikalen die Intensität für die Ausübung der personenbezogenen Führungsfunktion aufgetragen sind.

Das Verhaltensgitter spiegelt die Wechselwirkung zwischen den Führungsdimensionen **"Produktionsorientierung"** (concern for production) und **"Menschenorientierung"** (concern for people) wider. Jede Dimension ist gekennzeichnet durch neun Stufen, wobei 1 die geringste und 9 die höchste Ausprägung bezeichnet (vgl. Abb. 12-7).

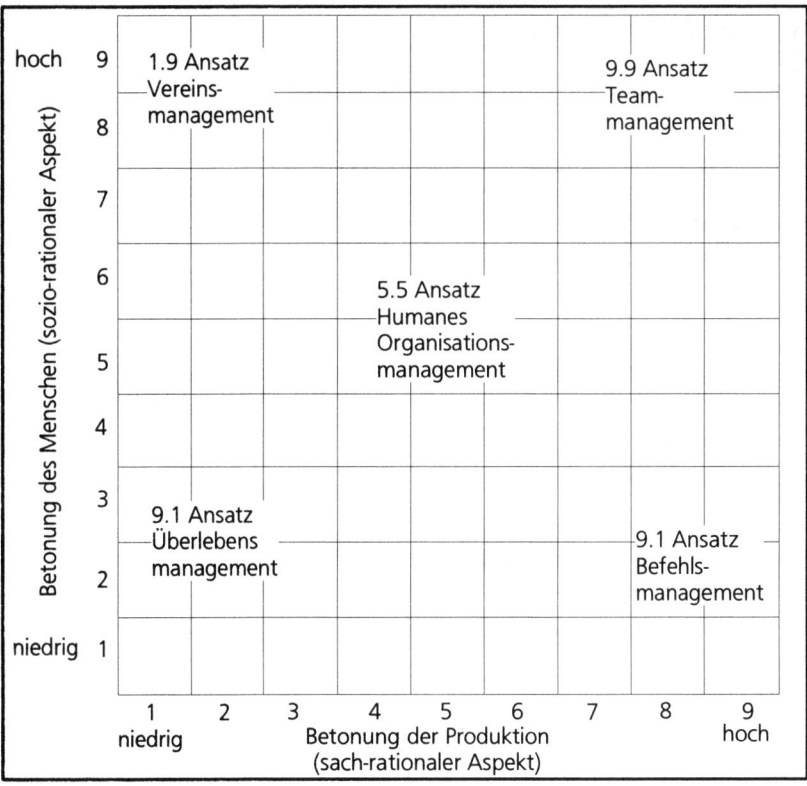

Abbildung 12-7   Führungs-(Verhaltens-)gitter ("Managerial Grid") nach Blake/Mouton/McCanse (1993: 48)

Damit lassen sich theoretisch insgesamt 81 Führungsstile unterscheiden. Von den Autoren werden nur die sogenannten Schlüssel-Führungsverhalten 1.1., 1.9., 9.1., 5.5. und 9.9. beschrieben. Das Verhaltensgitter (GRID) baut in der neuen Version 4 (Blake/McCanse 1992: 45) auf folgenden **drei Dimensionen** auf:

(1) **Sachorientierung:**
Orientierung an der Erzielung von quantitativen und qualitativen Resultaten (9-Punkte-Skala von niedrig bis hoch).

(2) **Menschenorientierung:**
Orientierung an den Mitarbeitern, mit denen die Ziele erreicht werden sollen. Die Beziehungen können durch vielfältige Formen gekennzeichnet sein, wie Gehorsam, Kompromiß, Austausch oder Unterstützung (9-Punkte-Skala von niedrig bis hoch).

(3) **Motivation:**
Die Dimension unterscheidet bipolar, welche Dinge Menschen leisten wollen (positiv), und welche Dinge Menschen zu vermeiden suchen (negativ). Die Frage ist: Wie bin ich (sind andere) im Leben und bei der Arbeit motiviert?

Aus den ersten beiden Grid-Dimensionen lassen sich **fünf Basisführungsstile** und **zwei Mischformen** ableiten. Blake/Mouton/McCanse (1993: 48ff.) definieren die Hauptführungsorientierungen ihrer 9 x 9-Matrix wie folgt:

9.9-Ansatz: Team Management
Engagierte Mitarbeiter verfolgen ein gemeinsames Ziel; Interdependenz schafft ein Arbeitsklima des Respekts und des Vertrauens.

9.1-Ansatz: Befehlsmanagement
Gewährleistung effizienter Arbeit durch die Organisation, die menschliche Störfaktoren auf ein Minimum reduziert.

1.9-Ansatz: Vereins-Management oder Glacéhandschuh-Management

Die Bedürfnisse der Mitarbeiter nach zufriedenstellenden zwischenmenschlichen Beziehungen werden befriedigt, was ein freundliches Betriebsklima und ein gemächliches Arbeitstempo bewirkt.

5.5-Ansatz: Humanes Organisationsmanagement

Gute Leistung und ein akzeptables Arbeitsklima halten sich die Waage. Tun Sie Ihre Arbeit, aber in angemessenem Tempo!

1.1-Ansatz: Überlebensmanagement

Minimaler Aufwand reicht, um sich im Unternehmen zu halten. Die Aufgaben werden nur pflichtgemäß erledigt.

Die ursprünglichen fünf Hauptführungsstile werden um den paternalistischen Ansatz und die komplette Mischform erweitert.

9.1- + 1.9-Ansatz: Paternalismus

Dieser Ansatz verbindet die Mitarbeiterkontrolle (9.1) mit der Orientierung des "väterlich" netten Vorgesetzten (1.9). Der wohlwollende Autokrat erwartet Loyalität. Er tauscht Belohnung und Anerkennung gegen Loyalität und Gehorsam. Wer sich nicht daran hält, wird bestraft.

Alle Stile: Opportunistische Orientierung

Leistung wird nach einem Austauschsystem erbracht. Bemühen wird gegen Bemühen aufgewogen. Der jeweils persönliche Vorteil steht im Vordergrund. Die alternativen Führungsstile werden bewußt eingesetzt.

Auf der **Motivationsdimension** werden jedem der sieben Führungsstile die beiden motivationalen Ausprägungen zugeordnet, um die Frage nach dem "Warum der Verhaltensweise" zu erklären. Die neutrale Zone zwischen den beiden Polen wird als Ruhezone bezeichnet. Auf dem positiven Motivationspol wird die Realisierung der Zielvorstellungen als wahrscheinlich eingeschätzt. Auf dem negativen Motivationspol scheint der Erfolg unwahrscheinlich.

Ausprägungen der Motivationsdimension:

1.1: *Überlebensmanagement*
   negativ: Angst vor Kündigung
   positiv: Wunsch, sich aus allem herauszuhalten;

1.9: *Glacéhandschuh-Management*
   negativ: Angst vor Zurückweisung
   positiv: Wunsch, zu gefallen;

9.1: *Befehl-Gehorsam-Management*
   negativ: Versagensangst
   positiv: Wunsch nach Kontrolle, Herrschaft, Dominanz;

5.5: *Organisationsmanagement*
   negativ: Angst vor Demütigung
   positiv: Wunsch, dazuzugehören;

9.9: *Team-Management*
   negativ: Angst vor Selbstsucht
   positiv: Wunsch nach persönlicher Erfüllung durch Mitwirkung

1.9+9.1: *Patriarchalische Orientierung*
   negativ: Angst vor Ablehnung
   positiv: Wunsch nach Verehrung;

Alle: *Opportunistische Orientierung*
   negativ: Angst vor Entlarvung
   positiv: Wunsch, ganz oben zu sein

Das Verhaltensgitter-Modell wird als **konzeptionelle Infrastruktur** verstanden, um das Streben nach Spitzenleistungen in der Führung aufzubauen. Das Modell erhebt den Anspruch universeller Anwendbarkeit. Das Ziel des Grid-Modells ist es, Grundeinstellungen, die dem Verhalten im Zusammenwirken auf bestimmte Ziele zugrunde liegen, zu identifizieren. Die Verhaltensempfehlung ist generell der 9.9-Führungsstil.

Die **Kritik am Verhaltensgitter** setzt am idealtypischen Charakter an.

12.7.3.4 Das Kontingenzmodell von Fiedler

Unter Bezugnahme auf die Situationstheorie entwickelt Fiedler eine **Theorie des effektiven Führungsverhaltens** (Fiedler 1967). Unter **Kontingenz** ("contingency") wird dabei die Bedingtheit bzw. Abhängigkeit von bestimmten Situationen oder Ereignissen verstanden. Die Vorhersage des Kontingenzmodells bezieht sich auf die Interaktion von **situativer Günstigkeit** und primärer **Motivation des Führenden** und deren Einfluß auf die **Leistung der geführten Gruppe**.

Die **drei Variablengruppen des Modells** sind der Günstigkeitsgrad der Führungssituation, der Führungsstil und die Effektivität der Gruppe.

Erste Variablengruppe: Bestimmen der Aufgabensituation (Führungssituation)
Die **situative Günstigkeit** wird als die subjektive Sicherheit der Aufgabenbewältigung definiert. Diese Aufgabensituation wird durch drei dichotomisierte Subskalen operationalisiert:

(a) **Führer-Geführten-Beziehung** (gut - schlecht):
Mit dieser Dimension soll die zwischenmenschliche Beziehung zwischen Führendem und Gruppenmitgliedern erfaßt werden.

(b) **Aufgabenstruktur** (strukturiert - unstrukturiert):
Diese Dimension befaßt sich mit dem Grad der Strukturiertheit der zu lösenden Aufgabe. Dabei wird zwischen strukturierten und unstrukturierten Aufgaben unterschieden, wobei letztere im Hinblick auf die Motivierung von Mitarbeitern dem Führenden größere Fähigkeiten abverlangen.

(c) **Positionsmacht** (stark - schwach):
Diese Dimension betrifft die mit der formalen Führungsposition verbundene Macht des Vorgesetzten, mit der er bei den Mitarbeitern Gehorsam durchsetzt (Autorität).

Zweite Variablengruppe: Bestimmen des Führungsstils
Die zweite Kontingenzvariable wird durch den Führungsstil (Persönlichkeit) des Führenden bestimmt. Fiedler unterscheidet zwischen zwei Führungsstilen:

(1) **Aufgabenorientierte Führung** ("task-oriented leadership style") (Leistungsorientierung);

(2) **Beziehungsorientierte Führung** ("relationship-oriented leadership style") (Interaktionsorientierung).

Der Führungsstil wird durch eine **"Least-Preferred Coworker (LPC)"-Skala** gemessen. Der "LPC" mißt das Ausmaß, in dem der Führende den am wenigsten geschätzten Mitarbeiter noch relativ wohlwollend beschreibt.

Dritte Variablengruppe: Bestimmen der Arbeitsleistung
Die **Arbeitsleistung** (Effektivität) wird an der primären Aufgabenerfüllung gemessen (Stückzahlen, Fehlerquoten, Zeitkriterium). Die **Arbeitszufriedenheit** wird nach diesem Modell als sekundärer Begleiteffekt betrachtet.

Die **ursprüngliche Hypothese** postuliert eine positive Korrelation zwischen dem LPC-Wert und der Gruppenleistung. Je stärker die "Beziehungsorientierung" (hoher LPC) ausgeprägt sei, desto höher sollte die Leistung sein. Die empirischen Ergebnisse zeigten, daß sich situativ zwischen LPC und Leistung positive und negative Median-Korrelationen ergaben. Ohne situative Berücksichtigung ergab sich eine statistische Unabhängigkeit zwischen LPC-Wert und Leistung (Null-Korrelation). Besonders dieser Aspekt führte abhängig von der jeweiligen situativen Günstigkeit zu widersprüchlichen Ergebnissen (positive und negative Zusammenhänge zwischen Führungsstil (LPC) und Leistung). Als Konsequenz ergibt sich daraus, daß **kein allgemeingültiger Führungsstil existiert.**

Die Berücksichtigung der Variablen "situative Günstigkeit" (Abszisse) und eine Zuordnung der in den durchgeführten Studien gefundenen **Korrelationen zwischen Führungsstil und Effektivität** (Ordinate zu den Situations-Oktanten) ergab eine umgekehrt U-förmige Beziehung (vgl. Abb. 12-8).

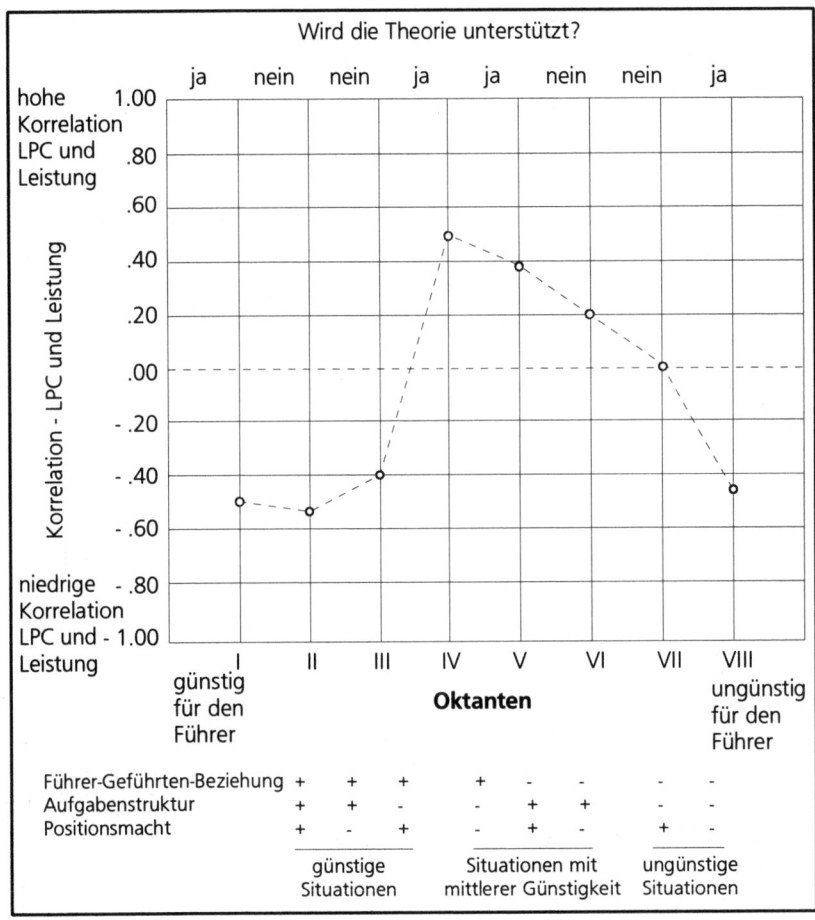

Abbildung 12-8   Median-Korrelation zwischen dem LPC-Wert des Führenden und der Gruppenleistung in bezug auf die acht Situationen (Fiedler 1967: 146)

Ist die Korrelation **negativ**, erreichen aufgabenorientiert Führende (niedriger LPC) ein hohes Leistungsergebnis und beziehungsorientierte Führungspersonen (hoher LPC) ein geringes Leistungsergebnis. Ist die Korrelation **positiv**, erreichen aufgabenorientierte Führungspersonen (niedriger LPC-Wert) ein niedriges

Leistungsergebnis und beziehungsorientiert Führende (hoher LPC) ein hohes Leistungsergebnis.

Von Bedeutung für die Praxis kann das Fiedlersche Kontingenzmodell insofern sein, als es auf die **situativen Bedingungen** im Führungsprozeß besondere Aufmerksamkeit legt. Der Führungsstil und seine Effektivität müssen unter den Aspekten der Interaktion zwischen Führer und Mitarbeiter, dem Aufgabentyp und der institutionalisierten Macht des Führers gesehen werden. Nach Fiedler sind Aufgabenstruktur und Positionsmacht leichter vom Management zu ändern als die Persönlichkeit der Vorgesetzten.

12.7.4 Praktische Führungsansätze

12.7.4.1 Überblick

Praktische Führungsansätze liefern dem Manager eine **erste Hilfestellung** bei der Strukturierung und Gestaltung von komplexen Führungsproblemen. Sie besitzen normativen Charakter und dienen in erster Linie den Interessen der anwendenden Unternehmung. Erst in zweiter Linie finden aus motivationalen Gründen Mitarbeiterbedürfnisse, -interessen und -ansprüche Berücksichtigung. Sie verkörpern keine fertige allumfassende Handlungsanleitung, sondern besitzen Anregungsfunktion und bieten eine Basis für die Entwicklung detaillierter, an die jeweiligen spezifischen Kontextfaktoren des konkreten Einzelfalls **angepaßter Führungskonzepte**. Die hier dargestellten Führungsansätze sind primär durch Erfahrung aus der Praxis geprägt mit dem Ziel, das Führungsgeschehen zu strukturieren und zu verbessern. Hier werden aus der Vielzahl der Ansätze (vgl. hierzu Hentze et al. 1997: 617ff.) drei Beispiele ausgewählt.

12.7.4.2 Das 7-S-Modell

Pascale/Athos (1981) versuchen zu den Wurzeln des japanischen Führungsverhaltens vorzudringen. Auf der Grundlage analytischer Studien zum japanischen Management haben die Autoren eine Unternehmensführungskonzeption entwickelt, in der drei "harte" und vier "weiche" Faktoren unterschieden werden.

Da im Englischen die sieben Faktoren jeweils mit dem Buchstaben "S" beginnen, wird dieses Konzept auch als **7-S-Modell** bezeichnet (vgl. Abb. 12-9).

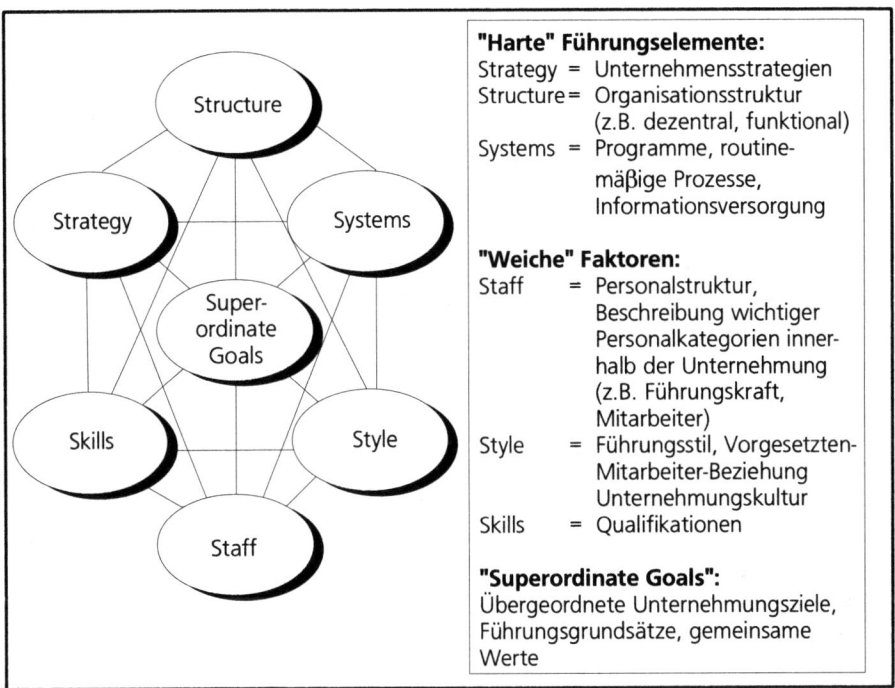

"Harte" Führungselemente:
Strategy = Unternehmensstrategien
Structure = Organisationsstruktur
(z.B. dezentral, funktional)
Systems = Programme, routine-
mäßige Prozesse,
Informationsversorgung

"Weiche" Faktoren:
Staff = Personalstruktur,
Beschreibung wichtiger
Personalkategorien inner-
halb der Unternehmung
(z.B. Führungskraft,
Mitarbeiter)
Style = Führungsstil, Vorgesetzten-
Mitarbeiter-Beziehung
Unternehmungskultur
Skills = Qualifikationen

"Superordinate Goals":
Übergeordnete Unternehmungsziele,
Führungsgrundsätze, gemeinsame
Werte

Abbildung 12-9   Die 7-S-Konzeption von Pascale/Athos (1981: 202)

(1) "Harte" Führungselemente
Die Strategie **(Strategy)** wird als Maßnahmenplanung und Zuteilung von Ressourcen betrachtet, um die gesetzten Ziele zu erreichen. Die japanischen Unternehmen planen langfristig und marktorientiert. Die Gewinnung von Marktanteilen in Verbindung mit kostengünstiger Produktion steht im Vordergrund. Die Organisationsstruktur **(Structure)** ist vornehmlich dezentral ausgelegt. Durch flache Hierarchien und wenig zentrale Funktionen soll ein möglichst direkter Informationsfluß ermöglicht werden. Matrixbeziehungen für Planung, Kontrolle und unterstützende Funktionen sollen die Integration der eigenstän-

digen Unternehmenssegmente sichern helfen. Planungs-, Steuerungs- und insbesondere Informationssysteme (**Systems**) stellen Zielvorgaben bereit und dienen als Feedback-Kanäle der Überwachung.

(2) "Weiche" Führungselemente

Der Führungsstil (**Style**) ist in japanischen Unternehmen stark mitarbeiterorientiert. Harmonie, Loyalität, Gruppenbezogenheit, Vertrauen, das Erkennen der Abhängigkeit von Vorgesetzten und Mitarbeitern voneinander, der Erfolg der Arbeitsgruppe sind wesentliche Erfolgsfaktoren gemeinsamer Arbeit und lehren nach Pascale/Athos, daß westliche Rationalität dringend der Ergänzung durch sozio-emotionale Führungselemente bedarf. Führungskräfte und Mitarbeiter (**Staff**) gründen ihren Erfolg auf der Basis der Unternehmenskultur und der Arbeitsplatzsicherheit. Die Qualifikation und Entwicklung (**Skills**) von Führungskräften und Mitarbeitern gilt als weiterer "weicher" Erfolgsfaktor unter Einschluß von Maßnahmen zur Verbesserung der sozialen Integration und harmonischen Zusammenarbeit der Stammbelegschaft. Durch übergeordnete Ziele (**Superordinate Goals**) werden nach Pascale/Athos "harte" und "weiche" Führungselemente gebündelt und durch deren Bezug auf menschliche Werte für die Mitarbeiter verständlich. Auf diese Weise wird selbständiges Entscheiden und Handeln ermöglicht.

Im 7-S-Modell wird einer **ganzheitlichen Betrachtungsweise** von Führung Rechnung getragen, wobei in diesem nicht theoriegestützten Konzept die Personalführungskomponente nur eine, wenngleich wichtige Komponente darstellt. Der Ansatz ist normativ angelegt, da behauptet wird, daß bei einem angemessenen "Mix" der Faktoren der Führungserfolg eintritt. Es wird allerdings keine generelle Handlungsanweisung gegeben; die "richtige" Ausprägungsform ist situativ zu wählen.

12.7.4.3 Management by Objectives

Das Konzept des Management by Objectives (MbO) macht im Kern eine Aussage über die Art der **Aufgabenvorgabe** und betont damit die **organisationsbezogene** im Gegensatz zur **verhaltenswissenschaftlich orientierten Dimension**. Bei MbO handelt es sich nicht um einen einheitlichen, auf einen bestimmten Autor zurückzuführenden Ansatz, sondern um eine Konzeption, die sich als Ergebnis verschiedener Arbeiten im Laufe der Zeit entwickelte. Es können verhaltensorientierte und pragmatisch orientierte Ansätze unterschieden werden:

- Die Vertreter der **verhaltenswissenschaftlichen Richtung** vertreten die Auffassung, daß MbO in erster Linie die Belange der Mitarbeiter zu berücksichtigen habe, und fordern entsprechend mehr Autonomie, Partizipation und Eigenkontrolle für jeden einzelnen.

- Die Vertreter der **pragmatisch ausgerichteten** Ansätze setzen sich stärker als die verhaltenswissenschaftlich orientierten Verfasser mit praxisnahen, im Rahmen der Organisationsgestaltung interessierenden Fragen auseinander und untersuchen beispielsweise, wie der Zielbildungsprozeß verläuft, welches geeignete Kriterien für Zielvorgaben sind, und ob die Ziele der einzelnen Mitarbeiter mit den Organisationszielen in Einklang stehen.

In der Konzeption des MbO nimmt die **Zielkomponente** unter den verschiedenen Dimensionen des Entscheidungsprozesses eine dominierende Stellung ein. So charakterisiert Odiorne (1967: 67f.) Management by Objectives als Modell, nach dem "die Angehörigen des oberen und unteren Managements einer Unternehmung ihre gemeinsamen Ziele festlegen, sodann die Verantwortlichkeitsbereiche der einzelnen und deren spezifische Aufgaben umreißen und diese Maßgrößen dann als Leitlinie für die Unternehmensführung benutzen".

Im deutschen Sprachraum hat sich keine einheitliche Bezeichnung für Management by Objectives eingebürgert. Manche Autoren sprechen von "Führung durch Ziele", andere bringen mit der Bezeichnung "Führung durch Zielvorgabe oder Zielvereinbarung" zum Ausdruck, daß die Mitarbeiter am Zielbildungsprozeß aktiv beteiligt sind. Kill (1972: 23ff.) faßt die Führungskonzeption des MbO in folgenden fünf Prinzipien zusammen:

(1) **Prinzip der Zielorientiertheit**. Die Zuordnung von Aufgaben an einzelne Mitarbeiter erfolgt stets in Verbindung mit konkreten Zielen.

(2) **Prinzip des mehrstufigen Zielbildungsprozesses**. Die dem Mitarbeiter vorgegebenen Ziele gehen aus einem mehrstufigen Prozeß hervor, der mit

den Unternehmungszielen beginnt und diese über Ober- und Unterziele zu operationalen Einzelzielen konkretisiert.

(3) **Prinzip der Delegation von Entscheidungsbefugnissen.** Zusammen mit den Zielen wird der zur Zielrealisierung erforderliche Entscheidungsspielraum delegiert. Die konkreten Maßnahmen zur Zielerreichung bleiben dem Mitarbeiter überlassen. Er muß allerdings auch die Verantwortung für sein Handeln übernehmen.

(4) **Prinzip der Partizipation.** Es wird erwartet, daß durch die Delegation von Entscheidungskompetenz und das Beteiligen des Mitarbeiters an Zielbildung und -kontrolle bisher ungenutzte Fähigkeiten und schöpferische Kräfte freigesetzt werden.

(5) **Prinzip der Leistungsorientiertheit.** Präzise Zielvorgaben setzen das Vorhandensein von Kriterien voraus, die zur Kontrolle und Bewertung des Maßes der Zielerreichung herangezogen werden können und eine Leistungsbeurteilung eines jeden Mitarbeiters ermöglichen.

Hinzuzufügen ist ein weiteres Prinzip (Fuchs-Wegner 1987, Sp. 1369f.):

(6) **Prinzip der regelmäßigen Zielüberprüfung und -anpassung.** Durch dieses Prinzip wird dem Tatbestand Rechnung getragen, daß die Unternehmung externen Einflüssen unterliegt, die eine regelmäßige Zielüberprüfung und gegebenenfalls -anpassung erforderlich machen.

Bei diesem Modell liegt die besondere Betonung auf dem Zielbildungsprozeß und vor allem auch darin, daß die Mitarbeiter die Ziele **gemeinsam mit ihrem Vorgesetzten** festlegen, also an der Zielbildung beteiligt sind. Dadurch, daß Ziele vereinbart werden und andere Steuerungsinstrumente in den Hintergrund treten, erhöht sich der Handlungsspielraum aller Unternehmensmitglieder. Dies entspricht dem Bild vom mündigen Mitarbeiter, dem ohne Gefahr für den organisationalen Gesamterfolg die Wahl der Mittel zur Zielerreichung überlassen wird.

Der **Partizipation** am Zielbildungsprozeß wird eine besonders hohe motivierende Wirkung zugeschrieben. Sie dient auch der Erhöhung der Akzeptanz und Kreativität. Im Rahmen der **Leistungskontrolle** werden Abweichungen festgestellt, wobei in der Analyse zwischen extern und individuell bedingten Ursachen zu unterscheiden ist. Für die **Effizienzbeurteilung** von MbO ist ein konsistentes Zielsystem und ein Planungs- und Kontrollsystem Voraussetzung. Es darf nicht verschwiegen werden, daß die Operationalisierung insbesondere qualitativer Ziele oft Schwierigkeiten bereitet. Mögliche Selbstkontrolle des Mitarbeiters gibt ihm die Sicherheit, welche Wertschätzung er beim Vorgesetzten aufgrund des Zielerreichungsgrades genießt.

Management by Objectives ist in der Praxis sehr weit verbreitet. Dort findet MbO als straffes Kontroll- und Anreizsystem zur fortlaufenden Leistungssteigerung Anwendung, wobei kurzfristig-operationale Ziele gegenüber langfristig-strategischen Zielen klar überwiegen.

12.7.4.4 Management by Exception

Beim **Management by Exception** obliegen unteren Führungsebenen und ausführenden Mitarbeitern sämtliche Routineaufgaben im weitesten Sinne. Im "Normalfall" darf der Mitarbeiter innerhalb eines vorgegebenen Ermessensspielraums selbständig entscheiden und handeln. Der Vorgesetzte interveniert nur im Ausnahmefall, etwa im Falle eines Überschreitens bestimmter "Toleranzgrenzen" oder bei unvorhergesehenen Ereignissen und Entwicklungen. Im Rahmen dieser Führungstechnik wird davon ausgegangen, daß

- es für eine Führungskraft also weder möglich noch erforderlich ist, jederzeit alles selbst zu wissen, zu sehen und zu bestimmen und
- nicht alle Vorgänge in einem Unternehmen von gleicher Bedeutung sind und deshalb seitens der Unternehmungsleitung einer gleichen Behandlung bedürfen.

Deswegen muß der Führungsprozeß so vereinfacht werden, daß es dem Führenden möglich ist, sich auf die wesentlichen Probleme, die tatsächlich seinen Einsatz erfordern, konzentrieren zu können. Dies verlangt, daß er jederzeit durch Kontrollen über den Arbeitsablauf orientiert sein muß, um dann im Entscheidungsfalle eingreifen zu können. Damit wird deutlich, daß beim Management by Exception **Kontrolle** und **Entscheiden** im Vordergrund stehen.

Management by Exception kann nur in vollem Ausmaß wirksam werden, wenn es **integrierter Bestandteil eines Gesamtsystems** ist, das ebenfalls durch präzise Zielvorgabe, eindeutige Definition von Kompetenzverteilung, Zuständigkeiten, Ausnahmefällen und Abweichungstoleranzen sowie eine weitgehende **Delegation** von Verantwortung und Weisungsbefugnis geprägt sein muß.

13 INTERNATIONALES MANAGEMENT

13.1 Internationalisierung der Unternehmen

Wie kaum ein anderer Begriff beherrscht das Stichwort Internationalisierung die Diskussion in Wirtschaft und Politik in den letzten zwei Jahrzehnten. Termini wie **Globalisierung** und **multinationale Unternehmen** umschreiben das Problemfeld. Durch die sprunghaften Veränderungen auf dem Weltmarkt sind auch die deutschen Unternehmen in ihren internationalen Aktivitäten zu neuen Strategien und Konzepten gezwungen, um ihre Wettbewerbsposition zu sichern und auszubauen.

Die Entwicklung der Internationalisierung läßt sich in fünf Phasen gliedern (Kammel/Teichelmann 1994: 1ff.) (vgl. Abb. 13-1).

- **Start-Phase des Wiederaufbaus:**
  Diese Phase reicht bis 1959 und ist durch ein recht langsames Wachstum charakterisiert.
- **Expansionsphase:**
  Sie umfaßt den Zeitraum 1960 - 1973, in dem Japan in den Welthandel eintritt.
- **Phase der Anpassung:**
  In dieser Phase nimmt die Zahl der international tätigen Unternehmen zu. Sie reicht von 1973 - 1980.
- **Phase der Konsolidierung und der Neuorientierung:**
  In der Zeit von 1980 - 1990 verlangsamt sich die Zunahme des Welthandels.
- **Phase verstärkter Globalisierungsbestrebungen:**
  Diese Phase beginnt 1990 und ist gekennzeichnet durch weltweite politische und wirtschaftliche Umbrüche, zunehmende Geschwindigkeit technologischer Innovationen, rasche Veränderung auf den Absatzmärkten und zumindest teilweise strukturelle Homogenisierungstendenzen der Schlüsselmärkte in Japan, Westeuropa und Nordamerika.

	Wiederaufbau	Expansion	Anpassung	Konsolidierung/ Anpassung	Globalisierung
	1945-59 ⟩⟩	**1960-73** ⟩	**1973-80** ⟩	⟩**1980-90** ⟩	⟩**1990- 2000** ⟩
Welt-handel	Langsames Wachstum, vor allem zwischen den Industrie-ländern	Schnelles Wachstum; Eintritt Japans auf einigen Schlüssel-märkten	Japanische Offensive, Zu-nahme des OPEC- und Ost-West-Handels, Ölkrise als Wachstums-bremse	Verlangsamung, Rezession/ finanzielle und politische Restriktionen	Zunahme der Handels-verflechtungen, inter-nationaler Finanzströme und Investitionen, unvor-hersehbare politische Veränderungen, rascher Wandel auf den globa-len Absatzmärkten, wach-sender Internet-Einfluß hohes Innovationstempo
Europa	Konzentration auf den europäischen Wiederaufbau	Handelsboom innerhalb der EWG, Zu-nahme von Investitionen im Ausland	Wachsender Wettbewerbs-druck, Bedeu-tungszuwachs (west-)euro-päischer Märkte gegenüber USA	Verlust von Marktanteilen gegenüber japanischen Anbietern in wichtigen Instustrien	Wirtschafts- und Währungsunion US/Japan-Dominanz in wichtigen High-Tech-Bereichen
multi-nationale Unter-nehmen	Langsame Aufnahme der Vorkriegs-aktivitäten	Stärkere Aktivitäten in der 3. Welt und in den USA	Starke zahlen-mäβige Zu-nahme multi-nationaler Unternehmen	Ausbau/ Konsolidierung/ Partnerschaften	Globalstrategisches Mana-gement ("Tink Global, Act Local"), "schlankes" Management, Human-Ressourcen-Orientierung, Diskontinuitätenmanage-ment

Abbildung 13-1   Phasen der Internationalisierung
(in Anlehnung an Kammel/Teichelmann 1994, S. 2)

Der Begriff der **Internationalisierung** wird in unterschiedlichen Extensionen verwendet. Zu eng wäre die Umschreibung des Begriffes, wenn er sich nur auf Fragen des Absatzes oder des Marketing bezieht. Auch bei anderen betriebli-chen Unternehmens- und Unterstützungsfunktionen (z.B. Produktion, Perso-nalwirtschaft, Organisation) können länderübergreifende Austauschbeziehun-gen bestehen. Krystek/Zur (1997: 5f.), Perlitz (1997: 9f.) und Dülfer (1997: 8) gehen von sehr weiten Begriffsverständnissen der Internationalisierung aus. Danach ist sie durch eine Vielzahl von Aktivitäten und Prozessen gekennzeich-net, die für das Unternehmen nachhaltig und für die Geschäftspolitik bedeut-sam sind sowie über die eigene Staatsgrenze hinausreichen. Unter Internatio-nalisierung werden somit Auslandstätigkeiten wie Export, Direktinvestition im

Ausland oder Lizenzvergabe ins Ausland, eigene Produktionsstätten im Ausland und Allianzpartner in verschiedenen Regionen der Erde verstanden. Internationalisierung betrifft also nicht nur einzelne Funktionsbereiche, sondern die Unternehmung als Ganzes. Sie zeigt sich in der Kultur, Zielsetzung, Strategien sowie den Denk- und Handlungsweisen des Managements (Krystek/Zur 1997: 5f.). Sofern Internationalisierung als Oberbegriff für länderübergreifende Aktivitäten verstanden wird, dann ist **Globalisierung** als extensivste Form länderübergreifender Aktionen auf dem Weltmarkt zu verstehen.

Wird der sehr breite Begriff der Internationalisierung zugrunde gelegt, so ist folglich die internationale Unternehmung durch jegliche **grenzüberschreitenden Formen** der **Geschäftstätigkeit** gekennzeichnet (Macharzina 1995: 720). Beispiele für grenzüberschreitende Aktivitäten sind (Kammel/Teichelmann 1994: 5):

- Internationaler Austausch von Gütern, Investitionskapital und/oder Personal;
- Ausdehnung der Funktionsbereiche Beschaffung, Absatz, Produktion, Finanzierung, Personalwirtschaft, Forschung und Entwicklung, Unternehmensplanung sowie Organisation auf andere Länder;
- Durchführung der Leistungserstellung in zwei oder mehr Volkswirtschaften;
- Integration in den Wirtschaftsprozeß verschiedener Volkswirtschaften, insbesondere auch verbunden mit privaten Direktinvestitionen.

Kammel/Teichelmann (1994: 5) weisen darauf hin, daß mit der Internationalisierung in der Regel auch die **Komplexität** der Aufgabenstellungen steigt, z.B. durch

- unterschiedliche ökonomische, sozio-kulturelle und politisch-rechtliche Rahmenbedingungen;
- teilweise große Entfernungen und Zeitunterschiede zwischen den Märkten/ Organisationseinheiten und dem Stammhaus;
- Probleme mit Währungsdisparitäten und mit dem Kapital- und Gewinntransfer;
- von Land zu Land unterschiedliche Rechnungslegungsvorschriften;
- oft nur mangelhaft entwickelte Infrastrukturen (Osteuropa, Entwicklungsländer).

Bedeutsam für die **internationale Unternehmung** ist, daß die Auslandsaktivitäten für die Erreichung der Unternehmensziele von wesentlicher Bedeutung sind (Perlitz 1997: 11). Die Entscheidung zur Internationalisierung ist in der Regel eine echte Führungsentscheidung, die langfristig angelegt ist und bei der das Auslandsengagement graduell unterschiedlich sein kann.

13.2 Begriff und Gegenstand des internationalen Managements

Internationales Management umfaßt sämtliche grenzüberschreitenden Aktivitäten der unternehmerischen Geschäftätigkeit, die die gesamte Unternehmung sowie einzelne Funktionsbereiche betreffen. Im Mittelpunkt des Interesses stehen insbesondere die Entscheidungen in den Managementfunktionen.

Internationale Austauschbeziehungen schaffen neue Problemstellungen, die über den Gegenstandsbereich betrieblicher Entscheidungen in national agierenden Unternehmen hinausgehen. Aus dem internationalen Engagement resultiert eine Reihe von Aufgaben wie z.B. Währungsmanagement oder Handhabung der Kulturunterschiede. Da diese von nationalen Managementproblemen differieren, sind in der Regel originäre Problemlösungen zu erarbeiten, die spezifisch für die entsprechende internationale Geschäftätigkeit sind. Die Planungs-, Entscheidungs- und Handlungssituation wird in der Regel komplexer als die unter nationalen Rahmenbedingungen sein. Die äußerst umfangreichen Entscheidungen im internationalen Kontext sind aufgrund ihres spezifischen Charakters funktionsübergreifend zu erarbeiten, was nicht ausschließt, daß man sich auch mit funktionsspezifischen Problemen der Internationalisierung zu beschäftigen hat.

Internationales Management bedingt eine Betrachtung in betrieblichen Gesamtzusammenhängen und ist als **General-Management-Lehre** zu interpretieren. Perlitz (1997: 24) sieht das internationale Management nicht als eine eigenständige betriebswirtschaftliche Funktionslehre, sondern versteht darunter die funktions- und einzelwissenschaftsübergreifende Erfassung komplexer Tatbestände bei Auslandsentscheidungen von Unternehmen. Das internationale Management ist interdisziplinär angelegt. Es lassen sich grob folgende drei Formen internationaler Unternehmensaktivitäten unterscheiden: Außenhandel, Kooperationsformen ohne Kapitalbeteiligung, Kooperationsformen mit Kapitalbeteiligung.

(1) **Außenhandel:**
Zum Außenhandel zählen der indirekte und der direkte Export sowie das Countertrade (Kompensationsgeschäfte). **Indirekte Exporte** sind gegeben, wenn sich das exportierende Unternehmen inländischer Handelsunternehmen bedient, die die Mittlerfunktion zu den ausländischen Kunden übernehmen. Das Handelsunternehmen nimmt sämtliche mit der Ausfuhr verbundenen Aufgaben wahr. **Direkte Exporte** liegen vor, wenn der ausländische Endverbraucher in Form des Direktvertriebs die Leistungen über eigene Distributionsorgane erhält. Dies bedingt die Einrichtung von Exportabteilungen, die ein länderspezifisches Know-how aufweisen müssen. **Countertrade**, also das Kompensationsgeschäft, gewinnt zunehmend an Bedeutung und ist generell dadurch gekennzeichnet, daß die Lieferung eines Gutes oder einer Dienstleistung mit dem Bezug eines anderen Gutes verbunden ist.

(2) **Kooperationsformen ohne Kapitalbeteiligung:**
Diese Formen weisen als gemeinsames Hauptmerkmal auf, daß den ausländischen Partnern kostenpflichtige Privilegien, Nutzungsrechte und/oder Managementleistungen überlassen werden, ohne daß selbst investiert wird. Dazu zählen Lizenzvereinbarungen, Franchising, Auftragsfertigung und Managementvetäge. Bei diesen Kooperationsformen handelt es sich um internationale Vetragsformen zwischen international tätigen Unternehmen. Bei **Lizenzvereinbarungen** wird vom Lizenzgeber dem Lizenznehmer das gewerbliche Schutzrecht (Patent, Nutzung) überlassen, d.h., im Ausland können lizenzierte Produkte hergestellt und vertrieben werden. Als Gegenleistung zahlt das ausländische Unternehmen Lizenzgebühren oder leistet andere Zahlungen bzw. Zahlungsäquivalente, z.B. Gebühren für technische Unterstützung. Die Vergabe von Lizenzen ist vielfach die nächste Stufe des Exportgeschäfts und die Vorstufe einer selbständigen Auslandsproduktion. Beim internationalen **Franchising** erhält der Franchise-Nehmer neben dem Recht, Firmennamen, Handelsmarken und Technologie zu nutzen auch Unterstützung bei der Logistik, Organisation, Marketing und Unternehmensführung. Das Franchising ist vor allem im Konsumgüterbereich anzutreffen. Ein bekanntes Beispiel ist die Fast-Food-Kette

McDonald's. Die **Auftragsfertigung** ist dadurch gekennzeichnet, daß ein internationales Unternehmen Produkte von einem ausländischen unabhängigen Produzenten auf dem ausländischen Zielmarkt oder in Drittländer verkauft. Um die Qualitätsnormen zu erreichen, wird das ausländische Unternehmen in der Regel durch Technologietransfer und technische Hilfestellung unterstützt. Bei einem **Managementvertag** beauftragt ein Unternehmen (Managementvertrag-Nehmer) ein anderes Unternehmen (Managementvertrag-Geber) mit dem Management. Die Durchführung der Managementfunktionen erfolgt auf Rechnung und im Namen des Managementvertragnehmers (Schmidt 1996: 16).

(3) Kooperationsformen mit Kapitalbeteiligungen:
Hierbei ist es notwendig, daß das internationale Unternehmen dauerhaft auf dem Auslandsmarkt präsent ist und direkt vor Ort durch Direktinvestitionen Einfluß auf die Unternehmenstätigkeit nimmt. Internationale **Direktinvestitionen** bedeuten, daß Leistungserstellung und -verwertung ins Ausland verlagert werden mit der Absicht, einen unmittelbaren Einfluß auf die Geschäftstätigkeit und die Kontrolle des Managements der Auslandsunternehmung ausüben zu können. Die Vornahme ausländischer Direktinvestitionen erfolgt unter anderem, um einen verbesserten Zugang zu Rohstoffen und spezifischem Know-how der im Vergleich zum Inland kostengünstigeren Auslandsproduktion sowie der vereinfachten Bearbeitung ausländischer Märkte zu erreichen. Schmidt (1996: 62) sieht in den Direktinvestitionen eine Antwort auf die nachlassende Standortqualität. Folgende alternative Formen internationaler Direktinvestitionen bieten sich an: Auslandsgesellschaften und Joint Ventures.

Die **Auslandsgesellschaft** befindet sich vollständig im Eigentum der internationalen Unternehmung und wird von dieser voll beherrscht. Auf diese Weise werden Interessenkonflikte mit Partnern vermieden. Bei **Akquisitionen** sind im Vergleich zu **Neugründungen** verkürzte Anlaufzeiten zu erwarten. Als internationale **Joint Ventures** werden Unternehmen bezeichnet, die grenzüberschreitend, auf Kapitalbeteiligungen beruhend, dauerhaft zur Durchführung gemeinsamer Aktivitäten auf der Basis eines Kooperationsvertrages zusammenarbeiten. Sowohl das Joint Venture als auch die Partner sind in ihren Interessenlagen eigenständig. In der Praxis existiert eine Vielzahl von Gestaltungsvarianten internationaler Joint Ventures. Es lassen sich Mehrheits-, Minderheits- oder Fifty-Fifty-Beteiligungen (Fifty-Fifty-Joint Ventures) unterscheiden. Führungsaufgaben sind bei internationalen Joint Ventures oft mit großen Schwierigkeiten verbunden.

Eine Sonderform internationaler Kooperation sind **strategische Allianzen**. Sie werden zwischen zwei oder mehreren international tätigen Unternehmen (meistens auf horizontaler Ebene zwischen aktuellen und potentiellen Konkurrenten) langfristig angelegt, aber zeitlich nicht immer unbegrenzt festgelegt. Dabei bleibt die Selbständigkeit der Partner in der Regel gewahrt, und im Vordergrund steht die Stärkung der jeweiligen strategischen Positionen und die Realisierung gemeinsamer strategisch relevanter Wettbewerbsvorteile. Häufig werden bei strategischen Allianzen nur bestimmte Teilbereiche einbezogen, z.B. Forschung und Entwicklung. Die Allianz-Partner können durchaus im Konkurrenzverhältnis zueinander stehen. Die Bindungsintensität kann mit oder ohne Kapitalbeteiligung (Joint Ventures, Lizenzverträge, Franchise-Regelungen) konstitutionell realisiert werden. Ein Beispiel für die strategische Allianz ist die gemeinsame Fertigung des Vans von Volkswagen und Ford in Portugal.

13.3 Ziele und Strategien der Internationalisierung

Oberstes Formalziel der internationalen Unternehmung im marktwirtschaftlichen System ist das **Gewinn-** bzw. **Rentabilitätsstreben**. Ein weiteres wesentliches Formalziel ist das **Sicherheitsstreben**, in dem es unter anderem um die generelle Sicherung des wirtschaftlichen Potentials und um die Vermögens- bzw. Kapitalerhaltung geht. Die spezifischen Ziele der Internationalisierung werden nach Art und Ausmaß weitgehend von den vielfältigen Motiven der Internationalisierung bestimmt (Rühli 1989: 2326). Unter **Internationalisierungsmotiven** werden die Beweggründe von Unternehmungen verstanden, die sie veranlassen, über die Staatsgrenzen ihres Sitzlandes hinaus wirtschaftlich tätig zu werden (Kebschull 1989: 974).

Als wichtige Motive werden in der Literatur unter anderem aufgeführt (Simon 1980: 1104ff.; Meffert/Althans 1982: 25; Heinen 1982: 48ff., Kebschull 1989: 978ff.; Macharzina 1995: 728ff.):

- Der Inlandsmarkt ist relativ gesättigt und expandiert nur noch langsam, so daß Aktivitäten im Ausland gewinnversprechender erscheinen.

- Die Krisenfestigkeit des Unternehmens soll gesichert werden, indem das unternehmerische Risiko durch zusätzliche Märkte und Kundengruppen gestreut wird.
- Vorhandene Fertigungskapazitäten können durch die Erschließung neuer Märkte ausgenutzt werden.
- Durch Produktion im Ausland werden Kostenvorteile (niedrigere Löhne, geringere Material- und Transportkosten usw.) erzielt und staatliche Vergünstigungen (Subventionen, Kredite) in Anspruch genommen.
- Ausländische Niederlassungen und Tochtergesellschaften können durch ihre größere Marktnähe die Absatzerfolge gegenüber dem Export wesentlich steigern.
- Produktionsverlagerungen wichtiger Abnehmer ins Ausland machen es oft notwendig, diesen zu folgen, um eine weitere Zusammenarbeit zu sichern und zu intensivieren (dies gilt insbesondere für Dienstleister).
- Kaufkraft- und Wechselkursverschiebungen zwingen zu einer Internationalisierung des Geschäfts.
- Die Konkurrenz ist bereits erfolgreich im Auslandsmarkt tätig.
- Es besteht die Möglichkeit des Abschlusses attraktiver Gegengeschäfte.
- Der Eintritt in den Auslandsmarkt verschafft den Zutritt zu bestimmtem Know-how.
- Durch Direktinvestitionen sollen ausländische Märkte vor Importrestriktionen geschützt, und es soll der Zugang zu Rohstoffen sowie Energieträgern gesichert werden.
- Die fortschreitende Homogenisierung der Geschmacksrichtungen bei gleichzeitiger Aufteilung der Märkte in einzelne Käufersegmente insbesondere in der Konsumgüterindustrie (Levitt 1983: 92ff.).
- Sinkende Transportkosten nicht bei der Übermittlung physischer Güter, sondern insbesondere auch bei der Übertragung von Informationen.
- Steigende Forschungs- und Entwicklungsausgaben bei verkürzten Produktlebenszyklen. Daraus resultiert die Notwendigkeit, die Produkte auf einem möglichst großen Markt anzubieten.

- Ökonomische Vorteile der Massenproduktion (Economies of Scale), d.h., Betriebsgrößenerweiterungen führen zu ökonomischen Vorteilen in Form von Stückkostensenkungen.

Mit Hilfe der **Internationalisierungsstrategien** strebt die internationale Unternehmung die Realisierung der Unternehmungsziele über die Ländergrenzen hinaus an. Sie bilden die Basis für nachfolgende zielorientierte Aktivitäten, indem systematisch internationale Wettbewerbsvorteile genutzt werden. Internationalisierungsstrategien beschäftigen sich hauptsächlich mit den Wettbewerbsvorteilen in einem übergeordneten internationalen Bezugsrahmen. Unternehmensstrategien können nach unterschiedlichen Kriterien abgegrenzt werden, z.B. nach der organisatorischen Betrachtungsebene (Unternehmungsstrategie, Geschäftsfeldstrategie, funktionale Strategie usw.) oder dem strategischen Grundprinzip (Kostenführerschaft, Differenzierung, Fokussierung der Produkt-/Markt-Strategien). In der Literatur ist weit verbreitet eine Differenzierung nach dem sogenannten EPRG-Modell, das nach der grundlegenden Einstellung der Manager in der Führung unterscheidet. Perlmutter (1969: 11), Heenan/Perlmutter (1979: 17ff.) legen folgende vier Strategien zugrunde (vgl. Abb. 13-2)

(1) ethnozentrische Strategien (heimatlandorientiert),

(2) polyzentrische (gastlandorientiert),

(3) geozentrische (weltorientiert),

(4) regiozentrische (regionenorientiert).

Orientierung Merkmale	ethnozentrisch	polyzentrisch	regiozentrisch	geozentrisch
Organisationskomplexität	in der Muttergesellschaft hoch, in den Tochtergesellschaften gering	unterschiedlich und voneinander unabhängig	hohe gegenseitige Abhängigkeit auf regionaler Ebene	zunehmende Komplexität und weltweit hohe gegenseitige Abhängigkeit
Autorität und Entscheidungsfindung	in der Muttergesellschaft zentriert	weitgehend dezentralisiert	auf regionale headquarters übertragen; enge Zusammenarbeit zwischen den Tochtergesellschaften in einer Region	weltweite Zusammenarbeit zwischen der Muttergesellschaft und den Tochtergesellschaften
Steuerungs- und Kontrollgrößen	Standards des Heimatlandes	lokale Bestimmungen	regionale Bestimmungen	universale und lokale Standards
Anreize und Sanktionen	hoch in der Muttergesellschaft, gering in den Tochtergesellschaften	Tochtergesellschaften werden nach unterschiedlichen Kriterien belohnt	Belohnungen für das Erreichen regionaler Zielvorgaben	Belohnungen für das Erreichen internationaler und lokaler Zielvorgaben
Kommunikationsintensität und Informationsfluß	einseitig von der Muttergesellschaft an die Tochtergesellschaften	gering mit der Muttergesellschaft und den anderen Tochtergesellschaften	gering mit der Muttergesellschaft, hoch in den regionalen headquarters und zwischen den einzelnen Tochtergesellschaften	hoch und reziprok sowohl mit der Muttergesellschaft als auch zwischen den Tochtergesellschaften
Geographische Identifikation	Nationalität der Muttergesellschaft	Nationalität des Gastlandes	regionale Unternehmen	weltweite Unternehmung unter Wahrung nationaler Interessen
Besetzung von Führungspositionen	durch Stammhausdelegierte	durch Mitarbeiter des Gastlandes	Mitarbeiter aus der jeweiligen Region	beyond passport

Abbildung 13-2 EPRG-Profil (Heenan/Perlmutter 1979: 18f.; Welge/Holtbrügge 1998: 53)

In der Unternehmenspraxis wird oftmals nicht die Entweder-Oder-Entscheidung getroffen, sondern je nach Situation können in den Teilbereichen verschiedene Anpassungsstrategien realisiert werden. Macharzina/Welge (1989: VIff.) identifizieren drei konzeptionelle Schwerpunkte des internationalen Managements (vgl. Abb. 13-3):

Forschungs-schwerpunkte / Kriterien	Internationales Management		
	Auslandsmanagement	**Multinationales Management**	**Globales Management**
Perspektive	Manager "vor Ort"	Muttergesellschaft	Gesamtunternehmung
Zielsetzung	Minimierung der Anpassungskosten	Minimierung der Anpassungs- und Steuerungskosten	Globale Effizienz
Folgen der Internationali-sierung	"die Unternehmung hat eine Auslandsabteilung"	"die Unternehmung ist multinational"	"Cosmocorporation" (Nationalität ist kein Entscheidungskriterium)
Problemquelle	jeweils eine fremde Umwelt	Interaktion Mutter-/ Tochtergesellschaf-ten in mehreren fremden Umwelten	strategische Definition von Weltmarktsegmen-ten und Management-prozeßstandardisierung
Integrations-konzept	Standardisierung von Maßnahmen und Pro-grammen im Bereich absatzpolitischer Instrumente	Standardisierung von Maßnahmen und Zentralisierung der Organisations-struktur	Standardisierung von Maßnahmen und Pro-grammen sowie Mana-gementprozessen, Zen-tralisierung der Organi-sationsstruktur, Homo-genisierung der Märkte
Handlungsspiel-raum der Unter-nehmenseinheiten	sehr hoch	sehr hoch bis sehr gering	sehr gering
theoretischer Bezug	vorwiegend operativ-in-strumentell und deskrip-tiv-problembezogen	strategisch und überwiegend erklärend	strategisch bislang sehr konzeptionell

Abbildung 13-3   Dimensionen des Internationalen Managements (Macharzina/Engelhard 1987: 323)

Bei den vorwiegend deskriptiven Arbeiten zum **Auslandsmanagement** steht die Untersuchung der länderspezifischen Besonderheiten im Mittelpunkt. Es geht um die Beseitigung des Informationsdefizits des ausländischen Kultur- und Wirtschaftsbereichs sowie die Gestaltung der länderübergreifenden Geschäftstätigkeit. Primäre Zielsetzung ist die Minimierung der Anpassungs- und Markteintrittskosten der Tochtergesellschaft. Die Auslandsniederlassung operiert weitgehend autonom, ohne daß starker Einfluß von der Inlandsgesellschaft genommen wird.

Beim **multinationalen Management** konzentriert sich das Forschungsinteresse hin zur Muttergesellschaft und der zweckmäßigen Gestaltung der Austauschbeziehungen mit den einzelnen Tochtergesellschaften. Im Mittelpunkt der Interaktionsbeziehungen stehen die internen, funktionalen und strukturellen Beziehungen des internationalen Unternehmens. Das Problem besteht darin, wie eine einheitliche Orientierung aller Unternehmensaktivitäten trotz geographischer Streuung der Unternehmensteile erreicht werden kann. Die internationale Unternehmung weist einen höheren Differenzierungsgrad im Vergleich zum nationalen Unternehmen auf, so daß ein höherer Koordinationsbedarf unternehmensweit gegeben ist.

Beim **globalen Management** werden weitgehend die Kontextabhängigkeit des Managements, die beim multinationalen Management noch gegeben ist, sowie die kulturellen Unterschiede oder Länderspezifika zurückgedrängt und durch globale Zielsetzungen und Handlungen ersetzt. Die Globalisierung der Märkte vollzieht sich als Konsequenz eines **Megatrends** (vgl. Krulis-Randa 1990), der besagt, daß sich die Welt in einem dynamischen Wandel zur Angleichung der vielfältigen Landeskulturen befindet. Globale Integrationsstrategien sind gekennzeichnet durch eine Ausrichtung der Unternehmungsaktivitäten am Weltmarkt und eine weltweite Nutzung von Ressourcen und Geschäftsmöglichkeiten. Über die umfassende Integration aller Aktivitäten wird die Erzielung von Economies of Scale- und Synergieeffekten zur Erhöhung der globalen Wettbewerbsfähigkeit angestrebt. Konkret lassen sich Globalisierungsansätze kennzeichnen durch (Henzler/Rall 1985: 176ff.; Meffert 1988: 269; Welge 1990: 2f.):

- **eine integrative Betrachtungsweise** der Internationalisierung,
- **Produkt- und Prozeßorientierung** und keinesfalls die Betrachtung von bestimmten einzelnen Auslandsmärkten als Schwerpunkt,
- globale **Rationalisierung** und **Standardisierung**: Globale Strategien sind z.B. gekennzeichnet durch standardisierte Produktions- und Distributionssysteme (standardisierte Produkte, koordinierte F+E-Programme, integrierte

Logistiksysteme und zentralisierte Verkaufsförderung) sowie ein standardisiertes Finanzmanagement (zentrale Steuerung des Kapitalflusses, koordinierte Devisentransaktionen etc.),

- im Kern **zentralisierte strategische Entscheidungen** der Muttergesellschaft, die aber auf der gemeinsamen Entwicklung von Produkt-/Marktstrategien mit den Tochtergesellschaften-Verantwortlichen vor Ort beruhen,
- weitgehende **Unterordnung nationaler Bedürfnisse und Fähigkeiten**,
- Konzentration auf die **Schlüsselmärkte** USA, Japan und Europa,
- **Multinationalität**, d.h. Kooperation mit dem Gastland und Vornahme von Direktinvestitionen,
- Unterstützung der Globalisierung durch unternehmungsweite, globale Planungs-, Kontroll- und Informationssysteme.

Die Vorteile der Globalisierung auf der Angebotsseite resultieren in erster Linie aus der Standardisierung und dem vergrößerten Absatzpotential. Die Ausrichtung von Unternehmungsaktivitäten im globalen Wettbewerb am Weltmaßstab sichert Erfahrungs- und Lerneffekte, Innovationspotentiale, Informationsvorsprünge und Vorteile des Ressourcenzugangs gegenüber der lediglich national bzw. regional operierenden Konkurrenz.

Nicht alle Produkte und Dienstleistungen lassen sich in gleichem Maße globalisieren und damit standardisieren. Daher gewinnen Internationalisierungsstrategien, die im Sinne eines **"think global, act local"** globale Effizienz mit lokalen Differenzierungsmöglichkeiten koppeln. Das Bestreben, Vorteile weltweiter Integration und nationaler Anpassung durch Berücksichtigung von Aspekten der grundlegenden Orientierungen zu realisieren, und die Notwendigkeit, zwingenden Anpassungserfordernissen zu entsprechen, charakterisieren das Spektrum multifokaler Strategien (Scholl 1989). Anpassungen erfolgen hierbei häufig in marktbezogenen Teilbereichen, während Integrationsbestrebungen im inneren Verhältnis der Unternehmungseinheiten dominieren. Durch die Einschränkung interner Effizienz zugunsten externer Flexibilität und Akzeptanz wird versucht, eine Balance zwischen globaler Vision und lokalen Anforderungen zu erreichen.

Im Globalisierungsansatz von Porter (1989) werden als wesentliche Unterscheidungsmerkmale für eine eher länderorientierte oder eher globale Strategie die Konfiguration und die Koordination der Unternehmensaktivitäten betrachtet. Die **Konfiguration** (struktureller Aufbau) der Unternehmenstätigkeiten bewegt sich in einem Spektrum zwischen einer Konzentration, d.h. schwerpunktmäßigen Ansiedlung einer Unternehmensaktivität an einem Standort, und einer Streuung der Aktivitäten, d.h. Implementierung einer bestimmten Unternehmensaktivität in vielen Ländern. Die **Koordination** kann zwischen einer vollständigen lokalen Autonomie, bei der auf jede Koordination verzichtet wird, und einer engen Verzahnung der einzelnen Unternehmensteile liegen. Kostenvorteile aus Globalstrategien werden durch "Economies of Scale"- und Lernkurven-Effekte oder durch die Ausnutzung komparativer Kostenvorteile mit Hilfe einer Konzentration der Aktivitäten auf einen oder einige wenige Standorte realisiert. Ferner kann es zu Koordinationsvorteilen kommen, die sich aus der geographischen Verknüpfung verwandter Funktionen (z.B. Forschung und Entwicklung) ergeben. Gleichzeitig wird auch die Standortfrage geklärt. Die "Economies of Scale„- und die Lernkurven-Effekte determinieren die Anzahl der Standorte, während die komparativen Kosten- und Koordinationsvorteile die geographische Lage der Standorte bestimmen.

	Geographische Streubreite	
	Globalstrategie	Länderspezifische Strategie
Viele Marktsegmente **Wettbewerbs-politische Streubreite**	**(1)** Globale Kostenführer-schaft oder globale Differenzierung	**(3)** Geschützte Märkte
Wenige Marktsegmente	**(2)** Globale Segmentierung	**(4)** Länderspezifische Anpassung

Abbildung 13-4   Grundlegende strategische Alternativen in einer globalen Branche

Nach Porter (1989: 51ff.) lassen sich in einer globalen Branche vier grundlegende Strategietypen, die in Abbildung 13-4 schematisch dargestellt sind, unterscheiden. Jede Unternehmensstrategie beinhaltet dabei zunächst die Ent-

scheidung, ob kostengünstige Produktion oder Produktdifferenzierung angestrebt werden soll und mit welcher wettbewerbspolitischen geographischen
Streubreite diese zu verwirklichen sind.

Vier strategische Optionen sind möglich:

(1) **Die globale Kostenführerschaft oder Differenzierung**
Hierbei streben Unternehmen nach den Kosten- oder Differenzierungsvor-
teilen einer globalen Konfiguration bzw. Koordination. Zu diesem Zweck
bieten sie eine breite Produktpalette auf den wichtigsten Auslandsmärkten
an. Im Falle globaler Kostenführerschaft beschränken sich Unternehmen in
der Regel auf standardisierte Produkte und nutzen die "Economies of
Scale" im Bereich der technologischen Entwicklung, Beschaffung und Produktion. Die Unternehmen, die die Produktdifferenzierung präferieren,
nutzen oft die Skalen- und Lernkurveneffekte, um die Differenzierungs-
kosten zu senken, oder arbeiten mit "später Produktdifferenzierung" (z.B.
mit Plattformstrategien im Automobilbau).

(2) **Globale Segmentierung**
Im Falle globaler Segmentierung konzentriert sich eine Unternehmung
weltweit auf wenige Marktsegmente (Beispiel: Automobilbranche). Eine
Variante dieser Strategie besteht darin, in einem aus wenigen Ländern bestehenden Cluster zu operieren, wo die Vorteile der Konzentration (stand-
ortbezogene Zentralisierung, z.B. in Form von F&E-Zentren oder leistungs-
starken Produktionsstätten) bzw. Koordination (möglichst geringe Abstim-
mungsnotwendigkeit zwischen autonomen Organisationseinheiten) besonders ausgeprägt sind. In einigen Branchen ist die globale Segmentierung
der einzig gangbare Weg, weil nur in ganz bestimmten Marktsegmenten
die Vorteile einer Globalstrategie verwirklicht werden können (Beispiel:
renommierte Hotels der gehobenen Preisklasse für Geschäftsreisende).

(3) **Geschützte Märkte**
Hier wählt das Unternehmen Länder aus, in denen der Staat bestimmte
Unternehmen besonders schützt. Diese Strategie basiert auf staatlichem
Protektionismus des globalen Wettbewerbs, z.B. hohen Zollschranken, re-
striktiven Importquoten und weitreichenden "Local Content"-Vorschriften.
Durch diese Maßnahmen schottet sich ein Land praktisch vom internatio-

nalen Marktgeschehen ab. Diese Unternehmensstrategie erfordert meistens frühzeitige Direktinvestitionen in den jeweiligen Zielgebieten.

(4) **Länderspezifische Anpassung**

Mit dieser strategischen Stoßrichtung konzentriert sich ein Unternehmen auf diejenigen Segmente, in denen die länderspezifischen Unterschiede am stärksten zum Tragen kommen, obwohl die Branche insgesamt durchaus globale Züge aufweist. Das Unternehmen ist bereit, in jedem Land spezielle lokale oder regionale Anforderungen an die Produkte, Distributionskanäle und Marketingmethoden zu erfüllen. Die Strategie der länderspezifischen Anpassung "profitiert" von ökonomischen und kulturellen Markteintrittsbarrieren, die einer globalen Rationalisierung entgegenstehen.

Die Strategien der Bearbeitung geschützter Märkte und die der länderspezifischen Anpassung gehen im Kern davon aus, daß Globalstrategien oft auch Nachteile mit sich bringen. Die Unternehmen, die sich für die Konzepte (3) und (4) entscheiden, konzentrieren sich auf ganz bestimmte Marktsegmente oder Länder, wo sie die Wettbewerber auf Distanz halten können. Wie langfristig sich speziell die Strategie der länderspezifischen Anpassung zur Realisierung dauerhafter Wettbewerbsvorteile einsetzen läßt, hängt zum einen davon ab, ob die länderspezifischen Unterschiede der fraglichen Marktsegmente bestehen bleiben, und zum anderen davon, wie sich das Preisgefälle zwischen der individuellen und der standardisierten globalen Variante des Produkts entwickelt. Falls eine leistungsstärkere globale Produktvariante nur wenig mehr kostet als ein maßgeschneidertes Produkt, oder wenn dieses preislich erheblich höher liegt als das weltweit einheitliche Standardprodukt, wächst die Gefahr, daß das länderspezifische Unternehmen von einem globalen Marktteilnehmer verdrängt wird. Außerdem ist es möglich, daß die globalen Unternehmen nach Überwindung von länderspezifischen Markteintrittsbarrieren ihr Produktprogramm sukzessive erweitern, um auf diese Weise in diejenigen Segmente einzudringen, die in besonders hohem Maße lokal oder regional strukturiert sind. Die Dauerhaftigkeit einer Strategie der Bearbeitung geschützter Märkte hängt schließlich davon ab, ob und auf welchem Niveau die einzelstaatlichen Beschränkungen für den globalen Wettbewerb bestehen bleiben.

13.4 Interkulturelles Management

Gegenstand des **interkulturellen Managements** ist die konkrete Gestaltung der funktionalen, strukturalen und personalen Managementprozesse. Es geht um die Bewältigung kulturbedingter Managementprobleme durch Zurverfügungstellung geeigneter Handlungsanleitungen für effizientes interkulturelles Handeln. Daher liegt der Schwerpunkt des Interesses auf den verschiedenen Managementprozessen, den kulturellen Überschneidungssituationen und den Lösungsvorschlägen für kulturbedingte Managementprobleme (Perlitz 1997: 321).

Ziel ist, die Bedingungen erfolgreichen Managements in unterschiedlichen Regionen wettbewerbsfördernd zu nutzen, indem unter anderem geprüft wird, inwiefern Instrumente der Unternehmensführung in andere Kulturen transferiert werden können. Weiterhin steht im Zentrum des Interesses, inwiefern für Unternehmen die Notwendigkeit besteht, sich in fremden Kulturkreisen an andere Konzeptionen, Stile und Techniken der Unternehmensführung anpassen zu müssen (Macharzina 1995: 769).

In der Literatur gibt es eine Fülle von Definitionsversuchen und Umschreibungen des Begriffs Kultur. Die Kultur ist nach Hofstede (1991: 4ff.; 1997: 2ff.) Ausdruck einer **"mentalen Programmierung"**, die auf der individuellen sozialen Umgebung und der Sozialisation, also auf der Summe der von der Geburt an gesammelten Erfahrungen basiert. Die Programmierung beginnt in der Familie, setzt sich fort in der Nachbarschaft, der Schule, den Jugendgruppen, dem Arbeitsplatz und im Wohnumfeld und begründet die relative Konstanz der Ausprägung im Zeitablauf. Als wichtige Grundorientierungen und -spezifika der übergeordneten Kulturkreise gelten Religion, Kunst, Wissen, Emotionalität und Temperament, Moralvorstellungen, Tabus, grundlegende Denkweisen und Ideologien, Brauchtum, Erziehungssystem, familiäre Beziehungen und Nationalbewußtsein - also alle wichtigen Kulturelemente, die die Einstellungen und Verhaltensweisen von Gesellschaften, Organisationen, Gruppen und Einzelpersonen determinieren. Plausiblerweise ist davon auszugehen, daß weltweit Kulturen einerseits **Ähnlichkeiten** und andererseits **Unterschiede** aufweisen, die so weitreichend sein können, daß gewaltige Konflikte entstehen.

585

Hofstede (1980; 1991) hat 100.000 IBM-Mitarbeiter unterschiedlicher Nationalität in 50 Ländern befragt, welche Einstellungen sie zu ihrer Arbeit haben. In dieser wohl bedeutendsten komparativen Managementstudie werden folgende managementrelevanten Kulturdimensionen untersucht:

- **Machtdistanz:**
  das Ausmaß, in dem eine Gesellschaft eine hierarchische oder ungleiche Verteilung von Macht in Organisationen erwartet und akzeptiert.
- **Unsicherheitsvermeidung:**
  das Ausmaß, in dem eine Gesellschaft mehrdeutige und unsichere Situationen als bedrohlich wahrnimmt und zu vermeiden sucht.
- **Individualismus/Kollektivismus:**
  das Ausmaß, in dem eine Gesellschaft einen lose geknüpften gesellschaftlichen Rahmen bevorzugt, in dem Individuen nur für sich selbst und ihre enge Familie sorgen. Das Gegenteil, "Kollektivismus", bezieht sich auf Situationen, in denen Individuen im Austausch gegen bedingungslose Loyalität erwarten, daß ihre Verwandten, ihr "Clan" oder andere Gruppen (z.B. Dorfgemeinschaft, Unternehmen, Nation) sich um sie kümmern.
- **Maskulinität/Feminität:**
  das Ausmaß, in dem eine Gesellschaft häufig stereotypisierte maskuline Eigenschaften wie Bestimmtheit, Unabhängigkeit und Unsensibilität gegenüber Gefühlen als dominierende Werte betont. Das Gegenteil, "Feminität", bezieht sich auf das Ausmaß, in dem der Vorrang von Beziehungen und Kompromissen, Fürsorge für die Schwachen und die Lebensqualität sowohl sozial als auch organisational vorherrschend ist.

Im Ergebnis zeigen sich signifikante Unterschiede in den Einstellungen und Verhaltensweisen der Führungskräfte und Mitarbeiter des gleichen Unternehmens in unterschiedlichen Ländern.

So ist es beispielsweise Kennzeichen eines kleinen Machtdistanz-Faktors (z.B. Israel, skandinavische Länder), daß Dezentralisation bevorzugt wird, Mitarbeiter die Einbeziehung ihrer Erfahrungen in Entscheidungsprozesse erwarten und ein kooperativer Führungsstil vorherrscht. Demgegenüber bedeutet große Machtdistanz (z.B. Philippinen, Mexiko) Akzeptanz von ausgeprägten hierarchischen Strukturen und autokratischem und paternalistischem Führungsstil, wobei Privilegien und Statussymbole für Führungskräfte sowohl erwartet werden als auch populär sind. In Europa erweisen sich vor allem skandinavische und britische Manager in der Studie von Hofstede als besonders risikofreudig, während beispielsweise die befragten Deutschen es eher vermeiden, Risiken einzugehen. In den Ländern, in denen große Risikoscheu anzutreffen ist, sind die Mitarbeiter zufrieden, wenn sie keine Risiken einzugehen brauchen und sie dies den Vorgesetzten überlassen können. In kollektivistisch geprägten Ländern (z.B. in Ländern des Fernen Ostens) bedeutet Management die Führung von Gruppen unter sensibler Beachtung von Mitarbeiterorientierung und Intragruppenbeziehungen, während in individualistischen Kulturen (z.B. USA, Großbritannien) Aufgabenorientierung, Beachtung von Regeln und "hire and fire" eine größere Rolle spielen.

Sozialisationsakzente setzen in "maskulinen" Kulturen unter anderem die Betonung auf Leistung, Konkurrenzdenken, Karriere, Selbstbehauptung, Entschlossenheit, Konfliktaustragung. Demgegenüber lassen sich "feminine" Kulturen durch Merkmale wie Solidarität, Kompromiß, Intuition, Wertschätzung von Beziehungen, Betonung von Lebensqualität usw. bezeichnen. Skandinavische Länder zählen zu den letzteren, die angelsächsischen Länder weisen dagegen starke maskuline Werte auf.

Geht man davon aus, daß die einzelnen Kulturelemente einen unabweisbaren Einfluß auf die Menschen in einem bestimmten Land ausüben, muß angenommen werden, daß Managementtheorien, -konzepte, -prinzipien, -praktiken usw., die möglicherweise vorher für universell gehalten wurden, in einem anderen kulturellen Kontext, auf den sie übertragen werden, nicht "passen" und deshalb scheitern müssen. Dies gilt beispielsweise für viele der im angloamerikanischen Kontext entwickelten Motivations- und Führungstheorien, die primär auf Individualismus (Unabhängigkeit von Gruppen) und auf geringe Machtdistanz aufbauen (kooperativer Führungsstil). Aus der Studie von Hofstede läßt sich ableiten, daß unterschiedliche Einstellungen, z.B. zur Machtstruktur innerhalb der Unternehmung, von Land zu Land speziell angepaßte Managementtechniken erfordern.

Phasen des Ent-scheidungs-prozesses	kulturelle Unterschiede	
1. Problem-erkennung	*innovative Problemlösung:* Situation sollte verändert werden	*Akzeptanz der Situation:* Bekannte Situationen sollten akzeptiert werden (Bearbeitung nur von unausweichlichen Problemlagen)
2. Informations-generierung	*systematisch-analytisches Vorgehen:* Sammeln von "Fakten"	*Intuition:* Sammeln von Ideen und Möglich-keiten
3. Alterativen-suche	*vorhandene Lern- und Änderungs-fähigkeit/-bereitschaft von Beteilig-ten und Betroffenen:* Generierung neuer zukunftsorientierter Alternativen	*fehlende Veränderungsfähigkeit und -bereitschaft von Beteiligten und Betroffenen:* Generierung vergangenheits- und gegenwartsorientierter Alternativen
4. Alternativen-bewertung und Entscheidung	*individuelle Entscheidungsfindung:* • Delegation von Entscheidungs-verantwortung • schnelle Entscheidung • einfache Entscheidungsregel (richtig/falsch)	*individuelle Entscheidungsfindung:* • Entscheidung durch Unter-nehmensleitung • gründliche Entscheidungsfindung • einfache Entscheidungsregel (gut/schlecht)
5. Implemen-tierung	*hierarchische Umsetzung:* • "top-down"-Durchsetzung • Verantwortlichkeit bei einer Person	*partizipative Umsetzung:* • Einbeziehung sämtlicher Ebenen • Gruppenverantwortung

Abbildung 13-5 Beispiele für kulturelle Einflüsse im Entscheidungsprozeß

Die in einem Land vorherrschende Kultur als (**externe**) **Einflußgröße** der Unternehmung gewinnt mit der Internationalisierung von Unternehmungsakti-vitäten an Bedeutung, da eine einheitliche Übertragung aufgrund mangelnder Universalität des nationalen Managementwissens oft zum Scheitern verurteilt wäre. Zu unterschiedlich sind die nationalen "ways of life". Aus der Sichtweise des interkulturellen Managements geht es darum zu analysieren, wie in unter-schiedlichen Kulturkreisen Strategien, Ziele und Maßnahmen geplant und im-plementiert werden können. So gibt es zum Teil erhebliche Unterschiede bei den Prozeßschritten der Problemerkennung, der Informationsgenerierung, der Entwicklung und Bewertung von Handlungsalternativen sowie bei der Entscheidung und deren Umsetzung (vgl. Abb. 13-5). Über die These, daß die Landeskultur Einfluß auf Denk- und Verhaltensweisen von und in Unternehmungen ausübt, herrscht in der Literatur durchaus Übereinstimmung. Die Diskussion über die Transferierbarkeit von in einem landeskulturellen Kontext entwickelten Managementtechniken und Verhaltensmustern auf eine andere Kultur hält bis heute an.

In den letzten Jahren wird in der westlichen Welt - bedingt durch den japanischen Erfolg auf internationalen Märkten - das Interesse verstärkt auf die japanische Konzeption der Unternehmensführung gerichtet (Hentze/Kammel 1992: 631ff.). Durch den kulturspezifisch angepaßten Einsatz einzelner Instrumente dieses Unternehmensführungskonzepts sind zum Teil enorme Produktivitätsverbesserungen in den Unternehmungen erreicht worden.

Die Instrumente zur Lösung interkultureller Managementprobleme stammen aus der kulturvergleichenden (komparativen) Managementforschung, in der empirisch und qualitativ spezifische Aspekte von Managementsystemen in unterschiedlichen Ländern, Kulturkreisen und politisch-ökonomischen Systemen untersucht werden (Hentze 1987; Hentze/Lindert 1992). Forschungsdimensionen der vergleichenden Managementforschung lassen sich formal in zwei Phasen gliedern:

(1) diagnostische Phase: Identifikation der Unterschiede und Ähnlichkeiten von Managementsystemen,

(2) prozessuale Phase: Bedeutung der nationalen (kulturellen) Unterschiede und Ähnlichkeiten für international oder global tätige Organisationen.

Die Internationalisierung bringt die Notwendigkeit vergleichender Analysen mit sich. Jede Aussage über die Konkurrenzfähigkeit eines Produktes oder effizientes Verhalten in Unternehmungen setzt einen Vergleichsmaßstab voraus. Bei lediglich lokal tätigen Unternehmungen können viele Einflußfaktoren auf die Organisation unberücksichtigt bleiben, da sie kaum eine Rolle spielen. Die kulturvergleichende Managementforschung bietet mit ihren Forschungsergebnissen für das interkulturelle Management eine wichtige Informationsbasis für die Vermittlung interkulturellen Wissens im Managementtraining, in dem es darum geht, dem international tätigen Manager Handlungsleitlinien für seinen internationalen Einsatz an die Hand zu geben.

14 UMWELTMANAGEMENT

14.1 Begriff und Gegenstand des Umweltmanagements

Im Zusammenhang mit der Darstellung des Kontingenzansatzes (vgl. Abschnitt 2.4) sind die vielfältigen Beziehungen zur Umwelt, dargestellt durch das Zwischen- und das Umsystem, aufgezeigt worden. Als ein besonderes Teilsystem des Umsystems wird das **ökologische Umsystem** herausgestellt. Die Beziehung des Entscheidungsträgers bzw. des Unternehmensmitglieds zur ökologischen Umwelt umfaßt die Gesamtheit der menschlichen Lebensbedingungen, d.h. die natürlichen und die vom Menschen gestalteten Lebensräume.

In der betriebswirtschaftlichen Literatur wird in der letzten Zeit der **Umweltschutzaspekt** durch die Betonung der **Ökologie-** bzw. **Umweltorientierung** stärker herausgestellt. Wird das unternehmerische Handeln als Transformationsprozeß verstanden, in dem Inputs zu Outputs verarbeitet werden, so besteht auf beiden Seiten des Prozesses eine Beziehung zur natürlichen Umwelt. Zu den Inputs zählen beispielsweise Rohstoffe/Komponenten und Energie. Die Erzeugung von Energie belastet die Umwelt. Mit der Leistungserstellung fallen **Rückstände** an, die vielfach entsorgt werden müssen. Der Gebrauch und Verbrauch von Outputs, d.h. Sachgütern und Dienstleistungen, und insbesondere die Entsorgung belasten ebenfalls die Umwelt (z.B. Automobile, Tourismus). **Umweltschutz** bedeutet nicht nur die Vermeidung jeglicher Umweltbelastung, sondern die "Beschränkung auf das innerhalb von Ökosystemen tolerierte Maß, oder - anders ausgedrückt - die Vermeidung, Verringerung und Beseitigung von Umweltschäden" (Baumann/Schiwek 1996: 8).

Die Unternehmen werden zunehmend durch ihre Umweltbeeinträchtigungen von der Gesellschaft, insbesondere durch die Gesetzgebung, im Hinblick auf die Verminderung von Umweltbelastungen und Umweltschäden in die Pflicht genommen. Die Vorstellungen der Unternehmungen hinsichtlich der Beziehungen zum ökologischen Umsystem werden in der **betrieblichen Umweltpolitik** bzw. der **ökologischen Unternehmenspolitik** formuliert, in der die ökologische Grundkonzeption der Unternehmung mit insbesondere folgenden Inhalten konkretisiert wird:

- Die ökologische Unternehmenspolitik umfaßt die originären ökologischen Entscheidungen in der Unternehmung, die auf der obersten Führungsebene getroffen werden.
- Die ökologische Unternehmenspolitik bezieht sich auf die Unternehmung als Ganzes und ist allgemein abgefaßt.
- Die ökologische Unternehmungspolitik ist langfristig ausgerichtet und weist ein hohes Maß an Flexibilität auf, um die notwendigen Anpassungen im Zeitablauf aufgrund von Änderungen der Kontextfaktoren des Umsystems (z.B. Gesetzgebung) vornehmen zu können.
- Die Unternehmungspolitik beinhaltet auch die Kontrolle (z.B. in- und externe Öko-Audits) der Erreichung der Ziele, der Einhaltung von Verhaltensnormen und Richtlinien.

Die ökologische Unternehmenspolitik ist Bestandteil der Unternehmenspolitik und wird wie die weiteren Teilpolitiken der anderen betrieblichen Funktionen auf der obersten Leitungsebene verabschiedet. Ökologische Unternehmungspolitik wird in Grundsätzen fixiert und formuliert, wobei ökologisch verantwortungsvolles, ethisch vertretbares Handeln in bezug auf das ökologische Umsystem im Rahmen der betrieblichen Umweltpolitik von dem Bemühen geleitet wird, dem Menschen zu dienen. Dieses Ziel ist aufgrund von Restriktionen, Umständen und Widrigkeiten nur eingeschränkt zu verwirklichen. Die Spannung zwischen dem gewünschten Idealzustand und den relativen Möglichkeiten ist der betrieblichen Umweltpolitik inhärent.

Strebel (1994: 757) hebt hervor, daß in der betriebswirtschaftlichen Umweltpolitik nicht nur die natürliche Umwelt, sondern auch die Reaktionen des sozialen Umsystems auf die eigene Umweltpolitik zu berücksichtigen sind. Die betriebliche Umweltpolitik weist einen hohen Abstraktionsgrad auf, der in der Umsetzung inhaltlich konkretisiert werden muß. Diese wird im Rahmen des **betrieblichen Umweltmanagements** vollzogen, das durch die ökologiebezogenen Aktivitäten der Managementfunktionen realisiert wird. Die Planung und Gestaltung der betrieblichen Umweltorientierung wird dann in den Unternehmensfunktionen, wie Forschung und Entwicklung (Produktentwicklung), Produktion, Logistik, Marketing usw. umgesetzt. Umweltmanagement bezieht sich auf die ganzheitliche und vorausschauende Integration der Umweltorientierung mit den weiteren unternehmerischen Aktivitäten im Rahmen eines vernetzten Ansatzes.

Umweltmanagement kann entweder offensiv oder defensiv betrieben werden. Das **defensive Umweltmanagement** ist dadurch gekennzeichnet, daß sich die Unternehmung an den jeweiligen gesellschaftlichen Entwicklungsstand und die Gesetzgebung anpaßt und die Umweltstrategie darauf ausrichtet, die vorwiegend die kunden- und/oder konkurrenzseitig sowie gesetzgeberisch oder durch Verordnungen verursachten bzw. bedingten Änderungen aufzunehmen. Demgegenüber zielt ein **offensives Umweltmanagement** auf eine Steigerung des umweltorientierten Images der Unternehmung, indem beispielsweise durch die Entwicklung der Konkurrenz ökologisch überlegener Produkte die Marktverhältnisse im Sinne der Unternehmung bestimmt werden. Umweltorientierung wird dann als Erfolgsfaktor zur Steigerung des Marktanteils angesehen (Fritz 1992: 259ff.; 1995: 347ff.).

Außer der Formulierung der ökologischen Ziele und ihrer Integration in das betriebliche Zielsystem sowie dem Treffen von Grundsatzentscheidungen ist die **Entwicklung von Strategien** und **Instrumenten** Aufgabe des Umweltmanagements.

In dem bisher beschriebenen Verständnis wird Umweltmanagement im funktionalen Sinne verstanden. Die **institutionelle Definition** dieses Terminus bezieht sich auf die organisatorische und personelle Verankerung der mit der betrieblichen Umweltpolitik verbundenen Aufgaben sowie auf die strukturellen und prozessualen Voraussetzungen für die Erfüllung umweltbezogener Aufgaben. Festzulegen ist die instanzielle Einordnung des Umweltmanagements mit den entsprechenden Kompetenzen und Verantwortlichkeiten.

Der Gesetz- und Verordnungsgeber greift durch die verbindliche Einrichtung verschiedener Beauftragter für die Belange des Umweltschutzes sowie weiterer Beauftragter, die enge Bezüge zum Umweltschutz aufweisen, direkt in die Unternehmensorganisation ein. Bei Vorliegen genau spezifizierter Bedingungen sind beispielsweise Beauftragte für den Immissionsschutz, Gewässerschutz, die Abfallwirtschaft oder Beauftragte für Strahlenschutz, Störfälle, Sicherheit, Tierschutz etc. zu bestellen. Die Aufgaben und Befugnisse der **Umweltbeauftragten** sind in den jeweiligen Rechtsnormen geregelt. Sie liegen insbesondere in der Entwicklung umweltfreundlicher Verfahren und Produkte (Innovationsfunktion), in der Überwachung der Prozesse und der relevanten Rechtsvorschriften (Kontrollfunktion) sowie in der Information und Weiterbildung der Betriebsangehörigen (Informationsfunktion). Die Beauftragten sollen weiterhin zu den einschlägigen Investitionsentscheidungen Stellung nehmen und der Unternehmensleitung regelmäßig Bericht erstatten (Anhörungs- und Berichtsfunktion - vgl. Freimann 1996: 133). Der Gesetz- und Verordnungsgeber verpflichtet also die Unternehmen, Umweltschutzaufgaben in der Unternehmensorganisation zu verankern, wobei die Umweltgesetze auch zulassen, daß externe Umweltbeauftragte bestellt werden.

14.2 Soziale Verantwortung des Umweltmanagements

Das Konzept der sozialen Verantwortung der Unternehmung ist nicht neu. Im Zusammenhang mit der Diskussion über die Umweltorientierung der Unternehmung hat das Thema der sozialen Verantwortung eine zunehmende Bedeutung erfahren. Das Konzept der sozialen Unternehmensverantwortung als Aufgabe des Managements wird vor allem in der Erfüllung der gesellschaftlichen Legitimitätsansprüche gesehen (Meffert/Kirchgeorg 1998: 49f.). Die Unternehmenslegitimität ist durch **interne** und **externe Austauschbeziehungen** zu Unternehmensmitgliedern und Unternehmensteilnehmern gekennzeichnet, die gegebenenfalls durch unterschiedliche Interessen charakterisiert sind. Unter dem Innenaspekt kann die Umweltorientierung in Zielsetzung und -erreichung der Unternehmung integriert werden, während im Außenaspekt der Legitimationsnachweis gegenüber den externen Anspruchsgruppen dargelegt werden muß. Die Unternehmenslegitimität ist nur gesichert, wenn eine Übereinstimmung der internen und externen Aspekte gegeben ist. In diesem Sinne bedeutet Umweltmanagement die Fähigkeit der Unternehmung, die unternehmens- und umweltinduzierten gesellschaftlichen Interessen in gegenseitigen Einklang zu bringen. Trotz der Aufnahme der Umweltorientierung als Bestandteil der Unternehmensstrategien bleibt das Verhältnis zwischen unternehmerischen und ökologischen Zielen konfliktbehaftet. Diese Tatsache hat zu der Bewegung geführt, die unter dem Schlagwort "Sustainable Development" diskutiert wird. Der Begriff wird im deutschsprachigen Raum oft mit "nachhaltige Entwicklung" übersetzt. Die Leitidee dieses Konzeptes ist, daß das Management der Unternehmen dazu verpflichtet wird, den heute lebenden Menschen ihr Auskommen zu ermöglichen, ohne daß dabei die Lebensbedingungen künftiger Generationen aufs Spiel gesetzt werden (Meffert/Kirchgeorg 1998: 448). Ein wichtiger

Ansatzpunkt des "Sustainable Development" ist das **Verantwortungsprinzip** (vgl. u.a. Wagner 1997: 35ff.). Das Verantwortungsbewußtsein für die Lebensbedingungen der zukünftigen Generationen bedeutet für das betriebliche Umweltmanagement, daß Ziele, Strategien und Instrumente im Sinne einer relativen Umweltschonung realisiert werden. Soziale Verantwortung im Rahmen des Umweltmanagements bezieht sich dann auf die Umweltverantwortlichkeit als ethisches unternehmerisches Handeln.

14.3   Umweltschutz und Zielsystem der Unternehmung

Die umweltorientierte Unternehmensführung bedingt eine Redefinition der Zielvorstellungen und Wertvorstellungen der Unternehmensmitglieder. Umweltziele können im Konflikt zu Gewinnzielen stehen. Als mögliche Interdependenzen zwischen ökologischen und ökonomischen Zielsetzungen stellen Meffert/Kirchgeorg (1998: 48) die folgenden drei zentralen Integrationsformen vor:

- "Der Umweltschutz wird in konfliktärer Beziehung zu den ökonomischen Unternehmenszielen und als eine von außen vorgegebene Restriktion des Gewinnziels angesehen.
- Es wird eine komplementäre Beziehung bzw. eine Mittel-Zweckbeziehung zwischen Umweltschutzzielen und der Gewinnerzielung postuliert.
- Der Umweltschutz wird aufgrund der sozialen Verantwortung der Unternehmensführung als autonomes Ziel unabhängig von externen Umweltschutzforderungen unter freiwilliger Gewinnreduzierung in das Zielsystem als gleichrangiges Unternehmensziel neben anderen ökonomischen Zielsetzungen integriert."

Umweltschutz als Unternehmensziel kann sowohl als Formalziel als auch als Sachziel gesehen werden (Strebel 1980: 81ff.). Umweltschutz als **Sachziel** bedeutet, daß Unternehmen Umweltschutzleistungen erstellen und verwerten (z.B. Umweltschutztechnologien). Umweltschutz als **Formalziel** wird realisiert, wenn Waren und Dienstleistungen umweltfreundlich gestaltet, erzeugt und verwertet werden (Raffée/Förster/Fritz 1992: 242f.). Die letztgenannte Interpretation wird hier zugrunde gelegt.

Raffée et al. (1992: 245) weisen unter anderem darauf hin, daß die Bedeutung des Umweltschutzes als Unternehmensziel in den Branchen sehr unterschiedlich ist, aber zunehmende Berücksichtigung findet. Die Aufgabe des Managements ist die Integration von Umweltzielen in das unternehmerische Zielsystem bei gleichrangiger Behandlung ökonomischer, sozialer und ökologischer Interessen.

14.4 Umweltorientierte Strategien

Unternehmensstrategien legen grundsätzlich die Art der Verwendung der Leistungspotentiale (Mittel) bzw. Ressourcen zum Zweck des langfristigen Überlebens und Wachsens der Unternehmung fest. Indem sie somit Grundorientierungen für die Unternehmensentwicklung vorgeben, können sie auch die Voraussetzung für die Initiierung detaillierter Zielbildungsprozesse darstellen, denn die erfolgreiche Realisierung einer Unternehmensstrategie verlangt unmittelbar nach einer gewissen Präzisierung und Spezifizierung, da ein zu großer Abstraktionsgrad eine Strategiedefinition bedeutungslos machen würde.

Da Strategien nicht nur auf das Insystem, sondern auch auf das Umsystem der Unternehmung auszurichten sind, müssen in Strategiekonzeptionen die bestehenden **Wettbewerbsverhältnisse** integriert werden. Eine rein an ökonomischen Erfolgskriterien orientierte Unternehmensstrategie läuft Gefahr, durchaus erfolgsrelevante umweltorientierte, gesellschaftliche, soziale und ethische Aspekte zu mißachten. Im Rahmen einer **Strategiefolgeabschätzung** ist deshalb rechtzeitig zu überlegen, welche Interessengruppen (Stakeholder) in welcher Art und Weise von strategischen Maßnahmen betroffen sind. In den meisten Fällen wird Umweltschutz nicht das dominante Unternehmensziel sein und daher nur ein Leistungsziel unter anderen im Zielsystem darstellen.

In der Literatur finden sich unterschiedliche Klassifizierungen von Umweltstrategien (vgl. z.B. Steger 1992: 272ff.; Meffert/Kirchgeorg 1998: 195ff.; Wagner 1997: 65ff.), die sich insbesondere in der Differenzierung unterscheiden. Hier sollen exemplarisch das sogenannte **Marktchancen-Umweltrisiko-Portfolio** und die daraus abgeleiteten Strategien dargestellt werden. Das Portfolio wird als Basis für die Integration des Umweltschutzes in die Unternehmensstrategie gesehen. Steger (1992) verwendet auf den beiden Achsen die Dimensionen

Marktchancen durch Umweltschutz und Risikoexponierung im Umweltschutz (vgl. Abb. 14-1). In den künftigen Marktchancen kommen mehr die offensiven Aspekte der Umweltstrategie zum Ausdruck, indem in der Strategieformulierung Implikationen des Wertewandels und die daraus resultierenden induzierten Verhaltensänderungen und Einstellungen der Verbraucher berücksichtigt werden. Die **Risikoexponierung** basiert mehr auf der defensiven Haltung des Unternehmens, indem in der Strategieformulierung Umweltaspekte berücksichtigt werden, zu denen die Unternehmen gezwungen sind.

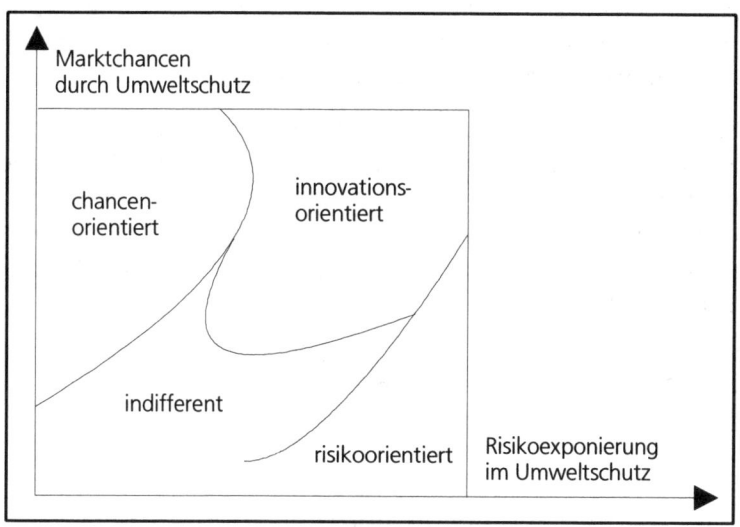

Abbildung 14-1 Marktchance-Risiko-Kombination

Risikoorientierte Strategien sind durch die Anwendung des Risikomanagements gekennzeichnet, das weitgehende Initiativen voraussetzt, die auf die strategische Existenzsicherung ausgerichtet sind, aber weniger offensiv auf die Entwicklung neuer Märkte. Es wird beim Risikomanagement ein vorgegebenes Sicherheitsniveau angestrebt, auf das die Strategien ausgelegt sind.

Die **Risikobewältigungsstrategien** - Vermeiden, Vermindern, Überwälzen, Versichern und Selbsttragen (vgl. auch Meffert/Kirchgeorg 1998: 186) - finden bei der Entscheidung über die Umweltstrategie Berücksichtigung.

Bei den **chancenorientierten Strategien** geht es bei geringer bis mittlerer Risikoexponierung vorrangig um das Nutzen der Marktchancen. Dies bedeutet, daß die Unternehmung den sich ändernden Markt- und Produktstandards frühzeitig durch die Einführung neuer Produkte begegnet, die hinsichtlich der Umweltfreundlichkeit gegenüber den bisherigen Erzeugnissen einen zusätzlichen Nutzen aufweisen. Die **innovationsorientierten Strategien** sind dadurch gekennzeichnet, daß einerseits Marktchancen durch umweltfreundliche Produkte bestehen und andererseits eine erhebliche Risikoexponierung durch die Umweltbelastung gegenwärtiger Produkte und Produktionsprozesse gegeben ist. Um aus dieser instabilen Situation herauszukommen, gibt es nur die Möglichkeit, durch Innovationen die Marktposition zu verbessern.

Das vierte Feld der Marktchancen-Risiko-Kombinationen (indifferent) spielt für die Umweltschutzstrategie kaum eine Rolle, da sowohl die Marktchancen als auch die Risikoexponierung im Umweltschutz für diese Unternehmen gering einzustufen sind. Hier wird es marginale Verbesserungen im Umweltschutz geben. Beispiele hierfür sind Dienstleistungsunternehmen wie etwa Banken und Versicherungen.

Zusammenfassend wird noch einmal festgestellt, daß Strategien im Umweltschutz von den umweltpolitischen Zielen abgeleitet werden und integraler Bestandteil der Unternehmensstrategien sind.

14.5 Instrumente des Umweltmanagements

14.5.1 Überblick

Die Umsetzung umweltorientierter Strategien wird in den Unternehmens-, Unterstützungs- und Unternehmensführungsfunktionen vollzogen. In den weiteren Ausführungen wird das umweltorientierte Instrumentarium der grundlegenden Unternehmensfunktionen Beschaffung, Produktionswirtschaft, Marketing überblicksartig dargestellt, da im Rahmen dieses Textbuchs nur eine Auswahl vorgestellt werden kann.

14.5.2 Beschaffung

Die Umweltorientierung im Beschaffungsbereich betrifft grundsätzlich alle Produktionsfaktoren. Eine hervorzuhebende Stellung haben sicherlich die Werkstoffe und die Betriebsmittel. Im Rahmen der Materialbeschaffung kann die Unternehmung versuchen, gezielten Einfluß auf die Lieferanten zu nehmen, um wirtschaftlich vertretbar umweltverträgliche Alternativprodukte zu erhalten. Falls möglich sind regenerative Stoffe zu verwenden. Nach der Gesetzgebung ist die Unternehmung verpflichtet, das Vermeidungs- und Verwertungsprinzip im Einkauf zu realisieren.

14.5.3 Produktion

Umweltmanagement wird in der betrieblichen Diskussion oft mit der Produktionswirtschaft in Verbindung gebracht. Die traditionelle Produktionstheorie kennt nur Güter, aber keine Rückstände bzw. Abfälle, die unerwünscht entstehen. Strebel (1980) unternimmt als einer der ersten den Versuch, die im Rahmen von industriellen Produktionsprozessen entstehenden Umweltbelastungen sowie die nicht erneuerbaren fossilen Ressourcen in die Produktionswirtschaftslehre einzubeziehen. Grundlage für seine Betrachtungen ist das in Abbildung 14-2 dargestellte Modell der Input-/Outputbeziehungen.

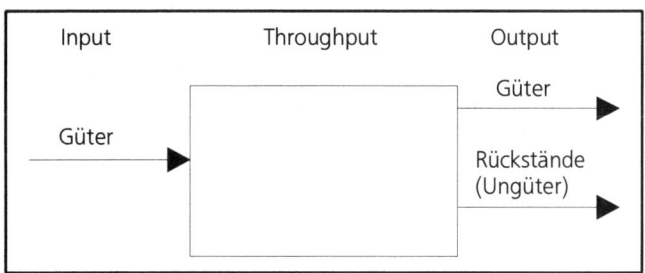

Abbildung 14-2 Input-Throughput-Output-Schema der Produktion aus ökonomischer Sicht

Strebel (1994: 753f.) legt den Systemansatz zugrunde, indem er die Austauschbeziehungen zwischen der Unternehmung und der natürlichen Umwelt betrachtet. Die Produktion ist gekennzeichnet durch den Input aus natürlichen Ressourcen und den Output, der aus Gütern und Rückständen besteht. Letztere sind unerwünscht, werden aber im Interesse der Sachzielerfüllung in Kauf genommen. **Rückstände** entstehen stets als Kuppelprodukt. Ihre Vermeidung und Verwertung ist eine Aufgabe des Umweltmanagements. Rückstände sind Outputs eines Prozesses, die nicht dessen Sachziel erfüllen. Sie werden an die Umwelt emittiert, können stofflicher (z.b. Abwasser) oder energetischer Natur (z.b. Abwärme) sein. Es kann durchaus vorkommen, daß ein Teil der Rückstände in der Unternehmung oder in einer anderen Unternehmung als Input genutzt wird. Stoffliche Rückstände, die nicht unschädlich sind, werden als **Schadstoffe** bezeichnet. Im weiteren Sinne sieht Strebel (1994: 753) als Rückstände auch die Emissionen, die beim späteren Einsatz der produzierten Güter (Gebrauch, Verbrauch) entstehen. Der im **Kreislaufwirtschaftsgesetz** verwendete **Abfallbegriff** entspricht dem Rückstandsterminus. Nach § 3 Abs. 3 Kreislaufwirtschaftsgesetz sind alle Stoffe Abfall, die anfallen, ohne daß der Zweck der jeweiligen Handlung hierauf gerichtet ist. Damit fallen unter diesen Begriff jegliche Reststoffe, unabhängig davon, ob sie verwertbar oder nicht verwertbar sind (Wagner 1997: 111). Zum Abfall zählen auch Gebrauchsgüter, deren Nutzungszeitraum abgelaufen ist.

Das Kreislaufwirtschaftsgesetz legt für das unternehmerische Handeln das Postulat "Vermeidung vor Verwertung vor Beseitigung" zugrunde. Diese drei Instrumente werden im Kreislaufwirtschaftsgesetz konkretisiert. Dies drückt sich für die Vermeidung in den Vorschriften zur anlageninternen Kreislaufführung oder zur abfallarmen Produktgestaltung aus. Die **Verwertung von Abfällen** vollzieht sich in der stofflichen und energetischen Verwertung. Nach § 5 Abs. 2 Kreislaufwirtschaftsgesetz ist die jeweils höchstwertige Alternative anzustreben. Das Gesetz (§ 4 Abs. 3) sieht folgende drei Möglichkeiten vor:

(1) Gewinnen von (sekundären) Rohstoffen aus Abfällen zur Substitution von (primären) Rohstoffen,

(2) die Nutzung der stofflichen Eigenschaften der Abfälle für den ursprünglichen Zweck,

(3) die Nutzung für einen anderen Zweck.

Erst wenn keine dieser drei Maßnahmen technisch oder wirtschaftlich vertret-
bar ist, kann die **energetische Verwertung** zum Zuge kommen. Wenn die
Verwertung nicht möglich ist, kann nach dem Kreislaufwirtschaftsgesetz die
Abfallbeseitigung erfolgen, für die das Gesetz ebenfalls Normen enthält.

Dyckhoff (1996: 1458ff.) hat ein Modell der industriellen **Reproduktionswirt-
schaft** entwickelt, das den Stoffkreislauf von der eigentlichen Produktion und
der Verteilung der Produkte (Distribution) über die Konsumtion und die Ein-
sammlung der Reststoffe (Kollektion) bis zur Reduktion zugrunde legt. Die Produktion bringt nützliche Objekte, die Produkte, hervor, während die Reduktion
die Übelbeseitigung darstellt, d.h. eine Rückführung bzw. Verminderung schäd-
licher Objekte, die **Redukte** genannt werden. Im Sinne des Kreislaufwirtschaftsgesetzes schließt die Reduktion sowohl die Verwertung als auch die Beseitigung ein. Diese ist in diesem Zusammenhang als Entsorgung im weiteren
Sinne zu verstehen, die auch sämtliche Verwertungsoptionen einschließt (z.B.
thermische Rückstandsverwertung durch Verbrennung von Hausmüll).

Reduktion steht auch im Zusammenhang mit dem Begriff **Recycling**, bei dem
die Wieder- oder Weiterverwendung oder Verwertung neben der Beseitigung
von Redukten sowie auch die Erzeugung von Produkten (Versorgungsaspekt)
eine wichtige Rolle spielen (Dyckhoff 1996: 1461). Voraussetzung für das
Recycling ist die Recyclingfähigkeit des Altproduktes, die bei der Produktgestaltung beginnt (Strebel 1992: 446). Beim Recycling ist eine auf allen Ebenen vollständig geschlossene Kreislaufwirtschaft ohne Material- und Energieverluste
aufgrund der wirtschaftlich-technischen Bedingungen nicht möglich. Ein hun-
dertprozentiges Recycling ist daher eine Utopie, und es ist realistischer, eine
sogenannte Entwertungs-Spirale anzunehmen. Diese drückt aus, daß der
Nutzwert der eingesetzten Ressource kontinuierlich sinkt und letztlich nur noch
unbrauchbare Abfälle und Abwärme zurückbleiben. Die Nutzung des Rohstoffs
auf der jeweils qualitativ niedriger liegenden Ebene wird als **Downcycling** bezeichnet. Dies ist die am häufigsten anzutreffende Form des Recycling (Liese-
gang/Pischon 1996: 1795).

Die umweltorientierte Produktion schließt auch die Verfahrensoptimierung ein,
indem die Umweltverträglichkeit alternativer Verfahren nach den Instrumenten
Vermeidung vor Verwertung vor Beseitigung überprüft wird.

Umweltschutz in der Produktion wird teilweise auch als produktionsintegrierter Umweltschutz praktiziert. Damit ist gemeint, daß in den Produktionsprozeß die Verwertung integriert ist, z.B., daß das Abwasser in die Kreislaufführung der Produktion einbezogen wird, z.B. aufbereitet bzw. gereinigt wird und gleich wieder dem Produktionsprozeß zugeführt wird.

14.5.4 Marketing

Neben dem Funktionsbereich Produktionswirtschaft ist das Marketing im Rahmen des Umweltmanagements am meisten betroffen. "Einem **ökologieorientierten Marketing** kommt die Aufgabe zu, bei der Planung, Koordination und Kontrolle aller absatzmarktgerichteten Aktivitäten eine Vermeidung und Verringerung von Umweltbelastungen zu bewirken, um über eine dauerhafte Befriedigung der Bedürfnisse aktueller und potentieller Kunden unter Ausnutzung von Wettbewerbsvorteilen und bei Sicherung der gesellschaftlichen Legitimität die angestrebten Unternehmensziele zu erreichen" (Meffert/Kirchgeorg 1998: 273). Während bei den anderen Funktionsbereichen vornehmlich die ökologischen Unternehmensrisiken im Vordergrund stehen, werden im Marketing vor allem die **ökologischen Unternehmenschancen** betont (Wagner 1997: 87). Die ökologischen Herausforderungen haben in den letzten Jahren zu einer Neuorientierung ganzer Branchen geführt (Meffert 1998: 1200). Die Integration des Umweltmanagements im Marketing vollzieht sich in dem ökologieorientierten Marketingmix (vgl. Abb. 14-3). Meffert/Kirchgeorg (1996: 1331ff.) differenzieren zwischen ökologieorientierter Produktgestaltung im engeren Sinne und im weiteren Sinne. Die **ökologieorientierte Produktgestaltung im engeren Sinne** bezieht sich auf das eigentliche Produkt. Dabei werden rechtzeitig in den Produktgestaltungsprozeß ökologische Anforderungen einbezogen, die sich sowohl auf die elementaren Gestaltungsmittel wie Stoffe, Materialien, Farben, Formen als auch auf die Kombinationsprinzipien der Gestaltungselemente (z.B. Funktionsprinzipien oder Konstruktionsprinzipien) beziehen. Bezugnehmend auf die Verhaltensregeln des Sustainable Development-Konzepts und die elementaren Gestaltungsmittel und Kombinationsprinzipien formulieren Meffert/Kirchgeorg (1996: 1331) folgende ökologische Anforderungen:

(1) "Gestaltungsmittel aus nicht regenerierbaren Rohstoffen sind durch regenerierbare Stoffe zu ersetzen.

(2) Gestaltungsmittel und Faktorkombinationen müssen eine Erhöhung der Ressourceneffizienz bewirken, damit langfristig die Regenerationsrate der Ressourcen nicht überschritten wird.

(3) Vermeidung oder Verringerung von Emissionen und Abfällen der Produkte, um langfristig die Assimilationskapazität der ökologischen Umwelt nicht zu überschreiten."

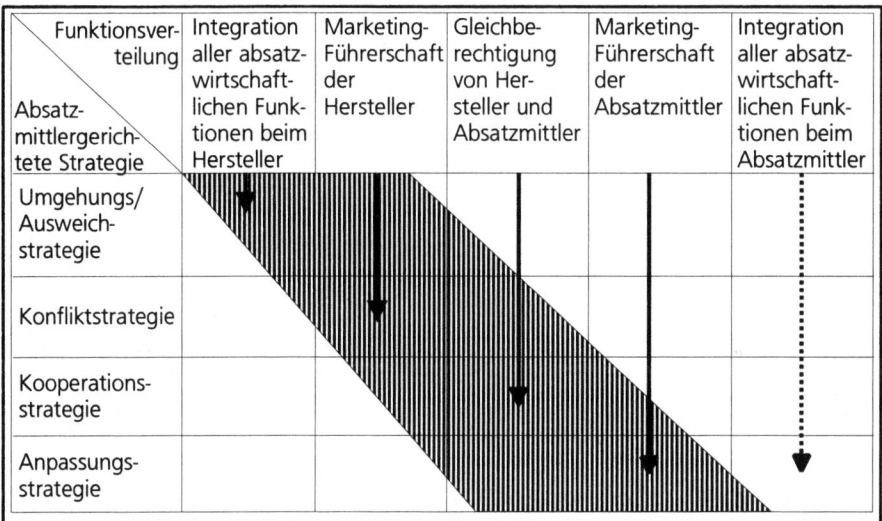

Funktionsverteilung / Absatzmittlergerichtete Strategie	Integration aller absatzwirtschaftlichen Funktionen beim Hersteller	Marketing-Führerschaft der Hersteller	Gleichberechtigung von Hersteller und Absatzmittler	Marketing-Führerschaft der Absatzmittler	Integration aller absatzwirtschaftlichen Funktionen beim Absatzmittler
Umgehungs/ Ausweichstrategie					
Konfliktstrategie					
Kooperationsstrategie					
Anpassungsstrategie					

Abbildung 14-3 Beziehungskorridor von Funktionsverteilung und absatzmittlergerichteter Strategie

Bei der **ökologieorientierten Produktgestaltung im weiteren Sinne** gehen Meffert/Kirchgeorg (1996: 1334f.) von einem erweiterten Produktbegriff aus, in dem sie die ganzheitliche Ausrichtung eines Produktes an ökologischen Erfordernissen betrachten. Dies bedeutet, daß bei der Gestaltung des Produktes die **Verpackungsgestaltung** zu berücksichtigen ist.

Weiterhin ist mit der ökologieorientierten Produktgestaltung die Deklaration für die Inhaltsstoffe eines Produktes oder die Kennzeichnung bestimmter Materialien für die recyclingtechnische Rückführung verbunden. In dem Zusammenhang ist auch zu entscheiden, ob die Produkte mit einem sogenannten **Öko-Label** versehen werden, wodurch der Kunde über die umweltorientierte Produkteigenschaft informiert wird. Meffert/Kirchgeorg (1996: 1335) zählen zu der ökologieorientierten Produktgestaltung im weiteren Sinne auch die **Kundendienst-** und **Serviceleistungen** im gesamten Lebenszyklus der Produkte. Unter anderem geht es darum, durch entsprechende Wartungsleistungen die Emissionen zu reduzieren und die Nutzungsdauer der Produkte zu verlängern.

Im Rahmen des ganzheitlichen Ansatzes der ökologieorientierten Produktgestaltung sind die Logistik- und Redistributionsprozesse von besonderer Bedeutung. Beispielsweise kann durch die Gewichtsreduzierung bei der Produktgestaltung im Rahmen einer umweltgerechten Logistik der Energieverbrauch gesenkt werden. Ökologieorientierte Produktentwicklung schließt eine erweiterte **Produktverantwortung** der Unternehmen ein, wie sie insbesondere aus den §§ 22-26 des Kreislaufwirtschaftsgesetzes folgt (Wagner 1997: 145). In der Abbildung 14-4 stellt Wagner die Zusammenhänge von Produktions-, Nutzungs- und Entsorgungsvorgaben des Produktentwicklungsprozesses und das Kreislaufprinzip dar. Durch die Entsorgungsvorgabe kehren die betreffenden Produkte nach der Nutzung wieder in den Verantwortungsbereich des Herstellers zurück.

Meffert/Kirchgeorg (1998: 316) stellen als zentrales Merkmal der Kommunikation die Übermittlung "von Informationen und Bedeutungsinhalten zum Zweck der Steuerung von Meinungen, Einstellungen, Erwartungen und Verhaltensweisen gemäß spezifischer Zielsetzungen" heraus. Die Kompetenz im Umweltschutz ist ein wichtiger Bestandteil einer modifizierten Kommunikationspolitik. Meffert/Kirchgeorg (1998: 317ff.) differenzieren zwischen einer defensiven und offensiven Umweltschutzstrategie. Bei der **defensiven Umweltschutzstrategie** wird der Kommunikationsmix zur Verbesserung des **Corporate Image** und zum Aufbau einer ökologischen Kompetenz eingesetzt. Hierbei spielen Public Relations-Aktionen häufig eine große Rolle, die der Steigerung der Bekanntheit ökologischer Problemstellungen sowie einer Stärkung des Umweltbewußtseins in der Gesellschaft dienen. Bei der **offensiven Umweltschutzstrategie** wird insbesondere die Werbung eingesetzt, durch die der umweltschutzbezogene Zusatznutzen als Produktmerkmal vermittelt werden soll.

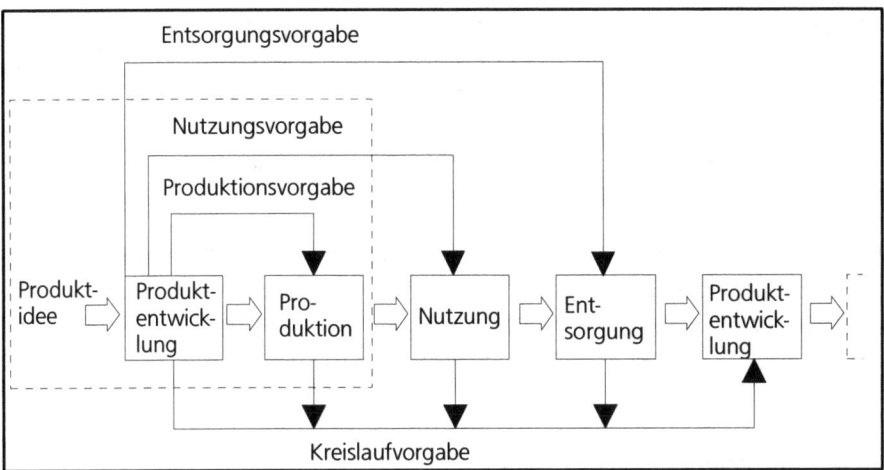

Abbildung 14-4 Produktentwicklung und Kreislaufprinzip

Umweltorientierte **preispolitische Überlegungen** beziehen sich auf die Preis- festsetzung ökologischer Neuprodukte und auf Preisänderungen, wobei die Preisfindung kosten-, nachfrage- und/oder konkurrenzorientiert sein kann. Basis wird in der Regel eine Kostenkalkulation sein, in der die Ressourcen- knappheit und die Umweltbelastung Berücksichtigung finden.

Der Begriff **Distribution** beinhaltet alle Entscheidungen und Handlungen, die mit dem Weg eines Produktes zum Endverkäufer in Beziehung stehen. Die Ge- staltung ökologischer Absatzsysteme umfaßt folgende zwei Aspekte:

• Wahl der Absatzwege und gegebenenfalls Entsorgung der umweltgerech- ten Produkte,

• das logistische System (Meffert/Kirchgeorg 1998: 345).

Eine echte Herausforderung für die umweltorientierte Distribution ist das soge- nannte **Retro-Distributionssystem**, das die Möglichkeit bietet, ausgediente

Produkte und Verpackungen zu erfassen, zu recyclen, um somit zur **Umwelt- und Ressourcenschonung** beizutragen.

In Deutschland wurde durch die Verbände der Wirtschaft als Antwort auf die Verpackungsverordnung Anfang der 90er Jahre das **Duale System Deutschland** (DSD) gegründet. Dual bedeutet, daß der Verpackungsabfall privat entsorgt und verwertet wird und der restliche Hausmüll weiterhin kommunale Entsorgungsaufgabe bleibt. Der Verbraucher kann recyclingfähige Produkte an dem Grünen Punkt erkennen.

Im **logistischen System** sind außer den Kostenfaktoren und den Kundenwünschen insbesondere ressourcenbezogene (energie- und umweltbezogene) Emissionsfaktoren zu berücksichtigen (Meffert/Kirchgeorg 1998: 345). Das Logistiksystem kann außer dem Transport auch die Lagerhaltung einschließen.

14.6 Umwelt-Controlling

Da Controlling eine wichtige Managementfunktion darstellt, schließt Umweltmanagement das Umwelt-Controlling ein. Die in diesem Textbuch verwendete Controlling-Definition wird durch folgende Merkmale beschrieben:

- Rationalität,
- Unterstützungscharakter,
- informationsversorgender Charakter,
- koordinierender Charakter,
- Zukunftsbezogenheit,
- Konstanz.

Der Begriff Umwelt-Controlling wird so vielschichtig verwendet wie der Controlling-Begriff. Umwelt-Controlling kann in einem **funktionalen** und in einem **institutionalen Sinne** verwendet werden. Aus funktionaler Sicht stellt das ökologische Controlling einen integralen Bestandteil der gesamten Funktion Controlling dar. Umwelt-Controlling im institutionalen Sinne bezieht sich auf die organisatorische Verselbständigung der Funktion und stellt den Träger der Funktion, den Controller, dar.

Ökologisches Controlling, das in ein **operatives** und **strategisches ökologi-sches** Controlling differenziert wird, ist ein wichtiges Koordinations- und Steue-rungsinstrument der Unternehmensführung. Statt von Umwelt-Controlling oder ökologischem Controlling werden auch die Begriffe Öko-Controlling, ökologie-orientiertes Controlling, Umwelt-Controlling oder Environmental Controlling verwendet.

Umwelt-Controlling als Funktion ist der Sammelbegriff für ein in der Literatur und Praxis nicht einheitlich verwendetes Instrumentarium, das zur Erreichung der Sach- und Formalziele eingesetzt wird. Beispielhaft seien hier folgende Instru-mente genannt (vgl. Strebel 1994: 843ff.; Wagner 1997: 186ff.):

- Portfolio-Analyse (Umwelt-Portfolio),
- ökologische Buchhaltung,
- Stoff- und Energiebilanzen/Umweltbilanzen,
- Umweltschutzkosten- und Investitionsrechnung,
- Stoffstromrechnungen,
- Produktlinienanalysen.

Umweltinformationssysteme können eine wichtige Unterstützungsfunktion des Umwelt-Controlling darstellen (Meffert/Kirchgeorg 1998: 413).

Mit dem Begriff Öko-Controlling wird der Terminus **Umwelt-Auditing** in Zu-sammenhang gebracht (vgl. Niemeyer/Sartorius 1992: 312ff.; Meffert/ Kirch-georg 1998: 415ff.). Das Audit ist bei ihnen ein Kerninstrument des betriebli-chen Umweltmanagements und umfaßt außer ökologischen Informationen die **Umwelt-Risikoanalyse**. Wagner (1997: 198) differenziert zwischen Umwelt-Auditing und ökologischem Controlling. Letzteres sieht er als umweltökonomi-sches "Koordinationskonzept" der Unternehmung, während Umwelt-Auditing als ein "umweltökonomisches Diagnosekonzept" der Unternehmung bezeichnet wird. Controlling ist ein Unterstützungsinstrument von Umweltschutz und Umweltmanagement. Umwelt-Auditing ist eine prozeßbezogene Schwachstel-lenanalyse.

Für die gewerbliche Wirtschaft ist das Umwelt-Audit seit Inkrafttreten der EG-Öko-Audit-Verordnung vom 29. Juni 1993 von großer Bedeutung, die die freiwillige Beteiligung gewerblicher Unternehmen an einem Gemeinschaftssystem für das Umweltmanagement und die Umweltbetriebsprüfung regelt. Das Umwelt-Audit enthält den umweltpolitischen Status quo der Unternehmung und die Entwicklungsperspektiven und dient der kontinuierlichen Verbesserung der umweltorientierten Leistungen des Unternehmens und ist somit ein bedeutsames **Instrument der Umweltrisikoanalyse** (Risikomanagement). Es gibt Hinweise für die Perspektiven der Gestaltung des Umweltmanagements, denn ein Ziel der Verordnung ist unter anderem, über Zertifizierungen die ökologischen Risiken und Belastungen aus der Unternehmenstätigkeit zu dokumentieren und die Veränderungen aufzuzeigen.

Hinsichtlich der Gestaltungsfunktion kommt dem Umweltmanagement-Audit ein hoher Stellenwert zu, indem einerseits Risiko- und Chancenpotentiale identifiziert werden und andererseits zusätzlich eine Zertifizierung des Umweltmanagements sowie eine Prüfung erlangt wird (Wagner 1997: 200). Das Umweltmanagement-Audit umfaßt die Planungsmethoden, Ziele, Strategien, die Umweltorganisation, und damit stehen Ergebniskontrollen im Mittelpunkt.

Literaturverzeichnis

Adam, D.: Produktions-Management, 9. überarbeitete Aufl., Wiesbaden 1998

Adams, J.S.: Towards an Understanding of Inequity, in: Journal of Abnormal and Social Psychology, 67. Jg. (1963), S. 422-436

Adams, J.S.: Inequity in Social Ex-change, in: Berkowitz, L. (Hrsg.): Advances in Experimental Social Psychology, Vol. 2 (1965), S. 267-300

Ahlert, D.: Distribution, in: Tietz, B. (Hrsg.): Handwörterbuch des Marketing, 2. Aufl., Stuttgart 1995, Sp. 499-515

Ansoff, H.J.: The New Corporate Strategy, New York 1988

Arnold, U.: Global Sourcing - An Indispensible Element in Worldwide Competition, in: Management International Review, 29. Jg. (1989), Nr. 4, S. 14-28

Arnold, U.: Absatzwege, in: Tietz, B. (Hrsg.): Handwörterbuch des Marketing, 2. Aufl., Stuttgart 1995, Sp. 29-41

Bänsch, A.: Kommunikationspolitik, in: Tietz, B. (Hrsg.): Handwörterbuch des Marketing, 2. Aufl., Stuttgart 1995, Sp. 1186-1200

Baumann, S./Schiwek, H.: Zur begrifflichen Erfassung und Behandlung umweltschutzorientierter Aspekte in der Betriebswirtschaftslehre, in: Zeitschrift für Betriebswirtschaft, Ergänzungsheft 2/96, S. 3-22

Baumgarten, H.: Prozeßmanagement, in: Kern, W./Schröder, H.-H./Weber, J. (Hrsg.): Handwörterbuch der Produktionswirtschaft, 2. Aufl., Stuttgart 1996, Sp. 1669-1682

Bea, F.X. u.a. (Hrsg.): Allgemeine Betriebswirtschaftslehre, Bd. 1: Grundfragen, 7. Aufl., Stuttgart 1997

Becker, J.: Schnittstellenmanagement, in: Kern, W./Schröder, H.-H./Weber, J. (Hrsg.): Handwörterbuch der Produktionswirtschaft, 2. Aufl., Stuttgart 1996, Sp. 1817-1829

Becker, W.: Frühzeitige markt- und rentabilitätsorientierte Kostensteuerung, in: KrP-Kostenrechnungspraxis, (1993), S. 279-287

Becker, M./Vogler, P./Österle, H.: Praxis des Workflow-Managements, Braunschweig 1998

Beer, S.: Kybernetik und Management, 4. Aufl., Frankfurt am Main 1964

Bettenhausen, K.L.: Five Years of Group Research: What We have Learned and What Needs to Be Addressed, in: Journal of Management, 17. Jg. (1991), S. 345-381

Beuermann, G.: Produktionsfaktoren, in: Kern, W./Schröder, H.-H./Weber, J. (Hrsg.): Handwörterbuch der Produktionswirtschaft, 2. Aufl., Stuttgart 1996, Sp. 1494-1505

Bizzantz, N.: Aktive Managementinformation und Data Mining: Neuere Methoden und Ansätze, in: Chamoni, P./Guchowski, P. (Hrsg.): Analytische Informationssysteme, Berlin Heidelberg, New York 1998, S. 321-338

Bizzantz, N./Hagedorn, J./Mertens, P.: Data-Mining als Komponente eines Data-Warehouse, in: Mucksch, H./ Behme, W. (Hrsg.): Das Data-Warehouse-Konzept, Wiesbaden 1996, S. 337-369

Blake, R.R./Mouton, J.S.: The Managerial Grid, Houston, TX 1964

Blake, R.R./Mouton, J.S.: Corporate Excellence through Grid Organization Development, Houston, TX 1968

Blake, R.R./McCanse, A.A.: Das GRID-Führungsmodell, Düsseldorf u.a. 1992

Blake, R.R./Mouton, J.S./McCanse, A.A.: Unternehmensentwicklung mit GRID, Frankfurt a.M., New York 1993

Bleicher, K.: Normatives Management: Politik, Verfassung und Philosophie der Unternehmung, Frankfurt u.a. 1994

Bleicher, K.: Betriebswirtschaftslehre - Disziplinäre Lehre vom Wirtschaften in und zwischen Betrieben oder interdisziplinäre Wissenschaft vom Management? In: Wunderer, R. (Hrsg.): Betriebswirtschaftslehre als Management- und Führungslehre, 3. Aufl., Stuttgart 1995, S. 91-119

Bloech, J.: Produktionsfaktoren, in: Wittmann, W./Kern, W./Köhler, R. (Hrsg.): Handwörterbuch der Betriebswirtschaft, 5. Aufl., Stuttgart 1993, Sp. 3405-3415

Bloech, J.: Beschaffungslogistik, in: Kern, W./Schröder, H.H./Weber, J. (Hrsg.): Handwörterbuch der Produktionswirtschaft, 2. Aufl., Stuttgart 1996, Sp. 246-254

Blohm, H.: Die Gestaltung des betrieblichen Berichtswesens als Problem der Leitungsorganisation, 2. Aufl., Herne u.a. 1974

Blohm, H./Lüder, K.: Investition, 8. Aufl., München 1995

Böcker, F.: Marketing, 6. Aufl., Stuttgart 1996

Böhler, H.: Portfolio-Analysetechniken, in: Szyperski, N./ Winand, U. (Hrsg.): Handwörterbuch der Planung, Stuttgart 1989, Sp. 1548-1559

Bohr, K.: Produktionsfaktorsysteme, in: Kern, W. (Hrsg.): Handwörterbuch der Produktionswirtschaft, Stuttgart 1979, Sp. 1481-1493

Brockhoff, K.: Prognoseverfahren für die Unternehmensplanung, Wiesbaden 1977

Bruhn, M.: Marketing, 3. Aufl., Wiesbaden 1997

Buchner, R.: Zum Shareholder Value-Ansatz, in: Wirtschaftswissenschaftliches Studium, 23. Jg. (1994), S. 513-516

Bühner, R.: Betriebswirtschaftliche Organisationslehre, 6. Aufl., München, Wien 1992

Carlisle, H.M.: Management: concepts and situations, Chicago 1976

Chamoni, P.: Entwicklungslinien und Architekturkonzepte des On-Line Analytical Processing, in: Chamoni, P./Guchowski, P. (Hrsg.): Analytische Informationssysteme, Berlin, Heidelberg, New York 1998, S. 231-250

Chamoni, P./Guchowski, P.: Analytische Informationssysteme - Einordnung und Überblick, in: Chamoni, P./Guchowski, P. (Hrsg.): Analytische Informationssysteme, Berlin, Heidelberg, New York 1998, S. 3-26

Chamoni, P./Zeschau, D.: Management-Support-Systeme und Data-Warehousing, in: Mucksch, H./Behme, W. (Hrsg.): Das Data-Warehouse-Konzept, Wiesbaden 1996, S. 47-83

Corsten, H.: Produktionswirtschaft. Einführung in das industrielle Produktionsmanagement, 3. Aufl., München, Wien 1992

Corsten, H./Reiß, M. (Hrsg.): Betriebswirtschaftslehre, 2. Aufl., München, Wien 1996

Corsten, H./Will, Th. (Hrsg.): Lean Production, Stuttgart, Berlin, Köln 1993

Cyert, R.M./March, J.G.: A Behavioral Theory of the Firm, Englewood Cliffs, NJ 1963

Daft, R.L.: Organization Theory and Design, 5. Aufl., Minneapolis/St. Paul u.a. 1995

Dannenberg, J.: Mikrocomputergestützte Instrumente der strategischen Unternehmensplanung, Wiesbaden 1990

Degen, H.: Statistische Methoden zur visuellen Exploration mehrdimensionaler Daten, in: Chamoni, P./Guchowski, P. (Hrsg.): Analytische Informationssysteme, Berlin, Heidelberg, New York 1998, S. 387-408

Dichtl, E.: Marketing, in: Bea, F.X./Dichtl, E./Schweitzer, M. (Hrsg.): Allgemeine Betriebswirtschaftslehre, Bd. 3, Leistungsprozeß, 7. Aufl., Stuttgart 1997, S. 133-204

Donnelly, J.H. u.a.: Fundamentals of Management, 9. Aufl., Chicago u.a. 1995

Drumm, H.J.: Personalwirtschaftslehre, 3. Aufl., Berlin 1995

Dülfer, E.: Internationales Management in unterschiedlichen Kulturbereichen, 5. Aufl., München 1997

Duncan, R.B.: Characteristics of Organizational Environments and Perceived Environmental Uncertainty, in: Administrative Science Quarterly, 17. Jg. (1979), S. 75-123

Dunst, K.H.: Portfolio Management: Konzeption für die strategische Unternehmensplanung, 2. Aufl., Berlin 1983

Düsing, R.: Knowledge Discovery in Databases und Data Mining, in: Chamoni, P./Guchowski, P. (Hrsg.): Analytische Informationssysteme, Berlin, Heidelberg, New York 1998, S. 291-299

Dyckhoff, H.: Produktion und Reduktion, in: Kern, W./Schröder, H.-H./Weber, J. (Hrsg.): Handwörterbuch der Produktionswirtschaft, 2. Aufl., Stuttgart 1996, Sp. 1458-1468

Literaturverzeichnis

Ehrenberg, D./Heine, P.: Konzept zur Datenintegration für Management Support Systeme auf der Basis uniformer Datenstrukturen, in: Die Wirtschaftsinformatik, 40. Jg. (1998), Heft 6, S. 503-512

Eilenberger, G.: Betriebliche Finanzwirtschaft, 6. Aufl., München 1997

Euler, H./Stevens, H.: Die analytische Arbeitsbewertung als Hilfsmittel zur Bestimmung der Arbeitsgeschwindigkeit mit besonderer Berücksichtigung der Fortschritte in der Mechanisierung, 4. Aufl., Düsseldorf 1965

Fandel, G./François, P.: Just-In-Time-Produktion und -Beschaffung. Funktionsweise, Einsatzvoraussetzungen und Grenzen, in: Zeitschrift für Betriebswirtschaft, 59. Jg. (1989), S. 531-544

Fayol, H.: Administration Industrielle et Générale, Paris 1916

Festinger, L.: A Theory of Cognitive Dissonance, Stanford, CA 1957

Fiedler, S.E.: A Theory of Leadership Effectiveness, New York 1967

Forster, J.: Teamarbeit - sachliche, personelle und strukturelle Aspekte einer Kooperationsform, in: Grunwald, W./Lilge, H.-G. (Hrsg.): Kooperation und Konkurrenz in Organisationen, Bern, Stuttgart 1981, S. 143-168

Freeman, E.R.: Strategic Management: A Stakeholder Approach, in: Lamb, R.B. (Hrsg.): Advances in Strategic Management, Greenwich, London 1983, S. 31-60

Freimann, J.: Betriebliche Umweltpolitik, Bern, Stuttgart, Wien 1996

Fritz, W.: Marktorientierte Unternehmensführung und Unternehmenserfolg, Stuttgart 1992

Fritz, W.: Umweltschutz und Unternehmenserfolg, in: Die Betriebswirtschaft, 55. Jg. (1995), S. 347-357

Fritz, W./Oelsnitz, D.v.d.: Marketing: Elemente marktorientierter Unternehmensführung, 2. Aufl., Stuttgart 1998

Fuchs-Wegener, G.: Management-by-Konzepte, in: Kieser, A./Reber, G./Wunderer, R. (Hrsg.): Handwörterbuch der Führung, Stuttgart 1987, Sp. 1366-1372

Gaitanides, M.: Prozeßorganisation, München 1983

Gaitanides, M.: Prozeßorganisation, in: Kern, W./Schröder, H.-H./Weber, J. (Hrsg.): Handwörterbuch der Produktionswirtschaft, 2. Aufl., Stuttgart 1996, Sp. 1682-1696

Gaitanides, M./Scholz, R./Vrohlings, A./Raster, M.: Prozeßmanagement, München, Wien 1994

Gälweiler, A.: Unternehmensplanung: Grundlagen und Praxis, Frankfurt/Main u.a. 1974

Gälweiler, A.: Strategische Unternehmensführung, Frankfurt/Main u.a. 1987

Garvin, D.A.: Buildung a Learning Organization, in: Harvard Business Review, 71. Jg. (1993), Nr. 4, S. 78-91

Geihs, K.: Infrastruktur für heterogen verteilte Systeme, in: Informatik-Spektrum, 16. Jg. (1993), Heft 1, S. 45-52

Gerybadze, A.: Innovationsmanagement, in: Corsten, H. (Hrsg.): Handbuch Unternehmungsführung, Wiesbaden 1995, S. 829-845

Glaser, H./Geiger, W./Rohde, V.: PPS Produktionsplanung und -steuerung: Grundlagen - Konzepte - Anwendungen, Wiesbaden 1991

Götze, U./Bloech, J.: Investitionsrechnung - Modelle und Analysen zur Beurteilung von Investitionsvorhaben, New York, Heidelberg 1992

Götze, U./Meyerhoff, J.C.: Die Prozeßkostenrechnung - Stand und Entwicklungstendenzen, in: Zeitschrift für Planung, 4. Jg. (1993), S. 65-96

Gräfer, H./Beike, R./Scheld, G.A.: Finanzierung: Grundlagen, Investitionen, Instrumente und Kapitalmarkttheorie, 4. Aufl., Berlin 1998

Green, P.E./Tull, D.S.: Methoden und Techniken der Marketing-Forschung, 4. Aufl., Stuttgart 1982

Grochla, E.: Materialwirtschaft, in: Grochla, E./Wittmann, W. (Hrsg.): Handwörterbuch der Betriebswirtschaft, 4. Aufl., Stuttgart 1975, Sp. 2627-2645

Groth, U./Kammel, A.: Lean Management, Wiesbaden 1994

Gutenberg, E.: Einführung in die Betriebswirtschaftslehre, Wiesbaden 1958

Gutenberg, E.: Grundlagen der Betriebswirtschaftslehre, 2. Band: Der Absatz, Berlin, Göttingen, Heidelberg 1955

Gutenberg, E.: Grundlagen unternehmerischer Entscheidungen, Frankfurt/Main 1963

Gutenberg, E.: Grundlagen der Betriebswirtschaftslehre, 3. Band: Die Finanzen, Berlin, Heidelberg, New York 1968

Gutenberg, E.: Grundlagen der Betriebswirtschaftslehre, 1. Band: Die Produktion, 24. Aufl., Berlin, Heidelberg, New York 1983

Hammer, R.M.: Strategische Planung und Frühaufklärung, München 1988

Hammer, R.M.: Unternehmungsplanung, 5. Aufl., München 1992

Hammer, M./Champy, J.: Business Reengineering: die Radikalkur für das Unternehmen, 6. Aufl., Frankfurt/Main u.a. 1996

Hansmann, K.-W.: Just in Time-Produktion, in: Kern, W./Schröder, H.H./Weber, J. (Hrsg.): Handwörterbuch der Produktionswirtschaft, 2. Aufl., Stuttgart 1996, Sp. 827-838

Hauschildt, J.: Innovationsmanagement, 2. Aufl., München 1997

Heenan, D.A./Perlmutter, H.V.: Multinational Organization Development, Reading, MA 1979

Heinecke, A.: EDV-gestützte Personalwirtschaft, München 1994a

Heinecke, A.: Einführung und Nutzung verteilter heterogener DV-Systeme als Basis einer unternehmensweiten Informationsinfrastruktur, in: DV Management, 4. Jg. (1994b), Heft 3, S. 134-139

613

Heinecke, A./Oelsnitz, D.v.d.: Kriterien für eine erfolgreiche Einführung von DV-gestützten Führungsinformationssystemen, in: Zeitschrift für Planung (ZP), 6. Jg. (1995), Heft 1, S. 69-86

Heinen, E.: Handelsbilanzen, 2. Aufl., Wiesbaden 1962

Heinen, E.: Zum Wissenschaftsprogramm der entscheidungsorientierten Betriebswirtschaftslehre, in: zfb, 39. Jg. (1969), S. 207-220

Heinen, E.: Betriebswirtschaftliche Kostenlehre, 3. Aufl., Wiesbaden 1970

Heinen, E.: Grundlagen betriebswirtschaftlicher Entscheidungen: Das Zielsystem der Unternehmung, 3. Aufl., Wiesbaden 1976

Heinen, E.: Einführung in die Betriebswirtschaftslehre, 9. Aufl., Wiesbaden 1985

Heinen, E.: Industriebetriebslehre als entscheidungsorientierte Unternehmungsführung, in: Heinen, E. (Hrsg.): Industriebetriebslehre, 9. Aufl., Wiesbaden 1991, S. 1-72

Heinen, H.: Ziele multinationaler Unternehmen, Wiesbaden 1982

Hellriegel, D./Slocum, W.: Management, 5. Aufl., Reading/MA, 1989

Henderson, B.D.: Die Erfahrungskurve in der Unternehmensstrategie, Frankfurt/Main 1974

Hentze, J.: Arbeitsbewertung und Personalbeurteilung, Stuttgart 1980

Hentze, J.: Kulturvergleichendes Management - Ausgewählte Ansätze, in: Die Unternehmung, 41. Jg (1987), Nr. 3, S. 170-185

Hentze, J.: Personalwirtschaftslehre 1, 6. Aufl., Bern, Stuttgart, Wien 1994

Hentze, J.: Personalwirtschaftslehre 2, 6. Aufl., Bern, Stuttgart, Wien 1995

Hentze, J./Brose, P.: Organisation, Landsberg am Lech 1985

Hentze, J./Brose, P./Kammel, A.: Unternehmungsplanung, 2. Aufl., Bern u.a. 1992

Hentze, J./Kammel, A.: Lean Production: Erfolgsbausteine eines integrativen Managementansatzes, in: WISU, 21. Jg. (1992), Heft 8-9, S. 631-639

Hentze, J./Kammel, A.: Lean Production, personalwirtschaftliche Aspekte der "schlanken" Unternehmung, in: Die Unternehmung, 46. Jg. (1992), Heft 5, S. 319-331

Hentze, J./Kammel, A./Lindert, K.: Personalführungslehre, 3. Aufl., Bern, Stuttgart, Wien 1997

Hentze, J./Lindert, K.: Manager im Vergleich, Daten aus Deutschland und Osteuropa, Bern, Stuttgart 1992

Hentze, J./Lindert, K.: Motivations- und Anreizsysteme in Dienstleistungsunternehmen, in: Meyer, A. (Hrsg.): Handbuch Dienstleistungs-Marketing, Stuttgart 1998, S. 1010-1030

Henzler, H./Rall, W.: Aufbruch in den Weltmarkt, in: managermagazin, Heft 9 (1985), S. 176-190; Heft 10, S. 254-262

Herzberg, F.: Work and the Nature of Men, Cleveland, OH 1966

Herzberg, F.: One more Time: How to motivate Employees? In: Steeres, R.M./ Porter, L.W. (Hrsg.): Motivation and Work Behavior, New York u.a. 1975, S. 91-104

Herzberg, F./Mausner, B.M./Snyderman, B.B.: The Motivation to Work, New York 1959

Hill, W./Fehlbaum, R./Ulrich, P.: Organisationslehre 2, Theoretische Ansätze und praktische Methoden der Organisation sozialer Systeme, 4. Aufl., Bern u.a. 1992

Hinterhuber, H.H.: Strategische Unternehmungsführung I: Strategisches Denken, 6. Aufl., Berlin, New York 1996

Hodge, B.J. u.a.: Organization Theory: A Strategic Approach, 5. Aufl., Upper Saddleriver, NJ 1996

Hofmann, M.: Informationsverhalten von Planern und Planempfängern, in: Szyperski, W./Winand, U. (Hrsg.): Handwörterbuch der Planung, Stuttgart 1989, Sp. 707-725

Hofstede, G.: Culture´s Consequences: international differences in work-related values, Beverly Hills 1980

Hofstede, G.: Cultures and Organization. Software of the Mind, London u.a. 1991

Hofstede, G.: Lokales Denken, globales Handeln, München 1997

Hoitsch, H.-J.: Produktionswirtschaft. Grundlagen einer industriellen Betriebswirtschaftslehre, München 1985

Homans, G.C.: Elementarformen sozialen Verhaltens, 2. Aufl., Köln u.a. 1972

Hopfenbeck, W.: Umweltorientiertes Management und Marketing, 3. Aufl., Landsberg/Lech 1994

Hopfenbeck, W.: Allgemeine Betriebswirtschafts- und Managementlehre, 12. Aufl., Landsberg am Lech 1998

Horváth, P.: Controlling, 5. Aufl., München 1994 (7. Aufl. 1998)

Horváth, P./Mayer, R.: Prozeßkostenrechnung: Der neue Weg zu mehr Kostentransparenz und wirkungsvolleren Unternehmensstrategien, in: Controlling, Bd. 1, 1989, S. 214-219

Horváth, P./Herter, R.N.: Benchmarking - Vergleich mit den Besten der Besten, in: Controlling, Bd. 4, 1992, S. 4-11

Horváth, P./Seidenschwarz, W.: Zielkostenmanagement, in: Controlling, Bd. 4, 1992, S. 142-150

Horváth, P. u.a.: Prozeßkostenrechnung - oder wie die Praxis die Theorie überholt, in: Die Betriebswirtschaft, 53. Jg. (1993), S. 609-628

Huch, B./Behme, W./Ohlendorf, T.: Rechnungswesen-orientiertes Controlling: ein Leitfaden für Studium und Praxis, 3. Aufl., Heidelberg 1998

Kammel, A./Teichelmann, D.: Internationaler Personaleinsatz, München, Wien 1994

Kanter, R.M.: When a Thousand Flowers Bloom: Structural, Collective and Social Conditions for Innovation in Organizations, in: Research in Organizational Behavior, 10. Jg. (1988), S. 169-211

Kaplan, R.S./Norton, D.P.: Balanced Scorecard: Strategien erfolgreich umsetzen, Stuttgart 1997

Kappler, E./Rehkugler, H.: Kapitalwirtschaft, in: Heinen, E. (Hrsg.): Industriebetriebslehre, 9. Aufl., Wiesbaden 1991

Katz, R.L.: Skills of an Effective Administrator, in: Harvard Business Review, Vol. 33 (1955), January/February, S. 33-42

Katz, D./Kahn, R.L.: The Social Psychology of Organizations, 2. Aufl., New York u.a., 1978

Kebschull, D.: Internationalisierungsmotive, in: Macharzina, K./Welge, M.K. (Hrsg.): Handwörterbuch Export und Internationale Unternehmung, Stuttgart 1989, Sp. 973-982

Kern, W.: Industrielle Produktionswirtschaft, 4. Aufl., Stuttgart 1990

Kernler, H.: PPS der 3. Generation, 3. Aufl., Heidelberg 1995

Kieser, A./Kubicek, H.: Organisation, 3. Aufl., Berlin, New York 1992

Kilger, W.: Produktionsfaktor, in: Grochla, E./ Wittmann, W. (Hrsg.): Handwörterbuch der Betriebswirtschaft, 4. Aufl., Stuttgart 1975, Sp. 3097-3101

Kill, U.: Die Führungskonzeption des "Management by Objectives" und ihre Bedeutung für die Leistungsbeurteilung, Augsburg 1972

Kirsch, W.: Von der Betriebswirtschaftslehre zur systemorientierten Managementlehre, in: Wunderer, R. (Hrsg.): Betriebswirtschaftslehre als Management- und Führungslehre, 3. Aufl., Stuttgart 1995, S. 141-160

Kloock, J.: Erfahrungskurven-Konzepte, in: Szyperski, N./Winand, U. (Hrsg.): Handwörterbuch der Planung, Stuttgart 1989, Sp. 427-433

Kloock, J.: Produktion, in: Baetge, J. u.a. (Hrsg.): Vahlens Kompendium der Betriebswirtschaftslehre, Band 1, 4. Aufl., München 1998, S. 275-328

Koch, O.-G./Zielke, F.: Workflow Management: prozeßorientierte Arbeit mit der Unternehmens-DV, Haar/München 1996

Köhler, R./Krautter, J.: Marketingplanung, in: Szyperski, N./Winand, U. (Hrsg.): Handwörterbuch der Planung, Stuttgart 1989, Sp. 1006-1020

Koontz, H./Weihrich, H.: Management: a global perspective, 10. Aufl., New York u.a. 1994

Kopp, B.: Stückaktie und Euro-Umstellung, in: Der Betriebs-Berater, 53. Jg. (1998), Heft 14, S. 701-706

Kotler, Ph./Bliemel, F.: Marketing-Management, 8. Aufl., Stuttgart 1995

Krafcik, J.F.: Triumph of the Lean Production System, in: Sloan Management Review, 30. Jg. (1988), S. 41-52

Krcmar, H.: Informationsmanagement, Berlin, Heidelberg 1997

Krech, D./Crutchfield, R.S./Livson, N.: Grundlagen der Psychologie, Weinheim 1992

Kreikebaum, H.: Strategische Unternehmenplanung, 5. Aufl., Stuttgart u.a. 1993

Krüger, W./Homp, C.: Kernkompetenzmanagement, Wiesbaden 1997

Krulis-Randa, J.S.: Globalisierung, in: Die Unternehmung, 44. Jg. (1990), S. 74-78

Kruschwitz, L.: Investitionsrechnung, 5. Aufl., Berlin, New York 1993

Krystek, U./Zur, E. (Hrsg.): Internationalisierung, Berlin, Heidelberg 1997

Küpper, H.-U.: Beschaffung, in: Baetge, J. u.a. (Hrsg.): Vahlens Kompendium der Betriebswirtschaftslehre, Band 1, München 1984

Lange, B.: Portfolio-Methoden in der strategischen Unternehmensplanung, Hannover 1981

Levitt, T.: The Globalization of Markets, in: Harvard Business Review, 61. Jg. (1983), Heft 3, S. 92-102

Liesegang, D.G./Pischon, A.: Recycling und Downcycling, in: Kern, W./Schröder, H.-H./ Weber, J. (Hrsg.): Handwörterbuch der Produktionswirtschaft, 2. Aufl., Stuttgart 1996, Sp. 1788-1798

Luthans, F.: Introduction to management, New York u.a. 1976

Macharzina, K.: Personalpolitik, in: Gaugler, E./Weber, W. (Hrsg.): Handwörterbuch des Personalwesens, 2. Aufl., Stuttgart 1992, Sp. 1780-1797

Macharzina, K.: Unternehmensführung: Das internationale Managementwissen; Konzepte - Methoden - Praxis, 2. Aufl., Wiesbaden 1995

Macharzina, K./Engelhard, J.: Internationales Management, in: Die Betriebswirtschaft, 47. Jg. (1987), Heft 3, S. 319-344

Mag, W.: Unternehmungsplanung, München 1995

Marr, R.: Strategisches Personalmanagement - des Kaisers neue Kleider? Kritische Anmerkungen zum derzeitigen Diskussionsstand, in: Management Forum, 6. Jg. (1986), H. 1/2, S. 13-23

Marr, R./Picot, A.: Absatzwirtschaft, in: Heinen, E. (Hrsg.): Industriebetriebslehre, 9. Aufl., Wiesbaden 1991, S. 623-728

Maslow, A.H.: Motivation und Persönlichkeit, Olten u.a. 1977

McGregor, D.: The Human Side of Enterprise, New York 1960

Meffert, H.: Strategische Unternehmungsführung und Marketing, Wiesbaden 1988

Meffert, H.: Marketing: Grundlagen der Absatzpolitik, 7. Aufl., Wiesbaden 1991

Meffert, H.: Marketing: Grundlagen marktorientierter Unternehmensführung, 8. Aufl., Wiesbaden 1998

Meffert, H./Althans, J.: Internationales Marketing, Stuttgart u.a. 1982

Meffert, H./Kirchgeorg, M.: Ökologieorientierte Produktgestaltung, in: Kern, W./ Schröder, H.-H./Weber, J. (Hrsg.): Handwörterbuch der Produktionswirtschaft, 2. Aufl., Stuttgart 1996, Sp. 1325-1338

Meffert, H./Kirchgeorg, M.: Marktorientiertes Umweltmanagement, 3. Aufl., Stuttgart 1998

Mintzberg, H.: The Manager´s Job: Folklore and Fact, in: Harvard Business Review, Vol. 53 (1975), July/August, S. 49-61

Müller-Merbach, H.: Gozinto-Graph, in: Grochla, E./Wittmann, W. (Hrsg.): Handwörterbuch der Betriebswirtschaft, 4. Aufl., Stuttgart 1975, Sp. 1712-1717

Niemeyer, A./Sartorius, B.: Umwelt-Auditing, in: Steger, U. (Hrsg.): Handbuch des Umweltmanagements, München 1992, S. 311-327

Nieschlag, R./Dichtl, E./Hörschgen, H.: Marketing, 18. Aufl., Berlin 1997

Nieswandt, A.: Operations Research, 3. Aufl., München u.a. 1994

Oberweis, A: Modellierung & Ausführung von Workflow mit Petri-Netzen, Stuttgart, u.a. 1996

Odiorne, G.S.: Management by Objectives - Führung durch Vorgabe, München 1967

Osterloh, M./Frost, J.: Prozeßmanagement als Kernkompetenz, Wiesbaden 1997

Pascale, R.T./Athos, G.A.: The Art of Japanese Management, New York 1981

Perlitz, M.: Internationales Marketing, 3. Aufl., Stuttgart 1997

Perlmutter, H.V.: The Tortuous Evolution of the Multinational Cooperation, in: Columbia Journal of World Business, I/1969, S. 9ff.

Perridon, L./Steiner, M.: Finanzwirtschaft der Unternehmung, 9. Aufl., München 1997

Pfohl, H.C.: Logistiksysteme, 5. Aufl., Berlin u.a. 1996

Pfohl, H.C.: Planung und Kontrolle, 2. Aufl., München 1997

Picot, A.: Unternehmungsphilosophie und Planungsbewußtsein, in: Szyperski, N./ Winand, U. (Hrsg): Handwörterbuch der Planung, Stuttgart 1989, Sp. 2089-2100

Picot, A./Reichwald, R.: Zur Effektivierung der Büroarbeit mit neuer Kommunikationstechnik, in: FBO-Verlag GmbH (Hrsg.): Jahrbuch der Bürokommunikation, Baden-Baden 1985

Picot, A. u.a.: Organisation, Stuttgart 1997

Picot, A. u.a.: Die grenzenlose Unternehmung, 3. Aufl., Wiesbaden 1998

Porter, M.E.: Der Wettbewerb auf globalen Märkten: Ein Rahmenkonzept, in: Porter, M.E. (Hrsg.): Globaler Wettbewerb, Wiesbaden 1989, S. 17-68

Porter, M.E.: Competitive strategy, New York 1995

Preißner, A./Engel, St.: Marketing, 3. Aufl., München 1997

Probst, G.J.B./Büchel, B.S.T.: Organisationales Lernen, 2. Aufl., Wiesbaden 1998

Raffée, H.: Grundprobleme der Betriebswirtschaftslehre, Göttingen 1974

Raffée, H./Förster, F./Fritz, W.: Umweltschutz im Zielsystem von Unternehmen, in: Steger, U. (Hrsg.): Handbuch des Umweltmanagements, München 1992, S. 242-256

Raffée, H./Fritz, W.: Dimensionen und Konsistenz der Führungskonzeption von Industrieunternehmen, in: Schmalenbachs Zeitschrift für betriebswirtschaftliche Forschung, 44. Jg. (1992), S. 303-322

Rappaport, A.: Shareholder Value - Wertsteigerung als Maßstab für die Unternehmensführung, Stuttgart 1995

Reichmann, Th.: Controlling mit Kennzahlen und Managementberichten, 5. Aufl., München 1997

Reichmann, T./Palloks, M.: Make-or-Buy-Kalkulationen im modernen Beschaffungsmanagement, in: Hahn, D./ Kaufmann, L. (Hrsg.): Handbuch industrielles Beschaffungsmanagement, Wiesbaden 1999, S. 417-434

Roever, M.: Gemeinkosten-Wertanalyse - Erfolgreiche Antwort auf die Gemeinkostenproblematik, in: Zeitschrift für Betriebswirtschaft, 50. Jg. (1980), S. 686-690

Rohleder, M./Schulze, N.: Euro-Umstellung: Plädoyer für die Stückaktie, in: Die Bank, Heft 5 (1998), S. 287-289

Rosenstiel, L.v.: Motivation von Mitarbeitern, in: Rosenstiel, L.v./Regnet, E./ Domsch, M. (Hrsg.): Führung von Mitarbeitern, Stuttgart 1991, S. 144-162

Roventa, P.: Portfolio-Analyse und strategisches Management, 2. Aufl., Herrsching 1981

Rue, L.W. u.a.: Management: Skills and Application, 8.Aufl., Chicago u.a. 1997

Rühli, E.: Zielsystem der internationalen Unternehmung, in: Macharzina, K./Welge, M.K. (Hrsg.): Handwörterbuch Export und Internationale Unternehmung, Stuttgart 1989, Sp. 2315-2331

Rust, U.: Intelligente Vertriebskonfiguration, in: Die Wirtschaftsinformatik, 40. Jg. (1998), Heft 1, S. 29-32

Sahal, D.: Patterns of Technological Innovation, Reading, MA 1981

Schanz, G.: Grundlagen der verhaltenstheoretischen Betriebswirtschaftslehre, Tübingen 1977

Scharf, A./Schubert, B.: Marketing, 2. Aufl., Stuttgart 1997

Scheer, A.-W.: Qualitätsinformationssysteme: Modell und technische Implementierung, Berlin u.a. 1996

Scheer, A.-W.: Data Warehouse und Data Mining: Konzepte der Entscheidungsunterstützung, in: Information Management, Heft 1, 1996, S. 74-75

Schein, E.H.: Organisationspsychologie, Wiesbaden 1980

Scherm, E.: Internationales Personalmanagement, München 1995

Schermerhorn, J.R.: Management, 5.Aufl., New York u.a. 1996

Scheuch, F.: Marketing, 5. Aufl., München 1996

Schierenbeck, H.: Grundzüge der Betriebswirtschaftslehre, 12. Aufl., München, Wien 1995

Schinzer, H.D./Bange, C.: Werkzeuge zum Aufbau analytischer Informationssysteme - Marktübersicht, in: Chamoni, P./Guchowski, P. (Hrsg.): Analytische Informationssysteme, Berlin, Heidelberg, New York 1998, S. 41-58

Schmalen, H.: Grundlagen und Probleme der Betriebswirtschaft, 10. Aufl., Köln 1996

Schmidt, T.: Der Managementvertrag als Instrument der Unternehmenszusammenarbeit unter besonderer Berücksichtigung potentieller Konfliktfelder sowie Einsatzbedingungen und strategischer Optionen (Diss.), Aachen 1996

Scholl, R.E.: Internationalisierungsstrategien, in: Macharzina, K./Welge, M.K (Hrsg.): Handwörterbuch Export und Internationale Unternehmung, Stuttgart 1989, Sp. 983-1001

Schollhammer, H.: Internal Corporate Entrepreneurship, in: Kent, C.A. u.a. (Hrsg.): Encyclopedia of Entrepreneurship, Englewood Cliffs, NJ 1982, S. 209-229

Scholz, C.: Strategische Organisation, Landsberg am Lech 1997

Scholz, R./Vrohlings, A.: Prozeß-Redesign und kontinuierliche Prozeßverbesserung, in: Gaitanides, M. u.a.: Prozeßmanagement, München, Wien 1994, S. 99-122

Scholz, R./Vrohlings, A.: Prozeßstrukturtransparenz, in: Gaitanides, M. u.a.: Prozeßmanagement, München, Wien 1994, S. 37-56

Schoppe, S. (Hrsg.): Kompendium der internationalen Betriebswirtschaftslehre, 2. Aufl., München 1992

Schreyögg, G.: Unternehmensstrategie: Grundfragen einer Theorie strategischer Unternehmensführung, Berlin u.a. 1984

Schumpeter, J.: Theorie der wirtschaftlichen Entwicklung, Leipzig 1912, (2. Aufl. 1926)

Schumpeter, J.A.: Business Cycles: A Theoretical Historical and Statistical Analysis of the Capitalist Process, Philadelphia, PA 1912

Schwarz, H.: Betriebsorganisation als Führungsaufgabe, 8. Aufl., München 1977

Schwarze, J.: Informationsmanagement, Herne, Berlin 1998

Schweitzer, M.: Planung und Steuerung, in: Bea, F.X./ Dichtl, E./Schweitzer, M. (Hrsg.): Allgemeine Betriebswirtschaftslehre, Band 2: Führung, 7. Aufl., Stuttgart, Jena 1997, S.21-131

Siegert, T.: Shareholder Value als Lenkungsinstrument, in: Zeitschrift für betriebswirtschaftliche Forschung, 47. Jg. (1995), S. 580-606

Simon, H.: Zur Vorteilhaftigkeit von Auslandsinvestitionen, in: ZfB, 50. Jg. (1980), S. 1104-1127

Simon, H.: Preispolitik, in: Tietz, B. (Hrsg.): Handwörterbuch des Marketing, 2. Aufl., Stuttgart 1995, Sp. 2068-2085

Specht, O./Wolter, B.: Produktionslogistik mit PPS-Systemen, 2. Aufl., Ludwigshafen 1997

Spendolini, M.J.: The Benchmarking Book, New York et al. 1992

Staehle, W.H.: Simultane Strategie- und Personalentwicklung, in: Zeitschrift für Personalforschung, 5. Jg. (1991), S. 5-12

Staehle, W.: Management: Eine Verhaltenswissenschaftliche Perspektive, 8. Aufl., überarbeitet von Conrad, P./Sydow J., München 1999

Steger, U.: Normstrategien im Umweltmanagement, in: Steger, U. (Hrsg.): Handbuch des Umweltmanagements, München 1992, S. 272-293

Steiner, G.A.: Strategic planning: What every manager must know, New York 1979

Steiner, G.A./Miner J.B.: Management policy and strategy, New York 1977

Steiner, M.: Konstituierende Entscheidungen, in: Vahlens Kompendium der Betriebswirtschaftslehre, Bd. 1, 2. Aufl., München 1989, S. 115-162

Steinmann, H./Schreyögg, G.: Management, 3. Aufl., Wiesbaden 1993, (4. Aufl. 1997)

Stopford, J.M./Baden-Fuller, C.W.F.: Creating Corporate Entrepreneurship, in: Strategic Management Journal, Vol. 15 (1994), S. 521-536

Strebel, H.: Umwelt und Betriebswirtschaft: die natürliche Umwelt als Gegenstand der Unternehmenspolitik, Berlin 1980

Strebel, H.: Produktion und Umweltschutz, in: Steger, U. (Hrsg.): Handbuch des Umweltmanagements, München 1992, S. 438-450

Strebel, H.: Industrie und Umwelt, in: Schweitzer, M. (Hrsg.): Industriebetriebslehre, 2. Aufl., München 1994, S. 749-848

Strebel, H.: Ökologie und Produktion, in: Kern, W./Schröder, H.-H./Weber, J. (Hrsg.): Handwörterbuch der Produktionswirtschaft, 2. Aufl., Stuttgart 1996, Sp. 1303-1313

Süchting, J.: Finanzmanagement - Theorie und Politik der Unternehmensfinanzierung, 5. Aufl., Wiesbaden 1991

Szyperski, N.: Informationsbedarf, in: Grochla, E. (Hrsg.): Handwörterbuch der Organisation, 2. Aufl., Stuttgart 1980, Sp. 904-914

Tannenbaum, R./Schmidt, W.H.: How to Choose a Leadership Pattern, in: Harvard Business Review, Vol. 36 (1958), S. 95-101

Taylor, F.W.: Die Grundsätze wissenschaftlicher Betriebsführung, Dt. autorisierte Ausgabe von Rudolf Roesler, München u.a. 1919

Tempelmeier, H.: Beschaffung und Logistik, in: Bitz, M. u.a. (Hrsg.): Vahlens Kompendium der Betriebswirtschaftslehre, Band 1, 4. Aufl., München 1998, S. 235-274

621

Thom, N.: Grundlagen des betrieblichen Innovationsmanagements, 2. Aufl., Königstein/Ts. 1980

Thom, N.: Organisationsentwicklung, in: Frese, E. (Hrsg.): Handwörterbuch der Organisation, 3. Aufl., Stuttgart 1992, Sp. 1477-1491

Troßmann, E.: Beschaffung und Logistik, in: Bea, F.X. u.a. (Hrsg.): Allgemeine Betriebswirtschaftslehre, Band 3: Leistungsprozeß, 6. Aufl., Stuttgart u.a. 1994, S. 9-75

Ulrich, D.: A New Mandate for Human Resources, in: Harvard Business Review, 76. Jg. (1998), Nr. 1, S. 124-134

Ulrich, H.: Betriebswirtschaftliche Organisationslehre, Bern 1949

Ulrich, H.: Die Unternehmung als produktives soziales System, 2. Aufl., Bern 1970

Ulrich, H.: Unternehmungspolitik, 3. Aufl., Bern, Stuttgart 1990

Ulrich, H.: Von der Betriebswirtschaftslehre zur systemorientierten Managementlehre, in: Wunderer, R. (Hrsg.): Betriebswirtschaftslehre als Management- und Führungslehre, 3. Aufl., Stuttgart 1995, S. 161-178

Vogler, P.: Praxis des Workflow Management, Braunschweig 1996

Voigt, K.-J.: Strategische Planung und Unsicherheit, Wiesbaden 1992

Voigt, K.-J.: Strategische Unternehmensplanung, Wiesbaden 1993

Vroom, V.H.: Work and Motivation, New York u.a. 1964

Wagner, G.R.: Betriebswirtschaftliche Umweltökonomie, Stuttgart 1997

Weber, J.: Einführung in das Controlling, 6. Aufl., Stuttgart 1995

Weber, J./Schäffer, U.: Balanced Scorecard - Gedanken zur Einordnung des Konzeptes in das bisherige Controlling-Instrumentarium, in: Zeitschrift für Planung, 9. Jg. (1998), S. 341-365

Weihrich, H./Koontz, H.: Management, 10. Aufl., New York u.a. 1993

Welge, M.K.: Unternehmungsführung, Band 1: Planung, Stuttgart 1985

Welge, M.K.: Unternehmungsführung, Band 3: Controlling, Stuttgart 1988

Welge, M.K.: Globales Management, in: Welge, M.K. (Hrsg.): Globales Management, Erfolgreiche Strategien für den Weltmarkt, Stuttgart 1990, S. 1-16

Welge, M.K./Holtbrügge, D.: Internationales Management, Landsberg/Lech 1998

Wheelen, T.L./ Hunger, J.D.: Strategic management and business policy, 3. Aufl., Reading/MA 1989

Wild, J.: Zur Problematik der Nutzenbewertung von Informationen, in: Zeitschrift für Betriebswirtschaft, 41. Jg. (1971), S. 315-334

Wildemann, H.: Das JIT-Konzept als Wettbewerbsfaktor, in: Fortschrittliche Betriebsführung und Industrial Engineering, 36. Jg. (1987), Nr. 2, S. 52-58

Wildemann, H.: Die modulare Fabrik: Kundennahe Produktion durch Fertigungsseg-mentierung, 3. Aufl., St. Gallen 1992

Wildemann, H.: Das Just-in-time-Konzept: Produktion und Zulieferung auf Abruf, 4. Aufl., München 1995

Wittek, B.F.: Strategische Unternehmensführung bei Diversifikation, Berlin u.a. 1980

Wittmann, W.: Unternehmung und unvollkommene Information: Unternehmerische Voraussicht, Ungewißheit und Planung, Köln, Opladen 1959

Wöhe, G.: Einführung in die Allgemeine Betriebswirtschaftslehre, 19. Aufl., München 1996

Wöhe, G./Bilstein, J.: Grundzüge der Unternehmensfinanzierung, 7. Aufl., München 1994

Wollnik, M.: Ein Referenzmodell des Informationsmanagements, in: Information Management (1988), Heft 3, S. 34-43

Womack, J.P./Jones, D.D./Roos, D.: Die zweite Revolution in der Autoindustrie, 2.Aufl., Frankfurt am Main, New York 1991

Wunderer, R. (Hrsg.): Betriebswirtschaftslehre als Management- und Führungslehre, 3. Aufl., Stuttgart 1995

Zahn, E.: Strategische Planung, in: Szyperski, N./Winand, U. (Hrsg.): Handwörterbuch der Planung, Stuttgart 1989, Sp. 1903-1916

Zahn, E./Rüttler, M.: Informationsmanagement: Eine strategische Antwort auf kriti-sche Herausforderungen der Unternehmensumwelt, in: Controlling, 1. Jg. (1989), S. 34-43

Zahn, E./Rüttler, M.: Ganzheitliches Informationsmanagement - Informationsbereit-schaft, Informationspotential, Informationsfähigkeit, in: Heilmann, H./Gassert, H./Horváth, P. (Hrsg.): Informationsmanagement, Stuttgart 1990, S. 1-27

Zäpfel, G.: Strategisches Produktions-Management, Berlin, New York 1989

623

Sachwortregister

A

Abfallbegriff 600
Ablauforganisation 32, 151, 177
Absatzwirtschaft 334
Abschöpfungsstrategie 368
Abschreibung 48
• digitale 52
• Finanzierung aus 450
• geometrisch-degressive 52
• leistungsabhängige 53
• progressive 52, 53
Abschreibungsmethode 49
• degressive 51
• lineare 50
Abteilung 157
Akkordlohn 67
Akkordlohnkombination 71
Akkordzuschlag 68
Aktie
• Emission neuer 428
Aktiengesellschaft (AG) 106
Akzeptkredit 441
Allianz
• strategische 575
Amortisationsvergleichsrechnung
  (Pay-Back-Period) 407
Annuitätsmethode 417
Anpassung
• intensitätsmäßige 323
• quantitative 325
• quantitativ-selektive 325
• zeitliche 323
Anpassungsform 74

Ansatz
• Eigenschafts- 551
• entscheidungsorientierter 74
• mikroökonomisch fundierter ... der
  Betriebswirtschaftslehre 73
• Situations- 551
• systemtheoretischer 76
• theoretischer 73
• Verhaltens- 551
• verhaltensorientierter 82
Anreiz 542
• monetärer 537
• nichtmonetärer 537
Arbeit
• menschliche 54
Arbeitgeberverband 526
Arbeitsbeanspruchung 54
Arbeitsbewertung 57
Arbeitsentgelt 55
Arbeitsgemeinschaft 133
Arbeitsleistung
• objektbezogene 73
• dispositive 73
Arbeitsmarkt 121
Arbeitsmotivation 540
Arbeitsorganisation 533
Arbeitsvorbereitung 165
Arbeitszerlegung 160
Assistent 156
Aufbauorganisation 32, 151
Aufgabe 153
Aufgabenanalyse 32
Aufgabenträger 153
Aufgeld 445

Sachwortregister

Auftragsfertigung 574
Aufwand 23
- neutraler 23
- Zweck- 23
Aufwendung
- außerordentliche 23
- betriebsfremde 23
- periodenfremde 23
Ausgaben 24
Außenfinanzierung 427
Außenhandel 573
Auszahlung 23
Autonomieprinzip 27
Avalkredit 442

B

Balanced Scorecard 473
Bankkredit
- langfristiger 447
Baukastenstückliste 262
Bedarfsermittlung 258
Bedarfsplanung
- programmgebundene 259
Bedarfsrechnung
- analytische 260
Befragung 342
Benchmarking 186, 485
Beobachtung 342
Beschaffung 243
- direkte 256
- fertigungssynchrone 253, 270
- indirekte 256
- Ziel der 245
Beschaffungsform 256
Beschaffungslogistik 257, 265
Beschaffungsmarktforschung 258
Beschaffungsorganisation 255
Beschaffungspotential
- internes 530
Beschaffungsprogrammpolitik 246

Beschreibungsmodell 39
Bestellmenge
- optimale 267
Besteuerung 122
Bestimmungsgröße
- systembezogene 26
Beteiligung
- wechselseitige 144
Beteiligungsfinanzierung 427
Betrieb 2
Betriebsergebnis 22
Betriebsführung
- wissenschaftliche 164
Betriebsmittel 46
Betriebsstoff 45
Betriebswirtschaftslehre 10
- allgemeine 3
- spezielle 3
Betriebswirtschaftspolitik 5
Betriebswirtschaftstheorie 5
Bezugsgruppe 19
Bezugspolitik 255
Budgetansatz 170

C

Change Agent 87, 187
Clusteranalyse 347
complex person 37
Controller 457
Controllership 457
Controlling
- Begriff 457
- dezentrales 454
- operatives 454, 464
- strategisches 454, 464
- zentrales 454
Controlling-Ansätze 458
Controllingaufgaben 462
Controllingsystem 455
Controllingziele 460

Sachwortregister

Sachwortregister

Bitte beachten Sie auch die folgenden Seiten!

Joachim Hentze, Peter Brose und Andreas Kammel

Unternehmungsplanung

Eine Einführung

Planung ist der Schlüssel für eine aktive Verhaltensweise und zielorientierte Entscheidungsfindung.

Diese Einführung aus der Braunschweiger Schule dient als Grundlage für Basisentscheidungen im Planungsbereich von Betrieben und Unternehmungen. Sie soll helfen, erfolgswirtschaftliche, insbesondere Kapital-, Finanz- und Investitions-Tätigkeiten methodisch zu fundieren. In den Vordergrund gerückt wird dabei die bewusst gestalterische, planvolle und zweckgerichtete, an den unternehmungsinternen und -externen Gegebenheiten ausgerichtete Fortentwicklung der Unternehmung.

UTB FÜR WISSENSCHAFT

«UTB» Band 1321.
2. Auflage 1993. 370 Seiten, 29 Abbildungen, 29 Tabellen
DEM 26.80/ATS 196.–*/CHF 25.–
ISBN 3-8252-1321-8

* unverbindliche Preisempfehlung

: Haupt **Verlag Paul Haupt** Bern • Stuttgart • Wien

Falkenplatz 14 • 3001 Bern • Tel. 031 301 24 25 • Fax 031 301 46 69
verlag@haupt.ch • www.haupt.ch

Betriebswirtschaftliche Studienliteratur bei UTB/Haupt

Joachim Hentze, Andreas Kammel und Klaus Lindert
Personalführungslehre
Grundlagen, Funktionen und Modelle der Führung

Führungskräfte erhalten neben der Fachkompetenz auch eine Personal-
kompetenz, die im wesentlichen mit der Personalführung ausgefüllt wird.
Führung ist aber in der Regel ein *soziales* Phänomen, kein einseitiger Prozess
also, sondern ein Vorgang, an dem im Betrieb beide Parteien, Vorgesetzte
und Mitarbeiter, teilhaben.
Dieses Lehrbuch spricht deshalb auch beide Zielgruppen an. Dem künftigen
Vorgesetzten wird «Führungswissen» vermittelt, und der angehende Mitarbeiter erhält Einblick über die Determinanten der Führung und die Wirkung
bestimmter Formen des Führungsverhaltens.
Das Buch richtet sich in erster Linie an Studierende verschiedener Branchen
an Universitäten und Fachhochschulen. Aber auch dem Praktiker, der Prak-
tikerin wird es erlauben, Führungskenntnisse reflektierend zu erweitern.

UTB
FÜR WISSEN
SCHAFT

«UTB» Band 1374.
3., vollständig überarbeitete Auflage 1997.
XV + 717 Seiten, 94 Abbildungen
DEM 38.80/ATS 283.–*/CHF 36.–
ISBN 3-8252-1374-9

* unverbindliche Preisempfehlung

⋮ Haupt **Verlag Paul Haupt** Bern • Stuttgart • Wien
Falkenplatz 14 • 3001 Bern • Tel. 031 301 24 25 • Fax 031 301 46 69
verlag@haupt.ch • www.haupt.ch

Joachim Hentze und Andreas Kammel

Personalcontrolling

Eine Einführung in Grundlagen, Aufgabenstellungen, Instrumente und Organisation des Controlling in der Personalwirtschaft

Personalcontrolling ist ein Bereich der Betriebswirtschaft, der in Wissenschaft, Lehre und in der personalwirtschaftlichen Praxis immer mehr an Bedeutung gewinnt. Joachim Hentze und Andreas Kammel von der Technischen Universität Braunschweig stellen die allgemeinen Grundlagen des Controllings dar und entwickeln dann systematisch Aufgaben, Ziele und Instrumentarium eines personalwirtschaftlichen Controllings, wobei auch die Möglichkeiten einer EDV-Unterstützung analysiert werden. Der abschliessende Teil gilt organisatorisch-institutionellen Fragen.

Ein Lehrbuch für Studierende, aber auch für Praktikerinnen und Praktiker, die einen konzeptionellen Überblick über das Gebiet gewinnen wollen.

«UTB» Band 1706.
1993. 265 Seiten, 62 Abbildungen
DEM 24.80/ATS 181.–*/CHF 23.–
ISBN 3-8252-1706-X (UTB)

* unverbindliche Preisempfehlung

: Haupt **Verlag Paul Haupt** Bern • Stuttgart • Wien

Falkenplatz 14 • 3001 Bern • Tel. 031 301 24 25 • Fax 031 301 46 69
verlag@haupt.ch • www.haupt.ch